D1730386

v. Selle / Huth

LwVG

Gesetz über das gerichtliche Verfahren in Landwirtschaftssachen

Kommentar

Von

Dr. Dirk v. Selle
Richter am Oberlandesgericht Brandenburg

und

Dr. Rainer Huth
Richter am Oberlandesgericht Brandenburg

2017

C.H.BECK

Zitiervorschlag:
v. Selle/Huth/*Bearbeiter* § … Rn …

www.beck.de

ISBN 978 3 406 68928 4

© 2017 Verlag C. H. Beck oHG
Wilhelmstraße 9, 80801 München

Druck und Bindung: Beltz Bad Langensalza GmbH
Neustädter Straße 1–4, 99947 Bad Langensalza

Satz: Jung Crossmedia Publishing GmbH
Gewerbestraße 17, 35633 Lahnau

Umschlaggestaltung: Druckerei C. H. Beck Nördlingen

Gedruckt auf säurefreiem, alterungsbeständigem Papier
(hergestellt aus chlorfrei gebleichtem Zellstoff)

Vorwort

Das Gesetz über das gerichtliche Verfahren in Landwirtschaftssachen ist in den vergangenen zehn Jahren tiefgreifend umgestaltet worden, zuerst durch das Gesetz zur Reform des Verfahrens in Familiensachen und in den Angelegenheiten der freiwilligen Gerichtsbarkeit v. 17. Dezember 2008 (BGBl. I 2586), zuletzt durch das Zweite Gesetz zur Modernisierung des Kostenrechts v. 23. Juli 2013 (BGBl. I 2586). Neben diesen gesetzgeberischen Änderungen schlägt sich der andauernde Strukturwandel der Landwirtschaft in der Praxis des landwirtschaftsgerichtlichen Verfahrens nieder, auch wenn die einzelnen Zuständigkeiten der Landwirtschaftsgerichte hiervon in durchaus unterschiedlichem Maße betroffen sind. Damit sind bereits die wesentlichen Gründe benannt, die uns zu diesem Kommentar motiviert haben.

Der Kommentar gibt den Rechtsstand zum 1. Januar 2017 wieder. Wir danken dem Hause C. H. BECK und namentlich Herrn Dr. Burkhard Schröder für die ausgezeichnete Zusammenarbeit. Ganz besonderen Dank schulden wir Frau Direktorin des Amtsgerichts Annett Schulze für Kritik und Korrekturen.

Trotz dieser Unterstützung ist der Kommentar fraglos noch verbesserungsfähig. Wir würden der Komplexität der Materie spotten, wollten wir Fehlerfreiheit beanspruchen. Daher freuen wir uns über Korrekturhinweise und sonstige Verbesserungsvorschläge.

Brandenburg a. d. H., im April 2017   Die Verfasser

Inhaltsverzeichnis

Gesetz über das gerichtliche Verfahren in Landwirtschaftssachen

Erster Abschnitt. Sachliche Zuständigkeit und Einrichtung der Gerichte

Zweiter Abschnitt. Landwirtschaftssachen der Freiwilligen Gerichtsbarkeit

Inhaltsverzeichnis

Abkürzungsverzeichnis

aA . . . . andere(r) Ansicht (Auffassung)
aaO . . . . am angegebenen Ort
abl. . . . . ablehnend
ABl. EG . . . . Amtsblatt der Europäischen Gemeinschaften
Abs. . . . . Absatz
abzgl. . . . . abzüglich
aE . . . . am Ende
AEUV . . . . Vertrag über die Arbeitsweise der Europäischen Union
aF . . . . alte Fassung
AG . . . . Amtsgericht, Ausführungsgesetz
AgrarR . . . . Agrarrecht (Zeitschrift)
ALG . . . . Gesetz über die Alterssicherung der Landwirte
allgA . . . . allgemeine Ansicht
allgM . . . . allgemeine Meinung
Alt. . . . . Alternative
ÄndG . . . . Änderungsgesetz
Anh. . . . . Anhang
Anm. . . . . Anmerkung
AO . . . . Abgabenordnung
AöR . . . . Anstalt des öffentlichen Rechtes
ArbGG . . . . Arbeitsgerichtsgesetz
Art. . . . . Artikel
Aufl. . . . . Auflage
AUR . . . . Agrar- und Umweltrecht (Zeitschrift)
ausdr. . . . . ausdrücklich
ausf. . . . . ausführlich
AV . . . . Allgemeinverfügung
Az. . . . . Aktenzeichen

BA . . . . Beschlussausfertigung, Bundesamt
BAnz. . . . . Bundesanzeiger
BauGB . . . . Baugesetzbuch
Bay. . . . . Bayern/Bayerisch
Bbg. . . . . Brandenburg
BeckOK . . . . Beck'scher Onlinekommentar
Begr. . . . . Begründung
begr. . . . . begründen
betr. . . . . Betrifft, betreffend
BewG . . . . Bewertungsgesetz
BFH . . . . Bundesfinanzgerichtshof
BGB . . . . Bürgerliches Gesetzbuch
BGBl. . . . . Bundesgesetzblatt
BGH . . . . Bundesgerichtshof
BGHSt . . . . Entscheidungen des Bundesgerichtshofs in Strafsachen
BGHZ . . . . Entscheidungen des Bundesgerichtshofs in Zivilsachen

Abkürzungsverzeichnis

Abkürzungsverzeichnis

XI

Abkürzungsverzeichnis

Abkürzungsverzeichnis

Abkürzungsverzeichnis

Literaturverzeichnis

Bassenge/Roth	FamFG/RPflG, Kommentar, 12. Auflage 2009
BeckOK BGB	Beck'scher Onlinekommentar zum BGB
BeckOK FamFG	Beck'scher Onlinekommentar zum FamFG
BeckOK GBO	Beck'scher Onlinekommentar zur GBO
BeckOK KostR	Beck'scher Onlinekommentar Kostenrecht
BeckOK ZPO	Beck'scher Onlinekommentar ZPO
Bormann/Diehn/ Sommerfeldt	GNotKG, Kommentar, 2. Auflage 2016
Bumiller/Harders/ Schwamb	FamFG, Beck'scher Kurz-Kommentar, 11. Auflage 2015
Demharter	Grundbuchordnung: GBO, Kommentar, 29. Auflage 2014
Düsing/Martinez	Agrarrecht, Kommentar, 1. Auflage 2016
Ernst	Gesetz über das gerichtliche Verfahren in Landwirtschaftssachen, Kommentar, 8. Auflage 2011
Faßbender/Hötzel/ Lukanow	Landpachtrecht, Kommentar, 3. Auflage 2005
Haußleiter	FamFG, Kommentar, 2. Auflage 2017
HLBS-Komm	*Becker, Booth, Dehne ua (Hrsg.),* Landpachtrecht, Kommentar, 2012
Keidel	Gesetz über das Verfahren in Familiensachen und in den Angelegenheiten der freiwilligen Gerichtsbarkeit, Kommentar, 18. Auflage 2014
Kemper/Schreiber	Familienverfahrensrecht, FamFG, Kommentar, 3. Auflage 2015
Kissel/Meyer	Gerichtsverfassungsgesetz, Kommentar, 8. Auflage 2015
Korintenberg	Gerichts- und Notarkostengesetz, GNotKG, 20. Auflage 2017
Lange/Wulff	Hess. Landwirtschaftsrecht nach der Landgüterordnung, 1. Auflage 1950
Lorz/Metzger/Stöckel	Jagdrecht, Fischereirecht, Beck'scher Kurzkommentar, 4. Auflage 2011
Lüdtke-Handjery/ v. Jeinsen	Höfeordnung mit Verfahrensordnung für Höfesachen, Kommentar, 11. Auflage 2015
MAH AgrarR	Münchner Anwaltshandbuch Agrarrecht, 2. Auflage 2016
MüKoBGB	Münchener Kommentar zum BGB, 6. Auflage 2012 ff.
MüKoFamFG	Münchener Kommentar zum FamFG, 2. Auflage 2013
MüKoZPO	Münchener Kommentar zur Zivilprozessordnung, 5. Auflage 2016
Musielak/Voit	ZPO, Kommentar, 14. Auflage 2017
Musielak/Borth	Familiengerichtliches Verfahren, Kommentar, 5. Auflage 2015
Netz	Grundstücksverkehrsgesetz, Praxiskommentar, 7. Auflage 2015
NK-LPachtVG	*Klein-Blenkers (Hrsg.),* Landpachtverkehrsgesetz, Nomos Kommentar, 1. Auflage 2014
Palandt	Bürgerliches Gesetzbuch, 76. Auflage 2017

Literaturverzeichnis

Pritsch	Das gerichtliche Verfahren in Landwirtschaftssachen, Kommentar, 1. Auflage 1955
Prütting/Helms	FamFG, Kommentar, 3. Auflage 2013
Schmidt/Räntsc	Deutsches Richtergesetz, DRiG, Kommentar, 6. Auflage 2009
Staudinger	BGB Kommentar
Steffen/Ernst	Höfeordnung mit Höfeverfahrensordnung, Kommentar, 4. Auflage 2015
Stein/Jonas	Kommentar zur Zivilprozessordnung, 22. Auflage 2013
Schuck	Bundesjagdgesetz, Kommentar, 2. Auflage 2015
Schulte-Bunert/Weinreich	FamFG, Kommentar, 5. Auflage 2016
Thomas/Putzo	Zivilprozessordnung, Kommentar, 36. Auflage 2015
Wöhrmann LandwirtschaftsErbR	Das Landwirtschaftserbrecht, Kommentar, 10. Auflage 2012
Wöhrmann/Herminghausen	Kommentar zum Gesetz über das gerichtliche Verfahren in Landwirtschaftssachen, LwVG, 1. Auflage 1954
Zöller	Zivilprozessordnung, Kommentar, 31. Auflage 2016

Einleitung

Das Agrarrecht hat Konjunktur. An ihr haben nicht zuletzt die Rechtsgebiete **1**
teil, die in die Zuständigkeit der Landwirtschaftsgerichtsbarkeit fallen.

Grund und Boden ist *das* wesentliche landwirtschaftliche Produktionsmittel – **2**
und er ist unvermehrbar. Hier ist seit einigen Jahren ein sich zunehmend verschärfender Flächenwettbewerb zu beobachten. Die im Gefolge der Finanzkrise praktizierte Niedrig- und Niedrigstzinspolitik hat den Appetit nichtlandwirtschaftlicher Kapitalanleger spürbar angeregt.[1] Mittlerweile wird die Investition in Ackerland – vermittelt durch Aktien oder Fonds – überdies dem breiten Publikum empfohlen.[2] Auch die spektakuläre Versenkung des größten deutschen Agrarkonzerns ("Narrenschiff KTG")[3] in der Insolvenz hat zumindest bislang nicht zu einer Marktabkühlung geführt.[4] Daneben hat die Subventionierung der Energiewende die Nachfrage nach landwirtschaftlicher Nutzfläche erheblich befeuert.[5] Zur hergebrachten Nahrungsmittelproduktion tritt die Erzeugung regenerativer Energie. Angesichts der ambitionierten Klimaschutzziele ist auch nicht zu erwarten, dass es hier in absehbarer Zeit zu einer nennenswerten Dämpfung der Nachfrage kommt.

Die dadurch bewirkte Wettbewerbsverschärfung schlägt sich in steigenden Kauf- **3**
und Pachtpreisen[6] nieder, die auch regierungsamtlich als "das große Risiko für die Landwirtschaft" gelten.[7] Infolgedessen nimmt die Intensität der rechtlichen Auseinandersetzung in Landpachtsachen (§ 1 Nr. 1, 1 a) zu. In diesen Rechtsstreitigkeiten stehen hinter den ortsansässigen Verpächtern nicht selten finanzkräftige Kapitalgesellschaften, die die Stelle der Altpächter einzunehmen beabsichtigen. Verfahrensökonomische Überlegungen treten dann in den Hintergrund, wie überhaupt die gerichtskostenrechtliche Streitwertprivilegierung nicht den Blick auf die wirtschaftliche Relevanz dieser Streitigkeiten verstellen darf.

Die skizzierten wirtschaftlichen und politischen Rahmenbedingungen haben **4**
ferner zu einer Renaissance des Grundstückverkehrsrechts[8] geführt (§ 1 Nr. 2, 3). Auch in den Genehmigungsverfahren lässt sich beobachten, dass mehr und mehr orts- und landwirtschaftsfremde Personen in den lokalen Grundstücksmarkt drängen. Hier lädt vor allem die Unbestimmtheit des zentralen Versagungstatbestands der "ungesunden" Bodenverteilung zur gerichtlichen Auseinandersetzung ein. Zu beklagen ist insoweit insbesondere das Fehlen eines positiven agrarpolitischen Leitbilds.[9]

Ein solches Leitbild liegt allerdings dem landwirtschaftlichen Erbrecht zugrunde, **5**
das der Erhaltung bäuerlicher Familienbetriebe dient (§ 1 Nr. 2, 5). Das lediglich partiell und fakultativ geltende Anerbenrecht wird einer befürchteten "Amerikanisierung"[10] der Landwirtschaft sicher keinen Einhalt bieten können. Dessen unbe-

---

[1] Statt vieler *Martinez* AUR 2013, 165 (166).
[2] ZB Wirtschaftswoche v. 29.7.2016, 72 ff.
[3] F. A. Z. v. 2.9.2016, 26.
[4] ZB F. A. Z. v. 9.9.2016, 11.
[5] Statt vieler Düsing/Martinez/*Schuhmacher* LPachtVG Vorbem. Rn. 7.
[6] Agrarpolitischer Bericht der BReg. 2015, Rn. 231 ff.
[7] S. *Böhme* NL-BzAR 2016, 83.
[8] Düsing/Martinez/*Martinez* GrdstVG Vorbem. Rn. 8.
[9] *Stresemann* AUR 2014, 415 (421).
[10] *Martinez* AUR 2013, 165.

Einleitung

schadet bietet insbesondere die HöfeO Regelungen, deren Wert für die Agrarstruktur sich einzelne Länder wieder bewusst zu werden scheinen.[11]

6 Mit all diesen Entwicklungen muss auch das Verfahrensrecht Schritt halten. Gerade angesichts des Strukturwandels in der Landwirtschaft erscheint die Mitwirkung sachkundiger ehrenamtlicher Richter unverzichtbar, wie sie im Wesentlichen im gerichtsverfassungsrechtlichen Ersten Abschnitt des LwVG geregelt ist. Auch die eigentlichen Verfahrensregelungen im Zweiten und Dritten Abschnitt des LwVG haben sich bewährt. Allerdings ist das landwirtschaftsgerichtliche Verfahren von einiger Komplexität. So verweist das LwVG nicht nur ergänzend auf zwei unterschiedliche Verfahrensordnungen, das FamFG in den Landwirtschaftssachen der freiwilligen Gerichtsbarkeit und die ZPO in den streitigen Landwirtschaftssachen. Wesentliche Verfahrensregelungen finden sich zudem in den einzelnen Gesetzen und Vorschriften, für die die Bestimmungen des LwVG nach § 1 gelten. Diese Regelungen haben wir bei § 1 mit erläutert, da ohne sie das betreffende landwirtschaftsgerichtliche Verfahren nicht verständlich wäre. Während die ZPO in den streitigen Landwirtschaftssachen nur mit geringen Besonderheiten anwendbar ist, wird das FamFG-Verfahren durch das LwVG in den Landwirtschaftssachen der freiwilligen Gerichtsbarkeit unvergleichlich stärker modifiziert. Das Zusammenwirken der Verfahrensregelungen haben wir daher bei der Kommentierung der §§ 9ff. eingehender erörtert.

---

[11] S. → § 1 Rn. 176. Vgl. auch Lüdtke-Handjery/v. Jeinsen/*v. Jeinsen* HöfeO, S. VIII.

2 *v. Selle*

Gesetz über das gerichtliche Verfahren in Landwirtschaftssachen

vom 21. Juli 1953 (BGBl. I S. 667)
zuletzt geändert durch Art. 17 2. Kostenrechtsmodernisierungsgesetz v. 23.7.2013
(BGBl. I S. 2586)

Erster Abschnitt. Sachliche Zuständigkeit und Einrichtung der Gerichte

§ 1 [Sachliche Zuständigkeit]

Die Bestimmungen dieses Gesetzes gelten in den Verfahren auf Grund der Vorschriften über

1. die Anzeige und Beanstandung von Landpachtverträgen im Landpachtverkehrsgesetz vom 8. November 1985 (BGBl. I S. 2075) und über den Landpachtvertrag in den Fällen des § 585 b Abs. 2, der §§ 588, 590 Abs. 2, des § 591 Abs. 2 und 3, der §§ 593, 594 d Abs. 2, und der §§ 595 und 595 a Abs. 2 und 3 des Bürgerlichen Gesetzbuchs,

1 a. den Landpachtvertrag im übrigen,

2. die rechtsgeschäftliche Veräußerung, die Änderung oder Aufhebung einer Auflage, die gerichtliche Zuweisung eines Betriebes sowie die Festsetzung von Zwangsgeld im Grundstückverkehrsgesetz vom 28. Juli 1961 (Bundesgesetzbl. I S. 1091),

3. Einwendungen gegen das siedlungsrechtliche Vorkaufsrecht in § 10 des Reichssiedlungsgesetzes,

4. die Aufhebung von Pacht- und sonstigen Nutzungsverhältnissen sowie die Inanspruchnahme von Gebäuden oder Land in §§ 59 und 63 Abs. 3 und 4 des Bundesvertriebenengesetzes in der Fassung der Bekanntmachung vom 3. September 1971 (BGBl. I S. 1565, 1807), ferner die Festsetzung des Ersatzanspruchs und der Entschädigung nach § 7 Abs. 2 des Gesetzes zur Ergänzung des Reichssiedlungsgesetzes in der im Bundesgesetzblatt Teil III, Gliederungsnummer 2331-2, veröffentlichten bereinigten Fassung,

5. das Anerbenrecht einschließlich der Versorgungsansprüche bei Höfen, Hofgütern, Landgütern und Anerbengütern,

6. Angelegenheiten, die mit der Aufhebung der früheren Vorschriften über Erbhöfe zusammenhängen,

jedoch in den in den Nummern 5 und 6 bezeichneten Verfahren nur, soweit die beim Inkrafttreten dieses Gesetzes für diese geltenden oder die künftig erlassenen Vorschriften die Zuständigkeit von Gerichten mit ehrenamtlichen Richtern vorsehen.

Inhaltsübersicht

I. Überblick

§ 1 regelt, in welchen gerichtlichen Verfahren die Bestimmungen des LwVG an- **1**
zuwenden sind. Das LwVG bezeichnet dies in der amtlichen Überschrift des ersten
Abschnitts als **sachliche Zuständigkeit.**[1] Die Frage, ob für einen Rechtsstreit das
Landwirtschaftsgericht oder das Prozessgericht zuständig ist, betrifft folglich die
sachliche Zuständigkeit (→ § 2 Rn. 1).[2] Damit begreift das Gesetz die **Landwirt-**
schaftsgerichte, anders etwa als die Kammern für Handelssachen (§§ 93 ff.
GVG),[3] **als selbständige Gerichte,**[4] auch wenn beide gleichermaßen Teil eines
gemäß § 12 GVG der ordentlichen Gerichtsbarkeit zugehörigen Gerichts sind.[5]
Die Zuständigkeit ist auch in bürgerlichen Rechtsstreitigkeiten des § 1 Nr. 1 a ausschließlich (§ 2 Abs. 1 S. 2, → § 2 Rn. 7 ff.).

II. Gesetzessystematik

Der **Zuständigkeitskatalog** des § 1 Nr. 1–6 ist **nicht abschließend.** Die Zu- **2**
ständigkeit der Landwirtschaftsgerichte wird ggf. durch **Sonderzuweisungen** in
anderen Gesetzen erweitert. In den neuen Bundesländern sind die durch das **Land-**
wirtschaftsanpassungsgesetz (LwAnpG) begründeten Zuständigkeiten der
Landwirtschaftsgerichte[6] von erheblicher, wenn auch stark abnehmender Bedeutung (→ Rn. 266 ff.). Dagegen ist die Überleitung vor Inkrafttreten des LwVG am
1.1.1953 (§ 60 Abs. 1) begründeter Zuständigkeiten gemäß § 50 gegenstandslos geworden, nachdem diese Vorschriften mittlerweile aufgehoben worden oder außer
Kraft getreten sind (→ § 50 Rn. 2 f.).

§ 1 und §§ 2–8 enthalten im Wesentlichen **gerichtsverfassungsrechtliche** **3**
Regelungen. Der Erste Abschnitt des LwVG bildet damit den Allgemeinen Teil
des Gesetzes.

Der Zweite Abschnitt des LwVG enthält Vorschriften für die **Landwirtschafts-** **4**
sachen der freiwilligen Gerichtsbarkeit. Ihr unterliegen Angelegenheiten des
§ 1 Nr. 1 und Nr. 2–6. Auf sie sind gemäß § 9 die Vorschriften des FamFG sinngemäß anzuwenden, soweit das Gesetz nichts anderes bestimmt. Daneben schreibt das
LwVG auch die entsprechende Anwendung oder Geltung einzelner Vorschriften
der ZPO vor (§§ 12 Abs. 1 S. 5, 14 Abs. 2 S. 2, 15 Abs. 3 und 5). Auf das Verfahren
in Höfesachen iSd HöfeO (§ 1 Nr. 5) ist das LwVG[7] anzuwenden, soweit die
HöfeVfO nichts anderes bestimmt (§ 1 Abs. 1 S. 1 HöfeVfO; → Rn. 178).

Der Dritte Abschnitt des LwVG regelt die **streitigen Landwirtschaftssachen.** **5**
Dies sind die bürgerlichen Rechtsstreitigkeiten des § 1 Nr. 1 a. Darunter fallen alle

---

[1] Vgl. auch § 23 a Abs. 2 Nr. 9 GVG.
[2] BGH Urt. v. 26.4.1991 – V ZR 53/90, BGHZ 114, 277 (279) = NJW 1991, 3280;
Beschl. v. 12.12.1963 – V BLw 12/63, BGHZ 40, 338 (340 f.) = NJW 1964, 863; jeweils
mwN.
[3] *Kissel/Mayer* GVG § 93 Rn. 3; BeckOK ZPO/*Wendtland* § 1 Rn. 4.
[4] AA *Ernst* LwVG § 2 Rn. 6.
[5] Vgl. BGH Urt. v. 5.2.1954 – V ZR 38/53, BGHZ 12, 254 (257) = NJW 1954, 1001 Ls.
[6] BGH Beschl. v. 23.1.1992 BLw 1/92, BGHZ 117, 101 (102) = NJW 1992, 981 = RdL
1992, 75.
[7] Dh stets in seiner aktuellen Fassung, BT-Drs. 16/6308, 357.

Verfahren auf Grund der Vorschriften über den Landpachtvertrag, die nicht in § 1 Nr. 1 genannt sind. Auf diese Rechtsstreitigkeiten findet grundsätzlich die ZPO Anwendung (§ 48 Abs. 1 S. 1). Jedoch treten die §§ 10 und 20 Abs. 1 und 2 aus dem Zweiten Abschnitt an die Stelle der entsprechenden Vorschriften der ZPO (§ 48 Abs. 1 S. 2 Hs. 1). Zudem sind §§ 13 und 19 aus dem Zweiten Abschnitt entsprechend anzuwenden (§ 48 Abs. 2).

III. Besondere Landpachtvorschriften (Nr. 1)

1. Verfahren auf Grund der Vorschriften des LPachtVG

6   **a) Anwendungsbereich.** § 1 Nr. 1 verweist zunächst auf die Vorschriften über die Anzeige und Beanstandung von Landpachtverträgen im LPachtVG. Dem LPachtVG unterliegen gemäß dessen § 1 zunächst Landpachtverträge nach § 585 BGB (→ Rn. 7). Das LPachtVG gilt darüber hinaus für Verträge, durch die Betriebe oder Grundstücke überwiegend zur Fischerei verpachtet werden, soweit nicht Rechtsvorschriften der Länder inhaltsgleiche oder entgegenstehende Bestimmungen enthalten (§ 11 LPachtVG; → Rn. 13). Gemäß § 51 Abs. 2 können die Länder zudem bestimmen, dass die Vorschriften des LwVG auch auf Verträge über die Pacht von Fischereirechten sowie in den auf Grund des § 11 LPachtVG geregelten Verfahren ganz oder teilweise anzuwenden sind; sie können zusätzliche Vorschriften erlassen, die den Besonderheiten dieser Verfahren entsprechen (→ Rn. 14 f.).

7   **b) Landpachtverträge.** Gemäß § 585 Abs. 1 S. 1 BGB wird durch den **Landpachtvertrag** ein Grundstück mit den seiner Bewirtschaftung dienenden Wohn- oder Wirtschaftsgebäuden (Betrieb) oder ein Grundstück ohne solche Gebäude **überwiegend zur Landwirtschaft** verpachtet. Das Gesetz begreift den Landpachtvertrag damit als eigentypische Sonderform[8] des allgemeinen Pachtvertrags (§ 581 Abs. 1 BGB; „verpachtet").

8   Die Besonderheit des Landpachtvertrags äußert sich zum einen darin, dass Vertragsgegenstand nur ein **Grundstück** sein kann. Die entgeltliche Überlassung landwirtschaftlicher Nutztiere zum Gebrauch und zur Fruchtziehung stellt daher lediglich einen allgemeinen Pachtvertrag dar. Der Landpachtvertrag kann in zwei Erscheinungsformen auftreten: Wird ein Grundstück mit den seiner Bewirtschaftung dienenden Wohn- oder Wirtschaftsgebäuden verpachtet, liegt **Betriebspacht** (§ 585 Abs. 1 S. 1 Alt. 1 BGB) vor, sonst **Grundstückspacht** (§ 585 Abs. 1 S. 1 Alt. 2 BGB).

9   Weiterhin kennzeichnet den Landpachtvertrag, dass das Grundstück zur **Landwirtschaft** verpachtet ist. Landwirtschaft sind nach der Legaldefinition in § 585 Abs. 1 S. 2 BGB die Bodenbewirtschaftung und die mit der Bodennutzung verbundene Tierhaltung, um pflanzliche oder tierische Erzeugnisse zu gewinnen, sowie die gartenbauliche Erzeugung. Darunter fallen namentlich Ackerbau, Wiesen- und Weidewirtschaft, der Erwerbsgarten- oder Obstbau, der Weinbau und die Gärtnerei. Eine mit der Bodennutzung verbundene Tierhaltung ist dabei nur gegeben, wenn die **Futterversorgung der Tiere überwiegend aus eigenem Anbau**[9]

---

[8] Staudinger/*v. Jeinsen* BGB § 585 Rn. 2.
[9] OLG Düsseldorf Urt. v. 22.1.2002 – 24 U 111/01, NJW-RR 2002, 1139 (1139 f.); OLG Karlsruhe Beschl. v. 7.8.1989 – 13 WLw 168/88, BeckRS 2014, 05039 = AgrarR 1990, 51; NK-LPachtVG/*Klein-Blenkers* § 1 Rn. 44 f.; BeckOK BGB/*C. Wagner* § 585 Rn. 10.

stammt oder zumindest überwiegend durch Beweidung (ggf. zusammen mit Eigenland) des Pachtlands[10] erfolgt. Die reine Fabrikation tierischer Erzeugnisse in Ferkelfabriken, Legebatterien oder ähnlichem ist keine Landwirtschaft, sondern hat gewerblichen Charakter.[11] Freilandkultur ist hingegen nicht vorausgesetzt. Auch **moderne Wirtschafts- und Produktionsformen** in Gewächshäusern, Containern oder dgl. stellen Landwirtschaft dar.[12]

Die **Binnenfischerei** wird im Anschluss an eine Äußerung im Gesetzgebungs- **10** verfahren[13] zumeist ebenfalls unter den Landwirtschaftsbegriff subsumiert.[14] Darüber hinaus soll die Pacht von Fischereigewässergrundstücken nach einer Entscheidung der OLG Brandenburg[15] deshalb als Landpachtvertrag zu qualifizieren sein, weil die auf Binnengewässern betriebene Fischerei in § 1 Abs. 2 GrdstVG zur Landwirtschaft gerechnet wird. Die Vorschrift definiert Landwirtschaft unter Einschluss der Fischerei in Binnengewässern freilich nur „im Sinne dieses Gesetzes" legal.[16] Nach der Legaldefinition des § 585 Abs. 1 S. 2 BGB ist die Fischerei in Binnengewässern indes nur dann Landwirtschaft, wenn die Nahrungsgrundlage überwiegend aus der Bodennutzung gewonnen wird.[17] Fischzucht in Teichwirtschaft, die im Wesentlichen durch Futterzukauf realisiert wird, hat wie sonstige Massentierhaltung gewerblichen Charakter.

Ein Landpachtvertrag liegt ferner nur vor, wenn das Grundstück überwiegend **11** (hauptsächlich) zur Landwirtschaft gepachtet ist.[18] Die Anpachtung muss also in **landwirtschaftlicher Gewinnerzielungsabsicht** erfolgen.[19] Diese Absicht hat auch ein Nebenerwerbslandwirt. Sonstige gewerbliche oder hobbymäßige Nutzungszwecke genügen hingegen nicht. **Forstwirtschaft** ist ebenfalls **keine Landwirtschaft.** Landpachtvertragsrecht gilt für Pachtverträge über forstwirtschaftliche

---

[10] Landwirtschaft verneint von OLG Brandenburg Beschl. v. 29.4.1999 – 5 W 151/98, BeckRS 1999, 06538 = OLGR 1999, 312 für einen Bewirtschaftungsvertrag über eine Schafherde mit Übergabe von Weideflächen; bejaht von OLG Jena Beschl. v. 29.11.2012 – Lw U 15/12, RdL 2015, 15 (17) für einen Schäfereibetrieb mit einem Bestand von einigen tausend Schafen; verneint von MüKoBGB/*Harke* § 585 Rn. 4, für Imkerei mangels Bodennutzung; bejaht von *Netz* GrdstVG Rn. 995, für Imkerei, wenn die Bienen überwiegend über eigene oder gepachtete Grundstücke genährt werden, die auch nach den Vorstellungen des Gesetzgebers (BT-Drs. 10/509, 16) zur Landwirtschaft gehören soll; deshalb für Anwendung der §§ 1 LPachtVG, 585ff. BGB trotz idR fehlender Bodennutzung NK-LPachtVG/*Klein-Blenkers* § 1 Rn. 50.

[11] Faßbender/Hötzel/Lukanow/*Faßbender* BGB § 585 Rn. 44.

[12] BGH Beschl. v. 29.11.1996 – BLw 12/96, BGHZ 134, 146 (148) = NJW1997, 664 = RdL 1997, 71; Faßbender/Hötzel/Lukanow/*Faßbender* BGB § 585 Rn. 42f.

[13] BT-Drs. 10/509, 16.

[14] Faßbender/Hötzel/Lukanow/*Faßbender* BGB § 585 Rn. 44; MüKoBGB/*Harke* § 585 Rn. 4; Staudinger/*v. Jeinsen* BGB § 585 Rn. 24; Palandt/*Weidenkaff* § 585 Rn. 2.

[15] Urt. v. 20.3.2008 – 5 U (Lw) 32/07, BeckRS 2008, 07320; zust. etwa Düsing/Martinez/ *Hornung* LwVG § 1 Rn. 6.

[16] Ebenso wie § 201 BauGB. HLBS/*Booth/Hanssen* BGB § 585 Rn. 15, betonen zu Recht, dass es einen einheitlichen Rechtsbegriff der Landwirtschaft nicht gibt.

[17] Faßbender/Hötzel/Lukanow/*Hötzel* LPachtVG § 11 Rn. 6; NK-LPachtVG/*Klein-Blenkers* § 11 Rn. 5.

[18] MAH AgrarR/*Piltz* § 8 Rn. 3.

[19] Faßbender/Hötzel/Lukanow/*Faßbender* BGB § 585 Rn. 39f.; NK-LPachtVG/*Klein-Blenkers* § 1 Rn. 36.

Grundstücke nur dann, wenn die Grundstücke zur Nutzung in einem überwiegend landwirtschaftlichen Betrieb verpachtet werden (§ 585 Abs. 3 BGB).[20]

12   Der Landpachtvertrag ist von **verwandten Vertragstypen** abzugrenzen. Mit dem Pachtvorvertrag verpflichten sich eine oder beide Parteien, künftig einen Landpachtvertrag abzuschließen, was der Pachtvorvertrag eben deshalb noch nicht ist.[21] Auf das **Vorpachtrecht** sind die Vorschriften über das Vorkaufsrecht entsprechend anzuwenden (§§ 463 ff. BGB).[22] Gegenstand des Beanstandungsverfahrens nach dem LPachtVG ist entsprechend § 464 Abs. 2 BGB nur der Landpachtvertrag. Der Kleingartenpachtvertrag ist kein Landpachtvertrag, weil er gemäß § 1 Abs. 1 Nr. 1 BKleingG die nichterwerbsmäßige Nutzung der Pachtsache voraussetzt. **Weideberechtigungen** sind deshalb keine Landpachtverträge, weil sie nur zur Bodennutzung ohne Bodenbewirtschaftung berechtigen.[23] Streitig ist die Einordnung des Heuerlingsvertrags, bei dem der „Heuerling" die Überlassung landwirtschaftlicher Nutzflächen neben einer geringen Geldleistung insbesondere mit Dienstleistungen entgilt; dieser wird teils insgesamt als Landpachtvertrag eingeordnet,[24] teils wird Landpachtvertragsrecht nur auf die Leistung für anwendbar erachtet.[25] Auf die Vereinbarung eines **Pflugtauschs**, dh die wechselseitige Überlassung von landwirtschaftlich nutzbaren Flächen, finden die Vorschriften über den Landpachtvertrag entsprechende Anwendung, soweit die Ausgestaltung der Gegenleistungsverpflichtung als Verpflichtung zur Besitzüberlassung keine Modifikation gegenüber der Zahlungsverpflichtung eines Pächters bedingt.[26]

13   c) **Pacht von Fischereibetrieben, -grundstücken und -rechten.** Das LwVG ist gemäß § 1 Nr. 1 iVm § 11 LPachtVG in Landpachtverkehrssachen auf Verträge, durch die **Betriebe oder Grundstücke überwiegend zur Fischerei verpachtet** (Betriebs- oder Grundstückspacht) werden, unmittelbar anzuwenden, soweit nicht Rechtsvorschriften der Länder inhaltsgleiche oder entgegenstehende Bestimmungen enthalten.[27] Nach hA[28] erweitert die Vorschrift den Anwendungsbereich des LPachtVG freilich nicht, sondern setzt das Vorliegen eines Landpachtvertrags voraus (→ Rn. 10). In dieser Perspektive normiert die Vorschrift für die Fischerei einen Anwendungsvorbehalt: Das LPachtVG soll auf Landpachtverträge, bei denen es um Fischerei geht, nur Anwendung finden, soweit nicht Rechtsvorschriften der Länder inhaltsgleiche oder entgegenstehende Bestimmungen enthalten.[29] Dem lässt sich jedoch entgegen halten, dass teleologischer Bezugspunkt der Vor-

---

[20] Staudinger/*v. Jeinsen* BGB § 585 Rn. 3, 26.

[21] Staudinger/*v. Jeinsen* BGB § 585 Rn. 5.

[22] OLG Brandenburg Urt. v. 16.7.2015 – 5 U (Lw) 85/14, BeckRS 2015, 13730 mit zust. Anm. *Schuhmacher,* jurisPR-AgrarR 6/2015 Anm. 2.

[23] OLG Brandenburg Beschl. v. 29.4.1999 – 5 W 151/98, BeckRS 1999, 06538 = OLGR 1999, 312; *Ernst* LwVG § 1 Rn. 64; Faßbender/Hötzel/Lukanow/*Faßbender* BGB § 585 Rn. 61.

[24] Staudinger/*v. Jeinsen* BGB § 585 Rn. 13; wohl auch – vgl. § 1 Abs. 4 Buchst. b) LPachtG v. 25.6.1952 (BGBl. I 343) – historisch bedingt.

[25] MüKoBGB/*Harke* § 585 Rn. 3; wohl auch Faßbender/Hötzel/Lukanow/*Faßbender* BGB § 585 Rn. 62.

[26] BGH Urt. v. 13.7.2007 – V ZR 189/06, NJW-RR 2008, 172 = RdL 2007, 295; ferner Düsing/Martinez/*Schuhmacher* BGB § 585 Rn. 9 mwN.

[27] Derartige Rechtsvorschriften hat – soweit ersichtlich – bislang kein Land erlassen.

[28] Faßbender/Hötzel/Lukanow/*Hötzel* LPachtVG § 11 Rn. 6; *Steffen* RdL 1986, 113 (115).

[29] NK-LPachtVG/*Klein-Blenkers* § 11 Rn. 3.

schrift, wie sich nicht zuletzt aus ihrer Genese[30] ergibt, die Fischerei und nicht die Landwirtschaft ist, so dass die Anwendbarkeit von § 11 LPachtVG nicht von landwirtschaftlicher Grundstücksnutzung abhängen kann.

Dagegen bleibt die Erweiterung des Anwendungsbereichs des LwVG auf die **14 Pacht von Fischereirechten** (sog. Fischereipachtvertrag, zB § 14 LFischG NRW; → näher § 51 Rn. 4) einer dahingehenden Entscheidung der Landesgesetzgebung vorbehalten. Hierzu bedarf es der in § 51 Abs. 2 enthaltenen bundesrechtlichen Kompetenzzuweisung, weil die Gerichtsverfassung und das gerichtliche Verfahren unter die konkurrierende Gesetzgebung des Bundes fallen (Art. 74 Abs. 1 Nr. 1 GG; → § 51 Rn. 2).

Die Beanstandung von Verträgen über die Pacht von Fischereirechten, Antrag **15** auf gerichtliche Entscheidung sowie Zuständigkeit der Landwirtschaftsgerichte und die Anwendung des LwVG werden in den Fischereigesetzen der Länder Baden-Württemberg (→ § 51 Rn. 9), Berlin (→ § 51 Rn. 10), Rheinland-Pfalz (→ § 51 Rn. 11), Saarland (→ § 51 Rn. 12), Sachsen (→ § 51 Rn. 13) und Sachsen-Anhalt (→ § 51 Rn. 14) geregelt, wobei die Landwirtschaftsgerichte in den Ländern Berlin, Rheinland-Pfalz, Saarland und Sachsen-Anhalt in Abänderung von § 2 Abs. 2 LwVG ohne die Zuziehung von ehrenamtlichen Richtern entscheiden (→ § 2 Rn. 37).

Die amtliche Überschrift von § 11 LPachtVG („Fischereipacht") ist mithin inso-**16** fern irreführend, als damit im heutigen[31] Fachsprachgebrauch zumeist die landesrechtlich geregelte Pacht von Fischereirechten bezeichnet wird.[32] Fischereipacht iSv § 11 LPachtVG meint demgegenüber lediglich die Pacht von Betrieben oder Grundstücken, die der Fischerei dienen.

d) Antrag auf gerichtliche Entscheidung. Das Landwirtschaftsgericht hat **17** gemäß § 8 Abs. 1 LPachtVG auf Antrag auf gerichtliche Entscheidung die **behördliche Beanstandung eines Landpachtvertrags** (§§ 4–7 LPachtVG) auf ihre Rechtmäßigkeit zu prüfen. Der Antrag kann gemäß § 8 Abs. 1 LPachtVG nur von den Vertragsteilen gestellt werden, da nur sie von der Beanstandung in ihren Rechten betroffen sein können. Rechte Dritter bleiben von der Nichtbeanstandung unberührt, da das Beanstandungsverfahren allein im wirtschafts- und agrarpolitischen Allgemeininteresse liegt.[33] Auch der Antrag eines nicht antragsberechtigten Dritten fällt indes in die Zuständigkeit der Landwirtschaftsgerichtsbarkeit.[34] Die gemäß § 32 Abs. 1 und 3 (lediglich) anzuhörenden Berufsvertretungen (→ § 32 Rn. 12) haben ebenfalls kein Antragsrecht.

Der Antrag auf gerichtliche Entscheidung kann gemäß (§ 9 iVm) § 25 Abs. 1 und **18** 2 FamFG schriftlich bei dem örtlich zuständigen Landwirtschaftsgericht (→ § 10

---

[30] § 11 LPachtVG ersetzte § 18 Abs. 1 Landpachtgesetz (LPG) v. 25.6.1952 (BGBl. I 343), der sowohl die Pacht von Fischereibetrieben und -grundstücken als auch von Fischereirechten (jetzt § 51 Abs. 2) umfasste (vgl. BT-Drs. 1/1812, 24; 10/508, 12; 10/509, 30); letzteres weist als Rechtspacht der ohnehin keinen Bezug zu einem Landpachtvertrag auf.

[31] Anders noch § 18 Abs. 1 LPG v. 25.6.1952, BGBl. I 343.

[32] NK-LPachtVG/*Klein-Blenkers* § 11 Rn. 2, 9. Vgl. dazu auch BT-Drs. 10/508, 16, 18.

[33] Vgl. BVerwG Beschl. v. 23.1.1996 – 11 B 150/95, NVwZ-RR 1996, 369 (369 f.) = RdL 1996, 109 mwN. zum GrdstVG.

[34] OVG Lüneburg Beschl. v. 21.5.2012 – 10 OB 69/12, NVwZ-RR 2012, 782 = RdL 2012, 215 mwN; NK-LPachtVG/*Klein-Blenkers* § 8 Rn. 3; vgl. auch OLG Celle Beschl. v. 16.11.1998 – 7 W (L) 81/98, RdL 1999, 327.

Rn. 3 ff.) oder zur Niederschrift der Geschäftsstelle eines jeden Amtsgerichts abgegeben werden (→ § 14 Rn. 14).

19   Der Antrag auf gerichtliche Entscheidung ist **fristgebunden.** Dies folgt aus § 7 Abs. 3 LPachtVG, wonach die Vertragsteile ua über die bei Antragstellung einzuhaltende Frist zu belehren sind. Die Länge der Frist ergibt sich aus dem behördlichen Beanstandungsbescheid. Sie endet zu dem Zeitpunkt, bis zu dem die Vertragsteile in dem Beanstandungsbescheid aufgefordert werden, den Landpachtvertrag oder die Vertragsänderung aufzuheben oder in bestimmter Weise zu ändern; dieser Zeitpunkt soll mindestens einen Monat nach Bekanntgabe des Bescheids liegen (§ 7 Abs. 2 S. 1 LPachtVG). Setzt die Behörde eine kürzere Aufhebungs- oder Änderungsfrist, kann gleichwohl innerhalb eines Monats die gerichtliche Entscheidung beantragt werden.[35] Wiedereinsetzung in den vorigen Stand gemäß (§ 9 iVm) § 17 Abs. 1 FamFG ist nicht möglich, da es sich nicht um eine gesetzliche Frist handelt.[36] Bei fehlender oder fehlerhafter Rechtsbehelfsbelehrung (§ 7 Abs. 3 LPachtVG) dürfte § 20 S. 3 GrdstVG analog anzuwenden sein.[37] Danach beginnt die Antragsfrist nicht vor der Belehrung, spätestens aber fünf Monate nach der Zustellung der Entscheidung der Genehmigungsbehörde. Kommen die Vertragspartner der Aufforderung nicht nach, gilt der Landpachtvertrag oder die Vertragsänderung mit Ablauf der Frist als aufgehoben, sofern nicht vorher ein Vertragsteil einen Antrag auf gerichtliche Entscheidung gestellt hat (§ 7 Abs. 2 S. 2 LPachtVG).

20   **e) Entscheidung des Landwirtschaftsgerichts.** Das Landwirtschaftsgericht hat den Antrag auf gerichtliche Entscheidung als **unzulässig zu verwerfen,** wenn der Antrag durch einen nicht antragsberechtigten Dritten (→ Rn. 17) oder nach Ablauf der Antragsfrist (→ Rn. 19) gestellt worden ist. Dagegen darf das Landwirtschaftsgericht von einer Aufhebung eines beanstandeten Landpachtvertrags nicht schon im Hinblick auf dessen zivilrechtliche Nichtigkeit absehen, da dies dem Zweck des Beanstandungsverfahrens zuwiderliefe, dafür zu sorgen, dass agrarstrukturell schädliche Landpachtverträge nicht durchgeführt werden.[38] In den Fällen offensichtlicher Nichtigkeit kommt freilich auch in Betracht, das Rechtsschutzbedürfnis für den Antrag auf gerichtliche Entscheidung zu verneinen (vgl. → Rn. 87), so dass die Rechtskraft des Verwerfungsbeschlusses gemäß § 7 Abs. 2 S. 2 LPachtVG zur Aufhebung des Landpachtvertrags führt.[39]

21   Einen Landpachtvertrag beanstanden darf die – nach Landesrecht sachlich und gemäß § 6 LPachtVG örtlich – zuständige Behörde grundsätzlich[40] nur[41] aus den in § 4 Abs. 1 LPachtVG genannten Gründen, mithin wegen ungesunder Verteilung der Bodennutzung (Nr. 1 iVm Abs. 2), unwirtschaftlicher Aufteilung der Nutzung (Nr. 2) oder unangemessen hoher Pacht (Nr. 3). Ist keiner dieser Gründe gegeben, hat das Landwirtschaftsgericht gemäß § 8 Abs. 1 S. 1 Alt. 1 LPachtVG **festzustel-**

---

[35] OLG Karlsruhe Beschl. v. 14.12.1995 – 13 WLw 9/95, AgrarR 1996, 89 (90); HLBS/ *Booth* LPachtVG § 8 Rn. 65.

[36] Faßbender/Hötzel/Lukanow/*Hötzel* § 8 LPachtVG Rn. 8.

[37] OLG Karlsruhe Beschl. v. 14.12.1995 – 13 WLw 9/95, AgrarR 1996, 89 (90).

[38] BGH Beschl. v. 29.4.2016 – BLw 2/15, NZM 2016, 725 Rn. 26 ff. = AUR 2016, 298 mwN und Anm *Booth* AUR 2016, 300.

[39] AA insoweit jetzt BGH Beschl. v. 29.4.2016 – BLw 2/15, NZM 2016, 725 Rn. 27 = AUR 2016, 298 mwN und Anm *Booth* AUR 2016, 300.

[40] Dh vorbehaltlich weiterer landesgesetzlicher Beanstandungsgründe gem. § 4 Abs. 6 LPachtVG (→ Rn. 31).

[41] BT-Drs. 10/508, 9.

len, dass der Landpachtvertrag nicht zu beanstanden ist.[42] Das Landwirtschaftsgericht ist bei der Prüfung des Beanstandungsbescheids allerdings nicht an den von der Behörde angeführten Beanstandungsgrund gebunden. Das Gericht kann den Landpachtvertrag oder die Vertragsänderung also auch aus einem Grunde beanstanden, den die Behörde nicht berücksichtigt hat.[43]

Dieselbe Feststellung hat das Landwirtschaftsgericht zu treffen, falls überhaupt **22** kein (→ Rn. 7 ff.) oder kein anzuzeigender (§§ 2, 3 LPachtVG; → Rn. 27) und schon deshalb nicht gemäß § 4 Abs. 1 LPachtVG zu beanstandender Landpachtvertrag vorliegt. In gleicher Weise hat das Landwirtschaftsgericht gemäß § 5 LPachtVG zu verfahren, wenn die Beanstandung trotz Vorliegen eines Beanstandungsgrundes für einen Vertragsteil eine unzumutbare Härte[44] wäre.[45] Die nämliche Feststellung hat das Landwirtschaftsgericht schließlich zu treffen, wenn gemäß § 7 Abs. 1 S. 3 LPachtVG der Landpachtvertrag oder die Vertragsänderung deshalb als nicht beanstandet gilt, weil die behördliche Beanstandungsfrist von einem (§ 7 Abs. 1 S. 1 LPachtVG) oder nach Verlängerung zwei Monaten (§ 7 Abs. 1 S. 2 LPachtVG) abgelaufen ist, ohne dass den Vertragsteilen ein Beanstandungsbescheid bekannt gegeben worden ist.[46]

Bestätigt das Landwirtschaftsgericht hingegen die Beanstandung durch **Aufhe- 23 bung des Landpachtvertrags** oder der Vertragsänderung (s. § 8 Abs. 1 S. 1 Alt. 2 LPachtVG), wirkt die Aufhebung nicht auf den Zeitpunkt des Vertragsschlusses, sondern tritt mit der Rechtskraft der gerichtlichen Entscheidung ([§ 9 iVm] § 45 FamFG) ein.[47]

Falls der Vertrag wegen unangemessen hoher Pacht (§ 4 Abs. 1 Nr. 3 LPachtVG) **24** zu beanstanden ist, kann das Landwirtschaftsgericht ihn gemäß § 8 Abs. 1 S. 2 LPachtVG auch, statt ihn gänzlich aufzuheben, durch Festsetzung einer angemessenen Pacht ändern. Diese Möglichkeit wird das Gericht in der Regel bevorzugen, da die Rückgabe des Pachtlands für den Pächter vielfach eine erhebliche Härte bedeuten würde[48] und § 4 Abs. 1 Nr. 3 LPachtVG lediglich verhindern will, dass eine Pacht gezahlt werden muss, die nicht in einem angemessenen Verhältnis zu dem Ertrag steht, der bei ordnungsgemäßer Bewirtschaftung nachhaltig zu erzielen ist. Dieser Gesetzeszweck wird schon dann erreicht, wenn das Gericht den Pachtzins anpasst.[49]

Das Landwirtschaftsgericht kann auf Antrag zudem **Anordnungen über die 25 Abwicklung des Vertrags** treffen (§ 8 Abs. 2 S. 1 LPachtVG). Zu solchen Anordnungen ist das Landwirtschaftsgericht in gleicher Weise befugt, wenn es nicht selbst den Landpachtvertrag aufgehoben hat, sondern der Vertrag gemäß § 7 Abs. 2 LPachtVG mangels fristgerechten Antrags auf gerichtliche Entscheidung gegen den Beanstandungsbescheid als aufgehoben gilt.[50] Der Inhalt von Anordnungen des Landwirtschaftsgerichts gilt unter den Vertragsteilen als Vertragsinhalt (§ 8 Abs. 2 S. 2 LPachtVG).

---

[42] ZB OLG Jena Beschl. v. 19.12.2014 – Lw U 676/14, NL-BzAR 2015, 122.
[43] BT-Drucks. 10/508, 11; NK-LPachtVG/*Klein-Blenkers* § 8 Rn. 11.
[44] Dazu BT-Drs. 10/508, 10; NK-LPachtVG/*Klein-Blenkers* § 5 Rn. 3 ff. mwN.
[45] NK-LPachtVG/*Klein-Blenkers* § 5 Rn. 9.
[46] NK-LPachtVG/*Klein-Blenkers* § 8 Rn. 13.
[47] BT-Drs. 10/508, 11; NK-LPachtVG/*Klein-Blenkers* § 8 Rn. 13.
[48] BT-Drs. 10/508, 11.
[49] AG Frankfurt (Oder) Beschl. v. 5.4.2011 – 12 Lw 32/07, BeckRS 2012, 01643.
[50] BT-Drs. 10/508, 11.

26   Über Streitigkeiten, die diesen Vertragsinhalt, also den Inhalt der Anordnungen betreffen, entscheidet wiederum auf Antrag das Landwirtschaftsgericht (§ 8 Abs. 2 S. 3 LPachtVG), das dabei freilich auch über Gegenrechte und Gegenansprüche insbesondere aus dem übrigen Pachtverhältnis zu befinden hat.[51] Alle diese Entscheidungen sind zwar in Anwendung der Vorschriften des FamFG zu treffen (§ 9 → Rn. 4). Die Anordnungen des Landwirtschaftsgerichts bilden aber, eben weil sie lediglich den Inhalt des Vertrags festlegen, keinen Vollstreckungstitel; wer aus ihnen vollstrecken will, muss sich gemäß §§ 1 Nr. 1a, 48 Abs. 1 S. 1 einen Titel nach der ZPO erstreiten.[52]

27   Zur Ermöglichung des Beanstandungsverfahrens ist der **Verpächter grundsätzlich verpflichtet, den Abschluss oder die Änderung eines Landpachtvertrags anzuzeigen** (§§ 2, 3 LPachtVG). Kommt der Verpächter dieser Verpflichtung nicht oder nicht fristgemäß nach, kann die Behörde die Anzeige verlangen (§ 10 Abs. 1 LPachtVG).[53] Das Landwirtschaftsgericht hat hier gemäß § 10 Abs. 3 LPachtVG auf Antrag über die Rechtmäßigkeit des Anzeigeverlangens zu entscheiden. Entsprechendes gilt nach § 10 Abs. 2 und 3 LPachtVG, wenn die Behörde nach Aufhebung des Landpachtvertrags die Rückübertragung des Pachtbesitzes verlangt.

28   Das Landwirtschaftsgericht ist schließlich zuständig, wenn die Behörde das Anzeige- oder Rückübertragungsverlangen mit **Zwangsgeld** bewehrt.[54] Nach § 18 Abs. 1 S. 1 VwVG sind gegen die Androhung eines Zwangsmittels die Rechtsmittel gegeben, die gegen den Verwaltungsakt zulässig sind, dessen Durchsetzung erzwungen werden soll. Auch soweit das Landesrecht keine dem Bundesrecht vergleichbare Regelung enthält (wie zB in Brandenburg) oder nur die Festsetzung des Zwangsmittels angegriffen wird, lässt sich aus der amtlichen Überschrift (Ordnungsmaßnahmen) und unter dem Gesichtspunkt der Sachnähe die Zuständigkeit des Landwirtschaftsgerichts ableiten.[55] Nach den VwVGen des Bundes (§ 9 Abs. 2 VwVG) und der Länder (zB § 29 Abs. 3 BbgVwVG) muss das Zwangsmittel in einem angemessenen Verhältnis zu seinem Zweck stehen. Dieser ergibt sich hier letztlich aus einer Bewertung des fraglichen Landpachtvertrags (vgl. § 4 LPachtVG), die das Landwirtschaftsgericht im Beanstandungsverfahren ohnehin vorzunehmen hat oder hätte.[56]

29   **f) Bundesrecht ergänzendes und ersetzendes Landesrecht.** Die Zuständigkeit der Landwirtschaftsgerichte in Landpachtverkehrssachen wird mittelbar durch § 3 Abs. 2 LPachtVG eingeschränkt. Danach können die Landesregierungen durch Rechtsverordnung zur erleichterten Durchführung des Gesetzes Landpachtverträge über landwirtschaftliche Betriebe oder Grundstücke bis zu einer bestimm-

---

[51] BT-Drs. 10/508, 11; NK-LPachtVG/*Klein-Blenkers* § 8 Rn. 20.

[52] BT-Drs. 10/508, 11; *Ernst* LwVG § 1 Rn. 11; Faßbender/Hötzel/Lukanow/*Hötzel* LPachtVG § 8 Rn. 23.

[53] Hier aber beißt sich die Katze idR in den Schwanz, weil dies praktisch voraussetzt, dass die Behörde von dem Pachtvertrag anderweitig Kenntnis erlangt hat, und woraus sich die geringe praktische Bedeutung des LPachtVG erklärt (vgl. Düsing/Martinez/*Schuhmacher* LPachtVG Vorbem. Rn. 4 ff.).

[54] Näher dazu NK-LPachtVG/*Klein-Blenkers* § 10 Rn. 11 ff., 17 ff.

[55] IErg ebenso *Ernst* LwVG § 1 Rn. 18; Faßbender/Hötzel/Lukanow/*Hötzel* LPachtVG § 10 Rn. 38; NK-LPachtVG/*Klein-Blenkers* § 10 Rn. 21.

[56] Vgl. dazu auch BVerwG Beschl. v. 23.1.1996 – 11 B 150/95, NVwZ-RR 1996, 369 (369 f.) = RdL 1996, 109 mwN.

ten Größe von der Anzeigepflicht ausnehmen, soweit eine Anwendung dieses Gesetzes nicht erforderlich ist. Solche Durchführungsbestimmungen haben die meisten Länder erlassen. Danach liegen die **Anzeigefreigrenzen** zwischen 0,5 und 2 ha.[57]

Gemäß § 4 Abs. 4 LPachtVG können die Landesregierungen ferner zur erleich- **30** terten Durchführung des Gesetzes unter besonderer Berücksichtigung der agrarstrukturellen Verhältnisse in ihrem Land durch Rechtsverordnung Grenzen bestimmen, bis zu denen landwirtschaftliche Betriebe oder Grundstücke gepachtet werden können, ohne dass eine ungesunde Verteilung der Bodennutzung anzunehmen ist. Da ein Antrag auf gerichtliche Entscheidung nur bei Beanstandung des Landpachtvertrags gestellt werden wird, kann auch durch derartige Verordnungen die Zuständigkeit der Landwirtschaftsgerichte faktisch beschränkt werden.[58]

Umgekehrt können die Länder nach § 4 Abs. 6 LPachtVG durch oder aufgrund **31** Gesetz bestimmen, dass in bestimmten Teilen des Landesgebietes ein anzuzeigender Landpachtvertrag über die in Absatz 1 genannten Gründe hinaus beanstandet werden kann, soweit dies in dem betroffenen Teil des Landesgebietes zur Abwehr einer erheblichen Gefahr für die Agrarstruktur zwingend erforderlich ist. Die durch die Wettbewerbssituation im deutsch-schweizerischen Grenzgebiet motivierte[59] Ermächtigung hat Baden-Württemberg zunächst zur Änderung des AGGrdstVG (GBl. 2006, 85) genutzt, bis es das LPachtVG nach der Föderalismusreform insgesamt durch Landesrecht ersetzt hat.

In **Baden-Württemberg** gilt seitdem das Agrarstrukturverbesserungsgesetz v. **32** 10. 11. 2009 (GBl. 645; ASVG) als Bundesrecht ersetzendes Landesrecht, das in §§ 11–13, 28 und 32 dem LPachtVG weitgehend entsprechende, auf die Landesverhältnisse zugeschnittene Vorschriften enthält.

Die **Ersetzungsbefugnis der Länder** ergibt sich aus Art. 125a Abs. 1 GG. **33** Durch Art. 1 Nr. 7 Buchst. a DBuchst. jj des Gesetzes v. 28. 8. 2006 (BGBl. I 2034) sind die Gesetzgebungskompetenzen auf dem Gebiet des Landwirtschaftsrechts nach Art. 74 Abs. 1 Nr. 18 GG neu verteilt worden. Nach Art. 74 Abs. 1 Nr. 18 GG in der seit dem 1. 9. 2006 geltenden Fassung sind die bis zu diesem Zeitpunkt der konkurrierenden Gesetzgebung des Bundes unterliegenden Gegenstände des Grundstücksverkehrs und des städtebaulichen Grundstücksverkehr beschränkt und des landwirtschaftlichen Pachtwesens aufgehoben worden. Die Ersetzungsbefugnis erstreckt sich daher neben dem LPachtVG auf den ersten Abschnitt des GrdstVG (Veräußerung eines landwirtschaftlichen Grundstücks; → Rn. 70ff.) und auf das RSG (siedlungsrechtliches Vorkaufsrecht; → Rn. 136ff.).

Dagegen sind der zweite Abschnitt des GrdstVG (gerichtliche Zuweisung eines **34** landwirtschaftlichen Betriebs; → Rn. 112ff.) und das RSGErgG (Folgeansprüche des Pächters nach Ausübung des Sonderkündigungsrechts; → Rn. 153ff.) dem Bürgerlichen Recht zuzuordnen, für das es gemäß Art. 74 Abs. 1 Nr. 1 GG bei der Gesetzgebungszuständigkeit des Bundes verbleibt.[60] Obwohl nach dieser Vorschrift auch die **Gerichtsverfassung und das gerichtliche Verfahren** zu den Gegenständen der konkurrierenden Gesetzgebung des Bundes gehören, durfte und musste der baden-württembergische Landesgesetzgeber die Zuständigkeit der Landwirtschaftsgerichte und die Anwendbarkeit des LwVG in § 32 Abs. 3 ASVG

---

[57] Überblick bei NK-LPachtVG/*Klein-Blenkers* § 3 Rn. 14.
[58] NK-LPachtVG/*Klein-Blenkers* § 4 Rn. 60.
[59] BT-Drs. 15/5613, 3.
[60] *Netz* GrdstVG Rn. 3667.

regeln. Soweit in § 1 der Geltungsbereich des LwVG durch Aufzählung des der Ersetzungsbefugnis unterliegenden Bundesrechts bestimmt wird, würde mit dem Erlass von Landesrecht, das sich auf die Ersetzung dieses Bundesrechts beschränkte, zugleich die bundesrechtlich gerade vorgesehene Anwendbarkeit des LwVG entfallen. Mit § 32 Abs. 3 ASVG wird mithin lediglich der gerichtsverfassungs- und verfahrensrechtliche status quo fortgeschrieben, wie er vor Erlass des ASVG bestand.

35   Solange ein Land nicht dem Bsp. Baden-Württembergs folgt und sich dazu entschließt, das LPachtVG durch Landesrecht zu ersetzen,[61] behalten die im LPachtVG enthaltenen Gesetzes- und Verordnungsermächtigungen (→ Rn. 29 ff.) ihre Bedeutung. Die Länder können das LPachtVG gemäß Art. 125 a Abs. 1 S. 2 GG auch nicht ändern, sondern nur, freilich auch einen abgrenzbaren Teilbereich,[62] ersetzen.[63]

2. Verfahren auf Grund der Vorschriften des BGB

36   Neben dem LPachtVG verweist § 1 Nr. 1 auf Vorschriften des BGB-Landpachtrechts, nach denen das Landwirtschaftsgericht auf Antrag eines Vertragsteils unmittelbar ohne behördliches Vorverfahren in Anwendung der Vorschriften des FamFG (§ 9 → Rn. 4) tätig wird.

37   Anträge nach diesen Vorschriften können gemäß (§ 9 iVm) § 25 Abs. 1 und 2 FamFG schriftlich bei dem örtlichen zuständigen Landwirtschaftsgericht (→ § 10 Rn. 3 ff.) oder zur Niederschrift der Geschäftsstelle eines jeden Amtsgerichts abgegeben werden.

38   **a) § 585 b Abs. 2 BGB.** Nach § 585 b Abs. 2 S. 1 BGB kann jeder Vertragsteil bei Beginn und/oder Beendigung des Pachtverhältnisses (§ 585 b Abs. 1 BGB) verlangen, dass eine **Beschreibung der Pachtsache durch einen Sachverständigen** angefertigt wird, sofern sich ein Vertragsteil weigert, bei der Anfertigung einer Beschreibung mitzuwirken, oder sich bei der Anfertigung Meinungsverschiedenheiten tatsächlicher Art ergeben. Der Anspruch erlischt gemäß § 585 b Abs. 2 S. 1 Hs. 1 BGB, wenn seit der Überlassung der Pachtsache mehr als neun Monate oder seit der Beendigung des Pachtverhältnisses mehr als drei Monate verstrichen sind.[64]

39   Der Sachverständige wird auf Antrag durch das Landwirtschaftsgericht ernannt (§ 585 b Abs. 2 S. 1 Hs. 2 BGB). Insoweit kommt die materiell-rechtliche Befristung des Anspruchs einer Antragsfrist gleich.[65] Die Tätigkeit des Gerichts ist lediglich auf die Ernennung des Sachverständigen gerichtet und mit dieser Ernennung beendet.[66] Die Ernennung erfolgt durch Beschluss, da sie den Verfahrensgegenstand iSv § (9 iVm) § 38 Abs. 1 S. 1 FamFG erledigt.[67] Der Sachverständige wird mithin nicht vom Gericht herangezogen, so dass er eine Entschädigung nach dem JVEG bereits

---

[61] Zu dahingehenden Reformbestrebungen der Länder NK-LPachtVG/*Klein-Blenkers* Einl. Rn. 28 ff.

[62] BVerfG Urt. v. 9.6.2004 – 1 BvR 636/02, BVerfGE 111, 10 (29 f.) = NJW 2004, 2363 zu Art. 125 a Abs. 2 GG.

[63] NK-LPachtVG/*Klein-Blenkers* Einl. Rn. 25.

[64] Staudinger/*v. Jeinsen* BGB § 585 b Rn. 13 f.

[65] *Ernst* LwVG § 14 Rn. 55; *Wiese* AUR 2014, 81 (82).

[66] OLG Jena Beschl. v. 8.4.1997 – LW 550/96, OLG-NL 1997, 187; Faßbender/Hötzel/Lukanow/*Faßbender* BGB § 585 b Rn. 40; HLBS/*Glas* BGB § 585 b Rn. 20; aA *Wiese* AUR 2014, 81 (83).

[67] Staudinger/*v. Jeinsen* BGB § 585 b Rn. 17.

dem Grunde nach nicht beanspruchen kann (§ 1 Abs. 1 Nr. 1 JVEG). Nach seiner Ernennung durch das Gericht wird der Sachverständige vielmehr im Auftrag der Parteien tätig und muss seine Vergütung ihnen gegenüber, notfalls im Wege einer zivilrechtlichen Klage, geltend machen.[68]

In einem anschließenden Pachtrechtsstreit wird gemäß § 585 b Abs. 3 BGB ver- **40** mutet, dass die Beschreibung des Sachverständigen richtig ist. Die Vermutung ist gemäß (§ 48 Abs. 1 S. 1 iVm) § 292 ZPO durch Beweis des Gegenteils widerlegbar.[69]

b) § 588 BGB. Gemäß § 586 Abs. 1 S. 1 BGB hat der Verpächter die Pachtsache **41** während der Pachtzeit in einem zu der vertragsgemäßen Nutzung geeigneten Zustand zu erhalten. Nach § 588 Abs. 4 S. 1, Abs. 1 BGB entscheidet das Landwirtschaftsgericht auf Antrag darüber, ob der Pächter **Einwirkungen auf die Pachtsache** zu dulden hat, weil sie zu ihrer Erhaltung erforderlich sind.

Zudem hat der Pächter grundsätzlich Maßnahmen zur **Verbesserung der** **42** **Pachtsache** zu dulden (§ 588 Abs. 2 S. 1 BGB). Dafür hat der Verpächter dem dem Pächter entstandenen Aufwendungen und entgangenen Erträge in angemessenem Umfang zu ersetzen, wofür dieser von jenem einen Vorschuss verlangen kann (§ 588 Abs. 2 S. 2 und 3 BGB). Über in diesem Rahmen entstehende Streitigkeiten entscheidet gemäß § 588 Abs. 4 S. 1 BGB das Landwirtschaftsgericht. Soweit der Pächter infolge der Verbesserung der Pachtsache höhere Erträge erzielt oder bei ordnungsgemäßer Bewirtschaftung erzielen könnte, kann der Verpächter grundsätzlich verlangen, dass der Pächter in eine angemessene Erhöhung der Pacht einwilligt (§ 588 Abs. 3 BGB). Verweigert der Pächter seine Einwilligung, wird sie gemäß § 588 Abs. 4 S. 2 BGB vom Landwirtschaftsgericht auf Antrag ersetzt, dem entgegen des Wortlauts der Vorschrift („kann") kein Ermessen eingeräumt ist. Davon ist die Durchsetzung des Anspruchs auf Zahlung der erhöhten Pacht zu unterscheiden, die gemäß §§ 1 Nr. 1 a, 48 Abs. 1 S. 1 nach der ZPO erfolgt.[70] Werden beide Anträge miteinander verbunden vor dem Landwirtschaftsgericht gestellt, hat das Gericht die Trennung in zwei Verfahren anzuordnen (→ Rn. 276).[71]

c) § 590 Abs. 2 BGB. Die Vorschrift des § 590 BGB regelt drei Fälle der **Nut-** **43** **zungsänderung der Pachtsache.** Eine Änderung der landwirtschaftlichen Bestimmung, dh die nichtlandwirtschaftliche Nutzung der Pachtsache, bedarf stets der vorherigen Erlaubnis des Verpächters (§ 590 Abs. 1 BGB). Auch ein Gebäude darf der Pächter, selbst wenn es der landwirtschaftlichen Nutzung dient, nur mit vorheriger Erlaubnis des Verpächters errichten (§ 590 Abs. 2 S. 2 BGB). Eine sonstige Änderung der bisherigen Nutzung im Rahmen der landwirtschaftlichen Bestimmung bedarf demgegenüber nur dann der vorherigen Erlaubnis des Verpächters, wenn durch die Änderung die Art der Nutzung voraussichtlich über die Pachtzeit hinaus beeinflusst wird (§ 590 Abs. 2 S. 1 BGB).[72]

Verweigert der Verpächter die Erlaubnis zur Änderung der landwirtschaftlichen **44** Bestimmung, kann sie nicht durch das Landwirtschaftsgericht ersetzt werden. Un-

---

[68] OLG Jena Beschl. v. 8.4.1997 – LW 550/96, OLG-NL 1997, 187; HLBS/*Glas* BGB § 585 b Rn. 20.

[69] Vgl. auch Düsing/Martinez/*Schuhmacher* BGB § 585 b Rn. 8.

[70] Düsing/Martinez/*Schuhmacher* BGB § 588 Rn. 9.

[71] OLG Stuttgart Beschl. v. 27.11.1990 – 10 W(Lw) 13/90, RdL 1991, 54; Düsing/Martinez/*Hornung* LwVG § 1 Rn. 12.

[72] ZB BGH Urt. v. 5.6.1992 – LwZR 11/91, BGHZ 118, 351 (353) = NJW 1992, 2628 = RdL 1992, 259.

terhalb der Schwelle dieser grundlegenden Umwidmung liegende **Nutzungsänderungen (§ 590 Abs. 2 S. 1 und 2 BGB) kann das Landwirtschaftsgericht** auf Antrag an Stelle des Verpächters **erlauben,** sofern nicht die Änderung der Nutzung bereits eigenmächtig erfolgt (§ 590 Abs. 1 BGB: „vorheriger Erlaubnis"),[73] der Pachtvertrag gekündigt ist oder das Pachtverhältnis in weniger als drei Jahren endet (§ 590 Abs. 2 S. 4 BGB). Gemäß § 590 Abs. 2 S. 3 BGB kann das Landwirtschaftsgericht die vom Verpächter verweigerte Erlaubnis ersetzen, soweit die Änderung zur Erhaltung oder nachhaltigen Verbesserung der Rentabilität des Betriebs geeignet erscheint und dem Verpächter bei Berücksichtigung seiner berechtigten Interessen zugemutet werden kann. Dabei kann es die Erlaubnis unter Bedingungen und Auflagen ersetzen (§ 590 Abs. 2 S. 5 Hs. 1 BGB). Hat das Landwirtschaftsgericht die Erlaubnis an eine Sicherheitsleistung geknüpft (§ 590 Abs. 2 S. 5 Hs. 2 BGB), hat es auf Antrag auch über die Rückgabe der Sicherheit zu entscheiden (§ 590 Abs. 2 S. 6 BGB ivm § 109 ZPO).

45   **d) § 591 Abs. 2 BGB.** Ein Ersatzanspruch des Pächters wegen anderen als notwendigen Verwendungen hängt ua von der Zustimmung des Verpächters zu diesen **wertverbessernden Verwendungen** ab (§ 591 Abs. 1 BGB). Weigert sich der Verpächter den Verwendungen zuzustimmen, kann das **Landwirtschaftsgericht die Zustimmung ersetzen** (§ 591 Abs. 2 S. 1 und 2 BGB). Die Voraussetzungen der Ersetzung entsprechen im Wesentlichen[74] denjenigen, unter denen die Erlaubnis des Verpächters zur Änderung der Nutzung ersetzt werden kann (→ Rn. 44). Anders als im Ersetzungsverfahren bei Nutzungsänderung der Pachtsache kann die Zustimmung hier freilich auch noch nach Vornahme der Verwendungen ersetzt werden (Gegenschluss aus § 590 Abs. 1 BGB: „vorheriger Erlaubnis").[75] Im Unterschied zur Nutzungsänderung muss dann allerdings auch feststehen, dass die fraglichen Verwendungen zur Erhaltung oder Verbesserung der Rentabilität geeignet sind (und dazu nicht nur geeignet erscheinen wie in § 590 Abs. 2 S. 3 BGB). Auch hier kann das Landwirtschaftsgericht die Zustimmung mit Auflagen und Bedingungen versehen (§ 591 Abs. 2 S. 3 BGB). Über den Verwendungsersatzanspruch selbst ist dann nach § 591 Abs. 3 BGB zu befinden.

46   **e) § 591 Abs. 3 BGB.** Darüber hinaus kann das Landwirtschaftsgericht auf Antrag Bestimmungen über den **verwendungsbedingten Mehrwert** treffen, um den die Verwendungen den Wert der Pachtsache über die Pachtzeit hinaus erhöhen (§ 591 Abs. 1 BGB). Es kann ihn festsetzen (§ 591 Abs. 3 S. 1 BGB) und eine diesbezügliche Ratenzahlungsregelung treffen (§ 591 Abs. 3 S. 2 BGB). Das Antragsverfahren nach § 1 Nr. 1 ist auch statthaft, wenn der Pächter seinen Mehrwertanspruch auf eine analoge Anwendung von § 591 Abs. 1 BGB stützt.[76] Die Festsetzung des Mehrwerts setzt gemäß § 591 Abs. 1 BGB die Zustimmung des Verpächters zu den Verwendungen oder deren Ersetzung gemäß § 591 Abs. 2 BGB (→ Rn. 45) voraus. Sie hängt aber nicht von der vorherigen Durchführung des Ersetzungsverfahrens nach dieser Vorschrift ab, weil einerseits Streitigkeiten über die Höhe des verwen-

---

[73] BT-Drs. 10/509, 21; Staudinger/*v. Jeinsen* BGB § 590 Rn. 25.
[74] Entgegen BT-Drs. 10/509, 22, ist die Vorschrift mit § 590 Abs. 2 S. 3 BGB nicht vollständig deckungsgleich.
[75] BT-Drs. 10/509, 22; Staudinger/*v. Jeinsen* BGB § 591 Rn. 18.
[76] BGH Beschl. v. 19.7.1991 – LwZR 3/90, NJW 1991, 3279, für Übergang der dem Pächter zugeteilten Milchreferenzmenge auf den Verpächter; zust. Düsing/Martinez/*Hornung* LwVG § 1 Rn. 14 mwN.

dungsbedingten Mehrwerts auch entstehen können, wenn der Verpächter den Verwendungen zugestimmt hat, und andererseits der Antrag nach § 591 Abs. 3 mit dem nach Abs. 2 verbunden werden kann, also dazu die Zustimmung noch nach Tätigung der Verwendungen ersetzt werden kann.[77] Wenn der Pachtvertrag allerdings gekündigt ist oder das Pachtverhältnis in weniger als drei Jahren endet, ist gemäß § 591 Abs. 2 S. 2 BGB nicht mehr zu prüfen, ob der Verpächter den Verwendungen hätte zustimmen müssen und seine Zustimmung deshalb in dem nach § 591 Abs. 2 BGB vorgesehenen Verfahren auf Antrag des Pächters zu ersetzen gewesen wäre, wenn dieser das Ersetzungsverfahren rechtzeitig betrieben hätte.[78]

Der Wortlaut von § 591 Abs. 3 BGB lässt nicht zweifelsfrei erkennen, ob das **47** Landwirtschaftsgericht lediglich bestimmen soll, die Höhe des Mehrwerts zu bestimmen oder ob es auch einen Zahlungstitel schaffen kann.[79] Aus der Entstehungsgeschichte[80] und dem Sinn und Zweck der Vorschrift (Prozessökonomie) ergibt sich jedoch, dass das **Landwirtschaftsgericht selbst einen zur Zwangsvollstreckung geeigneten Zahlungstitel schaffen soll.** Die Einleitung eines Prozessverfahrens nach der ZPO (§§ 1 Nr. 1a, 48 Abs. 1 S. 1) ist weder erforderlich noch überhaupt statthaft.[81]

Ist dem Verpächter ein Ersatz des Mehrwerts auch unter Zahlungserleichterungen **48** (§ 591 Abs. 3 S. 2 BGB) nicht zuzumuten, kann der Pächter nur verlangen, dass das Pachtverhältnis zu den bisherigen Bedingungen so lange fortgesetzt wird, bis der Mehrwert der Pachtsache abgegolten ist (§ 591 Abs. 3 S. 3 BGB). Können sich die Vertragsparteien über eine Forstsetzung des Pachtverhältnisses nicht einigen, entscheidet darüber auf Antrag wiederum das Landwirtschaftsgericht (§ 591 Abs. 3 S. 4 BGB).

f) § 593 BGB. § 593 Abs. 1 bis 3 BGB enthält eine §§ 313, 242 BGB in seinem **49** Anwendungsbereich verdrängende Spezialregelung, die die Regeln über die **Störung der Geschäftsgrundlage** im Interesse der Funktionsfähigkeit landwirtschaftlicher Betriebe konkretisiert und modifiziert.[82] Das Landwirtschaftsgericht ist auf Antrag des einen Vertragsteils zur Entscheidung über die Änderung (Anpassung) des Landpachtvertrags berufen, wenn der andere Teil zu ihr seine Einwilligung verweigert (§ 593 Abs. 4 BGB). Ein solcher Antrag ist allerdings nur zulässig, wenn der Vertrag angezeigt worden ist (§ 9 LPachtVG, → Rn. 27; in Baden-Württemberg § 32 Abs. 7 ASVG, → Rn. 32), was auch noch nach Ablauf der Monatsfrist des § 2 Abs. 2 LPachtVG geschehen kann.[83] Die Änderung kann gemäß § 593 Abs. 2 S. 1 BGB grundsätzlich (Ausnahme: verwüstendes Naturereignis, § 593 Abs. 2 S. 2 BGB) frühestens zwei Jahre nach Beginn des Pachtverhältnisses oder dem Wirksamwerden der letzten Änderung der Vertragsleistungen und gemäß § 593 Abs. 3 BGB nicht für eine frühere Zeit als das laufende Pachtjahr verlangt werden.

---

[77] *Ernst* LwVG § 14 Rn. 80; Staudinger/*v. Jeinsen* BGB § 591 Rn. 52.

[78] OLG Schleswig Urt. v. 5.6.2015 – 2 L U 13/14, RdL 2015, 244 (246) m. zust. Anm. *v. Jeinsen,* jurisPR-AgrarR 4/2015 Anm. 2.

[79] AA wohl Düsing/Martinez/*Hornung* LwVG § 1 Rn. 13.

[80] BT-Drs. 10/509, 22.

[81] BGH Beschl. v. 19.7.1991 – LwZR 3/90, BGHZ 115, 162 (164), NJW 1991, 3279 = AgrarR 1991, 343 mwN; abl. Düsing/Martinez/*Schuhmacher* BGB § 591 Rn. 19.

[82] BGH Beschl. v. 29.11.1996 – BLw 48/95, BGHZ 134, 158 (161) = NJW 1997, 1066 = RdL 1997, 119; Staudinger/*v. Jeinsen* BGB § 593 Rn. 7; BeckOK BGB/*C. Wagner* § 593 Rn. 1; aA MüKoBGB/*Harke* § 593 Rn. 1.

[83] BT-Drs. 10/508, 12; Faßbender/Hötzel/Lukanow/*Faßbender* BGB § 593 Rn. 4; Düsing/ Martinez/*Schuhmacher* BGB § 593 Rn. 23.

50   Ob eine wesentliche und nachhaltige Veränderung der Verhältnisse stattgefunden hat, infolge der die gegenseitigen Verpflichtungen in ein grobes Missverhältnis geraten sind, muss das Landwirtschaftsgericht sodann unter Berücksichtigung **sämtlicher Umstände tatsächlicher und rechtlicher Art** beantworten, die das wirtschaftliche Interesse an der Nutzung von Pachtland unter Einbeziehung der örtlichen Besonderheiten bestimmen.[84] Dabei und bei der eigentlichen Anpassung (in der Regel der Pacht) ist dem „Tatrichter", also dem Landwirtschaftsgericht im ersten und zweiten Rechtszug, freilich eine Einschätzungsprärogative zuzubilligen, die rechtlicher Überprüfung nur bedingt zugänglich ist.[85] Aus der gerichtlichen Entscheidung, dh der rechtsgestaltenden Änderung des Pachtvertrags,[86] folgende Ansprüche müssen gemäß §§ 1 a, 48 Abs. 1 S. 1 im ZPO-Streitverfahren durchgesetzt werden (wie → Rn. 42 aE).[87]

51   Das Recht auf Änderung des Vertrags ist gemäß § 593 Abs. 5 S. 1 BGB **nicht abdingbar;** unwirksam ist auch eine Vereinbarung, die für seine Aus- oder Nichtausübung besondere Nach- oder Vorteile vorsieht (§ 593 Abs. 5 S. 2 BGB).[88] Deshalb können die Vertragsteile die Entscheidung über eine Vertragsanpassung nicht einem Schiedsgericht übertragen.[89] Zulässig sind jedoch Vereinbarungen, die die Feststellung von Tatsachen und deren rechtliche Einordnung Schiedsgutachtern oder Schätzungsausschüssen zuweisen, weil dadurch die staatliche Gerichtsbarkeit grundsätzlich nicht ausgeschlossen wird.[90] Den Streit über die Verbindlichkeit der Leistungsbestimmung (§ 319 Abs. 1 S. 1 BGB) hat wiederum das Landwirtschaftsgericht zu entscheiden, allerdings gemäß §§ 1 Nr. 1a, 48 Abs. 1 S. 1 iVm § 319 Abs. 1 S. 2 BGB im ZPO-Verfahren.[91]

52   **g) § 594d Abs. 2 BGB.** Nach § 594d Abs. 1 BGB begründet der **Tod des Pächters** ein Sonderkündigungsrecht ua des Verpächters, über das das Landwirtschaftsgericht im Streitfall im ZPO-Verfahren zu entscheiden hat (§§ 1 Nr. 1a, 48 Abs. 1 S. 1).[92] Die Erben können gemäß § 594d Abs. 2 S. 1 BGB der Kündigung des Verpächters widersprechen und die Fortsetzung des Pachtverhältnisses verlan-

---

[84] St. Rspr, zB BGH Beschl. v. 29.11.1996 – BLw 48/95, BGHZ 134, 158 (161) = NJW 1997, 1066 = RdL 1997, 119 mwN.

[85] BGH Beschl. v. 29.11.1996 – BLw 48/95, BGHZ 134, 158 (163) = NJW 1997, 1066 = RdL 1997, 119: „Ermessen"; Beschl. v. 2.3.1953 – V BLw 110/52, BGHZ 9, 104 (110): „Sache der tatrichterlichen Würdigung".

[86] Faßbender/Hötzel/Lukanow/*Faßbender* BGB § 593 Rn. 60.

[87] *Ernst* LwVG § 14 Rn. 89; Staudinger/*v. Jeinsen* BGB § 593 Rn. 26.

[88] Zu – zulässigen – vertraglichen Konkretisierungen und Erleichterungen einer Vertragsanpassung BGH Beschl. v. 29.11.1996 – BLw 48/95, BGHZ 134, 158 (161) = NJW 1997, 1066 = RdL 1997, 119; OLG Hamm Beschl. v. 5.1.2016 – 10 W 46/15, BeckRS 2016, 05664 Rn. 41 ff. = NL-BzAR 2016, 282; OLG Oldenburg Beschl. v. 19.8.2010 – 10 W 13/10, BeckRS 2011, 10920 = RdL 2011, 41.

[89] OLG Karlsruhe Beschl. v. 28.10.1997 – 3 W 74/97 Lw, NJW-RR 1999, 240 (241) = RdL 1998, 64; sinngemäß auch schon BGH Beschl. v. 17.6.1952 – V BLw 110/51, RdL 1952, 206 (207 f.), zur ReichspachtschutzO.

[90] OLG Karlsruhe Beschl. v. 28.10.1997 – 3 W 74/97 Lw, NJW-RR 1999, 240 (241) = RdL 1998, 64; OLG Stuttgart Urt. v. 11.12.1990 – 10 U 131/90, RdL 1991, 205; Faßbender/Hötzel/Lukanow/*Faßbender* BGB § 593 Rn. 9; aA MüKoBGB/*Harke* BGB § 593 Rn. 8.

[91] OLG Stuttgart Urt. v. 11.12.1990 – 10 U 131/90, RdL 1991, 205; *Ernst* LwVG § 1 Rn. 37.

[92] Düsing/Martinez/*Hornung* LwVG § 1 Rn. 19; Staudinger/*v. Jeinsen* BGB § 594d Rn. 27.

gen, die der Verpächter wiederum nach § 594d Abs. 2 S. 2 BGB ablehnen kann. Das Landwirtschaftsgericht entscheidet auf Antrag über die Fortsetzung des Landpachtvertrags, wenn die Parteien sich über sie nicht einigen können (§ 594d Abs. 2 S. 4 BGB), im FamFG-Verfahren (§ 9). Die Fortsetzung erfordert neben der Einhaltung der formellen Widerspruchsanforderungen nach § 594d Abs. 2 S. 2 und 3 BGB, dass die ordnungsgemäße Bewirtschaftung der Pachtsache durch die Erben oder durch einen von ihnen beauftragten Miterben oder Dritten gewährleistet erscheint (§ 594d Abs. 2 S. 1 BGB). Aus diesen Vorschriften ergibt sich zugleich, dass die Darlegungs- und (objektive) Beweislast für die Fortsetzungsvoraussetzungen unbeschadet des Amtsermittlungsgrundsatzes ([§ 9 iVm] § 26 FamFG) bei den Erben liegt.[93] Hat der Verpächter bereits gemäß §§ 596 Abs. 1, 985 BGB Klage auf Rückgabe der Pachtsache erhoben, ist das streitige Verfahren (§§ 1 Nr. 1a, 48 Abs. 1 S. 1) gemäß § 148 ZPO auszusetzen, bis über das Fortsetzungsverlangen der Pächtererben entschieden ist (näher → Rn. 276).[94]

h) § 595 BGB. Gemäß § 595 BGB kann der Pächter vom Verpächter – auch **53** wiederholt (§ 595 Abs. 1 S. 2 BGB) – die **Fortsetzung des Pachtverhältnisses** verlangen. Der darin liegende Eingriff in die Vertragsfreiheit setzt in materieller Hinsicht voraus, dass der Pachtgegenstand – entweder selbst (§ 595 Abs. 1 S. 1 Nr. 1 BGB) oder als notwendiger Bestandteil derselben (§ 595 Abs. 1 S. 1 Nr. 2 BGB) – die wirtschaftliche Lebensgrundlage des Pächters bildet und die vertragsmäßige Beendigung des Pachtverhältnisses für den Pächter oder seine Familie eine Härte bedeuten würde, die auch unter Würdigung der berechtigten Interessen des Verpächters nicht zu rechtfertigen ist. Ferner darf die Fortsetzung des Pachtverhältnisses nicht nach § 595 Abs. 3 BGB ausgeschlossen sein. Die gemäß § 595 Abs. 8 BGB unabdingbare Vorschrift (vgl. → Rn. 51) enthält damit eine auf den Schutz landwirtschaftlicher Betriebe zugeschnittene **Sozialklausel**.[95]

Die Unbestimmtheit auf der Voraussetzungsebene – wirtschaftliche Lebens- **54** grundlage, Härte, berechtigte Interessen – setzt sich auf der Rechtsfolgenseite fort. So kann der Pächter nur verlangen, dass das Pachtverhältnis so lange fortgesetzt wird, wie dies unter Berücksichtigung aller Umstände angemessen ist (§ 595 Abs. 1 S. 1 BGB); ist dem Verpächter nicht zuzumuten, das Pachtverhältnis nach den bisher geltenden Vertragsbedingungen fortzusetzen, so kann der Pächter außerdem nur verlangen, dass es unter einer angemessenen Änderung der Bedingungen fortgesetzt wird (§ 595 Abs. 2 S. 2 BGB).

Der durch die **Häufung unbestimmter Rechtsbegriffe** beförderte Streit über **55** die Fortsetzung des Pachtverhältnisses ist im Verfahren der freiwilligen Gerichtsbarkeit beizulegen (→ § 9).[96] Kommt auf entsprechendes – gemäß § 595 Abs. 4 S. 1 BGB schriftlich zu erklärendes und nach § 595 Abs. 5 BGB fristgebundenes – Fortsetzungsverlangen des Pächters keine Einigung zustande, entscheidet auf Antrag das Landwirtschaftsgericht über eine Fortsetzung und über die Dauer des Pachtverhält-

---

[93] BT-Drs. 10/509, 25; Düsing/Martinez/*Hornung* LwVG § 1 Rn. 19.
[94] BeckOK BGB/*C. Wagner* § 594d Rn. 10.
[95] BT-Drs. 10/509, 25; BGH Beschl. v. 5.3.1999 – BLw 55/98, VIZ 1999, 422 (423) = RdL 1999, 120; BeckOK BGB/*C. Wagner* § 595 Rn. 1 mwN.
[96] Dagegen ist im ZPO-Streitverfahren gem. §§ 1 Nr. 1a, 48 Abs. 1 S. 1 zu entscheiden, wenn die Fortsetzung des Pachtverhältnisses auf eine andere (vertragliche oder gesetzliche) Rechtsgrundlage gestützt wird, vgl. OLG Frankfurt Urt. v. 4.4.2003 – 20 U 3/02, BeckRS 2003, 17949 Rn. 9 = RdL 2003, 182.

nisses sowie über die Bedingungen, zu denen es fortgesetzt wird (§ 595 Abs. 6 S. 1 BGB). Die Darlegung eines erfolglosen, form- und fristgerechten Fortsetzungsverlangens durch den Pächter gehört mithin zur Schlüssigkeit des Antrags auf gerichtliche Entscheidung.[97] Der Nachweis dieser formellen – wie auch der materiellen – Schutzvoraussetzungen obliegt dem Pächter.[98] Er kann aber auch ggf. noch im Verfahren, zB durch Austausch entsprechender Schriftsätze, geführt werden.[99] Die Anordnung der Fortsetzung des Pachtverhältnisses durch das Landwirtschaftsgericht unterliegt zeitlichen Grenzen (§ 595 Abs. 6 S. 2 iVm Abs. 3 Nr. 3 BGB); sie kann nach § 595 Abs. 6 S. 3 BGB überdies auf einen Teil der Pachtsache beschränkt werden, wenn bereits dadurch dem Schutzzweck der Vorschrift (→ Rn. 53) genügt wird. Aufgrund der Unbestimmtheit der Vorschrift stellt die Rechtsanwendung in erster Linie eine vom „Tatrichter", also dem Landwirtschaftsgericht im ersten und zweiten Rechtszug, **unter Würdigung aller Umstände vorzunehmende tatsächliche Feststellung** dar, die als solche nur bedingt der Rechtskontrolle unterliegt.[100]

56   Das Gesetz geht in § 595 Abs. 7 S. 1 BGB davon aus, dass nur der Pächter den **Antrag auf gerichtliche Entscheidung** stellen kann. Daraus ergeben sich Probleme, wenn der Pächter diesen Antrag nicht stellt, obwohl er sich eines Fortsetzungsanspruchs berühmt hat. Wenn eine Inzidentprüfung der Berechtigung des Fortsetzungsverlangens im streitigen Rückgabeprozess (§§ 596 Abs. 1 BGB, 1 Nr. 1 a, § 48 Abs. 1 S. 1), die §§ 1 Nr. 1, 9 konterkarieren würde, vermieden werden soll, bleibt in diesem Fall nur, auch dem Verpächter ein Antragsrecht zuzubilligen.[101] Der Antrag auf gerichtliche Entscheidung ist gemäß § 595 Abs. 7 S. 1 BGB **fristgebunden;** das Gericht kann den Antrag jedoch auch noch nachträglich zulassen, wenn es zur Vermeidung einer unbilligen Härte geboten erscheint und der Pachtvertrag noch nicht abgelaufen ist (§ 595 Abs. 7 S. 2 BGB).

57   **i) § 595 a Abs. 2 und 3 BGB.** § 595 a BGB bezieht sich im Wesentlichen auf §§ 593, 595 BGB. Die Vorschrift stellt in Abs. 1 klar, dass das Recht zur vorzeitigen Kündigung eines Landpachtverhältnisses nicht durch dessen Verlängerung (§ 595 BGB; → Rn. 53) oder Änderung (§ 593 BGB; → Rn. 49) durch das Landwirtschaftsgericht ausgeschlossen wird.[102] Nach § 595 a Abs. 2 S. 1 BGB kann das Landwirtschaftsgericht auf Antrag eines Vertragsteils Anordnungen über die Abwicklung eines vorzeitig beendeten oder eines teilweise beendeten Landpachtvertrags treffen. Letzteres kommt zum Tragen, wenn das Landwirtschaftsgericht gemäß § 595 Abs. 6 S. 3 BGB die Fortsetzung auf einen Teil der Pachtsache beschränkt hat; in diesem Fall ermächtigt § 595 a Abs. 2 S. 2 BGB das Landwirtschaftsgericht zudem, die Pacht für den Teil der Pachtsache festzusetzen, bezüglich dessen der Landpachtvertrag fortgesetzt wird. Da § 595 a Abs. 2 BGB allgemein – und insoweit über Abs. 1 hinausgehend – an die **vorzeitige Beendigung des Landpachtvertrags** anknüpft, kann das Landwirtschaftsgericht die genannten Anordnungen auch treffen, wenn

---

[97] Faßbender/Hötzel/Lukanow/*Faßbender* BGB § 595 Rn. 82; Staudinger/*v. Jeinsen* BGB § 595 Rn. 50.

[98] Staudinger/*v. Jeinsen* BGB § 595 Rn. 74.

[99] OLG Naumburg Beschl. v. 27.7.2005 – 2 Ww 6/05 (unveröff.).

[100] So etwa BGH Beschl. v. 5.3.1999 – BLw 55/98, VIZ 1999, 422 (423) = RdL 1999, 120, für die Frage, ob der Pächter auf die Zupacht iSv § 595 Abs. 1 S. 1 Nr. 2 BGB „angewiesen" ist.

[101] OLG Köln Beschl. v. 10.3.1988 – 23 WLw 6/87, BeckRS 2015, 06264 Rn. 16 = AgrarR 1989, 50; Faßbender/Hötzel/Lukanow/*Faßbender* BGB § 595 Rn. 90; Staudinger/ *v. Jeinsen* BGB § 595 Rn. 66.

[102] Düsing/Martinez/*Schuhmacher* BGB § 595 a Rn. 1 mwN.

dieser von den Vertragsparteien ganz oder teilweise einvernehmlich aufgehoben worden ist.[103] § 8 Abs. 2 LPachtVG (→ Rn. 25) geht § 595 a Abs. 2 BGB allerdings als speziellere Regelung vor.[104]

Gegenstand der **gerichtlichen Abwicklungsanordnungen** kann alles sein, **58** über das sich die Parteien vertraglich einigen können. In Betracht kommen insbesondere Regelungen zur Rückgabe der Pachtsache, zum Pachtzins und zu den Früchten. Dabei ist jedoch ein zurückhaltender Gebrauch der Regelungskompetenz geboten, die auf die gesetzlichen Ansprüche und Wertungen der §§ 585 ff. BGB Bedacht nimmt.[105] Auch etwaigen vertraglich getroffenen Abwicklungsregelungen gebührt in der Regel der Vorrang.[106]

Der Inhalt der vom Landwirtschaftsgericht gemäß § 595 a Abs. 2 BGB getroffe- **59** nen Anordnungen gilt unter den Vertragsteilen als **Vertragsinhalt** (§ 595 a Abs. 3 S. 1 BGB). Gemäß § 595 a Abs. 3 S. 2 BGB entscheidet das Landwirtschaftsgericht auf Antrag ebenfalls über Streitigkeiten, die diesen Vertragsinhalt betreffen. Derartige Streitigkeiten können sich auch an selbständigen anspruchshemmenden oder -vernichtenden Einreden entzünden (zB Aufrechnung).[107] Im Anwendungsbereich von § 595 a Abs. 3 S. 2 BGB werden Streitigkeiten aus dem übrigen Pachtverhältnis, die nach §§ 1 Nr. 1 a, 48 Abs. 1 S. 1 ZPO an sich im streitigen Zivilprozessverfahren zu entscheiden wären, in die Freiwillige Gerichtsbarkeit überführt. Wie der Wortlaut der gleichlautenden Vorschrift des § 8 Abs. 2 S. 3 LPachtVG schaffen die Anordnungen allerdings keinen Vollstreckungstitel (→ Rn. 26).[108] Soweit sich § 595 a Abs. 2 und 3 BGB auf §§ 593, 595 BGB bezieht, ist die Vorschrift gleichfalls unabdingbar (→ Rn. 51).[109] Bei einvernehmlicher Beendigung des Landpachtvertrags werden die Parteien hingegen die Befugnis des Landwirtschaftsgerichts, Abwicklungsanordnungen zu treffen, für sich vertraglich ausschließen können.

3. Geschäftswert und Gebühren

a) In Verfahren auf Grund der Vorschriften des LPachtVG. § 35 aF ent- **60** hielt für Verfahren nach § 8 Abs. 1 LPachtVG (→ Rn. 17 ff.) besondere Geschäftswert- (§ 35 Abs. 1 Nr. 1 aF) und Gebührenvorschriften (§ 35 Abs. 4 S. 1 Nr. 1, S. 2 aF). Der Gesetzgeber hat die Aufhebung dieser Vorschriften durch Art. 17 Nr. 3 des 2. KostRMoG v. 23. 7. 2013 (BGBl. I 2586) damit begründet, dass sie aufgrund der allgemeinen Wertvorschrift des § 36 GNotKG entbehrlich seien.[110] Danach wird der Wert im Beanstandungsverfahren – wie schon nach altem Recht – entsprechend § 99 Abs. 1 GNotKG nach dem **Wert** zu bestimmen sein, der im Falle der **Beurkundung des Pachtvertrags** maßgeblich sein würde.[111] Da die Bean-

---

[103] OLG Dresden Urt. v. 12. 12. 2002 – U XV 1763/02, OLGR 2003, 502 = RdL 2004, 13; MüKoBGB/*Harke* § 595 a Rn. 1; Staudinger/*v. Jeinsen* BGB § 595 a Rn. 8; aA etwa Düsing/ Martinez/*Schuhmacher* BGB § 595 a Rn. 6.

[104] Faßbender/Hötzel/Lukanow/*Faßbender* BGB § 595 a Rn. 16.

[105] Düsing/Martinez/*Hornung* LwVG § 1 Rn. 23; Düsing/Martinez/*Schuhmacher* BGB § 595 a Rn. 7 mwN.

[106] Düsing/Martinez/*Schuhmacher* BGB § 595 a Rn. 2 mwN.

[107] Düsing/Martinez/*Schuhmacher* BGB § 595 a Rn. 10; BeckOK BGB/*C. Wagner* § 595 a Rn. 4 mwN.

[108] *Ernst* LwVG § 1 Rn. 53.

[109] Staudinger/*v. Jeinsen* BGB § 595 a Rn. 10.

[110] BT-Drs. 17/11471, 285.

[111] BT-Drs. 17/11471, 177; Bormann/Diehn/*Sommerfeldt* GNotKG § 76 Rn. 9.

standung nicht auf einen Teil des Pachtgegenstandes beschränkt werden kann, ist für die Wertbestimmung immer der gesamte Pachtvertrag maßgeblich.[112] Der Wert von Abwicklungsanordnungen (§ 8 Abs. 2 S. 1 LPachtVG) ist nach Aufhebung von § 35 Abs. 1 Nr. 3 aF nach billigem Ermessen (§ 36 Abs. 1 GNotKG) zu bestimmen, subsidiär ist gemäß § 36 Abs. 3 GNotKG von 5.000 EUR auszugehen.

61   Im ersten Rechtszug fällt die halbe Gebühr für das Verfahren im Übrigen nach **KV 15112** (hier und im Folgenden: zu § 3 Abs. 2 GNotKG) an, sofern nicht das Gericht feststellt, dass der Vertrag nicht zu beanstanden ist (Vorbemerkung 1.5.1.1); im Beschwerdeverfahren wird eine Gebühr nach KV 15123 angesetzt. Nach Vorbemerkung 1.5.1 Abs. 2 ist die nach Landesrecht für die Beanstandung eines Landpachtvertrags zuständige Behörde von der Zahlung von Gerichtsgebühren befreit (→ § 42 Rn. 11). Das gleiche gilt im Beschwerdeverfahren für deren übergeordnete Behörde (§ 32 Abs. 2 S. 2; → § 32 Rn. 16).

62   Nach billigem Ermessen (§ 36 Abs. 1 GNotKG), subsidiär nach dem Ausgangswert des § 36 Abs. 3 GNotKG, ist auch der Geschäftswert von Ordnungsmaßnahmen nach § 10 Abs. 1 und 2 LPachtVG (→ Rn. 27) zu bestimmen, nach dem Gebühren wie → Rn. 61 anzusetzen sind.

63   **b) In Verfahren auf Grund der Vorschriften des BGB.** In gerichtlichen Verfahren auf Grund der §§ 588, 590, 591, 593, 594d, 595 und 595a BGB ist der **Geschäftswert** nach Aufhebung von § 35 aF nunmehr einheitlich nach § 36 GNotKG zu bestimmen.[113]

64   Dasselbe gilt in Verfahren zur Ernennung eines Sachverständigen gemäß § 585b Abs. 2 BGB (→ Rn. 38), das auch im LwVG bewusst nicht geregelt war.[114] Die Vorschrift enthält zudem eine §§ 22 Abs. 1, 27 Nr. 1 GNotKG und § 44 Abs. 1 LwVG verdrängende Sonderregelung zur Kostenhaftung. Nach § 585b Abs. 2 S. 2 BGB werden die Kosten für die Ernennung und die Tätigkeit des Sachverständigen von beiden Vertragsteilen zur Hälfte getragen. Wird der Antrag zurückgewiesen, richtet sich die Kostentragung nach § 44 Abs. 1 LwVG (→ § 44 Rn. 4).

65   Im ersten Rechtszug fällt die halbe Gebühr für das Verfahren im Übrigen nach **KV 15112** an; im Beschwerdeverfahren wird eine Gebühr nach KV 15123 angesetzt. Nach Vorbemerkung 1.5.1.1 werden „in gerichtlichen Verfahren auf Grund der Vorschriften des Landpachtverkehrsgesetzes und der §§ 588, 590, 591, 593, 594d, 595 und 595a BGB … keine Gebühren erhoben, wenn das Gericht feststellt, dass der Vertrag nicht zu beanstanden ist". Die Regelung ist unverständlich, da es in den Verfahren auf Grund der Vorschriften des BGB offensichtlich nicht um die Beanstandung eines Vertrags geht. Nach den Motiven[115] soll die Regelung § 35 Abs. 4 S. 2 aF entsprechen. Dies trifft indes ebenso wenig zu, da diese Vorschrift sich ausschließlich auf § 35 Abs. 1 Nr. 1 aF bezog, in dem der Fall des § 8 Abs. 1 LPachtVG geregelt war. Es handelt sich mithin um ein grobes Redaktionsversehen. Vorbemerkung 1.5.1.1 ist in den Verfahren auf Grund der Vorschriften des BGB gegenstandslos.[116]

---

[112] *Ernst* LwVG [8. Aufl.] § 35 Rn. 37; dies verkennen die Gesetzesbegründung (BT-Drs. 17/11471, 177) und im Anschluss daran Korintenberg/*Hellstab* GNotKG § 76 Rn. 5 sowie Bormann/Diehn/*Sommerfeldt* GNotKG § 76 Rn. 10.

[113] BT-Drs. 17/11471, 285; Korintenberg/*Hellstab* GNotKG § 76 Rn. 5.

[114] BT-Drs. 10/509, 29; *Ernst* LwVG [8. Aufl.] § 35 Rn. 32.

[115] BT-Drs. 17/11471, 213.

[116] Dies verkennt zB Korintenberg/*Fackelmann* GNotGK Vorbemerkung 1.5.1.1 Rn. 2.

IV. Der Landpachtvertrag im Übrigen (Nr. 1 a)

1. Erfasste Streitigkeiten

§ 1 Nr. 1 a erfasst **alle Streitigkeiten auf Grund der Vorschriften über den** 66
Landpachtvertrag, also der §§ 585 bis 597 BGB, die nicht unter § 1 Nr. 1 fallen
(→ Rn. 36 ff.).[117] Dazu gehören gemäß § 585 Abs. 2 BGB auch die Vorschriften
des § 581 Abs. 1 BGB und der §§ 582−583 a BGB über den Pachtvertrag im Allgemeinen, ferner die Vorschriften über den Mietvertrag, deren entsprechende Geltung in den Vorschriften über den Landpachtvertrag angeordnet wird (§§ 586
Abs. 2, 587 Abs. 2 S. 2, 592 S. 4, 593 b, 594 e Abs. 1 BGB). § 1 Nr. 1 a ist **weit auszulegen;** die ausschließliche Zuständigkeit des Landwirtschaftsgerichts ist immer
dann gegeben, wenn die Klageforderung zumindest auch auf Landpachtrecht gestützt werden kann.[118] Auch der Streit über das **Bestehen oder Nichtbestehen
eines Landpachtvertrags** fällt unter § 1 Nr. 1 a.[119] Der Zuständigkeit der Landwirtschaftsgerichtsbarkeit unterliegen ferner Streitigkeiten über Bestand, Wirksamkeit und Ausübung eines Vorpachtrechts, sofern es eine landpachtvertragliche
Grundlage hat.[120] Das gleiche gilt für Ansprüche wegen Verletzung einer Pflicht
aus dem Landpachtverhältnis (§§ 280 ff. BGB), zB auf Schadensersatz wegen Nicht-
erfüllung.[121] Unter § 1 Nr. 1 a fallen auch Ansprüche aus einem vor dem Landwirtschaftsgericht geschlossenen Vergleich.[122] Für die auf Kontrahierungszwang gestützte Klage auf Abschluss eines Landpachtvertrags sind hingegen die Zivilgerichte
sachlich zuständig, zumal ihre Bescheidung regelmäßig noch keines landwirtschaftlichen Sachverstands bedarf.[123] Wenn Kontrahierungszwang allerdings gegenüber
einer mit Landpachtrecht begründeten Klage zB aus § 596 Abs. 1 BGB eingewen-
det wird, erstreckt sich die für diesen Rechtsstreit begründete Zuständigkeit der
Landwirtschaftsgerichte auch auf diese Vorfrage.[124]

Soweit **Ansprüche aus allgemeinen Vorschriften** des Bürgerlichen Rechts 67
hergeleitet werden, ist nicht die systematische Zuordnung der Vorschrift zB unter
ein gesetzliches Schuldverhältnis (§§ 812 ff., 823 ff. BGB) oder unter das Eigentum

---

[117] Zur Gesetzesgenese BT-Drs. 10/3830, 31.
[118] BGH Beschl. v. 17.6.1997 − X ARZ 638/97, LM Nr. 10 zu § 1 LwVG = VIZ 1997,
605; OLG Bamberg Urt. v. 18.3.2010 − 1 U 142/09, BeckRS 2010, 10404; Düsing/Marti-
nez/*Hornung* LwVG § 1 Rn. 25.
[119] BGH Urt. v. 15.4.2011 − LwZR 7/10, BeckRS 2011, 13874 Rn. 11 = NL-BzAR 2011,
270; OLG Nürnberg Urt. v. 15.2.1990 − 2 U 3240/89, AgrarR 1991, 106; *Ernst* LwVG § 1
Rn. 79.
[120] OLG Brandenburg Urt. v. 16.7.2015 − 5 U (Lw) 85/14, BeckRS 2015, 13730 m. zust.
Anm. *Schuhmacher,* jurisPR-AgrarR 6/2015 Anm. 2.
[121] BGH Urt. v. 26.4.1991 − V ZR 213/89, NJW-RR 1991, 1468 = AgrarR 1992, 52.
[122] *Ernst* LwVG § 1 Rn. 79; Düsing/Martinez/*Hornung* LwVG § 1 Rn. 26.
[123] OLG Karlsruhe Urt. v. 18.10.1990 − 12 U 129/90, AgrarR 1991, 278 = RdL 1991, 76;
offen gelassen von BGH Beschl. v. 17.6.1997 − X ARZ 638/97, LM Nr. 10 zu § 1 LwVG
= VIZ 1997, 605. Desgleichen − Zuständigkeit der Zivilgerichte − OLG Frankfurt Beschl. v.
25.1.2016 − 20 WLw 2/15, BeckRS 2016, 08778 Rn. 19 = AUR 2016, 141, für die (Aus-
kunfts-) Klage des übergangenen Pachtbewerbers gegen den Liegenschaftsfiskus.
[124] OLG Brandenburg Urt. v. 13.2.1997 − 5 U 69/96, OLG-NL 1997, 274 (276 f.)
= AgrarR 1997, 323, für den Fall der Einwendung eines vertraglichen Verlängerungsanspruchs
(§ 242 BGB: dolo agit qui petit, quod statim redditurus est).

(§ 985 BGB) maßgeblich, sondern nach dem der Klage zugrunde liegenden Lebenssachverhalt (Streitgegenstand, prozessualem Anspruch) zu beurteilen, ob es sich um eine Landwirtschaftssache handelt.[125] Ist danach die Zuständigkeit des Landwirtschaftsgerichts gegeben, hat es in es entsprechender Anwendung von § 17 Abs. 2 S. 1 GVG den Rechtsstreit unter allen in Betracht kommenden Gesichtspunkten zu entscheiden (zB gemäß § 596 BGB und § 985 BGB).[126] Andernfalls könnte der Kläger die gesetzliche Zuständigkeit des Landwirtschaftsgerichts durch Wahl der Anspruchsgrundlage umgehen.[127]

2. Streitwert und Kosten

68   Streitwert und Kosten richten sich nach dem GKG (→ § 48 Rn. 11).

V. Verfahren auf Grund der Vorschriften des GrdstVG (Nr. 2)

1. Zweck des Gesetzes

69   Das GrdstVG dient den in seiner amtlichen Bezeichnung benannten Zwecken, nämlich der **Verbesserung der Agrarstruktur und der Sicherung land- und forstwirtschaftlicher Betriebe.** Dazu stellt das Gesetz zwei Mittel bereit: Es reglementiert in seinem ersten Abschnitt die rechtsgeschäftliche Veräußerung land- und forstwirtschaftlicher Grundstücke. Mit seinem zweiten Abschnitt ermöglicht das GrdstVG, einen landwirtschaftlichen Betrieb einem oder einzelnen Miterben einer durch gesetzliche Erbfolge entstandenen Erbengemeinschaft zuzuweisen.

2. Veräußerung eines land- oder forstwirtschaftlichen Grundstücks

70   **a) Verkehrsgesetzlicher Grundstücksbegriff.** Von den Verfahren auf Grund der Vorschriften des GrdstVG sind in der Gerichtspraxis am weitaus bedeutsamsten die Fälle der **rechtsgeschäftlichen Veräußerung,** die in § 1 Nr. 2 an erster Stelle genannt sind. Die im ersten Abschnitt des GrdstVG enthaltenen Vorschriften gelten für landwirtschaftliche und forstwirtschaftliche Grundstücke sowie für Moor- und Ödland, das in landwirtschaftliche oder forstwirtschaftliche Kultur gebracht werden kann (§ 1 Abs. 1 GrdstVG). Unter Grundstück im Sinn des Grundstücksverkehrsgesetzes ist das Grundstück im (bürgerlichen) Rechtssinn, nicht das im wirtschaft-

---

[125] Vgl. BGH Beschl. v. 29. 9. 1994 – BLw 31/94, BeckRS 1994, 31177013 = AgrarR 1995, 27, für §§ 812ff. BGB; BGH Urt. v. 25. 4. 2008 – LwZR 6/07, BeckRS 2008, 09426 Rn. 9, 12 = NL-BzAR 2008, 301, für §§ 823, 858 BGB; BGH Urt. v. 23. 11. 2007 – LwZR 5/07, NJW 2008, 580 Rn. 8 = RdL 2008, 72 mAnm *Puls* NL-BzAR 2008, 102, für § 861 BGB; OLG Karlsruhe Beschl. v. 6. 2. 1996 – 3 W 3/96 Lw, NJW-RR 1996, 778 (779) = AgrarR 1997, 65; OLG Köln Urt. v. 11. 1. 1990 – 23 U 9/89, BeckRS 1990, 31144531 = AgrarR 1990, 263, für § 985 BGB; OLG Hamm Beschl. v. 5. 3. 2002 – 10 W 73/01, BeckRS 2002, 17486 = AUR 2003, 127, für § 530 BGB; *Ernst* LwVG § 1 Rn. 80; MAH AgrarR / *Reiter* § 5 Rn. 56.

[126] So jetzt ausdrücklich BGH Beschl. v. 10. 12. 2002 – X ARZ 208/02, BGHZ 153, 173 = NJW 2003, 828, für den besonderen örtlichen Gerichtsstand; ferner Düsing/Martinez/ *Hornung* LwVG § 1 Rn. 25 mwN.

[127] *Kissel/Mayer* GVG § 23 Rn. 27 zur parallelen Problematik der ausschließlichen Zuständigkeit der Amtsgerichte in Wohnraummietsachen.

lichen Sinn zu verstehen.[128] Der Grundstücksbegriff des GrdstVG geht aber insoweit über sachenrechtlichen Grundstücksbegriff des BGB und der GBO hinaus, als nach § 1 Abs. 3 GrdstVG Grundstück im Sinne dieses Gesetzes auch ein Teil eines Grundstücks ist.[129]

§ 1 Abs. 2 GrdstVG enthält eine **Legaldefinition der Landwirtschaft** im 71 Sinne dieses Gesetzes. Danach ist Landwirtschaft die Bodenbewirtschaftung und die mit der Bodennutzung verbundene Tierhaltung, um pflanzliche oder tierische Erzeugnisse zu gewinnen, besonders der Ackerbau, die Wiesen- und Weidewirtschaft, der Erwerbsgartenbau, der Erwerbsobstbau und der Weinbau sowie die Fischerei in Binnengewässern. Dies deckt sich weitgehend mit dem bürgerlich-rechtlichen Landwirtschaftsbegriff (→ Rn. 9 f.). Im Unterschied zu diesem umfasst der verkehrsgesetzliche Grundstücksbegriff allerdings auch Gewässergrundstücke, auf denen Binnenfischerei betrieben wird.

Ein **forstwirtschaftliches Grundstück** ist grundsätzlich jede mit Forstpflanzen 72 bestockte Grundfläche (§ 2 Abs. 1 S. 1 BWaldG). Da Forstwirtschaft in der Bewirtschaftung des Waldes besteht, sind die Begriffsbestimmungen der Waldgesetze des Bundes und der Länder maßgeblich.[130] Soweit danach trotz Bestockung mit Forstpflanzen kein Wald und damit kein forstwirtschaftliches Grundstück gegeben ist, handelt es sich vielfach um ein landwirtschaftliches Grundstück, zB bei Kurzumtriebsplantagen (§ 2 Abs. 2 Nr. 1 BWaldG), agroforstlicher Nutzung (§ 2 Abs. 2 Nr. 2 BWaldG) oder Weihnachtsbaum- und Schmuckreisigkulturen (§ 2 Abs. 3 BWaldG iVm zB § 2 Abs. 3 Nr. 4 BbgWaldG).

Dagegen hat Moor- und Ödland, das in landwirtschaftliche oder forstwirtschaft- 73 liche Kultur gebracht werden kann, aus zwei Gründen seine agrarstrukturelle Bedeutung weitgehend verloren. Aufgrund des Kultivierungsaufwands werden derartige Grundstücke von Land- oder Forstwirten kaum mehr nachgefragt. Ferner steht dem ökonomischen Minderwert dieser Grundstücke ein ökologischer Mehrwert gegenüber, der die Kultivierung des wenigen verbliebenen Moor- oder Ödlands unter agrarstrukturellen Gesichtspunkten nicht mehr als erstrebenswert erscheinen lässt.[131]

b) Genehmigungsbedürftige Rechtsgeschäfte. Nach § 2 Abs. 1 S. 1 74 GrdstVG bedarf die **rechtsgeschäftliche Veräußerung eines Grundstücks** (im Sinne der → Rn. 70) **und der schuldrechtliche Vertrag** hierüber der Genehmigung. Der Veräußerung eines Grundstücks stehen die in § 2 Abs. 2 GrdstVG bestimmten Verfügungsgeschäfte gleich. Das sind die Einräumung und Veräußerung eines Miteigentumsanteils (§ 2 Abs. 2 Nr. 1 GrdstVG), die Erbanteilsveräußerung an einen anderen als an einen Miterben, wenn der Nachlass im Wesentlichen aus einem land- oder forstwirtschaftlichen Betrieb besteht (§ 2 Abs. 2 Nr. 2 GrdstVG) und die Nießbrauchsbestellung (§ 2 Abs. 2 Nr. 3 GrdstVG).[132]

§ 4 GrdstVG enthält einen **Katalog genehmigungsfreier Geschäfte.** Eine 75 Genehmigung ist nach § 4 Nr. 1 GrdstVG niemals notwendig, wenn der Bund

---

[128] StRspr und hL seit BGH Beschl. v. 19.12.1967 – V BLw 24/67, NJW 1968, 791 = RdL 1968, 37.

[129] Näher dazu *Netz* RdL 2011, 57 (59 f.).

[130] *Netz* GrdstVG Rn. 920 ff.

[131] *Netz* GrdstVG Rn. 930.

[132] Zu – genehmigungspflichtigen – Umgehungsgeschäften BGH Beschl. v. 23.11.2012 – BLw 13/11, NJW 2013, 607 Rn. 29 ff. = RdL 2013, 128; *Stresemann* AUR 2014, 415 (415 f.).

oder ein Land ein Grundstück veräußern oder erwerben, da die Überwachung der einen Behörde durch die andere nachgeordnete Behörde nicht angängig ist.[133] Dabei muss die Gebietskörperschaft unmittelbar als Handelnde an dem Rechtsgeschäft beteiligt sein.[134] Dagegen sind Rechtsgeschäfte, die von rechtsfähigen Körperschaften, Anstalten und Stiftungen des öffentlichen Rechts im Rahmen der von ihnen ausgeübten mittelbaren Bundes- oder Landesverwaltung abgeschlossen werden, nicht von der Genehmigungspflicht befreit.[135] § 4 Nr. 2 privilegiert den (nur) Erwerb eines land- oder forstwirtschaftlichen Grundstücks durch öffentlich-rechtliche Religionsgesellschaften[136] in der Erwartung, dass diese traditionell eine nachhaltige Bewirtschaftung dieser Ländereien anstreben.[137] Genehmigungsfrei ist gemäß § 4 Nr. 3 GrdstVG ferner die der Durchführung eines Flurbereinigungsverfahrens oder landwirtschaftlichen Siedlungsverfahrens dienende Veräußerung, da diese Verfahren ebenso wie das GrdstVG auf die Verbesserung der Agrarstruktur abzielen.[138] Aus demselben Grund erübrigt die Genehmigung nach dem bayAlmG v. 28. 4. 1932[139] eine Genehmigung nach dem GrdstVG (§ 4 Nr. 5 GrdstVG). Schließlich wird das Selbstverwaltungsrecht der Gemeinden und die kommunale Planungshoheit dadurch gewahrt, dass die Veräußerung von Grundstücken, die im räumlichen Geltungsbereich eines Bebauungsplans iSd § 30 BauGB liegen, nach § 4 Nr. 4 GrdstVG grundsätzlich genehmigungsfrei möglich ist.[140]

76　Ist danach (→ Rn. 75) zur Veräußerung die Genehmigung nicht notwendig, so hat die Genehmigungsbehörde auf Antrag ein Zeugnis darüber zu erteilen (§ 5 S. 1 GrdstVG). Das sog. **Negativattest** oder -zeugnis steht der Genehmigung gemäß § 5 S. 2 GrdstVG gleich. Es bezeugt die grundstücksverkehrsrechtliche Wirksamkeit der Veräußerung und hebt als öffentliche Urkunde iSv § 29 Abs. 1 S. 2 GBO die durch § 7 Abs. 1 GrdstVG bewirkte Grundbuchsperre auf.[141]

77　**c) Genehmigungsfiktion.** Nach § 6 Abs. 1 S. 1 GrdstVG ist die Entscheidung über die Genehmigung von der Genehmigungsbehörde binnen eines Monats nach Eingang des Antrags und der Urkunde über das zu genehmigende Rechtsgeschäft zu treffen. Die Frist kann nach § 6 Abs. 1 S. 2 GrdstVG von der Behörde durch wiederum gemäß Abs. 1 fristgebundenen Zwischenbescheid auf zwei und im Fall des § 12 GrdstVG auf drei Monate verlängert werden.[142] Die Genehmigung gilt gemäß § 6 Abs. 2 GrdstVG als erteilt, falls nicht binnen der in § 6 Abs. 1 genannten Fristen

---

[133] BGH Beschl. v. 27. 11. 2009 – BLw 4/09, NJW-RR 2010, 886 Rn. 14 = RdL 2010, 108, unter Verweis auf BT-Drs. 3/119, 17 und BT-Drs. 3/2635, 6.

[134] Was nach der Rspr. des BGH auch als Mitglied einer veräußernden oder erwerbenden Erbengemeinschaft sind (Beschl. v. 28. 4. 2014 – BLw 2/13, NJW-RR 2014, 1170 Rn. 17 = RdL 2014, 242 mAnm *Krause* NotBZ 2014, 376).

[135] BGH Beschl. v. 27. 11. 2009 – BLw 4/09, NJW-RR 2010, 886 Rn. 12, 17 = RdL 2010, 108; OLG Brandenburg Beschl. v. 30. 5. 2013 – 5 W (Lw) 6/12, BeckRS 2013, 09496 = NL-BzAR 2013, 288.

[136] Dazu BGH Beschl. v. 28. 5. 1963 – V BLw 34, 62, BGHZ 39, 299 (299 ff.).

[137] *Netz* GrdstVG Rn. 2575.

[138] *Netz* GrdstVG Rn. 2599, 2604.

[139] BayRS 7817–2-E.

[140] *Netz* GrdstVG Rn. 2599, 2610.

[141] Vgl. OLG Frankfurt Beschl. v. 22. 8. 2011 – 20 W 87/11, FGPrax 2012, 9 (10) = NL-BzAR 2012, 117.

[142] Näher BGH Beschl. v. 28. 11. 2014 – BLw 5/13, BGHZ 203, 297 Rn. 8 ff. = NJW 2015, 1520 = RdL 2015, 159.

die Genehmigungsbehörde eine Entscheidung nach § 9 GrdstVG oder im Falle des
§ 7 S. 2 RSG eine Mitteilung über die Verlängerung der Frist zur Ausübung des
Vorkaufsrechts dem Veräußerer zustellt.

Gemäß § 6 Abs. 3 GrdstVG hat die Genehmigungsbehörde, wenn die Entschei- **78**
dung über die Genehmigung oder die Genehmigung durch Fristablauf unanfechtbar geworden ist, hierüber auf Antrag ein Zeugnis zu erteilen. Die Vorschrift bezieht sich einmal auf den Fall, dass eine uneingeschränkte Genehmigung nicht
erteilt worden ist,[143] diese also durch Auflagen (§ 10 GrdstVG) oder Bedingungen
(§ 11 GrdstVG) eingeschränkt ist.[144] Dagegen ist eine uneingeschränkt erteilte Genehmigung ipso iure unanfechtbar (§ 22 Abs. 1 GrdstVG), so dass für die Erteilung
eines **Unanfechtbarkeitszeugnisses** kein Bedürfnis besteht.[145] Unter eine Genehmigung, die durch Fristablauf unanfechtbar geworden ist (§ 6 Abs. 3 Alt. 2
GrdstVG), wird daher der Fall subsumiert werden müssen, dass die Genehmigung
wegen Fristablaufs gemäß § 6 Abs. 2 GrdstVG als erteilt gilt. Dieses Verständnis der
Vorschrift wird durch die Gesetzesgenese[146] und insbesondere Sinn und Zweck des
Zeugnisses bestätigt, da die Parteien den Eintritt der Genehmigungsfiktion andernfalls mangels öffentlicher Urkunde (§ 29 Abs. 1 S. 2 GBO) nicht in der zum Grund-
buchvollzug erforderlichen Form nachweisen könnten.[147] § 6 Abs. 3 Alt. 2 GrdstVG
überwindet mithin in den Fällen des § 6 Abs. 2 GrdstVG die durch § 7 Abs. 1
GrdstVG bewirkte Grundbuchsperre.[148]

Ferner gilt nach § 7 Abs. 3 GrdstVG ein nicht genehmigtes Rechtsgeschäft als **79**
genehmigt, wenn die entgegen § 7 Abs. 1 GrdstVG eingetragene Rechtsänderung
ein Jahr besteht. Die Genehmigungsfiktion greift jedoch nicht ein, wenn vor Ablauf
dieser Frist ein Widerspruch im Grundbuch eingetragen oder ein Antrag auf Berichtigung des Grundbuchs oder ein Antrag oder ein Ersuchen auf Eintragung eines
Widerspruchs gestellt worden ist. Da sich die Genehmigung nach § 7 Abs. 3
GrdstVG mit öffentlichem Glauben (§ 891 BGB) aus dem Grundbuch ergibt, bedarf es in diesem Fall keines gesonderten Zeugnisses über die Wirksamkeit des
Rechtsgeschäfts mehr.

d) Antrag auf gerichtliche Entscheidung. Gegen die **Versagung der Ge-** **80**
nehmigung können sich die Beteiligten mit einem Antrag auf Entscheidung durch
das nach dem Gesetz über das gerichtliche Verfahren in Landwirtschaftssachen zuständige Gericht, also das Landwirtschaftsgericht wehren (§ 22 Abs. 1 GrdstVG).
Das Nämliche gilt, wenn das Veräußerungsgeschäft **nur unter Auflagen oder Be-**
dingungen genehmigt wird (§ 22 Abs. 1 iVm §§ 10 Abs. 1, 11 Abs. 1 GrdstVG).
Der Antrag auf gerichtliche Entscheidung ist gemäß § 22 Abs. 1 GrdstVG ferner
statthaft, wenn die Genehmigungsbehörde ein Zeugnis nach § 5 GrdstVG oder § 6

---

[143] Vgl. BGH Beschl. v. 14.2.1985 – V ZB 20/84, BGHZ 94, 24 (26) = NJW 1985, 1902
= AgrarR 1985, 199.
[144] Vgl. § 9 Abs. 1 GrdstVG.
[145] BGH Beschl. v. 14.2.1985 – V ZB 20/84, BGHZ 94, 24 (27) = NJW 1985, 1902
= AgrarR 1985, 199.
[146] Der RegE sah noch ausdrücklich vor, dass die Genehmigungsbehörde auf Antrag ein
Zeugnis darüber zu erteilen hat, dass der Vertrag durch Fristablauf als genehmigt gilt (BT-Drs.
3/119). Die Fassung des RegE und die Gesetz gewordene Fassung der Vorschrift sind gleichlau-
tend begründet worden, nämlich mit dem Erfordernis des Genehmigungsnachweises gegenüber dem Grundbuchamt (BT-Drs. 3/119, 18 und BT-Drs. 3/2635, 6).
[147] *Netz* GrdstVG Rn. 733.
[148] *Netz* GrdstVG Rn. 1594.

Abs. 3 GrdstVG oder eine Bescheinigung nach § 11 Abs. 2 GrdstVG verweigert, mithin der Antrag einer Vertragspartei auf ein Negativattest (→ Rn. 76), auf ein Zeugnis über die Unanfechtbarkeit der Genehmigung (→ Rn. 78) oder auf Bescheinigung des Bedingungseintritts nicht oder abschlägig beschieden worden ist. Gemäß § 22 Abs. 4 S. 1 GrdstVG kann das Landwirtschaftsgericht schließlich angerufen werden, wenn der durch eine Auflage (§ 10 Abs. 1 GrdstVG) Beschwerte die Aufhebung oder Änderung derselben mit der Begründung begehrt, dass sich die Umstände, die für die Erteilung der Auflage maßgebend waren, wesentlich geändert haben.

81   Das **Antragsrecht steht** in den Fällen des § 22 Abs. 1 GrdstVG nur **den Beteiligten zu.** Beteiligte idS sind gemäß § 3 Abs. 2 S. 1 GrdstVG die Vertragsparteien und derjenige, zu dessen Gunsten der Vertrag geschlossen worden ist. Mit letzterem ist nur der durch einen echten Vertrag zugunsten Dritter (§ 328 Abs. 1 BGB) Begünstigte gemeint.[149] Ein privatrechtlich Vorkaufsberechtigter hat kein eigenes Antragsrecht, da der Vorkaufsfall den wirksamen Abschluss eines Kaufvertrags zwischen dem Vorkaufsverpflichteten und einem Dritten voraussetzt, auf den der Vorkaufsberechtigte keinen Anspruch hat.[150] Umgekehrt wird der Käufer eines mit einem Vorkaufsrecht belasteten landwirtschaftlichen Grundstücks nicht mehr unmittelbar in seinen Rechten beeinträchtigt, wenn die Genehmigung nach Ausübung des Vorkaufsrechts nur mit Einschränkungen erteilt wird.[151]

82   Andere Dritte wie insbesondere **kaufinteressierte Landwirte sind nicht antragsberechtigt,** da das Genehmigungsverfahren allein dem wirtschafts- und agrarpolitischen Allgemeininteresse dient (→ Rn. 69).[152] Auch für die hiernach unzulässige Anfechtung einer uneingeschränkt erteilten Genehmigung ist freilich der Rechtsweg zu den Landwirtschaftsgerichten gegeben.[153] Kein Antragsrecht haben ferner die gemäß § 32 Abs. 1 und 3 (lediglich) anzuhörenden Berufsvertretungen (→ § 32 Rn. 12).

83   Nach § 10 Abs. 1 GrdstVG kann zwar nur dem Erwerber eine Auflage gemacht werden. Der Veräußerer ist aber solange von der Auflage betroffen und somit antragsberechtigt, wie auf seiner Rechtsstellung das gesetzliche Rücktrittsrecht des Erwerbers nach § 10 Abs. 2 S. 1 GrdstVG lastet.[154] Bis zum Erlöschen des Rücktrittsrechts durch Fristablauf ist neben dem Erwerber zugleich auch der Veräußerer durch die Auflage iSv § 22 Abs. 4 S. 1 GrdstVG beschwert. Für Ansprüche aus dem

---

[149] *Netz* GrdstVG Rn. 4254.

[150] BGH Beschl. v. 20.6.1991 – BLw 2/91, LM LwVG § 9 Nr. 19 = NJW-RR 1991, 1290 = AgrarR 1992, 82.

[151] BGH Beschl. v. 15.2.1979 – V BLw 28/78, LM Nr. 19 zu § 9 GrdstVG = NJW 1979, 2397.

[152] BVerwG Beschl. v. 23.1.1996 – 11 B 150/95, NVwZ-RR 1996, 369 (369f.) = RdL 1996, 109; OLG Jena Beschl. v. 5.8.2016 – Lw W 292/16, NJOZ 2016, 1837 Rn. 10; AUR 2016, 348; jew. mwN.

[153] BVerwG Beschl. v. 23.1.1996 – 11 B 150/95, NVwZ-RR 1996, 369 (369f.) = RdL1996, 109; OVG Greifswald Beschl. v. 22.6.1995 – 1 O 41/95, BeckRS 1996, 21154 = RdL 1996, 134; OVG Lüneburg Beschl. v. 21.5.2012 – 10 OB 69/12, NVwZ-RR 2012, 782 = RdL 2012, 215; *Netz* GrdstVG Rn. 4206ff. mwN.; vgl. auch OLG Celle Beschl. v. 16.11.1998 – 7 W (L) 81/98, RdL 1999, 327. AA noch OVG Bremen Urt. v. 16.5.1995 – 1 BA 44/94, NJW-RR 1996, 1040 = RdL 1996, 100, als Vorinstanz zu BVerwG aaO.

[154] OLG Frankfurt Beschl. v. 14.7.2005 – 20 Ww 4/05, RdL 2005, 274; *Netz* GrdstVG Rn. 4238 mwN.

Rücktritt und dem Rückgewährschuldverhältnis sind allerdings die Zivilgerichte im ZPO-Streitverfahren zuständig.[155]

Der Antrag auf Entscheidung durch das Landwirtschaftsgericht kann gemäß §22 **84** Abs. 2 S. 1 GrdstVG zunächst schriftlich bei der Genehmigungsbehörde gestellt werden, gegen deren Entscheidung er sich richtet. Daneben kann er bei dem zuständigen Landwirtschaftsgericht (→ §10 Rn. 3ff.) schriftlich oder zur Niederschrift der Geschäftsstelle gestellt werden, im Unterschied zu §25 Abs. 2 FamFG also nicht zur Niederschrift der Geschäftsstelle eines jeden Amtsgerichts abgegeben werden (→ §14 Rn. 13). Dies gilt gemäß §22 Abs. 4 S. 2 GrdstVG entsprechend, wenn der durch eine Auflage (§10 Abs. 1 GrdstVG) Beschwerte deren Aufhebung oder Änderung begehrt.

Gemäß §22 Abs. 1 GrdstVG muss der Antrag auf Entscheidung durch das Land- **85** wirtschaftsgericht binnen einer **Frist von zwei Wochen** gestellt werden. Die Frist beginnt mit nach den VwZG der Länder zu bewirkender Zustellung der Negativentscheidung der Genehmigungsbehörde (§20 S. 1 GrdstVG). Bei der Zustellung sind die Beteiligten über die Zulässigkeit des Antrags auf gerichtliche Entscheidung, über die Stelle, bei der er zu stellen ist, sowie über Form und Frist des Antrags zu belehren (§20 S. 2 GrdstVG). Wird die Belehrung nach Zustellung nachgeholt, beginnt die Antragsfrist nicht vor der Belehrung (§20 S. 3 Hs. 1 GrdstVG). Unterbleibt die Belehrung ganz, beginnt die Frist fünf Monate nach Zustellung der Entscheidung (§20 S. 3 Hs. 2 GrdstVG), so dass der Antrag in jedem Fall spätestens binnen fünf Monaten und zwei Wochen nach Zustellung der Negativentscheidung gestellt werden muss. Die Fristberechung richtet sich nach (§9 iVm) §16 Abs. 2 FamFG, der auf die entsprechende Anwendung der betreffenden Vorschriften der ZPO verweist (→ §9 Rn. 57). Wiedereinsetzung in den vorigen Stand ist im Unterschied zu Landpachtverkehrssachen (→ Rn. 19) zulässig. Für sie gelten gemäß §22 Abs. 2 S. 2 GrdstVG die §§17–19 FamFG entsprechend (→ §9 Rn. 59ff.). Darüber hinaus soll ein Beteiligter, der die Antragsfrist versäumt hat, sich dem fristgerechten Antrag eines anderen Beteiligten entsprechend (§9 iVm) §66 FamFG anschließen können.[156]

Nicht fristgebunden ist der Antrag auf Änderung oder Aufhebung einer Auflage, **86** da er gerade darauf beruht, dass sich die Umstände, die für die Erteilung der Auflage maßgebend waren, wesentlich geändert haben (§22 Abs. 4 S. 1 GrdstVG).

Dem Antrag auf Entscheidung durch das Landwirtschaftsgericht kann aus- **87** nahmsweise das Rechtsschutzbedürfnis fehlen. Dies kommt einmal in Betracht, wenn das genehmigungsbedürftige Rechtsgeschäft nichtig ist. Das Landwirtschaftsgericht hat zwar die **zivilrechtliche Wirksamkeit des Rechtsgeschäfts grundsätzlich nicht zu prüfen;** wird ein nichtiges Rechtsgeschäft durch die Genehmigungsbehörde oder das Landwirtschaftsgericht (→ Rn. 89) genehmigt, ist nämlich kein Vertragsteil hierdurch beschwert, weil diese Entscheidung die Zivilgerichte, die über die zivilrechtliche Wirksamkeit eines genehmigten Vertrags zu befinden haben, insoweit nicht bindet.[157] Eine grundstücksverkehrsrechtliche Überprüfung durch das Landwirtschaftsgericht erübrigt sich aber, wenn der Vertrag offensichtlich, dh ohne nähere Prüfung als nichtig anzusehen ist.[158] Eine solche offensicht-

---

[155] *Netz* GrdstVG Rn. 2940 mwN.
[156] So OLG Frankfurt Beschl. v. 5.2.1998 – 20 Ww 1/98, AgrarR 1999, 15.
[157] BGH Beschl. v. 3.6.1976 – V BLw 16/75, BeckRS 1976, 31117152 = AgrarR 1977, 65 mwN.
[158] BGH Beschl. v. 8.4.1952 – V Blw 63/51, BeckRS 1952, 31201951 = RdL 1952, 300; Beschl. v. 3.6.1976 – V BLw 16/75, BeckRS 1976, 31117152 = AgrarR 1977, 65; OLG

liche Nichtigkeit kann freilich nur dann angenommen werden, wenn keinerlei Zweifel daran bestehen kann, dass die zur Entscheidung über die Rechtswirksamkeit des Vertrags berufenen Zivilgerichte die Nichtigkeit bejahen werden.[159] Ein Rechtsschutzinteresse an einer Entscheidung des Landwirtschaftsgerichts entfällt darüber hinaus, wenn die Beteiligten den Vertrag einvernehmlich aufheben.[160]

88   **e) Entscheidung des Landwirtschaftsgerichts.** Das Landwirtschaftsgericht hat den **Antrag auf gerichtliche Entscheidung als unzulässig zu verwerfen,** wenn der Antrag durch einen nicht antragsberechtigten Dritten (→ Rn. 81), nach Ablauf der Antragsfrist (→ Rn. 85) gestellt, wenn ihm das Rechtsschutzbedürfnis fehlt[161] oder er lediglich mit der zivilrechtlichen Nichtigkeit des uneingeschränkt genehmigten Rechtsgeschäfts (→ Rn. 78) begründet worden ist.[162]

89   In der Sache kann **das Gericht gemäß § 22 Abs. 3 GrdstVG die Entscheidungen treffen, die auch die Genehmigungsbehörde treffen kann.** Im Unterschied zu den Befugnissen des VG bei der Überprüfung von Ermessensentscheidungen steht der Genehmigungsbehörde daher kein von den Landwirtschaftsgerichten nicht auszufüllender eigener Gestaltungsspielraum zu.[163] Daraus folgt des Weiteren, dass das Landwirtschaftsgericht das Verfahren nicht unter Aufhebung der Genehmigungsentscheidung an die Genehmigungsbehörde zurückverweisen kann.[164] Das Landwirtschaftsgericht kann sich die Entscheidung der Genehmigungsbehörde aber natürlich auch durch Antragszurückweisung zu Eigen machen.[165]

90   Bei seiner Entscheidung ist das Landwirtschaftsgericht zudem **weder an die Anträge der Beteiligten noch das Verschlechterungsverbot des Rechtsmittelführers gebunden.** Das Genehmigungsverfahren nach dem GrdstVG gehört nicht zu den sogenannten echten Streitsachen der freiwilligen Gerichtsbarkeit, in denen die privaten Belange der Beteiligten vorherrschen und in denen das Gericht deshalb auch an deren Anträge gebunden ist (→ § 14 Rn. 39). Das Verfahren ist vielmehr weitgehend von öffentlichen Interessen bestimmt (→ Rn. 69), die das Gericht berücksichtigen muss, um insoweit aufgrund umfassender Nachprüfung des Sachverhalts in tatsächlicher und rechtlicher Hinsicht diejenige Entscheidung zu

---

Frankfurt Beschl. v. 14.3.2003 – 20 Ww 5/02, RdL 2003, 154 = AUR 2003, 314. AA jetzt BGH Beschl. v. 29.4.2016 – BLw 2/15, NZM 2016, 725 Rn. 27 = AUR 2016, 298 mAnm *Booth* AUR 2016, 300, obiter dicta für den Fall, dass die Genehmigung zu versagen ist.

[159] BGH Beschl. v. 8.4.1952 – V Blw 63/51, BeckRS 1952, 31201951 = RdL 1952, 300; Beschl. v. 3.6.1976 – V BLw 16/75, BeckRS 1976, 31117152 = AgrarR 1977, 65; OLG Frankfurt Beschl. v. 14.3.2003 – 20 Ww 5/02, RdL 2003, 154 = AUR 2003, 314;. OLG Stuttgart Beschl. v. 17.2.1998 – 10 W (Lw) 39/97–, RdL 1998, 263 = AgrarR 1998, 398.

[160] *Netz* GrdstVG Rn. 4250.

[161] Nach OLG Celle Beschl. v. 16.9.2013 – 7 W 57/13 (L), NJOZ 2014, 1006 (1007), kann, wenn der Kaufvertrag offensichtlich nichtig ist, die Genehmigung weder erteilt noch versagt noch ein Vorkaufsrecht ausgeübt werden, sofern die Nichtigkeit nicht auf einer Unterverbriefung (§ 4 Abs. 3 RSG) beruht.

[162] *Netz* GrdstVG Rn. 4246.

[163] BGH Beschl.v. 15.4.2011– BLw 12/10, NJW-RR 2011, 1522 Rn. 18 = RdL 2011, 270.

[164] OLG Saarbrücken Beschl. v. 23.9.1999 – 7 W 162/99–21, OLGR 2000, 168 (169); *Netz* GrdstVG Rn. 4340.

[165] Gekünstelte Bedenken von *Netz* GrdstVG Rn. 4334.

treffen, die der Sach- und Rechtslage entspricht.[166] Das Landwirtschaftsgericht kann daher zB das Rechtsgeschäft uneingeschränkt genehmigen, obwohl nur die Genehmigung unter einer Auflage oder Bedingung beantragt worden ist.

Der Antrag auf Entscheidung durch das Landwirtschaftsgericht ist einmal be- **91** gründet, wenn das Rechtsgeschäft keiner Genehmigung bedarf. Dies ist namentlich der Fall, wenn kein Grundstück iSd verkehrsgesetzlichen Grundstücksbegriffs vertragsgegenständlich ist (§ 1 GrdstVG, → Rn. 70), es an einem der Grundstücksveräußerung gleichstehendem Verfügungsgeschäft fehlt (§ 2 Abs. 2 GrdstVG, → Rn. 74) oder eine Genehmigung gemäß § 4 GrdstVG (→ Rn. 75) oder aufgrund Landesrechts (→ Rn. 109) nicht notwendig ist.[167] Die **Feststellung des Landwirtschaftsgerichts, dass das Rechtsgeschäft keiner Genehmigung bedarf**, hängt in diesen Fällen nicht davon ab, dass die Genehmigungsbehörde zuvor einen **Antrag auf Erteilung eines Negativattests nach § 5 GrdstVG** (→ Rn. 76) zurückgewiesen hat. Denn mit der Versagung der Genehmigung hat die Behörde zum Ausdruck gebracht, dass sie vom Vorliegen eines genehmigungsbedürftigen Rechtsgeschäfts ausgeht. Dessen unbeschadet kann die Verweigerung eines Zeugnisses nach § 5 GrdstVG von den Beteiligten gemäß § 22 Abs. 1 GrdstVG selbständig mit einem Antrag auf gerichtliche Entscheidung angegriffen werden (→ Rn. 80). Der Feststellungsbeschluss überwindet mit Eintritt der formellen Rechtskraft ([§ 9 iVm] § 45 FamFG) die durch § 7 Abs. 1 GrdstVG bewirkte Grundbuchsperre, da er eine öffentliche Urkunde iSv § 29 Abs. 1 S. 2 GBO darstellt.

Entsprechendes gilt, wenn die Genehmigungsfiktion gemäß § 6 Abs. 2 GrdstVG **92** eingreift (→ Rn. 77). Auch diese Feststellung kann das Landwirtschaftsgericht einerseits unabhängig davon treffen, ob die Genehmigungsbehörde zuvor ein **Unanfechtbarkeitszeugnis nach § 6 Abs. 3 GrdstVG** verweigert hat, wogegen sich die Beteiligten andererseits selbständig mit einem Antrag auf gerichtliche Entscheidung wehren können (→ Rn. 80).

Das Landwirtschaftsgericht hat die **Genehmigung** anstelle der sie versagenden **93** Behörde zu erteilen, wenn sie von dieser **gemäß § 8 GrdstVG zwingend zu erteilen** gewesen wäre. In § 8 GrdstVG hat der Gesetzgeber mehrere Privilegierungstatbestände geregelt, bei denen aus agrarstrukturellen Gründen eine Versagung der Genehmigung nach § 9 GrdstVG ausscheidet.[168] Das Genehmigungserfordernis hat in den Fällen des § 8 GrdstVG nur die Bedeutung, der Genehmigungsbehörde die Kontrolle zu ermöglichen, ob einer der teils voraussetzungsreichen, teils ausfüllungsbedürftigen Privilegierungstatbestände vorliegt.[169]

Das Landwirtschaftsgericht hat das Rechtsgeschäft ferner zu genehmigen, wenn **94** die Genehmigungsbehörde die Genehmigung versagt oder durch Auflagen (§ 10 GrdstVG) oder Bedingungen (§ 11 GrdstVG) eingeschränkt hat, ohne dass einer der in § 9 Abs. 1 Nr. 1–3 GrdstVG geregelten Gründe gegeben ist.

Materiell streitträchtig ist hier insbesondere der normativ äußerst vage Versa- **95** gungsgrund[170] der **ungesunden Verteilung des Grund und Bodens** in § 9 Abs. 1 Nr. 1 GrdstVG, der auch durch § 9 Abs. 2 GrdstVG, wonach die Genehmi-

---

[166] BGH Beschl. v. 8.5.1998 – BLw 44/97, NJW–RR 1998, 1473 (1474) = RdL 1998, 215; *Netz* GrdstVG Rn. 4343.

[167] Vgl. BGH Beschl. v. 9.10.1969 – V BLw 19/69, BeckRS 1969, 31177453.

[168] OLG Celle Beschl. v. 12.1.2014 – 7 W 81/13 (L), BeckRS 2014, 07114 = RdL 2014, 164; *Netz* GrdstVG Rn. 2638.

[169] *Netz* GrdstVG Rn. 2639.

[170] Zu Recht krit. *Stresemann* AUR 2014, 415 (421).

gung in der Regel zu versagen ist, wenn die Veräußerung Maßnahmen zur Verbesserung der Agrarstruktur widerspricht, wenig konturiert wird. Was Maßnahmen zur Verbesserung der Agrarstruktur sind, hat das Landwirtschaftsgericht anhand der gemäß § 4 f. LwG v 5.9.1955 (BGBl. I 565) von der **Bundesregierung zu erstattenden Agrarberichte** zu ermitteln, durch die die Vorschrift verfassungsrechtlich unbedenklich konkretisiert wird.[171] Die agrarstrukturelle Zielsetzung des GrdstVG wird danach namentlich in der **Nachfragekonkurrenz von Landwirten und Nichtlandwirten** praktisch.[172] Nach ständiger Rechtsprechung liegt eine ungesunde Bodenverteilung im Sinne dieser Vorschrift in der Regel dann vor, wenn landwirtschaftlich genutzter Boden an einen Nichtlandwirt veräußert werden soll und ein Landwirt das Grundstück zur Aufstockung seines Betriebes dringend benötigt, zum Erwerb bereit und in der Lage ist, die Fläche zu den Bedingungen des Kaufvertrags zu erwerben.[173]

96   Wird das **siedlungsrechtliche Vorkaufsrecht** (§ 1 Nr. 3, → Rn. 136) **nicht ausgeübt,** darf die Genehmigung nach § 9 Abs. 1 Nr. 1 GrdstVG allerdings nur versagt oder eingeschränkt werden, falls es sich um die Veräußerung eines landwirtschaftlichen Betriebs handelt (§ 9 Abs. 5 GrdstVG). Dies gilt auch dann, wenn das Vorkaufsrecht, obwohl seine Voraussetzungen vorlagen, deshalb nicht ausgeübt werden konnte, weil die Genehmigungsbehörde den Vertrag entgegen § 12 GrdstVG dem Siedlungsunternehmen nicht vorgelegt hat.[174] Deswegen muss das Landwirtschaftsgericht bei der Veräußerung eines landwirtschaftlichen Grundstücks im Verfahren nach § 1 Nr. 2 inzident prüfen, ob die Voraussetzungen für die Ausübung des siedlungsrechtlichen Vorkaufsrechts nach § 4 RSG vorlagen, wogegen ihm im Verfahren nach § 1 Nr. 3 diese Prüfung verwehrt ist (→ Rn. 139 f.).

97   Der Versagungstatbestand einer **unwirtschaftlichen Verkleinerung oder Aufteilung eines oder mehrerer Grundstücke** (§ 9 Abs. 1 Nr. 2 GrdstVG) wird durch die in § 9 Abs. 3 Nr. 1–4 GrdstVG genannten Regelbeispiele konkretisiert. Das Gesetz geht mithin davon aus, dass bei Vorliegen eines der in § 9 Abs. 3 Nr. 1–4 GrdstVG genannten Sachverhalte nachteilige Folgen für die Agrarstruktur zu erwarten sind.[175] Infolgedessen trägt der Antragsteller die objektive Beweislast (→ § 9 Rn. 148) dafür, dass das Rechtsgeschäft diese Folgen ausnahmsweise nicht hat.

98   Angesichts des ungebrochenen und regional galoppierenden Anstiegs der Preise für landwirtschaftliche Flächen[176] erlebt auch der Versagungsgrund des § 9 Abs. 1 Nr. 3 GrdstVG eine Renaissance.[177] Nach dieser Vorschrift darf das Landwirtschaftsgericht die Grundstücksverkehrsgenehmigung wegen eines **groben Miss-**

---

[171] BVerfG Beschl. v. 12.1.1967 – 1 BvR 169/63, BVerfGE 21, 73 (81) = NJW 1967, 619; BGH Beschl. v. 6.7.1990 – BLw 8/88, BGHZ 112, 86 (88) = NJW 1991, 107.

[172] MAH AgrarR/*Booth* § 8 Rn. 239; Düsing/Martinez/*Martinez* GrdstVG § 9 Rn. 8.

[173] ZB BGH Beschl. v. 6.7.1990 – BLw 8/88, BGHZ 112, 86 (88) = NJW 1991, 107; Beschl. v. 15.4.2011 – BLw 12/10, NJW-RR 2011, 1522 = RdL 2011, 270; OLG Brandenburg Beschl. v. 26.4.2012 – 5 W (Lw) 5/11, BeckRS 2012, 10033 = RdL 2012, 186 mwN.

[174] BGH Beschl. v. 25.4.2014 – BLw 5/13, NJW-RR 2014, 1168 Rn. 14 = RdL 2014, 243 mwN.

[175] BGH Beschl. v. 28.10.1971 – V BLw 9/71, AgrarR 1972, 121 (123).

[176] *Ludden* AUR 2014, 421; *Martinez* AUR 2013, 165 (166); zuletzt etwa noch F.A.S. v. 25.12.2016, S. 35.

[177] *Stresemann* AUR 2014, 415 (420).

verhältnisses zwischen **Grundstückswert und Wert der Gegenleistung**[178] versagen oder durch Auflagen oder Bedingungen einschränken. Dagegen darf die Genehmigung nicht gemäß § 9 Abs. 1 Nr. 3 GrdstVG versagt (einschränkt) werden, wenn das Grundstück für andere als land- oder forstwirtschaftliche Zwecke veräußert wird (§ 9 Abs. 4 GrdstVG). Da der Gesetzeber mit § 9 Abs. 1 Nr. 3 GrdstVG nur das Ziel verfolgt, spekulative Auswüchse bei der Preisbildung land- und forstwirtschaftlicher Grundstücke zu unterbinden, besteht im Fall der Veräußerung zu anderen Zwecken keine Veranlassung mehr, die Angemessenheit des Kaufpreises zu prüfen.[179] Bei derartigen Widmungsänderungen wird die Genehmigung allerdings vielfach nach § 9 Abs. 1 Nr. 1 GrdstVG zu versagen sein.

Das Landwirtschaftsgericht hat die **Genehmigung trotz Vorliegens eines** **99** **Versagungsgrundes nach § 9 Abs. 1 Nr. 1–3 GrdstVG zu erteilen,** wenn dadurch überwiegenden **volkswirtschaftlichen Belangen** Rechnung getragen wird (§ 9 Abs. 6 GrdstVG). Neben der in der Vorschrift beispielhaft genannten Gewinnung von Roh- und Grundstoffen sind die Belange anderer volkswirtschaftlich bedeutender Unternehmen zu berücksichtigen, die wie Landwirte auf Flächen im Außenbereich angewiesen sind und nicht darauf verwiesen werden können, sich notwendige Grundstücke andernorts zu beschaffen.[180] Dies ermöglicht dem Landwirtschaftsgericht einerseits, geänderte politische und volkswirtschaftliche Prioritäten (zB die „Energiewende") zu berücksichtigen, und verpflichtet es andererseits dazu, ggf. die öffentlich-rechtliche Zulässigkeit konkurrierender Außenbereichsvorhaben inzidenter zu prüfen.[181]

Weiter soll das Landwirtschaftsgericht die **Genehmigung trotz Vorliegens** **100** **eines Versagungsgrundes nach § 9 Abs. 1 Nr. 1–3 GrdstVG nicht versagen,** wenn dies eine **unzumutbare Härte für den Veräußerer** bedeuten würde (§ 9 Abs. 7 GrdstVG). Dabei handelt es sich um eine Ausnahmevorschrift, die insbesondere bei einem Erwerb durch einen Nichtlandwirt eng auszulegen ist, so dass wirtschaftliche Nachteile nicht ausreichen, sondern außergewöhnliche Umstände vorliegen müssen, aus denen sich ergibt, dass bei Versagung der Genehmigung die Existenz des Veräußerers ernsthaft gefährdet wäre.[182] Daraus folgt zugleich, dass der Veräußerer für einen solchen Härtefall objektiv beweisbelastet ist (→ § 9 Rn. 148) ist.

---

[178] Ein solches Missverhältnis ist idR gegeben, wenn die Gegenleistung den Grundstückswert um mehr als die Hälfte überschreitet, sofern nicht besondere Umstände eine andere Beurteilung rechtfertigen (BGH Beschl. v. 2.7.1968 – V BLw 10/68, BGHZ 50, 297 (303)). Unter dem Wert des Grundstücks ist jedoch nicht dessen innerlandwirtschaftlicher Verkehrswert, sondern dessen Marktwert zu verstehen, der sich nach dem Preis bestimmt, den Kaufinteressenten – auch Nichtlandwirte – für das Grundstück zu zahlen bereit sind (BGH Beschl. v. 29.4.2016 – BLw 2/12, BeckRS 2016, 10827 Rn. 19 = RdL 2016, 268, unter Aufgabe der älteren Rspr. aufgrund EuGH (1. Kammer) Urt. v. 16.7.2015 – C-39/14 (BVVG), NVwZ 2015, 1747; dazu näher *Czub* AUR 2016, 442).

[179] BT-Drs. 3/2635, 8; *Netz* GrdstVG Rn. 2346, 2399.

[180] BGH Beschl. v. 15.4.2011– BLw 12/10, NJW-RR 2011, 1522 Rn. 15 = RdL 2011, 270; OLG Oldenburg Beschl. v. 2.7.2009 – 10 W 2/09, NJW-RR 2010, 742 (743) = RdL 2009, 329.

[181] BGH Beschl. v. 15.4.2011– BLw 12/10, NJW-RR 2011, 1522 Rn. 21 = RdL 2011, 270.

[182] OLG Frankfurt Beschl. v. 17.3.2014 – 20 WLw 7/13, NJOZ 2014, 1736 (1737) = AUR 2015, 143 mwN.

101   Die Versagung der Genehmigung kommt einem Veräußerungsverbot gleich und greift deshalb in den Inhalt des Eigentums ein (Art. 14 Abs. 1 GG). Das Landwirtschaftsgericht darf die Genehmigung daher nach dem **Verhältnismäßigkeitsgrundsatz** nicht versagen, wenn der Versagungsgrund nach § 9 Abs. 1 Nr. 1–3 GrdstVG durch eine Auflage (§ 10 GrdstVG) oder Bedingung (§ 11 GrdstVG) behoben werden kann.[183]

102   Das Landwirtschaftsgericht hat die Genehmigung hingegen uneingeschränkt zu erteilen, wenn die Genehmigungsbehörde das Rechtsgeschäft nur unter einer **Auflage (§ 10 GrdstVG) oder Bedingung (§ 11 GrdstVG)** genehmigt hat, obwohl sie die Genehmigung nach §§ 8, 9 GrdstVG hätte erteilen müssen. Das Gericht hat die Auflage oder Bedingung ferner aufzuheben, wenn die Nebenbestimmung einen anderen als den nach §§ 10 Abs. 1, 11 Abs. 1 GrdstVG zulässigen Inhalt hat.[184]

103   Auch eine danach zu Recht erteilte Auflage kann das Landwirtschaftsgericht auf Antrag des Beschwerten (→ Rn. 83) ändern oder aufheben, wenn sich die Umstände, die für die Erteilung der Auflage maßgebend waren, wesentlich geändert haben (§ 22 Abs. 4 S. 1 GrdstVG). Dies setzt voraus, dass die Auflage heute nicht mehr oder nicht mehr mit diesem Inhalt erteilt würde.[185]

104   Bei Genehmigung unter einer Bedingung (§ 11 Abs. 1 GrdstVG) hat das Landwirtschaftsgericht auf Antrag zudem darüber zu befinden, ob die Bedingung eingetreten ist, sofern die Genehmigungsbehörde dem Antrag eines Beteiligten, den Bedingungseintritt zu bescheinigen, nicht stattgegeben hat (§ 11 Abs. 2 GrdstVG). Bejahendenfalls stellt das Landwirtschaftsgericht den Bedingungseintritt fest, was die Bescheinigung der Genehmigungsbehörde nach § 11 Abs. 2 GrdstVG ersetzt. Der Beschluss hebt mit Eintritt der formellen Rechtskraft ([§ 9 iVm] § 45 FamFG) als öffentliche Urkunde iSv § 29 Abs. 1 S. 2 GBO die durch § 7 Abs. 1 GrdstVG bewirkte Grundbuchsperre auf.

105   **f) Grundbuch.** Zur Sicherung des Genehmigungserfordernisses (§ 892 BGB) kann der **Vorsitzende des Landwirtschaftsgerichts** – neben der Genehmigungsbehörde – das Grundbuchamt um die **Eintragung eines Widerspruchs** ersuchen (§ 38 GBO), falls die Rechtsänderung entgegen § 7 Abs. 1 GrdstVG bereits eingetragen ist (§ 873 Abs. 1 BGB) und er nach seinem Ermessen eine Genehmigung für erforderlich hält (§ 7 Abs. 2 S. 1 GrdstVG). Ein solches Ersuchen ist über den Wortlaut der Vorschrift hinaus statthaft, wenn bei Eintragung lediglich eine bedingte Genehmigung (§ 11 GrdstVG) vorliegt oder der Vorsitzende des Landwirtschaftsgerichts meint, dass das Rechtsgeschäft nur unter einer Bedingung genehmigungsfähig ist. Denn bis zum Eintritt der Bedingung ist das Rechtsgeschäft schwebend unwirksam, mag auch die bedingte Genehmigung unanfechtbar geworden sein.[186] Dagegen steht eine Genehmigung unter einer Auflage (§ 10 GrdstVG) der Wirksamkeit des Rechtsgeschäfts nicht entgegen, so dass die Eintragung eines Widerspruchs nicht in Betracht kommt.[187] Daneben hat das Grundbuchamt von Amts wegen einen Widerspruch einzutragen, wenn es bei Eintragung einer genehmigungsbedürftigen, aber ungenehmigten oder nur bedingt genehmig-

---

[183] Vgl. BGH Beschl. v. 15.4.2011 – BLw 12/10, NJW-RR 2011, 1522 Rn. 27 = RdL 2011, 270 mwN.

[184] Vgl. *Netz* GrdstVG Rn. 4234.

[185] OLG München Beschl. v. 29.9.1970 – W XV 6/69, RdL 1971, 25 (26).

[186] *Netz* GrdstVG Rn. 1593.

[187] *Netz* GrdstVG Rn. 1592.

ten Rechtsänderung gesetzliche Vorschriften, dh § 7 Abs. 1 GrdstVG, verletzt hat (§ 7 Abs. 2 S. 3 GrdstVG ivm § 53 Abs. 1 GBO).

Das Grundbuchamt hat einem formell ordnungsgemäßen Ersuchen (§ 29 Abs. 3 **106** GBO) – wie auch sonst in den Fällen des § 38 GBO – ohne Prüfung seiner inhaltlichen Berechtigung Folge zu leisten. Wird die Genehmigung[188] anschließend durch die Genehmigungsbehörde erteilt, hat das Grundbuchamt den **Widerspruch zu löschen,** ohne dass es eines gesonderten Löschungsersuchens (§ 38 GBO) bedarf. Denn die ohne Einschränkung erteilte Genehmigung ist kraft Gesetzes unanfechtbar (§ 7 Abs. 2 S. 2 GrdstVG).[189] Ebenso hat das Grundbuchamt zu verfahren, wenn ihm die Unanfechtbarkeit des Beschlusses nachgewiesen wird ([§ 9 ivm] § 46 FamFG), mit dem das Landwirtschaftsgericht die von der Behörde versagte Genehmigung[190] erteilt.[191] Wegen der Möglichkeit, das Landwirtschaftsgericht wegen der Erteilung der Genehmigung[192] anzurufen, ist das Ersuchen auf Eintragung des Widerspruchs, ob von der Genehmigungsbehörde oder dem Vorsitzenden des Landwirtschaftsgerichts, als solches unanfechtbar.[193]

g) Zwangsgeld. Der Durchsetzung des Genehmigungsvorbehalts dient ferner **107** die Verhängung von Zwangsgeld. Nach § 24 Abs. 1 Nr. 1 GrdstVG kann zum einen die **Rückübertragung oder Rücknahme des Besitzes des land- oder forstwirtschaftlichen Grundstücks** auf oder durch den Veräußerer, der aufgrund einer genehmigungsbedürftigen, aber ungenehmigten Veräußerung auf den Erwerber übertragen worden ist, gegenüber dem rückübertragungsunwilligen Erwerber oder rücknahmeunwilligen Veräußerer erzwungen werden.[194] Durch Zwangsgeld kann zum anderen die Durchsetzung einer Auflage (§ 10 GrdstVG) durchgesetzt werden (§ 24 Abs. 1 Nr. 2 GrdstVG). Die Festsetzung des Zwangsgelds auf Grund von § 24 Abs. 1 S. 1 Nr. 1 GrdstVG ist nur zulässig, wenn die Genehmigung nicht beantragt oder unanfechtbar versagt worden ist.

Gemäß § 24 Abs. 1 S. 2 GrdstVG wird das **Zwangsgeld,** das vorher angedroht **108** werden muss (§ 24 Abs. 1 S. 3 GrdstVG), auf Antrag der Genehmigungsbehörde **durch das Landwirtschaftsgericht verhängt.** Das einzelne Zwangsgeld darf den Betrag von 500 EUR nicht übersteigen (§ 24 Abs. 2 GrdstVG). Bei der Zwangsgeldfestsetzung handelt es sich um ein eigenständiges Verfahren vor dem Landwirtschaftsgericht.[195] Da das Zwangsgeld nicht der Durchsetzung einer gerichtlichen Anordnung innerhalb eines Verfahrens dient, kommt (§ 9 ivm) § 35

---

[188] Bzw. ein Negativattest nach § 5 GrdstVG oder ein Unanfechtbarkeitszeugnis nach § 6 Abs. 3 Alt. 2 GrdstVG (→ Rn. 76, 78).

[189] BGH Beschl. v. 14. 2. 1985 – V ZB 20/84, BGHZ 94, 24 (27) = NJW 1985, 1902 = AgrarR 1985, 199.

[190] Bzw. ein Negativattest nach § 5 GrdstVG oder ein Unanfechtbarkeitszeugnis nach § 6 Abs. 3 Alt. 2 GrdstVG (→ Rn. 76, 78).

[191] BGH Beschl. v. 23. 11. 2012 – BLw 13/11, NJW 2013, 607 Rn. 24 = RdL 2013, 128.

[192] Bzw. wegen eines Negativattests nach § 5 GrdstVG oder eines Unanfechtbarkeitszeugnisses nach § 6 Abs. 3 Alt. 2 GrdstVG (→ Rn. 76, 78).

[193] BGH Beschl. v. 23. 11. 2012 – BLw 13/11, NJW 2013, 607 Rn. 23 = RdL 2013, 128.

[194] Nach OLG Stuttgart Beschl. v. 17. 2. 1981 – 8 W 174/80, Rpfleger 1981, 241 (242), ist die Vorschrift zur Erzwingung der Rückübereignung analog anzuwenden, wenn das Genehmigungserfordernis durch Zwangsversteigerung umgangen wurde und der Ersteher durch den Zuschlag Eigentum erworben hat.

[195] Wenn auch nicht um eine Entscheidung in der Hauptsache iSv § 24 Abs. 3 LwVG aF, BGH Beschl. v. 12. 7. 1966 – V BLw 8/66, NJW 1966, 2310 (2310f.).

Abs. 3 S. 2, Abs. 5 FamFG nicht zur Anwendung.[196] Die Kostenentscheidung richtet sich vielmehr nach §§ 34, 42 ff. und die Anfechtbarkeit des Festsetzungsbeschlusses nach (§ 9 iVm) § 61 FamFG.

109   **h) Bundesrecht ergänzendes und ersetzendes Landesrecht.** § 2 Abs. 3 GrdstVG enthält einen beschränkten Vorbehalt für die Landesgesetzgebung, von dem die Länder in ihren Ausführungsgesetzen[197] im Hinblick auf die Freigrenzenermächtigung in § 2 Abs. 3 Nr. 2 GrdstVG Gebrauch gemacht haben. Danach liegen die **Genehmigungsfreigrenzen zwischen 0,15 ha** (im Saarland) **und bis zu 2 ha** (zB in Brandenburg), wobei es teilweise der Genehmigung gleichwohl bedarf, wenn das Grundstück bebaut ist, die Hofstelle veräußert wird oder innerhalb bestimmter Fristen von dem gleichen Grundbesitz innerhalb der Freigrenze land- oder forstwirtschaftliche Grundstücke veräußert worden sind und bei Einrechnung dieser Veräußerungen die Freigrenze überschritten wird (zB in Bayern). Für garten- oder weinbaulich genutzte Grundstücke gelten teilweise niedrigere Freigrenzen (zB in Rheinland-Pfalz). In Baden-Württemberg ist die Freigrenze in § 1 Abs. 1 Nr. 1 ASVG enthalten. Werden in einem Vertrag mehrere Grundstücke veräußert, die die Genehmigungsfreigrenze teils überschreiten und teils unterschreiten, so löst das die Freigrenze übersteigende Grundstück das Genehmigungserfordernis für das gesamte Geschäft nach § 2 Abs. 1 GrdstVG aus.[198]

110   Demgegenüber können § 2 Abs. 3 Nr. 1 und 3 GrdstVG mittelbar zu einer Erweiterung der Zuständigkeit der Landwirtschaftsgerichte führen. Von dem Vorbehalt nach § 2 Abs. 3 Nr. 1 GrdstVG hat **Rheinland-Pfalz** Gebrauch gemacht, indem es in § 2 AGGrdstVG v. 2.2.1993 (GVBl. 105) die Vorschriften über die rechtsgeschäftliche Veräußerung auf **grundstücksgleiche Rechte,** welche die land- oder forstwirtschaftliche Nutzung eines Grundstücks zum Gegenstand haben, und auf **selbständige Fischereirechte** für anwendbar erklärt hat. Grundstücksgleiche Rechte sind beschränkte dingliche Rechte, auf die kraft besonderer gesetzlicher Regelung die sich auf Grundstücke beziehenden Vorschriften sinngemäß anzuwenden sind.[199] Im Hinblick auf die erforderliche land- oder forstwirtschaftliche Nutzung dürfte wohl allenfalls das Erbbaurecht (§§ 1017 Abs. 1 BGB, 11 Abs. 1 S. 1 ErbbauRG) grundstücksverkehrsrechtlich relevant werden. Selbständige Fischereirechte sind landesgesetzlich begründete private absolute Rechte, die nicht dem Eigentümer des Gewässergrundstücks zustehen, mithin beschränkt-dingliche Rechte, die das Gewässereigentum belasten (Art. 69 EGBGB iVm zB § 4 Abs. 1 und 2 BbgFischG v. 13.5.1993, GVBl. I 193).[200] Der saarländische Gesetzgeber hat den Gesetzgebungsvorbehalt des § 2 Abs. 3 Nr. 1 GrdstVG durch § 1 des AGGrdstVG (G Nr 769) v. 11.7.1962 (ABl. 504) als Verordnungsermächtigung an die Landesregierung weitergegeben, die hiervon bislang noch nicht Gebrauch gemacht hat.

---

[196] AA *Netz* GrdstVG Rn. 2990.

[197] Abgedruckt bei *Netz* GrdstVG Rn. 148 ff.; *ders.* RdL 2011, 57 (58).

[198] So OLG Naumburg Beschl. v. 17.11.2010 – 2 Ww 6/10, NJW-RR 2011, 884 (885 f.); OLG Schleswig Beschl. v. 3.3.2009 – 3 WLw 20/08, BeckRS 2009, 11302; aA OLG Jena Beschl. v. 15.12.2011 – Lw U 201/10, BeckRS 2012, 07768 = RdL 2012, 150; *Netz* RdL 2015, 296 (297).

[199] *Demharter* GBO § 3 Rn. 6; BeckOK GBO/*Holzer* § 3 Rn. 12.

[200] Vgl. dazu etwa OLG Brandenburg Urt. v. 10.5.2012 – 5 U 18/10, NJOZ 2012, 1943 = RdL 2012, 301.

Mittlerweile haben die Länder nach Art. 125a Abs. 1 GG ohnehin die Gesetzge- **111** bungskompetenz, die Vorschriften des GrdstVG, die den Grundstücksverkehr be-treffen, durch Landesrecht zu ersetzen (näher → Rn. 33). Aufgrund dieser Ersetzungsermächtigung hat der **baden-württembergische Landesgesetzgeber das ASVG** verabschiedet, das in §§ 3–9, 28 f. und 32 dem GrdstVG weitgehend ent-sprechende, auf die Landesverhältnisse und mit § 2 ASVG insbesondere auf die Konkurrenz mit finanzkräftigen Schweizer Landwirten zugeschnittene Vorschriften enthält.

3. Gerichtliche Zuweisung eines landwirtschaftlichen Betriebs

a) Anwendungsbereich. Das Zuweisungsverfahren nach §§ 13 ff. GrdstVG **112** findet statt, wenn **ein landwirtschaftlicher Betrieb einer durch gesetzliche Erbfolge entstandenen Erbengemeinschaft gehört,** über deren Auseinander-setzung sich die Miterben nicht einigen können (§§ 13 Abs. 1 S. 1, 14 Abs. 2 GrdstVG).[201] Auf Antrag eines Miterben hat das Landwirtschaftsgericht den land-wirtschaftlichen Betrieb ungeteilt einem Miterben oder geteilt einzelnen Miterben zuzuweisen (§ 13 Abs. 1 S. 1 und 3 GrdstVG).

Bis die Zuweisung nach § 13 Abs. 2 GrdstVG wirksam wird (→ Rn. 127), steht **113** die Verwaltung des landwirtschaftlichen Betriebs den Miterben gemeinschaftlich zu (§ 2038 BGB). Daraus entstehende Streitigkeiten fallen in die Zuständigkeit der Zivilgerichte.

b) Bedeutung. Bei der Zuweisung handelt es sich in der Sache um eine **114** **zwangsweise Teilauseinandersetzung im öffentlichen Interesse an dem Er-halt lebensfähiger landwirtschaftlicher Betriebe** (vgl. § 14 Abs. 1, 15 Abs. 1 S. 3 GrdstVG).[202] Dieser Eingriff in Privatautonomie und Erbrecht – negative Tes-tierfreiheit des Erblassers, Auseinandersetzungs- und Verteilungsanspruch der Mit-erben (§§ 2042 Abs. 1, 2047 Abs. 1 BGB) – erscheint dem Gesetzgeber auf der an-deren Seite nur gerechtfertigt, wenn der Betrieb dem Miterben zugewiesen wird, dem er nach dem wirklichen oder mutmaßlichen – wenn auch nicht in einer letzt-willigen Verfügung niedergelegten – Willen des Erblassers zugedacht war (§ 15 Abs. 1 S. 1 GrdstVG). Weitergehend lässt die hM die Zuweisung an einen Miterben schon dann zu, wenn ein dem entgegenstehender Wille des Erblassers nicht mit Si-cherheit feststellbar ist.[203] Mit der Ausrichtung auf den Erblasserwillen ist das Zu-weisungsverfahren als erbrechtliche Inhalts- und Schrankenbestimmung verfas-sungsgemäß (Art. 14 Abs. 1 S. 2 GG).[204]

c) Zulässigkeit. Gegenstand der Zuweisung kann nur ein **landwirtschaftli-** **115** **cher Betrieb** sein. Maßgeblich ist zunächst die **Legaldefinition der Landwirt-**

---

[201] Zur praktischen Bedeutung MAH AgrarR/*v. Garmissen* § 11 Rn. 162.
[202] BT-Drs. 3/119, 13, 15; 3/2635, 1, 3; BVerfG Beschl. v. 14.12.1994 – 1 BvR 720/90, BVerfGE 91, 346 (356) = NJW 1995, 2977 = RdL 1996, 41; BGH Beschl. v. 5.10.1954 – V BLw 34/54, BeckRS 1954, 31395946 = RdL 1955, 26.
[203] OLG Stuttgart Beschl. v. 26.5.2008 – 101 W 6/07, BeckRS 2009, 03874 = RdL 2008, 275; *Graß* AUR 2010, 228 (229); Düsing/Martinez/*Martinez* GrdstVG § 15 Rn. 3; *Wöhrmann* LwErbR § 15 GrdstVG Rn. 5 mwN; offen gelassen OLG Brandenburg Beschl. v. 7.5.2015 – 5 W (Lw) 7/14, BeckRS 2015, 12123 Rn. 33 = RdL 2015, 339.
[204] BVerfG Beschl. v. 14.12.1994 – 1 BvR 720/90, BVerfGE 91, 346 = NJW 1995, 2977 = RdL 1996, 41.

schaft in § 1 Abs. 2 GrdstVG (→ Rn. 71). Der Betriebsbegriff ergibt sich mittelbar aus § 13 Abs. 1 GrdstVG. Zum landwirtschaftlichen Betrieb gehören die landwirtschaftlich genutzten Grundstücke, sofern sie nicht, wie zB Bauland, in absehbarer Zeit anderen als landwirtschaftlichen Zwecken dienen werden (§ 13 Abs. 1 S. 1 und 2 GrdstVG), sowie sämtliche Gegenstände (Sachen und Rechte), die zur ordnungsgemäßen Bewirtschaftung des Betriebs notwendig sind (§ 13 Abs. 1 S. 3 GrdstVG). Ferner ist die Zuweisung nur zulässig, wenn der landwirtschaftliche Betrieb mit einer zur Bewirtschaftung geeigneten, also bei Erbfall nicht notwendig bewirtschafteten,[205] **Hofstelle** versehen ist (§ 14 Abs. 1 S. 1 GrdstVG). Die Zuweisung setzt zwar nicht voraus, dass der landwirtschaftliche Betrieb eine bestimmte Mindestgröße hat.[206] Gemäß § 14 Abs. 1 S. 1 GrdstVG müssen die **Betriebserträge** aber ohne Rücksicht auf die privatrechtlichen Belastungen im Wesentlichen **zum Unterhalt einer bäuerlichen Familie ausreichen** (sog. Ackernahrung). Abzustellen ist auf eine bäuerliche Durchschnittsfamilie, bestehend aus zwei Eltern und zwei minderjährigen Kindern.[207] Dabei sind Erträge aus zugepachtetem Land insoweit als Erträge des Betriebes anzusehen, als gesichert erscheint, dass das zugepachtete Land oder anderes gleichwertiges Pachtland dem Erwerber zur Bewirtschaftung zur Verfügung stehen wird (§ 14 Abs. 1 S. 2 GrdstVG).

116   Das Zuweisungsverfahren ist fener nur zulässig, wenn der landwirtschaftliche Betrieb einer durch **gesetzlichen Erbfolge entstandenen Erbengemeinschaft** gehört (§ 13 Abs. 1 S. 1 GrdstVG). Gewillkürte oder gesetzliche Erbfolge nach den Miterben schließt die Zuweisung nicht aus, da sie nichts daran ändert, dass die ursprüngliche Erbengemeinschaft durch gesetzliche Erbfolge entstanden ist.[208] Aus demselben Grund steht die Abtretung des Erbanteils (§ 2033 Abs. 1 BGB) der Zuweisung nicht entgegen, die freilich nicht an den Erbteilserwerber erfolgen kann, weil er durch die Anteilsverfügung nicht Miterbe geworden ist.[209] Steht der landwirtschaftliche Betrieb im **Miteigentum eines Dritten,** insbesondere des überlebenden Ehegatten, ist die Zuweisung nach Art. 14 Abs. 1 GG, § 13 Abs. 3 S. 1 GrdstVG grundsätzlich ausgeschlossen. Solches Miteigentum hindert indes die Zuweisung an den Dritten nicht, da dessen Eigentum, das durch § 13 Abs. 3 S. 1 GrdstVG verfassungskonform gewährleistet wird, von einer solchen Zuweisung nicht beeinträchtigt wird.[210]

117   **Der gerichtlichen Zuweisung geht eine Einigung der Miterben über die Auseinandersetzung des landwirtschaftlichen Nachlasses gemäß § 2042 BGB vor,** sofern die vereinbarte Erbauseinandersetzung vollzogen werden kann (§ 14 Abs. 2 GrdstVG). Unmöglichkeit des Vollzugs kann sich insbesondere daraus ergeben, dass eine nach §§ 2ff. GrdstVG notwendige Genehmigung bestandskräftig versagt wurde (→ Rn. 74).[211] Die Zuweisung ist gemäß § 14 Abs. 3 GrdstVG schließlich unzulässig, solange der Erblasser die Auseinandersetzung ausgeschlossen

---

[205] OLG Stuttgart Beschl. v. 26.5.2008 – 101 W 6/07, BeckRS 2009, 03874 = RdL 2008, 275 mwN.

[206] *Wöhrmann* LwErbR § 13 GrdstVG Rn. 7.

[207] OLG Naumburg Beschl. v. 28.1.2004 – 2 Ww 78/03, VIZ 2004, 538 (539) = RdL 2004, 264 mwN.

[208] OLG Stuttgart Beschl. v. 31.3.1987 – 10 W(Lw 15/86), RdL 1987, 214 (215) mwN.

[209] BGH Beschl. v. 8.12.1959 – V BLw 34/59, BGHZ 31, 253 (255) = NJW 1960, 291 = RdL 1960, 39.

[210] *Wöhrmann* LwErbR § 13 GrdstVG Rn. 15 mwN.

[211] *Wöhrmann* LwErbR § 14 GrdstVG Rn. 17.

hat (§ 2044 BGB), er durch Verfügung von Todes wegen lediglich[212] einen zu ihrer Bewirkung berechtigten Testamentsvollstrecker ernannt hat oder ein Beteiligter ihren Aufschub verlangen kann (§§ 2043, 2045 BGB).

d) Verfahren. Die Zuweisung eines landwirtschaftlichen Betriebs setzt den **118 Antrag eines Miterben** voraus. Ein Miterbe, der seinen Erbanteil auf einen Dritten übertragen hat (→ Rn. 116), ist nicht mehr antragsberechtigt.[213] Der Antrag ist nicht fristgebunden. Er kann gemäß (§ 9 iVm) § 25 Abs. 1 und 2 FamFG schriftlich bei dem örtlichen zuständigen Landwirtschaftsgericht (→ § 10 Rn. 3 ff.) oder zur Niederschrift der Geschäftsstelle eines jeden Amtsgerichts abgegeben werden. Gemäß § 32a S. 2 soll der Antrag die Gegenstände bezeichnen, deren Zuweisung beantragt wird (näher, insbesondere zur Antragsbindung, → § 14 Rn. 40, → § 32a Rn. 3 f.). Dies können neben den Grundstücken Zubehörstücke iSv § 97 BGB, insbesondere landwirtschaftliches Inventar (§ 98 Nr. 2 BGB), Miteigentums-, Kapital- und Geschäftsanteile, dingliche Nutzungsrechte und ähnliche Rechte sein (§ 13 Abs. 1 S. 3 GrdstVG). Der Miterbe muss aber, um gemäß § 14 Abs. 1 das Verfahren einzuleiten (→ § 14 Rn. 8 ff.), nicht notwendig die Zuweisung an sich selbst beantragen.[214]

An dem Verfahren sind stets der Antragsteller und **die übrigen Miterben** ge- **119** mäß (§ 9 iVm) § 7 Abs. 1, Abs. 2 Nr. 1 FamFG **zu beteiligen.** Darüber hinaus müssen ggf. dinglich (Erbteilerwerber, Pfandrechtsgläubiger) und persönlich Berechtigte (Vermächtnisnehmer) an dem Nachlass hinzugezogen werden. Dagegen stellt sich die Frage der Beteiligung eines Pflichtteilsberechtigten deshalb nicht, weil bei Pflichtteilsberechtigung gemäß § 2303 BGB schon keine durch gesetzliche Erbfolge entstandene Erbengemeinschaft mehr vorliegen kann (→ Rn. 116).[215]

Im Zuweisungsverfahren verfolgen die Miterben in der Regel gegenläufige In- **120** teressen, weswegen es sich um ein sogenanntes Streitverfahren der freiwilligen Gerichtsbarkeit handelt (→ § 14 Rn. 40). Im Rechtsmittelverfahren gilt daher – im Unterschied zu den Genehmigungsverfahren nach §§ 2 ff. GrdstVG – das Verschlechterungsverbot (reformatio in peius).[216]

Das Zuweisungsverfahren geht der Zwangsversteigerung zur Aufhebung der Er- **121** bengemeinschaft (§ 180 ZVG) vor. Auf Antrag eines Miterben ist das Zwangsversteigerungsverfahren wegen eines landwirtschaftlichen Betriebsgrundstücks so lange einzustellen, bis über den Antrag auf Zuweisung dieses Grundstücks rechtskräftig entschieden ist (§ 185 Abs. 1 ZVG).

e) Zuweisungsentscheidung. Ist die Zuweisung (nach → Rn. 115 ff.) an sich **122** zulässig, darf das Landwirtschaftsgericht den Betrieb nur demjenigen Miterben zuweisen, dem er nach dem **wirklichen oder mutmaßlichen Willen des Erblassers** zugedacht war (§ 15 Abs. 1 S. 1 GrdstVG; → Rn. 114). Auf den mutmaßlichen Willen des Erblassers kommt es dabei nur an, wenn sich dessen wirklicher Wille nicht feststellen lässt.[217] Bei diesem muss es sich, da von der gesetzlichen Erbfolge ausgegangen wird, um einen Willen handeln, der, obwohl er nicht in einer gültigen Ver-

---

[212] *Wöhrmann* LwErbR § 14 GrdstVG Rn. 19.
[213] OLG Celle Beschl. v. 29.6.1959 – 7 Wlw 59/58, RdL 1959, 301 (302).
[214] *Netz* GrdstVG Rn. 4139; *Wöhrmann* LwErbR § 13 GrdstVG Rn. 19.
[215] AA *Wöhrmann* LwErbR § 13 GrdstVG Rn. 20.
[216] BGH Beschl. v. 5.10.1954 – V BLw 34/54, BeckRS 1954, 31395946 = RdL 1955, 26.
[217] BT-Drs. 3/2635, 10; OLG Brandenburg Beschl. v. 7.5.2015 – 5 W (Lw) 7/14, BeckRS 2015, 12123 Rn. 36 = RdL 2015, 339.

fügung von Todes wegen bestätigt worden ist, noch als letzter tatsächlich vorhandener Wille des Erblassers festgestellt werden kann.[218] Der mutmaßliche Wille ist demgegenüber der, der zwar nicht sicher feststellbar ist, aber als tatsächlich vorhanden vermutet werden kann. Dieser Wille ist hypothetisch danach zu ermitteln, welchen Miterben der Erblasser bei verständiger Würdigung aller in Betracht kommenden Umstände als Nachfolger seines Betriebs ausgewählt haben würde, wenn er zu seinen Lebzeiten zur Beantwortung dieser Frage gezwungen gewesen wäre.[219]

123   Das Landwirtschaftsgericht hat den **Zuweisungsantrag zurückzuweisen,** wenn der Miterbe, dem die Landwirtschaft zugedacht war, zur Übernahme des Betriebs nicht bereit oder zu einer ordnungsgemäßen Bewirtschaftung nicht geeignet ist (§ 15 Abs. 1 S. 3 GrdstVG). Dies bedeutet positiv gewendet, dass nur einem iSv § 6 Abs. 7 HöfeO **wirtschaftsfähigen Zuweisungsprätendenten der Betrieb zugewiesen werden kann.**[220] Ist der auserkorene Anwärter weder ein Abkömmling noch der überlebende Ehegatte des Erblassers, ist die Zuweisung an ihn gemäß § 15 Abs. 1 S. 2 GrdstVG darüber hinaus nur zulässig, wenn er den Betrieb bewohnt[221] und bewirtschaftet oder mitbewirtschaftet. Fehlt es daran, muss der Zuweisungsantrag ebenfalls zurückgewiesen werden.

124   Gemäß § 13 Abs. 1 S. 1 Hs. 2 GrdstVG kann das Landwirtschaftsgericht den landwirtschaftlichen Betrieb in mehrere Betriebe teilen und geteilt mehreren Miterben zuweisen. Hierzu müssen gemäß § 15 Abs. 2 GrdstVG die Zuweisungsvoraussetzungen hinsichtlich jedes Betriebsteils[222] und in der Person jedes Zuweisungsempfängers vorliegen.

125   Die dem Erhalt lebensfähiger landwirtschaftlicher Betriebe dienenden (→ Rn. 114) **Zuweisungsvoraussetzungen müssen im Zeitpunkt der Beschlussfassung** über die Zuweisung **vorliegen.** Noch im diesem Zeitpunkt muss mithin ein erhaltungswürdiger landwirtschaftlicher Betrieb (→ Rn. 115) vorhanden und der Zuweisungsprätendent wirtschaftswillig und -fähig sein (→ Rn. 123).[223]

126   Nach dem Wortlaut von § 13 Abs. 1 S. 1 GrdstVG liegt die Zuweisung zwar im **Ermessen des Landwirtschaftsgerichts.** Wenn die Zuweisungsvoraussetzungen vorliegen, dürfte es freilich kaum jemals zweckmäßig sein, von der Zuweisung abzusehen, da diese gerade dem öffentlichen Interesse an dem Erhalt lebensfähiger landwirtschaftlicher Betriebe (→ Rn. 114) dient.[224]

---

[218] BT-Drs. 3/2635, 10; MAH AgrarR/*v. Garnissen* § 11 Rn. 169; *Netz* GrdstVG Rn. 3940. ZB OLG Brandenburg Beschl. v. 7.5.2015 – 5 W (Lw) 7/14, BeckRS 2015, 12123 Rn. 22, 35 = RdL 2015, 339: unwirksames Nottestament.

[219] OLG Brandenburg Beschl. v. 7.5.2015 – 5 W (Lw) 7/14, BeckRS 2015, 12123 Rn. 22, 36 = RdL 2015, 339; *Netz* GrdstVG Rn. 3941.

[220] OLG Brandenburg Beschl. v. 7.5.2015 – 5 W (Lw) 7/14, BeckRS 2015, 12123 Rn. 28 = RdL 2015, 339; *Wöhrmann* LwErbR § 15 GrdstVG Rn. 20. Zu § 6 Abs. 7 HöfeO eingehend Lüdtke-Handjery/*v. Jeinsen/v. Jeinsen* HöfeO § 6 Rn. 89 ff.

[221] Abl. *Wöhrmann* LwErbR § 15 GrdstVG Rn. 16 ff.

[222] Hiervon wird hinsichtlich der Hofstelle eine Ausnahme gemacht werden müssen. Da der (ungeteilte) landwirtschaftliche Betrieb idR nur über eine Hofstelle verfügen wird, die nur einem Prätendenten zugewiesen werden kann, muss insoweit die Bereitschaft des anderen Prätendenten genügen, alsbald eine Hofstelle zu errichten (so zutr. *Wöhrmann* LwErbR § 15 GrdstVG Rn. 24).

[223] OLG Stuttgart Beschl. v. 26.5.2008 – 101 W 6/07, BeckRS 2009, 03874 = RdL 2008, 275; *Wöhrmann* LwErbR § 14 GrdstVG Rn. 2 ff. mwN.

[224] IdS BT-Drs. 3/119, 23; OLG München Beschl. v. 10.7.1974 – W XV 50/64, RdL 1975, 156 (161); MAH AgrarR/*Booth* § 8 Rn. 336; *Netz* GrdstVG Rn. 4153; weitergehend *Graß*

Gemäß § 32a S. 2 GrstVG soll das Landwirtschaftsgericht in der Entscheidung **127** die zugewiesenen Gegenstände bezeichnen, wenn es dem Beschlussantrag stattgibt (→ § 32a Rn. 3f.). Aus der Zusammenschau mit § 13 Abs. 2 GrdstVG ergibt sich, dass die **Bezeichnung der Gegenstände** zwingend und zudem **im Beschlussausspruch**, ggf. durch Bezugnahme auf eine Anlage (Antragsschrift nach § 32a S. 1 GrdstVG oder Inventar), erfolgen muss.[225] Denn nach § 13 Abs. 2 GrdstVG geht das Eigentum an den zugewiesenen Gegenständen mit Rechtskraft des Zuweisungsbeschlusses ([§ 9 iVm] § 45 FamFG) ohne weiteres auf den Erwerber über, sofern in ihm nicht ein späterer Zeitpunkt für den Eigentumsübergang bestimmt ist.

Mit der Grundstückszuweisung wird das **Grundbuch** unrichtig. Deshalb hat **128** nach § 32a S. 3 GrdstVG der Vorsitzende des Landwirtschaftsgerichts des ersten Rechtszugs das Grundbuchamt gemäß § 38 GBO um Eintragung des Erwerbers zu ersuchen, nachdem der Zuweisungsbeschluss gemäß [§ 9 iVm] § 45 FamFG rechtskräftig geworden ist (näher → § 32a Rn. 5ff.). Da der Eigentumsübergang außerhalb des Grundbuchs erfolgt, hat die Eigentumsumschreibung lediglich klarstellende Bedeutung.

f) Regelung der Abfindung. Mit der Zuweisung des landwirtschaftlichen Be- **129** triebs hat das Landwirtschaftsgericht – zugleich[226] – **die Abfindung der übrigen Miterben** festzusetzen, die dem – nach dem Ertragswert (§ 2049 BGB) anzusetzenden – Wert ihres Anteils an dem zugewiesenen Betrieb entspricht (§ 16 Abs. 1 GrdstVG). Auf Antrag des Erwerbers (§ 13 Abs. 2 GrdstVG) kann das Landwirtschaftsgericht die Abfindung stunden (§ 16 Abs. 3 S. 1 GrdstVG) und muss dann zugleich nach billigem Ermessen über die Höhe der Stundungszinsen und Art und Umfang der Sicherheitsleistung für die gestundete Abfindung beschließen (§ 16 Abs. 3 S. 2 und 3 GrdstVG), wobei es die Entscheidung über die Stundung bei wesentlicher Veränderung der Verhältnisse auch nach Eintritt der Rechtskraft ([§ 9 iVm] § 45 FamFG) wieder aufheben oder ändern kann (§ 16 Abs. 3 S. 4 GrdstVG). Statt der Abfindung kann das Landwirtschaftsgericht auf Antrag eines Miterben festsetzen, dass dieser durch ein Grundstück aus der Zuweisungsmasse (§ 16 Abs. 4 GrdstVG) oder durch ein beschränktes dingliches Recht an einem zugewiesenen Grundstück abzufinden ist (§ 16 Abs. 5 GrdstVG).

Im Zuge der Berichtigung der Nachlassverbindlichkeiten, zu der gemäß § 16 **130** Abs. 2 S. 1 GrdstVG vorrangig der außer dem landwirtschaftlichen Betrieb vorhandene Nachlass heranzuziehen ist, kann das Landwirtschaftsgericht den Nachlass auf Antrag eines Miterben mit Zustimmung des Gläubigers von einer dinglich gesicherten Nachlassverbindlichkeit befreien, indem es festsetzt, dass nur noch der Erwerber (§ 13 Abs. 2 GrdstVG) des belasteten Grundstücks für sie haftet (§ 16 Abs. 2 S. 2 GrdstVG).

AUR 2010, 228 (229) und *Wöhrmann* LwErbR § 13 GrdstVG Rn. 22: Landwirtschaftsgericht stets zur Zuweisung „verpflichtet"; nach *Düsing/Martinez/Martinez* GrdstVG § 13 Rn. 14, soll sich das Ermessen lediglich auf das „Wie" der Zuweisung beziehen, womit die Auswahl des Miterben und der Zuweisungsumfang gemeint ist (was freilich bereits durch §§ 13 Abs. 1, 15 GrdstVG vorgegeben wird).

[225] Vgl. OLG Köln Beschl. v. 7.9.1964 – 2 WLw 27/63, RdL 1964, 294 (296); OLG München Beschl. v. 10.7.1974 – W XV 50/64, RdL 1975, 156 (162); *Netz* GrdstVG Rn. 4162.

[226] BGH Beschluss vom 27.4.1954 – V BLw 82/53, BGHZ 13, 154 (164); RdL 1954, 225; OLG Brandenburg Beschl. v. 30.5.2013 – 5 W (Lw) 3/13, BeckRS 2013, 10374 = RdL 2013, 284 mwN.

131   Vor dem Landwirtschaftsgericht ist schließlich der den übrigen Miterben zuste-
hende **Anspruch auf Vorteilsausgleich** geltend zu machen. Der Anspruch entsteht gemäß § 17 Abs. 1 S. 1 GrdstVG, wenn der Erwerber oder sein Gesamtrechts-
nachfolger (§ 17 Abs. 1 S. 2 GrdstVG) binnen fünfzehn Jahren nach dem Erwerb
(§ 13 Abs. 2 GrdstVG) insbesondere durch Veräußerung des Betriebs oder einzelner
zugewiesener Gegenstände erhebliche Gewinne zieht. Durch die Regelung soll das
Opfer ausgeglichen werden, das die weichenden Miterben dadurch erbracht haben,
dass sie im Interesse der geschlossenen und lebensfähigen Erhaltung des landwirtschaftlichen Betriebs mit einer Abfindung auf der Grundlage des – im Vergleich zu
dem Verkaufswert regelmäßig niedrigeren – Ertragswerts vorlieb nehmen mussten.[227] Infolgedessen sind die Miterben so zu stellen, wie wenn der Betrieb oder
Gegenstand im Zeitpunkt des Erwerbs (§ 13 Abs. 2 GrdstVG) verkauft und der
Kaufpreis unter den Miterben entsprechend ihren Erbteilen verteilt worden wäre
(§ 17 Abs. 1 S. 1 GrdstVG).[228]

4. Geschäftswert und Gebühren

132   **a) Veräußerung eines land- oder forstwirtschaftlichen Grundstücks.**
§§ 36, 36 a aF enthielten für Verfahren nach dem GrdstVG besondere Geschäfts-
wert- und Gebührenvorschriften. Nach Aufhebung dieser Vorschriften (→ Rn. 60)
bestimmt sich der Geschäftswert im Genehmigungsverfahren (→ Rn. 80 ff.) nach
§ 60 GNotKG, mithin nach dem **Wert des der Genehmigung zugrunde liegenden Geschäfts.**[229] In den übrigen Fällen der Anrufung des Landwirtschaftsgerichts, also in Verfahren auf Erteilung eines Zeugnisses oder einer Bescheinigung,
auf Änderung oder Aufhebung einer Auflage (→ Rn. 80) oder auf Verhängung
eines Zwangsgelds (→ Rn. 108), wird der Wert nach billigem Ermessen (§ 36
Abs. 1 GNotKG) zu bestimmen sein, subsidiär ist gemäß § 36 Abs. 3 GNotKG von
5.000 € auszugehen.[230]

133   Im ersten Rechtszug fällt die halbe Gebühr für das Verfahren im Übrigen nach
KV 15112 an, was § 36 Abs. 1 S. 2 Hs. 1 aF entsprach; im Beschwerdeverfahren
wird eine Gebühr nach KV 15123 angesetzt. Nach Vorbemerkung 1.5.1 Abs. 2
sind die Genehmigungsbehörde nach dem GrdstVG und deren übergeordnete Behörde (vgl. § 32 Abs. 2 S. 2; → § 32 Rn. 16) von der Zahlung von Gerichtsgebühren
befreit (→ § 42 Rn. 11).

134   **b) Gerichtliche Zuweisung eines landwirtschaftlichen Betriebs.** Die
Wertvorschrift für das Verfahren über die gerichtliche Zuweisung eines land- oder
forstwirtschaftlichen Betriebs (§ 36 a Abs. 1 S. 1 aF) findet sich § 48 Abs. 3 Nr. 2
GNotKG wieder.[231] Danach gelten § 48 Abs. 1 und 2 GNotKG entsprechend, sofern das Verfahren mit der Zuweisung endet;[232] der Geschäftswert wird grundsätzlich[233] auf das **Vierfache des letzten Einheitswerts** nach §§ 33 ff. BewG be-

---

[227] Vgl. BT-Drs. 3/119, 26.
[228] BGH Beschl. v. 25.11.2011 – BLw 2/11, BeckRS 2012, 01014 Rn. 8 mwN.
[229] BT-Drs. 17/11471, 177, 285.
[230] Vgl. BT-Drs. 17/11471, 285.
[231] BT-Drs. 17/11471, 177, 285.
[232] BeckOK KostR/*v. Selle* GNotKG § 76 Rn. 9.
[233] Neue Bundesländer: § 48 Abs. 1 Satz 4 GNotKG und dazu BeckOK KostR/*Soutier*
GNotKG § 48 Rn. 27; Abweichungen vom Einheitswert (bzw. Ersatzwirtschaftswert): § 48
Abs. 2 GNotGK und dazu BeckOK KostR/*Soutier* GNotKG § 48 Rn. 28 ff.

schränkt.[234] Sofern der Zuweisungsantrag zurückgewiesen wird, die Entscheidung über die Stundung der Abfindung nachträglich geändert wird (→ Rn. 129) und für den Anspruch auf Nachabfindung (→ Rn. 131) gilt § 36 GNotKG. Auch insoweit ergeben sich keine inhaltlichen Änderungen zur Rechtslage vor Inkrafttreten des GNotKG (s. § 36 a Abs. 2 S. 1, Abs. 3 S. 1 aF).

In allen Verfahren aufgrund der Zuweisungsvorschriften fällt die zweifache Ge- **135** bühr nach **KV 15110** an, die sich im Falle der Beendigung des gesamten Verfahrens ohne Endentscheidung oder Rücknahme des Zuweisungsantrags vor Bekanntgabe derselben auf eine Gebühr ermäßigt (KV 15111); im Beschwerdeverfahren werden drei Gebühren nach KV 15120 angesetzt.

VI. Einwendungen gegen das siedlungsrechtliche Vorkaufsrecht (Nr. 3)

1. Das siedlungsrechtliche Vorkaufsrecht

Das Vorkaufsrecht des Siedlungsunternehmens (§ 1 RSG) ist eng mit dem **136** **Genehmigungsverfahren** bei der Veräußerung eines landwirtschaftlichen Grundstücks **nach dem GrdstVG** (→ Rn. 70 ff.) verzahnt.[235] Nach § 4 Abs. 1 RSG ist das zuständige Siedlungsunternehmen zum Vorkauf eines landwirtschaftlichen Grundstücks mit einer Größe von mindestens zwei ha[236] berechtigt, wenn die Veräußerung einer Genehmigung nach dem GrdstVG bedarf und die Genehmigung nach § 9 GrdstVG nach Auffassung der Genehmigungsbehörde zu versagen wäre. Ist die Genehmigungsbehörde dieser Auffassung und bejaht sie auch die übrigen Voraussetzungen für die Ausübung des Vorkaufsrechts nach § 4 RSG, hat sie den Kaufvertrag der Siedlungsbehörde vorzulegen (§ 12 GrdstVG), die diesen wiederum nach § 6 Abs. 1 S. 1 RSG dem vorkaufsberechtigten Siedlungsunternehmen zur Erklärung über die Ausübung des Rechts zuleitet.

2. Ausübung des Vorkaufsrechts

Das Vorkaufsrecht wird dadurch ausgeübt, dass die Genehmigungsbehörde diese **137** Erklärung dem Verpflichteten mitteilt (§ 6 Abs. 1 S. 3 Hs. 1 RSG). Damit gilt gemäß § 6 Abs. 1 S. 3 Hs. 2 RSG für das Rechtsverhältnis zwischen dem Verkäufer und dem Vorkaufsberechtigten die Veräußerung als genehmigt. Mit der rechtmäßigen Entscheidung der Genehmigungsbehörde treten die zivilrechtlichen Wirkungen der Ausübung des Vorkaufsrechts durch das Siedlungsunternehmen ein. Zwischen dem Verkäufer und dem Siedlungsunternehmen kommt nach § 8 Abs. 1 S. 1

---

[234] Näher *v. Jeinsen/Meier-Böke* RdL 2014, 1 (1 f.); BeckOK KostR/*Soutier* GNotKG § 48 Rn. 26.

[235] Vgl. BGH Beschl. v. 23.11.2012 – BLw 13/11, NJW 2013, 607 Rn. 9 = RdL 2013, 128.

[236] Für das RSG ist der wirtschaftliche Grundstücksbegriff maßgebend, weswegen auch mehrere wirtschaftlich zusammengehörige Buchgrundstücke eines Eigentümers, die nur in ihrer Gesamtheit die Mindestgröße erreichen, dem Vorkaufsrecht unterfallen können; BGH Beschl. v. 9.5.1985 – BLw 9/84, BGHZ 94, 299 (302) = NJW-RR 1986, 310 mwN; aA *Netz* RdL 2015, 296 (298).

RSG, § 464 Abs. 2 BGB ein Vertrag zu den in dem Vertrag zwischen den Parteien vereinbarten Konditionen zustande.[237]

138   Weil das Vorkaufsrecht nur entsteht, wenn das Rechtsgeschäft genehmigungsbedürftig und dessen Genehmigung zu versagen wäre (→ Rn. 136), kommt die **Ausübung des Vorkaufsrechts der Versagung der Genehmigung gegenüber den Vertragsparteien gleich.** Die Mitteilung über die Ausübung des Vorkaufsrechts muss daher ebenso anfechtbar sein, wie es die Versagung der Genehmigung nach dem GrdstVG ist.[238] Deshalb bestimmt § 21 S. 1 GrdstVG, dass die Genehmigungsbehörde die Erklärung über die Ausübung des Vorkaufsrechts außer dem Verpflichteten (Verkäufer) auch dem Käufer und demjenigen mitzuteilen hat, zu dessen Gunsten der Kaufvertrag geschlossen worden ist (Dritter isv § 328 BGB). Die Mitteilung ist gemäß § 21 S. 2 GrdstVG mit einer Begründung zu versehen, warum die Genehmigung der Veräußerung nach § 9 GrdstVG zu versagen wäre, und zuzustellen (§ 21 S. 2 GrdstVG). Bei der Zustellung sind die Beteiligten in sinngemäßer Anwendung von § 20 S. 2 und 3 GrdstVG (→ Rn. 85) über die Zulässigkeit eines Antrags auf gerichtliche Entscheidung nach § 10 RSG zu belehren (§ 21 S. 3 GrdstVG).

3. Einwendungen gegen das Vorkaufsrecht

139   Einwendungen gegen das Vorkaufsrechts isv § 10 RSG sind nach dessen S. 1 nur solche, die sich darauf gründen, dass die Veräußerung einer Genehmigung nach dem GrdstVG nicht bedarf (→ Rn. 91) oder die Genehmigung nach § 9 dieses Gesetzes nicht zu versagen wäre (→ Rn. 94 ff.). Der Antrag auf gerichtliche Entscheidung (§ 10 S. 3 RSG) und damit die **Zuständigkeit der Landwirtschaftsgerichte beschränkt sich daher grundsätzlich auf eine grundstücksverkehrsrechtliche Prüfung.**[239]

140   Dagegen fällt der Streit über die bürgerlich-rechtliche Gültigkeit des Kaufvertrags in die Zuständigkeit der Zivilgerichte, sofern dessen Nichtigkeit nicht offensichtlich ist.[240] Gleiches gilt für die sonstigen siedlungsrechtlichen Voraussetzungen für die Ausübung des Vorkaufsrechts, zB die dafür gemäß § 4 Abs. 1 und 4 RSG erforderliche Mindestgröße des verkauften Grundstücks.[241] Dem lässt sich nicht entgegenhalten, dass das Landwirtschaftsgericht in Verfahren nach § 1 Nr. 2 gemäß § 9 Abs. 5 GrdstVG (→ Rn. 96) zumeist zu prüfen hat, ob die siedlungsrechtlichen Voraussetzungen für die Ausübung des Vorkaufsrechts vorliegen.[242] Denn auch wenn § 10 S. 3 RSG expressis verbis nur eine ausschließliche Zuständigkeit der Landwirtschaftsgerichte begründet, soll komplementär dazu deren Zuständigkeit auch auf die Einwendungen nach § 10 S. 1 RSG beschränkt werden.[243]

---

[237] BGH Beschl. v. 24.11.2006 – BLw 11/06, BeckRS 2007, 01623 Rn. 17 = NL-BzAR 2007, 98.

[238] BT-Drs. 3/2635, 15.

[239] BGH Beschl. v. 28.11.2014 – BLw 3/13, BGHZ 203, 297 Rn. 13 = NJW 2015, 1520 = RdL 2015, 159; Beschl. v. 4.2.1964 – V BLw 31/63, BGHZ 41, 114 (122) = NJW 1964, 1677; Beschl. v. 28.4.2006 – BLw 32/05, NJW-RR 2006, 1245 Rn. 22 = RdL 2006, 236.

[240] BT-Drs. 3/2635, 16; BGH Beschl. v. 4.2.1964 – V BLw 31/63, BGHZ 41, 114 (118) = NJW 1964, 1677.

[241] BT-Drs. 3/2635, 16; BGH Beschl. v. 9.5.1985 – BLw 9/84, BGHZ 94, 299 (301) = NJW-RR 1986, 310.

[242] AA *Netz* GrdstVG Rn. 4371.

[243] So ausdrücklich BT-Drs. 3/2635, 15 f.

Nach § 6 Abs. 1 S. 2 Alt. 2 GrdstVG verlängert sich die einmonatige Entschei- 141
dungsfrist des § 6 Abs. 1 S. 1 GrdstVG auf drei Monate, wenn die Genehmigungsbehörde eine Erklärung über die Ausübung des Vorkaufsrechts nach § 12 GrdstVG
herbeizuführen und deshalb dem Veräußerer vor Ablauf der Monatsfrist einen Zwischenbescheid erteilt hat. Nach der bisherigen Rechtsprechung des BGH[244] sollte
ein irrtümlich auf das Vorkaufsrecht gestützter Zwischenbescheid nur die Zweimo-
natsfrist nach § 6 Abs. 1 S. 2 Alt. 1 GrdstVG in Lauf setzen. Dies hatte wegen der
Genehmigungsfiktion gemäß § 6 Abs. 2 GrdstVG (→ Rn. 77) zur Folge, dass die
siedlungsrechtlichen Voraussetzungen für die Ausübung des Vorkaufsrechts ggf. inzidenter zu prüfen gewesen waren. Daraus ergab sich die Inkohärenz, dass diese
Frage, die materiell-rechtlich an sich nicht zu prüfen ist (→ Rn. 139 f.), für die Bestimmung der Fristdauer beantwortet werden müsste, mithin im Ergebnis über den
Eintritt der materiell wirkenden Genehmigungsfiktion entscheiden würde. An dieser Rechtsprechung hält der BGH nicht länger fest. Für die Verlängerung der Frist
auf drei Monate reicht es nunmehr aus, dass die Genehmigungsbehörde annimmt,
wegen eines siedlungsrechtlichen Vorkaufsrechts gemäß § 12 GrdstVG zur Vorlage
an die Siedlungsbehörde verpflichtet zu sein, und rechtzeitig einen hierauf gestüt-
ten Zwischenbescheid erlässt.[245] Die Zuständigkeit der Landwirtschaftsgerichte
beschränkt sich daher auch sub specie § 6 GrdstVG auf die Prüfung, ob die Genehmigungsbehörde die siedlungsrechtlichen Voraussetzungen des Vorkaufsrechts ausnahmsweise willkürlich oder missbräuchlich bejaht hat, wofür in der Regel keine
Anhaltspunkte vorliegen werden.[246]

Die Einbettung des Vorkaufsrechts in das grundstücksverkehrsrechtliche **Ge-** 142
nehmigungsverfahren (→ Rn. 136) bedingt allerdings, dass ein außerhalb eines
Genehmigungsverfahrens ergangener Bescheid über die Mitteilung der Ausübung
des siedlungsrechtlichen Vorkaufsrechts (§ 6 Abs. 1 S. 3 RSG; → Rn. 137) in dem
Einwendungsverfahren nach § 10 RSG grundsätzlich aufzuheben ist.[247] Der darin
liegende **Verfahrensmangel** kann nicht gemäß § 45 Abs. 1 Nr. 1 VwVfG durch
nachträgliche Stellung eines Antrags nach § 3 Abs. 2 GrdstVG geheilt werden, weil
die Kaufvertragsparteien nach Mitteilung über die Ausübung des Vorkaufsrechts auf
die Einwendungen des § 10 S. 1 RSG beschränkt sind.[248] Die Beteiligten können
das Vorkaufsrecht des Siedlungsunternehmens mithin dadurch zu Fall bringen, dass
sie bis zur Mitteilung über die Ausübung des Vorkaufsrechts den Genehmigungsantrag zurücknehmen.[249]

---

[244] BGH Beschl. v. 9.5.1985 – BLw 9/84, BGHZ 94, 299 (302) = NJW-RR 1986, 310
mwN.
[245] BGH Beschl. v. 28.11.2014 – BLw 3/13, BGHZ 203, 297 Rn. 10 ff. = NJW 2015, 1520
= RdL 2015, 159 mwN.
[246] Vgl. BGH Beschl. v. 28.11.2014 – BLw 3/13, BGHZ 203, 297 Rn. 18 f. = NJW 2015,
1520 = RdL 2015, 159 mwN.
[247] BGH Beschl. v. 23.11.2012 – BLw 13/11, NJW 2013, 607 Rn. 15 = RdL 2013, 128;
Beschl. v. 4.2.1964 – V BLw 31/63, BGHZ 41, 114 (120) = NJW 1964, 1677.
[248] BGH Beschl. v. 23.11.2012 – BLw 13/11, NJW 2013, 607 Rn. 18 = RdL 2013, 128.
[249] BGH Beschl. v. 4.2.1964 – V BLw 31/63, BGHZ 41, 114 (122) = NJW 1964, 1677;
Beschl. v. 23.11.2012 – BLw 13/11, NJW 2013, 607 Rn. 17 = RdL 2013, 128; *Stresemann*
AUR 2014, 415 (420).

4. Antrag auf gerichtliche Entscheidung

143   Gemäß § 10 S. 3 RSG sind die Vorschriften über den Antrag auf gerichtliche Entscheidung in § 22 GrdstVG entsprechend anzuwenden (Einzelheiten → Rn. 80 ff.). Neben den Vertragsparteien und demjenigen, zu dessen Gunsten der Vertrag geschlossen worden ist (§ 3 Abs. 2 S. 1 GrdstVG), **ist auch das Siedlungsunternehmen an dem Verfahren zu beteiligen.**[250]

5. Entscheidung des Landwirtschaftsgerichts

144   In dem Antrag auf gerichtliche Entscheidung liegt der Antrag, den Kaufvertrag zwischen den Parteien zu genehmigen. **Das Landwirtschaftsgericht kann** gemäß § 10 S. 3 RSG iVm § 22 Abs. 3 GrdstVG **die Entscheidungen treffen, die auch die Genehmigungsbehörde treffen kann** (Einzelheiten → Rn. 89).

145   **Für die Entscheidung** über Einwendungen gegen die Ausübung des gesetzlichen Vorkaufsrechts durch das Siedlungsunternehmen, die sich darauf gründen, dass die Genehmigung nicht nach § 9 GrdstVG zu versagen gewesen wäre, **kommt es auf die Verhältnisse in dem in § 6 Abs. 1 S. 3 RSG für die Ausübung des Vorkaufsrechts bestimmten Zeitpunkt an** (→ Rn. 137). Die Vertragsparteien können das ausgeübte Vorkaufsrecht nicht dadurch zu Fall bringen, dass sie erst im Verlauf des gerichtlichen Verfahrens die Voraussetzungen schaffen, aus denen der Versagungsgrund ausgeräumt werden kann.[251]

146   Wird der Genehmigungsantrag (§ 3 Abs. 2 GrdstVG) nach diesem Zeitpunkt zurückgenommen, ist die Hauptsache erledigt, falls die Einwendungen nach § 10 S. 1 RSG zu diesem Zeitpunkt begründet waren ([§ 9 iVm] § 83 Abs. 2 FamFG).[252]

147   Das Landwirtschaftsgericht **weist den Antrag auf gerichtliche Entscheidung zurück**, wenn die Einwendungen zum Zeitpunkt der Ausübung des Vorkaufsrechts unbegründet sind. Dagegen darf das Landwirtschaftsgericht nicht die Wirksamkeit der Ausübung des Vorkaufsrechts feststellen, da sich seine Zuständigkeit auf die Einwendungen des § 10 S. 1 RSG beschränkt (→ Rn. 139 f.).[253]

6. Bundesrecht ergänzendes und ersetzendes Landesrecht

148   Nach § 4 Abs. 4 RSG können die Landesregierungen durch Rechtsverordnung die Mindestgröße der dem Vorkaufsrecht unterliegenden Grundstücke (§ 4 Abs. 2 RSG) auf mehr oder für eine beschränkte Zeit auch weniger als zwei ha festsetzen.[254] Die Verordnungsermächtigung beeinflusst, anders als beim GrdstVG (→ Rn. 109), die Zuständigkeit der Landwirtschaftsgerichte deshalb nicht, weil diese lediglich die Einwendungen des § 10 S. 1 RSG umfasst, die siedlungsrechtlichen Vorkaufsfreigrenzen also ohnehin nicht zu prüfen sind (→ Rn. 139 f.).

---

[250] BGH Beschl. v. 4. 2. 1964 – V BLw 31/63, BGHZ 41, 114 (116 ff.) = NJW 1964, 1677; Beschl. v. 13. 5. 1982 – V BLw 8/81 NJW 1983, 41.

[251] BGH Beschl. v. 28. 4. 2006 – BLw 32/05, NJW-RR 2006, 1245 Rn. 22 = RdL 2006, 236 mwN.

[252] BGH Beschl. v. 4. 2. 1964 – V BLw 31/63, BGHZ 41, 114 (122) = NJW 1964, 1677.

[253] OLG München Beschl. v. 25. 11. 1991 – Lw W 2144/91, RdL 1992, 159 (160) = AgrarR 1992, 166; *Netz* GrdstVG Rn. 4386.

[254] Näher *Netz* GrdstVG Rn. 3277 ff.

In den neuen Ländern besteht entgegen § 1 Abs. 1 S. 1 RSG keine Verpflich- **149** tung, Siedlungsunternehmen zu schaffen (Anl. I Kap. VI E III Nr. 1 a) EVertr). Weiter setzt die Ausübung des Vorkaufsrechts nach § 4 RSG voraus, dass eine Genehmigung nach § 2 der Grundstücksverkehrsverordnung vom 15. 12. 1977 (GBl. I Nr. 5 S. 73)[255] erteilt worden ist (Anl. I Kap. VI E III Nr. 1 b) EVertr). Auch dies haben die Landwirtschaftsgerichte nach dem Vorgesagten (→ Rn. 139 f.) nicht zu prüfen.

In **Baden-Württemberg** gilt das ASVG (→ Rn. 111), das in §§ 14–25 und 32 **150** dem RSG weitgehend entsprechende, auf die Landesverhältnisse zugeschnittene Vorschriften enthält. Gemäß Art. 125 a Abs. 1 GG haben die Länder die Gesetzgebungskompetenz, die Vorschriften des RSG durch Landesrecht zu ersetzen (Einzelheiten → Rn. 33).

7. Geschäftswert und Gebühren

Die Regelung des Geschäftswerts in den aufgehobenen (→ Rn. 60) §§ 37, 36 **151** Abs. 1 S. 1 aF ist in § 76 Nr. 4 GNotKG übernommen worden.[256] Danach ist der Geschäftswert aufgrund der Vorschriften über Einwendungen gegen das siedlungsrechtliche Vorkaufsrecht der **Geschäftswert des zugrunde liegenden Kaufvertrags**.[257]

Im ersten Rechtszug fällt die halbe Gebühr für das Verfahren im Übrigen nach **152** **KV 15112** an, was §§ 37, 36 Abs. 1 S. 2 Hs. 1 aF entsprach; im Beschwerdeverfahren wird eine Gebühr nach KV 15123 angesetzt. Nach Vorbemerkung 1.5.1 Abs. 2 ist die Genehmigungsbehörde, deren übergeordnete Behörde im Beschwerdeverfahren (§ 32 Abs. 2 S. 2; → § 32 Rn. 16) und die Siedlungsbehörde von der Zahlung von Gerichtsgebühren befreit (→ § 42 Rn. 11).

VII. Verwendungsersatz- und Entschädigungsansprüche nach § 7 Abs. 2 RSGErgG (Nr. 4)

1. Anwendungsbereich

§ 1 Nr. 4 betrifft nur noch **Folgeansprüche des Pächters nach Ausübung** **153** **des Sonderkündigungsrechts** durch das Siedlungsunternehmen nach § 7 Abs. 1 des Gesetzes zur Ergänzung des RSG (RSGErgG). Die in der Vorschrift weiter genannten §§ 59 und 63 Abs. 3 und 4 des Bundesvertriebenengesetzes sind durch Art. 1 Nr. 30 Buchst. b des Kriegsfolgenbereinigungsgesetzes v. 21. 12. 1992 mit Wirkung zum 1. 1. 1993 aufgehoben worden (BGBl. I 2094).

Im Anwendungsbereich des RSGErgG haben die Länder keine Gesetzgebungs- **154** kompetenzen wie beim GrdstVG und RSG. Das RSGErgG ist dem Gebiet des bürgerlichen Rechts zuzuordnen. Nachdem der Bund von seiner konkurrierenden Gesetzgebungszuständigkeit Gebrauch gemacht hat, haben die Länder keine Befugnis zur Gesetzgebung auf diesem Gebiet mehr (Art. 72 Abs. 1, 74 Abs. 1 Nr. 1 GG).[258]

---

[255] Jetzt idF der Bek. v. 20. 12. 1993 (BGBl. I 2182, 2221).
[256] BT-Drs. 17/11471, 285.
[257] BeckOK KostR/*v. Selle* GNotKG § 76 Rn. 7.
[258] *Netz* GrdstVG Rn. 3667.

2. Sonderkündigungsrecht des Siedlungsunternehmens

155   Nach § 7 Abs. 1 S.1 RSGErgG kann das Siedlungsunternehmen, wenn es ein verpachtetes Grundstück erwirbt (→ Rn. 137), das Pachtverhältnis unter Einhaltung einer Kündigungsfrist von einem Jahre zum Ende des Wirtschaftsjahres kündigen, sofern das Pachtverhältnis mindestens vier Jahre bestanden hat und dem Pächter nicht beim Inkrafttreten des RSGErgG das Recht auf Übertragung des Eigentums an dem Grundstück zugestanden hat.

156   Das Sonderkündigungsrecht war bereits in der Erstfassung des RSGErgG von 1935 enthalten. Seine jetzige Fassung hat § 7 RSGErgG durch § 28 Nr. 3 GrdstVG erhalten, der am 1.1.1962 in Kraft getreten ist (§ 39 Abs. 1 S. 1 GrdstVG). Die Vorschrift stellt nicht zuletzt deshalb eine mit dem Eigentumsgrundrecht vereinbare Inhaltsbestimmung (Art. 14 Abs. 1 S. 2 GG) dar, weil der Pächter danach regelmäßig Pachtbesitz erworben hat, der bereits mit dem Kündigungsrecht des Siedlungsunternehmens nach § 7 Abs. 1 S. 1 RSGErgG belastet war.[259]

157   § 7 Abs. 1 und 2 RSGErgG sind abschließend. Landpachtvorschriften, nach denen die Kündigung des Verpächters für unwirksam erklärt oder der Pachtvertrag verlängert wird, gelten insoweit nicht (§ 7 Abs. 1 S. 2 RSGErgG).[260]

158   Der Streit über die Beendigung des Pachtverhältnisses nach § 7 Abs. 1 S.1 RSGErgG wird von § 1 Nr. 4 nicht erfasst. Die Zuständigkeit der Landwirtschaftsgerichte ergibt sich insoweit aber mittlerweile aus ihrer Zuständigkeit für den Landpachtvertrag im Übrigen nach § 1 Nr. 1a. Über die Wirksamkeit der Kündigung ist im Unterschied zu den in § 1 Nr. 4 genannten Verfahren in Anwendung der ZPO zu entscheiden (§ 48 Abs. 1 S. 1).

3. Ausgleichsansprüche des Pächters

159   Im Falle der Kündigung nach § 7 Abs. 1 RSGErgG kann der Pächter **Ersatz von Verwendungen** in sinngemäßer Anwendung der §§ 994−998 BGB verlangen (§ 7 Abs. 2 S. 1 RSGErgG). Darüber hinaus kann ihm auf Antrag eine angemessene **Entschädigung für die vorzeitige Auflösung des Pachtverhältnisses** gewährt werden, namentlich wenn bei der Auflösung des Pachtverhältnisses erst ein geringer Teil der gesamten Pachtzeit abgelaufen ist (§ 7 Abs. 2 S. 2 RSGErgG).

4. Antrag auf gerichtliche Entscheidung

160   Über die Höhe des Ersatzanspruchs oder der Entschädigung entscheidet im Streitfall zunächst die Siedlungsbehörde (§ 7 Abs. 2 S. 3 RSGErgG). Gegen die Entscheidung der Siedlungsbehörde können sich die Beteiligten, also der Pächtergläubiger und die Siedlungsunternehmensschuldnerin, gemäß § 7 Abs. 2 S. 4 RSGErgG sodann mit einem Antrag auf gerichtliche Entscheidung durch das Landwirtschaftsgericht wehren. Der Antrag ist fristgebunden; er muss binnen zwei Wochen nach Zustellung der Entscheidung der Siedlungsbehörde gestellt werden. Insoweit gelten §§ 20, 22 Abs. 2 GrdstVG (→ Rn. 84 f.) entsprechend (§ 7 Abs. 2 S. 4 RSGErgG). An dem Verfahren sind der Pächter und das Siedlungsunternehmen zu beteiligen.

---

[259] BVerfG-K Beschl. v. 11.9.1997 − 1 BvR 392/89, NJW-RR 1998, 520 (521) = RdL 1997, 321.

[260] BGH Beschl. v. 13.12.1955 − V BLw 62/55, BeckRS 1955, 31397037.

5. Geschäftswert und Gebühren

Nach Aufhebung von § 38 S. 1 aF (→ Rn. 60) ist der Geschäftswert unmittelbar **161** nach § 36 Abs. 1 GNotKG festzusetzen.[261] Er ergibt sich aus dem Unterschiedsbetrag zwischen der Entscheidung der Siedlungsbehörde und der Begehr des Beteiligten, der den Antrag auf gerichtliche Entscheidung stellt.

Im ersten Rechtszug fällt die halbe Gebühr für das Verfahren im Übrigen nach **162** **KV 15112** an; im Beschwerdeverfahren wird eine Gebühr nach KV 15123 angesetzt. Nach Vorbemerkung 1.5.1 Abs. 2 ist die Siedlungsbehörde von der Zahlung von Gerichtsgebühren befreit (→ § 42 Rn. 11).

VIII. Das Anerbenrecht (Nr. 5)

1. Das Anerbenrecht in den Ländern

a) Überblick. Das Anerbenrecht[262] gestaltet die Erbfolge in einen landwirt- **163** schaftlichen Betrieb abweichend vom allgemeinen Erbrecht aus, um **lebensfähige land- oder forstwirtschaftliche Betriebe geschlossen** zu erhalten und deren agrarpolitisch unerwünschte Aufteilung zu verhindern.[263] Das geltende Anerbenrecht erschließt sich aus seiner geschichtlichen Entwicklung. Das von wirtschaftsliberalen Vorstellungen geprägte BGB enthält nur eine punktuelle Regelung des Landwirtschaftserbrechts (§§ 2049, 2312 BGB; s. a. § 1515 Abs. 2 BGB). Im Übrigen ließ das BGB die landesgesetzlichen Vorschriften über das Anerbenrecht in Ansehung landwirtschaftlicher und forstwirtschaftlicher Grundstücke nebst deren Zubehör zwar unberührt (Art. 64 Abs. 1 EGBGB); allerdings konnten die Landesgesetze nun nicht mehr das Recht des Erblassers beschränken, über das dem Anerbenrecht unterliegende Grundstück von Todes wegen zu verfügen (Art. 64 Abs. 2 EGBGB; näher → Rn. 176). Das NS-Regime vollzog einen an der Blut-und-Boden-Ideologie ausgerichteten radikalen Paradigmenwechsel. Mit dem Reichserbhofgesetz (REG) v. 29. 9. 1933 (RGBl. I 685) wurde die Testierfreiheit hinsichtlich des „Erbhofs" weitgehend abgeschafft und unter Aufhebung der landesgesetzlichen Vorschriften eine Sondererbfolge des männlichen Anerben eingeführt. Durch Art. I Abs. 1 KRG Nr. 45 v. 20. 2. 1947 (ABl. KR 1947, 256) wurde das REG aufgehoben und das davor geltende Landesrecht wieder in Kraft gesetzt (Art. II). Die Inhaber der zonalen Besatzungsgewalt wurden aber durch Art. XI Abs. 1 KRG Nr. 45 ermächtigt, die Landesgesetzgebung abzuändern und Durchführungsbestimmungen zu erlassen. Von dieser Ermächtigung wurde in der amerikanischen, französischen und sowjetischen Zone kein Gebrauch gemacht. Für die britische Zone wurde durch VO Nr. 84 der Britischen Militärregierung vom 24. 4. 1947 eine Höfeordnung (HöfeO) eingeführt.

Die HöfeO galt gemäß Art. 125 Nr. 1 GG als partielles Bundesrecht fort und ist **164** als solches unter dem 26. 7. 1976 neu bekannt gemacht worden (BGBl. I 1933). Daraus erklärt sich die **Teilung des Anerbenrechts in drei Rechtskreise,** in denen entweder bundesrechtliches oder landesrechtliches oder schließlich kein Anerbenrecht gilt.

---

[261] BT-Drs. 17/11471, 285.

[262] Dh: die Vererbung an einen einzigen Erben. ZB § 4 Abs. 1 S. 1 HöfeO: Der Hof fällt als Teil der Erbschaft kraft Gesetzes nur einem der Erben (dem Hoferben) zu.

[263] So für die HöfeO zB BGH Besch. v. 26.6.2014 – V ZB 1/12, FGPrax 2014, 192 Rn. 25 = RdL 2014, 308 mwN.

165   Land- oder forstwirtschaftliche Besitzungen, die nicht unter das Anerbenrecht fallen, werden nach den **allgemeinen Vorschriften des BGB** (s. aber §§ 2049, 2312 BGB) vererbt. Bei gesetzlicher Erbfolge eröffnen §§ 13 ff. GrdstVG die Möglichkeit, einen landwirtschaftlichen Betrieb einem der Miterben zuzuweisen (→ Rn. 112 ff.). Die Zuständigkeit der Landwirtschaftsgerichte und damit die Anwendbarkeit des LwVG ist nur für das Zuweisungsverfahren nach dem GrdstVG gegeben.

166   Entsprechendes gilt gemäß § 10 HöfeO für einen Hof iSv § 1 HöfeO, wenn nach den Vorschriften dieses Gesetzes kein Hoferbe vorhanden oder wirksam bestimmt ist (sog. **verwaister Hof**). In diesem Fall bleibt allerdings das Landwirtschaftsgericht gemäß § 18 Abs. 2 HöfeO für die Feststellung der Voraussetzungen des § 10 HöfeO und des Erben des verwaisten Hofs zuständig (→ Rn. 196).

167   **b) Länder mit bundesrechtlichem Anerbenrecht.** Die **HöfeO** gilt in den Ländern **Hamburg, Niedersachsen, Nordrhein-Westfalen und Schleswig-Holstein** (vgl. § 1 Abs. 1 S. 1 HöfeO). Das Anerbenrecht gehört gemäß Art. 74 Nr. 1 GG als Teil des Bürgerlichen Rechts zu den Gegenständen der konkurrierenden Gesetzgebung, die gemäß Art. 72 Abs. 2 GG auch eine partielle Regelung erlaubt, soweit die Wahrung der Rechtseinheit eine gesetzliche Regelung nur für einzelne Bundesländer erforderlich macht.

168   **c) Länder mit landesrechtlichem Anerbenrecht.** In **Baden-Württemberg** ist das Anerbenrecht durch **partielles Landesrecht** geregelt. Für Erbstreitigkeiten sind nicht die Landwirtschaftsgerichte im Verfahren der freiwilligen, sondern die Prozessgerichte der streitigen Gerichtsbarkeit zuständig.

169   In Teilen des ehem. Landes Baden gilt das Bad. Gesetz, die geschlossenen Hofgüter betreffend, v. 20. 8. 1898 (Bad. GVBl. 1898, 405), zul. geänd. durch Artikel 15 des Gesetzes v. 29. 7. 2014 (GBl. 378, 381), nämlich für die in den in § 1 genannten Amtsgerichtsbezirken festgestellten Hofgüter.[264] Da danach die Zuständigkeit von Gerichten mit ehrenamtlichen Richtern nicht vorgesehen ist, sind die Landwirtschaftsgerichte unzuständig und das LwVG ist unanwendbar (§ 1 aE).

170   Die in Württemberg-Baden und Württemberg-Hohenzollern geltenden Gesetze über das Anerbenrecht sind gemäß Art. 1 iVm Anlage 2, Art. 29 S. 2 des Dritten Gesetzes zur Bereinigung des baden-württembergischen Landesrechts v. 18. 12. 1995 (GBl. 1996, 29) mit Ablauf des 31. 12. 2000 außer Kraft getreten. Dies waren: das Württ.-bad. Gesetz über das Anerbenrecht in der Fassung v. 30. 7. 1948 (RegBl. 165), zul. geänd. durch Gesetz v. 30. 6. 1970 (GBl. 289); das Württ.-hohenz. Gesetz über die Wiedereinführung des Anerbenrechts und über weitere Maßnahmen auf dem Gebiete des Landwirtschaftsrechts v. 13. 6. 1950 (RegBl. 249); das Württ.-hohenz. Gesetz über das Anerbenrecht in der Fassung v. 8. 8. 1950 (RegBl. 279), zul. geänd. durch Gesetz v. 25. 11. 1985 (GBl. 385). Die Rechtsvorschriften über das Anerbenrecht bleiben allerdings für spätere Erbfälle anwendbar, wenn der Erblasser vor dem 1. Januar 1930 geboren war (Art. 28 Abs. 1 S. 3 des Dritten Rechtsbereinigungsgesetzes). Eine Zuständigkeit des Landwirtschaftsgerichts besteht freilich auch für solche Fälle nicht, weil diese Gesetze die Zuständigkeit von Gerichten mit ehrenamtlichen Richtern nicht vorsahen (§ 1 aE).

171   Das **Bremische Höfegesetz** v. 18. 7. 1899 in der Fassung der Bek. v. 19. 7. 1948 (GBl. 124; HöfeG), das gemäß § 32 HöfeG aF ursprünglich mit Ablauf des

---

[264] Näher *Wöhrmann* LwErbR Einl. Rn. 30.

31.12.2014 außer Kraft treten sollte, ist durch dessen Aufhebung durch Art. 1 des Gesetzes v. 17.12.2014 (GBl. 775) entfristet worden.

Land- und forstwirtschaftliche Betriebe in Hessen unterliegen der **Hessischen** 172 **Landgüterordnung** idF der Bek. v. 13.8.1970 (GVBl. I 547; LandgO), zul. geänd. durch Gesetz v. 26.3.2010 (GVBl. I 114), wenn sie auf Antrag des Eigentümers (§ 3 LandgO) in die bei den hessischen Landwirtschaftsgerichten geführte Landgüterrolle eingetragen sind (§ 1 Abs. 1 LandgO). Die Eintragung als Landgut (§ 1 Abs. 2 bis 5 LandgO) hat gemäß § 4 Abs. 1 LandgO rechtsbegründende Wirkung. Unterbleibt die Eintragung, ist die LandgO unanwendbar und die Rechtsnachfolge richtet sich nach allgemeinem BGB-Erbrecht (s. aber §§ 2049, 2312 BGB) sowie §§ 13ff. GrdstVG (→ Rn. 112ff.); die Zuständigkeit der Landwirtschaftsgerichte ist in diesem Fall nur für das Zuweisungsverfahren nach dem GrdstVG gegeben.

Nach dem **Rheinland-Pfälzischen Landesgesetz über die Höfeordnung** 173 idF v. 18.4.1967 (GVBl. 138; HO-RhPf), zul. geänd. durch Gesetz v. 22.12.2009 (GVBl. 413), setzt die Rechtsnachfolge in einen Hof (§ 2 Abs. 2 und 3 HO-RhPf) ebenfalls dessen Eintragung voraus (§ 2 Abs. 1 HO-RhPf). Die Eintragung erfolgt auf Antrag nach Bescheinigung der Eintragungsfähigkeit durch einen Höfeausschuss in eine vom Grundbuchamt geführte Höferolle (§ 5 HO-RhPf). Unterbleibt die Eintragung, richtet sich die Rechtsnachfolge nach Bundesrecht (wie → Rn. 172 aE).

d) Länder ohne Anerbenrecht. In Bayern, Berlin und im **Saarland** und 174 Württemberg (→ Rn. 170) gibt es kein Anerbenrecht. Landesanerbengesetze auf dem **Gebiet der ehemaligen DDR** sind aufgrund der öffentlich-rechtlichen Bindung von Bodenreformland[265] und der Einbringung von Grund und Boden in landwirtschaftliche Produktionsgenossenschaften (§ 1 Abs. 1, §§ 7ff. LPG-Gesetz vom 3.6.1959 [GBl. I Nr. 36 S.577]) tatsächlich nicht mehr zur Geltung gelangt.[266]

Spätestens mit Inkrafttreten des – für alle Zivilrechtsverhältnisse Geltung bean- 175 spruchenden (Art. 2 EGZGB, GBl. 1975 I 517) – ZGB am 1.1.1976 (§ 1 EGZGB) wurden die altrechtlichen Anerbengesetze auch gesetzestechnisch aufgehoben. Das partielle Bundesrecht der HöfeO ist gemäß Art. 8 EVertr nicht auf das Beitrittsgebiet übergeleitet worden.

In Brandenburg hat sich der Landtag fraktionsübergreifend für die Einführung 176 einer HöfeO ausgesprochen.[267] Daraufhin hat das Landwirtschaftsministerium einen Gesetzesentwurf erarbeitet, der die Regelungen der bundesrechtlichen HöfeO übernimmt. Dagegen sind vom Justizministerium auf Referatsebene Bedenken sub specie § 64 Abs. 2 EGBGB geäußert worden, die indes nicht überzeugungskräftig sind. Zwar soll der Eigentümer auch nach §§ 16, 17 BbgHöfe-E (vgl. → Rn. 203ff.) die Erbfolge kraft Höferechts nicht durch Verfügung von Todes wegen oder im Wege der vorweggenommenen Hoferbfolge ausschließen können. Eine Beschränkung der Testierfreiheit iSv Art. 64 Abs. 2 EGBGB wird darin aber schon deshalb nicht gesehen werden können, weil es dem Eigentümer wie nach bundesrechtlichem Höferecht freistehen soll, den Hof durch privatautonome Erklärung dem

---

[265] BGH Urt. v. 17.12.1998 – V ZR 200/97, BGHZ 140, 223 (226) = NJW 1999, 1470.
[266] OLG Celle Beschl. v. 16.12.1996 – 7 W (L) 59/96, BeckRS 1996, 30904255 = OLGR 1997, 278; Lüdtke-Handjery/v. Jeinsen/*v. Jeinsen* HöfeO Einl. Rn. 35ff.; *Wöhrmann* LwErbR Einl. Rn. 46f. mwN.
[267] LT-Drs. 6/2509 (ND)-B.

Anerbenrecht zu entziehen (§ 1 Abs. 4 S. 1, Abs. 5 S. 2 BbgHöfeO-E).[268] Zudem muss bei der Auslegung von Art. 64 Abs. 2 EGBGB auch die bundesrechtliche HöfeO berücksichtigt werden. Was der Bundesgesetzgeber lex posterior Art. 64 Abs. 2 EGBGB mit der HöfeO für angemessen und geboten erachtet hat, wird er dem Landesgesetzgeber mit dem früheren Art. 64 Abs. 2 EGBGB wohl kaum mehr verwehren wollen.

177   In Bayern, Berlin, derzeit auch noch in Brandenburg, in Mecklenburg-Vorpommern, im Saarland, in Sachsen, Sachsen-Anhalt und Thüringen sowie mittlerweile auch Württemberg richtet sich die Vererbung eines landwirtschaftlichen Betriebs infolgedessen stets nach den allgemeinen Vorschriften des BGB (s. aber §§ 2049, 2312 BGB). Bei gesetzlicher Erbfolge eröffnen §§ 13 ff. GrdstVG die Möglichkeit, einen landwirtschaftlichen Betrieb einem der Miterben zuzuweisen (→ Rn. 112 ff.). Die Zuständigkeit der Landwirtschaftsgerichte und damit die Anwendbarkeit des LwVG ist nur für das Zuweisungsverfahren nach dem GrdstVG gegeben.

2. Bundesrechtliches Anerbenrecht (HöfeO)

178   **a) Umfassende Zuständigkeit der Landwirtschaftsgerichte.** Gemäß § 18 Abs. 1 HöfeO sind die Landwirtschaftsgerichte für die Entscheidung über **alle Anträge und Streitigkeiten, die sich bei Anwendung der HöfeO ergeben,** sowie aus Abmachungen der Beteiligten hierüber ausschließlich zuständig. § 18 Abs. 2 S. 1 HöfeO bestimmt, dass sich diese Zuständigkeit auch auf die Entscheidung erstreckt, wer Hoferbe eines Hofs geworden ist, und auf die Ausstellung eines dies bezeugenden Erbscheins oder Europäischen Nachlasszeugnisses. Ergänzt wird § 18 HöfeO durch § 1 der Verfahrensordnung für Höfesachen v. 29. 3. 1976 (BGBl. I 885; zul. geänd. durch das FGG-Reformgesetz vom 17. 12. 2008, BGBl. I 2586; HöfeVfO), wonach auf das Verfahren in Höfesachen die Vorschriften des LwVG anzuwenden sind, soweit dieses Gesetz nichts anderes bestimmt.

179   Ob das Landwirtschafts- oder das Prozessgericht zu entscheiden hat, hängt von dem **Rechtsschutzbegehren des Antragstellers** ab. Maßgebend ist der gestellte Antrag, wobei auch dessen Begründung heranzuziehen ist.[269] Grundsätzlich ist davon auszugehen, dass das Landwirtschaftsgericht zuständig ist, wenn ein Antragsteller seinen Antrag auf höferechtliche Vorschriften stützt, während die Zuständigkeit des Prozessgerichts gegeben ist, wenn der Antrag aus bürgerlich-rechtlichen Bestimmungen hergeleitet wird.

180   Für die Zuständigkeit des Landwirtschaftsgerichts ist immer erforderlich, dass bei Erbfall oder Übergabe der landwirtschaftlichen Besitzung (§ 17 Abs. 2 HöfeO) noch ein **Hof iSv § 1 HöfeO vorgelegen hat.** Ist der Verlust der Hofeigenschaft unstreitig, verbleibt es auch dann bei der Zuständigkeit des Prozessgerichts, wenn sich die Parteien um fortbestehende höferechtliche Bindungen streiten.[270] Anderer-

---

[268] Vgl. nur Staudinger/*Jörg Mayer* EGBGB Artikel 64 Rn. 42.

[269] BGH Urt. v. 8. 1. 1965 – V ZR 213/62, BeckRS 1965, 31175825 = LM Nr. 6 zu § 1 LwVG = RdL 1965, 74; Lüdtke-Handjery/v. Jeinsen/*Brinkmann* HöfeO § 18 Rn. 4. Abl. *Wöhrmann* LwErbR § 18 HöfeO Rn. 17, der jedoch verkennt, dass die Bestimmung des Verfahrensgegenstands in Antragsverfahren kaum anders möglich ist und seit jeher entsprechend auch bei den ausschließlichen Zuständigkeiten der streitigen Gerichtsbarkeit erfolgt (→ Rn. 67).

[270] BGH Beschl. v. 14. 5. 1987– BLw 2/87, BGHZ 101, 57 (65) = NJW 1988, 710; Beschl. v. 15. 2. 1979 – V BLw 12/78, BGHZ 73, 324 (329) = NJW 1979, 1453; OLG Hamm Beschl.

seits ist das Vorliegen eines Hofs lediglich notwendige Bedingung für die Zuständigkeit des Landwirtschaftsgerichts. Hinzu kommen muss, dass über den Verfahrensgegenstand nach höferechtlichen Vorschriften zu entscheiden ist. Der Umstand allein, dass ein Hof isv § 1 HöfeO streitbefangen ist, genügt für die Anwendung von § 18 Abs. 1 HöfeO nicht, wenn das in Anspruch genommene Recht allein aus Vorschriften des Bürgerlichen Rechts hergeleitet wird, so dass die HöfeO für die Entscheidung keine Rolle spielt.[271]

Ist nach diesen Grundsätzen die Zuständigkeit des Landwirtschafts- oder Prozessgerichts gegeben, hat es auch über **bürgerlich-rechtliche oder höferechtliche Vorfragen** zu befinden.[272] Das Landwirtschaftsgericht hat daher etwa über das Zustandekommen, die Wirksamkeit und die Auslegung von **Abmachungen isv § 18 Abs. 1 HöfeO** (Übergabeverträge, Versorgungsvereinbarungen usw.) nach §§ 104 ff. BGB oder bei gewillkürter Hoferbfolge über die Testierfähigkeit des Erblassers, die Rechtswirksamkeit der Verfügung von Todes wegen sowie über deren Auslegung nach allgemeinem Erbrecht zu entscheiden. Darüber hinaus hat das Landwirtschaftsgericht, sofern seine höferechtliche Zuständigkeit begründet ist, bei einem einheitlichen Anspruch im prozessualen Sinne (Streitgegenstand) gemäß § 17 Abs. 2 S. 1 GVG gegebenenfalls auch über eine rechtswegfremde (zB bürgerlich-rechtliche) Anspruchsgrundlage zu entscheiden (→ § 2 Rn. 25).[273]   **181**

Nicht abschließend geklärt ist, wie verfahren werden muss, wenn das Klagebegehren als solches zwar eindeutig dem Bürgerlichen Recht zuzuordnen ist, aber eine höferechtliche Frage den Kern des Rechtsstreits ausmacht. Verklagt etwa der Hoferbenprätendent den Besitzer gemäß § 985 BGB auf Herausgabe des Hofbesitzes, könnte in sich die Zuständigkeit des Prozessgerichts gegeben sein, selbst wenn die Hoferbfolge zwischen den Parteien streitig ist. Da gemäß § 18 Abs. 2 S. 1 HöfeO ausschließlich dem Landwirtschaftsgericht die Feststellung der Hoferbfolge obliegt, das aber nicht zur Entscheidung über Herausgabeklage berufen ist, wird das Prozessgericht teilweise für verpflichtet erachtet, den Rechtsstreit gemäß oder analog[274] § 148 ZPO bis zur Klärung der Hoferbfolge auszusetzen.[275] Richtigerweise wird schon die Zuständigkeit der Landwirtschaftsgerichtsbarkeit bejaht werden müssen, wenn ungeachtet der systematischen Zuordnung der Anspruchsgrundlage eine **höferechtliche Frage streitentscheidend** ist.[276] Das Prozessgericht kann hingegen entscheiden, wenn die Hoferbfolge unstreitig ist oder das Landwirt-   **182**

---

v. 3.11.1988 – 10 WLw 32/87, BeckRS 1988, 30984580 = AgrarR 1989, 126; OLG Köln Beschl. v. 1.10.2007 – 23 WLw 10/07, BeckRS 2012, 02483; Lüdtke-Handjery/v. Jeinsen/*Brinkmann* HöfeO § 18 Rn. 4; *Wöhrmann* LwErbR § 18 Rn. 11.

[271] BGH Urt. v. 8.1.1965 – V ZR 213/62, BeckRS 1965, 31175825 = LM Nr. 6 zu § 1 LwVG = RdL 1965, 74; OLG Hamm Beschl. v. 7.1.2010 – 10 W 128/09, BeckRS 2010, 03506 = AUR 2010, 137; Lüdtke-Handjery/v. Jeinsen/*Brinkmann* HöfeO § 18 Rn. 4.

[272] BGH Urt. v. 8.1.1965 – V ZR 213/62, BeckRS 1965, 31175825 = LM Nr. 6 zu § 1 LwVG = RdL 1965, 74; Lüdtke-Handjery/v. Jeinsen/*Brinkmann* HöfeO § 18 Rn. 4 mwN.

[273] Lüdtke-Handjery/v. Jeinsen/*Brinkmann* HöfeO § 18 Rn. 5; Düsing/Martinez/*Düsing/Sieverdingbeck* HöfeO § 18 Rn. 5 mwN.

[274] Sofern ein Verfahren nach § 18 Abs. 1 S. 1 HöfeO noch nicht bei dem Landwirtschaftsgericht anhängig ist.

[275] *Ernst* LwVG § 1 Rn. 206 mwN.

[276] So zutr. OLG Köln Beschl. v. 17.6.2013 – 23 U 12/09, BeckRS 2013, 11269; Düsing/Martinez/*Hornung* LwVG § 1 Rn. 34.

schaftsgericht zuvor rechtskräftig festgestellt hat, dass der Vindikationskläger zum Hoferben berufen ist.[277]

183   Im Einzelnen sind die Landwirtschaftsgerichte danach für Regelungen (→ Rn. 184 ff.), Feststellungen (→ Rn. 188 ff.), Genehmigungen (→ Rn. 203 ff.), die Entgegennahme von Erklärungen der Beteiligten (→ Rn. 219 ff.) und zu Ersuchen und Mitteilungen (→ Rn. 225 ff.) in Anwendung der HöfeO ausschließlich zuständig. Gemäß § 18 Abs. 2 S. 1 HöfeO ist das Landwirtschaftsgericht zudem anstelle des Nachlassgerichts (§ 2353 BGB) für die Ausstellung eines Erbscheins oder eines Europäischen Nachlasszeugnisses zuständig, wenn ein im Geltungsbereich der HöfeO gelegener Hof zum Nachlass gehört (→ Rn. 232 ff.). Dadurch werden **Prozess- und Nachlassgericht insgesamt von der Entscheidung über die Hoferbfolge ausgeschlossen.**[278]

184   **b) Regelungszuständigkeiten.** Die Landwirtschaftsgerichte haben zunächst über die **Abfindungsansprüche der Miterben,** die nicht Hoferben geworden sind (§ 12 Abs. 1–9 HöfeO), zu entscheiden, auch wenn diese Ansprüche auf einem Übergabevertrag oder einer Verfügung von Todes wegen beruhen.[279] In die Bemessung der Abfindung hat das Landwirtschaftsgericht ggf. auch den Ausgleichsanspruch einzustellen, der einem Abkömmling nach allgemeinem Erbrecht wegen besonderer Leistungen für den Erblasser zusteht (§ 2057 a BGB).[280] In die Zuständigkeit der Landwirtschaftsgerichte fallen nach § 12 Abs. 10 HöfeO in sinngemäßer Anwendung der Abs. 2–5 ferner die **Ansprüche von Pflichtteilsberechtigten, Vermächtnisnehmern sowie der Anspruch des überlebenden Ehegatten, der den Ausgleich des Zugewinns (§ 1371 Abs. 2 und 3 BGB) verlangt.** Auf Antrag des Hoferben hat das Gericht zudem über die Stundung der einem Miterben (Pflichtteilsberechtigten usw.) zustehenden Abfindung, deren Verzinsung und eine für sie zu leistende Sicherheit (§ 12 Abs. 5 S. 1 und 2 HöfeO, § 17 HöfeVfO, § 264 FamFG) sowie über die Änderung einer rechtskräftigen Entscheidung nach diesen Vorschriften (§ 12 Abs. 5 S. 3 HöfeO) zu befinden. Vor dem Landwirtschaftsgericht haben die Abfindungsberechtigten auch ihre Ansprüche auf **Ergänzung der Abfindung wegen Wegfalls des höferechtlichen Zwecks** nach § 13 HöfeO geltend zu machen, das unter den Voraussetzungen des § 13 Abs. 3 S. 1 HöfeO zugleich über die Zahlungsmodalitäten entscheiden kann.

185   Die Landwirtschaftsgerichte haben des Weiteren Streitigkeiten über die Stellung des überlebenden Ehegatten nach § 14 HöfeO zu regeln. Die Vorschrift dient der **lebzeitigen Absicherung des überlebenden Ehegatten,** indem sie ihm einen Ausgleich dafür gewährt, dass der Hof in Abweichung des allgemeinen Erbrechts geschlossen an einen Hoferben geht.[281] Nach § 14 Abs. 1 S. 1 HöfeO steht dem überlebenden Ehegatten des Erblassers, wenn der Hoferbe Abkömmling des Erblassers ist, bis zur Vollendung des fünfundzwanzigsten Lebensjahrs des Hoferben die

---

[277] OLG Braunschweig Beschl. v. 7.7.1948 – 1 Wlw 41/48, MDR 1949, 367; Düsing/Martinez/*Hornung* LwVG § 1 Rn. 36.

[278] *Wöhrmann* LwErbR § 18 HöfeO Rn. 27.

[279] OLG Celle Beschl. v. 26.6.1975 – 7 U 19/17, RdL 1976, 162 (163); Lüdtke-Handjery/v. Jeinsen/*Brinkmann* HöfeO § 18 Rn. 2.

[280] OLG Celle Beschl. v. 20.5.1996 – 7 W 58/95, AgrarR 1996, 338 (340); Lüdtke-Handjery/v. Jeinsen/*Haastrich* HöfeO § 12 Rn. 60 ff.

[281] BGH Beschl. v. 9. Mai 1985 – BLw 4/84, LM Nr. 6/7/8 zu § 14 HöfeO = AgrarR 1985, 263.

Verwaltung und Nutznießung am Hof zu. Dieses Recht kann das Landwirtschaftsgericht gemäß § 14 Abs. 1 S. 2 Nr. 2 HöfeO auf Antrag eines Beteiligten aus wichtigem Grunde verlängern, beschränken oder aufheben.[282] Der Zuständigkeit der Landwirtschaftsgerichtsbarkeit unterliegt ferner der **Altenteils- und Altenteilsersatzanspruch** des überlebenden Ehegatten nach § 14 Abs. 2 HöfeO. Schließlich ist das Landwirtschaftsgericht für alle Fragen zuständig, die die Bestimmung des Hoferben durch den überlebenden Ehegatten nach § 14 Abs. 3 HöfeO aufwirft. Gemäß § 14 Abs. 3 S. 5 HöfeO hat das Gericht auf Antrag eines Beteiligten im Besonderen, und zwar mit auch mit Wirkung gegenüber Dritten, den Übergang des Hofs zu regeln. Insoweit muss es namentlich über die Abfindung des ausscheidenden Hoferben entscheiden.[283]

Vor den Landwirtschaftsgerichten ist weiterhin der Anspruch der Miterben **186** gegen den Hoferben geltend zu machen, sie von den nach § 15 Abs. 2 HöfeO verbleibenden **Nachlassverbindlichkeiten** zu befreien (§ 15 Abs. 3 HöfeO). Dasselbe gilt für den Anspruch auf den nach Berichtigung der Nachlassverbindlichkeiten verbleibenden Überschuss (§ 15 Abs. 4 HöfeO). Gehören zum Nachlass mehrere Höfe, kann die Pflicht der Hoferben zur gemeinschaftlichen Abfindung der Miterben und zur Berichtigung der Nachlassverbindlichkeiten gemäß § 15 Abs. 5 HöfeO Ausgleichsansprüche der Hoferben untereinander nach sich ziehen, über die ebenfalls durch die Landwirtschaftsgerichte zu befinden ist.

Den gesetzlichen Ansprüchen nach Rn. 184–186 gehen gewillkürte Regelun- **187** gen grundsätzlich vor (insbesondere §§ 12 Abs. 1, 14 Abs. 1 S. 2 Buchst. a HöfeO). Auch für Streitigkeiten über derartige Abmachungen iSv § 18 Abs. 1 HöfeO sind die Landwirtschaftsgerichte ausschließlich zuständig.[284]

c) Feststellungsverfahren. Die Landwirtschaftsgerichte haben gemäß § 11 **188** Abs. 1 HöfeVfO im Wege eines **besonderen Feststellungsverfahrens** über die **Hoferbfolge und andere sie betreffende Vorfragen** zu entscheiden. Das Feststellungsverfahren setzt, wie nach § 14 Abs. 1 grundsätzlich alle anderen Verfahren nach dem LwVG auch, einen auf Einleitung des Verfahrens gerichteten Antrag voraus (→ § 14 Rn. 8 ff.).

Der Antrag kann zulässigerweise nur von einem Beteiligten iSv (§ 9 iVm) § 7 **189** Abs. 2 Nr. 1 FamFG (→ § 9 Rn. 41) gestellt werden, der ein rechtliches Interesse an der Entscheidung glaubhaft macht. Ein **rechtliches Interesse** idS ist zu bejahen, wenn durch die Feststellung die Rechtsstellung des Antragstellers, seine Beziehungen zu einer anderen Person oder Sache, beeinflusst werden; es ist zu verneinen, wenn nach Lage des Falles durch die Feststellung eine sachgemäße Lösung, nämlich die Behebung einer bestehenden Unklarheit oder Ungewissheit, nicht erzielt werden würde.[285] **Glaubhaft gemacht** ist dieses Interesse, wenn es schlüssig dargelegt und aufgrund beliebiger präsenter Beweismittel ([§ 9 iVm] § 31 FamFG) als überwiegend wahrscheinlich anzunehmen ist.[286]

Das Landwirtschaftsgericht hat gemäß § 11 Abs. 1 Buchst. a) HöfeVfO zu ent- **190** scheiden, **ob ein Hof im Sinne der höferechtlichen Vorschriften (§ 1 HöfeO)**

---

[282] Lüdtke-Handjery/v. Jeinsen/*Haarstrich* HöfeO § 14 Rn. 20 ff.

[283] Lüdtke-Handjery/v. Jeinsen/*Haarstrich* HöfeO § 14 Rn. 56.

[284] *Wöhrmann* LwErbR § 18 HöfeO Rn. 12.

[285] BGH Beschl. v. 15. 4. 2011 – BLw 9/10, BGHZ 189, 245 Rn. 8 = NJW 2011, 2133 = RdL 2011, 219 mwN.

[286] BGH Beschl. v. 11. 9. 2003 – IX ZB 37/03, BGHZ 156, 139 (142) = NJW 2003, 3558.

vorliegt oder vorgelegen hat.[287] Es kann sowohl eine bejahende als auch verneinende Feststellung begehrt werden (arg. ex „ob").[288] Mit der Feststellung eines (Nicht-) Hofs entscheidet das Landwirtschaftsgericht zugleich über die Anwendung des Anerbenrechts.[289] Bei entsprechendem Interesse des Antragstellers ist auch die Feststellung möglich, dass eine landwirtschaftliche Besitzung zukünftig zum Hof wird[290] oder diese Eigenschaft künftig verlieren wird[291] (vgl. § 1 Abs. 1 S. 3, Abs. 3 S. 2 HöfeO). Antragsberechtigt und zu beteiligen sind vor dem Erbfall der Hofeigentümer und der aufgrund Erbvertrags oder nach § 7 Abs. 2 HöfeO Anwartschaftsberechtigte.[292] Nach dem Erbfall sind neben dem Hoferbenprätendenten auch die weichenden Erben sowie die in § 12 Abs. 10 HöfeO genannten Personen (→ Rn. 184) wegen etwaiger Abfindungsansprüche antragsberechtigt und zu beteiligen.[293]

191   § 11 Abs. 1 Buchst. b) HöfeVfO stellt klar, dass auch die Frage, ob ein Hof ein **Ehegattenhof** ist oder war, Gegenstand des Feststellungsverfahrens sein kann. Da auch der Ehegattenhof ein Hof iSv. § 1 HöfeO ist, gilt das zu § 11 Abs. 1 Buchst. a) HöfeVfO Ausgeführte entsprechend (→ Rn. 190). Jeder Ehegatte ist allein antragsberechtigt. Nach dem Tod des einen Ehegatten ist (neben den in → Rn. 190 genannten Personen) insbesondere ein gemäß § 8 Abs. 2 HöfeO zum Hoferben bestimmter Dritter antragsberechtigt.[294]

192   Gemäß § 11 Abs. 1 Buchst. c) HöfeVfO hat das Landwirtschaftsgericht ferner darüber zu entscheiden, ob ein Gegenstand **Bestandteil (§ 2 HöfeO) oder Zubehör (§ 3 HöfeO) eines Hofs** ist oder war[295]. Ein Interesse an dieser Feststellung kann insbesondere darauf gründen, dass der Hoferbe nicht zugleich Erbe des hoffreien Nachlasses geworden ist. Antragsberechtigt und am Verfahren zu beteiligen sind dieselben Personen wie in dem Feststellungsverfahren nach § 11 Abs. 1 Buchst. a) HöfeVfO (→ Rn. 190).[296]

193   Wer nicht wirtschaftsfähig ist, scheidet gemäß §§ 6 Abs. 6 S. 1 und 2, 7 Abs. 1 S. 2 Hs. 1 HöfeO grundsätzlich als Hoferbe aus. Deshalb obliegt dem Landwirtschaftsgericht nach § 11 Abs. 1 Buchst. d) HöfeVfO die Klärung, ob ein **Hoferbe wirtschaftsfähig** ist. Vor dem Erbfall kann der Hofeigentümer die Feststellung zur Klärung beantragen, ob der von ihm in Aussicht genommene Hoferbe wirtschaftsfähig ist.[297] Will der Eigentümer einen nicht wirtschaftsfähigen Abkömmling berufen,

---

[287] BGH Beschl. v. 15.4.2011 – BLw 9/10, BGHZ 189, 245 Rn. 7 = NJW 2011, 2133 = RdL 2011, 219.

[288] BGH Beschl. v. 5.6.1992– BLw 10/91, BGHZ 118, 356 = NJW 1992, 2825 = AgrarR 1993, 22; Lüdtke-Handjery/v. Jeinsen/*Brinkmann* HöfeVfO § 11 Rn. 10 mwN.

[289] BGH Beschl. v. 14.5.1987 – BLw 2/87, BGHZ 101, 57 (62) = NJW 1988, 710 = RdL 1988, 135; *Otte* NJW 1988, 672 (672ff.).

[290] BGH Beschl. v. 18.10.1960 – V BLw 27/59, NJW 1961, 122 (122f.) = RdL 1961, 13.

[291] OLG Köln Beschl. v. 7.9.1978 – 23 Wlw 33/78, DNotZ 1979, 114 (116).

[292] Lüdtke-Handjery/v. Jeinsen/*Brinkmann* HöfeVfO § 11 Rn. 12f.; *Ernst* HöfeVfO § 11 Rn. 14.

[293] OLG Hamm Beschl. v. 19.6.2012 – 10 W 6/12, NJOZ 2012, 1945; Lüdtke-Handjery/ v. Jeinsen/*Brinkmann* HöfeVfO § 11 Rn. 12; *Ernst* HöfeVfO § 11 Rn. 15.

[294] Lüdtke-Handjery/v. Jeinsen/*Brinkmann* HöfeVfO § 11 Rn. 16.

[295] Lüdtke-Handjery/v. Jeinsen/*Brinkmann* HöfeVfO § 11 Rn. 17; *Ernst* HöfeVfO § 11 Rn. 24.

[296] *Ernst* HöfeVfO § 11 Rn. 25.

[297] BGH Beschl. v. 9.7.1963 – V BLw 19/62, RdL 1963, 270 (272).

kann er wegen § 7 Abs. 1 S. 2 Hs. 2 HöfeO auch die Feststellung beantragen, dass sämtliche Abkömmlinge und der Ehegatte wirtschaftsunfähig sind.[298] Daneben ist vor dem Erbfall der aufgrund Erbvertrags oder nach § 7 Abs. 2 HöfeO anwartschaftsberechtigte Hoferbenprätendent antragsberechtigt und zu beteiligen.[299] Die Entscheidungen des Landwirtschaftsgerichts vor dem Erbfall bilden freilich kein Präjudiz dafür, ob ein Prätendent im maßgeblichen Zeitpunkt des Erbfalls wirtschaftsfähig ist.[300] Nach dem Erbfall sind dieselben Personen wie in den Feststellungsverfahren nach § 11 Abs. 1 Buchst. a) HöfeVfO antragsberechtigt und an dem Verfahren zu beteiligen (→ Rn. 190).[301]

Die Entscheidung des Landwirtschaftsgerichts gemäß § 11 Abs. 1 Buchst. e) Hö- **194** feVfO darüber, ob für die Erbfolge in einen Hof **Ältesten- oder Jüngstenrecht** gilt, kann für die Feststellung des gesetzlichen Hoferben in der ersten Hoferbenordnung bedeutsam werden (§§ 5 Nr. 1, 6 Abs. 1 S. 1 Nr. 3 und S. 2, Abs. 5 HöfeO). Dabei ist das Landwirtschaftsgericht allerdings an die Feststellung des Erbbrauchs durch Rechtsnormen[302] gemäß Art. 3 § 6 2. HöfeOÄndG v. 29.3.1976 (BGBl. I 881)[303] gebunden. Es hat daher nur mehr festzustellen, ob ein Hof in den örtlichen Geltungsbereich von Ältesten- oder Jüngstenrecht fällt.[304] Antragsberechtigte und Beteiligte sind zu Lebzeiten des Hofeigentümers dieser und die beiden Hoferbenprätendenten, die nach Ältesten- und Jüngstenrecht zum Hoferben berufen wären. Nach dem Tod des Eigentümers sind dieselben Personen wie in den Feststellungsverfahren nach § 11 Abs. 1 Buchst. a) HöfeVfO antragsberechtigt und an dem Verfahren zu beteiligen (→ Rn. 190).[305]

Beim Elternerbrecht in der dritten Hoferbenordnung nach §§ 5 Nr. 3, 6 Abs. 3 **195** und 4 HöfeO sowie gemäß § 6 Abs. 5 S. 2 Höfe unter Halbgeschwistern in der vierten Hoferbenordnung wird relevant, **von wem der Hof stammt** oder mit wessen Mitteln er erworben worden ist. Deshalb hat das Landwirtschaftsgericht gemäß § 11 Abs. 1 Buchst. h) HöfeVfO auf Antrag nicht nur festzustellen, von wem der Hof stammt, sondern, über den Wortlaut der Vorschrift hinaus, ggf. auch, mit wessen Mitteln er erworben worden ist.[306] Vor dem Erbfall sind neben dem Hofeigentümer diejenigen Personen antragsberechtigt und zu beteiligen, die aus der Herkunft des Hofs ein Hoferbrecht ableiten.[307] Nach dem Erbfall sind dieselben Personen mögliche Antragsteller und als solche Verfahrensbeteiligte wie in den Feststellungsverfahren nach § 11 Abs. 1 Buchst. a) HöfeVfO (→ Rn. 190).[308]

Von besonderer und gegenüber den sonstigen Fällen des § 11 Abs. 1 HöfeVfO **196** herausgehobener Bedeutung ist die Feststellung des Landwirtschaftsgerichts, **wer**

---

[298] Lüdtke-Handjery/v. Jeinsen/*Brinkmann* HöfeVfO § 11 Rn. 21; *Ernst* HöfeVfO § 11 Rn. 31.

[299] *Ernst* HöfeVfO § 11 Rn. 30.

[300] *Ernst* HöfeVfO § 11 Rn. 32.

[301] *Ernst* HöfeVfO § 11 Rn. 34.

[302] Abgedruckt bei Lüdtke-Handjery/v. Jeinsen HöfeO S. 544 f.

[303] Dazu *Ernst* HöfeO Art. 3 § 6 2. ÄndG HöfeO Rn. 1 ff.

[304] Lüdtke-Handjery/v. Jeinsen/*Brinkmann* HöfeVfO § 11 Rn. 23; *Ernst* HöfeVfO § 11 Rn. 36, Art. 3 § 6 2. HöfeÄndG Rn. 2 f.

[305] Lüdtke-Handjery/v. Jeinsen/*Brinkmann* HöfeVfO § 11 Rn. 24.

[306] *Ernst* HöfeVfO § 11 Rn. 40.

[307] Lüdtke-Handjery/v. Jeinsen/*Brinkmann* HöfeVfO § 11 Rn. 26; *Ernst* HöfeVfO § 11 Rn. 41.

[308] Lüdtke-Handjery/v. Jeinsen/*Brinkmann* HöfeVfO § 11 Rn. 26.

nach dem Tode des Eigentümers eines Hofs Hoferbe geworden ist (§ 18 Abs. 2 S. 1 Alt. 1 HöfeO iVm § 11 Abs. 1 Buchst. g) HöfeVfO). Sie ergibt sich zunächst daraus, dass diese Feststellung ggf. die Beantwortung höferechtlicher Vorfragen nach § 11 Abs. 1 Buchst. a)-b) und d)-f) HöfeVfO einschließt. Dies gilt insbesondere auch für die Frage, ob beim Erbfall noch ein Hof vorhanden war.[309] Gegenüber der Erteilung eines Erbscheins oder Hoffolgezeugnisses (§ 18 Abs. 2 S. 1 Alt. 2, S. 2 und 3 HöfeO; → Rn. 232), deren Richtigkeit gemäß § 2365 BGB lediglich vermutet wird, hat das Feststellungsverfahren zudem den Vorteil, dass über die Hoferbfolge mit materieller Rechtskraft entschieden wird (→ Rn. 198).[310] Die Erteilung eines Erbscheins (Hoffolgezeugnisses) steht einem Antrag auf Feststellung der Hoferbfolge nach § 11 Abs. 1 Buchst. g) HöfeVfO daher nicht entgegen,[311] während umgekehrt der Feststellungsbeschluss für ein anhängiges Erbscheins- oder Einziehungsverfahren (§ 2361 Abs. 1 BGB) bindend ist.[312] Der Feststellungsbeschluss ist ferner – a minore ad maius – auch grundbuchverfahrensrechtlich einem Erbschein iSv § 35 Abs. 1 S. 1 GBO gleich zu achten.[313] Das Landwirtschaftsgericht muss in den Feststellungsbeschluss etwaige Beschränkungen des Hoferbrechts aufnehmen, zB die Anordnung der Testamentsvollstreckung oder das Verwaltungs- und Nutznießungsrecht des überlebenden Ehegatten gemäß § 14 Abs. 1 HöfeO.[314] Ergibt das Verfahren, dass kein Hoferbe vorhanden oder wirksam bestimmt ist, ist das Landwirtschaftsgericht auch zuständig für die Feststellung, wer Erbe des verwaisten Hofs nach den Vorschriften des allgemeinen Rechts geworden ist (§ 10 HöfeO).[315] Mögliche Antragsberechtigte und demzufolge auch Verfahrensbeteiligte sind neben dem oder den Hoferbenprätendenten auch die weichenden Erben sowie die in § 12 Abs. 10 HöfeO genannten Personen (→ Rn. 190) wegen ihrer Abfindungsansprüche gegen den Hoferben.[316]

197   Nach der **Generalklausel** des § 11 Abs. 1 Buchst. h) HöfeVfO hat das Landwirtschaftsgericht darüber hinaus über alle sonstigen nach den höferechtlichen Vorschriften bestehenden Rechtsverhältnisse zu entscheiden. In Betracht kommt insbesondere die Feststellung von Rechtsverhältnissen, die für Abfindungs- oder Abfindungsergänzungsansprüche (§§ 12, 13 HöfeO) vorgreiflich sind.[317] Auch anerbenrechtliche Versorgungsansprüche wie die Feststellung eines „Wohn- und Beköstigungsrechts" fallen unter die Vorschrift.[318] Aufgrund der Vielgestaltigkeit der

---

[309] OLG Oldenburg Beschl. v. 9.7.2009 – 10 W 21/09, BeckRS 2011, 10695 = RdL 2010, 18.

[310] Lüdtke-Handjery/v. Jeinsen/*Brinkmann* HöfeO § 18 Rn. 8, § 11 HöfeVfO Rn. 31.

[311] *Ernst* HöfeVfO § 11 Rn. 48.

[312] Lüdtke-Handjery/v. Jeinsen/*Brinkmann* HöfeO § 18 Rn. 8, § 11 HöfeVfO Rn. 31.

[313] *Demharter* GBO § 35 Rn. 21 mwN.

[314] OLG Celle Beschl. v. 9.4.1969 – 7 Wlw 13/62, RdL 1962, 158; Lüdtke-Handjery/v. Jeinsen/*Brinkmann* HöfeVfO § 11 Rn. 33.

[315] BGH Beschl. v. 5.7.1955 – V BLw 2/55, BGHZ 18, 63 (67) = NJW 1955, 1397 = RdL 1955, 244.

[316] Lüdtke-Handjery/v. Jeinsen/*Brinkmann* HöfeVfO § 11 Rn. 29.

[317] ZB AG Bielefeld Beschl. v. 9.9.1981 – 3b LwH 71/81, RdL 1980, 290; ferner Lüdtke-Handjery/v. Jeinsen/*Brinkmann* HöfeVfO § 11 Rn. 36; *Ernst* HöfeVfO § 11 Rn. 55.

[318] Vgl. OLG Oldenburg Beschl. v. 6.9.2007 – 10 W 34/07, BeckRS 2008, 10413 = RdL 2008, 162.

denkbaren Rechtsverhältnisse lässt sich der Kreis der Beteiligten nur für den konkreten Einzelfall bestimmen.[319]

Der Feststellungsbeschluss entfaltet materielle **Rechtskraftwirkungen** (vgl. **198** § 12 Abs. 1 HöfeVfO). Die Rechtskraft umfasst auch die von dem Feststellungsausspruch denknotwendig eingeschlossenen Feststellungen (wie zB bei Feststellung des Hoferben das Vorliegen eines Hofs).[320] Wie auch sonst sind diese Wirkungen aber grundsätzlich auf die Verfahrensbeteiligten beschränkt. Dies sind nach (§ 9 iVm) § 7 Abs. 1 Nr. 1 FamFG zunächst die in ihren Rechten unmittelbar betroffenen Personen (→ § 9 Rn. 41). Mit § 11 Abs. 2 S. 1 HöfeVfO bezweckt der Gesetzgeber, die **Rechtskraft auf alle Personen zu erstrecken,** deren Rechte durch die Entscheidung betroffen werden können. Dazu hat („soll") das Landwirtschaftsgericht diese Personen von der Einleitung des Feststellungsverfahrens unter Hinweis auf die Rechtskraftwirkungen nach § 12 Abs. 1 HöfeVfO zu benachrichtigen. Im Zweifelsfall sind mithin alle Personen zu beteiligen, deren Betroffenheit in eigenen Rechten bei Verfahrenseinleitung nicht eindeutig feststellbar ist.[321]

Gemäß (§ 9 iVm) § 15 Abs. 3 FamFG kann die Benachrichtigung von der Ein- **199** leitung des Feststellungsverfahrens formlos erfolgen, was sich im Hinblick auf dann absehbare Nachweisprobleme indes nicht empfiehlt. Die Benachrichtigung sollte den Personen daher gemäß (§ 9 iVm) § 15 Abs. 2 FamFG bekannt gegeben werden, vorzugsweise durch Zustellung nach den §§ 166–195 ZPO (→ § 9 Rn. 54).[322] Der zudem erforderliche Hinweis auf die in § 12 Abs. 1 HöfeVfO genannten Folgen kann zweckmäßigerweise durch wortlautgetreue Wiedergabe der Vorschrift erfolgen.[323]

Die gemäß § 11 Abs. 2 S. 1 HöfeVfO zu benachrichtigenden Personen können **200** sich einem anhängigen Feststellungsverfahren in jeder Instanz anschließen (§ 11 Abs. 3 S. 1 HöfeVfO). Gemäß § 11 Abs. 2 S. 2 HöfeVfO sind Entscheidungen in der Hauptsache auch diesen Personen zuzustellen, zumal die Anschließung gemäß § 11 Abs. 3 S. 2 HöfeVfO auch mit der Einlegung der Beschwerde verbunden werden kann. Durch die **Anschließung wird der lediglich potentiell in seinen Rechten Betroffene zum Beteiligten** gemäß (§ 9 iVm) § 7 Abs. 2 Nr. 2 FamFG. Im Übrigen hängt die Rechtsstellung des sich Anschließenden von seinem Verhalten im Verfahren ab: Stellt er keinen Sachantrag (sog. schlichter Anschluss), wird lediglich über Anträge der gemäß § 11 Abs. 1 HöfeVfO, (§ 9 iVm) § 7 Abs. 2 Nr. 1 FamFG Beteiligten entschieden, die diese auch zurücknehmen können;[324] will der Anschließende eine Sachentscheidung erzwingen, muss er mithin selbst in der Sache beantragen.[325] Das Anschließungsrecht hängt nicht von der tatsächlichen Benachrichtigung durch das Landwirtschaftsgericht ab. Anschließungsberechtigt ist

[319] Lüdtke-Handjery/v. Jeinsen/*Brinkmann* HöfeVfO § 11 Rn. 38.

[320] OLG Hamm Beschl. v. 1.3.1988 – 10 WLw 39/87, BeckRS 1988, 30984603 = RdL 1988, 268; OLG Oldenburg Beschl. v. 9.7.2009 – 10 W 21/09, BeckRS 2011, 10695 = RdL 2010, 18; Lüdtke-Handjery/v. Jeinsen/*Brinkmann* HöfeVfO § 11 Rn. 11 und 37, § 12 HöfeVfO Rn. 6.

[321] Lüdtke-Handjery/v. Jeinsen/*Brinkmann* HöfeVfO § 11 Rn. 39.

[322] Lüdtke-Handjery/v. Jeinsen/*Brinkmann* HöfeVfO § 11 Rn. 40.

[323] Lüdtke-Handjery/v. Jeinsen/*Brinkmann* HöfeVfO § 11 Rn. 41.

[324] Lüdtke-Handjery/v. Jeinsen/*Brinkmann* HöfeVfO § 11 Rn. 44.

[325] Vgl. BVerfG Beschl. v. 26.1.1983 – 1 BvR 614/80, NJW 1983, 2017 = RdL 1983, 163; Lüdtke-Handjery/v. Jeinsen/*Brinkmann* HöfeVfO § 11 Rn. 45.

vielmehr jede Person, die nach § 11 Abs. 2 S. 1 HöfeVfO von dem anhängigen Feststellungsverfahren hätte benachrichtigt werden müssen.[326]

201   § 12 HöfeVfO lässt eine **Durchbrechung der materiellen Rechtskraft** unter den kumulativen Voraussetzungen der Abs. 1–3 zu: Gemäß § 12 Abs. 2 S. 1 HöfeVfO muss stets ein berechtigter Grund für die nochmalige Nachprüfung vorliegen, was eine Abwägung zwischen dem Individualinteresse des Antragstellers an der Abänderung und dem Allgemeininteresse der Rechtssicherheit erfordert. Bei der Abwägung hat das Landwirtschaftsgericht einerseits die Wertungen der (§ 9 ivm) § 48 Abs. 1 S. 1, Abs. 2 FamFG ivm §§ 580, 581 ZPO zu beachten, andererseits etwaige Rechtsfolgenwirkungen der früheren Entscheidung zu berücksichtigen.[327] Die am früheren Verfahren Beteiligten und die von ihm gemäß § 11 Abs. 2 HöfeVfO benachrichtigten Personen können einen Antrag auf Abänderung der Entscheidung zudem nicht mit Tatsachen begründen, die in jenem Verfahren geltend gemacht worden sind oder von ihnen dort hätten geltend gemacht werden können (§ 12 Abs. 1 HöfeVfO). Aus der Vorschrift wird positiv abgeleitet, dass dieser Personenkreis einen berechtigten Grund für die nochmalige Nachprüfung ausschließlich auf Tatsachen stützen kann, die er im früheren Verfahren nicht hätte geltend machen können.[328] Eine rein rechtliche, an die früheren Tatsachenfeststellungen anknüpfende Begründung berechtigt diese Personen mithin nicht isv § 12 Abs. 2 S. 1 HöfeVfO zur Antragstellung. Sind seit Eintritt der formellen Rechtskraft ([§ 9 ivm] § 45 FamFG) fünf Jahre verstrichen, ist ein neuer Feststellungsantrag schließlich nur noch statthaft, wenn die bei der früheren Entscheidung vorhanden gewesenen Voraussetzungen nachträglich weggefallen sind (§ 12 Abs. 3 HöfeVfO).

202   Für das **Abänderungsverfahren** ist immer das Landwirtschaftsgericht des ersten Rechtszugs zuständig.[329] Fehlt es an den in → Rn. 201 genannten Voraussetzungen für eine nochmalige Nachprüfung, ist das Gericht den Abänderungsantrag als unzulässig zu verwerfen.[330] Andernfalls hat es die an dem früheren Verfahren Beteiligten zuzuziehen und die in § 11 Abs. 2 HöfeVfO genannten Personen zu benachrichtigen (§ 12 Abs. 2 S. 2 HöfeVfO). Führt die Nachprüfung zu einer abweichenden Entscheidung, muss das Landwirtschaftsgericht in ihr gleichzeitig den früheren Beschluss aufheben (§ 12 Abs. 2 S. 3 HöfeVfO). Das Abänderungsverfahren schließt ein Wiederaufnahmeverfahren nach (§ 9 ivm) § 48 Abs. 2 FamFG ivm §§ 578 ff. ZPO nicht aus.[331]

203   **d) Erteilung von Genehmigungen.** Der Hofeigentümer kann die Erbfolge kraft Höferechts durch Verfügung von Todes wegen nicht ausschließen (§ 16 Abs. 1 S. 1 HöfeO); eine solche Verfügung ist nach § 134 BGB nichtig. Der Hofeigentümer kann die Hoferbfolge jedoch gemäß § 16 Abs. 1 S. 2 Hs. 1 HöfeO

---

[326] Lüdtke-Handjery/v. Jeinsen/*Brinkmann* HöfeVfO § 11 Rn. 46.

[327] Lüdtke-Handjery/v. Jeinsen/*Brinkmann* HöfeVfO § 12 Rn. 3 ff.

[328] BGH Beschl. v. 11.10.1955 – V BLw 74/54, BGHZ 18, 233 (244 ff.) = NJW 1956, 60 = RdL 1956, 26, zur inhalts- und fast wortgleichen Regelung des § 37 Abs. 3 LVO; OLG Oldenburg Beschl. v. 9.7.2009 – 10 W 21/09, BeckRS 2011, 10695 = RdL 2010, 18; Lüdtke-Handjery/v. Jeinsen/*Brinkmann* HöfeVfO § 12 Rn. 4.

[329] BGH Beschl. v. 11.10.1955 – V BLw 74/54, BGHZ 18, 233 (248 ff.) = NJW 1956, 60 = RdL 1956, 26.

[330] OLG Hamm Beschl. v. 1.3.1988 – 10 WLw 39/87, BeckRS 1988, 30984603 = RdL 1988, 268; OLG Oldenburg Beschl. v. 9.7.2009 – 10 W 21/09, BeckRS 2011, 10695 = RdL 2010, 18.

[331] Lüdtke-Handjery/v. Jeinsen/*Brinkmann* HöfeVfO § 12 Rn. 8 mwN.

durch letztwillige Verfügung beschränken, auch durch ein **Grundstücks- oder Nießbrauchsvermächtnis.** Während die Zuwendung eines Nießbrauchs an dem Hof in der Regel lediglich eine Beschränkung der Hoferbfolge bedeutet,[332] kann ein Grundstücksvermächtnis die Grenze zum Ausschluss der Hoferbfolge überschreiten. Eine solche unzulässige Ausschließung liegt vor, wenn infolge der Abtrennung des zugewendeten Grundstücks vom Hof dessen Fortbestand oder dessen ordnungsgemäße Bewirtschaftung gefährdet sein oder die Wesensart und der Aufbau des landwirtschaftlichen Betriebs derart geändert werden würde, dass die verbleibende Wirtschaftsart nicht mehr denselben Hof darstellte.[333]

Auch eine zulässige Beschränkung der Hoferbfolge bedarf jedoch nach § 16 Abs. 1 S. 2 Hs. 2 HöfeO der **Zustimmung des Landwirtschaftsgerichts,** wenn für ein Rechtsgeschäft unter Lebenden gleichen Inhalts eine Genehmigung nach §§ 2 ff. GrdstVG erforderlich wäre (→ Rn. 70 ff.). Insoweit hat das Gericht die grundstücksverkehrsrechtlichen Genehmigungsvoraussetzungen zu prüfen (→ Rn. 93 ff.),[334] wobei das Angehörigenprivileg nach § 8 Nr. 2 GrdstVG naturgemäß nicht gilt (§ 31 Abs. 1 GrdstVG). Die Zustimmung ist in der Regel zu erteilen, wenn der Hof die vermachten Grundstücke entbehren kann, insbesondere der abgebende Grundbesitz so groß ist, dass er an ihrem Verlust nicht schwer trägt.[335]   **204**

Daneben soll das Landwirtschaftsgericht nach hM[336] unter höferechtlichen Gesichtspunkten zu prüfen haben, ob durch das Grundstücksvermächtnis die Grenze zur unzulässigen Ausschließung von der Hoferbfolge überschritten wird. Zwar ist das Landwirtschaftsgericht auch zuständig, wenn aus diesem Grund die Feststellung der Nichtigkeit der letztwilligen Verfügung beantragt wird (→ Rn. 197).[337] Die Feststellung soll es aber andererseits nicht mehr treffen können, wenn es der Verfügung von Todes wegen zuvor zugestimmt hat.[338] Folgt man dem, wäre die Prüfung eines Verstoßes gegen § 16 Abs. 1 S. 1 HöfeO im Zustimmungsverfahren an sich zwingend. Nach dem Wortlaut der Vorschrift liegt indes näher, dem Verfahren nach § 16 Abs. 1 S. 2 Hs. 2 HöfeO insoweit keine präjudizielle Wirkung zuzuschreiben.[339] Ist die Zustimmung freilich schon aus agrarstrukturellen Gründen zu versa-   **205**

---

[332] BGH Beschl. v. 5.6.1992 – BLw 7/91, BGHZ 118, 361 = NJW 1992, 2827 = RdL 1992, 217; krit. *Ernst* HöfeO § 16 Rn. 6 mwN.

[333] BGH Beschl. v. 25.4.2014 – BLw 6/13, NJW-RR 2014, 1112 Rn. 23 = RdL 2014, 219 mwN. und mAnm *Graß* AUR 2014, 262 und *Wolter* RdL 2014, 229.

[334] Zur Prüfung des Nießbrauchsvermächtnisses sub specie § 9 GrdstVG BGH Beschl. v. 5.6.1992 – BLw 7/91, BGHZ 118, 361 (367) = NJW 1992, 2827 = RdL 1992, 217.

[335] OLG Oldenburg Beschl. v. 7.11.1996 – 10 W 9/96, RdL 1998, 72; Lüdtke-Handjery/v. Jeinsen/*Roemer* HöfeO § 16 Rn. 62 mwN.

[336] BGH Beschl. v. 28.1.1958 – V BLw 44/57, BGHZ 26, 298 = NJW 1958, 501 = RdL 1958, 126; Lüdtke-Handjery/v. Jeinsen/*Roemer* HöfeO § 16 Rn. 66 mwN. auch zur Gegenauffassung.

[337] BGH Beschl. v. 7.7.1953 – V BLw 2/53, BeckRS 1953, 31203173 = LM Nr 4 zu § 16 HöfeO = RdL 1953, 278 mAnm *Rötelmann* MDR 1953, 671; Lüdtke-Handjery/v. Jeinsen/*Roemer* HöfeO § 16 Rn. 67.

[338] BGH Beschl. v. 28.1.1958 – V BLw 44/57, BGHZ 26, 298 = NJW 1958, 501 = RdL 1958, 126; Lüdtke-Handjery/v. Jeinsen/*Roemer* HöfeO § 16 Rn. 66 mwN.

[339] *Wöhrmann* LwErbR § 16 HöfeO Rn. 30. Vgl. auch BGH Beschl. v. 4.2.1964 – V BLw 13/63, RdL 1964, 98; OLG Celle Beschl. v. 7.7.1973 – 7 Wlw 9/73, AgrarR 1975, 267 mAnm *Fleer.*

gen, stellt sich die Frage der Ausschließung von der Hoferbfolge nicht mehr.[340] Da dies immer schon der Fall ist, wenn der Verlust der vermachten Grundstücke schwer wiegt (→ Rn. 204), dürfte es praktisch kaum jemals darauf ankommen, ob das Grundstücksvermächtnis deswegen zugleich einem Ausschluss von der Hoferbfolge nach § 16 Abs. 1 S. 1 HöfeO gleichkommt.

206   **Antragsberechtigt** sind zu Lebzeiten des Erblassers dieser und bei einem Erbvertrag auch der andere Vertragsschließende (§ 13 Abs. 1 HöfeVfO). Nach dem Tod des Erblassers kann den Antrag gemäß § 13 Abs. 3 HöfeVfO jeder stellen, der ein berechtigtes Interesse an der Entscheidung glaubhaft macht. Der Begriff des berechtigten Interesses ist gleichbedeutend mit dem des rechtlichen Interesses (→ Rn. 189).[341] Ein solches Interesse haben insbesondere der Hoferbe, die Grundstücks- und Nießbrauchsvermächtnisnehmer, der nächstberufene hoferbenberechtigte Abkömmling im Fall des § 14 HöfeVfO (→ Rn. 212), die weichenden Erben, wenn die ihnen letztwillig zugedachte Abfindung über ihren gesetzlichen Anspruch nach § 12 HöfeO hinausgeht, und Pflichtteilsberechtigten.[342] Hat ein Notar die Verfügung von Todes wegen beurkundet, so gilt er gemäß § 13 Abs. 2 HöfeVfO als ermächtigt, im Namen eines Antragsberechtigten die Genehmigung zu beantragen.

207   **An dem Verfahren beteiligt** sind zu Lebzeiten des Erblassers nur die letztwillig Verfügenden und bei einem Erbvertrag der Vertragspartner. Nach dem Tod des Erblassers sind alle Personen an dem Verfahren zu beteiligen, die nach § 13 Abs. 3 HöfeVfO antragsberechtigt sind. Aufgrund dieser erheblichen Ausweitung des Kreises der Beteiligten kann es zweckmäßig sein, die Zustimmung bereits zu Lebzeiten des Erblassers zu beantragen.[343]

208   Gemäß § 32 Abs. 1 hat das Landwirtschaftgericht zudem die Genehmigungsbehörde und die land- und forstwirtschaftliche Berufsvertretung zu hören (→ § 32 Rn. 4 ff.).[344] Da im Zustimmungsverfahren nach § 16 Abs. 2 S. 2 Hs. 2 HöfeO aber lediglich eine hypothetische Prüfung nach dem GrdstVG stattfindet, ist § 32 Abs. 2 unanwendbar und die Genehmigungsbehörde übergeordnete Behörde (→ § 32 Rn. 16) nicht beschwerdeberechtigt.

209   Der Zustimmung steht gemäß § 15 Abs. 1 HöfeVfO gleich, wenn das Landwirtschaftsgericht rechtskräftig entscheidet, dass eine Zustimmung nicht erforderlich ist. Die Regelung entspricht § 5 S. 2 GrdstVG (→ Rn. 76).

210   Wie die grundstücksverkehrsrechtliche Genehmigung kann auch die höferechtliche Zustimmung unter einer **Auflage oder Bedingung** erteilt werden (§ 15 Abs. 2 S. 1 HöfeVfO). Wie jene muss sie unter einer Auflage oder Bedingung erteilt werden, wenn der Versagungsgrund hierdurch ausgeräumt werden kann, da eine solche Beschränkung gegenüber der Versagung das mildere Mittel darstellt (Art. 14 Abs. 1 S. 1 GG; → Rn. 101). Das Landwirtschaftsgericht ist dabei zwar nicht an den numerus clausus der nach §§ 10, 11 GrdstVG zulässigen Auflagen und Bedingungen gebunden, da § 15 Abs. 2 S. 1 HöfeVfO ansonsten überflüssig wäre.[345] Auflagen und Bedingungen sind aber nur zu dem höferechtlichen Zweck zulässig, lebensfä-

---

[340] Vgl. BGH Beschl. v. 7.7.1953 – V BLw 2/53, BeckRS 1953, 31203173 = LM Nr. 4 zu § 16 HöfeO mAnm *Rötelmann* MDR 1953, 671.

[341] Lüdtke-Handjery/v. Jeinsen/*Brinkmann* HöfeVfO § 13 Rn. 4; Düsing/Martinez/*Düsing* HöfeVfO § 13 Rn. 5. AA *Ernst* HöfeVfO § 13 Rn. 9: Wirtschaftliches Interesse ausreichend.

[342] Lüdtke-Handjery/v. Jeinsen/*Roemer* HöfeO § 16 Rn. 93.

[343] Lüdtke-Handjery/v. Jeinsen/*Brinkmann* HöfeVfO § 13 Rn. 4.

[344] *Ernst* LwVG § 32 Rn. 14; Lüdtke-Handjery/v. Jeinsen/*Brinkmann* HöfeVfO § 15 Rn. 5.

[345] Lüdtke-Handjery/v. Jeinsen/*Brinkmann* HöfeVfO § 15 Rn. 3 mwN.

hige landwirtschaftliche Betriebe geschlossen zu erhalten und deren agrarpolitisch unerwünschte Aufteilung zu verhindern.[346]

Die Zustimmung wird erst mit Rechtskraft wirksam (§ 15 Abs. 2 S. 2 HöfeVfO, **211** [§ 9 iVm] § 45 FamFG). Ihren Eintritt kann gemäß § 14 S. 1 HöfeVfO der nach § 6 HöfeO nächstberufene hoferbenberechtigte Abkömmling des Erblassers durch Einlegung einer Beschwerde verhindern ([§ 9 iVm] § 45 FamFG); diesem steht gemäß § 14 S. 2 HöfeVfO der gewillkürte hoferbenberechtigte Abkömmling „gleich"[347], sofern er durch Erbvertrag oder gemeinschaftliches Testament zum Hoferben bestimmt worden ist. Da das Beschwerderecht des Abkömmlings gemäß § 14 HöfeVfO jedoch weiter davon abhängt, dass der Hof durch das Grundstücksvermächtnis nach § 1 Abs. 3 HöfeO[348] seine Eigenschaft als Hof verliert, dürfte die Vorschrift kaum jemals praktisch werden, da solche Vermächtnisse nicht genehmigungsfähig sind (→ Rn. 205).[349] Im Übrigen steht dem Hoferben gegen die Erteilung der Genehmigung kein Beschwerderecht zu.[350]

Gemäß § 16 HöfeVfO gelten die Vorschriften der §§ 13–15 HöfeVfO sinnge- **212** mäß, soweit ein **Übergabevertrag iSv § 17 HöfeO** nach § 17 Abs. 3 HöfeO der Genehmigung durch das Landwirtschaftsgericht bedarf. Da ein solcher Übergabevertrag die lebzeitige Übertragung von landwirtschaftlichen Grundstücken im Wege der vorweggenommenen Hoferbfolge zum Gegenstand hat, die praktisch ausnahmslos[351] eine Genehmigung nach dem GrdstVG erfordert (→ Rn. 74 ff.), ist die Zuständigkeit des Landwirtschaftsgerichts nach § 17 Abs. 3 HöfeO nur dann nicht gegeben, wenn ein Nichthof oder nur Teile eines Hofs übertragen werden, ein Hof veräußert wird oder die Übertragung des Hofs nicht zur Regelung der Erbfolge in ihn erfolgt.[352] Liegt kein Hof oder kein Hofübergabevertrag iSv § 17 HöfeO vor, verbleibt es bei der Zuständigkeit der Genehmigungsbehörde nach dem GrdstVG. Wird die Genehmigung gleichwohl vor dem Landwirtschaftsgericht beantragt, hat es den Antrag als unzulässig zu verwerfen.[353] Hat umgekehrt die Genehmigungsbehörde einen in die Zuständigkeit des Landwirtschaftsgerichts fallenden Übergabevertrag genehmigt, kann dies mit einem Antrag auf gerichtliche Entscheidung entsprechend § 22 Abs. 1 GrdstVG angefochten werden.[354]

Im Unterschied zu den Fällen des § 16 HöfeO kann im Rahmen von § 17 **213** HöfeO durchaus relevant werden, dass nach hM das Landwirtschaftsgericht im Ge-

---

[346] OLG Schleswig Beschl. v. 10.12.1987 – 3 WLw 30/87, AgrarR 1988, 283; Lüdtke-Handjery/v. Jeinsen/*Brinkmann* HöfeVfO § 15 Rn. 3.
[347] Richtigerweise schließt das Beschwerderecht des gewillkürten Hoferben nach § 14 S. 2 HöfeVfO das Beschwerderecht des bloß hypothetischen gesetzlichen Hoferben nach § 14 S. 1 HöfeVfO aus, Lüdtke-Handjery/v. Jeinsen/*Brinkmann* HöfeVfO § 14 Rn. 4.
[348] Die Verlustgründe nach § 1 Abs. 4 und 5 HöfeO scheiden bei einem Grundstücksvermächtnis begrifflich aus.
[349] Vgl. Lüdtke-Handjery/v. Jeinsen/*Roemer* HöfeVfO § 16 Rn. 6, 49.
[350] BGH Beschl. v. 4.2.1964 – V BLw 13/63, LM Nr. 9 zu § 16 HöfeO = RdL 1964, 98; Lüdtke-Handjery/v. Jeinsen/*Roemer* HöfeVfO § 16 Rn. 94 mwN.
[351] Lüdtke-Handjery/v. Jeinsen/*Roemer* HöfeVfO § 17 Rn. 146; s. aber auch Lüdtke-Handjery/v. Jeinsen/*Roemer* HöfeVfO § 16 Rn. 38.
[352] Lüdtke-Handjery/v. Jeinsen/*Roemer* HöfeVfO § 16 Rn. 31 f. mwN.
[353] Vgl. *Ernst* HöfeVfO § 16 Rn. 13; Lüdtke-Handjery/v. Jeinsen/*Roemer* HöfeVfO § 16 Rn. 34, 36.
[354] BGH Beschl. v. 19.2.1952 – V BLw 14/51, RdL 1952, 132 (133); *Ernst* HöfeVfO § 16 Rn. 16; Lüdtke-Handjery/v. Jeinsen/*Roemer* HöfeVfO § 16 Rn. 34.

nehmigungsverfahren neben verkehrsrechtlichen **auch höferechtliche Gesichtspunkte zu prüfen** hat (→ Rn. 205). Dies nach § 17 Abs. 1 iVm § 16 Abs. 1 S. 1 HöfeO insbesondere dann, wenn der Hof entgegen § 4 S. 1 HöfeO an mehrere Personen[355] oder entgegen §§ 7 Abs. 1 S. 2, 6 Abs. 6 S. 1 und 2, Abs. 7 HöfeO auf einen nicht wirtschaftsfähigen Übernehmer übertragen[356] wird. Darüber hinaus kommt es einem Ausschluss von der Hoferbfolge iSv § 17 Abs. 1 iVm § 16 Abs. 1 S. 1 HöfeO gleich, wenn die den Übernehmer treffenden Verpflichtungen, insbesondere die Altenteilslasten, so groß sind, dass sie seine Leistungsfähigkeit überfordern und die vorgesehene Hoferbfolge aushöhlen.[357]

214   **Antragsberechtigt** und damit zur beteiligen sind gemäß § 16 iVm § 13 Abs. 1 HöfeVfO sämtliche[358] Vertragsschließenden, ferner nach § 3 Abs. 2 S. 1 GrdstVG ein durch den Vertrag begünstigter Dritter.[359] Hat die Genehmigungsbehörde den Vertrag als Veräußerungsgeschäft genehmigt (→ Rn. 74), kann auch der nächstberufene Hoferbe eine gerichtliche Entscheidung mit der Begründung beantragen, der Vertrag sei in Wirklichkeit ein in die Zuständigkeit des Landwirtschaftsgerichts fallender Übergabevertrag.[360] Stirbt der Übergeber, bevor die Genehmigung beantragt oder das Genehmigungsverfahren abgeschlossen worden ist, kann den Antrag jeder stellen, der ein berechtigtes Interesse (→ Rn. 206)[361] daran glaubhaft machen kann, die Hoferbfolge durch Erteilung oder Versagung der Genehmigung zum Übergabevertrag geklärt zu bekommen (§ 16 iVm § 13 Abs. 3 HöfeVfO). Dazu gehören insbesondere der gesetzliche Hoferbe und die Erben nach bürgerlichem Recht.[362]

215   Der **Ehegatte** des Übergebers ist **an dem Verfahren beteiligt,** wenn er in den Vertrag gemäß § 1365 Abs. 1 BGB eingewilligt hat.[363] Darüber hinaus soll der nicht in den Vertragschluss eingebundene Ehegatte zu beteiligen sein, wenn er in den Vertrag § 1365 Abs. 1 BGB einwilligen muss.[364] Ansonsten kommt eine Beteiligung des Ehegatten des Übergebers (oder Übernehmers) gemäß (§ 9 iVm) § 7 Abs. 2 Nr. 1 FamFG nicht in Betracht.[365]

216   **Weichende Erben** sind ebenfalls grundsätzlich nur **am Verfahren zu beteiligen,** wenn sie den Übergabevertrag mit abgeschlossen haben oder durch ihn be

---

[355] BGH Beschl. v. 28.1.1958 – V BLw 44/57, BGHZ 26, 298 (302) = NJW 1958, 501 = RdL 1958, 127.

[356] Lüdtke-Handjery/v. Jeinsen/*Roemer* HöfeO § 17 Rn. 43.

[357] BGH Beschl. v. 30.1.1951 – V BLw 57/49, RdL 1951, 129 (130); OLG Celle Beschl. v. 17.9.2012 – 7 W 37/12, 7 W 38/12, AUR 2014, 67 (68).

[358] Lüdtke-Handjery/v. Jeinsen/*Roemer* HöfeVfO § 16 Rn. 2.

[359] Lüdtke-Handjery/v. Jeinsen/*Roemer* HöfeVfO § 16 Rn. 5.

[360] BGH Beschl. v. 13.3.1951 – V BLw 133/50, RdL 1951, 301; OLG Schleswig Beschl. v. 19.7.1956 – 3 Wlw 20/56, RdL 1957, 266; Lüdtke-Handjery/v. Jeinsen/*Roemer* HöfeVfO § 16 Rn. 3.

[361] Nach Lüdtke-Handjery/v. Jeinsen/*Roemer* HöfeVfO § 16 Rn. 20, genügen auch wirtschaftliche oder sonst nicht-rechtliche Belange.

[362] *Ernst* LwVG § 14 Rn. 152; Lüdtke-Handjery/v. Jeinsen/*Roemer* HöfeVfO § 16 Rn. 20.

[363] Lüdtke-Handjery/v. Jeinsen/*Roemer* HöfeVfO § 16 Rn. 4.

[364] BGH Beschl. v. 14.7.1958 – V BLw 19/58, BeckRS 1958, 31201545 = RdL 1958, 239; Lüdtke-Handjery/v. Jeinsen/*Roemer* HöfeVfO § 16 Rn. 15. Dies erscheint nach (§ 9 iVm) § 7 Abs. 2 Nr. 1 FamFG wegen § 1368 BGB nicht zwingend.

[365] So zutr. Lüdtke-Handjery/v. Jeinsen/*Roemer* HöfeVfO § 16 Rn. 16ff. gegen *Ernst* HöfeVfO § 16 Rn. 9; *Wöhrmann* LwErbR § 17 HöfeO Rn. 138ff.

günstigt sind (→ Rn. 214). Andernfalls sind die weichenden Erben nach hM[366] auch dann nicht Verfahrensbeteiligte des Genehmigungsverfahrens, wenn gemäß § 17 Abs. 2 HöfeO zu ihren Gunsten der Erbfall hinsichtlich des Hofs als eingetreten gilt. Nach der Rechtsprechung des BGH[367] ist namentlich der nächstberufene Hoferbe selbst dann nicht in seinen subjektiven Rechten betroffen, wenn er sich gegen die Wirtschaftsfähigkeit des Übernehmers wendet. Ein weichender Erbe ist jedoch ausnahmsweise zu beteiligen, wenn der Hofeigentümer ihn vor Abschluss vor dem Übergabevertrags erbvertraglich, durch bindend gewordenes gemeinschaftliches Testament oder durch formlos bindende Hoferbenbestimmung (Übertragung der Bewirtschaftung und Beschäftigung auf dem Hof) bereits zum Hoferben bestimmt hatte, er dadurch eine rechtlich gesicherte Anwartschaft auf das Erbe erlangt hatte, die einem subjektiven Recht gleichgestellt wird.[368]

Im Übrigen entspricht das Verfahren und die Entscheidung im Genehmigungs- **217** verfahren im Wesentlichen dem Zustimmungsverfahren nach §§ 13–15 HöfeVfO (→ Rn. 206 ff.). Während im Zustimmungsverfahren nach § 16 Abs. 2 S. 2 Hs. 2 HöfeO lediglich eine hypothetische Prüfung nach dem GrdstVG stattfindet, ersetzt im Genehmigungsverfahren gemäß § 17 Abs. 3 GrdstVG die Genehmigung des Landwirtschaftsgerichts die an sich erforderliche behördliche Genehmigung nach dem GrdstVG. Deshalb bestehen hier nicht nur – wie im Zustimmungsverfahren – die Anhörungspflichten nach § 32 Abs. 1 (→ § 32 Rn. 4 ff.); zudem ist gemäß § 32 Abs. 2 auch die der Genehmigungsbehörde übergeordnete Behörde beschwerdeberechtigt (→ § 32 Rn. 16).[369] Anders als die Genehmigungsbehörde ist das Landwirtschaftsgericht jedoch nicht an die Entscheidungsfristen nach § 6 Abs. 1 GrdstVG gebunden, weswegen auch die Genehmigungsfiktion nach § 6 Abs. 2 GrdstVG (→ Rn. 77) nicht eingreift (§ 31 Abs. 2 GrdstVG).

Besonderheiten ergeben sich, wenn der Übernehmer oder der Übergeber wäh- **218** rend eines anhängigen Genehmigungsverfahrens verstirbt. Wenn der Übernehmer zugleich Hoferbe des Übergebers und also schon kraft Gesetzes Hofeigentümer geworden ist, ist das Genehmigungsverfahren gleichwohl insoweit fortzusetzen, als durch den Vertrag Ansprüche Dritter (Ehegatten, weichende Erben) begründet worden sind.[370] Dies liegt in der Konsequenz der Prüfung des Übergabevertrags

---

[366] BGH Beschl. v. 3.4.1951 – V BLw 5/50, BGHZ 1, 343 (349) = NJW 1951, 561= RdL 1951, 191; OLG Oldenburg Beschl. v. 9.7.2009 – 10 W 9/09, FGPrax 2010, 99 (99 f.) = RdL 2009, 331; Lüdtke-Handjery/v. Jeinsen/*Roemer* HöfeVfO § 16 Rn. 7 ff. mwN. AA *Ernst* LwVG § 14 Rn. 298. Offen gelassen von BGH Beschl. v. 18.4.1996 – BLw 43/95, NJWE-FER 1996, 11 (12) = RdL 1996, 189.

[367] BGH Beschl. v. 29.4.2016 – LwZB 2/15, ZEV 2016, 646 Rn. 27 ff. = AUR 2016, 344, mAnm *v. Garmissen* 347; Beschl. v. 27.92007 – BLw 14/07, ZEV 2009, 145 Rn. 14. Anders teilw. die Rspr. der OLG, OLG Oldenburg Beschl. v. 18.9.1979 – 10 WLw 15/79, AgrarR 1980, 109 (110); Beschl. v. 9.7.2009 – 10 W 9/09, FGPrax 2010, 99 (100) = RdL 2009, 331, und die hL, Lüdtke-Handjery/v. Jeinsen/*Roemer* HöfeVfO § 16 Rn. 7; *Wöhrmann* LwErbR § 17 HöfeO Rn. 149.

[368] BGH Beschl. v. 16.2.1954 – V BLw 60/53, BGHZ 12, 286 (302) = BeckRS 1954, 30385215; Beschl. v. 27.9.2007 – BLw 14/07, ZEV 2009, 145 Rn. 10; Beschl. v. 18.4.1996 – BLw 43/95, NJWE-FER 1996, 11 (12) = RdL 1996, 189 mwN.

[369] Lüdtke-Handjery/v. Jeinsen/*Roemer* HöfeVfO § 16 Rn. 19 mwN.

[370] HM: OLG Celle Beschl. v. 15.8.1960 – 7 Wlw 53/60, NdsRpfl 1960, 226 (227); Lüdtke-Handjery/v. Jeinsen/*Roemer* HöfeVfO § 16 Rn. 25; *Wöhrmann* LwErbR § 17 HöfeO Rn. 163 mwN. Anders BGH Beschl. 11.7.1967 – V BLw 26/60, RdL 1961, 264 (266) mAnm *Wöhrmann* 305 (309); *Ernst* HöfeO § 17 Rn. 21.

unter höferechtlichen Gesichtspunkten und wird insbesondere praktisch, wenn die den Übernehmer treffenden Verpflichtungen so groß sind, dass sie seine Leistungsfähigkeit überfordern und die vorgesehene Hoferbfolge aushöhlen (→ Rn. 213).[371] Ist nicht der Übernehmer, sondern ein Dritter Hoferbe des Übergebers geworden, ist das Genehmigungsverfahren zwischen dem Hoferben und dem Übernehmer fortzusetzen.[372] Stirbt der Übernehmer und sollte der Übergabevertrag dadurch nach dem Willen der Vertragsparteien nicht gegenstandslos[373] werden, muss das Genehmigungsverfahren mit demjenigen fortgesetzt werden, der nach der HöfeO Hoferbe des Übernehmers geworden wäre, wenn dieser im Zeitpunkt seines Todes bereits Hofeigentümer gewesen wäre.[374]

219   **e) Entgegennahme von Erklärungen.** Gemäß § 4 Abs. 1 HöfeVfO sind die in den höferechtlichen Vorschriften vorgesehenen **Erklärungen, dass eine Besitzung Hof oder Ehegattenhof sein soll oder nicht sein soll,** gegenüber dem Landwirtschaftsgericht abzugeben. In den höferechtlichen Vorschriften vorgesehen sind die Erklärungen des Eigentümers, dass eine Besitzung, die einen Wirtschaftswert von weniger als 10.000 EUR, mindestens jedoch von 5.000 EUR hat, Hof sein soll (§ 1 Abs. 1 S. 3 HöfeO), dass eine Besitzung, die Hof ist, kein Hof mehr sein soll (§ 1 Abs. 4 S. 1 HöfeO) und dass sie wieder Hof sein soll (§ 1 Abs. 4 S. 2 HöfeO). Dazu gehören ferner die Erklärungen der Ehegatten, denen die Besitzung gehört, dass sie Ehegattenhof sein soll (§ 1 Abs. 2 HöfeO) und dass sie kein Ehegattenhof mehr sein soll (§ 1 Abs. 5 S. 2 HöfeO).

220   Das Landwirtschaftsgericht, das entsprechend § 3 Abs. 3 HöfeVfO ohne Zuziehung ehrenamtlicher Richter tätig wird, hat zunächst die **formelle Wirksamkeit der Erklärung** zu prüfen.[375] Es hat zu prüfen, ob die Erklärung von dem oder den Eigentümern stammt,[376] ob sie höchstpersönlich abgegeben worden ist,[377] ob der oder die Erklärenden testierfähig sind[378] und, falls dies zu verneinen ist, ob die Erklärung von dem gesetzlichen Vertreter abgegeben und durch das Familien- oder Betreuungsgericht genehmigt worden ist (§ 1 Abs. 6 HöfeO).[379] Hofvor- und -nacherbe können höferechtliche Erklärungen nur gemeinsam abgeben.[380] Gemäß § 4 Abs. 2 HöfeVfO bedarf die Erklärung der **öffentlichen Beglaubigung** (§ 40 BeurkG).[381] Die Vorschrift hat nur verfahrensrechtliche Bedeutung und deshalb

---

[371] Vgl. Lüdtke-Handjery/v. Jeinsen/*Roemer* HöfeVfO § 16 Rn. 25.

[372] OLG Oldenburg Beschl. v. 20.6.1966 – 3 WLw 16/66, RdL 1967, 39; Lüdtke-Handjery/v. Jeinsen/*Roemer* HöfeVfO § 16 Rn. 24 mwN.

[373] Vgl. BGH Beschl. v. 4.4.1952 – V ZR 46/51, RdL 1953, 54 (nur Ls.); OLG Celle Beschl. v. 20.9.1993 – 7 W 47/93, BeckRS 1993, 30885524 = RdL 1999, 185; Lüdtke-Handjery/v. Jeinsen/*Roemer* HöfeO § 17 Rn. 182f. mwN.

[374] BGH Beschl. v. 2.7.1968 – V BLw 38/67, RdL 1968, 293 (294); Lüdtke-Handjery/v. Jeinsen/*Roemer* HöfeVfO § 16 Rn. 28; *Wöhrmann* LwErbR § 17 HöfeO Rn. 169 mwN.

[375] Vgl. BGH Beschl. v. 16.4.2004 – BLw 27/03, NJW-RR 2004, 1233 = RdL 2004, 193.

[376] Vgl. BGH Beschl. v. 6.11.1997 – BLw 31/97, NJW-RR 1998, 361 (362) = RdL 1998, 13.

[377] Lüdtke-Handjery/v. Jeinsen/*v. Jeinsen* HöfeVfO § 4 Rn. 10, 17.

[378] Näher Lüdtke-Handjery/v. Jeinsen/*Brinkmann* HöfeVfO § 1 Rn. 79.

[379] Lüdtke-Handjery/v. Jeinsen/*v. Jeinsen* HöfeVfO § 4 Rn. 4.

[380] BGH Beschl. v. 16.4.2004 – BLw 27/03, NJW-RR 2004, 1233 (1234) = RdL 2004, 193.

[381] Lüdtke-Handjery/v. Jeinsen/*v. Jeinsen* HöfeVfO § 4 Rn. 8 empfiehlt öffentliche Beurkundung.

nicht die Formnichtigkeit (§ 125 S. 1 BGB) einer privatschriftlichen Erklärung zur Folge.[382]

Unterliegt die formelle Wirksamkeit der Erklärung keinen Bedenken, ist sie **221** vom Erklärenden nicht widerrufen worden (§ 4 Abs. 3 HöfeVfO) und sind auch die für eine positive Hoferklärung erforderlichen materiellen Hofvoraussetzungen (§ 1 Abs. 1 S. 3, Abs. 2, Abs. 4 S. 2 HöfeO) gegeben,[383] hat das Landwirtschaftsgericht das Grundbuchamt gemäß § 3 Abs. 1 Nr. 2 HöfeVfO um Eintragung oder Löschung des Hofvermerks zu ersuchen (→ Rn. 227).

Wenn der Erblasser mehrere Höfe hinterlässt, ohne deren Vererbung durch **222** Verfügung von Todes geregelt zu haben, haben sich mehrere Abkömmlinge (§ 5 Nr. 1 HöfeO) oder, wenn solche nicht vorhanden sind, mehrere Hoferben der vierten Ordnung (§ 5 Nr. 4 HöfeO)[384] gegenüber dem Landwirtschaftsgericht zu erklären, welchen Hof sie wählen (§ 9 Abs. 1 und 2 S. 1 HöfeO). Die Tätigkeit des Landwirtschaftsgerichts beschränkt sich hierbei zunächst – abgesehen von der gemäß § 3 Abs. 1 Buchst. f) RPflG dem Rechtspfleger übertragenen Beurkundung der Erklärung nach § 9 Abs. 2 S. 1 Hs. 2 HöfeO – auf die Bestimmung einer Frist zur Erklärung über die Wahl (§ 9 Abs. 2 S. 2 HöfeO). Die Frist kann das Landwirtschaftsgericht ohne Zuziehung ehrenamtlicher Richter bestimmen, weil es sich hierbei um eine Angelegenheit von geringer Bedeutung iSv § 20 Abs. 1 Nr. 7 (→ § 20 Rn. 46) handelt.[385] Aus der Wahl resultierende Streitigkeiten über die Hoferbfolge können insbesondere im Feststellungsverfahren nach § 11 Abs. 1 Buchst. g) und h) HöfeVfO geklärt werden (→ Rn. 196 f.).

Entgegen zu nehmen und ggf. zu beurkunden hat das Landwirtschaftsgericht **223** (Rechtspfleger, § 3 Abs. 1 Buchst. f) RPflG) auch die Erklärung des überlebenden Ehegatten, wer er unter den Abkömmlingen des Eigentümers zum Hoferben bestimmt (§ 14 Abs. 3 S. 3 HöfeO). Der Streit über die Wirksamkeit der Bestimmung (Hoferbfolge) kann wiederum im Feststellungsverfahren ausgetragen werden (§ 11 Abs. 1 Buchst. g) und h) HöfeVfO; → Rn. 196 f.). Auf Antrag hat das Landwirtschaftsgericht auch die mit dem Übergang des Hofs von dem gesetzlichen auf den bestimmten Hoferben zusammenhängenden Fragen zu regeln (§ 14 Abs. 3 S. 4 und 5 HöfeO; → Rn. 185).

Schließlich kann der Hoferbe den **Anfall des Hofs** nur gegenüber dem Land- **224** wirtschaftsgericht **ausschlagen** (§ 11 S. 1 HöfeO).[386] Schlägt der Hoferbe allerdings die gesamte Erbschaft einschließlich des hoffreien Vermögens aus, verbleibt es bei der Zuständigkeit des Nachlassgerichts für die Entgegennahme der Erklärung.[387] § 11 S. 1 HöfeO stellt eine Sonderregelung zu §§ 1945 Abs. 1 Hs. 1, 1950 BGB dar. Im Übrigen finden auf die Ausschlagung des Hoferbes die Vorschriften des BGB über die Ausschlagung der Erbschaft entsprechende Anwendung (§ 11 S. 2 HöfeO iVm §§ 1943 ff. BGB). Eine ohne Beobachtung der Form des § 1945

---

[382] OLG Hamm Beschl. vom 29.3.2012 – I-10 W 14/12, BeckRS 2012, 16054; *Ernst* HöfeVfO § 4 Rn. 6.

[383] Lüdtke-Handjery/v. Jeinsen/*v. Jeinsen* HöfeVfO § 4 Rn. 3 f.

[384] Näher Lüdtke-Handjery/v. Jeinsen/*v. Jeinsen* HöfeO § 9 Rn. 3 ff.

[385] Lüdtke-Handjery/v. Jeinsen/*v. Jeinsen* HöfeO § 9 Rn. 11; *Ernst* HöfeO § 9 Rn. 14.

[386] BGH Beschl. v. 28.1.1972 – V ZB 29/71, BGHZ 58, 105 (106) = NJW 1972, 582.

[387] BGH Beschl. v. 28.1.1972 – V ZB 29/71, BGHZ 58, 105 (106) = NJW 1972, 582; Lüdtke-Handjery/v. Jeinsen/*Haarstrich* HöfeO § 11 Rn. 19 mwN.

Abs. 1 Hs. 2, Abs. 2 und 3 BGB erklärte Hofausschlagung ist gemäß § 125 S. 1 BGB nichtig.[388]

225   **f) Grundbuch.** Gemäß §§ 2, 6 HöfeVfO ist ein Hof oder Ehegattenhof als solcher im Grundbuch einzutragen. Die **Eintragung oder Löschung des Hofvermerks** erfolgt gemäß § 3 Abs. 1 und 2 HöfeVfO ausschließlich **auf Ersuchen des Landwirtschaftsgerichts** isv § 38 GBO, das über die Voraussetzungen der Löschung oder Eintragung nach § 3 Abs. 3 HöfeVfO ohne Zuziehung ehrenamtlicher Richter entscheidet. Dadurch wird das Grundbuchamt von der Prüfung entlastet, ob nach der HöfeO ein (Ehegatten-) Hof vorliegt.[389] Das Grundbuchamt hat die Eintragung (Löschung) vorzunehmen, sobald es um sie formell ordnungsgemäß (§ 29 Abs. 3 GBO) ersucht wird. Die Grundbuchbeschwerde (§ 71 GBO) kann demzufolge nur darauf gestützt werden, dass die grundbuchverfahrensrechtlichen Eintragungsvoraussetzungen nach §§ 38, 29 Abs. 3 GBO nicht gegeben seien.[390]

226   Das Landwirtschaftsgericht hat das Grundbuchamt gemäß § 3 Abs. 1 HöfeVfO **von Amts wegen** um Eintragung des (Ehegatten-) Hofvermerks zu ersuchen, wenn es davon Kenntnis erlangt (zB nach § 3 a S. 1 Nr. 2 und 3 HöfeVfO), dass eine Besitzung die Voraussetzungen für einen (Ehegatten-) Hof nach § 1 Abs. 1 S. 1 HöfeO erfüllt (sog. geborener Hof). Fällt eine dieser Voraussetzungen isv § 1 Abs. 3 S. 1 HöfeO weg, hat das Gericht das Grundbuchamt um Löschung des Hofvermerks zu ersuchen.

227   Das Ersuchen als solches ist unanfechtbar.[391] Für den Fall der **Amtslöschung** ist aber § 8 HöfeVfO zu beachten. Nach § 8 Abs. 1 HöfeVfO hat das Landwirtschaftsgericht den Eigentümer von seiner Löschungsabsicht sowie über die wesentlichen sich aus der Löschung ergebenden Folgen zu unterrichten und ihm anheimzugeben, innerhalb einer bestimmten Frist, die nicht weniger als sechs Wochen betragen darf, die Feststellung der Hofeigenschaft nach § 11 Abs. 1 Buchst. a) HöfeVfO zu beantragen (→ Rn. 190).[392] Das Grundbuchamt darf erst um Löschung des Hofvermerks ersucht werden, wenn der Eigentümer einen solchen Antrag nicht fristgemäß gestellt oder zurückgenommen hat oder wenn rechtskräftig festgestellt worden ist, dass kein Hof vorliegt (§ 8 Abs. 2 HöfeVfO). Die Vorschrift gilt entsprechend für die Löschung eines Ehegattenhofvermerks (§ 11 Abs. 1 Buchst. b) HöfeVfO). Vor einem Eintragungsersuchen von Amts wegen (§ 3 Abs. 1 Nr. 1 HöfeVfO) hat das Landwirtschaftsgericht den Eigentümer jedenfalls nach Art. 103 Abs. 1 GG, § 14 Abs. 1 anzuhören.[393] Auch dürfte ihm zuvor entsprechend § 8 HöfeVfO Gelegenheit zu geben sein, dass Nichtvorliegen eines Hofs durch das Landwirtschaftsgericht feststellen zu lassen.

228   Ferner hat das Landwirtschaftsgericht aufgrund der in den höferechtlichen Vorschriften vorgesehenen **Erklärungen, dass eine Besitzung Hof oder Ehegattenhof sein soll oder nicht sein soll** (→ Rn. 221) das Grundbuchamt um Eintra-

---

[388] OLG Hamm Beschl. vom 29.3.2012 – I-10 W 14/12, BeckRS 2012, 16054; Lüdtke-Handjery/v. Jeinsen/*Haarstrich* HöfeO § 11 Rn. 12.

[389] BT-Drs. 7/1443, 29.

[390] Vgl. BGH Beschl. v. 20.12.2012 – V ZB 95/12, FGPrax 2013, 54 Rn. 15 = RdL 2013, 134 mwN.

[391] *Ernst* HöfeVfO § 2 Rn. 12; Lüdtke-Handjery/v. Jeinsen/*v. Jeinsen* HöfeVfO § 2 Rn. 13.

[392] Muster der Mitteilung bei Lüdtke-Handjery/v. Jeinsen/*v. Jeinsen* HöfeVfO § 8 Rn. 10ff.

[393] Düsing/Martinez/*Düsing* HöfeVfO § 3 Rn. 12; Lüdtke-Handjery/v. Jeinsen/*v. Jeinsen* HöfeVfO § 3 Rn. 13.

gung oder Löschung des (Ehegatten-) Hofvermerks zu ersuchen (§ 3 Abs. 1 Nr. 2 HöfeVfO). In einer solchen Erklärung liegt zumindest die Anregung, das Grundbuchamt um Eintragung des Vermerks zu ersuchen, weswegen sich eine nochmalige Anhörung des Eigentümers erübrigt. Daneben kann der Eigentümer förmlich beantragen, das Grundbuchamt um Vollzug der Erklärung zu ersuchen. Über einen solchen Antrag hat das Landwirtschaftsgericht mittels rechtsmittelfähigen Beschlusses zu entscheiden.[394] Drittbeteiligte sind demgegenüber auf das Feststellungsverfahren nach § 11 Abs. 1 Buchst. a) und b) HöfeVfO beschränkt.[395]

Das Landwirtschaftsgericht hat das Ersuchen auf Löschung eines Ehegattenhof- **229** vermerks gemäß § 3 Abs. 2 HöfeVfO von Amts wegen mit dem Ersuchen auf Eintragung eines Hofvermerks zu verbinden, soweit die Besitzung die Eigenschaft als Hof behält, weil das Eigentum eines Ehegatten oder jedes für sich die Hofvoraussetzungen erfüllt.[396]

In die alleinige Zuständigkeit des Landwirtschaftsgerichts fällt auch die Beurtei- **230** lung, **ob bestimmte Flächen nach den tatsächlichen Gegebenheiten Bestandteil des Hofs** sind oder nicht (§ 2 Buchst. a) HöfeO, § 11 Abs. 1 Buchst. c) HöfeVfO).[397] Im Interesse der Übersichtlichkeit des Grundbuchs hat das Landwirtschaftsgericht das Grundbuchamt daher gemäß § 7 Abs. 1 HöfeVfO von Amts wegen zu ersuchen, die zum Hof gehörenden Grundstücke desselben Eigentümers auf einem besonderen Grundbuchblatt[398] einzutragen. Aus Sinn und Zweck der Vorschrift ergibt sich, dass das Landwirtschaftsgericht zudem befugt ist, das Grundbuchamt zu ersuchen, einen katasterrechtlich selbstständigen Teil eines Grundstücks im sachenrechtlichen Sinne, der im Unterschied zum Restgrundstück Hofbestandteil ist, von diesem abzuschreiben (§ 2 Abs. 3 GBO) und auf dem besonderen Grundbuchblatt zu buchen. Daraus sowie aus § 7 Abs. 2 und 3 HöfeVfO folgt weiter, dass es dem Landwirtschaftsgericht auch obliegt, um die Abschreibung (§ 2 Abs. 3 GBO) eines Flurstücks, das kein Bestandteil des Hofs ist, und um dessen Übertragung auf ein anderes Grundbuchblatt zu ersuchen.[399]

---

[394] BGH Beschl. v. 16.4.2004 – BLw 27/03, NJW-RR 2004, 1233 = RdL 2004, 193; Beschl. v. 6.11.1997 – BLw 31/97, NJW-RR 1998, 361 (362) = RdL 1998, 13; Beschl. v. 2.3.1995 – BLw 70/94, NJW-RR 1995, 705 = RdL 1995, 134 mwN.

[395] BGH Beschl. v. 31.1.1980 – V BLw 35/79, BeckRS 1980, 31074493 = RdL 1980, 186; vgl. auch BGH Beschl. v. 15.2.1979 – V BLw 12/78, BGHZ 73, 324 (326) = NJW 1979, 1453.

[396] Lüdtke-Handjery/v. Jeinsen/*v. Jeinsen* HöfeVfO § 3 Rn. 9.

[397] BGH Beschl. v. 26.6.2014 – V ZB 1/12, FGPrax 2014, 192 Rn. 15 = RdL 2014, 308. Dagegen bejahen *Wöhrmann* LwErbR § 2 HöfeO Rn. 64 und ihm mit Einschränkungen folgend das OLG Celle Beschl. v. 11.7.2012 – 7 W 31/12, NJOZ 2013, 249 (250) = RdL 2012, 307, eine Prüfungskompetenz des Grundbuchamts bei späterem Zuerwerb von Grundstücken durch den Hofeigentümer; abl. dazu wiederum *Ernst* HöfeVfO § 7 Rn. 3.

[398] Dh grds. auf demselben Grundbuchblatt, auch wenn die Grundbücher bei verschiedenen Grundbuchämtern geführt werden (§ 4 Abs. 2 GBO). Zur Eintragung eines Hofzugehörigkeitsvermerks entsprechend § 6 Abs. 4 HöfeVfO, wenn bei einer Zusammenschreibung Verwirrung iSv § 4 Abs. 1 GBO zu besorgen wäre, s. BGH Beschl. v. 20.12.2012 – V ZB 95/12, FGPrax 2013, 54 Rn. 10 ff. = RdL 2013, 134. Zur Eintragung eines Hofzugehörigkeitsvermerks bei Grundstücken, die außerhalb des Geltungsbereichs der HöfeO liegen (sog. Ausmärkergrundstücke), s. OLG Jena Beschl. v. 7.8.2013 – 9 W 227/13, FGPrax 2013, 252 (253) = RdL 2013, 304.

[399] BGH Beschl. v. 26.6.2014 – V ZB 1/12, FGPrax 2014, 192 Rn. 19 ff. = RdL 2014, 308.

231   Im Verhältnis zum Grundbuchamt wird das ersuchende Landwirtschaftsgericht als Behörde isv § 38 GBO und damit als am Grundbuchverfahren Beteiligte tätig. In dieser Eigenschaft ist das **Landwirtschaftsgericht beschwerdeberechtigt,** wenn das Grundbuchamt das Ersuchen durch Zwischenverfügung beanstandet oder zurückweist (§ 18 Abs. 1 GBO).[400]

232   **g) Erbschein, Hoffolgezeugnis und Europäisches Nachlasszeugnis.** Die Landwirtschaftsgerichte sind gemäß § 18 Abs. 2 S. 1 und 2 HöfeO für die Ausstellung eines Erbscheins oder eines Europäischen Nachlasszeugnisses (§ 2353 BGB, §§ 352ff. FamFG) zuständig, wenn ein Hof isv § 1 HöfeO zum Nachlass gehört. Dabei ist ggf. die Rückwirkung einer – positiven oder negativen – Hoferklärung gemäß § 1 Abs. 7 HöfeO zu beachten. Die Zuständigkeit erstreckt sich auch auf die Einziehung und Kraftloserklärung eines unrichtig erteilten Erbscheins (§ 2361 BGB). Das **Landwirtschaftsgericht ist an Stelle des Nachlassgerichts** auch dann **zuständig,** wenn sich ein Hof isv § 1 HöfeO mangels Hoferben nach den Vorschriften des BGB vererbt (§ 10 HöfeO).[401] Denn gerade auch die Feststellung, dass kein Hoferbe vorhanden oder wirksam bestimmt ist, richtet sich nach höferechtlichen Vorschriften.

233   Gemäß § 18 Abs. 2 S. 3 HöfeO kann der Erbscheinsantrag (§ 2353 BGB, §§ 792, 896 ZPO) auf die **Bescheinigung der Hoferbfolge** beschränkt werden (sog. Hoffolgezeugnis). Die Bescheinigung der Hoferbfolge durch Erbschein (§ 18 Abs. 2 S. 2 HöfeO) oder Hoffolgezeugnis unterscheidet sich von der Feststellung des Hoferben im Verfahren nach § 11 Abs. 1 Buchst. g) HöfeVfO im Wesentlichen dadurch, dass dieser durch den Erbschein lediglich legitimiert wird (§§ 2365ff. BGB; → Rn. 196).

234   Die **Zuständigkeit des Landwirtschaftsgerichts erstreckt sich auch auf den hoffreien Nachlass.** Das folgt aus § 18 Abs. 2 S. 2 HöfeO, wonach der Hoferbe als solcher aufzuführen ist, sowie aus § 18 Abs. 2 S. 3 HöfeO, wonach auf Antrag lediglich die Hoferbfolge zu bescheinigen ist. Damit geht das Gesetz als Regelfall von der Erteilung eines umfassenden Erbscheins durch das Landwirtschaftsgericht aus.[402] Selbst wenn die Erteilung eines auf den hoffreien Nachlass beschränkten Erbscheins beantragt wird, verbleibt es insbesondere aus praktischen Erwägungen (Vermeidung einer Doppelzuständigkeit) bei der Zuständigkeit des Landwirtschaftsgerichts.[403] Die Zuständigkeit des Nachlassgerichts in Nachlasspflegschafts- oder Testamentsvollstreckersachen bleibt von § 18 Abs. 2 S. 1 HöfeO allerdings unberührt.[404]

235   Das **Erbscheinsverfahren vor dem Landwirtschaftsgericht** richtet sich grundsätzlich nach den allgemeinen bundesgesetzlichen Regelungen.[405] In dem Erbschein (Hoffolgezeugnis) ist jedoch zwingend der Hoferbe als solcher zu be-

---

[400] BGH Beschl. v. 26.6.2014 – V ZB 1/12, FGPrax 2014, 192 Rn. 4 = RdL 2014, 308; Beschl. v. 20.12.2012 – V ZB 95/12, FGPrax 2013, 54 Rn. 5 = RdL 2013, 134 mwN.

[401] Vgl. BGH Beschl. v. 5.7.1955 – V BLw 2/55, BGHZ 18, 63 (66f.) = NJW 1955, 1397; Lüdtke-Handjery/v. Jeinsen/*Brinkmann* HöfeO § 18 Rn. 12.

[402] Statt vieler nur Lüdtke-Handjery/v. Jeinsen/*Brinkmann* HöfeO § 18 Rn. 9 mwN.

[403] BGH Beschl. v. 8.6.1988 – I ARZ 388/88, BGHZ 104, 363 (367ff.) = NJW 1988, 2739; Lüdtke-Handjery/v. Jeinsen/*Brinkmann* HöfeO § 18 Rn. 18 mwN.

[404] BGH Beschl. v. 28.1.1972 – V ZB 29/71, BGHZ 58, 105 (106ff.) = NJW 1972, 582; *Ernst* LwVG § 1 Rn. 162 mwN.

[405] § 2353 BGB; Art. 239 EGBGB; §§ 792, 896 ZPO; (§ 9 iVm) insbes. §§ 25, 345, 352ff. FamFG. Näher dazu Lüdtke-Handjery/v. Jeinsen/*Brinkmann* HöfeO § 18 Rn. 38ff.

zeichnen (§ 18 Abs. 2 S. 2 HöfeO). Zur Berichtigung des Grundbuchs sollten die hofzugehörigen Grundstücke zweckmäßigerweise durch Verweis auf das Grundbuchblatt ausgewiesen werden, auch wenn dies nicht zwingend vorgeschrieben ist[406] und hierfür bereits die durch § 5 HöfeVfO begründete Vermutung der Hofeigenschaft der betr. Grundstücke ausreichen dürfte.[407] Für die Eigentumsumschreibung genügt entgegen § 35 Abs. 1 S. 2 Hs. 1 GBO nicht, dass die Hoferbfolge auf einer Verfügung von Todes wegen beruht, die in einer öffentlichen Urkunde enthalten ist, weil diese nichts über die Wirtschaftsfähigkeit (§ 6 Abs. 6 und 7 HöfeO) des Hoferben besagt.[408] Zudem hat das Landwirtschaftsgericht in das Zeugnis neben etwaigen allgemeinen Beschränkungen durch Nacherbfolge (§ 352b Abs. 1 FamFG) und Testamentsvollstreckung (§ 352b Abs. 2 FamFG) auch aufzunehmen, wenn der Hoferbe durch das Verwaltungs- und Nutznießungsrecht des überlebenden Ehegatten nach § 14 Abs. 1 HöfeO beschwert ist.[409]

Gemäß § 20 Abs. 3 können die Länder bestimmen, dass das Landwirtschaftsgericht **236** in Erbscheinsverfahren **ohne Zuziehung ehrenamtlicher Richter** tätig werden kann und dass insoweit die Vorschriften des § 14 Abs. 2 (→ § 14 Rn. 55) und § 30 sowie verschiedene Vorschriften des über § 9 anwendbaren FamFG keine Anwendung finden. Von dieser Ermächtigung haben die Länder in unterschiedlichem Umfang in ihren AGLwVG Gebrauch gemacht (Einzelheiten → § 20 Rn. 55 ff.).

Art. 30 der europ. ErbVO[410] erklärt besondere Regelungen im Recht eines Staa- **237** tes, in dem sich bestimmte unbewegliche Sachen, Unternehmen oder andere besondere Arten von Vermögenswerten befinden, die die Rechtsnachfolge von Todes wegen in Bezug auf jene Vermögenswerte aus wirtschaftlichen, familiären oder sozialen Erwägungen beschränken oder berühren, für anwendbar, soweit sie nach dem Recht dieses Staates unabhängig von dem auf die Rechtsnachfolge von Todes wegen anzuwendenden Recht anzuwenden sind. Diese Voraussetzungen treffen auf die HöfeO zu, weswegen der Bundesgesetzgeber in § 18 Abs. 2 S. 1 HöfeO idF des Art. 19 des Gesetzes v. 29. 6. 2015 (BGBl. I 1042) die Zuständigkeit der Landwirtschaftsgerichte auf die Ausstellung eines **Europäischen Nachlasszeugnisses** erstrecken konnte. Das Verfahren der Ausstellung eines Europäischen Nachlasszeugnisses richtet sich nach §§ 33–44 IntErbRVG v. 29. 6. 2015 (BGBl. I 1042).[411] Auch in dem Europäischen Nachlasszeugnis ist der Hoferbe als solcher aufzuführen (§ 18 Abs. 1 S. 2 HöfeO). Nach Art. 68 Buchst. l) ErbVO kann das Zeugnis auch ein Verzeichnis der Rechte und / oder Vermögenswerte enthalten, die einem bestimmten Erben zustehen. Das Europäische Nachlasszeugnis schließt die Erteilung eines Erbscheins oder Hoffolgezeugnisses nicht aus.[412]

---

[406] OLG Celle Beschl. v. 8. 11. 1993 – 7 W 14/93, BeckRS 1993, 30885485 = OLGR 1994, 215.

[407] AA *Ernst* HöfeO § 18 Rn. 36 mwN.

[408] *Wöhrmann* LwErbR § 18 HöfeO Rn. 48.

[409] Lüdtke-Handjery/v. Jeinsen/*Brinkmann* HöfeO § 18 Rn. 30; *Wöhrmann* LwErbR § 18 HöfeO Rn. 46 mwN.

[410] Verordnung (EU) Nr. 650/2012 des Europäischen Parlaments und des Rates vom 4. Juli 2012 über die Zuständigkeit, das anzuwendende Recht, die Anerkennung und Vollstreckung von Entscheidungen und die Annahme und Vollstreckung öffentlicher Urkunden in Erbsachen sowie zur Einführung eines Europäischen Nachlasszeugnisses (ABl. L 201 vom 27. 7. 2012, S. 107).

[411] Bt-Drs. 18/4201, 68; näher dazu *Ernst* HöfeO § 18 Rn. 48 ff.

[412] *Ernst* HöfeO § 18 Rn. 47 mwN.

238   **Gehört der Hof zum Gesamtgut einer Gütergemeinschaft,** kann der überlebende Ehegatte die Gütergemeinschaft bzgl. des Hofs nach den Vorschriften des allgemeinen Rechts mit den Abkömmlingen fortsetzen (§ 8 Abs. 3 S. 1 HöfeO). In § 18 Abs. 2 HöfeO ist das Zeugnis über die Fortsetzung der Gütergemeinschaft nicht aufgeführt, das gemäß § 1507 BGB auf Antrag des überlebenden Ehegatten vom Nachlassgericht in entsprechender Anwendung der Vorschriften über den Erbschein zu erteilen ist. Es besteht jedoch Einigkeit, dass sich die Zuständigkeit des Landwirtschaftsgerichts – nach § 18 Abs. 1 HöfeO[413] oder entsprechend § 18 Abs. 2 HöfeO[414] – auch auf die Erteilung des Zeugnisses über die fortgesetzte Gütergemeinschaft erstreckt. Dabei hat das Landwirtschaftsgericht auf Antrag auch die Erbfolge oder die Fortsetzung der Gemeinschaft bzgl. des hoffreien Nachlasses zu bescheinigen (wie → Rn. 233).[415]

3. Landesrechtliches Anerbenrecht

239   **a) Bremen (HöfeG).** Das bremische HöfeG sieht eine Mitwirkung des „Bauerngerichts" in § 17 lediglich bei der **Ermittlung des Hofeswerts** gemäß §§ 14–16 HöfeG vor. Dem Landwirtschaftsgericht obliegt insoweit die Ernennung eines von drei sachverständigen Landwirten (Abs. 1), die Vereidigung und Instruktion der Sachverständigen sowie die Entgegennahme des Gutachtens (Abs. 3), ggf. die Anordnung einer nochmaligen Schätzung durch drei andere sachverständige Landwirte (Abs. 5) und schließlich nach seinem Ermessen die Setzung einer vierzehntägigen Frist, binnen derer die Beteiligten dem in § 17 HöfeG vorgesehenen Verfahren widersprechen oder wegen Verletzung der §§ 14–16 HöfeG gegen das Schätzungsergebnis Einwendungen erheben können (Abs. 6).

240   **b) Hessen (LandgO).** Die hessische LandgO ist eine Neufassung der „Landgüterordnung für den Regierungsbezirk Cassel" vom 1.7.1887 (PrGS. 315). Diese ist durch Art. II KRG Nr. 45 wieder in Kraft getreten (→ Rn. 163) und durch § 1 Abs. 1 und 2 der DVO zum KRG Nr 45 vom 11.7.1947 (GVBl 44) unter gleichzeitiger Aufhebung aller übrigen im Lande Hessen durch Art. II KRG Nr 45 wieder aufgelebten Anerbengesetze auf das ganze Land Hessen erstreckt worden.[416] Gemäß § 1 aE finden die Bestimmungen des LwVG nur auf Verfahren Anwendung, die den **hessischen Landwirtschaftsgerichten in der LandgO ausdrücklich zugewiesen sind.**

241   Den hessischen Landwirtschaftsgerichten obliegt gemäß §§ 1 Abs. 1, 8 LandgO zunächst die **Führung der Landgüterrolle.** Die Anträge auf Eintragung oder Löschung in der Rolle bedürfen der Schriftform und müssen die Erklärung des oder der Eigentümer des Landgutes (§ 3 LandgO) in öffentlicher oder öffentlich beglaubigter Form ausweisen (§ 8 Abs. 1 LandgO iVm § 29 GBO).[417] Das Landwirtschaftsgericht hat neben diesen formellen gemäß § 2 Abs. 1 iVm § 1 Abs. 2 LandgO

---

[413] *Ernst* HöfeO § 18 Rn. 20.

[414] OLG Hamm Beschl. v. 16.1.1990 – 10 W 132/89, BeckRS 1990, 30983372 = AgrarR 1991, 131.

[415] OLG Hamm Beschl. v. 16.1.1990 – 10 W 132/89, BeckRS 1990, 30983372 = AgrarR 1991, 131; *Ernst* HöfeO § 18 Rn. 20 mwN.

[416] Freilich ohne wohl für diese Landesteile praktische Bedeutung erlangt zu haben, s. *Weimann* AgrarR 1978, 188 (189).

[417] *Lange-Wulff* Hess. Landwirtschaftsrecht, S. 112 Rn. 15.

auch die materiellen Eintragungsvoraussetzungen zu prüfen.[418] Dabei wird die wirtschaftliche Leistungsfähigkeit der land- oder forstwirtschaftlichen Besitzung, die sog. **Ackernahrung** (§ 1 Abs. 3−5 LandgO), gemäß § 1 Abs. 6 S. 1 LandgO durch Bescheinigung der Kreislandwirtschaftsbehörde nachgewiesen. Lehnt die Behörde die Erteilung einer solchen Bescheinigung ab, kann sich der Antragsteller mit einem Antrag auf gerichtliche Entscheidung an das Landwirtschaftsgericht wenden (§ 1 Abs. 6 S. 2 LandgO). Weist das Landwirtschaftsgericht den Eintragungs- oder Löschungsantrag zurück, ist dagegen die Beschwerde nach (§ 9 ivm) §§ 58 ff. FamFG gegeben. Ferner hat das Landwirtschaftsgericht gemäß § 10 Abs. 1 LandgO auch über einen Antrag auf Einsicht in die Landgüterrolle zu entscheiden.

Die weiteren Zuständigkeiten der hessischen Landwirtschaftsgerichte hängen **242** von der Eintragung in die Landgüterrolle ab, da die Eintragung als Landgut gemäß § 4 Abs. 1 LandgO rechtsbegründende Bedeutung hat.[419] Zudem darf die Anwendung der Anerbenregelungen (§§ 11−26 LandgO) nicht nach § 27 LandgO ausgeschlossen sein. In der Sache hat das Landwirtschaftsgericht gemäß § 14 LandgO insbesondere[420] den **Gutsübernehmer unter mehreren Nachkommen und die Bedingungen der Übernahme zu bestimmen,** sofern der Eigentümer nicht durch Übergabevertrag oder von Todes wegen über das Landgut verfügt hat (§ 24 LandgO), die Voraussetzungen für die Entstehung des Übernahmerechts nach § 11 Abs. 1 LandgO vorliegen[421] und die Bestimmung des Gutsübernehmers nicht gemäß 15 Abs. 3 LandgO zu unterbleiben hat. Der gerichtlichen Bestimmung geht die Einigung der Beteiligten über die Person des Gutsübernehmers und über die Bedingungen der Gutsübernahme vor, auf die das Landwirtschaftsgericht gemäß § 13 LandgO auf Antrag eines Beteiligten durch Ladung sämtlicher Beteiligter zu einem Einigungsversuch hinzuwirken hat. Hat der Eigentümer mehrere Landgüter hinterlassen, entscheidet das Landwirtschaftsgericht in Ermangelung einer entsprechenden Einigung auch darüber, ob und unter welchen Bedingungen die mehreren Landgüter nur von einem von mehreren oder mehreren erbenden Nachkommen zu übernehmen sind (§ 23 LandgO). Nach Rechtskraft der gerichtlichen Entscheidung ([§ 9 ivm] § 45 FamFG) hat der Vorsitzende des Landwirtschaftsgericht des ersten Rechtszugs das Grundbuchamt um Eintragung des Gutsübernehmers zu ersuchen (§ 20 Abs. 1 S. 2 LandgO, § 38 GBO).

Hinsichtlich der **Ansprüche der weichenden Erben** haben die hessischen **243** Landwirtschaftsgerichte zunächst den Wert festzusetzen, der bei der Erbteilung oder für die Berechnung des Pflichtteils an die Stelle des Landgutes nebst Zubehör tritt (§§ 16 Abs. 1 S. 1, 26 Abs. 1 LandgO). Das Landwirtschaftsgericht hat gemäß § 16 Abs. 2 LandgO ferner zu entscheiden, wenn die Beteiligten darüber streiten, ob einzelne Gegenstände zum Gutsinventar (§ 12 Nr. 4 LandgO) gehören. Schließlich ist das Landwirtschaftsgericht nach § 19 Abs. 4 LandgO befugt, die den Gutsübernehmer nach § 19 Abs. 1−3 LandgO gegenüber den Miterben obliegenden Unterhaltsverpflichtungen zu erhöhen oder herabzusetzen. Durchzusetzen sind diese Ansprüche hingegen vor dem Prozessgericht, das auch für die Entscheidung über einen Nachabfindungsanspruch der Miterben (§ 18 LandgO) zuständig ist.

---

[418] BT-Drs. 1/3819, 18; *Lange-Wulff* Hess. Landwirtschaftsrecht, S. 112 Rn. 15.

[419] Vgl. OLG Frankfurt Urt. v. 4.4.2003 − 20 U 3/02, BeckRS 2003, 17949 Rn. 20 = RdL 2003, 182.

[420] Nach *Lange-Wulff* Hess. Landwirtschaftsrecht, S. 124 Rn. 29, entfaltet die LandgO hier „ihre volle Wirkung".

[421] Dazu *Lange-Wulff* Hess. Landwirtschaftsrecht, S. 125 ff. Rn. 30 a ff.

244   Gemäß § 21 Abs. 2 LandgO kann das Landwirtschaftsgericht die Zustimmung der Erben ersetzen, wenn der längstlebende Ehegatte ein Landgut, das sich im **Miteigentum der Ehegatten** befand, entgegen § 21 Abs. 1 LandgO schon zu Lebzeiten auf einen der gemeinschaftlichen Nachkommen übertragen will. Auch das Miteigentum an dem Landgut kann gemäß § 21 Abs. 3 S. 1 LandgO durch Beschluss des Landwirtschaftsgerichts auseinandergesetzt werden, wenn der überlebende Ehegatte und die erbenden Nachkommen des verstorbenen Ehegatten sich darüber nicht einig werden.[422] Verbleibt es bei der Miteigentumsgemeinschaft, können einzelne Miterben nur die Zahlung einer Abfindung verlangen, die das Landwirtschaftsgericht gemäß §§ 16,17 LandgO festzusetzen hat. Das Landwirtschaftsgericht ist danach nur für die Festsetzung des Gutswerts zuständig. Der Streit über den Erbanteil oder die Auszahlung als solche gehört vor das Prozessgericht, das freilich an die Wertfestsetzung durch das Landwirtschaftsgericht gebunden ist.[423]

245   Selbst wenn die LandgO zur Anwendung kommt, ihr insbesondere keine letztwillige Verfügung des Eigentümers entgegensteht (§ 11 Abs. 1 LandgO),[424] kann dieser doch einzelne oder alle **Entscheidungsbefugnisse des Landwirtschaftsgerichts nach der LandgO ausschließen.** Gemäß § 25 Abs. 1 LandgO kann der Eigentümer durch Testament oder in einer notariell oder vom Ortsgericht[425] beglaubigten Urkunde die Anwendung der §§ 11–23 LandgO ausschließen, unter den Miterben die Person bestimmen, die zur Übernahme des Landgutes oder der mehreren Landgüter berechtigt sein soll (→ Rn. 242), sowie die in § 19 LandgO erwähnten Bestimmungen (→ Rn. 243) treffen. In gleicher Weise kann der Eigentümer bis zur Pflichtteilsgrenze Bestimmungen hinsichtlich der Ansprüche der weichenden Erben (→ Rn. 243) treffen, insbesondere bis zu welchem Betrage der Gutswert bei der Erbteilung angerechnet werden soll (§ 25 Abs. 2 LandgO).

246   c) **Rheinland-Pfalz (HO-Rpfl).** Wie die hessischen sind auch **rheinland-pfälzischen Landwirtschaftsgerichte** gemäß § 1 LwVG aE nur für einzelne, ihnen in der HO-RhPf **ausdrücklich zugewiesene Verfahren** zuständig. Soweit diese Zuständigkeit gegeben ist, richten sich Gerichtsbesetzung und Verfahren nach dem LwVG, wie durch § 31 Abs. 1 HO-RhPf in Ergänzung zu § 1 nochmals klargestellt wird. Die Beschwerdeverfahren in Höfesachen sind entsprechend § 8 S. 2 bei dem OLG Koblenz konzentriert (§ 29 Abs. 2 HO-RhPf; → § 8 Rn. 2). Weitere Verfahrensvorschriften enthält die gemäß § 32 HO-RhPf erlassene DVO-HO-RhPf v. 27.4.1967 (GVBl. 146), zul. geänd. durch VO v. 14.1.2005 (GVBl. 16).

247   Die Zuständigkeit des Landwirtschaftsgerichts setzt gemäß § 2 Abs. 1 HO-RhPf die Eintragung eines land- oder forstwirtschaftlichen Betriebs in die **Höferolle** voraus. Hierzu bedarf (und bedurfte)[426] es stets eines Antrags des Eigentümers und bei Ehegattenhöfen eines gemeinschaftlichen Antrags der Ehegatten an das Grund-

---

[422] Näher *Lange-Wulff* Hess. Landwirtschaftsrecht, S. 152 ff. Rn. 64.

[423] Vgl. *Lange-Wulff* Hess. Landwirtschaftsrecht, S. 154 f. Rn. 65.

[424] Näher *Lange-Wulff* Hess. Landwirtschaftsrecht, S. 127 f. Rn. 32.

[425] Ortsgerichte sind nach § 2 S. 1 HessOGerG v. 2.4.1980 (GVBl. I, 114) Hilfsbehörden der Justiz, die gem. § 1 Abs. 1 HessOGerG für eine Gemeinde oder deren Ortsteile errichtet werden und denen die durch Gesetz näher bezeichneten Aufgaben auf dem Gebiete der freiwilligen Gerichtsbarkeit und des Schätzungswesens obliegen (§ 2 S. 2 HessOGerG).

[426] Woraus sich *Graß* AUR 2013, 333 (333 f.) zufolge die begrenzte praktische Bedeutung der HO-RhPf erklären soll, deren Implementierung allerdings erheblich durch finanzielle Vergünstigungen nach § 13 HO-RhPf aF gefördert wurde, näher *Frey* AgrarR 1989, 322 (323).

buchamt (§§ 5 Abs. 1 S. 1, 27 Abs. 1 S. 1 HO-RhPf). Die Entscheidung über die **Eintragungsfähigkeit des Hofs** (§§ 2, 5 Abs. 1 S. 2 HO-RhPf) trifft anders als nach der HöfeO (→ Rn. 225) und der LandgO (→ Rn. 241) nicht das Landwirtschaftsgericht, sondern gemäß § 5 Abs. 2 S. 1 HO-RhPf ein **Höfeausschuss.** Dieser wird gemäß § 28 Abs. 1 S. 1 HO-RhPf in jedem Landkreis gebildet und besteht aus dem Vorsitzenden und vier Beisitzern (§ 28 Abs. 1 S. 2 HO-RhPf). Das Landwirtschaftsgericht ist nach § 28 Abs. 1 S. 4 HO-RhPf insoweit zunächst für die Berufung der Beisitzer und deren Stellvertreter zuständig, die ohne Mitwirkung der ehrenamtlichen Beisitzer erfolgt (§ 3 Abs. 1 Hs. 1 DVO-HO-RhPf).

Gegen die Entscheidungen des Höfeausschusses oder dessen Vorsitzenden 248 (§ 7 Abs. 2 S. 4 und 5 HO-RhPf) können die Beteiligten gemäß § 29 Abs. 1 HO-RhPf **das Landwirtschaftsgericht anrufen** (Antrag auf gerichtliche Entscheidung). Dies sind neben der Entscheidung über die Eintragungsfähigkeit des Hofs (→ Rn. 247) die Fristsetzung für die Aufstockung des Hofs zur Ackernahrung gemäß §§ 5 Abs. 3 S. 1, 2 Abs. 3 Buchst. a) HO-RhPf und die Verlängerung der Frist (§ 5 Abs. 3 S. 2 HO-RhPf), die Genehmigung der Ausschließung einzelner Grundstücke oder Rechte von der Eintragung (§ 5 Abs. 4 S. 1 HO-RhPf), die Genehmigung der Löschung einzelner zum Hofe gehöriger Grundstücke oder Rechte gemäß § 7 Abs. 2 S. 4 HO-RhPf und die Bescheinigung über den Bedingungseintritt, falls die Genehmigung bedingt erteilt worden ist (§ 7 Abs. 2 S. 5 HO-RhPf). Ferner kann der Eigentümer sich an das Landwirtschaftsgericht wenden, wenn der Höfeausschuss ihm seine Genehmigung zu einer innerbetrieblichen Teilung nach § 8 HO-RhPf versagt. Der Antrag auf gerichtliche Entscheidung ist fristgebunden; er muss binnen vier Wochen seit Zustellung der Entscheidung des Höfeausschusses gestellt werden (§ 18 Abs. 2 DVO-HO-RhPf).

Dagegen hat das **Landwirtschaftsgericht** gemäß § 6 Abs. 3 S. 1 HO-RhPf ori- 249 ginär **über die Löschung des Hofs zu entscheiden,** die der Eigentümer (die Ehegatten) und der Höfeausschuss bei Wegfall der Eintragungsvoraussetzungen oder nicht fristgemäßer Aufstockung des Hofs beantragen können (§ 6 Abs. 2 HO-RhPf).[427]

Wie nach der HöfeO ist das Nachlassgericht von der Feststellung der **Hoferb-** 250 **folge** ausgeschlossen. Gemäß § 30 Abs. 1, Abs. 2 S. 1 HO-RhPf entscheidet das Landwirtschaftsgericht über die Erteilung, Einziehung und Kraftloserklärung eines Erbscheins, wenn zu dem Nachlass ein Hof iSv § 2 Abs. 1 HO-RhPf gehört.[428] Wie nach der HöfeO erstreckt sich dessen Zuständigkeit auch auf den hoffreien Nachlass.[429] Im Übrigen ist die Zuständigkeit des Landwirtschaftsgerichts allerdings auf Streitigkeiten über die Hoferbfolge kraft Gesetzes (§§ 16–18, 30 Abs. 1 S. 2 HO-RhPf) beschränkt. Streitigkeiten über die gewillkürte Erbfolge (§ 15 HO-RhPf) sind danach vor dem Prozessgericht auszutragen.

Punktuelle Regelungsbefugnisse sind den rheinland-pfälzischen Landwirt- 251 schaftsgerichten ferner bzgl. der **Ansprüche der weichenden Erben** eingeräumt. So kann das Landwirtschaftsgericht gemäß § 21 Abs. 5 S. 1 HO-RhPf die gesetzlichen Ansprüche der Erben gegen den Hoferben herabsetzen und/oder stunden. Ferner hat das Landwirtschaftsgericht auf Antrag über die Verlängerung, Beschränkung oder Aufhebung des gesetzlichen Rechts des überlebenden Ehegatten auf

---

[427] Vgl. OLG Koblenz Beschl. v. 13.1.2004 –3 W 788/03 Lw, RdL 2004, 268.
[428] BGH Beschl. v. 27.9.1994 – X ARZ 731/94, NJW-RR 1995, 197 (198) = RdL 1994, 323; OLG Koblenz Beschl. v. 25.1.2000 – 3 W 396/99, AgrarR 2000, 415.
[429] *Graß* AUR 2013, 333 (335).

Verwaltung und Nutznießung des Hofs zu befinden (§ 23 Abs. 1 S. 2 HO-RhPf). Im Streitfall entscheidet das Landwirtschaftsgericht gemäß § 23 Abs. 4 S. 1 HO-RhPf schließlich über das Altenteil des überlebenden Ehegatten und ggf. seines neuen Ehegatten (§ 23 Abs. 2 und 3 HO-RhPf).

4. Versorgungsansprüche

252   § 1 Nr. 5 umfasst nicht schlechthin alle Versorgungsstreitigkeiten, die mit der Vererbung land- oder forstwirtschaftlicher Besitzungen in Zusammenhang stehen, sondern nur sog. **anerbenrechtliche Versorgungsansprüche.** Darunter fallen Versorgungsansprüche bei Höfen, Hofgütern, Landgütern und Anerbengütern nur, wenn die Besitzung zur Zeit der Entstehung des geltend gemachten Anspruchs einem vom allgemeinen bürgerlichen Recht abweichenden besonderen Erbrecht unterstand, also bundes- oder landesrechtlichem (→ Rn. 163 ff.) Anerbenrecht, dem früheren REG (→ Rn. 163) oder einem früher in Kraft gewesenen landesrechtlichen Anerbengesetz (→ Rn. 170).[430]

253   Handelt es sich um anerbenrechtlichen Versorgungsansprüche, beschränkt sich die **Zuständigkeit der Landwirtschaftsgerichte** nicht auf Streitigkeiten über den Inhalt oder Umfang eines Versorgungsrechts, sondern umfasst auch Streitigkeiten, in denen die Ansprüche auf Versorgungsleistungen durchgesetzt werden sollen. Dabei ist es unerheblich, ob diese Ansprüche unmittelbar auf das Anerbengesetz oder aber auf Rechtsgeschäft unter Lebenden oder Verfügung von Todes wegen gestützt werden.[431] Unter § 1 Nr. 5 fallen namentlich Abfindungs- und Pflichtteilsansprüche der weichenden Erben,[432] Altenteilsrechte und das Verwaltungs- und Nutznießungsrecht des überlebenden Ehegatten,[433] aber auch Schadensersatzansprüche wegen Nicht- oder Schlechterfüllung dieser Ansprüche und Rechte[434] sowie Ansprüche auf Rückforderung von Versorgungsleistungen.[435]

254   Auch bei Versorgungsansprüchen ist freilich der Anwendungsvorbehalt nach § 1 aE zu beachten, wonach die anerbenrechtlichen Vorschriften die Zuständigkeit von Gerichten mit ehrenamtlichen Richtern vorsehen müssen. Diese sehen die hessische LandGO (→ Rn. 243 f.) und die HO-RhPf (→ Rn. 251) nur punktuell vor.

5. Geschäftswert und Gebühren

255   **a) In Verfahren auf Grund bundesrechtlichen Anerbenrechts (HöfeO).** In Höfesachen kommt nunmehr unmittelbar das GNotKG zur Anwendung (§ 1 Abs. 2 Nr. 9 GNotKG), nachdem die in §§ 18–24 HöfeVfO enthaltenen Wert- und Gebührenvorschriften durch Art. 34 des 2. KostRMoG v. 23.7.2013 (BGBl. I 2586) aufgehoben worden sind.

---

[430] BGH Urt. v. 21.5.1954 – V ZR 4/53, BGHZ 13, 324 (328) = NJW 1954, 1241 = RdL 1954, 249.

[431] BGH Urt. v. 21.5.1954 – V ZR 4/53, BGHZ 13, 324 (328) = NJW 1954, 1241 = RdL 1954, 249 mwN.

[432] *Ernst* LwVG § 1 Rn. 197, 201 mwN.

[433] Lüdtke-Handjery/v. Jeinsen/*Haarstrich* HöfeO § 14 Rn. 59 mwN.

[434] Vgl. OLG Celle Beschl. v. 22.9.1971 – 7 Wlw 60/71, AgrarR 1972, 185 (186).

[435] BGH Urt. v. 21.5.1954 – V ZR 4/53, BGHZ 13, 324 (328) = NJW 1954, 1241 = RdL 1954, 249.

Einzelne **Geschäftswertvorschriften** finden sich in § 76 Nr. 1–3 GNotKG.[436] **256**
Nach § 76 Nr. 1 GNotKG ist der Geschäftswert in Feststellungsverfahren nach § 11
Abs. 1 Buchst. g) HöfeVfO (→ Rn. 196) der **Wert des Hofs** (§ 48 Abs. 3 Nr. 1
GNotKG; vgl. → Rn. 134) **nach Abzug der Verbindlichkeiten** (entgegen § 38
GNotKG). In Wahlverfahren nach § 9 Abs. 2 S. 1 HöfeO (→ Rn. 222) ist der Geschäftswert gemäß § 76 Nr. 2 GNotKG der Wert des gewählten Hofs, in Fristset-
zungsverfahren nach § 9 Abs. 2 S. 2 HöfeO (→ Rn. 222) ist Geschäftswert gemäß
§ 76 Nr. 3 GNotKG die Hälfte des Werts des wertvollsten der noch zur Wahl stehenden Höfe, jeweils wiederum nach Abzug der Verbindlichkeiten.

§ 20 S. 1 Buchst. a) HöfeVfO aF betreffend Verfahren über die Genehmigung **257**
eines Übergabevertrags (§ 17 Abs. 3 HöfeO iVm § 16 HöfeVfO; → Rn. 212 ff.)
ist nicht in § 76 GNotKG übernommen worden, weil § 60 GNotKG bereits
eine dementsprechende Regelung enthält.[437] Danach bemisst sich der Geschäftswert grundsätzlich nach dem Wert des zugrunde liegenden Geschäfts (§ 60
Abs. 1 GNotKG), wobei das Bewertungsprivileg für einen Hof im Sinne der
HöfeO gemäß § 48 Abs. 3 Nr. 1 GNotKG (vgl. → Rn. 134) zu berücksichtigen
ist.[438]

Im Übrigen gilt die allgemeine Wertvorschrift des § 36 GNotKG.[439] Bei der Be- **258**
wertung des Hofs ist wiederum die Beschränkung auf grundsätzlich höchstens das
Vierfache des letzten Einheitswerts nach § 48 Abs. 3 Nr. 1 GNotKG (vgl.
→ Rn. 134) zu beachten.[440]

Wird im Erbscheinsverfahren lediglich ein **Hoffolgezeugnis** (§ 18 Abs. 2 S. 3 **259**
HöfeO) beantragt, ist Geschäftswert der gemäß § 48 Abs. 3 Nr. 1 GNotKG zu ermittelnde[441] (vgl. → Rn. 134) Wert des Hofs (§ 40 Abs. 1 S. 3 GNotKG). Von diesem Wert sind nach § 40 Abs. 1 S. 4 GNotKG nur die auf dem Hof lastenden Verbindlichkeiten mit Ausnahme der Hypotheken, Grund- und Rentenschulden (§ 15
Abs. 2 HöfeO) abzuziehen. Die abzuziehenden Verbindlichkeiten können nicht
zum Nennwert, sondern nur im Verhältnis des vierfachen Einheitswerts zum Verkehrswert des Hofs abgezogen werden, sofern dem Kostenschuldner das Bewertungsprivileg nach § 48 GNotKG zugute kommt.[442]

Die Gebührenvorschriften sind in Teil 1 Hauptabschn. 5 Abschn. 1 KV enthal- **260**
ten. Einschlägig sind vorrangig **KV 15110 Nr. 2–4 GNotKG,** nach denen eine
2,0-Gebühr entsteht. Der Auffangtatbestand KV 15110 Nr. 4 GNotKG soll nach
den Vorstellungen des Gesetzgebers indes nur greifen, sofern schon § 22 HöfeVfO
aF das Doppelte der vollen Gebühr vorsah (BT-Drs. 17/11471, 213). Daraus ergibt
sich im Umkehrschluss, dass der erhöhte Gebührensatz KV 15110 Nr. 4 GNotKG
für die bisher in den §§ 21, 23 HöfeVfO aF mit einem niedrigeren Gebührensatz
belegten Verfahren nicht gelten soll. Insoweit kommt mithin nunmehr der einheitliche Gebührensatz von 0,5 nach **KV 15112** GNotKG für Verfahren im Übrigen

---

[436] BeckOK KostR/*v. Selle* GNotKG § 76 Rn. 1, 3 ff.
[437] BT-Drs. 17/11471, 176, 288.
[438] Vgl. OLG Hamm Beschl. v. 16.4.2015 – 15 W 13/15, FGPrax 2015, 183 = RdL 2015,
158.
[439] Korintenberg/*Hellstab* GNotKG § 76 Rn. 3; BeckOK KostR/*v. Selle* GNotKG § 76
Rn. 11.
[440] Zur entsprechenden Anwendung der Vorschrift im Rahmen von § 36 GNotKG s. OLG
Celle Beschl. v. 22.6.2015 – 7 W 31/15 (L), BeckRS 2015, 14323 Rn. 18 f. = RdL 2015, 281.
[441] BT-Drs. 17/11471, 165.
[442] Korintenberg/*Sikora* GNotKG § 40 Rn. 18, 32.

zur Anwendung.[443] Im Erbscheinsverfahren fällt eine 1,0-Gebühr nach KV 12210 an.

261   **b) In Verfahren auf Grund landesrechtlichen Anerbenrechts.** Das GNotKG ist grundsätzlich auch in Verfahren auf Grund landesrechtlichen Anerbenrechts anzuwenden, soweit die Zuständigkeit der Landwirtschaftsgerichte begründet ist (§ 1 Abs. 1 GNotKG iVm §§ 1 Nr. 5, 9). Allerdings bleiben gemäß § 1 Abs. 5 Nr. 1 GNotKG die landesrechtlichen Kostenvorschriften für in Landesgesetzen geregelte Verfahren und Geschäfte der freiwilligen Gerichtsbarkeit unberührt.[444] Solche Vorschriften enthalten sowohl die hessische LandgO (§§ 5 Abs. 2 S. 3 und Abs. 5, 6 Abs. 2, 10 Abs. 2, 28 LandgO) als auch die HO-RhPf (§§ 5 Abs. 5 S. 2, 27 Abs. 2 und 3 S. 2, 31 Abs. 3 HO-RhPf). Die auf Grundlage von § 32 HO-RhPf erlassenen Durchführungsbestimmungen beinhalten zudem Kostenvorschriften für das Verfahren vor dem Höfeausschuss (§ 21 DVO-HO-Rhpf), die nach § 1 Abs. 5 Nr. 2 GNotKG ebenfalls unberührt bleiben.

IX. Aufhebung der früheren Vorschriften über Erbhöfe (Nr. 6)

262   § 1 Nr. 6 betrifft nur Überleitungsvorschriften, die aufgrund der Aufhebung namentlich des REG durch Art. I Abs. 1 KRG Nr. 45 (→ Rn. 163) geschaffen wurden. Auch diese Überleitungsvorschriften sind weitgehend bereits vor mehr als 50 Jahren durch § 60 Abs. 2 sowie § 39 Abs. 2 GrdstVG aufgehoben worden. Soweit partiell noch Überleitungsrecht vorhanden ist, ist wegen Zeitablaufs mit Verfahren nach § 1 Nr. 6 LwVG praktisch nicht mehr zu rechnen.[445]

263   In den Ländern Berlin, Brandenburg, Mecklenburg-Vorpommern, Rheinland-Pfalz, Saarland, Sachsen, Sachsen-Anhalt und Thüringen bestehen keine Überleitungsvorschriften (mehr).

264   In Hamburg, Niedersachsen, Nordrhein-Westfalen und Schleswig-Holstein gilt § 25 HöfeVfO als partielles Bundesrecht. Gemäß § 25 Abs. 1 HöfeVfO kann das Landwirtschaftsgericht auf Antrag Rechte, die aufgrund früherer anerbenrechtlicher Vorschriften entstanden sind, abändern oder umwandeln, falls gleiche oder ähnliche Rechte in der HöfeO nicht vorgesehen sind und dies zur Vermeidung grober Unbilligkeiten offenbar erforderlich erscheint.[446] Diese Rechte werden jedoch entweder bereits abgeändert oder umgewandelt sein oder sich durch Zeitablauf erledigt haben.[447]

265   Im früheren Land Baden des Landes Baden-Württemberg und in den Ländern Bayern, Bremen und Hessen sind einige der ursprünglichen Überleitungsvorschriften noch in Kraft; in Baden-Württemberg gemäß § 39 Abs. 2 Nr. 23 GrdstVG die §§ 58–63 der VO v. 11.12.1948 (GVBl. 217), in Bayern gemäß § 39 Abs. 2 Nr. 10

---

[443] OLG Celle Beschl. v. 22.6.2015 – 7 W 31/15 (L), BeckRS 2015, 14323 Rn. 11 f. = RdL 2015, 281; OLG Hamm Beschl. v. 16.4.2015 – 15 W 13/15, FGPrax 2015, 183 = RdL 2015, 158; Korintenberg/*Fackelmann* GNotKG KV Nr. 15110 Rn. 11; BeckOK KostR/*Zimmermann* GNotKG KV Nr. 15112 Rn. 4.

[444] BeckOK KostR/*Neie* GNotKG § 1 Rn. 22 f.

[445] *Ernst* LwVG § 1 Rn. 211.

[446] Näher *Ernst* HöfeVfO § 25 Rn. 3 ff.

[447] Lüdtke-Handjery/v. Jeinsen/*Haarstrich* HöfeVfO § 25 (o. Rn.).

GrdstVG die §§ 1–4 VO v. 22.5.1947 (GVBl. 180), in Bremen gemäß § 39 Abs. 2 Nr. 42 GrdstVG die §§ 1–5 und 38 der VO v. 19.7.1948 (GBl. 119) und in Hessen gemäß § 39 Abs. 2 Nr. 15 GrdstVG die §§ 1–5 und 39 der VO v. 11.7.1947 (GVBl. 44) idF der VO v. 31.3.1949 (GVBl. 35). Auch diese Vorschriften[448] dürften kaum mehr praktisch werden.

X. Verfahren auf Grund der Vorschriften des LwAnpG

1. Gesetzeszweck

Mit dem LwAnpG v. 29.7.1990 (GBl. DDR 642), neugef. durch Bek. v. **266** 3.7.1991 (BGBl. I 1418), idF des Gesetzes v. 23.7.2013 (BGBl. I 2586) soll **Privateigentum an Grund und Boden** und die auf ihm beruhende Bewirtschaftung in der Land- und Forstwirtschaft im vollen Umfang wiederhergestellt und gewährleistet werden (§ 1 LwAnpG). Es dient gemäß § 3 LwAnpG der Entwicklung einer vielfältig strukturierten Landwirtschaft und der Schaffung von Voraussetzungen für die Wiederherstellung leistungs- und wettbewerbsfähiger Landwirtschaftsbetriebe, um die in ihnen tätigen Menschen an der Einkommens- und Wohlstandsentwicklung zu beteiligen.[449]

2. Zuständigkeit der Landwirtschaftsgerichte

§ 65 Abs. 1 LwAnpG begründet die Zuständigkeit der Landwirtschaftsge- **267** richte in Verfahren auf Grund der Vorschriften der §§ 3a, 7, 12 Abs. 1, 15, 25, 28 Abs. 2, 37 Abs. 2, 39, 41–43, 44, 45, 47–49, 51, 51a, 52 und 64a Abs. 2 LwAnpG. Damit ist für **wesentliche Anpassungsangelegenheiten die Zuständigkeit der Landwirtschaftsgerichte begründet.** Die Zuständigkeit ist auch in bürgerlich-rechtlichen Streitigkeiten ausschließlich, wie durch § 65 Abs. 1 S. 2 LwAnpG im Einklang mit § 2 Abs. 1 S. 2 (→ § 2 Rn. 2) nochmals betont wird.

Bei den nicht den Landwirtschaftsgerichten zugewiesenen Verfahren verbleibt es **268** bei den **allgemeinen Rechtsweg- und Zuständigkeitsregelungen.** Die Prozessgerichte bleiben danach lediglich für Gläubigerschutz nach § 21 LwAnpG zuständig. Der Rechtsweg zu den Arbeitsgerichten ist bei Streitigkeiten betreffend die Kündigung des Arbeitsverhältnisses von LPG-Mitgliedern (§ 43a S. 1 LwAnpG) eröffnet. Für Verfahren nach §§ 10, 19, 31–33 LwAnpG sind die Registergerichte zuständig. Nach §§ 46 Abs. 2 S. 1, 58ff., 64b Abs. 5 LwAnpG findet ein Bodenordnungsverfahren statt, auf das im Rechtsbehelfsverfahren die Vorschriften des Zehnten Teils des Flurbereinigungsgesetzes sinngemäß anzuwenden sind (§ 60 LwAnpG iVm §§ 138ff FlurbG).

3. Verfahrensart

Die Regelung der Verfahrensart in § 65 Abs. 2 LwAnpG greift die **Unterschei- 269 dung zwischen FamFG-** (§§ 9, 1 Nr. 1 und Nr. 2–6) **und ZPO-Landwirtschaftssachen** (§§ 48, 1 Nr. 1a) auf. In Landpachtverhältnissen gemäß § 52

---

[448] Inhaltlicher Überblick bei *Ernst* LwVG § 1 Rn. 213, 216, 219, 221.
[449] Dazu rückblickend *Böhme* NL-BzAR 2010, 259.

LwAnpG ist dementsprechend zu unterscheiden: Verfahren auf Grund der in § 1 Nr. 1 genannten Vorschriften unterliegen der freiwilligen, der Landpachtvertrag im Übrigen (§ 1 Nr. 1a) unterliegt der streitigen Gerichtsbarkeit (→ Rn. 4f.).

4. Geschäftswert und Gebühren

270   Durch Art. 41 des 2. KostRMoG v. 23. 7. 2013 (BGBl. I 2013, 2586) ist § 65 Abs. 3 LwAnpG aF aufgehoben worden, der für Geschäftswert und Gebühren auf die gleichfalls aufgehobene Vorschrift des § 35 Abs. 1 Nr. 4, Abs. 4 Nr. 2 LwVG verwies. Der Geschäftswert ist in FamFG-Landwirtschaftssachen nunmehr nach dem GNotKG zu bestimmen.[450] In Ermangelung besonderer Wertvorschriften ist § 36 GNotKG anzuwenden.[451]

271   Es entsteht stets die 2,0-Gebühr nach **KV 15110 Nr. 5,** und zwar nach dem eindeutigen Wortlaut der Vorschrift auch in den Fällen des §§ 65 Abs. 2, 52 Abs. 1 LwAnpG, § 1 Nr. 1.[452] Ob mit letzterem bewusst von KV 15112 (vgl. → Rn. 65ff.) abgewichen werden sollte oder der unterschiedliche Gebührensatz auf ein Redaktionsversehen zurückgeht, lässt sich den Gesetzesmaterialien nicht entnehmen, so dass sich eine teleologische Reduktion von KV 15110 Nr. 5 durch Anwendung von KV 15112 nur mit dem objektiv bestehenden Wertungswiderspruch begründen lässt.

XI. Beanstandung von Jagdpachtverträgen

272   Gegen die Beanstandung eines Jagdpachtvertrags (§ 12 Abs. 1 S. 2, Abs. 2 BJagdG)[453] kann sich jeder Vertragsteil mit einem Antrag auf gerichtliche Entscheidung wehren. Der Antrag muss gemäß § 12 Abs. 3 S. 1 iVm Abs. 2 BJagdG binnen der Frist gestellt werden, die den Vertragsteilen in dem Beanstandungsbescheid für die Aufhebung oder Änderung des Pachtvertrags gesetzt worden ist. Die Frist soll nach § 12 Abs. 2 BJagdG frühestens drei Wochen nach Zustellung des Beanstandungsbescheids ablaufen (vgl. → Rn. 19). Mit Fristablauf gilt der Vertrag gemäß § 12 Abs. 3 S. 1 BJagdG als aufgehoben, sofern die Vertragsteile der Beanstandung nicht Folge geleistet haben.

273   Wird hingegen fristgerecht gerichtliche Entscheidung beantragt, kann das Gericht entweder den Vertrag aufheben oder feststellen, dass er nicht zu beanstanden ist (§ 12 Abs. 3 S. 2 BJagdG).[454] Dabei hat es neben den bundesrechtlichen Beanstandungsgründen des § 12 Abs. 1 S. 2 BJagdG ggf. auch weitergehende landesgesetzliche Regelungen zu berücksichtigen, die die JagdG der Länder in Ausfüllung der Rahmengesetzgebung des Bundes nach Art. 75 Abs. 1 Nr. 3, Abs. 3 GG aF oder jetzt aufgrund der Abweichungsermächtigung in Art. 72 Abs. 3 S. 1 Nr. 1 GG[455] in unterschiedlichem Umfang enthalten.[456] Die zivilrechtliche Wirksamkeit des Ver-

---

[450] BT-Drs. 17/11471, 288.

[451] BeckOK/ *Zimmermann* GNotKG KV Nr. 15110 Rn. 9.

[452] Vgl. BeckOK/ *Zimmermann* GNotKG KV Nr. 15110 Rn. 8.

[453] Überblick bei Düsing/Martinez/ *Gies* BJagdG § 12 Rn. 1ff.; *Steffen* RdL 1979, 283 (284).

[454] ZB OLG Frankfurt Beschl. v. 11. 7. 2005 – 15 Ww 1/04 (unveröff.).

[455] Lorz/Metzger/Stöckel/ *Metzger* JagdR Art. 74 GG Rn. 4.

[456] Übersicht bei Schuck/ *Koch* BJagdG § 12 Rn. 49ff.

trags hat das Landwirtschaftsgericht dagegen ebenso wenig wie in LPachtVG-Sachen zu prüfen (→ Rn. 20).[457]

Im Übrigen gelten die Bestimmungen für die gerichtliche Entscheidung über **274** die Beanstandung eines Landpachtvertrags sinngemäß (§ 12 Abs. 3 S. 3 Hs. 1 BJagdG; → Rn. 20 ff.). Damit ist gemäß § 1 Nr. 1 die Zuständigkeit der Landwirtschaftsgerichte gegeben, die jedoch nach § 12 Abs. 3 S. 3 Hs. 2 BJagdG ohne Zuziehung ehrenamtlicher Richter entscheiden. In sinngemäßer Anwendung von § 32 Abs. 1 ist die nach Landesrecht zuständige Jagdbehörde zu hören und zu einer mündlichen Verhandlung zu laden (→ § 32 Rn. 4 ff.).[458] Die dieser übergeordnete Behörde ist entsprechend § 32 Abs. 2 S. 2 zudem beschwerdeberechtigt (→ § 32 Rn. 16).[459]

XII. Verfahrensverbindung und -trennung

1. Verfahrensverbindung

Bis zur Einfügung der §§ 1 Nr. 1a, 48 durch das Gesetz zur Neuordnung des **275** landwirtschaftlichen Pachtrechts v. 8.11.1985 (BGBl. I 2065) übten die Landwirtschaftsgerichte ausschließlich freiwillige Gerichtsbarkeit aus. Seitdem haben sie in den bürgerlichen Rechtsstreitigkeiten des § 1 Nr. 1a die ZPO anzuwenden (§ 48 Abs. 1 S. 1). Die Abgrenzung zu den Angelegenheiten des § 1 Nr. 1 und Nr. 2–6 (§ 9), insbesondere in den Fällen des § 1 Nr. 1, ist von wesentlicher Bedeutung, da sich die **Verfahren nach dem FamFG und der ZPO grundlegend voneinander unterscheiden.** Deshalb hat der Gesetzgeber bewusst davon abgesehen, die Möglichkeit einer förmlichen Verbindung dieser Verfahren zu schaffen.[460] Die grundlegenden Unterschiede zwischen den Verfahren, namentlich in den Verfahrensmaximen und dem Rechtsmittelrecht, schließen eine Freiheit in der Wahl der Verfahrensart sowohl durch das Gericht als auch durch die Beteiligten aus.[461] Den zwischen freiwilliger Gerichtsbarkeit und ZPO-Streitverfahren bestehenden Unterschieden hat der FGG-Reformgesetzgeber zudem mit § 17a Abs. 6 GVG ausdrücklich Rechnung getragen (näher → § 2 Rn. 22 ff.), auch wenn der Vorschrift innerhalb der Landwirtschaftsgerichte naturgemäß kein Anwendungsbereich verbleibt. Daraus ergibt sich ein **Verbindungsverbot** und ein Trennungsgebot.

2. Verfahrenstrennung

Werden im Klageverfahren (§§ 253, 495 ZPO) zugleich dem FamFG unterlie- **276** gende Anträge (§ 14 Abs. 1) gestellt, müssen die **Verfahren durch das Landwirtschaftsgericht getrennt** werden (§ 145 ZPO); dasselbe gilt im umgekehrten Fall, dass im FG-Antragsverfahren ein § 1 Nr. 1a unterliegender Anspruch geltend gemacht wird (§ 20 FamFG).[462] Danach hat das Landwirtschaftsgericht zB vorab über ein Erhöhungsverlangen nach § 588 Abs. 3 BGB im Verfahren der freiwilligen Ge-

---

[457] *Steffen* RdL 1979, 283 (284).

[458] Schuck/*Koch* BJagdG § 12 Rn. 40.

[459] Schuck/*Koch* BJagdG § 12 Rn. 43.

[460] BT-Drs. 10/3830, 31.

[461] BGH Beschl. v. 5.7.1990 – LwZR 7/89, NJW-RR 1990, 1483 = RdL 1990, 249.

[462] BGH Beschl. v. 29.9.1994 – BLw 31/94, BeckRS 1994, 31177013 = AgrarR 1995, 27; Düsing/Martinez/*Hornung* LwVG § 1 Rn. 22.

richtsbarkeit zu entscheiden (→ Rn. 42), bevor es über eine darauf gestützte Zahlungsklage des Pächters im ZPO-Verfahren urteilt (§ 148 ZPO);[463] komplementär ist zu verfahren, wenn sich der Pächter gegenüber der Klage auf Pachtzahlung (§ 1 Nr. 1 a) zB mit einem Antrag auf Herabsetzung der Pacht gemäß § 593 Abs. 1 S. 1, Abs. 4 BGB verteidigt (§ 21 Abs. 1 FamFG; → Rn. 49 ff.).[464]

277   Problematisch ist die **Aufrechnung mit einer gerichtsfremden Gegenforderung.** Die Entscheidung über die Aufrechnung mit einer in die sachliche Zuständigkeit des jeweils anderen (Landwirtschafts- oder Prozess-) Gerichts fallenden Gegenforderung ist zwar zulässig,[465] sollte aber das Gericht aus eben den Gründen, die den Gesetzgeber zu einer differenzierten Regelung der Zuständigkeit bewogen haben (Sachnähe, Fachkompetenz, zumeist voneinander abweichende Verfahrensordnungen), zu Trennung und Aussetzung veranlassen (§§ 145 Abs. 3, 148 ZPO; §§ 20, 21 Abs. 1 FamFG).[466]

§ 2   [Rechtsweg, Besetzung der Gerichte]

(1) **¹In den in § 1 bezeichneten Verfahren sind im ersten Rechtszug die Amtsgerichte als Landwirtschaftsgerichte zuständig. ²Die Zuständigkeit ist auch in bürgerlichen Rechtsstreitigkeiten des § 1 Nr. 1a ausschließlich. ³Im zweiten Rechtszug sind die Oberlandesgerichte, im dritten Rechtszug der Bundesgerichtshof zuständig.**

(2) **Soweit dieses Gesetz nichts anderes bestimmt, ist**

das Amtsgericht in der Besetzung von einem Richter beim Amtsgericht als Vorsitzenden und zwei ehrenamtlichen Richtern,

das Oberlandesgericht in der Besetzung von drei Mitgliedern des Oberlandesgerichts mit Einschluß des Vorsitzenden und zwei ehrenamtlichen Richtern,

der Bundesgerichtshof in der Besetzung von drei Mitgliedern des Bundesgerichtshofes mit Einschluß des Vorsitzenden und zwei ehrenamtlichen Richtern

tätig.

Inhaltsübersicht

---

[463] Vgl. OLG Stuttgart Beschl. v. 27.11.1990 – 10 W(Lw) 13/90, RdL 1991, 54.

[464] Vgl. OLG Koblenz Urt. v. 4.2.2003 – 3 U 1407/02.Lw, BeckRS 2003, 30304829 = RdL 2003, 127; Düsing/Martinez/*Hornung* LwVG § 1 Rn. 18.

[465] BGH Beschl. v. 12.12.1963 – V BLw 12/63, BGHZ 40, 338 (341) = NJW 1964, 863.

[466] BeckOK ZPO/*Wendtland* § 145 Rn. 30 mwN.

I. Überblick

§ 2 Abs. 1 S. 1 und 2 regelt in den in § 1 bezeichneten Verfahren die **sachliche** 1 **Zuständigkeit** der Landwirtschaftsgerichte (→ § 1 Rn. 1). In § 2 Abs. 1 S. 3 ist der **Rechtsmittelzug** zu den Oberlandesgerichten und dem Bundesgerichtshof festgelegt. Obwohl das Gesetz nur die Amtsgerichte als Landwirtschaftsgerichte bezeichnet, ergibt sich aus der in § 2 Abs. 2 bestimmten Besetzung des Gerichts mit ehrenamtlichen Richtern, die Landwirtschaft selbständig im Haupt- oder Nebenberuf ausüben oder ausgeübt haben (§ 4 Abs. 3 S. 1 Nr. 1; → § 4 Rn. 9ff.), dass auch die Rechtsmittelgerichte als Landwirtschaftsgerichte tätig werden (sog. Landwirtschaftssenate, vgl. §§ 116 Abs. 1 S. 1, 130 Abs. 1 S. 1 GVG). § 2 Abs. 2 füllt die Vorschrift des § 44 Abs. 1 DRiG aus, wonach ehrenamtliche Richter bei einem Gericht nur auf Grund eines Gesetzes und unter den gesetzlich bestimmten Voraussetzungen tätig werden dürfen. Dadurch soll die Rechtsprechung vor Einflussnahmen durch die vollziehende Gewalt geschützt werden.[1]

II. Gesetzessystematik

§ 2 ist inhaltlich dem Gerichtsverfassungsrecht zuzurechnen.[2] Die Vorschrift gilt 2 aufgrund ihrer Stellung im ersten Abschnitt des LwVG sowohl für die Landwirtschaftssachen der freiwilligen Gerichtsbarkeit der §§ 1 Nr. 1 und Nr. 2–6, 9 als auch für die streitigen Landwirtschaftssachen nach §§ 1 Nr. 1 a, 48. § 23 a Abs. 2 Nr. 9 GVG trifft für die Landwirtschaftssachen der freiwilligen Gerichtsbarkeit eine § 2 Abs. 1 S. 1 entsprechende Regelung. Für Höfesachen bestimmt auch § 18 Abs. 1 HöfeO, dass die Landwirtschaftsgerichte ausschließlich zuständig sind. Für Verfahren auf Grund der Vorschriften des LwAnpG stellt § 65 Abs. 1 S. 2 klar, dass auch die Zuständigkeit der Landwirtschaftsgerichte in diesen Verfahren ausschließlich ist; nach § 65 Abs. 1 S. 4 LwAnpG sind die Gerichte dabei in der in § 2 Abs. 2 bestimmten Besetzung tätig.

Die **örtliche Zuständigkeit** der Amtsgerichte als Landwirtschaftsgerichte in 3 den Landwirtschaftssachen der freiwilligen Gerichtsbarkeit ist **in § 10 geregelt** (→ Rn. 16). In den streitigen Landwirtschaftssachen tritt die Vorschrift gemäß § 48 Abs. 1 S. 2 Hs. 1 an die Stelle der ZPO-Zuständigkeitsvorschriften (§§ 12–34 ZPO). Die Grenzen der Amtsgerichtsbezirke ergeben sich aus den Gerichtsorganisationsgesetzen der Länder (zB BbgGerOrgG v. 19.12.2011, GVBl. I Nr. 32). Nach § 8 S. 1 können Geschäfte aus den Bezirken mehrerer Amtsgerichte einem Amtsgericht übertragen werden. Die Oberlandesgerichte sind für die Amtsgerichte örtlich zuständig, die nach den Gerichtsorganisationsgesetzen der Länder zu den Landge-

---

[1] Vgl. *Schmidt-Räntsch* DRiG § 44 Rn. 2.
[2] BVerfG Beschl. v. 3.6.1980 – 1 BvL 114/78, BVerfGE 54, 159 (164) = NJW 1981, 912.

richtsbezirken gehören, die die Bezirke der Oberlandesgerichte bilden. Soweit in einem Land mehrere Oberlandesgerichte errichtet sind, können Geschäfte aus den Bezirken eines oder mehrerer Oberlandesgerichte einem Oberlandesgericht übertragen werden (§ 8 S. 2).

4   Die Rechtsmittelzuständigkeit ergibt sich aus § 2 Abs. 1 S. 3 sowie dem Rechtsmittelrecht des FamFG und der ZPO. Die Vorschrift ergänzt §§ 119, 133 GVG.

5   Die Landwirtschaftsgerichte gehören nach §§ 12, 13 GVG zur ordentlichen Gerichtsbarkeit.[3] Bei Zweifeln oder Streit über den beschrittenen Rechtsweg gilt § 17a Abs. 1–5 GVG (→ Rn. 21 ff.). Diese Regelungen gelten nach § 17a Abs. 6 GVG für die in bürgerlichen Rechtsstreitigkeiten und Angelegenheiten der freiwilligen Gerichtsbarkeit zuständigen Spruchkörper in ihrem Verhältnis zueinander und mithin auch für die Landwirtschaftsgerichte entsprechend.

6   § 2 Abs. 2 LwVG geht §§ 22 Abs. 1, 122 Abs. 1, 139 Abs. 1 GVG als speziellere Bestimmung vor. Die Regelungen zu den ehrenamtlichen Richtern der Landwirtschaftsgerichte in §§ 3–7 werden durch allgemeine Vorschriften des DRiG (§§ 44–45a) und der Länder (zB §§ 2 Abs. 2, 63 BbgRiG) zu den ehrenamtlichen Richtern ergänzt.

III. Sachliche Zuständigkeit (Abs. 1 S. 1 und 2)

1. Ausschließliche Zuständigkeit

7   Die Zuständigkeit der Amtsgerichte als Landwirtschaftsgerichte ist gemäß § 2 Abs. 1 S. 2 ausschließlich. Dies bedeutet im Wesentlichen zunächst nur, dass nicht mehrere Gerichte sachlich zuständig sein können und sich die Prüfung der Zuständigkeit demzufolge in der Frage erschöpft, ob eine Landwirtschaftssache iSv § 1 gegeben ist. Zu den sich aus der Bejahung der Zuständigkeit ergebenden Entscheidungsbefugnissen des Landwirtschaftsgerichts siehe → § 1 Rn. 6 ff.

8   In den streitigen Landwirtschaftssachen nach §§ 1 Nr. 1a, 48 hat die Ausschließlichkeit der Zuständigkeit zudem zur Folge, dass die **Vereinbarung eines anderen Gerichtsstands unzulässig** ist (§ 40 Abs. 2 S. 1 Nr. 2 ZPO) und die Zuständigkeit eines anderen Gerichts auch nicht durch rügeloses Verhandeln zur Hauptsache gemäß § 39 ZPO begründet wird (§ 40 Abs. 2 S. 2 ZPO). Für die Landwirtschaftssachen der freiwilligen Gerichtsbarkeit der §§ 1 Nr. 1 und Nr. 2–6, 9 fehlt es zwar an einer § 40 Abs. 2 ZPO entsprechenden Regelung im LwVG und FamFG. Da in diesen Gesetzen aber schon die Vereinbarung eines anderen Gerichtsstands nicht vorgesehen ist, scheidet eine Prorogation auch hier aus.[4]

9   Entsprechendes gilt im umgekehrten Fall: Auch die Zuständigkeit der Landwirtschaftsgerichte kann nicht privatautonom begründet werden, wenn es sich nicht um eine Landwirtschaftssache handelt.[5]

---

[3] Düsing/Martinez/*Hornung* LwVG § 2 Rn. 1 mwN.

[4] IErg allgA: *Ernst* LwVG § 2 Rn. 8; Bumiller/Harders/Schwamb/*Bumiller* FamFG vor §§ 2–5 Rn. 8; Keidel/*Sternal* FamFG § 3 Rn. 440.

[5] BGH Beschl. v. 29.4.1952 – V BLw 65/51, LM Nr. 5 zu Art. 4 KRG 45 = RdL 1952, 249; OLG Celle Beschl. v. 22.1.1962 – 7 Wlw 85/61, RdL 1962, 99; *Ernst* LwVG § 2 Rn. 8.

2. Verfahren bei Unzuständigkeit

Aufgrund der Ausschließlichkeit der Zuständigkeit hat das Prozessgericht, **10**
wenn vor ihm eine Angelegenheit des § 1 Nr. 1 oder Nr. 2−6 anhängig gemacht
wird, die Sache an das Landwirtschaftsgericht abzugeben (§§ 9, 12 Abs. 2),[6] und,
wenn vor ihm eine Sache nach § 1 Nr. 1a anhängig gemacht wird, dieselbe gemäß § 281 Abs. 1 S. 1 ZPO auf Antrag[7] **an das Landwirtschaftsgericht zu
verweisen.**[8] Bei Abgabe einer Landwirtschaftssache der freiwilligen Gerichtsbarkeit durch das Prozessgericht ist zudem § 17a Abs. 6 GVG zu beachten
(→ Rn. 23).

Umgekehrt hat das Landwirtschaftsgericht eine Angelegenheit, die nicht unter **11**
§ 1 fällt, an das zuständige Prozessgericht zu verweisen (§ 48 Abs. 1 S. 1 iVm § 281
ZPO) oder gemäß §§ 9, 12 Abs. 1 an das zuständige Gericht der Freiwilligen Gerichtsbarkeit oder Prozessgericht[9] abzugeben. Im letztgenannten Fall kommt wiederum zusätzlich § 17a Abs. 6 GVG zur Anwendung, da in ihm zugleich das Verhältnis eines Gerichts der freiwilligen zu einem der streitigen Gerichtsbarkeit
betroffen ist (→ Rn. 22).

3. Gerichtlicher Zuständigkeitsstreit

Bestreitet das Prozessgericht oder das Landwirtschaftsgericht die Bindung einer **12**
Verweisung nach § 281 Abs. 2 Satz 4 ZPO[10] durch das jeweils andere Gericht, wird
das zuständige Gericht gemäß § 36 Abs. 1 Nr. 6 ZPO durch **das im Rechtszug
zunächst höhere Gericht,** höchstens aber das Oberlandesgericht bestimmt, zu
dessen Bezirk das zuerst mit der Sache befasste Gericht gehört (§ 36 Abs. 2 ZPO).[11]
Entsprechendes gilt im (seltenen) umgekehrten Fall, dass sich verschiedene Gerichte rechtskräftig für zuständig erklärt haben (§ 36 Abs. 1 Nr. 5 ZPO). Problematisch ist hier die Bestimmung des zunächst höheren Gerichts, da der Rechtszug der
Landwirtschaftsgerichte durch § 2 Abs. 2 abweichend von dem der Prozessgerichte
geregelt wird. Der auf die Ebene des zunächst höheren Gerichts prolongierte Kompetenzkonflikt lässt sich nur pragmatisch lösen: Hält sich das Landwirtschaftsgericht

---

[6] Nach Auffassung des OLG Brandenburg Urt. v. 13.1.1999 − 1 U 28/98, VIZ 2000, 180
(182) = AgrarR 1999, 139, soll die Vorschrift nur in den Fällen des § 1 Nr. 1 und Nr. 2−6 anzuwenden sein, doch wird sie in Landwirtschaftssachen der freiwilligen Gerichtsbarkeit nach
§ 65 Abs. 2 LwAnpG wohl entsprechend gelten müssen.
[7] OLG Jena Beschl. v. 13.1.1997 − LW W 358/96, OLG-NL 1997, 96. AA OLG Hamm
Urt. v. 27.3.2001 − 27 U 188/00, BeckRS 2001, 04230: Von Amts wegen gem. § 12 Abs. 2.
[8] BGH Urt. v. 26.4.1991 − V ZR 53/90, BGHZ 114, 277 (279) = NJW 1991, 3280; OLG
Brandenburg Beschl. v. 22.4.1997 − 1 W 11/97, OLG-NL 1997, 212 (213) = AgrarR 1997,
225.
[9] § 12 Abs. 1 S. 4: Wenn beim Landwirtschaftsgericht eine in die Zuständigkeit des Prozessgerichts fallende ZPO-Rechtsstreitigkeit rechtsirrtümlich im FGG-Antragsverfahren anhängig
gemacht worden ist.
[10] Also nicht „bloß" deren Rechtmäßigkeit, näher dazu zB BeckOK ZPO/*Bacher* § 281
Rn. 26ff. mwN. Bsp.: OLG Brandenburg Beschl. v. 25.3.2003 − 1 AR 8/03, OLG-NL 2003,
163 (164); OLG Koblenz Beschl. v. 19.10.2005 − 3 W 648/05, NJOZ 2006, 391 (392)
= OLGR 2006, 255.
[11] Trotz ihrer Stellung im Gerichtsstandstitel der ZPO gilt die Vorschrift − jedenfalls entsprechend − auch für die sachliche Zuständigkeit, BGH Beschl. v. 16.2.1984 − I ARZ 395/83,
BGHZ 90, 155 (157) = NJW 1984, 1624.

für nicht gebunden, muss es die Akten gemäß des für sein Verfahren geltenden Rechts dem Landwirtschaftsenat vorlegen. Hält hingegen das Prozessgericht die Verweisung für unwirksam, muss es, wenn das Landwirtschaftsgericht zu demselben Landgerichtsbezirk gehört, eine Entscheidung des ihm übergeordneten Landgerichts, andernfalls des gemeinschaftlich oder dem erstbefassten Gericht übergeordneten Oberlandesgerichts herbeiführen, das den Kompetenzkonflikt in diesem Fall durch den Zivilsenat entscheidet.[12]

13   Entsprechend ist in dem (seltenen) Fall zu verfahren, dass sich das Landwirtschaftsgericht mit einem Gericht der freiwilligen Gerichtsbarkeit über das Vorliegen einer Landwirtschaftssache streitet (näher → § 12 Rn. 9). Die insoweit maßgebliche Bestimmung des § 5 Abs. 1 Nr. 3 und 4 FamFG entspricht der Regelung in § 36 ZPO. Die eigene Unzuständigkeit kann auch hier nicht schon mit der Fehlerhaftigkeit der Abgabe, sondern nur mit dem Fortfall der Bindungswirkung nach § 12 Abs. 1 S. 3 und § 3 Abs. 3 Satz 2 FamFG begründet werden (näher → § 12 Rn. 14 f.).[13]

4. Entscheidung durch ein unzuständiges Gericht

14   Bejaht das Landwirtschaftsgericht im ersten Rechtszug zu Unrecht seine Zuständigkeit nach § 1 Nr. 1 a, kann gemäß (§ 48 Abs. 1 S. 1 iVm) **§ 513 Abs. 2 ZPO** darauf die Berufung (Beschwerde: § 571 Abs. 2 S. 2 ZPO) und folglich gemäß § 545 Abs. 1 ZPO denknotwendig[14] auch die Revision (Rechtsbeschwerde) gegen die zweitinstanzliche Entscheidung nicht gestützt werden, über die gemäß § 2 Abs. 1 S. 3 die Landwirtschaftssenate zu erkennen haben (→ Rn. 19).[15] Entscheidet das Prozessgericht zu Unrecht eine Landwirtschaftssache des § 1 Nr. 1 a LwVG, muss über die Berufung nach §§ 73 Abs. 1 S. 1, 119 Abs. 2 Nr. 1 GVG die Zivilkammer oder der Zivilsenat entscheiden,[16] der die rechtsfehlerhafte Verneinung einer Landwirtschaftssache gemäß § 513 Abs. 2 ZPO wiederum nicht zum Erfolg verhelfen kann.

15   Während die rechtsfehlerhafte Bejahung oder Verneinung einer streitigen Landwirtschaftssache (§ 1 Nr. 1 a) vergleichsweise häufig zu beobachten ist, dürfte sich die rechtsirrtümliche Annahme der eigenen Zuständigkeit in den Landwirtschaftssachen der freiwilligen Gerichtsbarkeit (§ 1 Nr. 1 und Nr. 2–6) auf seltene Ausnahmefälle beschränken. Auch hier kann die Beschwerde und folglich denknotwendig auch die Rechtsbeschwerde nicht darauf gestützt werden, dass das Gericht des ersten Rechtszugs seine Zuständigkeit zu Unrecht angenommen hat ([§ 9 iVm] §§ 65 Abs. 4, 72 Abs. 2 FamFG).[17]

---

[12] IErg ebenso OLG Brandenburg Beschl. v. 25.3.2003 – 1 AR 8/03, OLG-NL 2003, 163.

[13] So bspw. OLG Naumburg Beschl. v. 21.9.1994 – 5 U 2/94, OLG-NL 1995, 84 (86).

[14] Dh: Ohne dass es noch auf § 545 Abs. 2 ZPO (Rechtsbeschwerde: § 576 Abs. 2 ZPO) ankäme, der lediglich für die Sprungsrevision (§ 566 ZPO) Bedeutung behält.

[15] OLG Brandenburg Urt. v. 7.5.2015 – 5 U (Lw) 87/14, NJOZ 2015, 1201 (1202) = RdL 2015, 231.

[16] BGH Urt. v. 13.12.1991 – LwZR 2/91, NJW-RR 1992, 1152.

[17] Düsing/Martinez/*Hornung* LwVG § 2 Rn. 12.

IV. Örtliche Zuständigkeit

In den Landwirtschaftssachen der freiwilligen Gerichtsbarkeit (§ 1 Nr. 1 und **16** Nr. 2–6) gilt gemäß § 10 der Gerichtsstand der belegenen Sache, nach S. 1 in erster Linie der **Hofstelle** (näher → § 10 Rn. 3 ff.). Auch in den Landpachtvertragsstreitigkeiten des § 1 Nr. 1a tritt gemäß § 48 Abs. 1 S. 2 Hs. 1 der **Belegenheitsgerichtsstand** des § 10 an die Stelle der örtlichen Zuständigkeiten der §§ 12–34 ZPO.

Anders als ein Gegenschluss aus § 2 Abs. 1 S. 2 suggeriert, ist auch die **örtliche** **17** **Zuständigkeit ausschließlich** (→ § 10 Rn. 1).[18] Denn indem der Belegenheitsgerichtsstand an die Stelle sämtlicher ZPO-Gerichtsstände tritt, verbleibt schlicht kein mit ihm konkurrierender Gerichtsstand mehr. Die Ausschließlichkeit des Gerichtsstands entsprach auch den Vorstellungen des Gesetzgebers.[19]

Bezüglich des Verfahrens bei Unzuständigkeit, gerichtlicher Kompetenzkonflikte **18** und der Entscheidung durch ein unzuständiges Gericht gelten die Ausführungen zur sachlichen Zuständigkeit entsprechend (→ Rn. 10 ff.; näher → § 12 Rn. 6 ff.).

V. Rechtsmittelzuständigkeit (Abs. 1 S. 3)

Die Zuständigkeit der Oberlandesgerichte im zweiten Rechtszug und des Bun- **19** desgerichtshofs im dritten Rechtszug als Landwirtschaftssenate nach § 2 Abs. 1 S. 3 gründet ausschließlich darauf, dass ein Landwirtschaftsgericht oder -senat die angefochtene Entscheidung erlassen hat. Aufgrund dieser **formellen Anknüpfung** kommt es auch für Rechtsmittelzuständigkeit der Landwirtschaftssenate nicht darauf an, ob mit der angefochtenen Entscheidung tatsächlich über eine Landwirtschaftssache isv § 1 entschieden worden ist. Maßgeblich ist nicht, welches Gericht hätte entscheiden müssen, sondern welches entschieden hat.[20] Komplementär dazu ist die Zuständigkeit der Berufungszivilkammern nach § 72 Abs. 1 S. 2 GVG, der Zivilsenate der Oberlandesgerichte nach §§ 119 Abs. 1 Nr. 2, 122 Abs. 1 GVG und des Bundesgerichtshofs gemäß §§ 133, 139 GVG allein unter dem formellen Gesichtspunkt gegeben, dass die angefochtene Entscheidung von einer Zivilabteilung, einer Zivilkammer oder einem Zivilsenat erlassen worden ist.

Die Beschränkung der Revision gemäß § 545 Abs. 2 ZPO (Rechtsbeschwerde: **20** § 576 Abs. 2 ZPO) betrifft nach ihrem Wortlaut zwar nur den Fall, dass das Gericht des ersten Rechtszugs seine Zuständigkeit zu Unrecht angenommen oder verneint hat.[21] Der BGH[22] leitet aber aus den vom ZPO-Reformgesetzgeber mit §§ 513

---

[18] OLG Schleswig Beschl. v. 28.11.2006 – 3 WLw 109/06, BeckRS 2007, 00447 = OLGR Schleswig 2007, 73; *Ernst* LwVG § 48 Rn. 35.

[19] BT-Drs. 10/3830, 33.

[20] BGH Urt. v. 13.12.1991 – LwZR 2/91, NJW-RR 1992, 1152; AgrarR 1996, 56; OLG Brandenburg Beschl. v. 29.4.1999 – 5 W 151/98, BeckRS 1999, 06538 = OLGR 1999, 312.

[21] Deshalb ging der BGH (Urt. v. 13.12.1991 – LwZR 2/91, NJW-RR 1992, 1152) auf Grundlage des insoweit inhaltsgleichen, bis zum Inkrafttreten des ZPO-RG v. 27.7.2001 (BGBl. I, 1887) am 1.1.2002 geltenden § 549 ZPO aF auch davon aus, dass die rechtsfehlerhafte Bejahung der Rechtsmittelzuständigkeit durch das Berufungsgericht (hier: Landwirtschaftssenat) revisibel ist.

[22] Urt. v. 22.2.2005 – KZR 28/03, NJW 2005, 1660 (1662); zust. BeckOK ZPO/*Kessal-Wulf* § 545 Rn. 15 aE.

Abs. 2, 545 Abs. 2 ZPO bezweckten Beschleunigungs- und Entlastungseffekten[23] ab, dass die Verweisung in § 565 ZPO auch § 513 Abs. 2 ZPO umfasst und folglich die Revision auch nicht darauf gestützt werden kann, dass das Berufungsgericht seine Zuständigkeit zu Unrecht angenommen hat.

VI. Rechtswegzuständigkeit

21   Bei Zweifeln oder Streit über die Zulässigkeit des beschrittenen Rechtswegs richtet sich das Verfahren nach § 17 a Abs. 1–5 GVG: Über die Unzulässigkeit des beschrittenen Rechtswegs (Abs. 2) und auf Rüge auch über dessen Zulässigkeit (Abs. 3 S. 2) hat das Gericht vorab zu entscheiden; zudem kann es die Zulässigkeit des beschrittenen Rechtswegs vorab aussprechen (Abs. 3 S. 1). Diese Beschlüsse sind nach Maßgabe von Abs. 4 S. 3–6 mit der sofortigen Beschwerde anfechtbar. Nach Eintritt der Rechtskraft sind andere Gerichte an die Entscheidung über die Zulässigkeit (Abs. 1) oder Unzulässigkeit (Abs. 2 S. 3) des beschrittenen Rechtswegs gebunden. Außerhalb des Beschwerdeverfahrens (Abs. 4 S. 3–6) prüft das Rechtsmittelgericht nicht, ob der beschrittene Rechtsweg zulässig ist (Abs. 5), sofern nicht das Gericht des ersten Rechtszugs entgegen Abs. 3 S. 2 eine rechtsmittelfähige (Vorab-) Entscheidung über die Zulässigkeit des Rechtswegs versäumt hat.[24]

22   Nach dem durch das FGG-RG v. 17. 12. 2008 (BGBl. I S. 2586) eingefügten § 17 a Abs. 6 GVG gelten die Vorschriften über die Zulässigkeit des beschrittenen Rechtswegs ua für die in bürgerlichen Rechtsstreitigkeiten und Angelegenheiten der freiwilligen Gerichtsbarkeit zuständigen Spruchkörper in ihrem Verhältnis zueinander entsprechend. Die in § 17 a Abs. 1–5 GVG enthaltenen Regelungen kommen mithin auch dann zur Anwendung, wenn ein Kompetenzkonflikt oder die **Kompetenzabgrenzung zwischen Prozessgericht und Landwirtschaftsgericht in den nichtstreitigen**[25] Landwirtschaftssachen in Rede steht (Einzelheiten → § 12 Rn. 22 ff.).[26] Die Verkennung der eigenen Unzuständigkeit bleibt in diesen Fällen in der Regel somit schon nach § 17 a Abs. 5 GVG folgenlos.[27]

---

[23] BT-Drs. 14/4722, 94, 106.

[24] ZB BGH Urt. v. 30. 6. 1995 – V ZR 118/94, BGHZ 130, 159 (163) = NJW 1995, 2851 mwN.

[25] In den streitigen Landwirtschaftssachen stellt sich das Problem nicht, da sowohl das Prozess- als auch Landwirtschaftsgericht die ZPO und insbes. dessen § 281 anzuwenden haben (→ Rn. 10 sowie OLG Brandenburg Beschl. v. 22. 4. 1997 – 1 W 11/97, OLG-NL 1997, 212f. = AgrarR 1997, 225; OLG Koblenz Beschl. v. 19. 10. 2005 – 3 W 648/05, NJOZ 2006, 391 = OLGR 2006, 255).

[26] Vgl. BT-Drs. 16/6306, 318. ZB OLG Hamm Beschl. v. 7. 1. 2010 – 10 W 128/09, BeckRS 2010, 03506 = AUR 2010, 137. Wegen der Unterschiede der beiden Verfahrensarten hat die Rechtsprechung schon vor Inkrafttreten von § 17 a Abs. 6 GVG Kompetenzkonflikte zwischen Prozessgericht und Landwirtschaftsgericht in den Landwirtschaftssachen der freiwilligen Gerichtsbarkeit wie Rechtswegstreitigkeiten behandelt (BGH Urt. v. 5. 2. 1996 – II ZR 293/93, VIZ 1996, 347 (348) = RdL 1996, 239; OLG Brandenburg Beschl. v. 22. 4. 1997 – 1 W 11/97, OLG-NL 1997, 212 (213) = AgrarR 1997, 225; Beschl. v. 30. 3. 1995 – 6 W 53/94, OLG-NL 1997, 45 (47) = AgrarR 1996, 158; OLG Rostock Urt. v. 14. 1. 1997 – 4 U 215/95, OLG-NL 1997, 143 = RdL 1997, 160).

[27] So bereits BGH Urt. v. 5. 2. 1996 – II ZR 293/93, VIZ 1996, 347 (348) = RdL 1996, 239. Vergleichbare Regelungen in den einzelnen Verfahrensordnungen wie §§ 513 Abs. 2, 545

Problematisch ist das Verhältnis von § 17a Abs. 6 GVG zu § 12. Letztgenannte **23** Vorschrift enthält im Unterschied zu § 17a Abs. 4 GVG keine Regelung der Anfechtbarkeit, wenn eine Landwirtschaftssache des § 1 Nr. 1 oder Nr. 2−6 vom Landwirtschaftsgericht an das Prozessgericht (§ 12 Abs. 1 S. 4) oder von diesem an jenes (§ 12 Abs. 2 LwVG) abgegeben wird. Außerdem kann das Gericht nach § 12 nicht vorab über die Zulässigkeit des zu ihm beschrittenen Rechtswegs entscheiden (§ 17a Abs. 3 GVG). § 12 ist zwar gegenüber § 17a Abs. 6 GVG insofern die speziellere Vorschrift, als sie nur für die Landwirtschaftssachen der freiwilligen Gerichtsbarkeit gilt. § 17a Abs. 6 GVG ist aber das jüngere und auch insofern das speziellere Gesetz, als es das Verhältnis der in bürgerlichen Rechtsstreitigkeiten und Angelegenheiten der freiwilligen Gerichtsbarkeit zuständigen Spruchkörper differenziert regelt. Daher dürften auf dieses Verhältnis auch in den Fällen des § 12 Abs. 1 S. 4 und Abs. 2 die Vorschriften des § 17a Abs. 3 und 4 GVG anwendbar sein (näher → § 12 Rn. 2 ff., 21).[28]

Mit § 17a Abs. 6 GVG hat der FGG-Reformgesetzgeber anerkannt, dass die **24** zwischen ZPO-Streitverfahren und freiwilliger Gerichtsbarkeit bestehenden Unterschiede von solchem Gewicht sind, das den zwischen den verschiedenen Gerichtsbarkeiten bestehenden Unterschieden in verfahrensrechtlicher Hinsicht gleichkommt. Zwar verbleibt der Vorschrift innerhalb der Landwirtschaftsgerichte − bei der Abgrenzung der nichtstreitigen von den streitigen Landwirtschaftssachen − naturgemäß kein Anwendungsbereich. Diese Unterschiede zwingen das Landwirtschaftsgericht aber zur **Verfahrenstrennung gemäß § 145 ZPO bzw. § 20 FamFG,** wenn im Klageverfahren (§§ 253, 495 ZPO) nach § 1 Nr. 1a zusätzlich ein Antrag nach § 1 Nr. 1 oder 2−6 gestellt wird (§ 14 Abs. 1) oder im FG-Antragsverfahren ein der streitigen Gerichtsbarkeit unterliegender Anspruch auf Grund der Vorschriften über den Landpachtvertrag erhoben wird (näher → § 1 Rn. 276).

Wenn der beschrittene Rechtsweg zum Landwirtschaftsgericht zulässig ist, hat es **25** den Rechtsstreit gemäß § 17 Abs. 2 S. 1 GVG unter allen in Betracht kommenden, also auch **rechtswegfremden Gesichtspunkten** zu entscheiden. Die Vorschrift bezieht sich jedoch nur auf einen einheitlichen Anspruch im prozessualen Sinne (Streitgegenstand),[29] weswegen sie in Landwirtschaftssachen selten praktisch wird.[30] In Fällen der objektiven[31] wie subjektiven Klagehäufung[32] verbleibt es demgegenüber bei § 17a GVG (→ Rn. 22 ff.).

Abs. 2 ZPO spielen in diesem Zusammenhang daher keine Rolle mehr (aA Musielak/*Ball* ZPO § 513 Rn. 7; § 545 Rn. 13; BeckOK ZPO/*Wulf* § 513 Rn. 8).

[28] IErg ebenso *Ernst* LwVG § 12 Rn. 41. Für § 17a Abs. 4 GVG bereits auch schon OLG Brandenburg Beschl. v. 25.3.2003 − 1 AR 8/03, OLG-NL 2003, 163 (164); Beschl. v. 30.3.1995 − 6 W 53/94, OLG-NL 1997, 45 (47) = AgrarR 1996, 158.

[29] BT-Drs. 11/7030, 37.

[30] Zu einem solchen Ausnahmefall OLG Hamm Beschl. v. 5.3.2002 − 10 W 73/01, BeckRS 2002, 17486 = AUR 2003, 127, in dem ein Rückübertragungsanspruch auf vorweggenommene Hoferbfolge und § 530 BGB gestützt wurde.

[31] BGH Urt. v. 28.2.1991 − III ZR 53/90, BGHZ 114, 1 (2) = NJW 1991, 1686.

[32] BGH Beschl. v. 24.3.1994 − X ARZ 902/93, NJW 1994, 2032.

VII. Gerichtsbesetzung (Abs. 2)

1. Mitwirkung von ehrenamtlichen Richtern

26   **a) Besetzung mit zwei ehrenamtlichen Richtern.** Die Landwirtschaftsgerichte sind in allen Rechtszügen **grundsätzlich in der Besetzung mit zwei ehrenamtlichen Richtern** tätig (Amtsbezeichnung: § 45 a DRiG). Im ersten und zweiten Rechtszug verbleibt es hinsichtlich der Berufsrichter bei der im Gerichtsverfassungsgesetz vorgeschriebenen Besetzung (§§ 22 Abs. 1, 122 Abs. 1 GVG). Im dritten Rechtszug wirken entgegen § 139 Abs. 1 GVG allerdings nur drei Richter am Bundesgerichtshof mit Einschluss des Vorsitzenden mit.

27   Die Mitwirkung von zwei ehrenamtlichen Richtern an den Entscheidungen der Landwirtschaftsgerichte ist verfassungsrechtlich grundsätzlich nicht zu beanstanden. Den Anforderungen des Art. 92 GG entsprechen auch Spruchkörper, denen neben den Berufsrichtern auch andere Personen aufgrund ihrer Sachkunde für eine besondere Materie als Richter angehören.[33] Die Berufung (Auswahl) der ehrenamtlichen Richter muss allerdings der Rechtsweggarantie (Art. 19 Abs. 4 S. 1 GG) sowie dem Gewaltenteilungsgrundsatz (Art. 20 Abs. 2 S. 2, 92 GG) genügen und darf nicht den Anspruch auf den gesetzlichen Richter (Art. 101 Abs. 1 S. 2 GG) verletzen (Einzelheiten → § 4 Rn. 2, 47 ff.).

28   **b) Tätigkeiten der ehrenamtlichen Richter.** Die ehrenamtlichen Richter wirken an der Rechtsprechung der Landwirtschaftsgerichte grundsätzlich in gleicher Weise wie die Berufsrichter mit (Einzelheiten → § 5 Rn. 6 ff.).

2. Tätigkeiten ohne Mitwirkung der ehrenamtlichen Richter

29   **a) Nach dem LwVG.** Nach diesem Gesetz können die Landwirtschaftsgerichte in folgenden Angelegenheiten ohne Mitwirkung der ehrenamtlichen Richter tätig werden:
 – bei einstweiligen Anordnungen in Landwirtschaftssachen (§ 18; → § 18 Rn. 27)
 – in den in § 20 Abs. 1 (iVm § 48 Abs. 1 S. 2 Hs. 1) aufgeführten Fällen fehlender oder eingeschränkter Sachprüfung (→ § 20 Rn. 3 ff.)
 – bei Abschluss eines gerichtlichen Vergleichs (§§ 20 Abs. 2, 48 Abs. 1 S. 2 Hs. 1; → § 20 Rn. 53 f.)
 – bei der Erteilung, Einziehung oder Kraftloserklärung eines Erbscheins, wenn die Länder dies bestimmt haben (§ 20 Abs. 3; → § 20 Rn. 55 ff.).

30   Nach § 48 Abs. 1 S. 2 Hs. 2 bedürfen Urteile (und erst recht Beschlüsse) in den streitigen Landwirtschaftssachen (§ 1 Nr. 1 a) **nicht der Unterschrift der ehrenamtlichen Richter.** Dies gilt in teleologischer Reduktion von § 38 Abs. 3 S. 2 FamFG auch für die Beschlüsse in den Landwirtschaftssachen der freiwilligen Gerichtsbarkeit (§ 1 Nr. 1 und Nr. 2–6).[34]

31   Der Vorsitzende des Gerichts des ersten Rechtszugs hat das **Grundbuchamt** bei Zuweisung eines landwirtschaftlichen Betriebs (→ § 1 Rn. 122 ff.) gemäß § 32 a S. 3 um Eintragung des Erwerbers zu ersuchen (→ § 32 a Rn. 5 ff.).

---

[33] BVerfG Beschl. v. 26.5.1976– 2 BvL 13/75, BVerfGE 42, 206 (208) mwN.
[34] BGH Beschl. v. 29.11.2013– BLw 4/12, NJW-RR 2014, 243 Rn. 13 ff., insbes. Rn. 22 ff. = RdL 2014, 107.

b) Nach sonstigem Bundesrecht. Die Regelung der Mitwirkung ehrenamt- 32
licher Richter in § 2 Abs. 2 ist trotz ihres Wortlauts („dieses Gesetz") nicht in dem
Sinne abschließend, dass sie abweichende Regelungen durch speziellere und jüngere Gesetze ausschließt. Gänzlich unproblematisch ist der Ausschluss ehrenamtlicher Richter, wenn es ihres Sachverstands, wie in Jagdpachtverkehrsangelegenhei-
ten, nicht bedarf (§ 12 Abs. 3 S. 3 Hs. 2 BJagdG).

Das Landwirtschaftsgericht entscheidet in **Kostensachen** über die Erinnerung 33
und die Beschwerde gegen den Kostenansatz sowie über die Beschwerde gegen die
Festsetzung des Streitwerts immer ohne Mitwirkung ehrenamtlicher Richter (§§ 81
Abs. 6 S. 3, 83 Abs. 1 S. 5 GNotKG, §§ 66 Abs. 6 S. 3, 68 Abs. 1 S. 5 GKG). Die
Vorschriften gehen der Kann-Bestimmung in § 20 Abs. 1 Nr. 7 (→ § 20 Rn. 48) in-
soweit vor. Über die Erinnerung gegen den Kostenansatz entscheidet das Landwirtschaftsgericht gemäß §§ 81 Abs. 6 S. 1 Hs. 1 GNotKG, 66 Abs. 6 S. 1 Hs. 1 GKG
zudem durch eines seiner Mitglieder als Einzelrichter. Dies gilt gemäß §§ 81 Abs. 6
S. 1 Hs. 2 GNotKG, 66 Abs. 6 S. 1 Hs. 2 GKG grundsätzlich auch für die Beschwerde, soweit sie der Einzelrichter nicht gemäß § 81 Abs. 6 S. 2 GNotKG, § 66
Abs. 6 S. 2 GKG auf den Landwirtschaftssenat überträgt. Ist der Geschäftswert oder
Gebührenstreitwert nicht durch das Landwirtschaftsgericht (→ § 34 Rn. 11), sondern gemäß § 20 Abs. 1 Nr. 7 (→ § 20 Rn. 49) durch den Richter am Amtsgericht
als Vorsitzenden festgesetzt worden, hat dieser gleichwohl nicht „als Einzelrichter"
entschieden, weswegen über die Beschwerde der Landwirtschaftssenat mit allen Berufsrichtern zu befinden hat.[35]

Die **Kostenerstattung** erfolgt – auch in den Landwirtschaftssachen der freiwil- 34
ligen Gerichtsbarkeit (→ § 44 Rn. 10, § 45 Rn. 14) – im Kostenfestsetzungsverfahren
nach den §§ 103–107 ZPO. Die Festsetzung der Kosten ist dem **Rechtspfleger
übertragen** (§ 21 Nr. 1 RPflG). Gegen dessen Beschluss findet nach §§ 104 Abs. 3
S. 1, 567 Abs. 1 Nr. 1 ZPO die sofortige Beschwerde statt, über die der Landwirtschaftssenat grundsätzlich durch eines seiner (praktisch immer: berufsrichterlichen)
Mitglieder als Einzelrichter zu entscheiden hat (§ 568 S. 1 ZPO).[36] Auch wenn dieser die Sache wegen besonderer Schwierigkeiten oder grundsätzlicher Bedeutung
(§ 568 S. 2 ZPO) auf den Landwirtschaftssenat in seiner in § 2 Abs. 2 vorgeschriebenen Besetzung überträgt, wird in aller Regel gemäß § 20 Abs. 1 Nr. 7 ohne Zuziehung der ehrenamtlichen Richter entschieden werden, weil hierzu typischerweise
kein landwirtschaftlicher Sachverstand benötigt wird. Entsprechendes gilt für andere, dem Rechtspfleger gemäß §§ 20, 25a RPflG übertragene Geschäfte.

In Vergütungs- und Entschädigungssachen entscheidet das Landwirtschaftsge- 35
richt ebenfalls immer ohne Mitwirkung der ehrenamtlichen Richter (§ 4 Abs. 7
S. 3 JVEG). Gleiches gilt bei der Wertfestsetzung für die Rechtsanwaltsgebühren
(§ 33 Abs. 8 S. 3 RVG). Die Entscheidungen trifft das Landwirtschaftsgericht grundsätzlich durch eines seiner Mitglieder als Einzelrichter (§ 4 Abs. 7 S. 1 JVEG, § 33
Abs. 8 S. 1 RVG).

Der Vorsitzende des Landwirtschaftsgerichts ist gemäß § 7 Abs. 2 S. 1 GrdstVG 36
zuständig, das **Grundbuchamt** um Eintragung eines Widerspruchs gegenüber der
Eintragung einer Rechtsänderung zu ersuchen (§ 38 GBO), die aufgrund einer ungenehmigten, aber nach dem GrdstVG genehmigungsbedürftigen Veräußerung
(→ § 1 Rn. 74 f.) erfolgt ist, und umgekehrt dazu auch für das auf Löschung des Wi-

---

[35] OLG Brandenburg Beschl. v. 16. 9. 2015 – 5 Lw 10/15 (unveröff.).
[36] OLG Zweibrücken Beschl. v. 3. 5. 2010 – 4 WLW 45/10, BeckRS 2010, 16856 = RdL
2010, 249.

derspruchs gerichtete Ersuchen (§ 7 Abs. 2 S. 2 GrdstVG). Im Anwendungsbereich der HöfeO (→ § 1 Rn. 178 ff.) ersucht das Landwirtschaftsgericht das Grundbuchamt um Eintragung oder Löschung des Hofvermerks (§ 3 Abs. 1 HöfeVfO) gemäß § 3 Abs. 3 HöfeVfO ohne Zuziehung ehrenamtlicher Richter.

37   **c) Nach Landesrecht.** In Fischereipachtsachen sehen die FischereiG der Länder Berlin (§ 13 Abs. 4), Rheinland-Pfalz (§ 17 Abs. 5), Saarland (§ 13 Abs. 5) und Sachsen-Anhalt (§ 21 Abs. 3 S. 3 Hs. 2) in Ausübung ihrer bundesgesetzlich (→ § 1 Rn. 14; → § 51 Rn. 2) eingeräumten Abweichungsbefugnis vor, dass das Landwirtschaftsgericht ohne Zuziehung ehrenamtlicher Richter entscheidet.

38   Tätigkeiten ohne Mitwirkung der ehrenamtlichen Richter sind ferner in den landesrechtlichen Anerbenrechten (→ § 1 Rn. 239 ff.) vorgesehen. So ersucht der Vorsitzende des Landwirtschaftsgerichts des ersten Rechtszugs das Grundbuchamt um Eintragung des Erwerbers eines Landguts nach der hessischen LandgO (§ 20 Abs. 1 S. 2 LandgO; → § Rn. 242). Auch die Berufung ihrer Beisitzer und ihrer Stellvertreter zum Höfeausschuss nach § 28 Abs. 1 S. 4 HO-RhPf (→ § 1 Rn. 247) erfolgt durch das Landwirtschaftsgericht ohne Mitwirkung der landwirtschaftlichen Beisitzer (§ 3 Abs. 1 Hs. 1 DVO-HO-RhPf).

39   **d) Nach der Natur der Sache.** Soweit das FamFG oder die ZPO dem Vorsitzenden des Landwirtschaftsgerichts verschiedene Befugnisse zuweisen (zB §§ 136, 273 Abs. 2 ZPO), sind naturgemäß auch die ehrenamtlichen Richter von der Mitwirkung ausgeschlossen.

3. Verstöße

40   Ein Verstoß gegen § 2 Abs. 2 verletzt zugleich das **Recht auf den gesetzlichen Richter** (Art. 101 Abs. 1 S. 2 GG, § 16 S. 2 GVG).[37] Er begründet im dritten Rechtszug – in den Landwirtschaftssachen der freiwilligen Gerichtsbarkeit gemäß (§ 9 iVm) § 72 Abs. 3 FamFG – gemäß (§ 48 Abs. 1 S. 1 iVm) §§ 547 Nr. 1, 576 Abs. 3 ZPO einen absoluten Rechtsbeschwerde- und Revisionsgrund. Die Rüge ist unverzichtbar, weil sie eine zwingende Norm des Verfahrensrechts betrifft, deren Einhaltung im öffentlichen Interesse liegt (§ 295 Abs. 2 ZPO).[38] Im zweiten Rechtszug bleibt ein Verstoß gegen § 2 Abs. 2 durch das Erstgericht dagegen regelmäßig folgenlos (§ 69 Abs. 1 S. 3 FamFG, § 538 Abs. 2 S. 1 Nr. 1 ZPO).[39] Im ZPO-Beschwerdeverfahren kann das Oberlandesgericht nach seinem Ermessen entscheiden, ob es eine eigene Sachentscheidung trifft oder die Sache wegen der vorschriftswidrigen Besetzung des Landwirtschaftsgerichts aufhebt und zurückverweist (§ 572 Abs. 3 ZPO).[40] Nach Eintritt der formellen Rechtskraft findet – in den Landwirt-

---

[37] BGH Urt. v. 25. 4. 2008 – LwZR 6/07, BeckRS 2008, 09426 Rn. 9 = NL-BzAR 2008, 301; Urt. v. 23. 1. 2007 – LwZR 5/07, NJW 2008, 580 Rn. 9 = RdL 2008, 72; Beschl. v. 21. 4. 1993 – BLw 40/92, DtZ 1993, 248 (249) = RdL 1993, 179.

[38] BGH Beschl. v. 21. 4. 1993 – BLw 40/92, DtZ 1993, 248 (249) = RdL 1993, 179 mwN.

[39] BeckOK ZPO/*Kessal-Wulf* § 547 Rn. 10; MüKoZPO/*Rimmelspacher* ZPO § 538 Rn. 27 f. mwN.; aA Düsing/Martinez/*Hornung* LwVG § 6 Rn. 2.

[40] BeckOK ZPO/*Wulf* ZPO § 572 Rn. 17 ff. mwN. In den Fällen des § 793 ZPO ist der Besetzungsmangel in der Rechtsprechung der Oberlandesgerichte bisweilen für so erheblich erachtet worden, dass stets die Zurückverweisung erforderlich sei (OLG Brandenburg Beschl. v. 8. 9. 2005 – 5 W (Lw) 33/05, OLG-NL 2006, 68 = RdL 2007, 140; OLG Saarbrücken Beschl. v. 29. 10. 2013 – 4 W Lw 31/13, BeckRS 2013, 19729; zw.).

schaftssachen der freiwilligen Gerichtsbarkeit gemäß (§ 9 iVm) § 48 Abs. 2 FamFG – gemäß (§ 48 Abs. 1 S. 1 iVm) § 579 Nr. 1 ZPO die Nichtigkeitsklage statt, wenn die unvorschriftsmäßige Besetzung des Gerichts nicht mittels eines Rechtsmittels geltend gemacht werden konnte (§ 579 Abs. 2 ZPO) oder im Rechtsmittelverfahren erfolglos geltend gemacht worden ist.[41]

Allerdings führt nicht jeder Fehler bei der Bestimmung der mitwirkenden **41** Gerichtspersonen zu einer vorschriftswidrigen Besetzung des Gerichts iSd genannten Vorschriften. Beruht diese auf einer letztlich irrigen, aber vertretbaren Auslegung einer nicht eindeutigen Gesetzesbestimmung, so kann ein Verfahrensverstoß zu verneinen sein; auch die bloß irrtümliche Abweichung von den Zuweisungen des Geschäftsverteilungsplans vermag die Besetzungsrüge nicht zu begründen. Daran anknüpfend fordert die Rechtsprechung für die Beachtlichkeit einer Besetzungsrüge allgemein, dass die Gesetzesverletzung klar zutage liegt, schwer oder „qualifiziert" ist, auf einer nicht mehr hinnehmbaren Rechtsansicht, letztlich auf **objektiver Willkür** beruht.[42] Ein in diesem Sinne willkürlicher Fehler bei der Besetzung des Gerichts kann namentlich zu verneinen sein, wenn das Landwirtschaftsgericht rechtsirrtümlich davon ausgeht, gemäß § 20 Abs. 1 (→ 20 Rn. 9 ff.) ohne Zuziehung ehrenamtlicher Richter entscheiden zu können.

VIII. Schiedsgerichtsbarkeit

Der **Abschluss einer Schiedsvereinbarung** ist in den Verfahren auf Grund **42** der Vorschriften über den **Landpachtvertrag** im Übrigen gemäß §§ 1 Nr. 1a, 48 Abs. 1 S. 1 iVm §§ 1029 Abs. 1, 1030 Abs. 1 S. 1 ZPO **unproblematisch möglich.**[43] Nach Streichung der allgemeinen Überlegenheitsklausel des § 1025 Abs. 2 ZPO aF mit Neufassung des 10. Buchs der ZPO[44] soll der Gleichheitsgrundsatz nach den Vorstellungen des Reformgesetzgebers im Wesentlichen durch Gleichbehandlung im Verfahren gewährleistet werden (§§ 1034 Abs. 2, 1042 Abs. 1 S. 1 ZPO).[45] Eine Schiedsvereinbarung ist jedoch gemäß § 138 Abs. 1 BGB nichtig, wenn sie die verfassungsrechtliche Gewährleistung eines wirkungsvollen Rechtsschutzes übermäßig einschränkt.[46]

In den Landwirtschaftssachen der freiwilligen Gerichtsbarkeit des § 1 Nr. 1 und **43** Nr. 2–6 sind die Vorschriften des 10. Buchs der ZPO nicht unmittelbar[47] anwendbar. Die hM schließt indes aus der Verfügungsbefugnis über den Verfahrensgegenstand auf die Zulässigkeit von rechtswegbeschränkenden Vereinbarungen.[48] Danach kommt es darauf an, ob das **verfahrensgegenständliche Recht verzichtbar ist**

---

[41] BGH Beschl. v. 27.9.2007 – V ZB 196/06, NJW-RR 2008, 448 Rn. 4 f.; BeckOK ZPO/*Fleck* § 579 Rn. 12.

[42] BGH Beschl. v. 5.5.1994 – VGS 1–4/93, BGHZ 126, 63 (70) = NJW 1994, 1735; Urt. v. 22.11.1994 – X ZR 51/92, NJW 1995, 332 (335).

[43] Düsing/Martinez/*Hornung* LwVG § 2 Rn. 17 mwN.

[44] SchiedsVfG v. 22.12.1997, BGBl. I 3224.

[45] BT-Drs. 13/5274, 34.

[46] BGH Urt. v. 26.1.1989 – X ZR 23/87, BGHZ 106, 336 (338 ff.) = NJW 1989, 1477. Grundlegend *v. Selle/Kretschmer* ZfWG 2006, 294 (295).

[47] Für entsprechende Anwendung *Ernst* LwVG § 2 Rn. 13.

[48] Näher dazu *v. Selle/Kretschmer* ZfWG 2006, 294 (294 ff.).

(vgl. auch § 1030 Abs. 1 S. 2 ZPO).[49] Schiedsvereinbarungen können sich daher insbesondere auf die dem FamFG unterliegenden Ansprüche bürgerlichen Rechts (§ 1 Nr. 1; → § 1 Rn. 38 ff.) und anerbenrechtliche Ansprüche nach § 1 Nr. 5 LwVG (→ § 1 Rn. 184 ff.) erstrecken. Soweit diese Ansprüche allerdings kraft Gesetzes unverzichtbar (§ 593 Abs. 5 S. 1 BGB; → § 1 Rn. 51) oder nur bedingt verzichtbar (§ 595 Abs. 8 S. 1 BGB; → § 1 Rn. 53) sind, können sie auch nicht Gegenstand einer (unbedingten) Schiedsvereinbarung sein.[50]

44   In bestimmten Angelegenheiten nach dem LwAnpG, die nach § 65 Abs. 2 LwAnpG der freiwilligen Gerichtsbarkeit unterliegen (→ § 1 Rn. 269), erlaubt § 66 a Abs. 1 S. 1 LwAnpG die Einsetzung eines Schiedsgerichts. Auf den Schiedsvertrag und das schiedsgerichtliche Verfahren finden die Vorschriften der §§ 1025–1065 ZPO Anwendung (§ 66 a Abs. 1 S. 2 LwAnpG).

45   Die Zuständigkeit für gerichtliche Entscheidungen und Tätigkeiten im Rahmen des Schiedsverfahrens (§ 1062 ZPO) liegt bei den Landwirtschaftsgerichten, soweit das Verfahren Angelegenheiten in der Zuständigkeit dieser Gerichte zum Gegenstand hat.[51]

§ 3   [Ehrenamtliche Richter]

(1) **Die ehrenamtlichen Richter werden auf die Dauer von fünf Jahren berufen; wiederholte Berufung ist zulässig.**

(2) **Für das Recht, die Berufung zum ehrenamtlichen Richter abzulehnen, gelten die §§ 35 und 53 des Gerichtsverfassungsgesetzes sinngemäß, jedoch entscheidet über das Gesuch der Oberlandesgerichtspräsident, bei Gesuchen ehrenamtlicher Richter des Bundesgerichtshofes der Präsident des Bundesgerichtshofes; der Anhörung der Staatsanwaltschaft bedarf es nicht.**

I. Überblick

1   Die §§ 3–7 regeln die Berufung und die Stellung der ehrenamtlichen Richter der Landwirtschaftsgerichte. Sie gehören damit sachlich zum Gerichtsverfassungsrecht und gelten dementsprechend für die Landwirtschaftssachen der freiwilligen wie der streitigen Gerichtsbarkeit gleichermaßen. § 3 setzt voraus, dass die ehrenamtlichen Richter die persönlichen Anforderungen für die Berufung, die das Gesetz erst nachfolgend in § 4 Abs. 3 regelt, erfüllen (→ § 4 Rn. 7 ff.).

2   § 3 Abs. 1 bestimmt die Dauer, auf die ehrenamtliche Richter berufen werden. Die Vorschrift schützt iVm § 7 (→ § 7 Rn. 1) zugleich die persönliche Unabhängigkeit der ehrenamtlichen Richter, die ihnen nicht schon von Verfassungs wegen zukommt (Art. 97 Abs. 2 GG). § 3 Abs. 2 regelt das Recht, die Berufung zum ehrenamtlichen Richter abzulehnen einschließlich des Ablehnungsverfahrens. Die

---

[49] BGH Beschl. v. 17.6.1952 – V BLw 110/51, BGHZ 6, 248 (257) = RdL 1952, 210; *Ernst* LwVG § 2 Rn. 11; *Habscheid* RdL 1972, 225 (227); *Hessler* AgrarR 1996, 213.

[50] OLG Karlsruhe Beschl. v. 28.10.1997 – 3 W 74/97 Lw, NJW-RR 1999, 240 (241) = RdL 1998, 64; *Düsing/Martinez/Hornung* LwVG § 2 Rn. 17.

[51] OLG Frankfurt Beschl. v. 14.3.2003 – 20 Sch 1/02, SchiedsVZ 2003, 288 = RdL 2003, 161; *Ernst* LwVG § 2 Rn. 14; dies verkennt OLG Hamm Beschl. v. 14.1.2003 – 10 W 70/02, BeckRS 2010, 03589 = RdL 2003, 251.

Vorschrift enthält ein subjektives Recht der zum ehrenamtlichen Richter berufenen Personen.

II. Dauer der Berufung (Abs. 1)

Die ehrenamtlichen Richter der Landwirtschaftsgerichte werden, wie die anderen ehrenamtlichen Richter auch (zB §§ 42 Abs. 1, 108 GVG), auf die Dauer von fünf Jahren berufen. Ein ehrenamtlicher Richter kann auch wiederholt berufen werden; unter den weiteren Voraussetzungen des § 35 Nr. 2 Alt. 1 GVG kann er allerdings die wiederholte Berufung ablehnen (→ Rn. 7). Die Befristung des Richteramts unterliegt auch im Hinblick auf die persönliche Unabhängigkeit der ehrenamtlichen Richter keinen verfassungsrechtlichen Bedenken.[1]

III. Ablehnung der Berufung (Abs. 2)

1. Ablehnungsrecht (Abs. 2 Hs. 1 iVm § 35 GVG)

a) Allgemeines. Ehrenamtliche Richter werden im Rahmen einer herkömmlichen allgemeinen, für alle gleichen öffentlichen Dienstleistungspflicht iSd Art. 12 Abs. 2 GG tätig. Dem steht nicht entgegen, dass zu ehrenamtlichen Richtern an ein Landwirtschaftsgericht gemäß § 4 Abs. 3 S. 1 Nr. 1 nur (ehemalige) Landwirte berufen werden können, da diese wie jeder Deutsche zum Schöffenamt (§ 31 GVG) herangezogen werden können und sich der daraus ergebenden Doppelbelastung gemäß § 35 Nr. 2 Alt. 2 GVG durch Ablehnung der Berufung in das weitere Richteramt entledigen können. Die Vorschrift ist abschließend. Der Kreis der in § 35 GVG genannten Personen lässt sich nicht im Wege der Gesetzesanalogie auf andere Personenkreise erweitern.[2]

b) Einzelne Ablehnungsberechtigte und -gründe. Bei den in § 35 Nr. 1, 3 und 4 GVG genannten Ablehnungsberechtigten geht das Gesetz davon aus, dass sie in ihrem Amt oder Beruf schwer entbehrlich sind, den in § 35 Nr. 2 und 6 GVG aufgeführten Personen billigt das Gesetz ein Ablehnungsrecht unter Zumutbarkeitsgesichtspunkten zu, und in § 35 Nr. 5 und 7 GVG kommen beide Zweckbestimmungen zum Ausdruck.[3]

Zum erstgenannten Personenkreis gehören Mitglieder des Bundestages und anderer gewählter Rechtssetzungsorgane (§ 35 Nr. 1 GVG) sowie Berufe aus dem Gesundheitswesen (§ 35 Nr. 3 und 4 GVG). Letztgenannte Vorschriften können in der Landwirtschaftsgerichtsbarkeit allerdings nur praktisch werden, wenn ein ehemaliger oder Nebenerwerbslandwirt (§ 4 Abs. 3 S. 1 Nr. 1) zum ehrenamtlichen Richter berufen ist.

Als nicht zumutbar gilt die Berufung zum ehrenamtlichen Richter in sinngemäßer Anwendung von § 35 Nr. 2 Alt. 1 GVG, wenn die Person in der **vorhergehenden Amtsperiode** die Verpflichtung eines ehrenamtlichen Richters in der Landwirtschaftsgerichtsbarkeit an vierzig Tagen erfüllt hat. Mit der vorhergehenden

---

[1] BVerfG Beschl. v. 26.5.1976 – 2 BvL 13/75, BVerfGE 42, 206 (210).
[2] BGH Urt. v. 12.1.1956 – 3 StR 626/54, BGHSt 9, 203 (206) = NJW 1956, 1326; *Kissel/Mayer* GVG § 33 Rn. 1.
[3] BGH Urt. v. 12.1.1956 – 3 StR 626/54, BGHSt 9, 203 (206) = NJW 1956, 1326.

Amtsperiode ist nur diejenige gemeint, die der Amtsperiode, in die der ehrenamtliche Richter ablehnt, berufen zu werden, unmittelbar vorausgeht;[4] frühere Amtsperioden können allerdings nach § 35 Nr. 7 GVG bedeutsam werden. Zudem verlangt § 35 Nr. 2 Alt. 1 GVG, dass der ehrenamtliche Richter in derselben Gerichtsbarkeit amtsverpflichtet gewesen war, in die er nunmehr berufen worden ist, so dass in sinngemäßer Anwendung der Vorschrift Richterämter außerhalb der Landwirtschaftsgerichte außer Betracht bleiben.[5]

8   Ohne weiteres zur Ablehnung der Berufung sind Personen ferner aus dem Grunde berechtigt, dass sie **bereits als ehrenamtlicher Richter,** wozu auch Schöffen und Handelsrichter gehören (§ 45a DRiG) gehören, **tätig** sind (§ 35 Nr. 2 Alt. 2 GVG). Weiterhin kann einem ehrenamtlichen Richter die Ausübung seines Amts nicht gegen dessen Willen über die **Vollendung des fünfundsechzigsten Lebensjahrs** hinaus zugemutet werden (§ 35 Nr. 6 GVG).

9   Zu den Ablehnungsberechtigten gehören nach § 35 Nr. 5 GVG überdies Personen, denen die unmittelbare persönliche **Fürsorge für ihre Familie** die Ausübung des Amtes in besonderem Maße erschwert. Gemeint ist nur der persönliche, nicht der finanzielle Unterhalt von Familienangehörigen (§§ 1589, 1590 BGB).[6] Bei besonderem Fürsorgebedürfnis, zB eines behinderten Menschen, kann auch Sorge für einen Familienangehörigen genügen. Der Ablehnungsberechtigte muss die Tatsachenbehauptungen, mit denen er das Ablehnungsgesuch begründet, **glaubhaft machen.** Dies ist schon dann der Fall, wenn eine überwiegende Wahrscheinlichkeit dafür besteht, dass Behauptungen zutreffen.[7] Zur Beweisführung kann er sich aller präsent verfügbaren[8] Beweismittel bedienen (§ 431 FamFG, § 294 ZPO).

10   § 35 Nr. 7 GVG schließlich dient der Vermeidung besonderer Härten, die sich für die ins Richteramt berufene Person aus einer Dritten[9] wegen **Gefährdung oder erheblicher Beeinträchtigung einer ausreichenden wirtschaftlichen Lebensgrundlage** ergeben. Während § 35 Nr. 5 GVG noch auf die Erschwernis der Amtsausübung durch den persönlichen Belang abstellt und damit das öffentliche Rechtspflegeinteresse betont, rückt § 35 Nr. 7 GVG umgekehrt berechtigtes Individualinteresse am Erhalt der wirtschaftlichen Lebensgrundlage in den Vordergrund. Die Voraussetzungen der Vorschrift können insbesondere bei landwirtschaftlichen Familienbetrieben erfüllt sein. Wie bei § 35 Nr. 5 GVG muss der Ablehnungsberechtigte auch hier die zur Begründung seines Gesuchs vorgebrachten Tatsachen glaubhaft machen (→ Rn. 9).

2. Ausschlussfrist (Abs. 2 Hs. 1 iVm § 53 Abs. 1 GVG)

11   Zur Gewährleistung eines ordnungsgemäßen Geschäftsgangs ist das Ablehnungsrecht befristet. Die Ablehnungsgründe müssen gemäß § 53 Abs. 1 S. 1 GVG innerhalb einer Woche, nachdem der ehrenamtliche Richter von seiner Einberufung in Kenntnis gesetzt worden ist, geltend gemacht werden. Geltend zu machen sind sie von ihm schriftlich oder zu Protokoll der Geschäftsstelle; ersterenfalls ist der

---

[4] *Kissel/Mayer* GVG § 35 Rn. 4.

[5] Vgl. *Kissel/Mayer* GVG § 35 Rn. 4.

[6] *Kissel/Mayer* GVG § 35 Rn. 8.

[7] BGH Beschl. v. 21.10.2010 – V ZB 210/09, NJW-RR 2011, 136 Rn. 7; BeckOK ZPO/ *Bacher* § 294 Rn. 3 mwN.

[8] BeckOK ZPO/*Bacher* § 294 Rn. 14f.

[9] Gemeint ist wohl – arg. e § 35 Nr. 5 GVG – ein unterhaltsberechtigter Dritter.

Eingangsstempel des Gerichts maßgeblich, dem das Landwirtschaftsgericht organisatorisch zugeordnet ist (→ § 1 Rn. 1).[10] Bei später entstandenen Ablehnungsgründen beginnt die Wochenfrist erst von diesem Zeitpunkt an zu laufen (§ 53 Abs. 1 S. 2 Alt. 1 GVG); der Fall, dass ein Ablehnungsgrund zwar bereits bei Einberufung entstanden, aber erst später bekannt geworden ist (§ 53 Abs. 1 S. 2 Alt. 2 GVG), wird kaum jemals praktisch werden.[11] Bei Streit über den Fristbeginn muss die Justiz beweisen, dass der Ablehnungsgrund früher entstanden ist.[12]

3. Entscheidung über das Ablehnungsgesuch (Abs. 2 Hs. 2 und 3)

Über die Ablehnungsgesuche der ehrenamtlichen Richter der Amtsgerichte seines Geschäftsbereichs und des Oberlandesgerichts (§ 4 Abs. 1 S. 1) entscheidet der Präsident des Oberlandesgerichts, über die Gesuche der ehrenamtlichen Richter des Landwirtschaftssenats des Bundesgerichtshofs (§ 4 Abs. 6) entscheidet der Präsident desselben (§ 3 Abs. 2 Hs. 2). Der Anhörung der Staatsanwaltschaft bedarf es entgegen § 53 Abs. 2 S. 1 GVG naturgemäß nicht (§ 3 Abs. 2 Hs. 3). Gibt der Präsident des Oberlandesgerichts (bzw. des Bundesgerichtshofs) dem Ablehnungsgesuch eines bereits berufenen ehrenamtlichen Richters statt, kann er gemäß § 4 Abs. 5 für die restliche Amtszeit einen ehrenamtlichen Richter nachberufen (→ § 4 Rn. 46). 12

4. Unanfechtbarkeit (Abs. 2 Hs. 1 iVm § 53 Abs. 2 S. 2 GVG)

Wie sich aus dem Verweis in § 3 Abs. 2 Hs. 1 auf § 53 Abs. 2 S. 2 GVG ergibt, ist sowohl die Stattgabe als auch die Zurückweisung des Ablehnungsgesuchs unanfechtbar. Dies soll sowohl die Besetzungsrüge im Rechtsmittelverfahren (→ § 2 Rn. 40 f.) als auch den Rechtsschutz des betroffenen ehrenamtlichen Richters ausschließen.[13] Ersteres ist de constitutione lata unproblematisch, da Art. 19 Abs. 4 GG keinen Rechtsmittelzug gewährleistet. Letzteres wäre, da ein eigenes Recht des ehrenamtlichen Richters auf dem Prüfstand steht (→ Rn. 2), schwerlich mit Art. 19 Abs. 4 S. 1 GG zu vereinbaren, falls die Entscheidung über das Ablehnungsgesuch der Justizverwaltung zuzurechnen wäre. Hierauf deutet zwar die Entscheidungsbefugnis der Gerichtsvorstände hin. Nach der Rechtsprechung des BGH gehören die dem Richter beim Amtsgericht nach §§ 38 ff. GVG und folglich auch § 53 Abs. 2 S. 1 GVG zugewiesenen Aufgaben indes zu den Geschäften der gerichtlichen Selbstverwaltung, die in richterlicher Eigenschaft wahrzunehmen sind.[14] Folgt man dem, kann aus der formalen Entscheidungsbefugnis der Gerichtsvorstände der Landwirtschaftsgerichte nichts anderes hergeleitet werden; der Justizgewährleistungsanspruch des ehrenamtlichen Richters wäre mit der Entscheidung des Gerichtsvorstands erfüllt. 13

---

[10] AA *Kissel/Mayer* GVG § 53 Rn. 4: Eingang bei der Geschäftsstelle des Landwirtschaftsgerichts.
[11] *Kissel/Mayer* GVG § 53 Rn. 3.
[12] Vgl. BeckOK BGB/*Henrich* § 194 Rn. 11 mwN.
[13] *Kissel/Mayer* GVG § 53 Rn. 6.
[14] BGH Urt. v. 10.6.1980 – 5 StR 464/79, BGHSt 29, 284 (287) = NJW 1980, 2364; zust. *Kissel/Mayer* GVG § 40 Rn. 3.

§ 4 [Vorschlagsliste]

(1) [1]Die ehrenamtlichen Richter der Amtsgerichte und des Oberlandesgerichts beruft der Oberlandesgerichtspräsident auf Grund einer Vorschlagsliste. [2]Er bestimmt für jedes Gericht die erforderliche Zahl der ehrenamtlichen Richter.

(2) [1]Die Länder bestimmen, wie die Vorschlagsliste aufzustellen ist. [2]Die Liste ist dem Oberlandesgerichtspräsidenten mindestens drei Monate vor Ablauf der Amtszeit der ehrenamtlichen Richter für jedes Gericht getrennt vorzulegen.

(3) [1]Als ehrenamtliche Richter sind nur Deutsche vorzuschlagen,
1. die die Landwirtschaft in dem Bezirk selbständig im Haupt- oder Nebenberuf ausüben oder ausgeübt haben,
2. bei denen kein Hinderungsgrund nach §§ 32 bis 34 des Gerichtsverfassungsgesetzes vorliegt,
3. die nicht Aufgaben der nach Landesrecht zuständigen Behörden auf den in § 1 Nr. 1 und 2 bezeichneten Sachgebieten wahrnehmen,
4. die nicht dem Vorstand oder der Geschäftsführung einer land- und forstwirtschaftlichen Berufsvertretung oder ihrer Untergliederungen angehören, soweit diese nach § 32 Abs. 1 am gerichtlichen Verfahren beteiligt werden.

[2]§ 34 Abs. 1 Nr. 7 des Gerichtsverfassungsgesetzes ist nicht anzuwenden.

(4) Die Zahl der vorzuschlagenden Personen soll das Eineinhalbfache der erforderlichen Zahl der ehrenamtlichen Richter betragen.

(5) Scheidet ein ehrenamtlicher Richter nach seiner Berufung aus, so kann der Oberlandesgerichtspräsident für die restliche Amtszeit des ausgeschiedenen ehrenamtlichen Richters einen neuen ehrenamtlichen Richter auf Grund der Vorschlagsliste berufen.

(6) Diese Vorschriften gelten für die ehrenamtlichen Richter des Bundesgerichtshofes entsprechend mit der Maßgabe, daß diese von dem Präsidenten des Bundesgerichtshofes auf Grund einer Vorschlagsliste berufen werden, die von dem Zentralausschuß der Deutschen Landwirtschaft aufgestellt wird.

Inhaltsübersicht

I. Überblick

§ 4 Abs. 3 regelt die persönlichen Voraussetzungen für die **Berufung zum eh-** 1 **renamtlichen Richter.** Unter den Personen, die die Voraussetzungen nach Abs. 3 erfüllen, haben die Länder nach § 4 Abs. 2 eine Vorauswahl (Abs. 4) durch Erstellung einer Vorschlagsliste zu treffen; dazu werden sie ermächtigt und verpflichtet, in ihrem Geschäftsbereich Bestimmungen zu erlassen, wie die Vorschlagsliste aufzustellen ist. Die Berufung der ehrenamtlichen Richter obliegt in seinem Geschäftsbereich dem Oberlandesgerichtspräsidenten, der auch die für jedes Gericht erforderliche Zahl der ehrenamtlichen Richter zu bestimmen hat (§ 4 Abs. 1). Nach § 4 Abs. 5 kann dieser auf Grund der Vorschlagsliste auch einen neuen ehrenamtlichen Richter berufen, wenn ein zunächst Berufener während seiner Amtszeit (§ 3 Abs. 1 Hs. 1) ausscheidet. § 4 Abs. 1–5 LwVG gelten für die Berufung der ehrenamtlichen Richter des Bundesgerichtshofes entsprechend, die der Präsident des Bundesgerichtshofes aufgrund einer Vorschlagsliste beruft, die von dem Zentralausschuss der Deutschen Landwirtschaft aufgestellt wird (§ 4 Abs. 6).

II. Verfassungsrechtlicher Rahmen und Gesetzessystematik

Die Vorschrift dient gemeinsam mit §§ 6, 7 der **Gewährleistung des** 2 **gesetzlichen Richters** (Art. 101 Abs. 1 S. 2 GG, § 16 S. 2 GVG). Die verfassungsrechtliche Forderung nach dem gesetzlichen Richter setzt einen Bestand von Rechtssätzen voraus, die für jeden Streitfall den Richter bezeichnen, der für die Entscheidung zuständig ist. Art. 101 Abs. 1 S. 2 GG, § 16 S. 2 GVG verpflichtet demnach auch dazu, Regelungen zu treffen, aus denen sich der gesetzliche Richter ergibt, wobei der Gesetzgeber die fundamentalen Zuständigkeitsregeln durch formelles Parlamentsgesetz selbst aufstellen, also durch Prozessgesetze wie das LwVG bestimmen muss.[1] Dementsprechend bestimmt § 44 Abs. 1 DRiG, dass ehrenamtliche Richter bei einem Gericht nur auf Grund eines Gesetzes und unter den gesetzlich bestimmten Voraussetzungen tätig werden dürfen.

Während § 4 die Berufung ehrenamtlicher Richter in das Richteramt beinhal- 3 tet, regelt § 6 die Ausübung des Richteramts durch Heranziehung zu den Sitzungen (→ § 6 Rn. 2ff.). Nach § 7 ist ein ehrenamtlicher Richter seines Amtes zu entheben, wenn das Fehlen einer in § 4 Abs. 3 bezeichneten Voraussetzung nachträglich bekannt wird oder eine solche Voraussetzung nachträglich wegfällt. Ein ehrenamtlicher Richter, der im Verfahren nach § 4 Abs. 1 und 2 berufen worden ist, ist so-

---

[1] BVerfG Beschl. v. 8.4.1997 – 1 PBvU 1/95, BVerfGE 95, 322 (328) = NJW 1997, 1497.

lange der gesetzliche Richter iSv Art. 101 Abs. 1 S. 2 GG, § 16 S. 2 GVG, als er nicht nach § 7 seines Amtes enthoben worden ist (→ Rn. 51; → § 7 Rn. 12).[2]

4 Daneben werden durch § 4 die übrigen verfassungsrechtlichen Anforderungen an die dritte Staatsgewalt umgesetzt. Den Anforderungen des Art. 92 GG entsprechen auch Spruchkörper, denen neben den Berufsrichtern auch andere Personen aufgrund ihrer Sachkunde für eine besondere Materie als Richter angehören (→ § 2 Rn. 27). Die Gewährleistung dieser **Sachkunde der ehrenamtlichen Richter** bezweckt § 4 Abs. 3 S. 1 Nr. 1 (→ Rn. 9). Aus der Ausübung des Landwirtberufs lassen sich, etwa im Rechtsstreit zwischen Landwirt und Nichtlandwirt, auch grundsätzlich keine Bedenken gegen die Neutralität der ehrenamtlichen Richter ableiten.[3] In einer solchen Fallkonstellation ist indes denkbar, dass im Einzelfall besondere Umstände hinzutreten, die geeignet sind, Misstrauen gegen die Unparteilichkeit der ehrenamtlichen Richter rechtfertigen zu (§ 9 iVm § 6 Abs. 1 FamFG bzw. § 48 Abs. 1 S. 1 i Vm § 42 Abs. 2 ZPO).[4] Über ein solches Ablehnungsgesuch wird dann zur Wahrung des Neutralitätsgebots gemäß § 20 Abs. 1 Nr. 1 zwingend (vgl. → § 20 Rn. 13) ohne Zuziehung der ehrenamtlichen Richter zu beschließen sein.[5]

5 Zum **Wesen der richterlichen Tätigkeit** gehört, dass sie von einem nichtbeteiligten Dritten in sachlicher und persönlicher Unabhängigkeit ausgeübt wird. Daraus folgt ua, dass die richterliche Neutralität nicht durch eine mit Art 20 Abs. 2 und Art 92 GG unvereinbare personelle Verbindung zwischen Ämtern der Rechtspflege und Verwaltung in Frage gestellt werden darf.[6] § 4 Abs. 3 S. 1 Nr. 3 und 4 sind Ausdruck dieser Ämterinkompatibilität (→ Rn. 22 f.).

6 Sowohl bei der Aufstellung der Vorschlagsliste als auch bei der Berufung zum ehrenamtlichen Richter sollen **Frauen und Männer angemessen berücksichtigt** werden (§ 44 Abs. 1 a DRiG).[7] Ferner ist schon bei der Aufstellung der Vorschlagsliste sowie bei der Berufung in das Richteramt darauf Bedacht zu nehmen, dass gemäß § 6 Abs. 1 S. 3 Alt. 1 zur Verhandlung von Pachtsachen (§ 1 Nr. 1 und 1 a) nicht ehrenamtliche Richter herangezogen werden dürfen, die beide Pächter oder Verpächter sind (→ § 6 Rn. 8 ff.). Demgegenüber ist nach Aufhebung der §§ 59 und 63 Abs. 3 und 4 des Bundesvertriebenengesetzes (→ § 1 Rn. 153) unerheblich, ob die ehrenamtlichen Richter dem in § 35 des Bundesvertriebenengesetzes aF genannten Personenkreis angehören oder nicht angehören (vgl. § 6 Abs. 1 S. 3 Alt. 2).

---

[2] BGH Beschl. v. 4.11.1994 – BLw 47/94, BGHZ 127, 327 (329) = DtZ 1995, 48; Beschl. v. 4.12.1992 – BLw 19/92, BGHZ 120, 352 (356) = NJW 1993, 857; Düsing/Martinez/*Hornung* LwVG § 4 Rn. 9; aA MAH AgrarR/*Reiter* § 5 Rn. 101.
[3] BVerfG Beschl. v. 26.5.1976 – 2 BvL 13/75, BVerfGE 42, 206 (210); s. a. *Pikalo* AgrarR 1976, 125 (127).
[4] Vgl. *Pikalo* AgrarR 1976, 125 (126 f.), der sich deshalb de lege ferenda für die Mitwirkung eines Nichtlandwirts ausspricht, wenn sich landwirtschaftliche und nichtlandwirtschaftliche Interessen gegenüberstehen.
[5] Vgl. BVerfG Beschl. v. 26.5.1976 – 2 BvL 13/75, BVerfGE 42, 206 (211).
[6] BVerfG Beschl. v. 3.6.1980 – 1 BvL 114/78, BVerfGE 54, 159 (166).
[7] Dazu *Schmidt-Räntsch* DRiG § 44 Rn. 10.

III. Voraussetzungen der Berufung (Abs. 3)

1. Deutsche

Als ehrenamtliche Richter können nur Deutsche vorgeschlagen werden (§ 4 **7**
Abs. 3 S. 1). Nach den Vorstellungen des historischen Gesetzgebers wird die deutsche Staatsangehörigkeit benötigt, weil die ehrenamtlichen Richter bei der Ausübung deutscher Staatsgewalt mitwirken.[8] Diese Auffassung wird vom Gesetzgeber
heutzutage in dieser Allgemeinheit nicht mehr geteilt (vgl. § 7 Abs. 1 Nr. 1 Beamt-
StG). Für die rechtsprechende Gewalt wird an ihr jedoch wegen der Bedeutung des
Richteramts festgehalten.[9] Nach § 9 Nr. 1 DRiG, der freilich nur für Berufsrichter
gilt (§ 2 DRiG), darf in das Richterverhältnis nur berufen werden, wer **Deutscher
isd Art. 116 GG** ist. § 31 S. 2 GVG bestimmt, das das Ehrenamt des Schöffen nur
von Deutschen versehen werden kann. Der Ausschluss von Unionsbürgern anderer
Staatsangehörigkeit (Art. 20 Abs. 1 S. 2 AEUV) vom Richteramt verstößt nicht
gegen die Freizügigkeit (arg. ex Art. 45 Abs. 4 AEUV).[10]

Wer Deutscher ist, richtet sich nach Art. 116 GG, auf den auch § 9 Nr. 1 DRiG **8**
verweist. Eine weitere Staatsangehörigkeit schließt die Aufnahme in die Vorschlagsliste nicht aus. Wird eine Person zum ehrenamtlichen Richter vorgeschlagen und
berufen, die kein Deutscher isd GG ist, soll die Berufung unwirksam sein.[11] Die
Entscheidungen, an denen sie mitwirkt, sind jedenfalls wirksam[12] und auch nur ausnahmsweise allein deswegen anfechtbar (→ Rn. 49).

2. Selbständige Landwirte (S. 1 Nr. 1)

Durch die persönlichen Voraussetzungen für die Aufnahme in die Vorschlagsliste **9**
nach § 4 Abs. 3 S. 1 Nr. 1 soll sichergestellt werden, dass die ehrenamtlichen Richter
über die nötige Sachkunde für die Berufung in das Richteramt verfügen. Mit der
Heranziehung beruflich tätiger oder tätig gewesener Landwirte als landwirtschaftliche Beisitzer hat der Gesetzgeber der Eigenart der von den Landwirtschaftsgerichten zu behandelnden Materie Rechnung tragen wollen. Ihre starke wirtschaftliche
Ausrichtung hat es zweckmäßig erscheinen lassen, die Gerichte soweit als möglich
von Sachverständigengutachten unabhängig zu machen und in die Spruchkörper
selbst Personen aufzunehmen, die durch berufliche Erfahrung und aus eigener An-
schauung erworbener Sachkunde in besonderem Maße zur Förderung der Urteils-
findung in der Lage sein können.[13]

a) Landwirtschaft. Landwirtschaft sind die Bodenbewirtschaftung und die mit **10**
der Bodennutzung verbundene Tierhaltung, um pflanzliche oder tierische Erzeugnisse zu gewinnen, sowie die gartenbauliche Erzeugung (§ 585 Abs. 1 S. 2 BGB;

---

[8] BT-Drs. 1/3819, 20.
[9] Vgl. *Kissel/Mayer* GVG § 31 Rn. 10; *Schmidt-Räntsch* DRiG § 9 Rn. 3.
[10] Vgl. *Schmidt-Räntsch* DRiG § 9 Rn. 10.
[11] *Kissel/Mayer* GVG § 31 Rn. 10; zw., da § 18 Abs. 2 Nr. 1 DRiG auf ehrenamtliche Richter jedenfalls nicht unmittelbar anwendbar ist.
[12] *Kissel/Mayer* GVG § 31 Rn. 10.
[13] BVerfG Beschl. v. 3.6.1980 – 1 BvL 114/78, BVerfGE 54, 159 (167) unter Verweis auf
den RegEntw zum LwVG, BT-Drs. 1/3819, 16 und 19, sowie den Bericht des BT-Rechtsaus-
schusses, BT-Drs. 1/4429, 1.

→ näher § 1 Rn. 9 ff.).[14] Nicht erforderlich ist, dass der ehrenamtliche Richter Eigentümer der landwirtschaftlichen Produktionsmittel, insbesondere der landwirtschaftlich genutzten Grundstücke ist (vgl. § 6 Abs. 1 S. 3).

11   **b) Selbständige Ausübung im Haupt- oder Nebenberuf.** Der ehrenamtliche Richter muss die Landwirtschaft selbständig ausüben oder wenigstens ausgeübt haben. Dies ist der Fall, wenn er sie **weisungsfrei, auf eigene Rechnung und in der Absicht der nachhaltigen Gewinnerzielung** (vgl. § 1 Abs. 7 des Gesetzes über die Altersicherung der Landwirte v. 29. 7. 1994, BGBl. I 1890 – ALG) betreibt. Mittels der Gewinnerzielungsabsicht können gemeinnützige, landes- oder naturpflegerische Tätigkeiten von der Ausübung von Landwirtschaft abgegrenzt werden.[15]

12   Bei Gesellschaftern oder Mitgliedern von Gesellschaften wird in Anlehnung an § 1 Abs. 2 S. 3 ALG unterschieden werden müssen. Nach dieser Vorschrift gelten beschränkt haftende Gesellschafter einer Personenhandelsgesellschaft oder Mitglieder einer juristischen Person als Landwirt, wenn sie hauptberuflich im Unternehmen tätig und wegen dieser Tätigkeit nicht kraft Gesetzes in der gesetzlichen Rentenversicherung versichert sind. Allerdings kann die auf Zwecke der gesetzlichen Sozialversicherung ausgerichtete gesetzliche Fiktion nicht deckungsgleich auf § 4 Abs. 3 Nr. 1 übertragen werden. So wird man entsprechend Zwecks dieser Vorschrift, den landwirtschaftlichen Sachverstand der ehrenamtlichen Richter zu gewährleisten,[16] auch bei persönlich haftenden Gesellschaftern von Personengesellschaften verlangen müssen, dass diese auch **persönlich landwirtschaftlich tätig** sind. Sind diese Voraussetzungen erfüllt, spricht umgekehrt nichts dagegen, auch Gesellschafter einer Gesellschaft bürgerlichen Rechts, die Landwirtschaft ausübt, zu ehrenamtlichen Richtern vorzuschlagen.

13   Hauptberuflichen Landwirten stehen **Nebenerwerbslandwirte** gleich, sofern sie die genannten Voraussetzungen (→ Rn. 11) erfüllen (vgl. auch § 4 Abs. 3 Nr. 1 LPachtVG). Jemand ist Landwirt im Nebenberuf, wenn er seinen Erwerb vorwiegend aus einer anderen (als der landwirtschaftlichen) Tätigkeit zieht.[17] Auch bei Landwirten im Nebenberuf stellt das Gesetz keine formalen Anforderungen an Ausbildung oder Fachkenntnisse.[18] Entsprechend § 4 Abs. 3 Nr. 2 LPachtVG[19] wird deshalb eine gewisse Leistungsfähigkeit der Nebenerwerbslandwirtschaft[19] zu verlangen sein, da sie nur dann die landwirtschaftliche Sachkunde des Nebenerwerbslandwirts zu indizieren vermag.

14   **c) Im Bezirk des Landwirtschaftsgerichts.** Der Landwirt muss die Landwirtschaft in dem Gerichtsbezirk (→ § 2 Rn. 3), für den er vorgeschlagen wird, ausüben oder ausgeübt haben. Dies ist bei den ehrenamtlichen Richtern der Landwirtschaftsgerichte der jeweilige Amtsgerichtsbezirk, bei den ehrenamtlichen Richtern der Landwirtschaftssenate der Oberlandesgerichte der jeweilige Oberlandesgerichtsbezirk und bei den ehrenamtlichen Richtern des Landwirt-

---

[14] Düsing/Martinez/*Hornung* LwVG § 4 Rn. 6.

[15] OLG Brandenburg Beschl. v. 26. 4. 2012 – 5 W (Lw) 5/11, BeckRS 2012, 10033 = RdL 2012, 184.

[16] BT-Drs. 1/3819, 19.

[17] BGH Beschl. v. 4. 7. 1979 – V BLw 4/79, BGHZ 75, 81 (84) = NJW 1979, 2396 = RdL 1979, 267; Düsing/Martinez/*Hornung* LwVG § 4 Rn. 7 mwN.

[18] *Ernst* LwVG § 4 Rn. 12.

[19] Vgl. BGH Beschl. v. 6. 7. 1990 – BLw 8/88, BGHZ 112, 86 (91) = NJW 1991, 107.

schaftssenats des Bundesgerichtshofs das Bundesgebiet. Dadurch soll gewährleistet werden, dass die ehrenamtlichen Richter nicht nur über allgemeine landwirtschaftliche Sachkenntnisse verfügen, sondern auch mit den örtlichen Verhältnissen vertraut sind.[20]

Ein Verstoß gegen § 4 Abs. 3 S. 1 Nr. 1 rechtfertigt nur dann die Besetzungsrüge, **15** wenn er auf objektiver Willkür beruht (→ Rn. 49).

3. Kein Hinderungsgrund nach §§ 32 bis 34 GVG (S. 1 Nr. 2)

Weiter dürfen nach § 4 Abs. 3 S. 1 Nr. 2 nur Personen vorgeschlagen werden, bei **16** denen kein Hinderungsgrund nach §§ 32 bis 34 GVG vorliegt. Eine Überprüfung der Hinderungsgründe in einem Einspruchsverfahren, wie es §§ 37, 41 GVG für Schöffen vorsehen, findet allerdings nicht statt, da § 4 Abs. 3 Nr. 2 nicht auch auf diese Vorschriften verweist.

a) Amtsunfähigkeit (§ 32 GVG). Unfähig zu dem Amt eines ehrenamtlichen **17** Richters sind Personen, die Verurteilte oder Beschuldigte eines Strafverfahrens sind, in dem sie durch Richterspruch die Amtsfähigkeit gemäß §§ 45–45b StGB verloren haben (§ 32 Nr. 1 Alt. 1 GVG), ihr verlustig zu gehen drohen (§ 32 Nr. 2 GVG) oder in dem sie wegen einer vorsätzlichen Tat zu einer Freiheitsstrafe von mehr als sechs Monaten verurteilt worden sind (§ 32 Nr. 1 Alt. 2 GVG). Amtsunfähigkeit nach § 32 Nr. 1 Alt. 1 GVG setzt eine rechtskräftige Verurteilung voraus (§ 45a Abs. 1 StGB). Vor Eintritt Rechtskraft gilt § 32 Nr. 2 GVG; hierfür genügt es, dass das Ermittlungsverfahren (auch Zwischen- und Hauptverfahren) bei abstrakt-genereller Betrachtung zum Verlust der Amtsfähigkeit führen kann,[21] was deshalb immer zu bejahen ist, wenn der Anfangsverdacht eines Verbrechens gegeben ist. § 32 Nr. 1 Alt. 2 GVG liegt die Erwägung zugrunde, dass eine Person, die sich selbst einer vorsätzlich begangenen Straftat nicht unerheblichen Gewichts schuldig gemacht hat, nicht über andere richten soll. Tat iSd Vorschrift können daher auch mehrere Taten im strafrechtlichen Sinne sein, sofern sie jeweils vorsätzlich begangen wurden und zu der Verurteilung zu einer Gesamtstrafe von mehr als sechs Monaten geführt haben.[22]

Wird eine amtsunfähige Person zum ehrenamtlichen Richter vorgeschlagen und **18** berufen, soll die Berufung unwirksam sein.[23] Die Entscheidungen, an denen sie mitwirkt, sind jedenfalls wirksam[24] und auch nur ausnahmsweise allein deswegen anfechtbar (→ Rn. 49). Insoweit ist der Zeitpunkt der Amtsausübung maßgebend; bestätigt sich der die Amtsunfähigkeit gemäß § 32 Nr. 2 GVG begründende Verdacht nicht, wird die Amtsfähigkeit durch die Einstellung des Strafverfahrens oder den Freispruch nicht rückwirkend wiederhergestellt.[25]

b) Nicht zu berufende Personen (§§ 33, 34 GVG). Nach § 4 Abs. 3 S. 1 **19** Nr. 2 **sollen** in die Vorschlagsliste ferner nicht die in §§ 33, 34 Abs. 1 Nr. 1–6 GVG genannten Personen aufgenommen werden. § 34 Abs. 1 Nr. 7 GVG ist da-

---

[20] BT-Drs. 1/4429, 3.
[21] BGH Urt. v. 6.8.1987 – 4 StR 319/87, BGHSt 35, 28 (29) = NJW 1988, 82; *Kissel/Mayer* GVG § 32 Rn. 7.
[22] *Kissel/Mayer* GVG § 32 Rn. 5 mwN.
[23] *Kissel/Mayer* GVG § 32 Rn. 1, zw.
[24] *Kissel/Mayer* GVG § 32 Rn. 1.
[25] BGH Urt. v. 6.8.1987 – 4 StR 319/87, BGHSt 35, 28 (31) = NJW 1988, 82.

gegen nicht anzuwenden (§ 4 Abs. 3 S. 2); die Beschränkung der Schöffentätigkeit auf zwei aufeinander folgende Amtsperioden gemäß § 34 Abs. 1 Nr. 7 GVG dient der Beteiligung größerer Bevölkerungsteile an der Strafrechtspflege, während der Gesetzgeber mit § 4 Abs. 3 S. 2 und § 3 Abs. 1 Hs. 2 der Sachkunde der ehrenamtlichen Richter der Landwirtschaftsgerichte den Vorrang vor dem Belang der Ämterfluktation eingeräumt hat. § 33 Nr. 3 GVG dient wie § 4 Abs. 3 S. 1 Nr. 1 dazu, zu gewährleisten, dass die ehrenamtlichen Richter mit den örtlichen Verhältnissen vertraut sind, so dass jener Vorschrift gegenüber dem spezielleren § 4 Abs. 3 S. 1 Nr. 1 keine eigenständige Bedeutung zugebilligt werden kann.

20   Das GVG unterscheidet in §§ 33, 34 – lediglich sprachlich begründet – zwischen nicht zu berufenden und weiteren nicht zu berufenden Personen. Letztlich lassen sich sämtliche in §§ 33, 34 GVG genannten Hinderungsgründe auf das Interesse an einer **funktionstüchtigen Rechtssprechung unter Laienbeteiligung** zurückführen. So stehen mangelnde Lebenserfahrung (§ 33 Nr. 1 GVG), alters- (§ 33 Nr. 2 GVG) oder gesundheitliche (§ 33 Nr. 4 GVG) Beeinträchtigungen der Leistungsfähigkeit, mangelnde Sprachkenntnisse (§ 33 Nr. 5 GVG) oder wirtschaftliches Unvermögen (§ 33 Nr. 6 GVG) der Aufnahme in die Vorschlagsliste deshalb entgegen, weil der Gesetzgeber diesen Personen zumindest bei abstrakt-genereller Betrachtung keinen substantiellen Rechtsprechungsbeitrag zutraut. § 34 Abs. 1 Nr. 1–3 GVG lassen sich jedenfalls auch mit dem Gewaltenteilungsgrundsatz erklären, § 34 Abs. 1 Nr. 4 GVG dient der Laienbeteiligung und § 34 Abs. 1 Nr. 5–6 GVG soll Anfechtungen der richterlichen Unabhängigkeit vorbeugen.

21   Da es sich bei den §§ 33, 34 GVG um Sollvorschriften handelt, ist das Landwirtschaftsgericht auch dann ordnungsgemäß besetzt, wenn jemand zum ehrenamtlichen Richter vorgeschlagen und berufen wird, in dessen Person ein Hinderungsgrund nach diesen Vorschriften vorliegt.[26] Auch ist eine solche Person nicht berechtigt, das Amt des ehrenamtlichen Richters abzulehnen.[27]

4. Keine Wahrnehmung inkompatibler Verwaltungsaufgaben (S. 1 Nr. 3)

22   Nicht vorgeschlagen werden dürfen nach § 4 Abs. 3 S. 1 Nr. 3 ferner Personen, die Aufgaben der nach Landesrecht zuständigen Behörden (→ § 32 Rn. 19 ff.) für die Beanstandung von Landpachtverträgen nach dem LPachtVG (§ 1 Nr. 1; → § 1 Rn. 6 ff.) oder der Genehmigung von Grundstücksveräußerungen nach dem GrdstVG (§ 1 Nr. 2; → § 1 Rn. 70) wahrnehmen. Mit der Vorschrift wird der **Gewaltenteilungsgrundsatz** (Art. 20 Abs. 2, 92 GG) umgesetzt.[28] Wird eine Person entgegen § 4 Abs. 3 S. 1 Nr. 3 zum ehrenamtlichen Richter berufen, sind die Entscheidungen, an denen sie mitwirkt, wirksam und nur ausnahmsweise allein deswegen anfechtbar (→ Rn. 49).

---

[26] BGH Urt. v. 3.11.1981 – 5 StR 566/81, BGHSt 30, 255 (257) = NJW 1982, 293; Urt. v. 19.6.1985 – 2 StR 98/85, 2 StR 197/85, BGHSt 33, 261 (269) = NJW 1985, 2341.
[27] Vgl. *Kissel/Mayer* GVG § 33 Rn. 10 mwN.
[28] BT-Drs. 10/509, 28 f.

5. Keine inkompatible Organmitgliedschaft in einer land- und forstwirtschaftlichen Berufsvertretung (S. 1 Nr. 4)

Mit § 4 Abs. 3 S. 1 Nr. 4 hat der Gesetzgeber ebenfalls eine Folgerung aus Art. 20 **23** Abs. 2, 92 GG gezogen.[29] Die Vorschrift geht zudem auf eine Entscheidung des BVerfG[30] zurück. Danach verstieß die Beteiligung von Vorstandsmitgliedern der Landwirtschaftskammer an der Rechtsprechung der Landwirtschaftsgerichte in Grundstücksverkehrsangelegenheiten (§ 1 Nr. 2 und 3) gegen das Gewaltenteilungsprinzip (Art. 20 Abs. 2, 92 GG) und die Garantien auf effektiven Rechtsschutz (Art. 19 Abs. 4 GG) und den gesetzlichen Richter (Art. 101 Abs. 1 S. 2 GG). Dies hat der Gesetzgeber zum Anlass genommen, Mitglieder des Vorstands oder der Geschäftsführung einer land- und forstwirtschaftlichen Berufsvertretung oder ihrer Untergliederungen generell vom Amt des ehrenamtlichen Richters auszuschließen, soweit diese nach § 32 Abs. 1 am gerichtlichen Verfahren beteiligt werden. Der Begriff der Beteiligung ist hier nicht förmlich iSv § 14 Abs. 2 S. 1 (→ § 14 Rn. 53) zu verstehen, da eine land- und forstwirtschaftliche Berufsvertretung nach § 32 Abs. 1 am gerichtlichen Verfahren nicht beteiligt, sondern lediglich anzuhören ist (→ § 32 Rn. 12). Welche Berufsvertretungen anzuhören und daher iSv § 4 Abs. 3 S. 1 Nr. 4 am gerichtlichen Verfahren beteiligt werden, haben gemäß § 32 Abs. 3 die Landesregierungen durch Rechtsverordnung zu bestimmen (Einzelheiten → § 32 Rn. 19 ff.). Die Rechtsfolgen der Mitwirkung eines nicht zu berufenden Organmitglieds sind dieselben, die sich aus einem Verstoß gegen § 4 Abs. 3 S. 1 Nr. 3 ergeben (→ Rn. 22, 49).

6. Kein Berufungshindernis nach dem DRiG

Daneben sind bei Aufstellung der Vorschlagsliste die für ehrenamtliche Richter **24** geltenden Vorschriften des DRiG zu beachten. Im Interesse der Integrität und Autorität der Rechtsprechung soll nach § 44a Abs. 1 DRiG zu dem Amt eines ehrenamtlichen Richters nicht berufen werden, wer gegen die **Grundsätze der Menschlichkeit oder der Rechtsstaatlichkeit** verstoßen hat (Nr. 1) oder wegen einer Tätigkeit als hauptamtlicher oder inoffizieller Mitarbeiter des Staatssicherheitsdienstes der ehemaligen Deutschen Demokratischen Republik im Sinne des § 6 Abs. 4 des Stasi-Unterlagen-Gesetzes vom 20. Dezember 1991 (BGBl. I S. 2272) oder als diesen Mitarbeitern nach § 6 Abs. 5 des Stasi-Unterlagen-Gesetzes gleichgestellte Person für das Amt eines ehrenamtlichen Richters nicht geeignet ist (Nr. 2). Da sich diese Hindernisse ohne weiteres feststellen lassen, kann vor die Berufung zuständige Stelle zu diesem Zweck von den Vorgeschlagenen eine schriftliche Erklärung verlangen, dass bei ihm die Voraussetzungen des Abs. 1 nicht vorliegen (§ 44a Abs. 2 DRiG). Nach § 4 Abs. 3 sind die Voraussetzungen für die Berufung freilich bereits bei der Aufnahme in die Vorschlagsliste zu prüfen. Daher wird man schon den nach Landesrecht und § 4 Abs. 6 für die Aufstellung der Vorschlagsliste zuständigen Stellen das Recht zubilligen müssen, von den in Frage kommenden Personen eine Erklärung nach § 44a Abs. 2 zu verlangen. Ein Automatismus wäre allerdings unverhältnismäßig. Die Erklärung wird vielmehr nur verlangt werden können, wenn personenbezogene Anhaltspunkte für einen Verstoß oder die Nichteignung nach § 44a Abs. 1 DRiG vorliegen.[31] Wie bei den Hinderungs-

---

[29] BT-Drs. 10/509, 29.

[30] Beschl. v. 3. 6. 1980 – 1 BvL 114/78, BVerfGE 54, 159 (172) = NJW 1981, 912.

[31] *Schmidt-Räntsch* DRiG § 44a Rn. 12.

gründen nach den §§ 33, 34 GVG verletzt allerdings auch die Berufung zum ehrenamtlichen Richter entgegen § 44a Abs. 1 DRiG nicht das Recht auf den gesetzlichen Richter (Art. 101 Abs. 1 S. 2 GG, § 16 S. 2 GVG; → Rn. 21).

7. Kein hypothetischer Amtsenthebungsgrund

25   Gemäß § 7 Abs. 1 Alt. 3 ist ein ehrenamtlicher Richter seines Amtes zu entheben, wenn er sich einer groben Verletzung seiner Amtspflicht schuldig macht. Zu den Amtspflichten eines ehrenamtlichen Richters gehört auch die **Treue zur Verfassung** (näher § 7 Rn. 8). Wem diese abgeht und deshalb nach seiner Berufung seines Amtes enthoben werden müsste, darf zu ihm gar nicht erst vorgeschlagen werden.[32]

IV. Aufstellung der Vorschlagsliste (Abs. 2, 4 und 6)

1. Nach Bundesrecht

26   **a) In den Ländern.** Wie die Vorschlagsliste für die Landwirtschaftsgerichte der Länder aufzustellen ist, bleibt nach § 4 Abs. 2 S. 1 **weitgehend deren Bestimmung überlassen.** Zu diesem Zweck hat der Präsident des Oberlandesgerichts zunächst lediglich die erforderliche Zahl der ehrenamtlichen Richter für jedes Gericht seines Geschäftsbereichs zu bestimmen (§ 4 Abs. 1 S. 2). Dabei wird er das öffentliche Interesse an einer nachhaltigen Rechtsprechungstätigkeit des einzelnen ehrenamtlichen Richters gegen dessen Interesse an einer maßvollen Inanspruchnahme durch das Ehrenamt zu wägen haben.[33] Im Zweifel sollte die erforderliche Zahl der ehrenamtlichen Richter großzügig bemessen werden, da ihre nachträgliche Erhöhung während einer Amtsperiode nicht vorgesehen ist (Gegenschluss aus § 4 Abs. 5).[34] Weiter ist die für die Aufstellung der Vorschlagsliste nach landesrechtlicher Bestimmung zuständige Stelle gemäß § 4 Abs. 2 S. 2 verpflichtet, diese dem Präsidenten des Oberlandesgerichts mindestens drei Monate vor Ablauf der Amtszeit der ehrenamtlichen Richter (§ 3 Abs. 1 Hs. 1) für jedes Gericht getrennt vorzulegen. Bundesgesetzlich ist weiterhin noch geregelt, dass die Zahl der vorzuschlagenden Personen das Eineinhalbfache der erforderlichen Zahl der ehrenamtlichen Richter betragen soll (§ 4 Abs. 4). Dadurch soll dem Präsidenten des Oberlandesgerichts eine Auswahl unter den vorgeschlagenen Personen ermöglicht werden. Schließlich sind bereits bei Aufstellung der Vorschlagsliste § 44 Abs. 1a DRiG und § 6 Abs. 1 S. 3 Alt. 1 zu beachten (→ Rn. 6).

27   **b) Für den Bundesgerichtshof.** Die Vorschlagsliste, aus der die ehrenamtlichen Richter des Landwirtschaftssenats des Bundesgerichtshofes berufen werden, wird durch den Zentralausschuss der Deutschen Landwirtschaft aufgestellt (§ 4 Abs. 6). Dies ist ein freiwilliger Zusammenschluss der Spitzenverbände der deutschen Landwirtschaft, nämlich des Deutschen Bauernverbands, des Verbands der Landwirtschaftskammern, des Deutschen Raiffeisenverbands und der Deutschen Landwirtschaftsgesellschaft.[35] Im Übrigen gelten die für die Aufstellung der Vor-

---

[32] Düsing/Martinez/*Hornung* LwVG § 4 Rn. 8.
[33] *Ernst* LwVG § 4 Rn. 5.
[34] Vgl. dazu auch *Ernst* LwVG § 4 Rn. 5.
[35] http://www.landwirtschaftskammern.de/zdl.htm

schlagsliste in den Ländern geltenden Vorschriften des § 4 Abs. 1 S. 2, Abs. 2 S. 2 und Abs. 4 entsprechend.

2. Nach Landesrecht

§ 4 Abs. 2 S. 1 **ermächtigt, aber verpflichtet die Länder** auch dazu, zu be- **28** stimmen, wie die Vorschlagsliste aufzustellen ist. Nach dem Wortlaut der Vorschrift muss die Bestimmung nicht notwendig durch formelles Landesgesetz oder Rechtsverordnung, sondern kann auch durch Verwaltungsvorschrift oder sogar im Erlasswege erfolgen. Im Hinblick auf den Gewaltenteilungsgrundsatz (Art. 20 Abs. 2, 92 GG) und den Anspruch auf den gesetzlichen Richter (Art. 101 Abs. 1 S. 2 GG) sind aber Regelungen durch oder zumindest aufgrund Gesetzes vorzugswürdig (s. auch Art. 80 Abs. 1 GG). Dementsprechend ist die Aufstellung der Vorschlagsliste in der übergroßen Mehrzahl der Länder durch Gesetz geregelt. Inhaltlich muss zumindest die **Zuständigkeit für die Listenaufstellung** geregelt sein. Dies ist auch in fünfzehn Ländern geschehen; lediglich in Bremen lässt sich die Zuständigkeit allenfalls aus dem Ressortprinzip ableiten. In der Mehrzahl der Länder wird zudem § 6 Abs. 1 S. 3 Alt. 1 dadurch berücksichtigt, dass in angemessenem Umfang sowohl Pächter als auch Verpächter vorgeschlagen werden sollen. In den meisten Ländern findet sich zudem die Regelung, dass jede Person nur für ein Gericht vorgeschlagen werden soll, damit sie nicht in mehreren Rechtszügen berufen werden kann. Im Einzelnen bestehen folgende Regelungen:

a) Baden-Württemberg. AGLwVG v. 17. 10. 1978 (GBl. 561) **29**

§ 1

Die Vorschlagslisten für die ehrenamtlichen Richter in Landwirtschaftssachen werden aufgestellt

a) für die Amtsgerichte durch das Landratsamt des Landkreises, in dem das jeweilige Amtsgericht seinen Sitz hat oder, wenn sich der Sitz des Amtsgerichts in einem Stadtkreis befindet, durch das Landratsamt, dem nach § 29 Abs. 6 des Landwirtschafts- und Landeskulturgesetzes am Sitz des Amtsgerichts die Aufgaben der unteren Landwirtschaftsbehörde obliegen, im Einvernehmen mit den berührten Stadt- und Landkreisen und nach Anhörung des für den Bezirk des Amtsgerichts zuständigen Kreisverbands der Bauernverbände,

b) für das Oberlandesgericht Karlsruhe durch das Regierungspräsidium Karlsruhe im Einvernehmen mit dem Regierungspräsidium Freiburg, für das Oberlandesgericht Stuttgart durch das Regierungspräsidium Stuttgart im Einvernehmen mit dem Regierungspräsidium Tübingen, jeweils nach Anhörung der Arbeitsgemeinschaft der baden-württembergischen Bauernverbände und der Forstkammer.

§ 2

Unter den vorgeschlagenen ehrenamtlichen Richtern sollen sich in angemessener Zahl Pächter und mindestens eine Person aus dem Personenkreis des § 35 des Bundesvertriebenengesetzes befinden. Eine Person soll jeweils nur für ein Gericht vorgeschlagen werden.

§ 3
Für jeden Vorgeschlagenen sind anzugeben:
1. Name und Vorname,
2. Anschrift,
3. Geburtsdatum und Geburtsort,
4. Stellung im Beruf, insbesondere ob und wieviel Land er als selbstwirtschaftender Eigentümer, als Verpächter oder als Pächter besitzt oder zuletzt besessen hat,
5. ob er dem Personenkreis des § 35 Bundesvertriebenengesetz angehört,
6. ob und für welches Gericht er bereits früher als ehrenamtlicher Richter in Landwirtschaftssachen berufen oder vorgeschlagen war.

§ 4
Läßt sich für ein Gericht aus den vorgeschlagenen Personen die erforderliche Anzahl ehrenamtlicher Richter nicht berufen, so kann der Präsident des Oberlandesgerichts für dieses Gericht eine Ergänzungsliste anfordern. Er bestimmt dabei, wie viele Personen vorzuschlagen sind und wie viele von ihnen einer der in § 2 Satz 1 genannten Personengruppen angehören sollen. Im übrigen gelten die Vorschriften dieses Gesetzes für die Aufstellung der Ergänzungsliste entsprechend.

§ 5
Dieses Gesetz tritt am 1. Januar 1979 in Kraft. Gleichzeitig wird das Gesetz über die Aufstellung der Vorschlagslisten für die landwirtschaftlichen Beisitzer der Amtsgerichte und der Oberlandesgerichte vom 12. November 1963 (GBl. S. 176) aufgehoben.

30   b) **Bayern. AGGVG v. 23. 6. 1981 (BayRS IV 483)**

Art. 44 [Ehrenamtliche Richter]
(1) Die ehrenamtlichen Richter im Sinn des Gesetzes über das gerichtliche Verfahren in Landwirtschaftssachen werden auf Grund von Vorschlagslisten für die Amtsgerichte und die Oberlandesgerichte von den Präsidenten der Oberlandesgerichte, ernannt.
(2) Die Präsidenten bestimmen für die Gerichte ihres Geschäftsbereichs die erforderliche Zahl der ehrenamtlichen Richter.

Art. 45 [Vorschlagslisten]
Die für den Sitz des jeweiligen Gerichts zuständigen Regierungen stellen im Benehmen mit dem Bayerischen Bauernverband die Vorschlagslisten für die ehrenamtlichen Richter auf und legen sie mindestens drei Monate vor Ablauf der Amtszeit der ehrenamtlichen Richter für jedes Gericht getrennt den in Art. 44 Abs. 1 bezeichneten Präsidenten jeweils für ihren Geschäftsbereich vor.

Art. 46 [Befähigung zum ehrenamtlichen Richter]
(1) [1]Als ehrenamtliche Richter sind nur Personen vorzuschlagen, die die Anforderungen nach § 4 Abs. 3 des Gesetzes über das gerichtliche Verfahren in Landwirtschaftssachen erfüllen. [2]Unter den Vorgeschlagenen sollen sich in angemessener Zahl Pächter und Nebenerwerbslandwirte befinden.
(2) Die Zahl der vorgeschlagenen Personen soll das Eineinhalbfache der erforderlichen Zahl der ehrenamtlichen Richter betragen.

(3) Die ehrenamtlichen Richter sollen jeweils nur für ein Gericht vorgeschlagen werden.

Art. 47 [Persönliche Angaben]
Für jeden Vorgeschlagenen sind anzugeben:
1. Name und Vorname,
2. Anschrift,
3. Geburtsdatum und Geburtsort,
4. Dauer des Wohnsitzes im Gerichtsbezirk,
5. Stellung im Beruf, insbesondere ob und wieviel Land er als selbstwirtschaftender Eigentümer, als Verpächter oder als Pächter besitzt oder zuletzt besessen hat,
6. ob und für welches Gericht er bereits früher als ehrenamtlicher Richter im Sinn des Gesetzes über das gerichtliche Verfahren in Landwirtschaftssachen berufen oder vorgeschlagen war.

Art. 48 [Ergänzungsliste]
[1]Läßt sich für ein Gericht aus den vorgeschlagenen Personen die erforderliche Anzahl von ehrenamtlichen Richtern nicht berufen, so fordern die in Art. 44 Abs. 1 bezeichneten Präsidenten eine Ergänzungsliste an. [2]Sie bestimmen dabei, wieviele Personen vorzuschlagen sind und wieviele von ihnen einer der in Art. 46 Abs. 1 Satz 2 genannten Personengruppen angehören sollen. [3]Im übrigen gelten die Vorschriften dieses Abschnitts für die Ergänzungsliste entsprechend.

c) Berlin. LwVGAG v. 3. 3. 1956 (GVBl. 221) 31

§ 1 [Aufstellung der Vorschlagslisten]
Die Vorschlagslisten für die Berufung der landwirtschaftlichen Beisitzer des Amtsgerichts (Landwirtschaftsrichter) und des Kammergerichts (Oberlandwirtschaftsrichter) sind nach Maßgabe des Gesetzes über das gerichtliche Verfahren in Landwirtschaftssachen vom 21. Juli 1953 (BGBl. I S. 667/GVBl. S. 1112) und der folgenden Vorschriften von dem Senator für Wirtschaft und Kredit im Einvernehmen mit dem Senator für Justiz aufzustellen.

§ 2 [Inhalt der Vorschlagslisten]
(1) In den Vorschlagslisten ist für jeden zum landwirtschaftlichen Beisitzer Vorgeschlagenen die Stellung im Beruf anzugeben, insbesondere ob und wieviel Land er als selbstwirtschaftender Eigentümer oder als Verpächter oder als Pächter inne hat oder zuletzt innegehabt hat.
(2) In jeder Vorschlagsliste sollen mindestens zwei Personen aus dem Personenkreis des § 35 des Bundesvertriebenengesetzes vom 19. Mai 1953 (BGBl. I S. 201/GVBl. S. 336) vorgeschlagen und als solche bezeichnet werden.
(3) Angehörige der Landwirtschaftsbehörden des Senats und der Bezirksämter sind nicht vorzuschlagen.
(4) Niemand soll als landwirtschaftlicher Beisitzer für mehrere, im Rechtszuge über- oder nachgeordnete Gerichte vorgeschlagen werden.

§ 3 [Anhörung]
Der Senator für Wirtschaft und Kredit hat vor der Aufstellung der Vorschlagslisten die anerkannten landwirtschaftlichen Berufsvertretungen

und wegen der in § 2 Abs. 2 genannten Personen, die im Beirat für Vertriebenen- und Flüchtlingsfragen bei dem Senator für Arbeit und Sozialwesen vertretenen Spitzenorganisationen der Vertriebenen- und Flüchtlingsvereinigungen zu hören.

§ 4 [Ergänzungsliste]
Reicht für ein Gericht die Zahl der vorgeschlagenen Personen nicht aus, um die erforderliche Zahl von landwirtschaftlichen Beisitzern zu bestimmen, so kann der Kammergerichtspräsident für dieses Gericht eine Ergänzungsliste unter Angabe der erforderlichen Zahl der weiteren landwirtschaftlichen Beisitzer anfordern. Er bestimmt, wie viele von ihnen dem Personenkreis des § 35 des Bundesvertriebenengesetzes angehören sollen. Im übrigen gelten die Vorschriften dieses Gesetzes auch für die Ergänzungsliste.

§ 5 Inkrafttreten
Dieses Gesetz tritt am Tage nach seiner Verkündung im Gesetz- und Verordnungsblatt für Berlin in Kraft.

32   d) Brandenburg. GerOrgG v. 19.11.2011 (GVBl. I Nr. 32)

§ 12 [Vorschlagslisten]
(1) Die Vorschlagslisten für die ehrenamtlichen Richterinnen und Richter in Landwirtschaftssachen gemäß § 4 Absatz 1 des Gesetzes über das gerichtliche Verfahren in Landwirtschaftssachen in der im Bundesgesetzblatt Teil III, Gliederungsnummer 317–1, veröffentlichten bereinigten Fassung, das zuletzt durch Artikel 43 des Gesetzes vom 17. Dezember 2008 (BGBl. I S. 2586, 2707) geändert worden ist, in der jeweils geltenden Fassung werden von dem für Landwirtschaft zuständigen Mitglied der Landesregierung nach Anhörung der land- und forstwirtschaftlichen Berufsverbände aufgestellt. Für das Oberlandesgericht und die Amtsgerichte sind gesonderte Listen aufzustellen. Wer zur ehrenamtlichen Richterin oder zum ehrenamtlichen Richter beim Oberlandesgericht vorgeschlagen wird, darf nicht zugleich zur ehrenamtlichen Richterin oder zum ehrenamtlichen Richter bei einem Amtsgericht vorgeschlagen werden.
(2) In der Vorschlagsliste sollen in angemessener Zahl landwirtschaftliche Pächterinnen, Pächter, Verpächterinnen und Verpächter enthalten sein.
(3) Für jede vorgeschlagene Person sind anzugeben:
1. Name und Vorname,
2. Anschrift,
3. Geburtsdatum und Geburtsort,
4. Stellung im Beruf, insbesondere, ob und in welchem Umfang sie Land als selbstwirtschaftende Eigentümerin, selbstwirtschaftender Eigentümer, Verpächterin, Verpächter, Pächterin oder Pächter besitzt oder zuletzt besessen hat,
5. ob und für welches Gericht sie bereits früher als ehrenamtliche Richterin oder ehrenamtlicher Richter in Landwirtschaftssachen berufen oder vorgeschlagen war.
(4) Lässt sich aus den vorgeschlagenen Personen die erforderliche Anzahl von ehrenamtlichen Richterinnen und Richtern nicht berufen, so kann der Präsident des Oberlandesgerichts eine Ergänzungsliste anfor-

dern. Er bestimmt dabei, wie viele Personen vorzuschlagen sind. Die Absätze 2 und 3 gelten entsprechend.

e) **Bremen.** In Bremen werden die ehrenamtlichen Richter – soweit ersichtlich – lediglich in § 2 Abs. 2 Buchst. i LandWKG v. 20. 3. 1956 (GBl. 13) erwähnt. Danach hat die Landwirtschaftskammer die Pflichtaufgabe, „die Behörden und Gerichte in Fachfragen der Landwirtschaft, vor allem durch (…) Vorschlag von Personen (…) als Beisitzer für die in Landwirtschaftssachen zuständigen Gerichte zu unterstützen". Daraus lässt sich iVm dem Ressortprinzip (Art. 120 S. 1 BremVerf) möglicherweise schließen, dass die Vorschlagsliste vom zuständigen Senator aufzustellen ist.[36]

33

f) **Hamburg.** LwVGAG v. 6. 12. 1956 (GVBl. 508), zul. geänd. durch G v. 4. 12. 1990 (GVBl. 240)

34

§ 1 [Zu § 4 Absatz 2 des Bundesgesetzes]
Die Vorschlagslisten für die Berufung der ehrenamtlichen Richter sind von der Landwirtschaftskammer Hamburg aufzustellen.

g) **Hessen.** LFNDZustV v. 29. 10. 2014 (GVBl. 255)

35

§ 6 [Zuständigkeit des Regierungspräsidiums Kassel]
Das Regierungspräsidium Kassel ist zuständig (…)
Nr. 5 für die (…)
b) Aufstellung der Vorschlagslisten nach § 4 Abs. 2 Satz 1 des Gesetzes über das gerichtliche Verfahren in Landwirtschaftssachen in der im Bundesgesetzblatt Teil III, Gliederungsnummer 317–1, veröffentlichten bereinigten Fassung, zuletzt geändert durch Gesetz vom 23. Juli 2013 (BGBl. I S. 2586) und als übergeordnete Behörde nach § 32 Abs. 2 Satz 2 des Gesetzes über das gerichtliche Verfahren in Landwirtschaftssachen (…).
Hierzu bestimmt § 3 BMitwG v. 15. 7. 1997 (GVBl. 227):
(2) Der Landesagrarausschuss hat die Aufgabe, bei allen landwirtschaftlichen Förderungsaufgaben auf Landesebene und Regierungsbezirksebene mitzuwirken. [2]Er ist bei allen Gesetzesvorhaben, die die Landwirtschaft betreffen, vorher zu hören. [3]Seine Mitwirkung bezieht sich insbesondere auch auf folgende Bereiche:
1. Aufstellung von Vorschlagslisten für ehrenamtliche Richterinnen und Richter für die in Landwirtschaftssachen tätigen Gerichte (…)
Entscheidungen in Angelegenheiten nach Satz 3 Nr. 1 bis 6 bedürfen der Zustimmung des Landesagrarausschusses. Wird die Zustimmung verweigert, entscheidet das für Landwirtschaft zuständige Ministerium nach Anhörung des Landesagrarausschusses.

h) **Mecklenburg-Vorpommern.** LwVGAG v. 10. 6. 1992 (GVBl. 314)

36

§ 1 [Vorschlagslisten]
Die Vorschlagslisten für die ehrenamtlichen Richter in Landwirtschaftssachen werden gemäß § 4 Abs. 2 Satz 1 des Gesetzes über das gerichtliche Verfahren in Landwirtschaftssachen in der in Bundesgesetzblatt Teil III,

---

[36] Nach *Ernst* LwVG § 4 Rn. 42 werden die ehrenamtlichen Richter vom Wirtschaftssenator ernannt.

Gliederungsnummer 3.1.7–1, veröffentlichten bereinigten Fassung, zuletzt geändert durch Gesetz vom 17. Dezember 1990 (BGBl. I S. 2847), wie folgt aufgestellt:
1. für die Amtsgerichte durch das für den Sitz des Gerichts zuständige Amt für Landwirtschaft nach Anhörung der örtlich zuständigen Bauernverbände;
2. für das Oberlandesgericht durch das zuständige Amt für Landwirtschaft nach Anhörung der Landesbauernverbände.

§ 2 [Voraussetzungen für die Ernennung ehrenamtlicher Richter]
   (1) [1]Als ehrenamtliche Richter sind nur Personen vorzuschlagen, die die Anforderungen nach § 4 Abs. 3 des Gesetzes über das gerichtliche Verfahren in Landwirtschaftssachen erfüllen. [2]Unter den Vorgeschlagenen sollen sich in angemessener Zahl Pächter und Verpächter sowie eine Person aus dem Personenkreis des § 35 des Bundesvertriebenengesetzes in der Fassung der Bekanntmachung vom 3. September 1971 (BGBl. I S. 156, 1807), zuletzt geändert durch Anlage I Kapitel II Sachgebiet D Abschnitt II Nr. 1 des Einigungsvertrages vom 31. August 1990 (BGBl. II S. 889), befinden.
   (2) Die Zahl der vorgeschlagenen Personen soll das Eineinhalbfache der erforderlichen Zahl der ehrenamtlichen Richter betragen.
   (3) Die ehrenamtlichen Richter sollen jeweils nur für ein Gericht vorgeschlagen werden.

§ 3 [Persönliche Angaben]
Für jeden Vorgeschlagenen sind anzugeben:
1. Name und Vorname,
2. Anschrift,
3. Geburtsdatum und Geburtsort,
4. Stellung im Beruf, insbesondere ob und wieviel Land er als selbst wirtschaftender Eigentümer, als Verpächter oder als Pächter besitzt oder zuletzt besessen hat,
5. ob ein Personenkreis des § 35 Bundesvertriebenengesetz angehört,
6. ob und für welches Gericht er bereits früher als ehrenamtlicher Richter im Sinne des Gesetzes über das gerichtliche Verfahren in Landwirtschaftssachen in der im Bundesgesetzblatt Teil III, Gliederungsnummer 3.1.7.-1, veröffentlichten bereinigten Fassung, zuletzt geändert durch Gesetz vom 17. Dezember 1990 (BGBl. I S. 2847), berufen oder vorgeschlagen war.

§ 4 [Ergänzungsliste]
[1]Läßt sich für ein Gericht aus den vorgeschlagenen Personen die erforderliche Anzahl von ehrenamtlichen Richtern nicht berufen, so kann der Präsident des Oberlandesgerichts eine Ergänzungsliste anfordern. [2]Er bestimmt dabei, wie viele Personen vorzuschlagen sind. Im übrigen gelten die Vorschriften dieses Artikels für die Aufstellung der Ergänzungsliste entsprechend.

i) Niedersachsen. JG v. 16.12.2014 (GVBl. 436) 37

§ 70 [Vorschlagslisten]

(1) Die Vorschlagslisten für die Berufung der ehrenamtlichen Richterinnen und Richter in Landwirtschaftssachen sind von der Landwirtschaftskammer Niedersachsen aufzustellen.

(2) Unter den als ehrenamtliche Richterinnen und Richter vorgeschlagenen Personen sollen sich in angemessener Anzahl Pächterinnen und Pächter befinden.

(3) Mitglieder des Grundstücksverkehrsausschusses (§ 41 des Gesetzes über die Landwirtschaftskammer Niedersachsen) sind für ihren Bezirk nicht als ehrenamtliche Richterinnen und Richter beim Amtsgericht vorzuschlagen.

(4) [1]Wer zur ehrenamtlichen Richterin oder zum ehrenamtlichen Richter beim Oberlandesgericht vorgeschlagen wird, soll nicht zugleich zur ehrenamtlichen Richterin oder zum ehrenamtlichen Richter beim Amtsgericht vorgeschlagen werden. [2]Wer zur ehrenamtlichen Richterin oder zum ehrenamtlichen Richter beim Bundesgerichtshof vorgeschlagen ist, soll nicht zur ehrenamtlichen Richterin oder zum ehrenamtlichen Richter beim Amtsgericht oder Oberlandesgericht vorgeschlagen werden.

(5) Für jede zur ehrenamtlichen Richterin oder zum ehrenamtlichen Richter vorgeschlagene Person sind anzugeben
1. Name und Vorname,
2. Wohnort,
3. Lebensalter,
4. Stellung im Beruf, insbesondere ob und wie viel Land sie oder er als selbstwirtschaftende Eigentümerin oder als selbstwirtschaftender Eigentümer oder als Verpächterin oder Verpächter oder als Pächterin oder Pächter jetzt innehat oder zuletzt innegehabt hat, und
5. frühere Vorschläge und Berufungen zur ehrenamtlichen Richterin oder zum ehrenamtlichen Richter in Landwirtschaftssachen unter Angabe des Gerichts.

§ 71 [Ergänzungslisten]

[1]Reicht für ein Gericht die Zahl der vorgeschlagenen Personen nicht aus, um die erforderliche Anzahl von ehrenamtlichen Richterinnen und Richtern zu bestimmen, so kann die Präsidentin oder der Präsident des Oberlandesgerichts für dieses Gericht eine Ergänzungsliste anfordern. [2]Sie oder er bestimmt unter Berücksichtigung des § 4 Abs. 4 des Gesetzes über das gerichtliche Verfahren in Landwirtschaftssachen, wie viele Personen vorzuschlagen sind. [3]Für die Ergänzungsliste gilt § 70 entsprechend.

j) Nordrhein-Westfalen. JustG v. 26.1.2010 (GV. 30) 38

§ 106 [Vorschlagslisten]

(1) Die Vorschlagslisten für die Berufung der ehrenamtlichen Richterinnen oder Richter in Landwirtschaftssachen der Amtsgerichte und der Oberlandesgerichte sind von der Landwirtschaftskammer Nordrhein-Westfalen aufzustellen.

(2) Vorschlagslisten nach Maßgabe dieses Gesetzes sind den Präsidentinnen oder Präsidenten der Oberlandesgerichte mindestens drei Monate

vor Ablauf der Amtszeit der bisherigen ehrenamtlichen Richterinnen oder Richter für jedes Gericht getrennt vorzulegen.

(3) Sind die Vorgeschlagenen Verpächter oder Pächter, so ist dies in den Vorschlagslisten zu vermerken.

(4) Die ehrenamtlichen Richterinnen oder Richter sollen jeweils nur für ein Gericht vorgeschlagen werden.

39 **k) Rheinland-Pfalz. LwVGAG v. 26.9.2000 (GVBl. 397)**

§ 1 [Vorschlagslisten]
Die Vorschlagslisten für die Berufung der ehrenamtlichen Richterinnen und Richter bei den Amtsgerichten als Landwirtschaftsgerichte und bei den Oberlandesgerichten nach § 4 des Gesetzes über das gerichtliche Verfahren in Landwirtschaftssachen vom 21. Juli 1953 (BGBl. I S. 667), zuletzt geändert durch Artikel 2 Abs. 2 des Gesetzes vom 10. Oktober 1994 (BGBl. I S. 2954), werden für jedes Gericht getrennt von der Landwirtschaftskammer Rheinland-Pfalz aufgestellt.

§ 2 [Vorzuschlagende Personen]
(1) Jede Vorschlagsliste soll in angemessener Zahl Pächterinnen und Pächter enthalten. Personen, die dem Höfeausschuss angehören, sind nicht vorzuschlagen.

(2) Wer zur ehrenamtlichen Richterin oder zum ehrenamtlichen Richter bei einem Oberlandesgericht vorgeschlagen wird, soll nicht zugleich zur ehrenamtlichen Richterin oder zum ehrenamtlichen Richter bei einem Landwirtschaftsgericht vorgeschlagen werden. Wer zur ehrenamtlichen Richterin oder zum ehrenamtlichen Richter beim Bundesgerichtshof berufen oder vorgeschlagen ist, soll nicht zur ehrenamtlichen Richterin oder zum ehrenamtlichen Richter bei einem Landwirtschaftsgericht oder einem Oberlandesgericht vorgeschlagen werden.

§ 3 [Persönliche Angaben]
Für jede vorgeschlagene Person sind anzugeben:
1. Name und Vorname,
2. Anschrift,
3. Lebensalter,
4. Stellung im Beruf, insbesondere ob und in welchem Umfang sie als
   a) selbst bewirtschaftende Eigentümerin oder als selbst bewirtschaftender Eigentümer,
   b) Verpächterin oder Verpächter oder
   c) Pächterin oder Pächter
   landwirtschaftliche Grundstücke besitzt oder besessen hat,
5. ob und für welches Gericht sie bereits früher zur ehrenamtlichen Richterin oder zum ehrenamtlichen Richter bei einem Landwirtschaftsgericht, einem Oberlandesgericht oder beim Bundesgerichtshof berufen oder vorgeschlagen war.

§ 4 [Ergänzungsliste]
Lässt sich aus der Vorschlagsliste für ein Gericht nicht die erforderliche Anzahl von ehrenamtlichen Richterinnen und Richtern berufen, fordert die Präsidentin oder der Präsident des Oberlandesgerichts eine Ergänzungsliste für dieses Gericht an und bestimmt zugleich, wie viele Personen

zusätzlich vorzuschlagen sind und wie viele von ihnen dem in § 2 Abs. 1 Satz 1 genannten Personenkreis angehören sollen. Im Übrigen gelten die §§ 1 bis 3 auch für die Ergänzungsliste.

l) Saarland. AGJusG v. 5.2.1997 (ABl. I 258), zul. geänd. durch G v. 21.1.2015 (ABl. I 193) **40**

§ 57 [Aufstellung der Vorschlagslisten]
(1) Die Vorschlagslisten für die Berufung der ehrenamtlichen Richter bei den Amtsgerichten als Landwirtschaftsgerichten und beim Saarländischen Oberlandesgericht werden von der Landwirtschaftskammer für das Saarland aufgestellt.
(2) Die Vorschlagslisten sind für jedes Gericht getrennt aufzustellen.

§ 58 [Auswahl der vorzuschlagenden Personen]
(1) ¹Jede Vorschlagsliste soll in angemessener Zahl Pächter enthalten. ²Personen, die dem Vorstand der Landwirtschaftskammer für das Saarland angehören, sind nicht vorzuschlagen.
(2) Die als ehrenamtliche Richter vorzuschlagenden Personen sollen jeweils nur für ein Gericht benannt werden.

§ 59 [Persönliche Angaben]
Für jede vorgeschlagene Person sind anzugeben:
1. Name und Vorname,
2. Anschrift,
3. Lebensalter,
4. Stellung im Beruf, insbesondere ob und wieviel Land sie als selbstwirtschaften der Eigentümer, Verpächter oder Pächter besitzt oder zuletzt besessen hat,
5. ob und für welches Gericht sie bereits früher als ehrenamtlicher Richter im Sinne des Gesetzes über das gerichtliche Verfahren in Landwirtschaftssachen berufen oder vorgeschlagen war.

§ 60 [Ergänzungsliste]
¹Läßt sich für ein Gericht aus den vorgeschlagenen Personen die erforderliche Zahl von ehrenamtlichen Richtern nicht berufen, fordert der Präsident des Oberlandesgerichts eine Ergänzungsliste für dieses Gericht an. ²Er bestimmt hierbei, wieviele Personen vorzuschlagen sind und wieviele von ihnen dem in § 57 Abs. 1 Satz 1 genannten Personenkreis angehören sollen. ³Im übrigen gelten die §§ 56 bis 58 auch für die Ergänzungsliste.

m) Sachsen. SächsJG v. 24.11.2000 (GVBl. 482) **41**

§ 38 [Vorschlagslisten]
Die Vorschlagslisten für die ehrenamtlichen Richter nach § 4 des Gesetzes über das gerichtliche Verfahren in Landwirtschaftssachen in der im Bundesgesetzblatt Teil III, Gliederungsnummer 317–1, veröffentlichten bereinigten Fassung, das zuletzt durch Artikel 2 des Gesetzes vom 10. Oktober 1994 (BGBl. I S. 2954, 2955) geändert worden ist, in der jeweils geltenden Fassung, werden für die Amtsgerichte und für das Oberlandesgericht jeweils in getrennten Listen vom Staatsministerium für Umwelt und Landwirtschaft nach Anhörung der land- und forstwirtschaftlichen Berufsverbände aufgestellt.

§ 39 [Vorschlag der ehrenamtlichen Richter]
(1) Unter den als ehrenamtliche Richter Vorgeschlagenen sollen sich in angemessener Zahl Pächter und Nebenerwerbslandwirte befinden.
(2) Die ehrenamtlichen Richter sollen jeweils nur für ein Gericht vorgeschlagen werden.

§ 40 [Persönliche Angaben]
Für jeden Vorgeschlagenen sind anzugeben:
1. Name und Vorname,
2. Anschrift,
3. Geburtsdatum und Geburtsort,
4. Stellung im Beruf, insbesondere ob und wieviel Land er als selbstbewirtschaftender Eigentümer, als Verpächter oder als Pächter besitzt oder zuletzt besessen hat,
5. ob und für welches Gericht er bereits früher als ehrenamtlicher Richter im Sinne des Gesetzes über das gerichtliche Verfahren in Landwirtschaftssachen berufen oder vorgeschlagen war und
6. ob er erklärt hat, nicht für das frühere Ministerium für Staatssicherheit/ Amt für Nationale Sicherheit tätig gewesen zu sein.

§ 41 [Ergänzungsliste]
[1]Lässt sich für ein Gericht aus den vorgeschlagenen Personen die erforderliche Anzahl von ehrenamtlichen Richtern nicht berufen, fordert der Präsident des Oberlandesgerichts eine Ergänzungsliste an. [2]Er bestimmt dabei, wie viele Personen vorzuschlagen sind und wie viele von ihnen einer der in § 39 Abs. 1 genannten Personengruppe angehören sollen. [3]Im Übrigen gelten die §§ 38 bis 40 entsprechend.

42   **n) Sachsen-Anhalt. AGGVG v. 24. 9. 1992 (GVBl. 648)**

§ 9 [Ehrenamtliche Richter in Landwirtschaftssachen]
(1) [1]Die ehrenamtlichen Richter in Landwirtschaftssachen nach dem Gesetz über das gerichtliche Verfahren in Landwirtschaftssachen in der im Bundesgesetzbl. Teil III Gliederungsnummer 317–1 veröffentlichten bereinigten Fassung, zuletzt geändert durch Artikel 7 Abs. 22 des Rechtspflege-Vereinfachungsgesetzes vom 17. Dezember 1990 (BGBl. I S. 2847), werden vom Präsidenten des Oberlandesgerichts auf Grund von Vorschlagslisten berufen, die das Ministerium für Ernährung, Landwirtschaft und Forsten unter Einbeziehung von Vorschlägen der Kreistage und Fachverbände aufstellt. [2]Die Zahl der vorgeschlagenen Personen soll möglichst das Eineinhalbfache der vom Präsidenten des Oberlandesgerichts zu bestimmenden Zahl der erforderlichen ehrenamtlichen Richter betragen. [3]Für die Amtsgerichte und das Oberlandesgericht sollen gesonderte Listen vorgelegt werden.
(2) Als ehrenamtliche Richter sind nur Personen vorzuschlagen, die die Anforderungen nach § 4 Abs. 3 des Gesetzes über das gerichtliche Verfahren in Landwirtschaftssachen erfüllen.
(3) [1]Für jeden Vorgeschlagenen sind anzugeben:
1. Name und Vorname,
2. Anschrift,
3. Geburtsdatum und Geburtsort,

4. Stellung im Beruf, insbesondere ob und wieviel Land er als selbst wirtschaftender Eigentümer, als Verpächter oder als Pächter besitzt oder zuletzt besessen hat,
5. für welches Gericht er vorgeschlagen wird,
6. ob und für welches Gericht er bereits früher als ehrenamtlicher Richter im Sinne des Gesetzes über das gerichtliche Verfahren in Landwirtschaftssachen berufen oder vorgeschlagen war. [2]Wer zum ehrenamtlichen Richter beim Oberlandesgericht vorgeschlagen wird, soll nicht zugleich zum ehrenamtlichen Richter beim Amtsgericht vorgeschlagen werden.

(4) [1]Reicht für ein Gericht die Zahl der vorgeschlagenen Personen nicht aus, um die erforderliche Anzahl von ehrenamtlichen Richtern zu berufen, so kann der Präsident des Oberlandesgerichts eine Ergänzungsliste anfordern. [2]Er bestimmt dabei, wieviele Personen vorzuschlagen sind. [3]Im übrigen gelten die Absätze 1 bis 3 für die Aufstellung der Ergänzungsliste entsprechend.

o) Schleswig-Holstein. LandwKG idF v. 26.2.2002 (GVBl. 28)   43

§ 2 [Aufgaben der Landwirtschaftskammer]
(1) [1]Die Landwirtschaftskammer hat die Aufgabe, die Landwirtschaft, die Fischerei und die dort tätigen Menschen fachlich zu fördern, zu betreuen und zu beraten. [2]Sie hat die Wirtschaftlichkeit der land- und fischereiwirtschaftlichen Betriebe sowie die land- und fischereiwirtschaftlichen Arbeits- und Produktionsbedingungen im Einklang mit den Interessen der Allgemeinheit unter besonderer Berücksichtigung von Natur und Umwelt zu verbessern. [3]Die Beratung für Frauen aus dem Agrarbereich umfasst auch außerlandwirtschaftliche Erwerbs- und Einkommensmöglichkeiten, soweit sie einen Bezug zum land- und fischereiwirtschaftlichen Betrieb aufweisen. [4]Sie hat für Behörden und Gerichte Gutachten zu erstellen, ehrenamtliche Richterinnen und Richter für die in Landwirtschaftssachen zuständigen Gerichte und Mitglieder für die Schiedsgerichte vorzuschlagen sowie geeignete Personen als landwirtschaftliche Sachverständige anzuerkennen und zu vereidigen. [5]Einzelheiten regelt die Landwirtschaftskammer in ihrer Satzung.

p) Thüringen. LwVGAG v. 16.8.1993 (GVBl. 554), zul. geänd. durch 44
Art. 3 des G v. 9.9.2010 (GVBl. 294, 300)

§ 1 [Vorschlagslisten]
Die Vorschlagslisten für die ehrenamtlichen Richter in Landwirtschaftssachen werden gemäß § 4 Abs. 2 des Gesetzes über das gerichtliche Verfahren in Landwirtschaftssachen vom 21. Juli 1953 (BGBl. I S. 667), zuletzt geändert nach Maßgabe des Artikels 10 durch Artikel 7 Abs. 22 des Gesetzes vom 17. Dezember 1990 (BGBl. I S. 2847), wie folgt aufgestellt:
1. für die Amtsgerichte durch das für den Sitz des Gerichts zuständige Amt für Landwirtschaft nach Anhörung der örtlich zuständigen land- und forstwirtschaftlichen Berufsverbände;
2. für das Oberlandesgericht durch das Ministerium für Landwirtschaft und Forsten nach Anhörung der land- und forstwirtschaftlichen Berufsverbände.

§ 2 [Voraussetzungen für die Ernennung ehrenamtlicher Richter]
(1) Als ehrenamtliche Richter sind nur Personen vorzuschlagen, die die Anforderungen nach § 4 Abs. 3 Satz 1 Nr. 2 bis 4 und Satz 2 des Gesetzes über das gerichtliche Verfahren in Landwirtschaftssachen sowie nach § 66 des Landwirtschaftsanpassungsgesetzes in der Fassung vom 3. Juli 1991 (BGBl. I S. 1418) in der jeweils geltenden Fassung erfüllen. Unter den Vorgeschlagenen sollen sich in angemessener Zahl Pächter und Verpächter sowie eine Person aus dem Personenkreis des § 35 des Bundesvertriebenengesetzes in der Fassung vom 3. September 1971 (BGBl. I S. 1565, 1807), zuletzt geändert durch Artikel 2 Nr. 2 des Gesetzes vom 20. Dezember 1991 (BGBl. I S. 2317), befinden.
(2) Die Zahl der vorgeschlagenen Personen soll das eineinhalbfache der erforderlichen Zahl der ehrenamtlichen Richter betragen.
(3) Die ehrenamtlichen Richter sollen jeweils nur für ein Gericht vorgeschlagen werden.

§ 3 [Persönliche Angaben]
Für jeden Vorgeschlagenen sind anzugeben:
1. Name und Vorname,
2. Anschrift,
3. Geburtsdatum und Geburtsort,
4. Stellung im Beruf, insbesondere ob und wieviel Land er als selbst wirtschaftender Eigentümer, als Verpächter oder als Pächter besitzt oder zuletzt besessen hat,
5. ob er dem Personenkreis des § 35 des Bundesvertriebenengesetzes angehört,
6. ob und für welches Gericht er bereits früher als ehrenamtlicher Richter im Sinne des Gesetzes über das gerichtliche Verfahren in Landwirtschaftssachen berufen oder vorgeschlagen war.

§ 4 [Ergänzungsliste]
Läßt sich für ein Gericht aus den vorgeschlagenen Personen die erforderliche Anzahl von ehrenamtlichen Richtern nicht berufen, so kann der Präsident des Oberlandesgerichts eine Ergänzungsliste anfordern. Er bestimmt dabei, wie viele Personen vorzuschlagen sind. Im übrigen gelten die Bestimmungen dieses Gesetzes für die Aufstellung der Ergänzungsliste entsprechend.

V. Berufung der ehrenamtlichen Richter (Abs. 1, 5 und 6)

1. Berufung zu Beginn der Amtsdauer

45   Nach Vorlage der Vorschlagsliste beruft der **Präsident des Oberlandesgerichts** aus ihr die ehrenamtlichen Richter der Amtsgerichte seines Geschäftsbereichs und des Oberlandesgerichts (§ 4 Abs. 1 S. 1). Im Regelfall hat er, wie sich aus § 4 Abs. 1 S. 2 iVm Abs. 4 ergibt, zwei Drittel der vorgeschlagenen Personen zu berufen. Müsste er mehr Personen aus der Vorschlagsliste berufen, um die erforderliche Zahl er ehrenamtlichen Richter zu erreichen, kann er eine Ergänzungsliste anfordern, wie in einigen Landesrechten ausdrücklich vorgesehen ist

(→ Rn. 29–32, 36, 37, 39–42, 44).[37] Hierzu kann es kommen, wenn sich aus der Vorschlagsliste ergibt, dass die vorgeschlagenen Personen nicht die persönlichen Voraussetzungen für ihre Berufung nach § 4 Abs. 3 erfüllen (→ Rn. 7 ff.) oder wenn sie gemäß § 3 Abs. 2 ihre Berufung mit Erfolg abgelehnt haben (→ § 3 Rn. 4 ff.). Bei der Auswahlentscheidung muss der Präsident des Oberlandesgerichts § 6 Abs. 1 S. 3 Alt. 1 berücksichtigen, also sowohl Pächter als auch Verpächter berufen (→ Rn. 6). Im verbleibenden Rahmen soll er Geschlechterparität anstreben (§ 44 Abs. 1 a DRiG; → Rn. 6). Die **Berufung erfolgt für jedes Gericht gesondert** (vgl. § 4 Abs. 1 S. 2). Wie ein Erst-Recht-Schluss aus (§ 3 Abs. 2 Hs. 1 ivm) § 53 Abs. 2 S. 2 GVG belegt, kann der ehrenamtliche Richter die Berufung nicht anfechten. Obwohl das Präsidium (§ 21 a GVG) an der Berufung nicht beteiligt ist, wird sie nicht als Verwaltungsakt,[38] sondern als Geschäft der richterlichen Selbstverwaltung anzusehen sein;[39] unter dieser Annahme lässt sich der Ausschluss der Anfechtbarkeit mit Art. 19 Abs. 4 S. 1 GG vereinbaren (näher → § 3 Rn. 13). Die Nichtberufung einer vorgeschlagenen Person ist durch diese dagegen schon deshalb unanfechtbar, weil sie durch die Nichtberufung nicht in eigenen Rechten betroffen wird. Das Vorstehende gilt für die Auswahlentscheidung des Präsidenten des Bundesgerichtshofs entsprechend, der die ehrenamtlichen Richter für den dortigen Landwirtschaftssenat zu berufen hat (§ 4 Abs. 6).

2. Nachberufung während der Amtszeit

Nach Berufung der ehrenamtlichen Richter kann der Präsident des Oberlandesgerichts (bzw. des Bundesgerichtshofs, § 4 Abs. 6) gemäß § 4 Abs. 5 einen neuen ehrenamtlichen Richter auf Grund der ihm vorliegenden Vorschlagsliste (ggf. mit Ergänzungsliste) berufen, wenn ein ehrenamtlicher Richter während seiner Amtsdauer (→ § 3 Rn. 3) ausscheidet. Zur Wahrung des gesetzlichen Richters (Art. 101 Abs. 1 S. 2 GG, § 16 S. 2 GVG) bedarf – komplementär zu Berufung – auch das Ausscheiden eines ehrenamtlichen Richters – abgesehen vom Todesfall – einer gesetzlichen Grundlage (→ Rn. 2 f.). Ein ehrenamtlicher Richter kann deshalb ausschließlich aufgrund eines später entstandenen Ablehnungsgrundes (→ § 3 Rn. 5 ff.) oder infolge Amtsenthebung (→ § 7 Rn. 1 ff.) ausscheiden. Die Berufung des neuen ehrenamtlichen Richter beschränkt sich naturgemäß auf die restliche Amtszeit des ausgeschiedenen Richters. **46**

VI. Verstöße

Auf Verstöße gegen § 4 lässt sich ein Rechtsmittel nur im Ausnahmefall mit Erfolg stützen.[40] Die Berufung zum ehrenamtlichen Richter entgegen den **Sollvorschriften** der (§ 4 Abs. 3 S. 1 Nr. 2 ivm) §§ 33, 34 GVG, §§ 44 Abs. 1 a, 44 a Abs. 1 DRiG führt schon nicht dazu, dass die Richterbank iSd Art. 101 Abs. 1 S. 2 GG, § 16 S. 2 GVG unvorschriftsmäßig besetzt ist.[41] **47**

---

[37] *Ernst* LwVG § 4 Rn. 31.
[38] So aber *Ernst* LwVG § 4 Rn. 3.
[39] Vgl. *Kissel/Mayer* EGGVG § 23 Rn. 11 mwN.
[40] AA offenbar *Ernst* LwVG § 4 Rn. 34, § 6 Rn. 32; MAH AgrarR/*Reiter* § 5 Rn. 101.
[41] Zu pauschal *Ernst* LwVG § 4 Rn. 34, § 6 Rn. 32; MAH AgrarR/*Reiter* § 5 Rn. 101.

48   Die **vorschriftswidrige Besetzung des Landwirtschaftsgerichts** im ersten
Rechtszug berechtigt den Landwirtschaftssenat im zweiten Rechtszug grundsätzlich
nicht, die Sache unter Aufhebung der angefochtenen Entscheidung und des Verfahrens zurückzuverweisen ([§ 9 iVm] § 69 Abs. 1 S. 3 FamFG, [§ 48 Abs. 1 S. 1 iVm]
§ 538 Abs. 2 S. 1 Nr. 1 ZPO). Lediglich im ZPO-Beschwerdeverfahren kann der
Landschaftssenat gemäß § 572 Abs. 3 ZPO nach seinem Ermessen entscheiden, ob
es eine eigene Sachentscheidung trifft oder die Sache wegen der vorschriftswidrigen
Besetzung des Landwirtschaftsgerichts aufhebt und zurückverweist (→ § 2 Rn. 40).

49   Im **dritten Rechtszug** kann das Rechtsmittel zwar gemäß (§ 9 iVm) § 72 Abs. 3
FamFG, (§ 48 Abs. 1 S. 1 iVm) § 547 Nr. 1 ZPO grundsätzlich mit der Rüge begründet
werden, dass eine Person zum ehrenamtlichen Richter berufen worden ist, die nicht
Deutscher iSd GG (→ Rn. 7), kein Landwirt iSv § 4 Abs. 3 S. 1 Nr. 1 (→ Rn. 9 ff.),
nach (§ 4 Abs. 3 S. 1 Nr. 2 iVm) § 32 GVG amtsunfähig (→ Rn. 17) ist oder eine mit
dem Richteramt gemäß § 4 Abs. 3 S. 1 Nr. 3 und 4 unvereinbare Tätigkeit ausübt
(→ Rn. 22 f.). Die Berufung einer solchen Person zum ehrenamtlichen Richter kann
der Besetzungsrüge aber nur dann zum Erfolg verhelfen, wenn sie auf **objektiver Willkür** beruht (näher → § 2 Rn. 41).[42] Daran wird es aus Sicht des erkennenden Landwirtschaftsgerichts vielfach fehlen, weil die Voraussetzungen für die Berufung im Wesentlichen bereits bei der Aufstellung der Vorschlagsliste ermittelt und geprüft werden
(→ Rn. 26 ff.). Hinzu kommt im Fall des § 4 Abs. 3 S. 1 Nr. 1, dass die Voraussetzung,
wonach der ehrenamtliche Richter die Landwirtschaft selbständig im Haupt- oder Nebenberuf ausüben oder ausgeübt haben muss, als unbestimmter Rechtsbegriff Wer-
tungsspielräume eröffnet, denen Abgrenzungsschwierigkeiten entsprechen.

50   Ist die einer Wahl zugrunde liegende **Vorschlagsliste fehlerhaft,** kann dies allenfalls die Ungültigkeit der Berufung der zu Unrecht in sie aufgenommenen Person
zur Folge haben, nicht dagegen die der ordnungsgemäß vorgeschlagenen Personen.[43] Auch die Mitwirkung einer aufgrund fehlerhafter Vorschlagsliste berufenen
Person kann der Besetzungsrüge nur dann zum Erfolg verhelfen, wenn der zur Berufung zuständige Präsident des Oberlandesgerichts (bzw. des Bundesgerichtshofs)
die ihm zugeleitete Vorschlagsliste nicht als geeignete Grundlage der Berufung
hätte ansehen dürfen, so dass seine Entscheidung nicht nur fehlerhaft, sondern als
nicht mehr verständlich, unhaltbar und auf sachfremden Erwägungen beruhend angesehen werden müsste.[44]

51   Nach diesen Grundsätzen ist auch eine auf einen Verstoß gegen § 4 gestützte – in
den Landwirtschaftssachen der freiwilligen Gerichtsbarkeit gemäß (§ 9 iVm) § 48
Abs 2 FamFG – Nichtigkeitsklage gemäß (§ 48 Abs. 1 S. 1 iVm) § 579 Nr. 1 ZPO
zu beurteilen.

52   Wird das Fehlen einer in § 4 Abs. 3 bezeichneten Voraussetzung nachträglich bekannt oder fällt eine solche Voraussetzung nachträglich weg, ist der ehrenamtliche
Richter gemäß § 7 seines Amtes zu entheben (→ § 7 Rn. 5). Solange dies nicht geschieht, ist er nach der Rspr. des BGH zwar gesetzlicher Richter (→ Rn. 3). Der
Amtsenthebung wird aber gleich zu achten sein, falls der Präsident des Oberlandesgerichts (bzw. des Bundesgerichtshofs) die Einleitung des Enthebungsverfahrens
(→ § 7 Rn. 10) verzögern sollte, nachdem er von den Enthebungsvoraussetzungen
Kenntnis erlangt hat.

---

[42] AA offenbar *Ernst* LwVG § 4 Rn. 34, § 6 Rn. 32; MAH AgrarR/*Reiter* § 5 Rn. 101.
[43] BGH Beschl. v. 4.11.1994 – BLw 47/94, BGHZ 127, 327 (330) = DtZ 1995, 48.
[44] BGH Beschl. v. 4.11.1994 – BLw 47/94, BGHZ 127, 327 (331) = DtZ 1995, 48, unter
Verweis auf BGH Urt. v. 13.8.1985 – 1 StR 330/85, BGHSt 33, 290 (293) = NJW 1986, 1356.

§ 5 [Ausübung des Richteramtes; Amtsverschwiegenheit]

[1]Die ehrenamtlichen Richter üben das Richteramt in vollem Umfang und mit gleichem Stimmrecht wie die Berufsrichter aus. [2]Sie sind zur Amtsverschwiegenheit verpflichtet.

Inhaltsübersicht

I. Überblick

Die Vorschrift regelt Rechte und Pflichten der ehrenamtlichen Richter. § 5 S. 1 **1** konkretisiert zugleich § 44 Abs. 1 DRiG, wonach ehrenamtliche Richter bei einem Gericht nur unter den gesetzlich bestimmten Voraussetzungen tätig werden dürfen. Die **Gleichstellung mit Berufsrichtern** in § 5 S. 1 bezieht sich nur auf die Ausübung des Richteramts, ist also auf die **Rechtsprechungstätigkeit der ehrenamtlichen Richter beschränkt.** Während die Gleichstellung insoweit „in vollem Umfang", also umfassend erfolgt, hebt § 5 S. 2 die Pflicht zur Amtsverschwiegenheit lediglich beispielhaft hervor.

II. Gesetzessystematik

Neben der Pflicht zur Amtsverschwiegenheit nach § 5 S. 2 treffen die ehrenamt- **2** lichen Richter diejenigen Pflichten, die sich aus der Ausübung des Richteramts nach § 5 S. 1 ergeben. Diese Pflichten folgen letztlich aus den für die Landwirtschaftsgerichtsbarkeit geltenden Verfahrensvorschriften, also dem FamFG und der ZPO (§ 45 Abs. 9 DRiG iVm §§ 9, 48 Abs. 1 S. 1; → Rn. 7). Besondere Pflichten des ehrenamtlichen Richters beinhaltet § 45 DRiG, insbesondere die Pflicht zur Eidesleistung (→ Rn. 4 f.).

Die persönliche Rechtsstellung der ehrenamtlichen Richter wird im LwVG nur **3** partiell in § 3 (→ § 3 Rn. 2) und § 7 (→ § 7 Rn. 1) geregelt. Weitere Regelungen dazu enthalten insbesondere das DRiG und das JVEG (→ Rn. 22 ff.).

III. Vereidigung

4   Gemäß § 45 Abs. 2 S. 1 DRiG ist der ehrenamtliche Richter vor seiner ersten Dienstleistung in öffentlicher Sitzung[1] des Gerichts durch den Vorsitzenden zu vereidigen. Die Ausübung des Amts des ehrenamtlichen Richters beginnt mithin mit der **Vereidigung**, die damit seine **erste Amtspflicht** darstellt. Über die Verpflichtung des ehrenamtlichen Richters auf sein Amt ist ein Protokoll aufzunehmen (§ 45 Abs. 8 DRiG).[2] Bei wiederholter Berufung (§ 3 Abs. 1 Hs. 2) gilt die Vereidigung auch für die sich unmittelbar anschließende Amtszeit (§ 45 Abs. 2 S. 2 DRiG).

5   Die Art und Weise der Eidesleistung ist in § 45 Abs. 2 S. 3, Abs. 3 und 5 DRiG geregelt. Der Eid kann ohne religiöse Beteuerung geleistet werden, worüber der ehrenamtliche Richter vor der Eidesleistung durch den Vorsitzenden zu belehren ist (§ 45 Abs. 3 S. 3 DRiG). Aus Glaubens- und Gewissensgründen (Art. 4 Abs. 1 GG) kann der ehrenamtliche Richter statt des Eides gemäß § 45 Abs. 4 und 5 DRiG ein Gelöbnis leisten, das dem Eid gleichsteht (§ 45 Abs. 4 S. 2 DRiG). Nach § 45 Abs. 7 DRiG kann das Landesrecht für ehrenamtliche Richter der Landwirtschaftsgerichte und der Landwirtschaftssenate der Oberlandesgerichte eine zusätzliche Verpflichtung auf die Landesverfassung vorsehen (so zB § 2 Abs. 2 BbgRiG).

IV. Ausübung des Richteramts

1. Sachliche Unabhängigkeit

6   Nach Art. 97 Abs. 1 GG sind auch ehrenamtliche Richter unabhängig und nur dem Gesetze unterworfen. § 45 Abs. 1 S. 1 DRiG stellt klar, dass insoweit **kein Unterschied zu Berufsrichtern** besteht. Wie diesen dürfen ehrenamtlichen Richtern nicht nur keine Weisungen erteilt werden, sondern sie sind auch vor sonstiger vermeidbarer Einflussnahme der Exekutive auf die Rechtsprechungstätigkeit geschützt.[3] Da die sachliche Unabhängigkeit unverzichtbares Wesensmerkmal jeder Rechtsprechung ist,[4] trifft jeden in ein Richteramt Berufenen die Dienstpflicht, sich derartigen Beeinflussungsversuchen zu erwehren. Die **Pflicht zur Wahrung der sachlichen Unabhängigkeit** besteht nicht nur gegenüber der vollziehenden Gewalt, sondern kann auch gegenüber Dritten greifen, sofern sich die private oder gesellschaftliche Einflussnahme nicht in grundrechtlich geschützten Tätigkeiten wie zB nachträglicher Urteilskrititk erschöpft.[5] Dies kann insbesondere gegenüber Interessenverbänden praktisch werden, die bei der Aufstellung der Vorschlagsliste

---

[1] § 170 Abs. 1 S. 1 GVG steht der Herstellung der Öffentlichkeit in einer Sitzung, in der Landwirtschaftssachen der freiwilligen Gerichtsbarkeit zu verhandeln sind, nicht entgegen, da die Vereidigung kein Teil der Verhandlungen ist (BT-Drs. 7/2526, 27).

[2] Im Protokoll muss die Tatsache der Vereidigung beurkundet sein und es muss den Aussteller, also idR den Vorsitzenden oder den Urkundsbeamten der Geschäftsstelle, ausweisen; darüber hinausgehende Förmlichkeiten sind nicht vorgeschrieben (*Schmidt-Räntsch* DRiG § 45 Rn. 21).

[3] BVerfG Beschl. v. 4.6.1969 – 2 BvR 33/66, 2 BvR 387/66, BVerfGE 26, 79 (93) mwN; *Schmidt-Räntsch* DRiG § 25 Rn. 6 mwN.

[4] *Schmidt-Jortzing* NJW 1991, 2377 (278); *Schmidt-Räntsch* DRiG § 25 Rn. 3.

[5] *Papier* NJW 1990, 8 (9); *Schmidt-Räntsch* DRiG § 25 Rn. 6.

mitgewirkt haben (→ § 4 Rn. 27 ff.). Die ehrenamtlichen Richter haben nicht Verbandsinteressen zu wahren, sondern in strikter Gesetzesbindung zu richten.[6]

2. Vorbereitung der und Teilnahme an den Sitzungen

Aus dem Rechtsstaatsprinzip folgt eine allgemeine Justizgewährungspflicht als **7** umfassende verfassungsrechtliche Garantie wirkungsvollen Rechtsschutzes.[7] Diese **Justizgewährungspflicht ist die grundlegendste Dienstpflicht** auch der ehrenamtlichen Richter. Aus ihr und ihren Konkretisierungen im LwVG, FamFG (§ 9), in der ZPO (§ 48 Abs. 1 S. 1) und im GVG ergeben sich die einzelnen Mitwirkungspflichten der ehrenamtlichen Richter (§ 45 Abs. 9 DRiG).[8] Auch soweit ihnen das Gesetz individuelle Verfahrensrechte wie zB das Fragerecht (§§ 136 Abs. 2 S. 2, 396 Abs. 3, 402 ZPO) zubilligt,[9] dient dies letztlich der Erfüllung der Justizgewährungspflicht.

Das LwVG regelt die Dienstpflichten der ehrenamtlichen Richter generalklau- **8** selartig, indem es sie in § 5 S. 1 Berufsrichtern in der Ausübung des Richteramts pauschal gleichstellt.[10] Mit Berufsrichtern sind die berufsrichterlichen Beisitzer gemeint, da § 2 Abs. 2 zwischen dem Vorsitzenden und den ehrenamtlichen Richtern unterscheidet. Dadurch werden die ehrenamtlichen Richter im Wesentlichen indes lediglich von der formellen Verfahrensleitung (zB nach § 136 ZPO) ausgeschlossen. An der **materiellen Verfahrensleitung** gemäß (§ 14 Abs. 2 S. 2 bzw. § 48 Abs. 1 S. 1 iVm) § 139 ZPO wirken sie hingegen grundsätzlich in gleichem Umfang wie der Vorsitzende mit (→ § 14 Rn. 77).[11] Bei der eigentlichen Rechtsfindung ist die Aufgabe, Leistung und Verantwortung aller Mitglieder des erkennenden Gerichts daher die gleiche.[12]

Vor diesem Hintergrund kann es sich als problematisch erweisen, wenn der Vor- **9** sitzende des Landwirtschaftssenats in einer streitigen Landwirtschaftssache (§ 1 Nr. 1 a) einen Hinweis nach § 522 Abs. 2 S. 2 ZPO erteilt, da schon der Hinweis in der Praxis vielfach zur Rücknahme der Berufung führt. Die Vorschrift verhält sich nicht dazu, ob die Hinweiserteilung eine vorherige Beratung im Spruchkörper erfordert. Der Gesetzgeber des ZPO-RG ist davon ausgegangen, dass „das Berufungsgericht bereits aufgrund des Akteninhalts zu der Überzeugung gelangt ist, dass die Berufung unbegründet ist" und sich der Hinweis dementsprechend auf die „in Aussicht genommene Zurückweisung der Berufung und die Gründe hierfür" bezieht.[13]. Daneben sprechen systematische Gesichtspunkte (§ 139 Abs. 1–3 ZPO: „Das Gericht …")[14] dafür, dass bereits der Hinweis (auch) mit den Landwirtschaftsrichtern beraten wird, bevor er durch den Vorsitzenden erteilt wird.

---

[6] *Schmidt-Räntsch* DRiG § 45 Rn. 3.
[7] *Papier* NJW 1990, 8 (9) mwN.
[8] *Schmidt-Räntsch* DRiG § 45 Rn. 22.
[9] In den Landwirtschaftssachen der freiwilligen Gerichtsbarkeit lässt sich das Fragerecht aus (§ 14 Abs. 2 S. 2 iVm) § 139 Abs. 1 S. 1 ZPO sowie (§ 9 iVm) § 30 Abs. 1 FamFG ableiten; iE ebenso *Ernst* LwVG § 5 Rn. 16 mwN.
[10] Vgl. *Schmidt-Räntsch* DRiG § 45 Rn. 22.
[11] BeckOK ZPO/*v. Selle* § 136 Rn. 6, § 139 Rn. 2.1.
[12] BGH Urt. v. 8.5.1990 – RiZ (R) 6/88, NJW 1991, 426 (427) mwN.
[13] BT-Drs. 14/4722, 97 (Hervorhebungen nicht im Original).
[14] BeckOK ZPO/*v. Selle* § 136 Rn. 6, § 139 Rn. 2.1.

10   Aus der Gleichstellung mit Berufsrichtern ergibt sich zwanglos, dass ehrenamtliche Richter Einsicht in die Gerichtsakten nehmen können. Der ein solches
Akteneinsichtsrecht verneinenden Gegenauffassung[15] kann jedenfalls für die
Landwirtschaftsgerichtsbarkeit nicht gefolgt werden. Dies ergibt sich für die Landwirtschaftssachen der freiwilligen Gerichtsbarkeit schon daraus, dass der Grundsatz
der Mündlichkeit[16] hier nicht gilt (näher → § 9 Rn. 16, → § 15 Rn. 2). Entscheidungsgrundlage ist vielmehr, selbst wenn die Sache gemäß (§ 9 iVm) § 32 Abs. 1
S. 1 FamFG mündlich erörtert oder nach § 15 Abs. 1 S. 1 mündlich verhandelt
wird, der gesamte Akteninhalt (vgl. § 37 Abs. 1 FamFG; näher → § 15 Rn. 11 ff.).[17]
In den streitigen Landwirtschaftssachen ist Entscheidungsgrundlage gemäß (§ 48
Abs. 1 S. 1 iVm) § 128 Abs. 1 ZPO zwar nur, worüber mündlich verhandelt worden
ist.[18] Schon durch Stellung der Sachanträge gemäß (§ 48 Abs. 1 S. 1 iVm) §§ 137
Abs. 1, 297 ZPO wird aber im Zweifel der gesamte, bis zum Termin angefallene
Akteninhalt in die mündliche Verhandlung einbezogen (§ 137 Abs. 3 S. 1 ZPO).[19]

11   Durch § 16 S. 3 LwVG werden ehrenamtliche Richter in der Ausübung des
Richteramts beschränkt. Nach dieser Vorschrift bleibt die förmliche Vernehmung
von Beteiligten, Zeugen und Sachverständigen, die Abnahme von Eiden sowie die
Protokollierung eines Vergleichs den Berufsrichtern vorbehalten (näher → § 16
Rn. 27 f.).

3. Beratung und Abstimmung

12   Beratung und Abstimmung richten sich nach §§ 192–197 GVG (§ 2 EGGVG).
Auch hierbei übt der Vorsitzende formelle Leitungsfunktionen aus (§ 194 Abs. 1
GVG); bei Meinungsverschiedenheiten steht dem Gericht unter Einschluss der eh-
renamtlichen Richter allerdings die Letztentscheidungsbefugnis zu (§ 194 Abs. 2
GVG).

13   Das Gericht entscheidet grundsätzlich mit der absoluten Mehrheit der Stimmen
(§ 196 Abs. 1 GVG), wobei jeder Stimme, wie durch § 5 S. 1 nochmals ausdrücklich
hervorgehoben wird, gleiches Gewicht zukommt. Insbesondere in Verfahren auf
Grund der Vorschriften über den **Landpachtvertrag** (§ 1 Nr. 1, 1a) ist oftmals
über Fragen zu entscheiden, die sich der binären Codierung von Recht/Unrecht[20]
entziehen, die sich mithin nicht einfach mit Ja oder Nein beantworten lassen. Bei
rechtlich gebotenen **quantitativen Differenzierungen** in Beziehung auf zB
Pachthöhe, Minderung, Schadensersatz oder auch Grundstücksgröße,[21] dgl. bei
quantitativen Bewertungsfragen betreffend zB Werterhöhungen (→ § 1 Rn. 42,
46), Vertragsanpassung (→ § 1 Rn. 49 ff.) oder die Fortsetzung des Pachtverhältnisses (→ § 1 Rn. 52 ff.), sind vielmehr mehr als zwei Meinungen möglich. Bilden sich
in den genannten Beziehungen mindestens drei Meinungen im Spruchkörper heraus, von denen keine eine absolute Mehrheit (§ 196 Abs. 1 GVG) hat, ist die Stimmenmehrheit nach § 196 Abs. 2 GVG zu ermitteln. Danach werden die für die

---

[15] *Schmidt-Räntsch* DRiG § 45 Rn. 23 unter Verweis auf OVG Münster Beschl. v.
27. 9. 1989 – 6 E 158/89, NVwZ-RR 1990, 381 f. (zu § 19 VwGO).
[16] Dazu BeckOK ZPO/*v. Selle* § 128 Rn. 2 mwN.
[17] *Ernst* LwVG § 15 Rn. 15.
[18] BeckOK ZPO/*v. Selle* § 128 Rn. 1 mwN.
[19] Näher BeckOK ZPO/*v. Selle* § 128 Rn. 10, § 137 Rn. 6 f. mwN.
[20] *Luhmann* Das Recht der Gesellschaft, 1995, 165 ff.
[21] *Kissel/Mayer* GVG § 196 Rn. 2.

größte Summe abgegebenen Stimmen den für die zunächst geringere abgegebenen hinzugerechnet. Ergibt sich auch dann keine Mehrheit, was nur bei Senatsbesetzung denkbar ist, ist von der zunächst geringeren und nach der Hinzurechnung jetzt größten Summe auszugehen, indem die auf sie entfallenden – addierten – Stimmen denen hinzugerechnet werden, die auf die nunmehr zunächst geringere Summe entfallen; spätestens dann ist die absolute Mehrheit von drei Stimmen erreicht.

Zuerst stimmt gemäß § 197 S. 3 GVG der Berichterstatter, dh derjenige Richter, **14** dem nach der Geschäftsverteilung innerhalb des Spruchkörpers gemäß § 21g GVG, an der die ehrenamtlichen Richter nicht mitzuwirken haben, die Votierung und die Abfassung des Urteilsentwurfs obliegt. Ist dies jedoch, wie in aller Regel bei den Amtsgerichten, der Vorsitzende, stimmt er nicht zuerst, sondern gemäß § 197 S. 4 GVG zuletzt.[22] In diesem Fall stimmen also die ehrenamtlichen Richter zuerst, sonst nach dem Berichterstatter,[23] aber stets vor den anderen Berufsrichtern (§ 197 S. 2 GVG). Von den ehrenamtlichen Richtern stimmt der jüngere vor dem älteren, von den berufsrichterlichen Beisitzern der dienstjüngere vor dem dienstälteren, bei gleichem Dienstalter der jüngere vor dem älteren (§ 197 S. 1 GVG).

Es gehört zu den Dienstpflichten auch der ehrenamtlichen Richter, an der Bera- **15** tung und Abstimmung mitzuwirken (§ 192 Abs. 1 GVG). § 195 GVG hebt dies für den Fall hervor, dass der Richter bei der Abstimmung über eine vorausgegangene Frage in der Minderheit geblieben ist. Hat also etwa das Gericht mit Stimmenmehrheit einen Anspruch dem Grunde nach bejaht, muss sich der überstimmte Richter an der Beratung und Abstimmung über die Höhe des Anspruchs beteiligen.

Die Stimmabgabe ist für die zur Abstimmung stehende Frage und die Entschei- **16** dung endgültig und unwiderruflich.[24] Möglich bleibt ein Antrag auf erneute Abstimmung gemäß § 194 Abs. 2 GVG, solange die Entscheidung nicht gemäß (§ 9 iVm) § 40 Abs. 1 FamFG wirksam oder gemäß (§ 48 Abs. 1 S. 1 iVm) § 310 ZPO verkündet bzw. zugestellt worden ist.[25] Gibt ihm das Gericht statt, was bei bloßer Meinungsänderung kaum in Betracht kommen wird, ist keiner der Richter an seine frühere Stimmabgabe gebunden.

Dagegen muss **von Amts wegen erneut in die Beratung eingetreten** wer- **17** den, wenn die Entscheidungsgrundlage nach Beratung, aber vor Wirksamwerden (Verlautbarung) der Entscheidung Änderungen erfährt. Eine Nachberatung unter Einschluss der ehrenamtlichen Richter ist insbesondere erforderlich, **wenn nach Schluss der mündlichen Verhandlung** (§ 15 Abs. 1 S. 1, [§ 48 Abs. 1 S. 1 iVm] § 128 Abs. 1 ZPO), auf die die Entscheidung ergeht, noch **Schriftsätze eingehen.** Dies ergibt sich im Verfahren der freiwilligen Gerichtsbarkeit schon aus (§ 9 iVm) §§ 37 Abs. 1, 40 Abs. 1 FamFG. Im ZPO-Verfahren (§ 48 Abs. 1 S. 1) ist namentlich wieder in die Beratung einzutreten, wenn der Schriftsatz nachgelassen ist (§§ 296a S. 2, 139 Abs. 5, 283 ZPO), oder, wie in der Praxis häufig vorkommt, einen (konkludenten) Antrag auf Wiedereröffnung der mündlichen Verhandlung (§§ 296a S. 2, 156 ZPO) enthält.[26] Desgleichen sind mit den ehrenamtlichen Richtern neue

---

[22] *Kissel/Mayer* GVG § 197 Rn. 4 mwN.

[23] AA *Ernst* LwVG § 5 Rn. 16.

[24] OLG Brandenburg Beschl. v. 20.3.2014 – 5 U (Lw) 62/13, RdL 2014, 218 (219); *Kissel/Mayer* GVG § 194 Rn. 5 mwN auch zur Gegenauffassung.

[25] OLG Brandenburg Beschl. v. 20.3.2014 – 5 U (Lw) 62/13, RdL 2014, 218 (219); *Kissel/Mayer* GVG § 194 Rn. 5.

[26] BGH Urt. v. 23.11.2007 – LwZR 5/07, NJW 2008, 580 Rn. 8 = RdL 2008, 72.

Anträge oder neue Angriffs- oder Verteidigungsmittel (§ 282 Abs. 1 ZPO) zu beraten, die trotz §§ 297, 296a S. 1 ZPO ausnahmsweise ebenfalls die Fortsetzung des Verfahrens gemäß § 156 ZPO rechtfertigen können. Nicht anders ist schließlich aber auch zu verfahren, wenn sich der Inhalt des Schriftsatzes in einer Wiederholung dessen erschöpft, was bereits Gegenstand von Verhandlung und Schlussberatung gewesen ist. Denn auch diese Redundanzbeurteilung können nur alle zur Beratung und Entscheidung berufenen Richter treffen.[27]

18   Dabei ist die mündliche Beratung im Beisein auch der ehrenamtlichen Richter die Regel, der im Fall der Nachberatung über einen nachgereichten Schriftsatz eine einverständliche Telefonkonferenz nach dem Rechtsgedanken der §§ 32 Abs. 3 FamFG, 128a Abs. 2 und 3 ZPO,[28] nicht aber die telefonische Abfrage der Einzelmeinungen gleichstehen kann.[29] Allerdings müssen, wenn die Entscheidung bereits durch Schlussabstimmung gefällt ist, analog § 320 Abs. 4 S. 2 und 3 ZPO im Verhinderungsfall nicht notwendig diejenigen (Berufs- und ehrenamtlichen) Richter über den nachgereichten Schriftsatz beraten und entscheiden, die den Beschluss gefasst oder das Urteil gefällt (§ 309 ZPO) haben.[30]

19   Entscheidungen und Urteile des Gerichts müssen nicht von den ehrenamtlichen Richtern unterschrieben werden (→ § 2 Rn. 30). Daher muss die Mitwirkung der ehrenamtlichen Richter an der Entscheidungsfindung anderweitig in einer für die Parteien und das Revisionsgericht nachprüfbaren Weise festgehalten werden.[31] Das setzt eine **Dokumentation der Mitwirkung der ehrenamtlichen Richter in den Akten** voraus.[32] Die Dokumentation muss nicht durch gesonderten Aktenvermerk, sondern kann auch durch Beurkundung der Mitwirkung in den Entscheidungsgründen erfolgen. Einer solchen Feststellung kommt die Beweiskraft einer öffentlichen Urkunde entsprechend § 418 ZPO zu.[33]

4. Amtsverschwiegenheit

20   Ehrenamtliche Richter haben gemäß § 45 Abs. 1 S. 2 DRiG zunächst das Beratungsgeheimnis zu wahren, also über den Hergang bei der Beratung und Abstimmung (§§ 192–197 GVG; → Rn. 12 ff.) auch nach Beendigung des Dienstverhältnisses zu schweigen (§ 43 DRiG). Darüber hinaus sind sie nach § 5 S. 2 zur Verschwiegenheit über alles verpflichtet, was ihnen sonst **in Ausübung ihrer Richtertätigkeit bekannt wird.**[34] Die Pflicht zur Amtsverschwiegenheit kann insbesondere in den Landwirtschaftssachen der freiwilligen Gerichtsbarkeit prak-

---

[27] Vgl. BGH Urt. v. 25.4.2014 – LwZR 2/13, BeckRS 2014, 11251 Rn. 11 = NL-BzAR 2014, 320; Beschl. v. 29.11.2013 – BLw 4/12, NJW-RR 2014, 243 Rn. 26 = RdL 2014, 107; Urt. v. 20.4.2012 – LwZR 5/11, NJW-RR 2012, 879 Rn. 11 = RdL 2012, 216.

[28] Dazu BeckOK ZPO/*v. Selle* § 128a Rn. 1 mwN.

[29] BGH Beschl. v. 29.11.2013 – BLw 4/12, NJW-RR 2014, 243 Rn. 28 ff. = RdL 2014, 107.

[30] BGH Beschl. v. 29.11.2013 – BLw 4/12, NJW-RR 2014, 243 Rn. 26 = RdL 2014, 107; Urt. v. 1.2.2002 – V ZR 357/00, NJW 2002, 1426 (1427).

[31] BGH Urt. v. 25.4.2014 – LwZR 2/13, BeckRS 2014, 11251 Rn. 15 = NL-BzAR 2014, 320; Urt. v. 20.4.2012 – LwZR 5/11, NJW-RR 2012, 879 Rn. 11 f. = RdL 2012, 216.

[32] BGH Urt. v. 25.4.2014 – LwZR 2/13, BeckRS 2014, 11251 Rn. 15 = NL-BzAR 2014, 320.

[33] BGH Beschl. v. 29.11.2013 – BLw 4/12, NJW-RR 2014, 243 Rn. 35 = RdL 2014, 107.

[34] *Ernst* LwVG § 5 Rn. 18.

tisch werden, wenn diese gemäß § 170 Abs. 1 S. 1 GVG nicht öffentlich verhandelt werden (→ näher § 15 Rn. 27).

Über Tatsachen, die der Verpflichtung zur Amtsverschwiegenheit gemäß § 5 **21** S. 2 unterfallen, kann ein ehrenamtlicher Richter daher nur vernommen werden, wenn eine Aussagegenehmigung erteilt ist (§§ 383 Abs. 1 Nr. 6, Abs. 3, 376 Abs. 1 ZPO; § 29 Abs. 2 FamFG; § 54 Abs. 1 StPO). Da ehrenamtliche Richter keinen besonderen beamtenrechtlichen Vorschriften iSd § 376 Abs. 1 ZPO, § 54 Abs. 1 ZPO unterliegen, wird der Präsident des Oberlandesgerichts (bzw. des Bundesgerichtshofs) nach dem Rechtsgedanken der §§ 3 Abs. 2, 4 Abs. 1 S. 1, Abs. 6 als zuständig angesehen werden müssen, über die Genehmigung zur Aussage zu entscheiden.[35] Die Aussagegenehmigung befreit allerdings nicht vom Beratungsgeheimnis, da dieses gerade auch gegenüber den Gerichtsvorständen zu wahren ist.[36] Nur wo die persönliche – straf- oder zivilrechtliche – Haftung eines ehrenamtlichen Richters in Frage steht, muss das Beratungsgeheimnis im Einzelfall – namentlich zur Rechtsverteidigung des Richters – zurücktreten,[37] und dies auch nicht in einem Verwaltungs- und Ermittlungsverfahren, sondern nur in einem Gerichtsverfahren.[38]

V. Persönliche Rechtsstellung

Ehrenamtliche Richter haben nicht am Schutz der persönlichen Unabhängig- **22** keit von Berufsrichtern nach Art. 97 Abs. 2 GG teil. Ihre persönliche Unabhängigkeit wird im LwVG durch § 3 (→ § 3 Rn. 2) und § 7 (→ § 7 Rn. 1) geschützt. Daneben bestimmt § 45 Abs. 1 a S. 1 DRiG generalklauselartig, dass niemand in der Übernahme[39] oder Ausübung des Amtes als ehrenamtlicher Richter beschränkt oder wegen der Übernahme der Ausübung des Amtes benachteiligt werden darf. Die Vorschrift ist in erster Linie an den Dienstherrn und den Arbeitgeber des ehrenamtlichen Richters adressiert.[40] Das **Benachteiligungsverbot** wird in § 45 Abs. 1 a S. 2 und 3 DRiG dahingehend **arbeitsrechtlich konkretisiert,** dass ehrenamtliche Richter für die Zeit ihrer Amtstätigkeit von ihrem Arbeitgeber von der Arbeitsleistung freizustellen sind und ihr Arbeitsverhältnis nicht wegen der Übernahme oder der Ausübung des Richteramtes gekündigt werden darf. Aus dem Freistellungsanspruch folgt ein unabdingbarer Lohnfortzahlungsanspruch, soweit die Entschädigung nach § 18 JVEG hinter ihm zurückbleibt (§ 616 BGB).[41] Einem Arbeitsverhältnis steht aufgrund des allgemeinen Benachteiligungsverbots (§ 45 Abs. 1 a S. 1 DRiG) oder in entsprechender Anwendung von § 45 Abs. 1 a S. 2 und 3 DRiG[42] jedes öffentlich- oder privatrechtliche Dienstverhältnis gleich, das den ehrenamtlichen Richter zu regelmäßiger Dienstleistung verpflichtet.

---

[35] *Ernst* LwVG § 5 Rn. 21 mwN.
[36] *Kissel/Mayer* GVG § 193 Rn. 15; *Schmidt-Räntsch* DRiG § 45 Rn. 4, § 43 Rn. 5.
[37] Näher *Kissel/Mayer* GVG § 193 Rn. 13ff. mwN.
[38] *Schmidt-Räntsch* DRiG § 45 Rn. 4, § 43 Rn. 17.
[39] Näher *Schmidt-Räntsch* DRiG § 45 Rn. 5.
[40] *Schmidt-Räntsch* DRiG § 45 Rn. 5.
[41] *Schmidt-Räntsch* DRiG § 45 Rn. 8f.
[42] So *Schmidt-Räntsch* DRiG § 45 Rn. 7.

23   Dem **Landesgesetzgeber** steht es nach § 45a Abs. 1 S. 4 DRiG frei, **weitergehende Regelungen zum Schutz der ehrenamtlichen Richter** zu erlassen. So verstärkt zB Art. 110 Abs. 1 S. 2 BbgVerf den bundesrechtlichen Kündigungsschutz insoweit, als die Kündigung oder Entlassung ehrenamtlicher Richter während ihrer Amtszeit nur zulässig ist, wenn Tatsachen vorliegen, die den Arbeitgeber oder Dienstherren zur fristlosen Kündigung berechtigen. Teilweise wird ehrenamtlichen Richtern in ihrer Funktion ein Anspruch auf Weiterbildung zugebilligt (zB Art. 110 Abs. 2 S. 2 BbgVerf). Schließlich sehen einige Landesrechte wie zB Art. 110 Abs. 2 S. 1 BbgVerf, § 63 BbgRiG vor, dass ehrenamtliche Richter eine Vertretung an den Gerichten wählen können, die ihre Interessen wahrnimmt.

24   Ehrenamtliche Richter werden für die **Ausübung des Richteramtes nach Abschnitt 4 des JVEG entschädigt.** Gemäß § 15 Abs. 1 Nr. 1–3 JVEG werden sie für Fahrtkosten (§ 5 JVEG), Aufwand (§ 6 JVEG) und sonstige Aufwendungen (§ 7 JVEG) wie Zeugen, Sachverständige und Dolmetscher entschädigt. Daneben erhalten sie gemäß § 15 Abs. 1 Nr. 4–6 JVEG stets eine Entschädigung für Zeitversäumnis (§ 16 JVEG), ggf. auch für Nachteile bei der Haushaltsführung (§ 17 JVEG) und eine Entschädigung für Verdienstausfall (§ 18 JVEG). Ersetzt wird immer nur der tatsächliche Verdienstausfall, dessen **Kappungsgrenze** jedoch grundsätzlich bei 24 Euro je Stunde (§ 18 Abs. 1 S. 1 JVEG) und höchstens zehn Stunden je Tag (§ 15 Abs. 2 S. 1 JVEG) liegt. Wo der tatsächliche Verdienst, wie insbesondere bei selbständigen Haupterwerbslandwirten (→ § 4 Rn. 11) möglich, über der Kappungsgrenze liegt, kann gegen dessen Ausfall uU durch Bestellung eines Vertreters iSv § 7 Abs. 1 S. 2 JVEG, zB in Ernte- und Bestellungszeiten, Vorsorge getroffen werden.[43]

VI. Verstöße

25   Das **Landwirtschaftsgericht ist nicht ordnungsgemäß besetzt,** wenn es ohne die gebotene (→ § 2 Rn. 29 ff.) Mitwirkung der ehrenamtlichen Richter entscheidet (Art. 101 Abs. 1 S. 2 GG, § 16 S. 2 GVG). Im dritten Rechtszug ist die Entscheidung allein deswegen (→ § 2 Rn. 40 f.) aufzuheben und die Sache zur neuen Verhandlung und Entscheidung zurückzuverweisen.[44] Einem solchen Besetzungsmangel ist nach der Rechtsprechung gleich zu achten, wenn ein zum ehrenamtlichen Richter berufener Landwirt an der Entscheidung mitgewirkt hat, der nicht vereidigt worden ist, da dieser infolgedessen als Nichtrichter tätig geworden sei.[45] Dagegen wird das Recht auf den gesetzlichen Richter durch geringfügige Fehler bei der Vereidigung, wie bspw. das Unterlassen der an sich zwingend vorgeschriebenen Protokollierung, das Nichterheben der rechten Hand oder die Eidesleistung in nichtöffentlicher Sitzung, nicht verletzt.[46]

26   Weigert sich ein ehrenamtlicher Richter, das Richteramt auszuüben, kann er dazu nicht durch Ordnungsgeld angehalten werden, weil das LwVG, anders etwa

---

[43] Vgl. dazu BeckOK KostR/ *Bleutge* JVEG § 7 Rn. 13f. mwN.

[44] BGH Urt. v. 25.4.2014 – LwZR 2/13, BeckRS 2014, 11251 Rn. 16 = NL-BzAR 2014, 320.

[45] BGH Urt. v. 12.9.1952 – 1 StR 349/52, BGHSt 3, 175 (176) = NJW 1952, 1305; BVerwG Urt. v. 21.10.1980 – 2 WD 17/80, NJW 1981, 1110 mwN.

[46] BVerwG Urt. v. 21.10.1980 – 2 WD 17/80, NJW 1981, 1110 mwN.

als das GVG in § 56 für Schöffen oder die VwGO in § 33 für die ehrenamtlichen Richter der Verwaltungsgerichtsbarkeit, dies nicht vorsieht. Aus der in § 2 EGGVG vorgeschriebenen Anwendung des GVG lässt sich insbesondere keine generelle Geltung der das Schöffenverhältnis regelnden Vorschriften ableiten,[47] da das LwVG in §§ 3 Abs. 2, 4 Abs. 3 S. 1 Nr. 2, 6 Abs. 3 die (sinngemäße) Geltung lediglich einzelner Vorschriften des GVG anordnet. Die ehrenamtlichen Richter unterliegen auch nicht der Dienstgerichtsbarkeit der Berufsrichter oder einer Disziplinargewalt wie Beamte. Ein **ehrenamtlicher Richter der Landwirtschaftsgerichte kann** daher nur gemäß § 7 **seines Amtes enthoben werden,** wenn er sich einer groben Verletzung seiner Amtspflicht schuldig macht (→ § 7 Rn. 6 ff.). Das gleiche gilt bei sonstigen Dienstverfehlungen, etwa einem Verstoß gegen die Verpflichtung zur Amtsverschwiegenheit.[48] Ob die Verletzung des Beratungsgeheimnisses durch den ehrenamtlichen Richter darüber hinaus strafrechtlich relevant werden kann, ist im Hinblick auf das Tatbestandsmerkmal des Geheimnisses in § 353b Abs. 1 StGB streitig und dessen unbeschadet jedenfalls in der Regel mangels Gefährdung öffentlicher Interessen zu verneinen.[49]

§ 6   [Heranziehung zu den Sitzungen]

(1) [1]Die ehrenamtlichen Richter sollen zu den Sitzungen nach der Reihenfolge einer Liste herangezogen werden, die der Vorsitzende des Gerichts vor Beginn des Geschäftsjahres aufstellt. [2]Hierbei kann er bestimmen, daß einzelne dieser ehrenamtlichen Richter bei Verhinderung eines anderen herangezogen werden (stellvertretende ehrenamtliche Richter). [3]Würden hiernach bei der Verhandlung in Pachtsachen zwei ehrenamtliche Richter, die beide Pächter oder beide Verpächter sind, oder in einer in § 1 Nr. 4 bezeichneten Sache zwei ehrenamtliche Richter, die beide dem Personenkreis des § 35 des Bundesvertriebenengesetzes angehören oder nicht angehören, teilnehmen, so gilt der auf Grund der Liste als zweiter heranstehende ehrenamtliche Richter für die Sitzung als verhindert.

(2) Im übrigen ist der Vorsitzende zu einer Änderung der Reihenfolge nur befugt, wenn ehrenamtliche Richter während des Geschäftsjahres ausscheiden, wenn neue ehrenamtliche Richter eintreten oder wenn die Teilnahme an einer früheren Verhandlung in derselben Sache oder die Wahrnehmung eines Termins an Ort und Stelle eine Änderung geboten erscheinen läßt.

(3) Für die Entbindung eines ehrenamtlichen Richters von der Dienstleistung an bestimmten Sitzungstagen gilt § 54 des Gerichtsverfassungsgesetzes sinngemäß.

---

[47] So aber *Ernst* LwVG § 5 Rn. 8 – entgegen des ausdrücklichen Willens des Gesetzgebers (BT-Drs. 1/3819, 21).
[48] Vgl. *Ernst* LwVG § 5 Rn. 24.
[49] Zum Ganzen OLG Köln Urt. v. 11.1.2005 – 8 Ss 460/04, NJW 2005, 1000 (1000 f.).

Inhaltsübersicht

I. Überblick

1   Die Vorschrift konkretisiert die **Garantie des gesetzlichen Richters** hinsichtlich der Heranziehung der berufenen (→ § 4 Rn. 45 f.) ehrenamtlichen Richter zu den einzelnen Sitzungen (Verfahren). Gesetzlicher Richter iSd Art. 101 Abs. 1 S. 2 GG, § 16 S. 2 GVG ist nicht nur das Gericht als organisatorische Einheit oder das erkennende Gericht als Spruchkörper, vor dem verhandelt und von dem die einzelne Sache entschieden wird, sondern auch der zur Entscheidung im Einzelfall berufene Richter.[1] Die **Konstituierung des Landwirtschaftsgerichts** mit den ehrenamtlichen Richtern in den einzelnen Verfahren **obliegt dem Vorsitzenden** in Anwendung von § 6.[2] Verstößt der Vorsitzende bei der Heranziehung der ehrenamtlichen Richter gegen seine Gesetzesbindung, verletzt dies in der Regel zugleich den Anspruch der Verfahrensbeteiligten (Parteien) auf den gesetzlichen Richter.

II. Heranziehung zu den Sitzungen

1. Nach der Reihenfolge einer Liste (Abs. 1 S. 1)

2   Der Vorsitzende des Landwirtschaftsgerichts hat gemäß § 6 Abs. 1 S. 1 **vor Beginn jedes Geschäftsjahrs** eine Liste aufzustellen, in der eine Reihenfolge der vom Präsidenten des Oberlandesgerichts (bzw. des Bundesgerichtshofs) berufenen ehrenamtlichen Richter (→ § 4 Rn. 45 f.) festgelegt ist. Geschäftsjahr ist das Kalenderjahr; das haben einige Länder in ihren Ausführungsgesetzen zum GVG geregelt[3] und gilt in den übrigen Ländern sowie im Bund gewohnheitsrechtlich.[4]

3   § 6 Abs. 1 S. 1 schreibt dem Vorsitzenden nicht vor, wie er die Reihenfolge der ehrenamtlichen Richter festlegt. Die Festlegung der Reihenfolge steht daher in seinem **pflichtgemäßen Ermessen**. Im Hinblick auf § 6 Abs. 1 S. 3 (→ Rn. 8 ff.) wird es sich empfehlen, nach Möglichkeit von vornherein eine Reihenfolge zu wählen, in der Pächter und Verpächter im numerischen Wechsel aufeinander folgen.[5] Soweit dem Landwirtschaftsgericht gemäß § 8 die Geschäfte aus den Bezirken mehrerer Amtsgerichte bzw. Oberlandesgerichte übertragen sind (→ § 8 Rn. 1 ff.),

---

[1] St. Rspr. seit BVerfG Beschl. v. 24.3.1964 – 2 BvR 42/63, 2 BvR 83/63, 2 BvR 89/63, BVerfGE 17, 294 (298) = NJW 1967, 1123.

[2] BVerfG Beschl. v. 3.6.1980 – 1 BvL 114/78 – BVerfGE 54, 159 (164) = NJW 1981, 912.

[3] ZB Art. 6 BayAGGVG v. 23.6.1981 (GVBl. 188) idF des G v. 5.7.1986 (GVBl. 99).

[4] *Kissel/Mayer* GVG § 21 d Rn. 9 mwN.

[5] *Ernst* LwVG § 6 Rn. 6.

kann bei Festlegung der Beisitzerpaare ferner darauf geachtet werden, dass nicht beide ehrenamtlichen Richter die Landwirtschaft in demselben Bezirk ausüben oder ausgeübt haben (→ § 4 Rn. 14).[6]

Die ehrenamtlichen Richter „sollen" zu den „Sitzungen" nach der in der Liste **4** festgelegten Reihenfolge herangezogen werden. Im Hinblick auf die Gewährleistung des gesetzlichen Richters (→ Rn. 1) kann § 6 Abs. 1 S. 1 im Wege **verfassungskonformer Auslegung** nur als **Muss-Vorschrift** verstanden werden. Zudem ist die Bindung an die Reihenfolge nicht nur für die eigentlichen Sitzungen maßgeblich. Zwar ist der Begriff der Sitzung im gesetzlichen Fachsprachgebrauch gleichbedeutend mit dem der mündlichen Verhandlung isv § 15 Abs. 1 S. 1, (§ 48 Abs. 1 S. 1 iVm) § 128 Abs. 1 ZPO.[7] Das grundrechtsgleiche Recht auf den gesetzlichen Richter gilt aber in gleicher Weise in Verfahren, die nicht aufgrund mündlicher Verhandlung entschieden werden.[8] Daraus folgt in wiederum verfassungskonformer Auslegung, dass immer dann, wenn die ehrenamtlichen Richter das Richteramt in gleichem Umfang wie die Berufsrichter ausüben (→ § 5 Rn. 7 ff.), eine Sitzung isv § 6 Abs. 1 S. 1 vorliegt, zu der sie demzufolge in der in der Liste festgelegten Reihenfolge heranzuziehen sind.

Dagegen liegen unterschiedliche Sitzungen an sich nicht vor, wenn sich eine Sit- **5** zung (mündliche Verhandlung) über mehrere Verhandlungstage erstreckt. Nach dem Grundsatz der **Einheit der mündlichen Verhandlung**[9] handelt es sich vielmehr um eine Sitzung, zu der die für den ersten Verhandlungstag aufgrund der Liste herangezogenen ehrenamtlichen Richter auch für die Folgetermine heranzuziehen sind. Dadurch lassen sich zugleich Friktionen mit dem Prinzip der (formellen) Beweisunmittelbarkeit[10] vermeiden. Dessen unbeschadet geht das LwVG in § 6 Abs. 2 Alt. 3 auch in diesem Fall von mehreren Verhandlungen aus.[11] Praktisch macht es freilich kaum einen Unterschied, ob Besetzungskontinuität über den Grundsatz der Einheit der mündlichen Verhandlung oder dem Vorsitzenden in § 6 Abs. 2 für diesen Fall eingeräumte Befugnis zur Änderung der Reihenfolge gewährleistet wird (→ Rn. 12 ff.).

Die in der Liste festgelegte Reihenfolge muss bei der **Heranziehung der eh- 6 renamtlichen Richter** eingehalten werden. Dies deckt sich nicht notwendig mit der Reihenfolge der Sitzungen. Wenn zB nach Terminierung und Heranziehung (Ladung) der beiden erstberufenen ehrenamtlichen Richter eine eilbedürftige Sache vor diesem Termin anberaumt werden muss, sind zu ihr die beiden nächstbestimmten ehrenamtlichen Richter heranzuziehen.[12]

2. Stellvertretende ehrenamtliche Richter (Abs. 1 S. 2)

Gemäß § 6 Abs. 1 S. 2 kann der Vorsitzende bei Aufstellung der Liste nach **7** pflichtgemäßem Ermessen bestimmen, dass einzelne der ehrenamtlichen Richter bei Verhinderung eines anderen herangezogen werden. Das Gesetz definiert die sol-

---

[6] *Ernst* LwVG § 6 Rn. 6.
[7] ZB § 176 GVG; §§ 128a Abs. 1, 130 Nr. 2, 136 Abs. 3, 159 Abs. 2 ZPO.
[8] Vgl. nur BVerfG Beschl. v. 8. 2. 1967 – 2 BvR 235/64, BVerfGE 21, 139 (144) = NJW 1967, 1123, für die freiwillige Gerichtsbarkeit.
[9] Dazu nur BeckOK ZPO/*v. Selle* § 128 Rn. 8 mwN.
[10] Vgl. dazu nur BeckOK ZPO/*Bach* § 355 Rn. 8 mwN.
[11] BT-Drs. 1/3819, 20f.
[12] *Ernst* LwVG § 6 Rn. 7.

cherart für den Verhinderungsfall bestimmten Richter als stellvertretende ehrenamtliche Richter. Nimmt man des Gesetz wörtlich, handelte es sich dabei indes
um eine contradictio in adiecto, da sie aus dem Kreis der „regulären" Richter nach
§ 6 Abs. 1 S. 1 zu bestimmen sind („dieser ehrenamtlichen Richter"), also jedenfalls
nicht nur stellvertretende ehrenamtliche Richter sein könnten. Deshalb wird § 6
Abs. 1 S. 2 dahin auszulegen sein, dass einzelne ehrenamtliche Richter auch ausschließlich zu stellvertretenden bestimmt werden können. Des Weiteren dürfte der
Vorsitzende aber auch, und dies wiederum über den Wortlaut der Vorschrift („einzelne … Richter") hinaus, unter Zweckmäßigkeitsgesichtspunkten befugt sein, alle
berufenen Richter zugleich in einen Vertretungskreis für den Verhinderungsfall
einzubinden. Denn solange die Vertretung iSd Gewährleistung des gesetzlichen
Richters vorab eindeutig bestimmt ist, ist schlechterdings kein sachlicher Grund dafür ersichtlich, weshalb im Verhinderungsfall nur einzelne ehrenamtliche Richter
herangezogen werden dürfen.[13]

3. Fiktion des Verhinderungsfalls (Abs. 1 S. 3)

8   § 6 Abs. 1 S. 3 beinhaltet eine **gesetzliche Fiktion** des Verhinderungsfalls in
zwei Fällen. Davon ist der zweitgenannte Fall, nämlich dass bei der Reihenfolge gemäßer Heranziehung zu einer Sitzung beide ehrenamtliche Richter dem Personenkreis des § 35 des Bundesvertriebenengesetzes angehören oder nicht angehören
würden, mittlerweile allerdings ohne Bedeutung. § 6 Abs. 1 S. 3 Alt. 2 ist ebenso
wie die von ihr in Bezug genommene Vorschrift des § 1 Nr. 4 Alt. 1 gegenstandslos,
nachdem die dort genannten §§ 59 und 63 Abs. 3 und 4 des Bundesvertriebenengesetzes mit Wirkung zum 1. 1. 1993 aufgehoben worden sind (→ § 1 Rn. 153).

9   Praktisch relevant wird § 6 Abs. 1 S. 3 in seiner 1. Alt., also in Verfahren aufgrund
der Vorschriften über den **Landpachtvertrag** (§ 1 Nr. 1 Hs. 2, Nr. 1 a). Würden bei
der Reihenfolge gemäßer Heranziehung in einem solchen Verfahren („Verhandlung") zwei ehrenamtliche Richter, die beide Pächter oder Verpächter sind, mitwirken („teilnehmen"), so gilt der auf Grund der Liste als zweiter heranstehende ehrenamtliche Richter als verhindert. Die auf den ersten Blick selbsterklärende
Vorschrift bereitet **erhebliche Auslegungs- und Anwendungsprobleme.** So
greift die Fiktion des Verhinderungsfalls nach dem Gesetzeswortlaut bereits dann,
wenn einer oder beide der Richter sowohl Pächter als auch Verpächter sind. Nach
Sinn und Zweck des Gesetzes, der ausweislich der Motive[14] darin besteht, das Vertrauen in die Objektivität des Gerichts zu erhalten, dürfte ein Verhinderungsfall indes auch dann zu verneinen sein, wenn beide oder sogar nur ein Richter beide Ei-
genschaften in seiner Person vereint. Denn auch in einem solchen Fall wird in der
Regel davon ausgegangen werden können, dass wenigstens ein Richter die Päch-
ter- bzw. Verpächtersicht in das Verfahren einbringt. Diese Annahme erscheint jedenfalls dann gerechtfertigt, wenn die wirtschaftliche Existenz dieses Landwirts
hauptsächlich auf Pacht bzw. Verpachtung beruht.[15] Für diese teleologische Wort-
lautreduktion sprechen zudem praktische Gründe, da auch Landwirte, die über
einen großen Eigenlandanteil verfügen, vielfach Flächen insbesondere zu Arrondie-
rungszwecken hinzupachten, während umgekehrt auch Landwirte, die überwiegend Pachtland bewirtschaften, häufig nicht sinnvoll zu bewirtschaftendes Eigen-

---

[13] IErg auch *Ernst* LwVG § 6 Rn. 8.
[14] BT-Drs. 1/3819, 20.
[15] IErg ebenso *Ernst* LwVG § 6 Rn. 11 mwN.

land verpachten. Freilich verbleiben auch bei dieser Auslegung nicht unerhebliche Besetzungsschwierigkeiten, denn wenn für die Verpächtereigenschaft zu verlangen ist, dass die wirtschaftliche Existenz des Richters hauptsächlich auf Verpachtung beruht, kommen als Verpächter wohl nur mehr Nebenerwerbslandwirte oder ehemalige Landwirte in Betracht (→ § 4 Rn. 11 ff.).

Dagegen hat sich der Gesetzgeber bewusst dagegen entschieden, in Landpacht- **10** sachen stets die Besetzung mit einem Pächter und einem Verpächter als ehrenamtliche Richter vorzuschreiben, da sie nicht als Interessenvertreter, sondern wegen ihrer Sachkunde berufen werden.[16] Die Fiktion des Verhinderungsfalls greift somit nicht ein, sofern einer der ehrenamtlichen Richter seine **Landwirtschaft** ausschließlich **auf Eigenland** betreibt. Dem wird aus den vorgenannten Gründen der Fall gleichzustellen sein, dass die wirtschaftliche Existenz eines Richters hauptsächlich auf dieser Bewirtschaftungsform beruht. Der Verhinderungsfall kann daher vermieden werden, indem ein solcher Richter an jeder zweiten Stelle in die Reihenfolge der Liste aufgenommen wird.

Von der **Verhinderungsfiktion ist jeweils der zweite ehrenamtliche Rich- 11 ter betroffen,** der aufgrund der Liste zu dem Verfahren heranzuziehen wäre. An dessen Stelle tritt der für den Verhinderungsfall bestimmte stellvertretende ehrenamtliche Richter, falls der Vorsitzende einen solchen gemäß § 6 Abs. 1 S. 2 bestimmt hat, sonst nach § 6 Abs. 1 S. 1 der nächste Richter auf der Liste. Sind in dessen Person wiederum die Voraussetzungen erfüllt, die die Fiktion des Verhinderungsfalls begründen, gilt auch dieser Richter als verhindert. Lässt sich nach ggf. wiederholter Heranziehung eines stellvertretenden bzw. nachfolgenden Richters keine „paritätische" Besetzung des Gerichts mit ehrenamtlichen Richtern erreichen, muss es zwangsläufig bei der nach Erschöpfung der Liste zuletzt gegebenen Besetzung verbleiben.

4. Änderung der Reihenfolge (Abs. 2)

§ 6 Abs. 2 regelt in **zwei Fallgruppen,** wann der Vorsitzende während des Ge- **12** schäftsjahrs zu einer Änderung der sich aus der Liste ergebenen Reihenfolge befugt ist. In den Fällen des § 6 Abs. 2 Alt. 1 und 2 bedingt die Änderung der Reihenfolge eine Änderung der Liste, in den Fällen des § 6 Abs. 2 Alt. 3 und 4 erfolgt sie ohne Änderung der Liste.

Die Vorschrift ist **abschließend.** Anders als der Gesetzeswortlaut („Im übri- **13** gen …") unterstellt, regelt § 6 Abs. 1 S. 3 keine Änderung der Reihenfolge durch den Vorsitzenden. Die Änderung ergibt sich vielmehr aus dem Gesetz. Insoweit besteht kein Unterschied zu anderen Fällen, in denen ein ehrenamtlicher Richter kraft Gesetzes wegfällt, namentlich durch Ausscheiden (→ Rn. 14), Ausschluss von der Ausübung des Richteramts gemäß (§ 9 bzw. § 48 Abs. 1 S. 1 iVm) § 6 FamFG, § 41 ZPO oder begründete Ablehnung wegen Besorgnis der Befangenheit nach § 6 S. 1 FamFG, § 46 Abs. 2 ZPO.

Der Vorsitzende **kann** gemäß § 6 Abs. 2 Alt. 1 die Reihenfolge durch Änderung **14** der Liste ändern, wenn ehrenamtliche Richter während des Geschäftsjahrs ausscheiden (Versterben, nachträgliche Ablehnung der Berufung gemäß § 3 Abs. 2 [→ § 3 Rn. 11] oder Amtsenthebung nach § 7 [→ § 7 Rn. 1 ff.]). Der Vorsitzende **muss** gemäß § 6 Abs. 2 Alt. 2 die **Liste und dadurch zugleich die sich aus ihr ergebende Reihenfolge ändern,** wenn für einen ausgeschiedenen ehrenamt-

---

[16] BT-Drs. 1/3819, 20.

lichen Richter gemäß § 4 Abs. 5 (→ § 4 Rn. 46) ein neuer ehrenamtlicher Richter berufen wird.

15   Das LwVG versteht in § 6 Abs. 2 Alt. 3 **Fortsetzungstermine in derselben Sache** (prozessualem Anspruch, Verfahrensgegenstand) nicht als einheitliche mündliche Verhandlung, sondern nimmt mehrere Verhandlungen an (→ Rn. 5). Daraus ergibt sich das praktische Bedürfnis, die bereits im ersten Termin tätigen ehrenamtlichen Richter auch für die Folgetermine heranzuziehen. Hierzu wird der Vorsitzende durch § 6 Abs. 2 Alt. 3 befugt.

16   Schließlich ist der Vorsitzende gemäß § 6 Abs. 2 Alt. 4 zu einer Änderung der Reihenfolge befugt, wenn dies aufgrund eines **Ortstermins** geboten erscheint. Nach den Gesetzesmaterialien dient die Vorschrift dem Interesse des an sich heranziehenden Richters; gedacht ist an Anreiseerschwernisse unterhalb der Unzumutbarkeitsschwelle des § 6 Abs. 3 iVm § 54 GVG.[17] Angesichts der heutigen Verkehrsverhältnisse kann die Vorschrift wohl allenfalls bei Ortsterminen des Oberlandesgerichts greifen.[18]

III. Entbindung an bestimmten Sitzungstagen (Abs. 3 iVm § 54 GVG)

17   Gemäß § 6 Abs. 3 kann ein ehrenamtlicher Richter in entsprechender Anwendung von § 54 GVG auf dessen Antrag von der Dienstleistung an bestimmten Sitzungstagen entbunden werden. Auch diese Entscheidung hat – in Ermangelung eines Richters beim Amtsgerichts iSv § 40 Abs. 2 S. 1 GVG – der Vorsitzende des Landwirtschaftsgerichts zu treffen.

18   Die Entbindung setzt voraus, dass ein Hinderungsgrund eingetreten ist (§ 54 Abs. 1 S. 1 GVG). Ein solcher Hinderungsgrund liegt nach § 54 Abs. 1 S. 2 Alt. 1 GVG einmal vor, wenn der ehrenamtliche Richter an der Dienstleistung durch **unabwendbare Umstände** gehindert ist. Dazu gehören in seiner Person liegende Umstände wie Erkrankung, aber auch externe Faktoren wie katastrophale Wetterverhältnisse, Bestreikung der Verkehrsinfrastruktur und dgl.[19]

19   Zudem begründet es einen Hinderungsgrund, wenn dem ehrenamtlichen Richter die Dienstleistung nicht zugemutet werden kann (§ 54 Abs. 1 S. 2 Alt. 2 GVG). Die **Unzumutbarkeit** kann insbesondere im Privaten begründet liegen, namentlich in familiären Verpflichtungen oder urlaubsbedingter Ortsabwesenheit.[20] Dagegen werden berufliche Gründe nur ausnahmsweise zur Unzumutbarkeit der Dienstleistung führen (Gegenschluss aus § 45a Abs. 1 DRiG, → § 5 Rn. 21).[21] An den Begriff der Unzumutbarkeit soll wegen der in der Entbindung liegenden Änderung des gesetzlichen Richters ein strenger Maßstab anzulegen sein.[22]

---

[17] BT-Drs. 1/3819, 21.
[18] *Ernst* LwVG § 6 Rn. 20.
[19] *Kissel/Mayer* GVG § 54 Rn. 2ff. mwN und Anwendungsfällen.
[20] *Kissel/Mayer* GVG § 54 Rn. 9f. mwN und Anwendungsfällen.
[21] IErg ebenso *Kissel/Mayer* GVG § 54 Rn. 6ff. mwN und Anwendungsfällen.
[22] *Ernst* LwVG § 6 Rn. 20; *Kissel/Mayer* GVG § 54 Rn. 1; zw., da die Garantie des gesetzlichen Richters weniger nach einer einschränkenden, als vielmehr nach einer möglichst bestimmten Auslegung und genauen Begriffsbildung verlangt.

Der Entbindungsantrag kann auch mündlich gestellt werden, ist dann aber ak- 20
tenkundig zu machen (§ 54 Abs. 3 S. 2 GVG). Die Entscheidung steht entgegen
des missverständlichen Wortlauts der Vorschrift („kann") nicht im Ermessen des
Vorsitzenden des Landwirtschaftsgerichts. Dies versteht sich bei Vorliegen unab-
wendbarer Umstände von selbst.[23] Der ehrenamtliche Richter ist aber auch dann
zwingend von der Dienstleistung zu entbinden, wenn sie ihm unzumutbar ist, da
die Rechtsordnung niemandem Unzumutbares abverlangen darf. Der Entscheidung darf der Vorsitzende die vom ehrenamtlichen Richter vorgetragenen Tatsachenbehauptungen zugrunde legen, wenn er sie für glaubhaft und weitere Nach-
forschungen für überflüssig hält.[24] Die Entscheidung über den Entbindungsantrag
ist ebenfalls gemäß § 54 Abs. 3 S. 2 GVG aktenkundig zu machen. Sie ist für den
ehrenamtlichen Richter unanfechtbar (§ 54 Abs. 3 S. 1 GVG; zur Besetzungsrüge
→ Rn. 24).

Wird der ehrenamtliche Richter antragsgemäß von der Dienstleistung entbun- 21
den, tritt an dessen Stelle der für dessen Verhinderung bestimmte stellvertretende
ehrenamtliche Richter (§ 6 Abs. 1 S. 2), sonst der nächste Richter auf der Liste (§ 6
Abs. 1 S. 1).

IV. Verstöße

Die Heranziehung ehrenamtlicher Richter zu den Sitzungen unter **Missach-** 22
tung der in der Liste festgelegten Reihenfolge (§ 6 Abs. 1 S. 1) ist **objektiv**
willkürlich und begründet daher im dritten Rechtszug – in den Landwirtschaftssachen der freiwilligen Gerichtsbarkeit gemäß (§ 9 iVm) § 72 Abs. 3 FamFG – gemäß (§ 48 Abs. 1 S. 1 iVm) §§ 547 Nr. 1, 576 Abs. 3 ZPO die Besetzungsrüge
(→ § 2 Rn. 40 f.).[25] Dasselbe gilt bei einer Änderung der Reihenfolge, ohne dass
die Voraussetzungen des § 6 Abs. 2 vorliegen. Beruht die Änderung allerdings auf
einem Fortsetzungs- oder Ortstermin nach § 6 Abs. 2 Alt. 3 und 4, ist sie dadurch,
dass das Gesetz dem Vorsitzenden eine Einschätzungsprärogative zubilligt („geboten
erscheint"), die objektive Willkür in aller Regel ausschließt (→ § 2 Rn. 41).

Dagegen führt allein der Umstand, dass in einer **Landpachtsache zwei ehren-** 23
amtliche Richter mitwirken, die beide Pächter oder Verpächter sind, nicht
zu einer vorschriftswidrigen Besetzung des Landwirtschaftsgerichts. Das Gericht
hat keinen Einfluss auf die Aufstellung der Vorschlagsliste und die Berufung der ehrenamtlichen Richter nach § 4. Auch in Anwendung von § 6 Abs. 1 S. 3 kann eine
derartige Besetzung daher nicht zuverlässig verhindert werden (→ Rn. 11). Die sich
daraus ergebenden Bedenken gegen die Neutralität der ehrenamtlichen Richter
wiegen auch nicht schwerer als die Bedenken, die sich in einem Rechtsstreit zwischen einem Landwirt (§ 4 Abs. 3 S. 1 Nr. 1) und einem Nichtlandwirt ergeben
(→ § 4 Rn. 4). Eine solche Fallkonstellation ist ferner nicht ohne Weiteres geeignet,
Misstrauen gegen die Unparteilichkeit der ehrenamtlichen Richter rechtfertigen
(§ 9 iVm § 6 Abs. 1 FamFG bzw. § 48 Abs. 1 S. 1 iVm § 42 Abs. 2 ZPO), zumal

---

[23] So zutr. *Ernst* LwVG § 6 Rn. 25; aA *Kissel/Mayer* GVG § 54 Rn. 14.
[24] BGH Urt. v. 22.6.1982 – 1 StR 249/81, NStZ 1982, 476 mwN.
[25] IErg ebenso *Ernst* LwVG § 6 Rn. 4 und 32; weitergehend – Aufhebung und Zurückverweisung „regelmäßig" offenbar auch im zweiten Rechtszug – *Düsing/Martinez/Hornung*
LwVG § 6 Rn. 2.

auch durch ein damit begründetes Ablehnungsgesuch eine „paritätische" Besetzung des Gerichts nicht immer erzwungen werden kann (→ Rn. 11).[26]

24   Die **Entscheidung über die Entbindung an einzelnen Sitzungstagen** ist gemäß § 6 Abs. 3 iVm § 54 Abs. 3 S. 1 GVG unanfechtbar, weswegen sie nach (§ 48 Abs. 1 S. 1 iVm) § 557 Abs. 2 ZPO nicht der Beurteilung des Revisionsgerichts unterliegt. Die für die Landwirtschaftssachen der freiwilligen Gerichtsbarkeit nach § 9 maßgebliche Bestimmung des § 72 Abs. 3 FamFG verweist zwar nicht auf diese Vorschrift. Dies wirkt sich jedoch praktisch nicht aus, weil einerseits die Gewährleistung des gesetzlichen Richters nach Art. 101 Abs. 1 S. 2 GG, § 16 S. 2 GG, § 547 Nr. 1 ZPO von § 557 Abs. 2 ZPO bei objektiver Willkür unberührt bleibt,[27] andererseits auch die Besetzungsrüge in den Landwirtschaftssachen der freiwilligen Gerichtsbarkeit nach § 72 Abs. 3 FamFG nur bei objektiver Willkür durchgreift (→ § 2 Rn. 41).

§ 7   **[Amtsenthebung]**

(1) **Ein ehrenamtlicher Richter ist seines Amtes zu entheben, wenn das Fehlen einer in § 4 Abs. 3 bezeichneten Voraussetzung nachträglich bekannt wird oder eine solche Voraussetzung nachträglich wegfällt oder wenn er sich einer groben Verletzung seiner Amtspflicht schuldig macht.**

(2) **¹Über die Amtsenthebung eines ehrenamtlichen Richters des Amtsgerichts oder des Oberlandesgerichts entscheidet der Erste Zivilsenat des Oberlandesgerichts, über die Amtsenthebung eines ehrenamtlichen Richters des Bundesgerichtshofes der Erste Zivilsenat des Bundesgerichtshofes. ²Vor der Entscheidung ist der ehrenamtliche Richter zu hören.**

I. Überblick

1   Die Vorschrift schützt die persönliche Unabhängigkeit der ehrenamtlichen Richter. Ihnen wird ein **Minimum persönlicher Unabhängigkeit** dadurch garantiert, dass sie vor Ablauf ihrer Amtszeit nur unter den in § 7 Abs. 1 bestimmten Voraussetzungen und nur kraft richterlicher Entscheidung (§ 7 Abs. 2 S. 1) und vorheriger Anhörung (§ 7 Abs. 2 S. 2) ihres Amtes enthoben werden können.[1] Dagegen ist es schon mangels existentieller Betroffenheit nicht von Verfassungs wegen geboten, im Falle von Amtspflichtverletzungen ehrenamtlicher Richter eine dem Disziplinarrecht der hauptamtlichen Richter (vgl. etwa § 63 Abs. 1 DRiG iVm § 5 BDG) vergleichbare Abstufung von Sanktionsmöglichkeiten vorzusehen.[2] § 7 enthält vielmehr auch insoweit eine abschließende Regelung, als sie die Festsetzung

---

[26] Erst recht kann die Ablehnung nicht mit Erfolg auf Umstände gestützt werden, die nach dem LwVG für die Berufung und Mitwirkung als ehrenamtlicher Richter unerheblich sind, wie zB den Gegensatz zwischen „konventioneller" und „ökologischer" Landwirtschaft (OLG Köln Beschl. v. 27. 9. 2005 – 23 WLw 9/05, NJW-RR 2006, 64).

[27] So BT-Drs. 8/976, 66, für § 336 S. 2 StPO. Vgl. dazu BGH Urt. v. 22. 6. 1982 – 1 StR 249/81, NStZ 1982, 476; *Kissel/Mayer* GVG § 54 Rn. 17 mwN.

[1] BVerfG Beschl. v. 26. 5. 1976 – 2 BvL 13/75, BVerfGE 42, 206 (209) = AP GG Art. 92 Nr. 3.

[2] BVerfG (K) Beschl. v. 6. 5. 2008 – 2 BvR 337/08, NJW 2008, 2568 (2570).

eines Ordnungsgelds gegen einen ehrenamtlichen Richter ausschließt (→ § 5 Rn. 26).[3]

II. Gesetzessystematik

Verfassungsrechtlich wird die persönliche Unabhängigkeit nur den hauptamtlich **2** und planmäßig endgültig angestellten Richtern garantiert (Art. 97 Abs. 2 GG). § 44 Abs. 2 DRiG gesteht den ehrenamtlichen Richtern aller Gerichtszweige persönliche Unabhängigkeit zu, soweit dies mit ihrer Rechtsstellung vereinbar ist.[4] Nach dieser Vorschrift kann ein ehrenamtlicher Richter vor Ablauf seiner Amtszeit nur unter den gesetzlich bestimmten Voraussetzungen und gegen seinen Willen nur durch Entscheidung eines Gerichts abberufen werden. § 7 konkretisiert § 44 Abs. 2 DRiG für die Landwirtschaftsgerichtsbarkeit, indem er die Abberufungsvoraussetzungen und das –verfahren regelt.

Ein weiterer Grund für die Abberufung eines ehrenamtlichen Richters ist in **3** § 44b Abs. 1 DRiG geregelt. Ein ehrenamtlicher Richter ist von seinem Amt abzuberufen, wenn nachträglich in § 44a Abs. 1 DRiG bezeichnete Umstände bekannt werden, also ein Verstoß gegen die Grundsätze der Menschlichkeit oder der Rechtsstaatlichkeit oder eine Tätigkeit für den Staatssicherheitsdienst der ehemaligen Deutschen Demokratischen Republik (→ § 4 Rn. 24).

Dagegen stellt es keinen Grund dar, einen ehrenamtlichen Richter deshalb seines **4** Amtes zu entheben, weil er über § 4 Abs. 3 hinausgehende Voraussetzungen, die der Landesgesetzgeber an die Aufnahme in die Vorschlagsliste stellt (→ § 4 Rn. 28ff.), nicht oder nicht mehr erfüllt. Denn § 4 Abs. 2 S. 1 ermächtigt den Landesgesetzgeber nicht, zusätzlich zu § 7 Abs. 1 Amtsenthebungsgründe zu schaffen.[5]

III. Voraussetzungen der Amtsenthebung (Abs. 1)

1. Fehlen einer Berufungsvoraussetzung

Ein ehrenamtlicher Richter ist nach § 7 Abs. 1 Alt. 1 und 2 in zwei Fällen wegen **5** Fehlens einer in § 4 Abs. 3 bezeichneten Voraussetzung (→ § 4 Rn. 7ff.) seines Amtes zu entheben, nämlich wenn das Fehlen einer Voraussetzung für seine Berufung nachträglich bekannt wird oder eine solche Voraussetzung nachträglich wegfällt. Daraus folgt im Umkehrschluss, dass ein ehrenamtlicher Richter nicht seines Amtes enthoben werden kann, wenn er in es berufen worden, obwohl das Fehlen einer Berufungsvoraussetzung bekannt war. Maßgeblich ist insoweit der Kenntnisstand des Präsidenten des Oberlandesgerichts (bzw. des Bundesgerichtshofs), der die ehrenamtlichen Richter gemäß § 4 Abs. 1 S. 1 (bzw. Abs. 6) beruft. Unerheblich ist hingegen, ob der Stelle, die die Vorschlagsliste aufgestellt hat, bekannt war, dass eine Voraussetzung nach § 4 Abs. 3 fehlte.

---

[3] AA *Ernst* LwVG § 7 Rn. 2.
[4] *Schmidt-Räntsch* DRiG § 44 Rn. 8.
[5] OLG Celle Beschl. v. 11.1.1979 – 1 AR 3/78, RdL 1981, 248.

2. Grobe Amtspflichtverletzung

6   Nach § 7 Abs. 1 Alt. 3 ist ein ehrenamtlicher Richter ferner seines Amtes zu entheben, wenn er sich einer groben Verletzung seiner Amtspflicht schuldig macht.
Nach dem Wortlaut des Gesetzes muss die **Pflichtverletzung** grob, dh **als dras-
tisch zu werten sein.** Dagegen muss das Verschulden nicht vergleichbar schwer
wiegen. Daher kann einfache Fahrlässigkeit genügen. Diese gesetzliche Unterscheidung ist sachgerecht, da es nicht um die Sanktionierung des ehrenamtlichen Richters geht, sondern um die Gewährleistung der staatlichen Justizgewährleistungsver-
pflichtung. Angesichts dieses Gesetzeszwecks hätte der Gesetzgeber auch ganz auf
das Verschuldenserfordernis verzichten können, wie zB bei Schöffen in § 51 Abs. 1
GVG.[6]

7   Als Amtspflichtverletzungen kommen dementsprechend alle Handlungen oder
Unterlassungen eines ehrenamtlichen Richters in Frage, die den Justizgewährungs-
anspruch des Rechtsuchenden in Mitleidenschaft ziehen (→ § 5 Rn. 7). Zu Recht
betonen die Motive[7] daher, dass wiederholte Verspätung und wiederholtes Fern-
bleiben von Sitzungen ohne genügende Entschuldigung eine grobe Pflichtverletzung darstellen kann. Der Begriff der Amtspflichtverletzung umfasst mithin nicht
nur die einzelne, als grob zu qualifizierende Verfehlung, sondern auch die dauer-
hafte – und deshalb grobe – Vernachlässigung der Justizgewährungspflicht, die sich
in wiederholten, für sich betrachtet weniger gravierenden Pflichtschuldigkeiten
manifestiert.

8   Daneben kann es die Amtsenthebung eines ehrenamtlichen Richters rechtfertigen, wenn dieser durch sein Verhalten begründete Zweifel an seiner Bindung an
Gesetz und Recht (Art. 20 Abs. 3, 97 Abs. 1 GG, → § 5 Rn. 6), insbesondere die
Verfassung weckt. Nicht nur hauptamtliche, sondern auch ehrenamtliche Richter
unterliegen einer **Pflicht zur besonderen Verfassungstreue.** Dies folgt – unbeschadet der Tatsache, dass Art. 33 Abs. 5 GG nur die hergebrachten Grundsätze des
Berufsbeamtentums anerkennt und somit auf ehrenamtliche Richter nicht unmittelbar anzuwenden ist – schon aus der Funktion ehrenamtlicher Richter als den
hauptamtlichen Richtern gleichberechtigte Organe genuin staatlicher Aufgabener-
füllung (→ § 5 Rn. 8) und zudem aus ihrer Vereidigung auf das GG (§ 45 Abs. 3–5
DRiG; → § 5 Rn. 4 ff.).[8] Da es sich bei der Verfassungstreue um eine persönliche
Eigenschaft des ehrenamtlichen Richters handelt, die er gewissermaßen dauerhaft
schuldet, muss die Pflichtverletzung nicht zwingend bei der eigentlichen Amtsausübung zu Tage getreten, sondern kann auch im **außerdienstlichen Verhalten des
Richters** zu verorten sein.[9]

9   Eine grobe Pflichtverletzung isv § 7 Abs. 1 Alt. 3 kann auch dann zu bejahen
sein, wenn der ehrenamtliche Richter durch eine **Straftat mangelnde Gesetzes-
treue** beweist. Hierbei kommen auch Straftaten in Betracht, die nicht schon nach

---

[6] Insoweit – bzgl. § 51 Abs. 1 GVG – aA *Kissel/Mayer* GVG § 51 Rn. 4 unter freilich unzutr.
Berufung auf BVerfG (K) Beschl. v. 6.5.2008 – 2 BvR 337/08, NJW 2008, 2568, auch wenn
das Gericht einen Eingriff in die subjektiven Rechte des ehrenamtlichen Richters durch die
Amtsenthebung bejaht (zw.).
[7] BT-Drs. 1/3819, 21.
[8] BVerfG (K) Beschl. v. 6.5.2008 – 2 BvR 337/08, NJW 2008, 2568 (2569 ff.); *Kissel/Mayer*
GVG § 51 Rn. 3.
[9] So zutr. BVerfG (K) Beschl. v. 6.5.2008 – 2 BvR 337/08, NJW 2008, 2568 (2570 f.), für
Mitgliedschaft in einer rechtsextremen Band.

§§ 7 Abs. 1 Alt. 1 und 2, 4 Abs. 3 S. 1 Nr. 2 iVm § 32 GVG (→ § 4 Rn. 17) zur Amtsenthebung führen.[10] Zu denken ist insbesondere an Vergehen mit jutiziellem oder landwirtschaftlichem Bezug, zB uneidlicher Falschaussage[11] oder Betrug bei der Veräußerung landwirtschaftlicher Erzeugnisse[12].

IV. Enthebungsverfahren (Abs. 2)

Über die Amtsenthebung eines ehrenamtlichen Richters aus dem Geschäftsbe- 10
reich eines Oberlandesgerichts hat der Erste Zivilsenat dieses Gerichts, über die eines ehrenamtlichen Richters des Bundesgerichtshofs hat der Erste Zivilsenat dieses Gerichts zu entscheiden (§ 7 Abs. 2 S. 1). Liegen die Voraussetzungen für die Amtsenthebung nach § 7 Abs. 1 vor, hat der Erste Zivilsenat kein Rechtsfolgeermessen, sondern muss den Richter zwingend seines Amtes entheben. Eines förmlichen Antrags bedarf es nicht. Das Enthebungsverfahren wird zumeist auf **Anregung des Landwirtschaftsgerichts** oder der für die Aufstellung der Vorschlagsliste zuständigen Stelle (→ § 4 Rn. 27ff.) eingeleitet werden. Da die Amtsenthebung obligatorisch ist, trifft das Landwirtschaftsgericht die Dienstpflicht, den Ersten Zivilsenat von den Tatsachen in Kenntnis zu setzen, von denen es meint, dass sie die Voraussetzungen des § 7 Abs. 1 erfüllen könnten. Während der Anhängigkeit des Enthebungsverfahrens ist der betroffene Richter nicht iSv § 6 Abs. 1 S. 2 an der Amtsausübung verhindert (Gegenschluss aus § 44b Abs. 3 DRiG, § 51 Abs. 3 GVG).[13] In Betracht kommt aber, dass der zuständige Zivilsenat dem ehrenamtlichen Richter analog § 44b Abs. 3 DRiG, § 51 Abs. 3 GVG die Amtsausübung bis zur Entscheidung über die Amtsenthebung untersagt. Vor der Entscheidung über die Amtsenthebung ist der ehrenamtliche Richter gemäß § 7 Abs. 2 S. 2 schriftlich oder mündlich anzuhören. Die Entscheidung ergeht analog § 113 Abs. 3 S. 1 GVG durch Beschluss. Sie kann von dem ehrenamtlichen Richter nicht angefochten werden, weil das Gesetz eine solche Anfechtungsmöglichkeit nicht vorsieht.[14] Für Unanfechtbarkeit spricht auch ein Erst-Recht-Schluss aus § 44b Abs. 4 DRiG (zur Besetzungsrüge → Rn. 12f.).

Nach diesen Regelungen ist gemäß §§ 44b Abs. 2 DRiG auch zu verfahren, 11
wenn ein ehrenamtlicher Richter nach §§ 44b Abs. 1, 44a Abs. 1 DRiG (→ Rn. 3) von seinem Amt abzuberufen ist.

V. Verstöße

Mit dem Vorliegen der Voraussetzungen für die Amtsenthebung eines ehren- 12
amtlichen Richters gemäß § 7 Abs. 1 kann eine vorschriftswidrige Besetzung des Landwirtschaftsgerichts grundsätzlich nicht begründet werden. Ein ehrenamtlicher Richter, der im Verfahren nach § 4 Abs. 1 und 2 berufen worden ist, ist **solange der gesetzliche Richter** iSv Art. 101 Abs. 1 S. 2 GG, § 16 S. 2 GVG, **als er nicht**

---

[10] *Ernst* LwVG § 7 Rn. 13. AA – für § 51 GVG – *Kissel/Mayer* GVG § 51 Rn. 2 wegen Sperrwirkung der §§ 32, 52 Abs. 1 Nr. 1 GVG.
[11] OLG Celle Beschl. v. 10.6.1961 – 1 AR 156/61, RdL 1961, 238 (239).
[12] OLG Nürnberg Beschl. v. 1.11.1966 – 1 AR 3/66, RdL 1966, 325 (326).
[13] AA *Ernst* LwVG § 7 Rn. 28 mwN.
[14] *Ernst* LwVG § 7 Rn. 21 f. mwN.

nach § 7 Abs. 2 seines Amtes enthoben worden ist.[15] Eine andere Beurteilung ist nur veranlasst, wenn die Entscheidung des Ersten Zivilsenats, den ehrenamtlichen Richter im Amt zu belassen, auf objektiver Willkür beruhen sollte; insoweit gilt das zu § 4 Ausgeführte (→ § 4 Rn. 49) entsprechend.[16] Dem wird gleich zu achten sein, wenn das Landwirtschaftsgericht objektiv willkürlich davon absehen sollte, dem Ersten Zivilsenat ihm bekannte Umstände anzuzeigen, die es nach § 7 Abs. 1 offensichtlich rechtfertigen, den betreffenden Richter seines Amtes zu entheben.

13   Nach diesen Grundsätzen ist auch zu verfahren, wenn die Gerichtsbesetzung mit der Begründung gerügt wird, ein an sich heranstehender ehrenamtlicher Richter sei in Ermangelung der Voraussetzungen des § 7 Abs. 1 von seinem Amt entbunden worden; insoweit gilt das zu § 6 Abs. 3 Ausgeführte entsprechend (→ § 6 Rn. 24).[17]

§ 8 [Gemeinsames Gericht]

[1]Die Landesregierung kann durch Rechtsverordnung Geschäfte aus den Bezirken mehrerer Amtsgerichte einem Amtsgericht übertragen. [2]Sie kann eine solche Bestimmung auch für die Oberlandesgerichte treffen. [3]Die Landesregierung kann diese Ermächtigung auf die Landesjustizverwaltung übertragen.

I. Überblick

1   § 8 ermächtigt die Länder als lex specialis zu § 13a GVG, Verfahren in Landwirtschaftssachen aus den Bezirken mehrerer Gerichte einem Landwirtschaftsgericht zu übertragen. Die Vorschrift bezweckt die sachdienliche Erledigung von Landwirtschaftssachen durch Spezialisierung, da bei manchen Gerichten nur wenige dieser Verfahren anfallen.[1] Zudem erleichtert sie im Hinblick auf § 4 Abs. 3 S. 1 Nr. 1 (→ § 4 Rn. 14) die Gewinnung geeigneter ehrenamtlicher Richter.

2   In Rheinland-Pfalz ist zudem § 29 Abs. 2 HO-RhPf zu beachten, wonach gegen die Entscheidungen des Landwirtschaftsgerichts in Höfesachen (§ 1 Nr. 5) die Beschwerde zum OLG Koblenz stattfindet (→ § 1 Rn. 246).

II. Form der Übertragung

3   Gemäß § 8 S. 1 kann die Übertragung nur durch Rechtsverordnung der Landesregierung erfolgen (Art. 80 Abs. 1 S. 1 GG). Nach § 8 S. 3 kann die Landesregierung diese Ermächtigung auf die Landesjustizverwaltung übertragen. Gemäß Art. 80 Abs. 1 S. 4 GG bedarf auch diese Übertragung einer Rechtsverordnung.

---

[15] BGH Beschl. v. 4.11.1994 – BLw 47/94, BGHZ 127, 327 (329) = DtZ 1995, 48; Beschl. v. 4.12.1992 – BLw 19/92, BGHZ 120, 352 (356) = NJW 1993, 857; Düsing/Martinez/*Hornung* LwVG § 7 Rn. 4.

[16] Vgl. auch *Kissel/Mayer* GVG § 52 Rn. 19.

[17] Vgl. auch *Kissel/Mayer* GVG § 51 Rn. 15, § 52 Rn. 18.

[1] BT-Drs. 1/3819, 21; Düsing/Martinez/*Hornung* LwVG § 8 Rn. 1.

III. Inhalt der Übertragung

Nach § 8 S. 1 können Geschäfte aus den Bezirken mehrerer Amtsgerichte einem **4** Amtsgericht übertragen werden. Es spricht indes nichts dagegen, Geschäfte auch aus dem Bezirk nur eines Amtsgerichts einem anderen Amtsgericht zu übertragen (arg. a maiore ad minus; → Rn. 11). Nach dem Wortlaut der Bestimmung („Geschäfte") erscheint es sogar möglich, nur einzelne Zuständigkeiten der Landwirtschaftsgerichte nach § 1 Nr. 1–6 einem anderen Amtsgericht zu übertragen.[2] Diese Möglichkeit liefe aber den Konzentrationszwecken zuwider, weswegen sie auf Amtsgerichtsebene bislang von keinem Land genutzt worden ist. In Ländern mit mehreren Oberlandesgerichten kann die Zuständigkeit im zweiten Rechtszug in gleicher Weise bei einem Oberlandesgericht konzentriert werden (§ 8 S. 2). Rheinland-Pfalz hat die Übertragung insoweit auf ein einzelnes Geschäft (§ 1 Nr. 1 a) beschränkt (→ Rn. 15).

IV. Rechtsverordnungen der Länder

1. Übersicht

Bis auf Hessen und Niedersachsen haben alle Länder gemäß § 8 S. 1 Geschäfte **5** aus den Bezirken mehrerer Amtsgerichte einem Amtsgericht übertragen. Nordrhein-Westfalen und Rheinland-Pfalz haben eine solche Bestimmung nach § 8 S. 2 auch für die Oberlandesgerichte getroffen, Rheinland-Pfalz allerdings nur für die streitigen Landwirtschaftssachen nach § 1 Nr. 1 a. In dreizehn Ländern ist die Ermächtigung gemäß § 8 S. 1 und 2 von der Landesregierung auf die Landesjustizverwaltung übertragen worden.

2. Übertragung der Ermächtigung auf die Landesjustizverwaltung (S. 3)

Die Landesregierungen folgender Länder haben die Landesjustizverwaltung er- **6** mächtigt, eine Rechtsverordnung nach § 8 S. 1 und 2 zu erlassen:
Baden-Württemberg durch § 2 Nr. 19 SubVOJu v. 7. 9. 1998 (GBl. 561),
Bayern durch § 2 Nr. 22 DelV v. 28. 1. 2014 (GVBl. 22),
Berlin durch § 1 AGZustG v. 16. 11. 2007 (GVBl. 579),
Brandenburg durch § 1 Nr. 26 JuZÜV v. 9. 4. 2014 (GVBl. II Nr. 23),
Hamburg durch Nr. 10 ProzRWeiÜtrV v. 20. 8. 2002 (GVBl. 233),
Mecklenburg-Vorpommern durch § 1 Nr. 25 ErmÜLVOJu v. 11. 10. 2006 (GVBl. 755),
Nordrhein-Westfalen durch § 1 ErmVO v. 26. 9. 1953 (GS. 533),
Rheinland-Pfalz durch § 1 Nr. 7 ErmVO v. 15. 12. 1982 (GVBl. 460),
Saarland durch § 61 AGJusG v. 5. 2. 1997 (ABl. I 258),
Sachsen durch § 1 Nr. 20 ZustÜVOJu v. 16. 10. 2014 (GVBl. 673),
Sachsen-Anhalt durch § 1 Nr. 31 JuVErmÜV v. 28. 3. 2008 (GVBl. 137),
Schleswig-Holstein durch § 1 Nr. 21 JErmÜVO v. 4. 12. 1996 (GVBl. 720) und

---

[2] *Ernst* LwVG § 8 Rn. 6.

Thüringen durch § 1 Nr. 24 ThürErmÜVJ v. 25. 10. 2004 (GVBl. 846), gemäß deren § 2 Abs. 1 S. 1 mit Ablauf des 31. 12. 2015 außer Kraft getreten.

3. Übertragung der Geschäfte (S. 1 und 2)

7　　a) Baden-Württemberg. ZuVOJu v. 20. 11. 1998 (GBl. 680), Titel neu durch VO v. 5. 5. 2008 (GBl. 162)

§ 4 [Landwirtschaftssachen]
(1) Geschäfte in Verfahren, auf die das Gesetz über das gerichtliche Verfahren in Landwirtschaftssachen Anwendung findet, werden den Amtsgerichten, in deren Bezirk ein Landgericht seinen Sitz hat, für den gesamten Bezirk des jeweiligen Landgerichts zugewiesen.
(2) Abweichend von Absatz 1 sind zuständig:
1. für den Bezirk des Landgerichts Karlsruhe das Amtsgericht Karlsruhe;
2. für den Bezirk des Landgerichts Konstanz das Amtsgericht Singen (Hohentwiel);
3. im Bezirk des Landgerichts Heilbronn
   a) das Amtsgericht Heilbronn für den Bezirk der Amtsgerichte Besigheim, Brackenheim, Heilbronn, Marbach am Neckar und Vaihingen an der Enz,
   b) das Amtsgericht Schwäbisch Hall für den Bezirk der Amtsgerichte Künzelsau, Öhringen und Schwäbisch Hall;
4. im Bezirk des Landgerichts Ravensburg
   a) das Amtsgericht Biberach an der Riß für den Bezirk der Amtsgerichte Biberach an der Riß, Riedlingen und Saulgau,
   b) das Amtsgericht Ravensburg für den Bezirk der Amtsgerichte Bad Waldsee, Leutkirch im Allgäu, Ravensburg, Tettnang und Wangen im Allgäu;
5. für den Bezirk des Landgerichts Stuttgart das Amtsgericht Böblingen.

8　　b) Bayern. GZVJu v. 11. 6. 2012 (GVBl. 295)

§ 46 [Landwirtschaftssachen]
[1]Die zur Zuständigkeit der Amtsgerichte gehörenden Geschäfte in Landwirtschaftssachen werden jeweils dem Amtsgericht am Sitz des Landgerichts für alle Amtsgerichte des Landgerichtsbezirks übertragen. [2]Das gilt für das Amtsgericht München auch hinsichtlich des Landgerichtsbezirks München II.

9　　c) Berlin. ZuwV v. 8. 5. 2008 (GVBl. 116)

§ 12 [Landwirtschaftssachen]
Die Zuständigkeit für Entscheidungen des Amtsgerichts in Landwirtschaftssachen nach § 1 des Gesetzes über das gerichtliche Verfahren in Landwirtschaftssachen in der im Bundesgesetzblatt Teil III, Gliederungsnummer 317–1, veröffentlichten bereinigten Fassung, zuletzt geändert durch Artikel 10a des Gesetzes vom 12. Dezember 2007 (BGBl. I S. 2840), in der jeweils geltenden Fassung wird im Bezirk des Kammergerichts dem Amtsgericht Schöneberg zugewiesen.

10　　d) Brandenburg. GerZV v. 2. 9. 2014 (GVBl. II Nr. 62)

§ 8 Zuständigkeitskonzentrationen in Landwirtschaftssachen
   Die Amtsgerichte
1. Cottbus für den Landgerichtsbezirk Cottbus,
2. Frankfurt (Oder) für den Landgerichtsbezirk Frankfurt (Oder),
3. Neuruppin für den Landgerichtsbezirk Neuruppin und
4. Rathenow für den Landgerichtsbezirk Potsdam
sind zuständig für Verfahren nach § 1 des Gesetzes über gerichtliche Verfahren in Landwirtschaftssachen und nach § 65 des Landwirtschaftsanpassungsgesetzes.

   e) Bremen. LwZustV v. 7. 10. 1953 (GBl. 1953,108)   11

§ 1
   Geschäfte aus dem Bezirk des Amtsgerichts Bremen-Blumenthal, die im gerichtlichen Verfahren für Landwirtschaftssachen zu erledigen sind, werden dem Amtsgericht Bremen übertragen.

   f) Hamburg. LwAGNeuRZustV v. 22. 3. 2004 (GVBl. 187)   12

§ 1
   Dem Amtsgericht Hamburg-Bergedorf werden die Verfahren in Landwirtschaftssachen für die Bezirke aller hamburgischen Amtsgerichte mit Ausnahme des Bezirks des Amtsgerichts Hamburg-Harburg zugewiesen.

§ 2
   Die Zuständigkeit für Landwirtschaftssachen, die zum Zeitpunkt des Inkrafttretens dieser Verordnung bei den Amtsgerichten Hamburg-Barmbek und Hamburg-St.Georg anhängig sind, geht auf das Amtsgericht Hamburg-Bergedorf über. Im Übrigen bleiben die Zuständigkeiten für die zum Zeitpunkt des Inkrafttretens dieser Verordnung anhängigen Landwirtschaftssachen unberührt.

   g) Mecklenburg-Vorpommern. KonzVO v. 28. 3. 1994 (GVBl. 514)   13

§ 2 [Landwirtschaftssachen]
   Für die zur Zuständigkeit der Amtsgerichte gehörenden Verfahren in Landwirtschaftssachen nach § 1 des Gesetzes über das gerichtliche Verfahren in Landwirtschaftssachen und § 65 Landwirtschaftsanpassungsgesetz sind die Amtsgerichte am Sitz der Landgerichte für den jeweiligen Landgerichtsbezirk zuständig.

   h) Nordrhein-Westfalen. LwÜV v. 25. 8. 1977 (GV. 342)   14

§ 1
   Die Landwirtschaftssachen werden zugewiesen:
1. im Oberlandesgerichtsbezirk Düsseldorf
   a) dem Amtsgericht Erkelenz für die Amtsgerichtsbezirke Erkelenz, Geilenkirchen und Heinsberg,
   b) dem Amtsgericht Grevenbroich für die Amtsgerichtsbezirke Grevenbroich, Mönchengladbach und Mönchengladbach-Rheydt,
   c) dem Amtsgericht Kempen für die Amtsgerichtsbezirke Kempen, Krefeld und Nettetal,
   d) dem Amtsgericht Kleve für die Amtsgerichtsbezirke Emmerich und Kleve,

e) dem Amtsgericht Mettmann für die Amtsgerichtsbezirke Düsseldorf, Langenfeld (Rhld.), Mettmann, Ratingen, Remscheid, Solingen, Velbert und Wuppertal,

f) dem Amtsgericht Rheinberg für die Amtsgerichtsbezirke Moers und Rheinberg,

g) dem Amtsgericht Wesel für die Amtsgerichtsbezirke Dinslaken, Duisburg, Duisburg-Hamborn, Duisburg-Ruhrort, Mülheim a. d. Ruhr, Oberhausen und Wesel;

2. im Oberlandesgerichtsbezirk Hamm

   a) dem Amtsgericht Ahaus für die Amtsgerichtsbezirke Ahaus und Gronau (Westf.),

   b) dem Amtsgericht Arnsberg für die Amtsgerichtsbezirke Arnsberg und Meschede,

   c) dem Amtsgericht Beckum für die Amtsgerichtsbezirke Ahlen und Beckum,

   d) dem Amtsgericht Borken für die Amtsgerichtsbezirke Bocholt und Borken,

   e) dem Amtsgericht Brakel für die Amtsgerichtsbezirke Brakel und Höxter,

   f) dem Amtsgericht Brilon für die Amtsgerichtsbezirke Brilon, Marsberg und Medebach,

   g) dem Amtsgericht Coesfeld für die Amtsgerichtsbezirke Coesfeld und Dülmen,

   h) dem Amtsgericht Dorsten für die Amtsgerichtsbezirke Bottrop, Dorsten, Gelsenkirchen, Gelsenkirchen-Buer, Gladbeck und Marl

   i) dem Amtsgericht Essen für die Amtsgerichtsbezirke Essen, Essen-Borbeck und Essen-Steele,

   k) dem Amtsgericht Herford für die Amtsgerichtsbezirke Bünde und Herford,

   l) dem Amtsgericht Kamen für die Amtsgerichtsbezirke Kamen und Lünen,

   m) dem Amtsgericht Lemgo für die Amtsgerichtsbezirke Detmold und Lemgo,

   n) dem Amtsgericht Lennestadt für die Amtsgerichtsbezirke Lennestadt und Olpe,

   o) entfallen,

   p) dem Amtsgericht Lüdenscheid für die Amtsgerichtsbezirke Altena, Lüdenscheid, Meinerzhagen und Plettenberg,

   q) dem Amtsgericht Menden (Sauerland) für die Amtsgerichtsbezirke Iserlohn und Menden (Sauerland),

   r) entfallen,

   s) dem Amtsgericht Paderborn für die Amtsgerichtsbezirke Delbrück und Paderborn,

   t) dem Amtsgericht Recklinghausen für die Amtsgerichtsbezirke Bochum, Castrop-Rauxel, Herne, Herne-Wanne und Recklinghausen,

   u) dem Amtsgericht Rheda-Wiedenbrück für die Amtsgerichtsbezirke Gütersloh und Rheda-Wiedenbrück,

   v) dem Amtsgericht Schwelm für die Amtsgerichtsbezirke Hagen, Hattingen, Schwelm, Wetter und Witten,

w) dem Amtsgericht Soest für die Amtsgerichtsbezirke Soest und Warstein,

x) dem Amtsgericht Steinfurt für die Amtsgerichtsbezirke Rheine und Steinfurt,

y) dem Amtsgericht Unna für die Amtsgerichtsbezirke Dortmund, Hamm, Schwerte und Unna;

3. im Oberlandesgerichtsbezirk Köln

a) dem Amtsgericht Aachen für die Amtsgerichtsbezirke Aachen, Eschweiler und Monschau,

b) dem Amtsgericht Bergheim für die Amtsgerichtsbezirke Bergheim, Brühl, Kerpen und Köln,

c) dem Amtsgericht Bergisch Gladbach für die Amtsgerichtsbezirke Bergisch Gladbach, Leverkusen und Wermelskirchen,

d) dem Amtsgericht Euskirchen für die Amtsgerichtsbezirke Euskirchen und Schleiden,

e) dem Amtsgericht Gummersbach für die Amtsgerichtsbezirke Gummersbach und Wipperfürth,

f) dem Amtsgericht Siegburg für die Amtsgerichtsbezirke Bonn, Königswinter. Rheinbach und Siegburg.

§ 2
Die den Oberlandesgerichten zugewiesenen Entscheidungen in Landwirtschaftssachen werden für die Bezirke der Oberlandesgerichte Düsseldorf und Köln dem Oberlandesgericht Köln übertragen.

i) Rheinland–Pfalz. ZivilZustV v. 22. 11. 1985 (GVBl. 267)   15

§ 5 [Zuständigkeit in Landwirtschaftssachen]

(1) Die Landwirtschaftssachen werden folgenden Amtsgerichten für die Bezirke mehrerer Amtsgerichte zugewiesen:

1. im Landgerichtsbezirk Bad Kreuznach
dem Amtsgericht Bad Kreuznach für die Bezirke der Amtsgerichte Bad Kreuznach, Bad Sobernheim und Simmern/Hunsrück,

2. im Landgerichtsbezirk Koblenz

a) dem Amtsgericht Altenkirchen (Westerwald) für die Bezirke der Amtsgerichte Altenkirchen (Westerwald) und Betzdorf,

b) dem Amtsgericht Bad Neuenahr-Ahrweiler für die Bezirke der Amtsgerichte Bad Neuenahr-Ahrweiler und Sinzig,

c) dem Amtsgericht Diez für die Bezirke der Amtsgerichte Diez und Lahnstein,

d) dem Amtsgericht Montabaur für die Bezirke der Amtsgerichte Montabaur und Westerburg,

e) dem Amtsgericht Koblenz für die Bezirke der Amtsgerichte Koblenz und Sankt Goar,

f) dem Amtsgericht Mayen für die Bezirke der Amtsgerichte Andernach und Mayen,

g) dem Amtsgericht Neuwied für die Bezirke der Amtsgerichte Linz am Rhein und Neuwied,

3. im Landgerichtsbezirk Mainz
dem Amtsgericht Alzey für die Bezirke der Amtsgerichte Alzey, Bingen am Rhein, Mainz und Worms,

4. im Landgerichtsbezirk Trier
dem Amtsgericht Wittlich für die Bezirke der Amtsgerichte Bernkastel-Kues, Bitburg, Daun, Hermeskeil, Prüm, Saarburg, Trier und Wittlich,
5. im Landgerichtsbezirk Frankenthal (Pfalz)
dem Amtsgericht Bad Dürkheim für die Bezirke der Amtsgerichte Bad Dürkheim, Frankenthal (Pfalz), Grünstadt, Ludwigshafen am Rhein, Neustadt an der Weinstraße und Speyer,
6. im Landgerichtsbezirk Kaiserslautern
dem Amtsgericht Kaiserslautern für die Bezirke der Amtsgerichte Kaiserslautern und Kusel,
7. im Landgerichtsbezirk Landau in der Pfalz
dem Amtsgericht Landau in der Pfalz
für die Bezirke der Amtsgerichte Germersheim, Kandel und Landau in der Pfalz,
8. im Landgerichtsbezirk Zweibrücken
dem Amtsgericht Zweibrücken für die Bezirke der Amtsgerichte Landstuhl, Pirmasens und Zweibrücken.
(2) Die Entscheidung über Rechtsmittel gegen Entscheidungen der Landwirtschaftsgerichte in Verfahren nach § 1 Nr. 1a des Gesetzes über das gerichtliche Verfahren in Landwirtschaftssachen wird dem Pfälzischen Oberlandesgericht Zweibrücken für die Bezirke der Oberlandesgerichte Koblenz und Zweibrücken zugewiesen.
(3) Die am 1. Januar 1986 bei den bisher zuständigen Gerichten anhängigen Verfahren gehen in der Lage, in der sie sich befinden, auf die nach dieser Verordnung zuständigen Gerichte über.

16   j) Saarland. ZivVZustV v. 15.7.1994 (Abl. 1119)

§ 6 [Zuständigkeit in Landwirtschaftssachen]
Die Geschäfte in Landwirtschaftssachen werden im ersten Rechtszug übertragen
1. dem Amtsgericht Saarbrücken die Geschäfte aus dem Bezirk des Amtsgerichts Völklingen,
2. dem Amtsgericht Homburg die Geschäfte aus dem Bezirk des Amtsgerichts St. Ingbert,
3. dem Amtsgericht Ottweiler die Geschäfte aus dem Bezirk des Amtsgerichts Neunkirchen,
4. dem Amtsgericht Saarlouis die Geschäfte aus dem Bezirk des Amtsgerichts Lebach.

17   k) Sachsen. JOrgVO v. 7.3.2016 (GVBl. 103)

§ 19 [Landwirtschaftssachen]
Für die den Amtsgerichten obliegenden Landwirtschaftssachen (§ 1 des Gesetzes über das gerichtliche Verfahren in Landwirtschaftssachen, § 65 LwAnpG) sind zuständig:
1. das Amtsgericht Bautzen für die Bezirke der Landgerichte Dresden und Görlitz;
2. das Amtsgericht Torgau für den Bezirk des Landgerichts Leipzig;
3. das Amtsgericht Zwickau für den Bezirk der Landgerichte Chemnitz und Zwickau.

l) **Sachsen-Anhalt. LwAGÜV v. 12.7.1994 (GVBl. 803)** 18

§1
Die Geschäfte in Landwirtschaftssachen werden übertragen
1. **im Landgerichtsbezirk Dessau-Roßlau**
dem Amtsgericht Dessau-Roßlau für die Bezirke der Amtsgerichte Bitterfeld-Wolfen, Dessau-Roßlau, Köthen, Wittenberg und Zerbst,
2. **im Landgerichtsbezirk Halle**
a) **dem Amtsgericht Halle (Saale) für die Bezirke der Amtsgerichte Eisleben, Halle (Saale), Merseburg und Sangerhausen,**
b) **dem Amtsgericht Naumburg für die Bezirke der Amtsgerichte Naumburg, Weißenfels und Zeitz,**
3. **im Landgerichtsbezirk Magdeburg**
a) **dem Amtsgericht Magdeburg für die Bezirke der Amtsgerichte Bernburg, Haldensleben, Magdeburg und Schönebeck**
b) **dem Amtsgericht Wernigerode für die Bezirke der Amtsgerichte Aschersleben, Halberstadt, Oschersleben, Quedlinburg und Wernigerode,**
4. **im Landgerichtsbezirk Stendal**
dem Amtsgericht Stendal für die Bezirke der Amtsgerichte Burg, Gardelegen, Salzwedel und Stendal.

m) **Schleswig-Holstein. LwZustKonzV v. 24.7.2012 (GVBl. 622)** 19

§1
Dem Amtsgericht Elmshorn wird die Zuständigkeit für alle Landwirtschaftssachen aus dem Bezirk des Amtsgerichtes Pinneberg übertragen.

n) **Thüringen. GerZustVO v. 17.11.2011 (GVBl. 511)** 20

§4 **[Landwirtschaftsgericht]**
Den Amtsgerichten am Sitz der Landgerichte werden die Landwirtschaftssachen für den jeweiligen Landgerichtsbezirk zugewiesen.

Zweiter Abschnitt. Landwirtschaftssachen der Freiwilligen Gerichtsbarkeit

§9 [Entsprechende Anwendung des FamFG]

Soweit dieses Gesetz nichts anderes bestimmt, sind in den Angelegenheiten des § 1 Nr. 1 und Nr. 2 bis 6 die Vorschriften des Gesetzes über das Verfahren in Familiensachen und in den Angelegenheiten der freiwilligen Gerichtsbarkeit sinngemäß anzuwenden.

Inhaltsübersicht

I. Überblick

1   Der zweite Abschnitt des LwVG regelt das Verfahren in den Landwirtschaftssachen des § 1 Nr 1 und Nr. 2 bis 6. Die einleitende Norm des § 9 bestimmt, dass für diese Verfahren grds. die Vorschriften des FamFG sinngemäß zur Anwendung gelangen. Die nachfolgenden Regelungen des zweiten Abschnitts enthalten ergänzende Vorschriften, die auf den Besonderheiten des landwirtschaftlichen Verfahrens beruhen und, soweit ihr Regelungsgehalt reicht, an die Stelle der Vorschriften des FamFG treten. § 9 ist mit seinem jetzigen Wortlaut durch Art. 43 des FGG-RG neu gefasst worden und am 1.9.2009 gemeinsam mit dem FamFG in Kraft getreten.[1] Ziel der Reform waren u. a. der Ausbau der lückenhaften Regelungen des FGG zu einer zusammenhängenden Verfahrensordnung und eine Koordinierung mit anderen Verfahrensordnungen, bei der im Interesse der Übersichtlichkeit und

---

[1] BGBl. I 2586 (2707).

der Rechtssicherheit alle nicht gebotenen Abweichungen gegenüber anderen Verfahrensordnungen vermieden werden sollten.[2] Im neuen FamFG wurden ua die Ausschließung und Ablehnung von Gerichtspersonen (§ 6 FamFG), der Erlass der zu treffenden Entscheidung (§§ 38 ff. FamFG), das Rechtsmittelverfahren (§§ 58 ff. FamFG) sowie die Vollstreckung (§§ 86 ff. FamFG) umfassend geregelt, so dass die entsprechenden Vorschriften des LwVG (§ 11, § 21, §§ 22–29 und § 31) mit Inkrafttreten des FamFG außer Kraft getreten sind.

In seiner bis zum 31. 8. 2009 geltenden Fassung findet § 9 gemäß Art. 111 Abs. 1 **2** S. 1 FGG-RG auf alle Verfahren Anwendung, die bis zum Inkrafttreten des FGG-RG eingeleitet worden sind oder deren Einleitung bis zu diesem Zeitpunkt beantragt wurde. Entscheidend ist der **Eingang des Antrags bei Gericht.** Der Eingang eines Antrags auf Bewilligung von Verfahrenskostenhilfe kann genügen, wenn aus diesem bereits ein Antragsbegehren ersichtlich ist. Nicht ausreichend ist dagegen ein Antrag, der unter der – aufschiebenden – Bedingung der Bewilligung der Verfahrenskostenhilfe gestellt sein soll.[3]

Verfahren iSv Art. 111 Abs. 1 S. 1 FGG-RG ist nicht nur das Verfahren bis zum **3** Abschluss einer Instanz, sondern die gesamte, bei Einlegung von Rechtsmitteln auch mehrere Instanzen umfassende gerichtliche Tätigkeit in einer Sache.[4] Ein durchgängig betriebenes Verfahren soll im Interesse der Verfahrensvereinfachung und -beschleunigung nach dem ursprünglich anwendbaren Verfahrensrecht bis zu seinem rechtskräftigen Abschluss fortgesetzt werden. Während des laufend betriebenen Verfahrens soll nach Sinn und Zweck der Übergangsvorschrift grds. ein Wechsel des anwendbaren Rechts ausgeschlossen sein.[5]

Im Folgenden werden zunächst die Verfahrensgrundsätze des Verfahrens der frei- **4** willigen Gerichtsbarkeit im Überblick dargestellt und nachfolgend entsprechend dem Aufbau des ersten Buches des FamFG, soweit nicht bereits in anderem Zusammenhang kommentiert, das Verfahren in Landwirtschaftssachen.

II. Verfahrensgrundsätze

1. Dispositionsmaxime und Offizialmaxime

a) Inhalt und Geltung. Nach der insbesondere den Zivilprozess kennzeichnen- **5** den **Dispositionsmaxime** bestimmt zunächst ein Verfahrensbeteiligter durch die Stellung eines Antrages über die Einleitung und den Gegenstand des gerichtlichen Verfahrens. Über die Beendigung des Verfahrens können die Beteiligten – teilweise einseitig (Anerkenntnis, Verzicht, Rücknahme), teilweise nur gemeinsam (Vergleich, übereinstimmende Erklärung der Verfahrensbeendigung) – ebenfalls grds. bestimmen.

In den der **Offizialmaxime** unterliegenden Verfahren ist den Beteiligten diese **6** Möglichkeit, den Gang des Verfahrens zu bestimmen, entzogen. Das Gericht entscheidet von Amts wegen über die Einleitung eines Verfahrens, dessen Gegenstand und schließlich auch dessen Beendigung.

---

[2] BT-Drs. 16/6308, 164.
[3] MükoFamFG/*Pabst* FGG-RG Art. 111 Rn. 6.
[4] BGH Beschl. v. 1. 3. 2010 – II ZB 1/10, FGPrax 2010, 102 (103) = MDR 2010, 515; Beschl. v. 3. 11. 2010 –XII ZB 197/10, NJW 2011, 386 (387) = MDR 2011, 95.
[5] BGH Beschl. v. 14. 3. 2012 – XII ZB 436/11, NJW 2012, 1808 (1809) = MDR 2012, 862; Keidel/*Engelhardt* FamFG FGG-RG Art. 111 Rn. 2.

7   Allgemein unterfallen die Verfahren der freiwilligen Gerichtsbarkeit, die **rechts-fürsorgenden Charakter** haben, dem Offizialgrundsatz.[6] In den **Antragsverfahren,** also den Verfahren, die nur auf Antrag eines Beteiligten (§ 23 Abs. 1 FamFG) eingeleitet werden und zu denen nach § 14 Abs. 1 grds. auch die Landwirtschaftssachen gem. § 1 Nr. 1 und Nr. 2 bis 6 zählen, gilt neben oder an Stelle dieses Grundsatzes die Dispositionsmaxime. Wegen des gleichwohl geltenden Amtsermittlungsgrundsatzes (→ Rn. 95 ff.) ist die Dispositionsfreiheit der Beteiligten über den Verfahrensgegenstand allerdings eingeschränkt. Neben einer Verfahrensbeendigung aufgrund Anerkenntnisses oder Verzichts ist insbesondere eine Säumnisentscheidung im Fall des Nichterscheinens eines Beteiligten mit der Pflicht des Gerichts, den maßgeblichen Sachverhalt von Amts wegen zu ermitteln und aufgrund dieses Sachverhalts zu entscheiden, nicht vereinbar.[7]

8   **Ausfluss des Dispositionsgrundsatzes** sind, neben dem Erfordernis eines verfahrenseinleitenden Antrags, insbesondere die Möglichkeit der Rücknahme des Antrags (§ 22 Abs. 1 FamFG), des Verzichts auf ein Rechtsmittel bzw. dessen Rücknahme (§ 67 FamFG) und des Abschlusses eines Vergleichs (§ 36 FamFG), soweit die Beteiligten über den Verfahrensgegenstand verfügen können (→ § 19 Rn. 6 ff.). Im § 22 Abs. 3 FamFG ist nunmehr ausdrücklich geregelt, dass die Beteiligten ein Verfahren auch übereinstimmend für beendet erklären können.

9   **b) Insbesondere: Streitsachen der freiwilligen Gerichtsbarkeit.** Als **Streitsachen der freiwilligen Gerichtsbarkeit** werden allgemein solche Antragsverfahren bezeichnet, in denen sich mindestens zwei Beteiligte mit widerstreitenden Interessen gegenüberstehen und das Gericht rechtsgestaltend und verbindlich über behauptete subjektive Rechte zu entscheiden hat.[8] Maßgebliches Kriterium für die Einordnung als Streitsache ist die Geltendmachung eines zivilrechtlichen Anspruchs. Dies richtet sich nach der materiell-rechtlichen Natur des Anspruchs und nicht nach dem Verfahren, in welchem der Anspruch geltend zu machen ist.[9]

10   Ob es daneben auch **öffentlich-rechtliche** Streitsachen der freiwilligen Gerichtsbarkeit geben kann, wenn ein Gericht materiell-rechtskräftig über subjektive öffentliche Rechte zwischen Privaten und öffentlich-rechtlichen Körperschaften oder Behörden entscheidet,[10] kann im vorliegenden Zusammenhang dahinstehen.[11] In Landwirtschaftssachen kämen allein die Verfahren nach § 1 Nr. 2 und Nr. 3 als solche öffentlich-rechtlichen Streitsachen der freiwilligen Gerichtsbarkeit in Be-

---

[6] Das sind zB Kindschafts-, Betreuungs-, Unterbringungs- und Freiheitsentziehungssachen. Dies schließt es indes nicht aus, dass auch ein solches Verfahren durch einen Antrag eingeleitet wird (vgl. dazu MüKoFamFG/*Ulrici* vor §§ 23 ff. Rn. 10).

[7] Keidel/*Sternal* FamFG § 26 Rn. 9.

[8] BGH Beschl. v. 1.12.1969 – NotZ 4/69, BGHZ 53, 95 (97) = NJW 1970, 427; BGH Beschl. v. 27.10.1982 – IVb ZB 719/81, BGHZ 85, 180 (188) = NJW 1983, 173; BayObLG Beschl. v. 20.3.1989 – BReg. 1a Z 59/88, BayObLGZ 1989, 75 (77) = BeckRS 2009, 12379; Keidel/*Sternal* FamFG § 1 Rn. 33.

[9] BGH Beschl. v. 24.11.1993 – BLw 37/93, BGHZ 124, 204 (208 f.) = DtZ 1994, 109.

[10] Für diese Möglichkeit Keidel/*Sternal* FamFG § 1 Rn. 41.

[11] Gegen diese Auffassung spricht nach der umfassenden Kodifizierung des gerichtlichen Verfahrens in den Angelegenheiten der freiwilligen Gerichtsbarkeit durch das am 1.9.2009 in Kraft getretene FamFG, dass für einen denkbaren ergänzenden Rückgriff insoweit auf Regelungen der VwGO (auch wegen der in beiden Verfahrensordnungen geltenden, ähnlichen Verfahrensgrundsätze) kein praktisches Bedürfnis mehr besteht (so iE letztlich auch Keidel/*Sternal* FamFG § 1 Rn. 44).

tracht,[12] weil Gegenstand dieser Verfahren der Antrag auf Genehmigung eines Veräußerungsgeschäfts isv § 2 Abs. 1 GrdstVG ist und bei Vorliegen der gesetzlichen Voraussetzungen die Parteien dieses Veräußerungsgeschäfts (oder ein begünstigter Dritter isv § 10 S. 1 RSG) einen **gerichtlich durchsetzbaren Anspruch auf deren Erteilung** haben. Um eine Streitsache der freiwilligen Gerichtsbarkeit handelt es sich aber ie deswegen nicht, weil das Verfahren letztlich der Durchsetzung öffentlicher, nämlich agrarstruktureller Interessen dient, die nicht an der Rücksichtnahme auf das Interesse eines Beteiligten scheitern dürfen. Das Verfahren nach § 22 Abs. 1 GrdstVG gerichtliche Entscheidung ist weitgehend von agrarstrukturellen Interessen bestimmt, die das an Stelle der Behörde entscheidende Gericht berücksichtigen muss, um insoweit aufgrund umfassender Nachprüfung des Sachverhalts in tatsächlicher und rechtlicher Hinsicht die Entscheidung zu treffen, die der Sach- und Rechtslage entspricht.[13]

Zu den Streitsachen der freiwilligen Gerichtsbarkeit gehören zunächst die unter **11** § 1 Nr. 1 fallenden Verfahren nach § 585b Abs. 2, §§ 588, 590 Abs. 2, 591 Abs. 2 und 3, §§ 593, 594d Abs. 2 und §§ 595, 595a Abs. 2 BGB. Weiter zählen hierzu das unter § 1 Nr. 2 fallende Zuteilungsverfahren nach § 13 GrdstVG, das Feststellungsverfahren nach § 11 HöfeVfO sowie Versorgungsstreitigkeiten aus dem Bereich des Anerbenrechts (§ 1 Nr. 5). Kaum noch von praktischer Bedeutung sind die ebenfalls als Streitsachen zu qualifizierenden Verfahren nach § 65 LwAnPG.[14]

Weder LwVG noch FamFG enthalten **besondere Regelungen** für die Streitsa- **12** chen der freiwilligen Gerichtsbarkeit.[15] Für sie gelten also zunächst und in erster Linie nach § 9 die Regelungen des zweiten Abschnitts des LwVG und ergänzend die des FamFG. Allerdings besteht im Unterschied zu Verfahren, die allein dem Anwendungsbereich des FamFG unterfallen, in unterschiedlichem Umfang ua eine **erweiterte Dispositionsfreiheit der Beteiligten.** Ein Rückgriff auf Vorschriften der ZPO ist nur möglich, wenn die Besonderheiten des Verfahrensgegenstandes, nämlich der Streit um subjektive Rechte zwischen den Beteiligten, dies erfordern und weder LwVG und FamFG entsprechende Regelungen enthalten. Für Verfahren, die dem Geltungsbereich des FGG unterfielen, war etwa anerkannt, dass die Beteiligten in den Streitsachen befugt sind, das Verfahren durch Rücknahme des Antrages oder eines Rechtsmittels oder durch Abschluss eines Vergleichs zu beenden.[16] Diese Möglichkeiten, über den Gegenstand des Verfahrens zu disponieren, stehen den Beteiligten in den Antragsverfahren nach dem FamFG mittlerweile unabhängig von der Einordnung als Streitsache zu (→ Rn. 8). Eines Rückgriffs auf die entsprechenden Vorschriften der ZPO bedarf es insoweit also nicht mehr. Weil es an einer entsprechenden Regelung im FamFG fehlt, gilt in diesen Verfahren aber weiterhin in entsprechender Anwendung von § 308 Abs. 1 ZPO eine Bindung des Gerichts an den erforderlichen Sachantrag (→ Rn. 92 und → § 14 Rn. 26).

---

[12] So für die Verfahren nach § 1 Nr. 2 Keidel/*Sternal* FamFG § 1 Rn. 42.

[13] BGH Beschl. v. 8.5.1998 – BLw 44/97, NJW-RR 1998, 1473 (1474) = RdL 1998, 210.

[14] So auch *Ernst* LwVG § 9 Rn. 492; Keidel/*Sternal* FamFG § 1 Rn. 35; für § 65 LwAnpG BGH Beschl. v. 4.12.1992 – BLw 19/92, BGHZ 120, 352 (355) = NJW 1993, 857; BGH Beschl. v. 24.11.1993 – BLw 37/93, BGHZ 124, 204 (208 f.) = DtZ 1994, 109.

[15] Eine Ausnahme bildet § 113 FamFG, der in Ehesachen und Familienstreitsachen regelt, das bestimmte Vorschriften des FamFG nicht gelten und statt dessen der Allgemeinen Vorschriften der ZPO sowie die Vorschriften der ZPO über das Verfahren vor den Landgerichten entsprechend anwendbar sind.

[16] BGH Beschl. v. 1.12.1969 – NotZ 4/69, BGHZ 53, 95 (97) = NJW 1970, 427.

13   Entsprechend anwendbar sind danach ua die §§ 66 ff. ZPO **(Nebenintervention und Streitverkündung),**[17] § 251 ZPO **(Ruhen des Verfahrens),**[18] § 254 ZPO **(Stufenantrag),**[19] §§ 263, 264 ZPO **(Antragsänderungen),**[20] §§ 265, 266 ZPO **(Veräußerung der Streitsache),**[21] § 295 ZPO **(Heilung eines Verfahrensmangels durch Rügeverzicht)**[22] und § 322 ZPO **(materielle Rechtskraft)**[23]. Möglich sind auch **Teil- und Grundentscheidungen** (→ Rn. 155 ff.). Streitig ist, ob in den privaten Streitsachen das Gericht befugt ist, ohne Prüfung in der Sache aufgrund eines **Verzichts** oder eines **Anerkenntnisses** entsprechend §§ 306, 307 ZPO zu entscheiden.[24] Da eine Streitsache der freiwilligen Gerichtsbarkeit nur vorliegen kann, wenn ein zivilrechtlicher Anspruch Gegenstand des Verfahrens ist (→ Rn. 9), über den die Beteiligten grds. durch Anerkenntnis oder Verzicht im Rahmen ihrer Privatautonomie disponieren können, bestehen iE keine durchgreifenden Bedenken, eine Sachentscheidung in den als Streitsachen einzuordnenden Landwirtschaftssachen ohne Sachprüfung aufgrund eines wirksamen Verzichts oder Anerkenntnisses zuzulassen.

2. Untersuchungsgrundsatz

14   Die Verfahren der freiwilligen Gerichtsbarkeit sind durch den in § 26 FamFG normierten Grundsatz der **Amtsermittlung** (Untersuchungsgrundsatz) gekennzeichnet (→ Rn. 95 ff.), der – wenn auch in modifizierter Form – in den privatrechtlichen Streitsachen ebenfalls gilt (→ Rn. 105 f.). Das Gericht ist in jeder Lage des Verfahrens berechtigt und verpflichtet, den aus seiner Sicht entscheidungserheblichen Sachverhalt zu ermitteln und die erforderlichen und geeigneten Beweise zu erheben. Es ist im Unterschied zu dem den Zivilprozess prägenden Beibrin-

---

[17] BGH Beschl. v. 4.7.2007 – XII ZB 224/03, BGHZ 173, 90 (93) = NJW 2007, 3065; Beschl. v. 18.10.1962 – V BLw 20/62, BGHZ 38, 110 (111) = NJW 1963, 860; BayObLG Beschl. v. 15.11.2001 – 3Z BR 175/00, BayObLGZ 2001, 339 (341) = FGPrax 2002, 37.

[18] Keidel/*Sternal* FamFG § 1 Rn. 39 a.

[19] OLG Düsseldorf Beschl. v. 20.5.1987 – 3 WX 66/87, NJW-RR 1987, 1163 (1164) = BeckRS 9998, 06308; OLG Brandenburg Beschl. v. 8.9.2005 – 5 W (Lw) 33/05, OLG-NL 2006, 68 = RdL 2007, 140.

[20] OLG Düsseldorf Beschl. v. 15.1.1999 – 3 Wx 445/98, NZM 1999, 465 (466) = ZMR 1999, 422.

[21] BGH Beschl. v. 27.8.2001 – V ZB 10/01, BGHZ 148, 335 (338) = NJW 2001, 3339 (§ 265 Abs. 2 ZPO); BGH Beschl. v. 23.9.1952 – VBLW 90/51, RdL 1952, 321 (322); OLG Hamm Beschl. v. 22.5.1990 – 15 W 77/90, NJW-RR 1991, 20 (21) = BeckRS 9998, 09762 (auch für § 266 ZPO). Damit dürften auch die von der Rechtsprechung entwickelten Grundsätze über die gewillkürte Prozessstandschaft entsprechend anwendbar sein; vgl. Keidel/*Sternal* FamFG § 1 Rn. 39 a.

[22] BGH Beschl. v. 20.3.2000 – NotZ 20/99, NJW-RR 2000, 1664 (1665) = MDR 2000, 914; → § 15 Rn. 42.

[23] BGH Beschl. v. 12.12.1963 – V Blw 12/63, BGHZ 40, 338 (341) = NJW 1964, 863; Keidel/*Sternal* FamFG § 1 Rn. 39 a; → § 30 Rn. 17.

[24] Für eine solche Möglichkeit BGH Beschl. v. 1.12.1969 – NotZ 4/69, BGHZ 53, 95 (97) = NJW 1970, 427; dagegen im WE-Verfahren (ohne ausdrückliche Einordnung als Streitsache) BayObLG Beschl. v. 25.8.1988 – BReG 2 Z 74/88, zitiert nach juris (Rn. 9); BayObLG Beschl. v. 11.7.1996 – 2 Z BR 45/96, NJWE-MietR 1997, 14 = BeckRS 1996, 05465; Keidel/*Sternal* FamFG § 1 Rn. 37, wonach ein Anerkenntnis aber als Zugeständnis der anspruchsbegründenden Tatsachen angesehen werden kann.

gungsgrundsatz grds. nicht Aufgabe der Beteiligten, Tatsachen vorzutragen, die das Gericht zur Grundlage seiner Entscheidung machen soll.[25]

3. Amtsbetrieb

Mit dem Amtsermittlungsgrundsatz korrespondiert die weitere Aufgabe des Ge- **15** richts, das Verfahren im Amtsbetrieb fortzuführen. Damit unterscheidet sich das Verfahren der freiwilligen Gerichtsbarkeit aber nicht grds. vom ZPO-Verfahren, in dem zwar der Grundsatz des Parteibetriebs gilt, in dem aber das Gericht ebenfalls von Amts wegen gehalten ist, **das Verfahren bis zu einer die Instanz beenden- den Entscheidung fortzuführen.**[26] Das Gericht trägt damit die Verantwortung dafür, das Verfahren im Interesse eines effektiven Rechtsschutzes so zu gestalten und zu fördern, dass es innerhalb angemessener Zeit abgeschlossen werden kann.[27]

4. Mündlichkeits- und Unmittelbarkeitsgrundsatz

Anders als im Zivilprozess gilt in den Verfahren der freiwilligen Gerichtsbarkeit **16** nicht allgemein der **Mündlichkeitsgrundsatz.**[28] Die Durchführung einer münd- lichen Verhandlung steht nach § 32 Abs. 1 FamFG vielmehr im pflichtgemäßen In- teresse des Gerichts. Dies gilt in dieser Form nicht für die Landwirtschaftssachen der freiwilligen Gerichtsbarkeit, in denen nach § 15 Abs. 1 S. 1 eine mündliche Ver- handlung anzuordnen ist, wenn einer der Beteiligten dies beantragt (→ § 14 Rn. 8 ff. und → § 15 Rn. 4 ff.). Grundlage der Entscheidung ist daher auch nicht das, was Gegenstand einer mündlichen Verhandlung geworden ist, sondern der ge- samte Inhalt des Verfahrens.[29]

Der **Unmittelbarkeitsgrundsatz** gilt nur eingeschränkt, nämlich nicht im Frei- **17** beweisverfahren nach § 29 FamFG.[30] Findet eine förmliche Beweisaufnahme statt, so gelangen nach § 30 Abs. 1 FamFG die Vorschriften der ZPO und damit insoweit auch der nach § 355 Abs. 1 ZPO geltende Unmittelbarkeitsgrundsatz zur Anwen- dung. Wegen des fehlenden Mündlichkeitsgrundsatzes findet sich im FamFG aber keine dem § 309 ZPO entsprechende Vorschrift, die anordnet, dass eine Endent- scheidung nur von denjenigen Richtern gefällt werden kann, die der dieser Ent- scheidung zugrunde liegenden Verhandlung beigewohnt haben. Die abschließende Entscheidung kann auch von anderen Richtern getroffen werden als denjenigen, die bei der mündlichen Verhandlung und ggf. einer durchgeführten Beweisaufnahme zugegen waren, wenn sie nur dasjenige berücksichtigen, was aktenkundig ist.[31]

---

[25] Die Beteiligten sind aber berechtigt und im eigenen Interesse sowie im Rahmen ihrer Mitwirkungspflicht (→ Rn. 111 ff.) gehalten, dem Gericht die Tatsachen zu unterbreiten, die aus ihrer jeweiligen Sicht für die zu treffende Entscheidung maßgeblich sind und als geeignet erscheinende Beweismittel zu benennen.

[26] Dies zeigt sich etwa an der Ausgestaltung der Hinweispflicht nach § 139 ZPO und des Verfahrens bis zum Urteil in den §§ 253 ff. ZPO.

[27] BVerfG Beschl. v. 6. 5. 1997 – 1 BvR 711/96, NJW 1997, 2811 (2812) = FamRZ 1997, 871; Beschl. v. 17. 11. 1999 – 1 BvR 1708/99, NJW 2000, 797 = VersR 2000, 516.

[28] BT-Drs. 16/6308, 191.

[29] MüKoFamFG/*Ulrici* vor §§ 23 ff. Rn. 25.

[30] OLG München Beschl. v. 11. 6. 2008 – 31 Wx 26/08, NJW-RR 2009, 83 (85) = FamRZ 2008, 2047.

[31] OLG München Beschl. v. 11. 6. 2008 – 31 Wx 26/08, NJW-RR 2009, 83 (85) = FamRZ 2008, 2047 (s. → § 15 Rn. 39 ff.)

5. Öffentlichkeit/Nichtöffentlichkeit der Verhandlung

18   Die Vorschriften über die Öffentlichkeit der Verhandlung (§§ 169 ff. GVG) finden gemäß § 2 EGGVG auf die ordentliche Gerichtsbarkeit und deren Ausübung Anwendung. Vor die ordentlichen Gerichte gehören neben den bürgerlichen Rechtsstreitigkeiten auch die Familiensachen und die Angelegenheiten der freiwilligen Gerichtsbarkeit (§ 13 GVG). Der in § 169 GVG normierte **Grundsatz der Öffentlichkeit** der Verhandlung wird durch § 170 Abs. 1 GVG, der durch Art. 22 Nr. 17 des FGG-RG v. 17.12.2008 neu gefasst wurde, für die Angelegenheiten der freiwilligen Gerichtsbarkeit und die Familiensachen[32] nunmehr ausdrücklich in der Weise eingeschränkt, dass diese grds. **nicht öffentlich** ist (§ 170 Abs. 1 S. 1 GVG), das Gericht aber die Öffentlichkeit zulassen kann, wenn nicht einer der Beteiligten seinen gegenteiligen Willen äußert (§ 170 Abs. 1 S. 2 GVG). Da für die **Verhandlungen in Landwirtschaftssachen** der freiwilligen Gerichtsbarkeit keine davon abweichenden Regelungen bestehen, sind diese für die Allgemeinheit grds. nicht öffentlich. Wegen ihres Anspruchs auf Gewährung rechtlichen Gehörs haben lediglich die Beteiligten (Grundsatz der Beteiligtenöffentlichkeit) das Recht, an der Verhandlung teilzunehmen.[33]

19   Der Grundsatz, dass Verhandlungen in Landwirtschaftssachen der freiwilligen Gerichtsbarkeit nicht öffentlich sind, erfährt eine Einschränkung, soweit es sich um Streitsachen der freiwilligen Gerichtsbarkeit handelt, also um Streitigkeiten, die zivilrechtliche Ansprüche zum Gegenstand haben (→ Rn. 9). Nach § 6 Abs. 1 S. 1 EMRK[34] hat jede Person ein Recht darauf, dass über Streitigkeiten in Bezug auf ihre **zivilrechtlichen Ansprüche** und Verpflichtungen öffentlich verhandelt wird, wenn nicht zB der Schutz des Privatlebens der Verfahrensbeteiligten oder die Interessen von Jugendlichen den Ausschluss der Öffentlichkeit verlangen. Diese im Rang eines einfachen Bundesgesetzes stehende Vorschrift prägt die Auslegung und Anwendung allen innerstaatlichen Rechts und ist somit auch zur Auslegung der §§ 169 ff. GVG heranzuziehen.[35] Jedenfalls unter dem Geltungsbereich des FGG war daher die mündliche Verhandlung auch in streitigen Landwirtschaftssachen der freiwilligen Gerichtsbarkeit zwingend öffentlich.[36]

20   Hieran, also an der **Öffentlichkeit der mündlichen Verhandlung** in den Streitsachen der freiwilligen Gerichtsbarkeit hat sich durch das Inkrafttreten des neugefassten § 170 Abs. 1 GVG nichts geändert. Die neugefasste Vorschrift ist im Wege teleologischer Reduktion vor dem Hintergrund des Art. 6 Abs. 1 EMRK in der Weise auszulegen, dass von ihr die **Streitsachen der freiwilligen Gerichtsbarkeit** nicht erfasst werden, die mündliche Verhandlung in diesen Streitsachen nach § 169 GVG vielmehr ebenfalls grds. öffentlich ist bzw. bleibt. Die Neufassung des § 170 Abs. 1 GVG will ausgehend von dem in Art. 6 Abs. 1 S. 1 EMRK normierten Grundsatz ersichtlich dem Umstand Rechnung tragen, dass nach Art. 6 Abs. 1 S. 2 EMRK die Öffentlichkeit bereits nach geltendem Recht ua dann ausgeschlossen werden kann, wenn die Interessen von Jugendlichen oder der Schutz des

---

[32] Zu den Familiensachen zählen auch die Ehesachen und Familienstreitsachen, für die nach § 113 FamFG in dem dort geregelten Umfang die Vorschriften der ZPO gelten.

[33] BayObLG Beschl. v. 17.2.1995 – 1 Z BR 50/94, NJW-RR 1996, 583 (584); MüKo-FamFG/*Ulrici* vor §§ 23 ff. Rn. 30.

[34] IdF der Bekanntmachung v. 22.10.2010, BGBl. 2010 II 1198.

[35] Kissel/*Meyer* GVG § 169 Rn. 82.

[36] BGH Beschl. v. 24.11.1993 – BLw 37/93, BGHZ 124, 204 (208 f.) = DtZ 1994, 109.

Privatlebens der Beteiligten es verlangen. So heißt es in der gesetzlichen Begründung zur Neufassung des § 170 Abs. 1 GVG ausdrücklich, soweit das Verfahren sich unter einen der in Art. 6 Abs. 1 S. 2 EMRK aufgezählten Gründe subsumieren lasse, sei es möglich, die Öffentlichkeit auszuschließen, dem Gericht sei jedoch die Möglichkeit zu eröffnen, diese nach den Umständen des Einzelfalls zuzulassen.[37]

Sinn und Zweck der Neufassung war es danach im Wesentlichen, für die Verfahren der freiwilligen Gerichtsbarkeit, in denen die schutzwürdigen Interessen von Jugendlichen oder der Schutz des Privatlebens der Beteiligten im Vordergrund stehen und in denen auch nach Art. 6 Abs. 1 S. 2 EMRK die Öffentlichkeit von der mündlichen Verhandlung ausgeschlossen werden kann, den Grundsatz der Nichtöffentlichkeit anzuordnen und zugleich zu regeln, unter welchen Voraussetzungen im Einzelfall die Öffentlichkeit der mündlichen Verhandlung wieder hergestellt werden kann. Regelungszweck ist es damit aber nicht, über den Regelungsbereich des Art. 6 Abs. 1 S. 2 EMRK hinaus in weiteren Verfahren die Nichtöffentlichkeit der mündlichen Verhandlung anzuordnen, in denen bisher nach Art. 6 Abs. 1 S. 1 EMRK die mündliche Verhandlung öffentlich war,[38] ohne dass Belange nach Art. 6 Abs. 1 S. 2 EMRK dem entgegenstanden. Zu diesen Verfahren zählen die Streitsachen der freiwilligen Gerichtsbarkeit in Landwirtschaftssachen, in denen wie in einem kontradiktorischen Zivilverfahren die Beteiligten um privatrechtliche Ansprüche streiten und in denen weiterhin grds. öffentlich zu verhandeln ist.[39] Dem durch Art. 6 Abs. 1 S. 1 EMRK gewährten Recht auf die Öffentlichkeit einer mündlichen Verhandlung bei Streitigkeiten über zivilrechtliche Ansprüche wird durch eine entsprechende Beschränkung des gerichtlichen Ermessens im Rahmen der Entscheidung nach § 170 Abs. 1 S. 2 GVG über die Zulassung der Öffentlichkeit[40] nicht hinreichend Rechnung getragen, weil die Zulassung schon dann nicht mehr vom Gericht angeordnet werden darf, wenn ein Beteiligter widerspricht. **21**

6. Freie Beweiswürdigung und rechtliches Gehör

Der Grundsatz der freien Beweiswürdigung ist für die Verfahren der freiwilligen Gerichtsbarkeit in § 37 Abs. 1 FamFG ausdrücklich normiert. Grundlage der gerichtlichen Überzeugungsbildung ist der gesamte Inhalt des Verfahrens (→ Rn. 130 ff.). **22**

---

[37] BT-Drs. 16/6308, 320.

[38] BGH Beschl. v. 24.11.1993 – BLw 37/93, BGHZ 124, 204 (208 f.) = DtZ 1994, 109; OLG Hamm Beschl. v. 15.1.1988 – 15 W 350/87, NJW-RR 1988, 849 f. = MDR 1988, 588; BayObLG Beschl. v. 7.12.1987 – BReg 2 Z 35/87, NJW-RR 1988, 1151 (1152) = MDR 1988, 411; Beschl. v. 29.12.1988 – BReg 2 Z 32/88, BayObLGZ 1988, 436 (437 f.) = MDR 1989, 456.

[39] Wie hier *Kissel/Mayer* GVG § 170 Rn. 2; wohl auch MüKoZPO/*Zimmermann* § 169 GVG Rn. 22 und Keidel/*Sternal* FamFG § 1 Rn. 40, der ausführt, in privatrechtlichen Streitsachen der freiwilligen Gerichtsbarkeit, in denen zivilrechtliche Ansprüche iSv Art. 6 Abs. 1 S. 1 EMRK geltend gemacht werden, sei nach dieser Vorschrift öffentlich zu verhandeln. Dagegen spricht Keidel/*Meyer-Holz* FamFG § 32 Rn. 25 davon, dass für echte Streitsachen nach § 170 Abs. 1 S. 1 GVG die Öffentlichkeit in Betracht komme, was darauf hindeutet, dass die Verhandlungen in diesen Streitsachen nach § 170 Abs. 1 S. 1 GVG nicht öffentlich sein sollen, die Öffentlichkeit aber nach § 170 Abs. 1 S. 2 GVG zugelassen werden kann. Nach Zöller/*Lückemann* u. Düsing/Martinez/*Hornung* Agrarrecht § 15 LwVG Rn. 9 geht § 170 Abs. 1 S. 2 GVG dem Art. 6 Abs. 1 EMRK als lex posterior vor. Für eine grundsätzliche Nichtöffentlichkeit der mündlichen Verhandlung auch MüKoFamFG/*Ulrici* vor §§ 23 ff. Rn. 29.

[40] IdS *Ernst* LwVG § 15 Rn. 15.

23   Die §§ 33,34 FamFG iVm § 37 Abs. 2 FamFG konkretisieren das Grundrecht aus Art. 103 Abs. 1 GG auf Gewährung rechtlichen Gehörs.

III. Allgemeine Regelungen

1. Übersicht

24   Die **allgemeinen Regelungen** des Verfahrens in den Landwirtschaftssachen der freiwilligen Gerichtsbarkeit finden sich über die Verweisung in § 9 in den §§ 1–22 FamFG,[41] soweit nicht in § 10 (örtliche Zuständigkeit), § 12 (Abgabe bei Unzuständigkeit) § 13 (Bevollmächtigte) und § 14 Abs. 1 (verfahrenseinleitender Antrag) vorrangig geltende Regelungen normiert sind.

2. Zuständiges Gericht

25   **a) Sachliche und örtliche Zuständigkeit.** Die **sachliche Zuständigkeit** der Landwirtschaftsgerichte ist im Kern in § 1 Nr. 1–6 geregelt und wird durch gesetzliche Sonderzuweisungen ergänzt (→ § 1 Rn. 266ff.). Die Zuständigkeit ist gem. § 2 Abs. 1 S. 2 eine ausschließliche, was ua dazu führt, dass Vereinbarungen über den Gerichtsstand nicht zulässig sind (→ § 2 Rn. 7ff.).

26   Die **örtliche Zuständigkeit** der Landwirtschaftsgerichte ist ebenfalls als ausschließliche abschließend in § 10 geregelt (→ § 2 Rn. 17 und → § 10 Rn. 1), auf dessen Kommentierung an dieser Stelle verwiesen wird. Wegen der eindeutigen, in erster Linie an die Lage der Hofstelle bzw. der verfahrensgegenständlichen Grundstücke anknüpfenden Bestimmung der örtlichen Zuständigkeit, wird ein Fall der konkurrierenden örtlichen Zuständigkeit nur in äußerst seltenen Ausnahmefällen eintreten (s. → § 10 Rn. 12 und 15). Damit wird es auch nur ausnahmsweise zu einer Begründung der örtlichen Zuständigkeit nach § 2 Abs. 1 FamFG dadurch kommen, dass eines von mehreren örtlich zuständigen Landwirtschaftsgerichten zuerst mit der Angelegenheit befasst ist.

27   Maßgeblicher Zeitpunkt für die **Beurteilung der Zuständigkeit** ist die erstmalige Befassung des Landwirtschaftsgerichts mit der Angelegenheit (§ 9 iVm) § 2 Abs. 1 FamFG. Dies ist in den Antragsverfahren der freiwilligen Gerichtsbarkeit, zu denen nach § 14 Abs. 1 grds. auch die Landwirtschaftssachen zählen, der Zeitpunkt des Eingangs des Antrags bei Gericht.[42] In den Amtsverfahren (→ Rn. 94) ist das Gericht dann mit der Sache befasst, wenn es von Umständen Kenntnis erlangt, die eine Verpflichtung zum Tätigwerden begründen.[43] Die einmal begründete örtliche Zuständigkeit bleibt bei einer Änderung der zuständigkeitsbegründenden Tatsachen gemäß (§ 9 iVm) § 2 Abs. 2 FamFG (perpetuatio fori) bestehen.[44]

---

[41] Der ebenfalls noch zum Allgemeinen Teil des ersten Buchs des FamFG zählende § 22a FamFG betrifft allein die Familien- und Betreuungsgerichte.

[42] BGH Beschl. v. 19.5.1993 – XII ARZ 13/93, NJW-RR 1993, 1091; OLG Hamm Beschluss v. 24.2.2011 – 2 SAF 2/11, BeckRS 2011, 07061 = FamFR 2011, 209.

[43] Düsing/Martinez/*Hornung* LwVG § 10 Rn. 5.

[44] Wegen der Anknüpfung der (ausschließlichen) örtlichen Zuständigkeit an die Belegenheit der Sache (entweder der Hofstelle oder der Grundstücke) sind allerdings kaum Fälle denkbar, in denen sich die zuständigkeitsbegründenden Tatsachen nach Eingang des Antrags bei Gericht ändern. In Betracht kommen hier allenfalls gesetzliche Änderungen betreffend die örtlichen Zuständigkeitsbereiche der einzelnen Landwirtschaftsgerichte, etwa durch landesgesetzliche

b) Verweisung, Abgabe, gerichtliche Bestimmung der Zuständigkeit. 28
Die **Abgabe oder Verweisung** einer Sache an ein anderes Gericht ist für die Landwirtschaftsverfahren in § 12 umfassend geregelt, so dass für § 3 FamFG insoweit kein eigener Anwendungsbereich verbleibt. Lediglich § 3 Abs. 3 FamFG ergänzt die Vorschrift des § 12, die hinsichtlich der Anfechtbarkeit und der Bindungswirkung keine eigenen Regelungen enthält (→ § 12 Rn. 17).

Eine **Abgabe nach § 4 FamFG** kommt in Landwirtschaftsverfahren praktisch 29
nicht in Betracht, weil es in diesen Verfahren schon regelmäßig an einem wichtigen Grund iSd Vorschrift fehlen wird. Ein solcher kommt vor allem in Verfahren in Betracht, in denen der Personenbezug im Vordergrund steht.[45] Wegen der ausschließlichen Anknüpfung der örtlichen Zuständigkeit an die Belegenheit der Sache ist es nahezu ausgeschlossen, dass ein sachnäheres und zur Übernahme bereites Landwirtschaftsgericht existiert, vor dem das Verfahren aus Zweckmäßigkeitsgründen durchgeführt werden sollte.[46]

Sowohl in Fällen der sachlichen als auch der örtlichen Zuständigkeit kann eine 30
gerichtliche Bestimmung des zuständigen Landwirtschaftsgerichts nach § 5 FamFG erfolgen. Eine Bestimmung der Zuständigkeit durch das nächsthöhere gemeinsame Gericht nach § 5 Abs. 1 Nr. 3 oder 4 FamFG scheidet aus, wenn die sog. Verfahrenszuständigkeit nach § 17a Abs. 6 GVG zwischen einem Gericht der freiwilligen Gerichtsbarkeit und einem der streitigen Zivilgerichtsbarkeit im Streit steht. Für die Klärung dieser Frage gelten allein die §§ 17 bis 17b GVG.[47]

Praktisch relevant sind im Wesentlichen Zuständigkeitsbestimmungen nach § 5 31
Abs. 1 Nr. 4 FamFG, wenn zwei Gerichte, von denen eines für das Verfahren zuständig ist, sich rechtskräftig für unzuständig erklärt haben. Ein solcher **negativer Kompetenzkonflikt** setzt voraus, dass sich die beteiligten Gerichte durch einen förmlichen Beschluss rechtskräftig für unzuständig erklärt haben. Eine derartige rechtskräftige Entscheidung kann insbesondere ein bindender, nicht anfechtbarer Verweisungsbeschluss und eine – auch im Wege der Verfügung – den Beteiligten bekannt gemachte ausdrückliche Kompetenzleugnung sein.[48]

Die Bestimmung der Zuständigkeit (→ § 2 Rn. 12f.) erfolgt grds. durch das 32
nächsthöhere gemeinsame Gericht (§ 5 Abs. 1 FamFG). Dies ist nicht das nach dem allgemeinen Gerichtsaufbau, sondern das nach der konkreten Verfahrensart im **Rechtsmittelzug** nächsthöhere Gericht.[49] Der Wortlaut des § 5 Abs. 1 FamFG

Konzentrationsregelungen oder Änderungen der höchst- oder obergerichtlichen Rechtsprechung, etwa zum Begriff der Hofstelle.

[45] Keidel/*Sternal* FamFG § 4 Rn. 12.

[46] AA Düsing/Martinez/*Hornung* LwVG § 10 Rn. 6.

[47] OLG Hamm Beschl. v. 18.5.2010 – 2 SdB (FamS) Zust. 14/10, NJW 2010, 2740 (2741) = FamRZ 2010, 2089; OLG München Beschl. v. 15.7.2010 – 31 AR 37/10, BeckRS 2011, 00238 = FamRZ 2010, 2090; OLG Hamm Beschl. v. 14.9.2010 – 2 SdB (FamS) Zust. 26/10, BeckRS 2010, 25897 = FamRZ 2011, 658; Keidel/*Sternal* FamFG § 5 Rn. 6a; nur für eine vorrangige Geltung des § 17a GVG MüKoFamFG/*Pabst* § 5 Rn. 4.

[48] OLG Brandenburg Beschl. v. 19.5.2010 – 9 AR 1/10, BeckRS 2010, 13991 = FamRZ 2010, 2019; für die gleichlautende Regelung in § 36 Abs. 1 Nr. 6 ZPO BGH Beschl. v. 10.12.1987 – I ARZ 809/87, BGHZ 102, 338 (339) = NJW 1988, 1794 und BGH Beschl. v. 10.9.2002 – X ARZ 217/02, NJW 2002, 3634 (3635) = MDR 2002, 1446.

[49] So zu § 36 ZPO BGH Beschl. v. 8.6.1988 – I ARZ 388/88, BGHZ 104, 363 (366) = NJW 1988, 2739; Keidel/*Sternal* FamFG § 5 Rn. 29; Bumiller/Harders/Schwamb/*Bumiller* FamFG § 5 Rn. 12; BeckOK FamFG/*Burschel* § 5 Rn. 16; aA unter Bezugnahme auf den von

weicht damit von demjenigen des § 36 Abs. 1 ZPO ab, der für die streitige Zivilgerichtsbarkeit die Bestimmung der gerichtlichen Zuständigkeit regelt und festlegt, dass diese durch das im Rechtszug nächsthöhere Gericht erfolgen soll. Trotz dieses abweichenden Wortlauts sollte nach dem Willen des Gesetzgebers mit der Neuregelung des § 5 FamFG eine Angleichung an die Bestimmung der Zuständigkeit nach § 36 ZPO erreicht werden.[50] Mit dem Wortlaut der Neuregelung ist sowohl das im allgemeinen Gerichtsaufbau nächsthöhere gemeinsame Gericht als auch das im Rechtsmittelzug nächsthöhere gemeinsame Gericht vereinbar. Es liegt im Hinblick auf den gesetzgeberischen Willen nahe, § 5 Abs. 1 FamFG so auszulegen, dass, wie nach § 36 Abs. 1 ZPO, das im Rechtsmittelzug nächsthöhere gemeinsame Gericht für die Bestimmung zuständig ist.[51]

33   Besteht zwischen zwei oder mehreren Landwirtschaftsgerichten ein **positiver oder negativer Kompetenzkonflikt** (§ 5 Abs. 1 Nr. 3 u. 4 FamFG), so entscheidet, wenn für die Gerichte ein gemeinsames Oberlandesgericht besteht, dieses und wenn für die Gerichte Landwirtschaftssenate verschiedener Oberlandesgerichts zuständig sind, nach § 5 Abs. 2 FamFG das Oberlandesgericht, zu dessen Bezirk das zuerst mit der Sache befasste Gericht gehört. Dies gilt entsprechend für den − in der Praxis − seltenen Fall, dass sich ein Landwirtschaftsgericht in einem Verfahren der freiwilligen Gerichtsbarkeit mit einem Gericht der freiwilligen Gerichtsbarkeit über die sachliche Zuständigkeit streitet.

34   Das **Bestimmungsverfahren** nach § 5 Abs. 1 FamFG kann dadurch eingeleitet werden, dass eines der beteiligten Gerichte das für die Bestimmung der Zuständigkeit zuständige Gericht anruft. Es kann aber auch auf Antrag eines Beteiligten iSv § 7 FamFG in Gang gesetzt werden. Im Fall des § 5 Abs. 1 Nr. 5 FamFG besteht ein solches Antragsrecht eines Beteiligten nicht, weil die Abgabe/Verweisung nicht von der Zustimmung der Beteiligten abhängt und von ihnen nicht angefochten werden kann. Es besteht allein die Möglichkeit, die Abgabeentscheidung im Rahmen der Anfechtung der Endentscheidung überprüfen zu lassen.[52] Schließlich ist − theoretisch − auch eine Einleitung von Amts wegen möglich, wenn das für die Bestimmung zuständige Gericht von der aufgetretenen Ungewissheit oder dem Streit über die Zuständigkeit Kenntnis erhält.[53]

35   Die Bestimmung des zuständigen Gerichts erfolgt durch **unanfechtbaren Beschluss** (§ 5 Abs. 3 FamFG), der für die Beteiligten des Verfahrens sowie die beteiligten Gerichte und darüber hinaus alle inländischen Gerichte für die Dauer der Anhängigkeit des Verfahrens bindend ist.[54] Das Verfahren wird von dem bestimmten Gericht in der Lage übernommen und fortgeführt, in dem es sich bei Über-

---

§ 36 Abs. 1 ZPO abweichenden Wortlaut OLG Oldenburg Beschl. v. 30.5.2012 − 5 AR 16/12, FGPrax 2012, 284 = MDR 2012, 1419; MüKoFamFG/*Pabst* § 5 FamFG Rn. 15.

[50] BT-Drs. 16/6308, 176.

[51] Bei einem anderen Verständnis könnte bei einer Bestimmung des zuständigen Gerichts die Situation eintreten, dass bei einem Kompetenzkonflikt zwischen zwei Landwirtschaftsgerichten als im Gerichtsaufbau nächsthöhere Gericht das gemeinsame Landgericht entscheidet, dessen Zuständigkeit in Landwirtschaftssachen ansonsten nicht gegeben ist.

[52] Keidel/*Sternal* FamFG § 5 Rn. 36; Bumiller/Harders/Schwamb/*Bumiller* FamFG § 5 Rn. 16.

[53] OLG Hamm Beschl. v. 9.5.2006 − 15 Sbd 5/06, NJW 2006, 2707 (2708) = FGPrax 2006, 183; OLG Frankfurt Beschl. v. 2.6.2006 − 20 W 224/06, NJW 2006, 3443 = BeckRS 2006, 10077; OLG Köln Beschl. v. 8.5.2009 − 16 AR 3/09, NJW 2009, 2688 (2689) = FGPrax 2009, 189; Keidel/*Sternal* FamFG § 5 Rn. 36.

[54] MüKoFamFG/*Pabst* § 5 Rn. 29; Keidel/*Sternal* FamFG § 5 Rn. 48.

nahme befindet. Die von anderen Gerichten vorgenommenen Handlungen gelten
als solche des bestimmten Gerichts.[55]

Das Verfahren zur Bestimmung des zuständigen Gerichts ist gerichtskostenfrei. **36**
Für den Rechtsanwalt gehört das Verfahren zum Rechtszug, ist also nach § 15
RVG mit der Vergütung für die Hauptsache abgegolten. Wird ein Rechtsanwalt
nur für das Bestimmungsverfahren beauftragt, so erhält er nach Nr. 3403 VV RVG
eine 0,8fache Verfahrensgebühr.

3. Ausschließung und Ablehnung von Gerichtspersonen

Da das LwVG keine eigenen Regelungen zur Ausschließung und Ablehnung **37**
von Gerichtspersonen mehr enthält, gilt § 6 FamFG, der sich seinerseits im Wesentlichen darauf beschränkt, auf die entsprechenden Vorschriften der ZPO zu verweisen (§ 6 Abs. 1 S. 1 FamFG). Es ergibt sich als iE aus den §§ 41 ff. ZPO, aus welchen
Gründen Gerichtspersonen von der Ausübung ihres Amtes ausgeschlossen sind oder
wegen Besorgnis der Befangenheit abgelehnt werden können und wie das Ablehnungsverfahren ausgestaltet ist (dazu → § 20 Rn. 8 ff.).[56]

Die Ausschließungsgründe des § 41 werden durch § 6 Abs. 1 S. 2 FamFG um **38**
einen weiteren Grund erweitert. Danach sind auch solche Gerichtspersonen von
der Ausübung ihres Amtes ausgeschlossen, die bei einem **vorangegangenen Verwaltungsverfahren mitgewirkt** haben. Dieser Ausschließungsgrund kann in
Landwirtschaftssachen in den Verfahren Bedeutung erlangen, in denen dem gerichtlichen Verfahren ein solches Verwaltungsverfahren vorgeschaltet ist. Dies sind
insbesondere die Verfahren nach § 1 Nr. 1 soweit sie die Anzeige und Beanstandung
von Landpachtverträgen betreffen und die Verfahren nach § 1 Nr. 2 und 3. Personen, die in den der gerichtlichen Entscheidung vorangegangenen Verfahren betreffend die Anzeige oder Beanstandung eines Landpachtvertrages oder dem Verfahren
auf Erteilung der Genehmigung nach dem GrdstVG mitgewirkt haben, können in
einem anschließenden Gerichtsverfahren insbesondere nicht als ehrenamtliche
Richter mitwirken.

4. Verfahrensbeteilige

a) Beteiligtenbegriff. Im Unterschied zu den Parteien (Kläger, Beklagter) des **39**
Zivilprozesses bezeichnet das Verfahren der freiwilligen Gerichtsbarkeit die Personen, denen es Mitwirkungsfunktionen zuteilt, als Beteiligte. Das FamFG hat den
Beteiligtenbegriff in § 7 FamFG erstmals für den Bereich der freiwilligen Gerichtsbarkeit gesetzlich geregelt. Nachdem bis zum Inkrafttreten des FamFG zwischen dem formell und dem materiell Beteiligten unterschieden wurde, unterscheidet das FamFG nunmehr in seinem § 7 zwischen dem Antragsteller als dem
Beteiligten kraft Gesetzes (§ 7 Abs. 1 FamFG), den Beteiligten, die hinzugezogen
werden müssen (Muss-Beteiligte, § 7 Abs. 2 FamFG) und den Beteiligten, die von
Amts wegen oder auf Antrag hinzugezogen werden können (Kann-Beteiligte, § 7
Abs. 3 FamFG).

---

[55] MüKoFamFG/*Pabst* § 5 Rn. 31.
[56] Es wird an dieser Stelle davon abgesehen, die Ausschließungs- und Befangenheitsgründe
selbst zu kommentieren; insoweit wird auf die einschlägigen Kommentierungen zur ZPO und
zum FamFG verwiesen.

40   Das landwirtschaftliche Verfahren wird nach § 14 Abs. 1 grds. durch einen Antrag eingeleitet.[57] Der **Antragsteller,** also derjenige, der im eigenen Namen um Rechtsschutz nachsucht, ist kraft Gesetzes nach **§ 7 Abs. 1** FamFG Beteiligter. Für seine Beteiligteneigenschaft genügt der formale Akt der Antragsstellung. Die Rechte des Antragstellers werden zwar regelmäßig durch das Verfahren unmittelbar betroffen sein, so dass er auch wegen seiner materiellen Betroffenheit nach § 7 Abs. 2 Nr. 1 zu beteiligen wäre. Auf eine solche Betroffenheit kommt es aber für die Beteiligteneigenschaft eines Antragstellers nach § 7 Abs. 1 FamFG nicht an, denn auch ein unzulässiger Antrag muss durch das Gericht beschieden werden.

41   Die Beteiligten, die vom Gericht hinzugezogen werden **müssen,** sind nach § 7 Abs. 2 Nr. 1 FamFG zunächst diejenigen, deren Recht durch das Verfahren unmittelbar betroffen wird. Ein subjektives Recht idS ist jedes von der Rechtsordnung verliehene und geschützte private oder öffentliche subjektive Recht.[58] Eine mögliche Beeinträchtigung in ideellen, sozialen oder wirtschaftlichen Interessen und damit eine allenfalls mittelbare Betroffenheit in eigenen Rechten genügt demnach nicht.[59] In den Streitsachen der freiwilligen Gerichtsbarkeit (→ Rn. 9 ff.) ist also immer derjenige, gegen den sich der geltend gemachte zivilrechtliche Anspruch richtet, mithin der Antragsgegner, in seinen Rechten unmittelbar betroffen. Ob jemand nach § 7 Abs. 2 Nr. 1 FamFG als Beteiligter hinzuzuziehen ist, hängt nicht vom möglichen Ausgang des Verfahrens und damit einer Prognoseentscheidung des Gerichts ab.[60]

42   Nach § 7 Abs. 2 Nr. 2 FamFG sind weiter diejenigen, die aufgrund dieses oder eines anderen Gesetzes **von Amts wegen oder auf Antrag** zu beteiligen sind, hinzuziehen. Die Vorschrift ist für das Landwirtschaftsverfahren – ebenso wie § 7 Abs. 3 FamFG – weitgehend ohne Bedeutung. Das LwVG selbst enthält keine Regelungen über die Hinziehung weiterer Beteiligter. Für das vor den Landwirtschaftsgerichten (§ 18 Abs. 1 HöfeO) zu führende Verfahren nach § 18 Abs. 2 HöfeO über den Hoferben und die Ausstellung eines Erbscheins gelten über die Verweisung in § 9 LwVG die Vorschriften des FamFG für das Verfahren in Nachlasssachen und damit auch § 345 FamFG.[61] Nach § 345 Abs. 1 S. 1 FamFG ist sog. Muss-Beteiligter aber nur der Antragsteller selbst. Die gesetzlichen Erben können nach § 345 Abs. 1 S. 2 Nr. 1 FamFG (oder im Fall einer Verfügung von Todes wegen auch nach Nr. 4) als Beteiligte vom Gericht (gem. § 7 Abs. 3 FamFG) hinzugezogen werden. Auf ihren Antrag sind sie, gemäß der Regelung in § 7 Abs. 2 Nr. 2 FamFG, nach § 345 Abs. 1 S. 3 FamFG hinzuzuziehen.[62]

43   Wer im Verfahren anzuhören ist oder eine Auskunft zu erteilen hat, wie etwa die nach § 32 anzuhörenden Behörden und Berufsvertretungen (→ § 32 Rn. 4 ff.) wird

---

[57] Ausnahmsweise kann ein landwirtschaftliches Verfahren auch von Amts wegen eingeleitet werden (→ Rn. 94).

[58] BayObLG Beschl. v. 9.4.2003 – 3Z BR 242/02, BayObLGZ 2003, 106 (108) = FGPrax 2003, 171; Keidel/*Sternal* FamFG § 7 Rn. 12.

[59] BT-Drs. 16/6308, 178.

[60] OLG Oldenburg Beschl. v. 23.2.2011 – 14 UF 149/09, NJW 2010, 1888 (1889) = Rpfleger 2010, 213; MüKoFamFG/*Pabst* § 7 Rn. 7; BT-Drs. 16/6308, 178; aA wohl OLG Köln Beschl. v. 23.2.2011 – 2 Wx 41/11, FGPRax 2011, 153 (155) = ZIP 2011, 522, das von der Hinziehung weiterer Beteiligter abgesehen hat, weil dies im Hinblick auf die Abweisung des Antrags zur Wahrung ihrer Rechte nicht erforderlich sei.

[61] Lüdtke-Handjery/v. Jeinsen/*Brinkmann* HöfeO § 18 Rn. 8.

[62] Ebenso *Ernst* LwVG § 14 Rn. 303.

nicht allein deswegen zum Beteiligten (§ 7 Abs. 3 FamFG). Dies gilt entsprechend für Zeugen, Sachverständige oder Dolmetscher.

b) Beteiligtenfähigkeit. Die **Beteiligtenfähigkeit** wurde für die Verfahren 44 der freiwilligen Gerichtsbarkeit entsprechend § 61 VwGO geregelt. Beteiligtenfähig können natürliche und juristische Personen (§ 8 Nr. 1 FamFG), Vereinigungen, Personengruppen und Einrichtungen, soweit ihnen ein Recht zustehen kann (§ 8 Nr. 2 FamFG), und Behörden (§ 8 Nr. 3 FamFG) sein. Die Beteiligtenfähigkeit entspricht, von den Behörden abgesehen, weitgehend der Parteifähigkeit nach § 50 ZPO.

Nach Nr. 2 beteiligtenfähig sind etwa die als Außengesellschaft am Rechtsver- 45 kehr teilnehmende GbR,[63] die OHG (§ 124 Abs. 1 HGB) und die KG (§§ 162 Abs. 2, 124 Abs. 1 HGB). Die Vorgesellschaft besitzt bei Teilnahme am Rechtsverkehr[64] ebenso die Beteiligtenfähigkeit, wie die Liquidationsgesellschaft.[65] Erst die Löschung der Gesellschaft im Handelsregister nach regulärer Abwicklung oder wegen Vermögenslosigkeit führt zum Verlust der Beteiligtenfähigkeit. Nur wenn nachträglich weiterer Abwicklungsbedarf besteht, kommt es zu einer Nachtragsliquidation. Die gelöschte Gesellschaft besteht dann als Nach-Gesellschaft weiter und kann, soweit der konkrete Abwicklungsbedarf betroffen ist, auch Beteiligte eines Verfahrens sein.[66]

Als Beteiligte eines Verfahrens der freiwilligen Gerichtsbarkeit kommt dagegen 46 die Erbengemeinschaft mangels eigener Rechtsfähigkeit nicht in Betracht.[67] Hier sind alle Erben, auch wenn diese unbekannt sein sollten, gegebenenfalls von einem Nachlasspfleger vertreten werden, verfahrensbeteiligt. Entsprechend sind bei einer Gemeinschaft nach Bruchteilen die einzelnen Bruchteilseigentümer beteiligt, nicht aber die Gemeinschaft als solche.

Wie in den verwaltungsgerichtlichen Verfahren sind auch in den Verfahren der 47 freiwilligen Gerichtsbarkeit **Behörden** grds. beteiligtenfähig, und zwar auch dann, wenn sie keine eigene Rechtspersönlichkeit besitzen. In den Landwirtschaftsverfahren, in denen die Beteiligung einer Behörde in Betracht kommt, nämlich in den Anzeige- und Beanstandungsverfahren nach § 1 Nr. 1 und den Verfahren, die eine Genehmigung nach dem GrdstVG zum Gegenstand haben, sind die jeweils zuständigen Behörden nach § 32 Abs. 1 aber lediglich zu hören, sind also gerade nicht Beteiligte des Verfahrens.[68]

c) Verfahrensfähigkeit. In Anlehnung an die Regelung in § 62 VwGO regelt 48 § 9 FamFG die **Verfahrensfähigkeit,** dh die Fähigkeit eines Beteiligten, seine Rechte im Verfahren selbst oder durch einen von ihm bestellten Vertreter wahrzunehmen. Für Geschäftsunfähige und beschränkt Geschäftsfähige, soweit diese nicht verfahrensfähig sind (§ 9 Abs. 1 Nr. 2 u. 3 FamFG), handeln nach § 9 Abs. 2 FamFG

---

[63] BGH Urt. v. 29.1.2001 – II ZR 331/00, BGHZ 146, 341 (348) = NJW 2001, 1056; Urt. v. 14.9.2005 – VIII ZR 117/04, NJW-RR 2006, 42 = WuM 2005, 791.
[64] BGH Urt. v. 28.11.1997 – V ZR 178/96, NJW 1998, 1079 (1080) = MDR 1998, 338. Da die Entscheidung eine Vor-GmbH i. L. betrifft, ergibt sich aus ihr auch die Beteiligtenfähigkeit der Liquidationsgesellschaft.
[65] MüKoZPO/*Lindacher* § 50 Rn. 13.
[66] MüKoZPO/*Lindacher* § 50 Rn. 14.
[67] BGH Beschl. v. 17.10.2006 – VIII ZB 94/05, NJW 2006, 3715 (3715 f.) = MDR 2007, 340.
[68] Zu möglichen Ausnahmen → § 32 Rn. 9.

deren gesetzliche Vertreter. Ein Verschulden des gesetzlichen Vertreters steht nach § 9 Abs. 4 FamFG dem Verschulden eines Beteiligten gleich. Die Vorschrift gilt nicht für das Verschulden des gewillkürten Vertreters, das nach § 11 S. 5 FamFG iVm § 85 Abs. 2 ZPO dem Vertretenen zugerechnet wird.

49   Die in § 9 Abs. 5 FamFG angeordnete **entsprechende Anwendung** der §§ 53 bis 58 ZPO betrifft nicht allein Fragen der Verfahrensfähigkeit. So hat das Gericht nach § 56 Abs. 1 ZPO den Mangel der Parteifähigkeit, der Prozessfähigkeit, der Legitimation eines gesetzlichen Vertreters und der erforderlichen Ermächtigung zur Prozessführung von Amts wegen zu berücksichtigen. Unabhängig davon ist das **Vorliegen aller Verfahrensvoraussetzungen** grds. in jeder Lage des Verfahrens von Amts wegen zu prüfen,[69] dh die Prüfung erfolgt unabhängig von entsprechenden Rügen der Beteiligten. Eine Amtsprüfung der Beteiligten- und Verfahrensfähigkeit ist aber nur geboten, wenn hinreichende Anhaltspunkte für das Fehlen einer solchen Voraussetzung vorliegen. Ohne solche Anhaltspunkte kann im Allgemeinen vom Vorliegen der Beteiligten- und Verfahrensfähigkeit ausgegangen werden.[70]

50   Liegen dagegen Anhaltspunkte für ein Fehlen der Verfahrensfähigkeit vor, darf ein Gericht nur dann einen Antrag deswegen als unzulässig verwerfen, wenn der Beteiligte **zu einem Anhörungstermin geladen** und in der Ladung auf die Folgen seines Ausbleibens hingewiesen worden ist (§ 34 Abs. 3 S. 2 FamFG). Da sich eine nicht verfahrensfähige Person nicht eigenverantwortlich zu äußern vermag, kann ihr das rechtliche Gehör nur durch die Anhörung eines gesetzlichen Vertreters gewährt werden.[71] Ein nicht verfahrensfähiger Beteiligter muss zudem im Interesse eines umfassenden Rechtsschutzes die Möglichkeit haben, durch seine Handlungen das Verfahren in die nächste Instanz zu bringen, um eine Überprüfung der angefochtenen Entscheidung darauf zu erreichen, ob die Vorinstanz seine Verfahrensfähigkeit zutreffend beurteilt hat, und zwar auch dann, wenn der Beteiligte, dessen Verfahrensfähigkeit zweifelhaft ist, mit dem Rechtsmittel eine Sachentscheidung zu seinen Gunsten begehrt.[72]

51   **d) Insbesondere: Streitsachen der freiwilligen Gerichtsbarkeit.** Hinsichtlich der Beteiligteneigenschaft sowie der Beteiligten- und Verfahrensfähigkeit gelten für die **Streitsachen der freiwilligen Gerichtsbarkeit** Besonderheiten, die sich aus der Art des Verfahrens ergeben. Auf die Ehesachen und Familienstreitsachen sind nach § 113 Abs. 1 FamFG ua die §§ 7 bis 9 FamFG nicht anwendbar. Durch die weitgehende Anordnung der entsprechenden Anwendung der Vorschriften der ZPO soll dem kontradiktorischen Charakter dieser Verfahren Rechnung getragen werden.

52   Dies gilt in vergleichbarer Weise auch für die nicht besonders gesetzlich geregelten weiteren privaten Streitsachen der freiwilligen Gerichtsbarkeit. Aus der Natur dieser Verfahren, deren Gegenstand zivilrechtliche Ansprüche sind, folgt, dass Beteiligte dieses Verfahrens auf der einen Seite der **Antragsteller** und auf der anderen Seite derjenige ist, gegen den der Anspruch geltend gemacht wird, also der **Antragsgegner.** Der Anspruch kann auch nur gegen einen Antragsgegner geltend ge-

---

[69] BGH Urt. v. 21.11.1996 – IX ZR 148/95, BGHZ 134, 116 (118) = NJW 1997, 657; Urt. v. 4.11.1999 – III ZR 306/98, BGHZ 143, 122 (124) = NJW 2000, 289.
[70] BGH Urt. v. 4.5.2009 – XI ZR 40/03, BGHZ 159, 94 (99f.) = NJW 2004, 2523; Urt. v. 6.12.2013 – V ZR 8/13, BeckRS 2014, 02944 Rn. 8 = WM 2014, 1054.
[71] BGH Urt. v. 6.12.2013 – V ZR 8/13, BeckRS 2014, 02944 = WM 2014, 1054.
[72] BGH Beschl. v. 4.11.1999 – III ZR 306/98, BGHZ 143, 122 (127f.) = NJW 2000, 289.

macht und ggf. im Wege der Zwangsvollstreckung durchgesetzt werden, der selbst eine eigene Rechtspersönlichkeit besitzt, so dass Behörden nicht Beteiligte eines solchen Verfahrens sein können. Darüber hinaus besteht kein Anlass für die Zulassung einer beschränkten Verfahrensfähigkeit, wie sie in § 9 Abs. 1 Nr. 2 u. 3 FamFG vorgesehen ist. Es ist demnach sachgerecht, auf die gesetzlich nicht geregelten Streitsachen der freiwilligen Gerichtsbarkeit die §§ 7 ff. FamFG jedenfalls nur eingeschränkt anzuwenden.[73]

5. Bevollmächtigte

Die §§ 10 bis 12 FamFG enthalten Regelungen dazu, wer für einen Beteiligten **53** als Bevollmächtigter auftreten darf, wie die Vollmacht zu erteilen ist und wer als Beistand eines Beteiligten an einem Termin teilnehmen kann. Die Kommentierung dieser Regelungen erfolgt im Zusammenhang mit § 13.

6. Bekanntgabe und Mitteilung von Dokumenten

§ 15 enthält eine **allgemeine Regelung** zur schriftlichen[74] Bekanntgabe bzw. **54** formlosen Mitteilung von Dokumenten.[75] Nach dem in § 15 Abs. 1 FamFG niedergelegten Grundsatz sind alle Dokumente, also nicht nur gerichtliche Verfügungen, den Beteiligten bekannt zu geben, die eine Termins- oder Fristbestimmung enthalten oder den Lauf einer Frist auslösen. Die Regelung orientiert sich an den Bestimmungen über die Zustellungsbedürftigkeit von Dokumenten in anderen Prozessordnungen (§ 53 Abs. 1 FGO bzw. § 56 Abs. 1 VwGO).[76] Die Bekanntgabe kann nach § 15 Abs. 2 FamFG auf zwei Wegen erfolgen, nämlich durch eine Zustellung nach den §§ 166 bis 195 ZPO oder – im Interesse einer unbürokratischen und kostengünstigen Bekanntgabe – durch Aufgabe zur Post (§ 15 Abs. 1 S. 1 FamFG),[77] wenn die Bekanntgabe im Inland erfolgen soll (§ 15 Abs. 2 S. 2 FamFG). Im letztgenannten Fall gilt das Schriftstück drei Tage nach Aufgabe zur Post als bekannt gegeben, wenn nicht der Beteiligte glaubhaft macht, dass ihm das Schriftstück nicht oder erst zu einem späteren Zeitpunkt zugegangen ist.[78]

Welche Art der Bekanntgabe das Gericht wählt, steht in seinem **pflichtgemä-** **55** **ßen Ermessen.** Etwas anderes gilt für die Bekanntgabe eines anfechtbaren Beschlusses. Ein solcher ist nach § 41 Abs. 1 S. 2 FamFG demjenigen zuzustellen, dessen erklärtem Willen er nicht entspricht.

In den Fällen, in denen eine Bekanntgabe nicht geboten ist, können die Doku- **56** mente den Beteiligten **formlos,** also zB auch per Email, mitgeteilt werden.

Der **Lauf einer Frist** beginnt, sofern nichts anderes bestimmt ist, mit der Be- **57** kanntgabe (§ 16 Abs. 1 FamFG). Für die Berechnung der Fristen gelten die §§ 222 und 224 Abs. 2 ZPO sowie § 225 ZPO entsprechend (§ 16 Abs. 2 FamFG). Die

---

[73] Für eine entsprechende Anwendung von § 113 Abs. 1 FamFG und damit eine primäre Geltung der Vorschriften der ZPO über die Partei- und Prozessfähigkeit dürfte indes bereits die erforderliche Regelungslücke fehlen.

[74] Nach § § 41 Abs. 2 S. 1 FamFG kann Anwesenden ein Beschluss auch durch Verlesen der Beschlussformel bekannt gegeben werden.

[75] Dokumente sind Schriftstücke, die vom Gericht, einem Beteiligten oder einem Dritten verfasst und in das Verfahren eingebracht worden sind (BeckOK FamFG/*Burschel* § 15 Rn. 3).

[76] BT-Drs. 16/6308, 182.

[77] BT-Drs. 16/6308, 182.

[78] Eine vergleichbare Regelung findet sich bereits in § 270 S. 2 ZPO.

Vorschrift gilt in gleicher Weise für gesetzliche und richterliche Fristen. Wird eine gesetzliche Frist versäumt, so besteht unter den Voraussetzungen der §§ 17 ff. FamFG die Möglichkeit der Wiedereinsetzung (→ Rn. 59 ff.). Wegen der Pflicht zur Amtsermittlung droht bei der Versäumung richterlicher Fristen keine Ausschlusswirkung. Eine Zäsur besteht lediglich bei Übergabe des die Instanz beendenden Beschlusses an die Geschäftsstelle. Nach diesem Zeitpunkt eingehende Schriftsätze können nicht mehr berücksichtigt werden, denn bereits der vermerkte Übergabezeitpunkt bewirkt die Existenz des Beschlusses, an den das erkennende Gericht gebunden ist und den es von da ab außerhalb eines dafür vorgesehenen Verfahrens von Amts wegen nicht mehr ändern darf.[79]

58   In den **Streitsachen der freiwilligen Gerichtsbarkeit** besteht im Hinblick auf die Besonderheiten dieser Verfahren kein Anlass, die Bekanntgabe von Dokumenten nicht nach den Vorschriften des FamFG vorzunehmen.

7. Wiedereinsetzung in den vorigen Stand

59   Bei **Versäumung einer gesetzlichen Frist** kann nach den §§ 17 bis 19 FamFG auf Antrag Wiedereinsetzung in den vorigen Stand gewährt werden. Voraussetzung hierfür ist, dass derjenige, der die Frist versäumt hat, an deren Einhaltung ohne sein Verschulden gehindert war (§ 17 Abs. 1 FamFG).[80] Das Hindernis, das die Fristversäumung verursacht hat, ist dann unverschuldet, wenn der Versäumende es bei Anwendung der Sorgfalt, die unter Berücksichtigung des konkreten Sachlage im Verkehr erforderlich war und ihm vernünftigerweise zugemutet werden konnte, nicht abwenden konnte.[81] Nach § 17 Abs. 2 FamFG wird ein Fehlen des Verschuldens vermutet, wenn eine Rechtsbehelfsbelehrung unterblieben oder fehlerhaft ist.

60   Die gesetzliche Vermutung des § 17 Abs. 2 FamFG rechtfertigt eine Wiedereinsetzung in den vorigen Stand aber nur dann, wenn der Mangel der Belehrung für die Versäumung der gesetzlichen Frist **ursächlich** geworden ist. Die gesetzliche Neuregelung dient im Wesentlichen dem Schutz des rechtsunkundigen Beteiligten an der Versäumung der Frist.[82] Dieser muss durch die Rechtsmittelbelehrung in die Lage versetzt werden, ohne Mandatierung eines Rechtsanwalts eine formrichtige Beschwerde einzulegen.[83] Eine Wiedereinsetzung ist aber in den Fällen ausgeschlossen, in denen der Beteiligte wegen vorhandener Kenntnis über seine Rechtsmittel keiner Unterstützung bedarf. Es fehlt also insbesondere dann an einem ursächlichen Zusammenhang zwischen einer **unterbliebenen** Rechtsmittelbelehrung und der Versäumung einer gesetzlichen Frist, wenn der Beteiligte anwaltlich vertreten war. Von einem Rechtsanwalt kann und muss erwartet werden, dass er

---

[79] OLG München Beschl. v. 20.2.2013 – 34 Wx 478/12, FGPrax 2013, 138 = BeckRS 2013, 06378; OLG Düsseldorf Beschl. v. 2.8.2013 – I-3 Wx 121/13, FGPRax 2014, 46 = BeckRS 2013, 13873.

[80] Wegen des Wiedereinsetzungsverfahrens an sich → § 20 Rn. 19 ff.

[81] BayObLG Beschl. v. 30.11.2000 – 2Z BR 81/00, NJW-RR 2001, 1592 (1594) = BeckRS 9998, 78905; Keidel/*Sternal* FamFG § 17 Rn. 12.

[82] BGH Beschl. v. 23.6.2010 – XII ZB 82/10, NJW-RR 2010, 1297 (1298) = MDR 2010, 1073; Beschl. v. 23.11.2011 – IV ZB 15/11, NJW 2012, 453 (454) = Rpfleger 2012, 206; BT-Drs. 16/6308, 183.

[83] BGH Beschl. v. 23.6.2010 – XII ZB 82/10, NJW-RR 2010, 1297 (1298) = MDR 2010, 1073; BT-Drs. 16/6308, 196; Keidel/*Meyer-Holz* FamFG § 39 Rn. 12.

die Voraussetzungen für die Einlegung eines Rechtsmittels kennt.[84] Dies gilt auch für Behörden, die sich in einem Rechtsmittelverfahren von einem Beschäftigten mit der Befähigung zum Richteramt vertreten lassen. Es obliegt der Behörde, durch geeignete organisatorische Maßnahmen sicherzustellen, dass ihre mit der Sachbearbeitung betrauten Mitarbeiter die für die Erfüllung ihrer Aufgaben erforderlichen Rechtskenntnisse erwerben.[85]

Die Fälle einer zwar gesetzlich vorgeschriebenen, aber fehlenden oder unvollständigen Rechtsmittelbelehrung sind von denen einer **inhaltlich unrichtigen Rechtsbehelfsbelehrung** zu unterscheiden. Zwar kann ein Rechtsanwalt grundsätzlich auf die Richtigkeit einer durch das Gericht erteilten Rechtsbehelfsbelehrung vertrauen,[86] darf dieses Vertrauen aber nur in solchen Fällen in Anspruch nehmen, in denen die inhaltlich fehlerhafte Rechtsbehelfsbelehrung zu einem unvermeidbaren, zumindest aber zu einem nachvollziehbaren und daher verständlichen Rechtsirrtum geführt hat. An der Ursächlichkeit zwischen Belehrungsmangel und Fristversäumung kann es daher insbesondere dann fehlen, wenn die durch das Gericht erteilte Rechtsbehelfsbelehrung offenkundig falsch gewesen ist und unter Berücksichtigung des bei einem Rechtsanwalt vorauszusetzenden Kenntnisstandes nicht einmal den Anschein der Richtigkeit zu erwecken vermochte.[87] 61

Für die **Streitsachen der freiwilligen Gerichtsbarkeit** bestimmte sich die Wiedereinsetzung in den vorigen Stand bis zum Inkrafttreten des FamFG nach den §§ 233 ff. ZPO. Für eine solche entsprechende Anwendung besteht, nachdem die Wiedereinsetzung in den §§ 17 bis 19 FamFG eine ausdrückliche und den Vorschriften der ZPO entsprechende Regelung erfahren hat, kein Anlass mehr. Der Umstand, dass in den Streitsachen zivilrechtliche Ansprüche geltend gemacht werden, gebietet es auch nicht zwingend, Wiedereinsetzung nur bei der Versäumung von Notfristen zu gewähren, wie § 233 S. 1 ZPO dies vorsieht. Wiedereinsetzung kann vielmehr auch in den Streitsachen nach § 17 Abs. 1 FamFG allgemein bei der Versäumung gesetzlicher Fristen gewährt werden (→ § 20 Rn. 21 f.). 62

8. Verbindung, Trennung, Aussetzung

a) Verbindung und Trennung von Verfahren. § 20 FamFG sieht **aus verfahrensökonomischen Gründen** die Möglichkeit der Verbindung oder Trennung von Verfahren vor. Das Gericht entscheidet über eine Verbindung oder Trennung nach pflichtgemäßem Ermessen von Amts wegen, ohne dass es auf eine Zustimmung der Beteiligten ankäme. Mit der Verbindung verlieren die bisherigen Verfahren ihre Selbständigkeit, mit der Trennung entstehen aus einem Verfahren zwei oder mehr selbständige Verfahren. Obwohl eine dem § 150 ZPO entspre- 63

---

[84] BGH Beschl. v. 23.11.2011 – IV ZB 15/11, NJW 2012, 453 (454 f.) = Rpfleger 2012, 206.

[85] BGH Beschl. v. 27.2.2013 – XII ZB 6/13, NJW 2013, 1308 = MDR 2013, 929; Beschl. v. 23.11.2011 – IV ZB 15/11, NJW 2012, 453 (455) = Rpfleger 2012, 206.

[86] BGH Beschl. v. 23.9.1993 – LwZR 10/92, NJW 1993, 3206 = MDR 1994, 772; Beschl. v. 16.10.2003 – IX ZB 36/03, NJW-RR 2004, 408 = Rpfleger 2004, 176.

[87] BGH Beschl. v. 12.1.2012 – V ZB 198/11, 199/11, NJW 2012, 2443 (2444) = MDR 2012, 362; Beschl. v. 13.6.2012 – XII ZB 592/11, NJW-RR 2012, 1025 (1026) = MDR 2012, 928; Beschl. v. 18.12.2013 – XII ZB 38/13, NJW-RR 2014, 517 (518) = MDR 2014, 559.

chende Regelung fehlt, können Verbindung und Trennung vom Gericht jederzeit wieder aufgehoben werden.

64   Voraussetzung der **Verbindung** von zwei oder mehr Verfahren ist deren Sachdienlichkeit. Diese ist insbesondere dann anzunehmen, wenn die Verfahrensgegenstände in einem rechtlichen Zusammenhang stehen oder wenn sie von vornherein Gegenstand eines einheitlichen Verfahrens hätten sein können.[88] Weiter ist notwendig, dass sämtliche Verfahren bei demselben Gericht, nicht zwingend bei demselben Spruchkörper, anhängig sind. Sind die Verfahren bei unterschiedlichen Spruchkörpern anhängig, kann die Verbindung zu einem Austausch des gesetzlichen Richters führen (Art. 101 Abs. 1 GG). Wegen dieses Austauschs des gesetzlichen Richters wird man für eine solche Verbindung jedenfalls die Zustimmung der Beteiligten des Verfahrens verlangen müssen, das den Spruchkörper wechselt.[89] Die Verbindung kann auch ausschließlich zum Zweck der gemeinsamen Behandlung und Entscheidung erfolgen.[90] Mit der Verbindung behalten bereits durchgeführte Verfahrenshandlungen ihre Gültigkeit, erstrecken sich aber nicht notwendig auf die hinzuverbundenen Verfahrensgegenstände.[91]

65   Voraussetzung für die **Trennung** eines Verfahrens in zwei oder mehrere selbständige Verfahren ist ebenfalls die Sachdienlichkeit der Maßnahme. Erforderlich ist zunächst immer die Trennbarkeit des Verfahrensstoffs, was insbesondere dann gegeben ist, wenn mehrere selbständige Verfahrensgegenstände vorliegen. Einer Verfahrenstrennung steht die dadurch bewirkte Möglichkeit widersprechender Entscheidungen nicht entgegen.[92] Vor der Trennung erfolgte Verfahrenshandlungen, wie etwa die Erhebung von Beweisen, gelten für die abgetrennten Verfahren – soweit sie den jeweiligen Verfahrensgegenstand nach der Trennung noch betreffen – fort. An der Zuständigkeit ändert sich, auch soweit die gerichtsinterne Geschäftsverteilung betroffen ist, nichts.[93] Die Trennung kann dazu führen, dass für die Einzelverfahren der Beschwerdewert des § 61 Abs. 1 FamFG nicht mehr erreicht wird und aus diesem Grund ein Rechtsmittel gegen eine Endentscheidung unzulässig wäre.[94]

66   Die (Zwischen-)Entscheidung über die Verbindung oder Trennung ergeht durch **unanfechtbaren Beschluss.** Eine Überprüfung einer solchen verfahrensleitenden Entscheidung kann allein im Rahmen der Anfechtung der Endentscheidung erfolgen (§ 58 Abs. 2 FamFG). Die Überprüfung durch das Rechtsmittelgericht beschränkt sich auch dann auf das Vorliegen der gesetzlichen Voraussetzungen für eine solche Entscheidung sowie darauf, ob die Anordnung auf einer fehlerfreien Ermessensausübung beruht.[95]

---

[88] So die ausdrückliche Regelung in § 147 ZPO für die Verbindung mehrerer anhängiger Prozesse.

[89] MüKoFamFG/*Pabst* § 20 Rn. 9. Weitergehend Zöller/*Greger* ZPO § 147 Rn. 2; Musielak/*Stadler* ZPO § 147 Rn. 2; MüKoZPO/*Wagner* § 147 Rn. 8, die für eine Verbindung nach § 145 ZPO in diesem Fall die Zustimmung aller Parteien verlangen.

[90] Keidel/*Sternal* FamFG § 20 Rn. 5.

[91] MüKoFamFG/*Pabst* § 20 Rn. 12; Keidel/*Sternal* FamFG § 20 Rn. 7.

[92] BGH Urt. v. 3.4.2003 – IX ZR 113/02, NJW 2003, 2386 (2387) = MDR 2003, 889 zu § 145 ZPO.

[93] MüKoFamFG/*Pabst* § 20 Rn. 22; Keidel/*Sternal* FamFG § 20 Rn. 8.

[94] Zöller/*Greger* ZPO § 145 Rn. 7; MüKoFamFG/*Pabst* § 20 Rn. 24.

[95] BGH Urt. v. 6.7.1995 – I ZR 20/93, NJW 1995, 3120 = MDR 1996, 269; Urt. v. 3.4.2003 – IX ZR 113/02, NJW 2003, 2386 = MDR 2003, 889. Nach der Begründung des

Durch die Verbindung oder Trennung von Verfahren werden keine gesonderten **67** **Kosten oder Gebühren** ausgelöst. Nach einer förmlichen Verbindung fallen die Gebühren nach dem neuen Verfahrenswert an; bis zu diesem Zeitpunkt verbleibt es bei kostenmäßig getrennt zu behandelnden Angelegenheiten.[96] Im Fall der Trennung muss die bis dahin für das Gesamtverfahren angesetzte Verfahrensgebühr für jedes hieraus entstandene Einzelverfahren neu berechnet werden. Die bereits entstandenen Gebühren sind auf die neu zu berechnenden Verfahrensgebühren der nunmehrigen Einzelverfahren in der Weise anzurechnen, dass zunächst das Verhältnis der neu berechneten Einzelgebühren zueinander errechnet und dementsprechend die entstandene Gebühr auf die Einzelverfahren verteilt wird.[97] Für den Rechtsanwalt, der vor und nach der Trennung oder Verbindung tätig geworden ist, besteht ein Wahlrecht, ob er die bereits erwachsene Verfahrensgebühr oder eine Verfahrensgebühr aus dem verbundenen Verfahren bzw. dem Einzelverfahren, in dem er tätig wird, verlangen will.[98]

b) Aussetzung des Verfahrens. Ähnlich wie § 148 ZPO eröffnet § 21 Abs. **68** S. 1 FamFG dem Gericht die Möglichkeit, **ein Verfahren auszusetzen.** Während aber § 148 ZPO die Aussetzung nur erlaubt, wenn die Entscheidung des Rechtsstreits ganz oder zum Teil von dem Nichtbestehen eines Rechtsverhältnisses abhängt, das den Gegenstand eines anderen Rechtsstreits bildet oder von einer Verwaltungsbehörde festzustellen ist, ermöglicht § 21 Abs. 1 S. 1 FamFG im Wege einer **Generalklausel** die Aussetzung aus wichtigem Grund. Die Vorgreiflichkeit eines anderen Rechtsstreits oder Verwaltungsverfahrens ist nur ein Regelbeispiel für einen solchen wichtigen Grund.

Das FamFG kennt **keine Unterbrechung des Verfahrens,** etwa durch den **69** Tod eines Beteiligten. Deshalb können weitere wichtige Gründe auch solche sein, die nach den §§ 239 ff. ZPO in einem Zivilprozess die Unterbrechung des Verfahrens zur Folge haben. Da in Landwirtschaftsverfahren regelmäßig auch das Vermögen der Beteiligten betroffen sein wird, kommt – anders als in den Verfahren nach dem FamFG[99] – auch die Eröffnung des Insolvenzverfahrens über das Vermögen eines Beteiligten als Grund zur Aussetzung des Verfahrens in Betracht.

Das Gericht entscheidet bei Vorliegen eines wichtigen Grundes auch in den An- **70** tragsverfahren[100] über die Aussetzung nach **pflichtgemäßem Ermessen.**[101] Im Rahmen der Ermessensausübung müssen insbesondere die Eigenart des Verfahrens und die Interessen der Beteiligten berücksichtigt werden.[102] Neben dem Zweck der

---

Gesetzgebers (BT-Drs. 16/6308, 184) soll sich die Überprüfung sogar darauf beschränken, ob eine Willkürentscheidung vorliegt; ebenso Keidel/*Sternal* FamFG § 20 Rn. 12 sowie MüKo-FamFG/*Pabst* § 20 Rn. 25 unter Bezugnahme auch auf die vorgenannten Entscheidungen des Bundesgerichtshofs, wonach allerdings die Entscheidung des Vordergerichts daraufhin überprüft werden kann, ob das Ermessen pflichtgemäß ausgeübt wurde.

[96] OLG Köln Beschl. v. 4.5.2012 – 4 WF 18/12, BeckRS 2012, 10513 = FamRZ 2012, 1968; Zöller/*Greger* ZPO § 147 Rn. 10.

[97] Keidel/*Sternal* FamFG § 20 Rn. 14; Zöller/*Greger* ZPO § 145 Rn. 28.

[98] Zöller/*Greger* ZPO § 147 Rn. 10 u. § 145 Rn. 28.

[99] Vgl. Keidel/*Sternal* FamFG § 21 Rn. 12a.

[100] Die Beteiligten haben lediglich die Möglichkeit, eine solche Entscheidung des Gerichts anzuregen.

[101] BGH Beschl. v. 10.10.2012 – XII ZB 444/11, NJW 2012, 3784 (3786) = MDR 2013, 112; KG Beschl. v. 8.8.2012 – 12 W 23/12, FGPrax 2013, 32 (32f.) = Rpfleger 2013, 96.

[102] BT-Drs. 16/6308, 184.

Aussetzungsvorschriften, nämlich der Vermeidung einer doppelten Prüfung identischer Rechtsfragen,[103] fällt insbesondere ins Gewicht, inwieweit den Beteiligten eine durch die Aussetzung entstehende Verzögerung der Entscheidung zugemutet werden kann.[104] Sind abtrennbare Verfahrensgegenstände entscheidungsreif, kann hinsichtlich dieser eine Teilentscheidung ergehen,[105] dies insbesondere dann, wenn zugleich die Voraussetzungen für eine Verfahrenstrennung nach § 20 FamFG vorliegen. Ausnahmsweise kann sogar eine Pflicht zur Aussetzung bestehen, wenn die Voraussetzungen für eine Sachentscheidung im betreffenden Verfahren nicht geklärt werden können.[106] Die Aussetzung kann in jeder Lage des Verfahrens, auch in der Beschwerde- oder Rechtsbeschwerdeinstanz erfolgen.[107]

71   Die **Wirkungen der Aussetzung** bestimmen sich nach § 249 ZPO, der nach § 21 Abs. 1 S. 2 FamFG entsprechend anzuwenden ist. Enthält der Beschluss über die Aussetzung einen konkreten Beendigungstatbestand – etwa den rechtskräftigen Abschluss eines anderen Verfahrens – so endet die Aussetzung auch ohne förmliche Aufhebung durch das Gericht. Ein gleichwohl dies aussprechender Beschluss hat lediglich deklaratorischen Charakter. Das Gericht kann unabhängig davon den Aussetzungsbeschluss jederzeit durch **konstitutiven Beschluss** aufheben, auch wenn im FamFG eine dem § 150 ZPO entsprechende Vorschrift fehlt.[108] Enden die Wirkungen der Aussetzung mit Eintritt eines konkreten Beendigungstatbestandes, beginnt damit unabhängig von einer Kenntnis der Beteiligten wieder der Lauf der Fristen.[109] Bei Unkenntnis über den Eintritt des die Wirkungen der Aussetzung beendenden Tatbestandes kann eine Wiedereinsetzung (→ Rn. 59ff.) in Betracht kommen.[110]

72   Die Zwischenentscheidung des erstinstanzlichen Gerichts über die Aussetzung des Verfahrens kann nach § 21 Abs. 2 FamFG mit der **sofortigen Beschwerde** angefochten werden; die Vorschriften der §§ 567 bis 572 ZPO geltend entsprechend. Gegen die Entscheidung des Beschwerdegerichts findet – für den Fall ihrer Zulassung (§ 574 Abs. 1 Nr. 2 ZPO) – die Rechtsbeschwerde nach den §§ 574ff. ZPO statt.[111] Das Beschwerdegericht prüft das Vorliegen eines wichtigen Grundes, die

---

[103] KG Beschl. v. 8.8.2012 – 12 W 23/12, FGPrax 2013, 32 (33) = Rpfleger 2013, 96.

[104] BGH Beschl. v. 10.10.2012 – XII ZB 444/11, NJW 2012, 3784 (3786) = MDR 2013, 112.

[105] OLG Brandenburg Beschl. v. 12.10.2010 – 9 UF 116/10, NJW 2011, 159 (160) = FamRZ 2011, 981 (Hinweisbeschluss); OLG Düsseldorf Beschl. v. 10.9.2010 – 7 UF 84/10, BeckRS 2010, 29105 = FamRZ 2011, 719; OLG Karlsruhe Beschl. v. 10.3.2011 – 18 WF 18/11, FamRZ 2011, 1233; aA OLG Nürnberg Beschl. v. 20.7.2011 – 11 UF 809/11, NJW-RR 2011, 1636 (1637f.) = MDR 2011, 1044; OLG Rostock Beschl. v. 28.2.2011 – 10 UF 228/10, BeckRS 2011, 14743 jeweils für Teilentscheidungen im Versorgungsausgleichsverfahren.

[106] BGH Beschl. v. 5.11.2008 – XII ZB 53/06, NJW-RR 2009, 361 (363) = MDR 2009, 330; Keidel/*Sternal* FamFG § 21 Rn. 21.

[107] OLG München Beschl. v. 18.9.2008 – 31 Wx 8/08, FGPrax 2008, 254 (259) = MittBayNot 2009, 237; MüKoFamFG/*Pabst* § 21 Rn. 26.

[108] Keidel/*Sternal* FamFG § 21 Rn. 31; MüKoFamFG/*Pabst* § 21 Rn. 30.

[109] BGH Urt. v. 24.1.1989 – XI ZR 75/88, BGHZ 106, 295 (299) = NJW 1989 zu § 148 ZPO; Zöller/*Greger* ZPO § 148 Rn. 8.

[110] BVerfG Beschl. v. 14.10.1996 – 1 BvR 975/95, NJW-RR 1997, 188 = BeckRS 9998, 15124.

[111] BGH Beschl. v. 10.10.2012 – XII ZB 444/11, NJW 2012, 3784 (3785) = MDR 2013, 112; Beschl. v. 15.2.2012 – XII ZB 451/11, NJW-RR 2012, 582 = MDR 2012, 361 (für Be-

daran anknüpfende Ermessensentscheidung des erstinstanzlichen Gerichts kann nur auf Ermessensfehler hin überprüft werden.[112] Anfechtbar ist nicht nur eine die Aussetzung anordnende Entscheidung, sondern auch eine solche, mit der ein Antrag oder eine Anregung eines Beteiligten auf Aussetzung des Verfahrens durch Beschluss ausdrücklich zurückgewiesen wurde.[113] Mit der sofortigen Beschwerde kann schließlich auch die Ablehnung eines Antrags auf Wiederaufnahme des Verfahrens nach zuvor angeordneter Aussetzung angefochten werden.[114]

Mit der Anordnung oder Ablehnung der Aussetzung des Verfahrens entstehen **73** keine gesonderten gerichtlichen Gebühren. Auch für den nicht ausschließlich für das Aussetzungsverfahren bestellten Rechtsanwalt ist dieses Teil der Hauptsache, Gebühren entstehen insoweit nur einmal (§ 15 Abs. 2 RVG). Für das Beschwerdeverfahren erhält der Rechtsanwalt eine Gebühr nach Nr. 3500 VV RVG.

c) Streitsachen der freiwilligen Gerichtsbarkeit. Für die Streitsachen der **74** freiwilligen Gerichtsbarkeit war vor Inkrafttreten des FamFG allgemein anerkannt, dass die §§ 239 ff. **ZPO** auf diese Verfahren grds. **keine Anwendung** finden.[115] Durch das FamFG werden bestimmte Familiensachen (§ 111 FamFG) als Familienstreitsachen behandelt (§ 112 FamFG), für die nach § 113 Abs. 1 S. 2 FamFG die Allgemeinen Vorschriften der ZPO und die Vorschriften der ZPO über das Verfahren vor den Landgerichten grds. entsprechend gelten, während die in § 113 Abs. 1 S. 1 FamFG genannten Vorschriften dieses Gesetzes auf solche Verfahren nicht anwendbar sind.

Die Neuregelung im FamFG für Familienstreitsachen führt jedoch nicht dazu, **75** dass auch für die übrigen Streitsachen der freiwilligen Gerichtsbarkeit die Vorschriften der ZPO über die Aussetzung und Unterbrechung von Verfahren entsprechend anwendbar sind. Der Gesetzgeber hat die Anwendung der ZPO in dem sich aus § 113 FamFG ergebenden Umfang anstelle der in § 113 Abs. 1 S. 1 FamFG aufgeführten Vorschriften dieses Gesetzes ausdrücklich nur für die Familienstreitsachen angeordnet. Für eine entsprechende Anwendung des § 113 FamFG auf die übrigen Streitsachen der freiwilligen Gerichtsbarkeit fehlt es bereits an der erforderlichen Regelungslücke, so dass es für diese Streitigkeiten **bei der Regelung des § 21**

---

schwerden nach § 6 Abs. 2 FamFG); Beschl. v. 30.3.2011 – XII ZB 692/10, NJW-RR 2011, 1154 (1155) = MDR 2011, 939 (für Beschwerden nach § 7 Abs. 5 S. 2 FamFG); ebenso Keidel/*Sternal* FamFG § 21 Rn. 34;. aA Keidel/*Meyer-Holz* FamFG § 70 Rn. 12 (Rechtsbeschwerde nach den §§ 70 ff. FamFG); Zöller/*Geimer* ZPO FamFG § 21 Rn. 4 (kein Rechtsmittel).

[112] BGH Beschl. v. 12.12.2005 – II ZB 30/04, NJW-RR 2006, 1289 (1290) = MDR 2006, 704 zu § 252 ZPO; KG Beschl. v. 2.9.2010 – 19 WF 132/10, NJW-RR 2010, 220 = FamRZ 2011, 393; OLG Brandenburg Beschl. v. 14.7.2011 – 9 UF 167/11, BeckRS 2011, 25149 = FamRZ 2012, 563; aA (eigene Ermessensentscheidung des Beschwerdegerichts) OLG Düsseldorf Beschl. v. 8.12.1994 – 19 W 4/94 AktE, NJW-RR 1995, 832 = BeckRS 9998, 13821.

[113] BGH Beschl. v. 10.10.2012 – XII ZR 444/11, NJW 2012, 3784 (3785) = MDR 2013, 112.

[114] OLG Nürnberg Beschl. v. 19.3.2010 – 7 WF 328/10, NJW 2010, 2145 = MDR 2010, 814.

[115] BGH Beschl. v. 19.2.2009 – BLw 12/08, BeckRS 2009, 08173 = FamRZ 2009, 872 (für eine nach dem zweiten Abschnitt des LwVG zu erledigende Streitsache); OLG Naumburg Beschl. v. 9.12.2003 – 8 UF 156/03, NJW-RR 2004, 1349 (1350) = FamRZ 2004, 1800 hat für ein streitiges Verfahren nach dem seinerzeit geltenden § 2 HausratsVO eine entsprechende Anwendung von § 240 ZPO abgelehnt.

FamFG verbleibt.[116] Die Natur der privaten Streitsachen als quasi kontradiktorisches Streitverfahren um zivilrechtliche Ansprüche erfordert auch nicht zwingend eine entsprechende Anwendung der §§ 239 ff. ZPO. Den Interessen der Beteiligten wird mit einer sachgerechten Anwendung des § 21 FamFG in ausreichendem Maße Rechnung getragen.

76   **d) Kosten.** Die Verfahrensabschnitte vor und nach der Anordnung der Unterbrechung des Verfahrens bzw. des Ruhens des Verfahrens bilden eine Einheit, besondere Gerichtsgebühren entstehen hierdurch nicht. Für den Rechtsanwalt entsteht die Gebühr ebenfalls nur einmal (§ 15 Abs. 2 RVG). Im Beschwerdeverfahren entsteht für den Rechtsanwalt eine Gebührt nach Nr. 3500 VV RVG.

9. Antragsrücknahme und Beendigungserklärung

77   **a) Normzweck.** Die Möglichkeit der **Antragsrücknahme** in den Antragsverfahren war vor Inkrafttreten des FamFG als Ausfluss einer **begrenzten Dispositionsmaxime** in den Verfahren der freiwilligen Gerichtsbarkeit höchstrichterlich anerkannt[117] und hat nunmehr in § 22 Abs. 1 und 2 FamFG eine ausdrückliche Regelung erfahren. Entsprechend der übereinstimmenden Erledigungserklärung im Zivilprozess sieht § 22 Abs. 3 FamFG zudem in den Antragsverfahren (§ 22 Abs. 4 FamFG) die Möglichkeit einer übereinstimmenden Beendigungserklärung vor.

78   **b) Antragsrücknahme (§ 22 Abs. 1, 2 FamFG).** Nach § 22 Abs. 1 S. 1 FamFG kann in jedem Stadium des Verfahrens **bis zur Rechtskraft** der Entscheidung ein Antrag zurückgenommen werden. Nach Erlass der Endentscheidung bedarf die Rücknahme aber der Zustimmung der übrigen Beteiligten (§ 22 Abs. 1 S. 2 FamFG).[118] Die Antragsrücknahme ist gegenüber dem Gericht zu erklären und unterliegt keiner besonderen Form.[119] Die Rücknahme kann auch durch schlüssiges Verhalten erklärt werden, wenn sich diesem der eindeutige Rücknahmewille entnehmen lässt.[120]

79   Die **verfahrensrechtlichen Wirkungen** der Rücknahme in Antragsverfahren (§ 22 Abs. 4 FamFG) sind in § 22 Abs. 2 FamFG geregelt. Eine bereits ergangene noch nicht rechtskräftige Entscheidung wird dadurch ex tunc wirkungslos, ohne dass es einer ausdrücklichen Aufhebung bedarf. Diese Wirkungen können nach § 22 Abs. 2 S. 2 u. 3 FamFG durch deklaratorischen, nicht anfechtbaren Beschluss festgestellt werden. Im Fall eines von der bloßen Rücknahme zu unterscheidenden

---

[116] Ebenso Keidel/*Sternal* FamFG § 1 Rn. 39.

[117] BGH Beschl. v. 10.3.1959 – V BLw 46/58, NJW 1959, 1323 = MDR 1959, 479 für die Möglichkeit der Rücknahme eines Antrags auf Erteilung einer Grundstücksverkehrsgenehmigung bis zum rechtskräftigen Abschluss des Verfahrens.

[118] Der Möglichkeit der Rücknahme eines Antrags nach § 22 Abs. 1 FamFG in Verfahren, die auch vom Amts wegen (→ Rn. 94) eingeleitet werden können (s. Keidel/*Sternal* FamFG § 22 Rn. 4) kommt in den Landwirtschaftssachen der freiwilligen Gerichtsbarkeit wegen des in § 14 Abs. 1 normierten Antragsgrundsatzes keine praktische Bedeutung zu.

[119] Die Erklärung kann also, wenn eine Vertretung durch einen Rechtsanwalt nicht notwendig ist, schriftlich oder zur Niederschrift der Geschäftsstelle abgegeben werden (§ 25 Abs. 1 FamFG). Die Wirkung der Rücknahme tritt aber erst ein, wenn sie bei dem zuständigen Gericht eingeht (§ 25 Abs. 3 S. 2 FamFG).

[120] So für § 269 ZPO BGH Urt. v. 3.4.1996 – VIII ZR 315/94, NJW-RR 1996, 885 (886) = WPM 1996, 1684.

Verzichts auf den Antrag ergeht eine diesen in der Sache zurückweisende Entscheidung, die zugleich einem neuen Antrag entgegensteht.[121]

Die Rücknahme des Antrags hat nicht zwingend zur Folge, dass dem Zurück- **80** nehmenden die Kosten des Verfahrens aufzuerlegen sind[122]. Die **Kostenentscheidung** ergeht nach den allgemeinen Regeln, in Landwirtschaftsverfahren also nach den §§ 44, 45. In die Ermessensentscheidung sind die Umstände. die zur Rücknahme des Antrags geführt haben, wie etwa eine vergleichsweise Einigung der Beteiligten oder die Umstände einer Erledigung (→ Rn. 84), mit einzubeziehen. Durch die Rücknahme des Antrags ermäßigen sich nach Nr. 15111 KV-GNotKG die nach Nr. 15110 KV-GNotKG anfallenden zwei Gebühren auf eine.[123]

c) Übereinstimmende Verfahrensbeendigung (§ 22 Abs. 3 FamFG). Die **81** Beteiligten können nach § 22 Abs. 3 FamFG durch **übereinstimmende Erklärungen** gegenüber dem zuständigen Gericht das Verfahren beenden.[124] Auch hier genügt es, wie bei der Rücknahme des Antrags, wenn der Wille zur Beendigung des Verfahrens jedenfalls konkludent hinreichend deutlich zum Ausdruck kommt. Da der Gesetzgeber in Kenntnis der Regelung in § 91 a Abs. 1 S. 2 ZPO bei Erlass des FamFG davon abgesehen hat, eine entsprechende Regelung in dieses Gesetz aufzunehmen, wird das Schweigen der übrigen Beteiligten auf eine Erklärung des Antragstellers zur Beendigung des Verfahrens nicht als Zustimmung gewertet werden können.[125]

Das Gericht ist an die übereinstimmenden Erklärungen der Beteiligten zur Be- **82** endigung des Verfahrens **gebunden,** eine gerichtliche Entscheidung über den verfahrenseinleitenden Antrag ergeht nicht mehr. Ob sich das Verfahren tatsächlich erledigt hat, wird nicht geprüft.[126]

Die Kostenentscheidung ergeht – wie bei der Rücknahme des Antrags – auf der **83** Grundlage der §§ 44,45. Im Rahmen der Ermessensentscheidung sind die Gründe, die zur Abgabe der übereinstimmenden Beendigungserklärung geführt haben, zu berücksichtigen.

d) Erledigung der Hauptsache. Von der Verfahrensbeendigung durch über- **84** einstimmende Erklärungen der Beteiligten ist die tatsächliche **Erledigung der Hauptsache**[127] zu unterscheiden. In Verfahren der freiwilligen Gerichtsbarkeit ist die Hauptsache erledigt, wenn der Verfahrensgegenstand durch ein die Sach- oder Rechtslage veränderndes Ereignis weggefallen ist.[128] Die Erledigung ist als Wegfall

---

[121] Keidel/*Sternal* FamFG § 22 Rn. 5. Die Entscheidung entspricht in ihren Wirkungen damit denjenigen eines Verzichtsurteils nach § 306 ZPO.

[122] MüKoFamFG/*Pabst* § 22 Rn. 14.

[123] Die Ermäßigung erfolgt nur dann, wenn die Rücknahme des Antrags vor Ablauf des Tages erfolgt, an dem die Endentscheidung der Geschäftsstelle übermittelt wird, wenn die Entscheidung nicht bereits durch Verlesen der Entscheidungsformel bekannt gegeben worden ist.

[124] Die Anforderungen an die Abgabe einer solchen Erklärung entsprechen denjenigen für eine Rücknahme (→ Rn. 78).

[125] MüKoFamFG/*Pabst* § 22 Rn. 18; ähnlich Keidel/*Sternal* FamFG § 22 Rn. 22

[126] BR-Drs. 309/07, 12.

[127] Die Erledigung der Hauptsache ist im FamFG rudimentär normiert. So regelt § 62 FamFG die Statthaftigkeit der Beschwerde nach Erledigung der Hauptsache und § 83 Abs. 2 1. Alt. FamFG die Kostenentscheidung nach Erledigung der Hauptsache.

[128] BGH Beschl. v. 25.11.1981 – IVb ZB 756/81, NJW 1982, 2005 (2006) = Rpfleger 1982, 102; OLG Hamm Beschl. v. 15.11.1999 – 15 W 325/99, NJW-RR 2000 1022 (1023)

einer wesentlichen Verfahrensvoraussetzung auch ohne entsprechende Erklärung der Beteiligten von Amts wegen in jedem Verfahrensabschnitt zu beachten.[129]

85   In den **Antragsverfahren** ergeht keine Sachentscheidung mehr, wenn der Antragsteller die Erledigung erklärt, also deutlich macht, dass eine Entscheidung in der Hauptsache nicht mehr erstrebt wird. Schließen sich alle übrigen Beteiligten der Erledigungserklärung an, handelt es sich um eine übereinstimmende Verfahrensbeendigung nach § 22 Abs. 3 FamFG. Bleibt die Erledigungserklärung des Antragstellers einseitig, so muss das Gericht wie im Zivilprozess prüfen, ob eine Erledigung der Hauptsache eingetreten ist.[130] Kommt das Gericht zu dem Ergebnis, dass Erledigung eingetreten ist, so hat es dies durch Beschluss festzustellen, andernfalls ist der Antrag auf Feststellung der Erledigung zurückzuweisen.[131] Eine einseitige Erledigungserklärung durch einen Antragsgegner ist unbeachtlich, weil dieser über den Verfahrensgegenstand nicht disponieren kann.[132]

86   Stellt das Gericht im Rahmen der amtswegigen Ermittlung der entscheidungserheblichen Tatsachen (→ Rn. 95. ff.) die Erledigung der Hauptsache fest, so hat es die Verfahrensbeteiligten hierauf hinzuweisen. Erklären daraufhin alle Verfahrensbeteiligten das Verfahren für erledigt, so liegt wiederum eine übereinstimmende Beendigungserklärung nach § 22 Abs. 3 FamFG vor, erklärt nur der Antragsteller das Verfahren für erledigt, liegt eine einseitige Erledigungserklärung vor. Trägt der Antragsteller der von Amts wegen festgestellten Erledigung nicht durch entsprechende verfahrensrechtliche Erklärungen Rechnung und verfolgt seinen Sachantrag unverändert weiter, ist dieser abzuweisen.[133]

87   **e) Streitsachen der freiwilligen Gerichtsbarkeit.** Da das FamFG die Beendigung des Verfahrens durch übereinstimmende Erklärung der Beteiligten selbst regelt, besteht für eine entsprechende Anwendung des § 91a ZPO auf die Streitsachen der freiwilligen Gerichtsbarkeit kein Anlass (→ s. Rn. 74f. zu Aussetzung und Unterbrechung des Verfahrens).

IV. Verfahren im ersten Rechtszug

1. Übersicht

88   Das erstinstanzliche Verfahren in Angelegenheiten der freiwilligen Gerichtsbarkeit ist in den §§ 23 bis 37 FamFG geregelt, und zwar unabhängig davon, ob es sich

---

= BeckRS 9998, 17336; OLG München Beschl. v. 12.7.2006 – 31 Wx 47/06, FGPrax 2006, 228 = ZIP 2006, 1770.

[129] BayObLG Beschl. v. 3.2.1983 – BReg. 1 Z 137/81, BeckRS 2010, 08742 = FamRZ 1983, 839; Keidel/*Sternal* FamFG § 22 Rn. 27.

[130] BGH Beschl. v. 25.11.1974 – NotZ 3/74, NJW 1975, 931 (931f.) = MDR 1975, 400; OLG Bamberg Beschl. v. 20.1.1982 – 2 UF 246/81, BeckRS 2010, 14760 = FamRZ 1982, 398 für eine Streitsache der freiwilligen Gerichtsbarkeit.

[131] OLG Hamm Beschl. v. 5.12.1998 – 15 W 364/98, BeckRS 1998, 31008442 = FGPrax 1998, 48; Bumiller/Harders/Schwamb/*Bumiller* FamFG § 22 Rn. 9.

[132] BayObLG Beschl. v. 9.3.1995 – 2Z BR 16/95, BeckRS 1995, 05414 (Rn. 14) = WuM 1995, 504; OLG Hamm Beschl. v. 18.6.1998 – 15 W 357/97, NZM 1998, 875 (876) = ZMR 1998, 720.

[133] BayObLG Beschl. v. 26.11.1998 – 2Z BR 127/98, NZM 1999, 320 (321) = WuM 1999, 431; OLG Hamm Beschl. v. 18.6.1998 – 15 W 357/97, NZM 1998, 875 (876) = ZMR 1998, 720; Keidel/*Sternal* FamFG § 22 Rn. 31.

um ein Antrags- oder ein Amtsverfahren handelt. Die dem Anwendungsbereich dieser Regelungen unterfallenden **Landwirtschaftssachen der freiwilligen Gerichtsbarkeit** sind gemäß § 14 Abs. 1 Verfahren, die im Allgemeinen nur auf Antrag eines Beteiligten hin eingeleitet werden. Hierzu zählen auch die Landwirtschaftssachen, die als Streitsachen der freiwilligen Gerichtsbarkeit[134] zu qualifizieren sind. Für diese Verfahren ist jeweils im Einzelfall zu entscheiden, ob ergänzend oder an Stelle der §§ 23 ff. FamFG Vorschriften der ZPO zur Anwendung kommen.

Im **Zentrum des Verfahrens** im ersten Rechtszug steht die Pflicht des Gerichts, die zur Feststellung der entscheidungserheblichen Tatsachen erforderlichen Ermittlungen durchzuführen (§ 26 FamFG) und in diesem Zusammenhang die Pflicht der Beteiligten, hierbei mitzuwirken (§ 27 FamFG). Der Erfüllung dieser Verpflichtung dienen die weiteren Regelungen zur Verfahrensleitung (§ 28 FamFG), Beweiserhebung (§§ 29, 30 FamFG), Glaubhaftmachung (§ 31 FamFG), zur Durchführung des Termins (§ 32 FamFG) und in diesem Zusammenhang zum persönlichen Erscheinen der Beteiligten und deren Anhörung (§§ 33, 34 FamFG) sowie zur Vollstreckung verfahrensleitender Anordnungen (§ 35 FamFG). 89

Daran schließen sich die Regelungen über eine vergleichsweise Beilegung des Verfahrens sowie die Möglichkeit einer außergerichtlichen Konfliktbeilegung (§§ 36, 36 a FamFG) an. Schließlich bestimmt § 37 FamFG, was Gegenstand einer abschließenden gerichtlichen Entscheidung ist. 90

2. Einleitung des Verfahrens

a) Antragsverfahren. Die Verfahren der freiwilligen Gerichtsbarkeit werden, soweit es sich nicht ausnahmsweise um Amtsverfahren handelt (→ Rn. 94), durch einen Antrag eingeleitet (im Einzelnen → § 14 Rn. 8 ff.). Der Antrag ist in den Antragsverfahren notwendige Verfahrensvoraussetzung. Ohne einen solchen darf das Gericht keine Sachentscheidung treffen. Regelungsgegenstand des § 23 FamFG ist allein dieser das gerichtliche Verfahren in Gang setzende **Verfahrensantrag,** durch den der **Verfahrensgegenstand** bestimmt wird (zum Verfahrensantrag im Einzelnen → § 14 Rn. 8 ff.).[135] Aus dem Antrag muss sich für das Gericht erkennen lassen, welches Rechtsschutzziel der Antragsteller verfolgt.[136] 91

Davon zu trennen ist der **Sachantrag.** Dieser unterscheidet sich vom Verfahrensantrag nicht notwendig nach seinem Inhalt, sondern durch seine Funktion im Verfahren. Während der Verfahrensantrag das gerichtliche Verfahren in Gang setzt und dessen Inhalt bestimmt, begrenzt der Sachantrag die Entscheidungskompetenz des Gerichts in der Weise, dass es über diesen Antrag nicht hinausgehen darf. Ein solcher, die Entscheidungsbefugnis des Gerichts begrenzender Antrag ist in den Verfahren der freiwilligen Gerichtsbarkeit grds. nicht vorgesehen.[137] Eine Ausnahme hiervon bilden wiederum die echten **Streitsachen der freiwilligen Gerichtsbarkeit,** in denen der Antragsteller einen subjektiven Anspruch gegen den Antragsgegner geltend macht. Wie die Parteien in einem streitigen Zi- 92

---

[134] Nur für die Familienstreitsachen ist durch § 113 Abs. 1 FamFG gesetzlich geregelt, dass für diese die §§ 23–37 FamFG grds. nicht gelten und an deren Stelle die Vorschriften der ZPO zur Anwendung gelangen.

[135] MüKoFamFG/*Ulrici* § 23 Rn. 5; aA BeckOK FamFG/*Burschel* § 23 Rn. 6, der annimmt, dass der Verfahrensgegenstand durch den Sachantrag bestimmt wird.

[136] Keidel/*Sternal* FamFG § 23 Rn. 39; MüKoFamFG/*Ulrici* § 23 Rn. 11.

[137] BT-Drs. 16/6308, 185; MüKoFamFG/*Ulrici* § 23 Rn. 11.

vilprozess streiten die Beteiligten über eigene subjektive Rechte. Dies rechtfertigt es, entsprechend § 308 Abs. 1 ZPO die Entscheidungsbefugnis des Gerichts durch einen Sachantrag des Antragstellers zu begrenzen (→ § 14 Rn. 25 f.).[138]

93   Wegen der weiteren Einzelheiten zu Erforderlichkeit, Inhalt und Wirkungen des verfahrenseinleitenden Antrags wird auf die Kommentierung zu § 14 verwiesen.

94   **b) Amtsverfahren.** Neben den Antragsverfahren gibt es einige Verfahren in Landwirtschaftssachen, die **von Amts wegen** eingeleitet werden. Es handelt sich insbesondere um Ersuchen des Landwirtschaftsgerichts an das Grundbuchamt. So kann etwa der Vorsitzende des Gerichts nach § 7 Abs. 2 S. 1 GrdstVG das Grundbuchamt um Eintragung eines Widerspruchs ersuchen, wenn aufgrund eines nicht genehmigten Rechtsgeschäfts entgegen § 7 Abs. 1 GrdstVG eine Rechtsänderung im Grundbuch einzutragen ist. Nach § 7 HöfeVfO kann das Landwirtschaftsgericht das Grundbuchamt von Amts wegen ersuchen, die zum Hof gehörenden Grundstücke desselben Eigentümers auf einem Grundbuchblatt einzutragen (Hofzugehörigkeitsvermerk). Das Landwirtschaftsgericht kann das Grundbuchamt weiter nach § 3 Abs. 1 Nr. 1 HöfeVfO von Amts wegen ersuchen, einen Hofvermerk einzutragen oder zu löschen, wenn nach den höferechtlichen Vorschriften eine Erklärung des Eigentümers nicht vorausgesetzt wird.[139] Zur Wahrnehmung dieser Aufgabe sind die Finanzämter nach § 3a HöfeVfO verpflichtet, den Landwirtschaftsgerichten jährlich den Wirtschaftswert eines Betriebes der Land- oder Forstwirtschaft mitzuteilen.

3. Ermittlung von Amts wegen

95   **a) Gegenstand und Zweck der Amtsermittlung.** Für **die Verfahren der freiwilligen Gerichtsbarkeit** und damit auch für die diesem Verfahren unterfallenden Landwirtschaftssachen gilt, dass die zur Feststellung der entscheidungserheblichen Tatsachen erforderlichen Ermittlungen von Amts wegen durchzuführen sind (§ 26 FamFG).[140] Dies schließt die Streitsachen der freiwilligen Gerichtsbarkeit (→ Rn. 14 und Rn. 105 f.) im Grundsatz mit ein. Gegenstand der Amtsermittlung sind ausschließlich die für die gerichtliche Entscheidung erheblichen Tatsachen.[141] Unerheblich ist, ob es sich um Sachentscheidungsvoraussetzungen, wie etwa die Beteiligtenfähigkeit oder die Zuständigkeit des Gerichts, handelt, oder um Tatsa-

---

[138] So ausdrücklich BGH Beschl. v. 4.12.1992 – BLw 19/92, BGHZ 120, 352 (355) = NJW 1993, 857 für einen Anspruch nach § 44 LwAnpG; ebenso Zöller/*Feskorn* ZPO § 23 FamFG Rn. 4; aA MükoFamFG/*Ulrici* § 23 Rn. 11. Unklar insoweit BGH Beschl. v. 27.10.1982 – IVb ZB 719/81, BGHZ 85, 180 (185 f.) = NJW 1983, 173, wonach in Streitsachen der freiwilligen Gerichtsbarkeit die fehlende Bindung an den Antrag nichts über die Geltung des Verschlechterungsverbots im Rechtsmittelverfahren besagen soll.

[139] Es handelt sich bei dieser Aufgabe der Höfeerfassung zwar nicht um materielle Rspr., die der Gesetzgeber gleichwohl den Gerichten übertragen durfte, weil sie in einem engen Zusammenhang mit den originären Aufgaben der Landwirtschaftsgerichte in Höfesachen steht und das Grundgesetz diese Aufgabe nicht ausdrücklich einer anderen Gewalt vorbehält; so BVerfG Beschl. v. 23.6.1987 – 2 BvL 5/83, BVerfGE 76, 100 (105 f.) = NJW 1988, 405.

[140] Eine Ausnahme bilden wiederum lediglich die nach § 113 FamFG grds. der ZPO unterfallenden Familienstreitsachen und die Ehesachen, für die nach § 127 FamFG ein eingeschränkter Amtsermittlungsgrundsatz gilt.

[141] Die Pflicht zur Ermittlung der entscheidungserheblichen Tatsachen beinhaltet auch die Pflicht zur Ermittlung der geeigneten Beweismittel.

chen, die die Entscheidung in der Sache betreffen. Dagegen können Rechtsfragen nicht Gegenstand der Amtsermittlung sein. Eine Ausnahme bildet in entsprechender Anwendung von § 293 ZPO die **Ermittlung ausländischen Rechts,** das, soweit es dem Gericht unbekannt ist, des Beweises bedarf.[142] Art und Umfang der Ermittlung des ausländischen Rechts steht im Ermessen des Gerichts.[143]

Die Pflicht zur Amtsermittlung gilt idR nicht für solche Tatsachen, die nach dem **96** Gesetz glaubhaft zu machen sind. Die **Möglichkeit der Glaubhaftmachung** (§ 31 FamFG) kann sich insbesondere aus verfahrensrechtlichen Regelungen des FamFG ergeben.[144] So hat der Antragsteller in einem Verfahren auf Erlass einer einstweiligen Anordnung nach § 51 Abs. 1 S. 2 FamFG die Voraussetzungen für deren Erlass glaubhaft zu machen. Daneben ist die Glaubhaftmachung etwa bei der Ablehnung von Gerichtspersonen wegen der Besorgnis der Befangenheit (§ 6 Abs. 1 S. 1 FamFG iVm § 44 Abs. 2, 4 ZPO bzw. § 30 Abs. 1 FamFG iVm § 406 Abs. 2, 3 ZPO) oder bei der Beantragung der Wiedereinsetzung wegen des Versäumens einer gesetzlichen Frist (§ 18 Abs. 3 S. 1 FamFG) nach § 18 Abs. 3 S. 1 FamFG vorgeschrieben.[145]

Die **Beweisbedürftigkeit** der entscheidungserheblichen Tatsachen hängt grds. **97** nicht vom Verhalten der Beteiligten ab. Das Gericht ist bei der Feststellung der Tatsachen, die es seiner Entscheidung zugrunde legen will, an das Vorbringen der Beteiligten einschließlich der Benennung entsprechender Beweismittel nicht gebunden.[146] Nicht bestrittene Behauptungen eines Beteiligten, übereinstimmende Behauptungen der Beteiligten oder zugestandene Tatsachen können gleichwohl im Einzelfall auf ihre Richtigkeit hin zu überprüfen sein.[147] Zweck der Amtsermittlung ist es nämlich, die maßgeblichen Tatsachen im Interesse der materiellen Richtigkeit der Entscheidung objektiv festzustellen.[148]

b) Umfang und Grenzen der Amtsermittlung. Der Umfang der Amtser- **98** mittlung wird in § 26 FamFG mit dem unbestimmten Rechtsbegriff der **„erforderlichen Ermittlungen"** generell-abstrakt umschrieben und steht im pflichtgemäßen Ermessen des Gerichts. Das Gericht wird, soweit erforderlich, zunächst die Sachentscheidungsvoraussetzungen festzustellen haben. Erst wenn diese festgestellt sind, werden sich die Ermittlungen auf die tatsächlichen Voraussetzungen der nach dem Verfahrensgegenstand maßgeblichen materiell-rechtlichen Normen erstrecken können.

Eine **Aufklärungs- und Ermittlungspflicht** besteht insoweit, als das Vorbrin- **99** gen der Beteiligten und der Sachverhalt als solcher bei sorgfältiger Prüfung hierzu

---

[142] MüKoZPO/*Ulrici* FamFG § 26 Rn. 7; Prütting/Helms/*Prütting* FamFG § 26 Rn. 18.

[143] In Betracht kommen hier im Wesentlichen amtliche Auskünfte aus dem betreffenden Land und/oder Rechtsgutachten wissenschaftlicher Institute (s. Keidel/*Sternal* FamFG § 26 Rn. 20).

[144] Daneben kann sich die Möglichkeit der Glaubhaftmachung einer Tatsache auch aus dem materiellen Recht ergeben. Die hier in Betracht kommenden Fälle (s. dazu Keidel/*Sternal* FamFG § 31 Rn. 5) spielen in den landwirtschaftsrechtlichen Verfahren allerdings kaum eine Rolle.

[145] Zu weiteren Beispielen s. Keidel/*Sternal* FamFG § 31 Rn. 4.

[146] Keidel/*Sternal* FamFG § 26 Rn. 14.

[147] BayObLG Beschl. v. 30.1.1997 – 2Z BR 110/96, NJW-RR 1997, 971 (972) = ZflR 1997, 350 für eine Streitsache (Wohnungseigentumssache); Beschl. v. 5.6.1992 – 1Z BR 21/92, NJW-RR 1992, 181 (184f.) = MDR 1993, 1156.

[148] Vgl. Keidel/*Sternal* FamFG § 26 Rn. 12.

Anlass geben. Die Ermittlungen sind erst dann abzuschließen, wenn von weiteren Aufklärungsmaßnahmen ein sachdienliches, die Entscheidung beeinflussendes Ergebnis nicht mehr zu erwarten ist. In diesem Rahmen muss aber nicht jeder denkbaren Möglichkeit nachgegangen werden,[149] das Gericht muss keine Ermittlung über Tatsachen oder geeignete Beweismittel „ins Blaue hinein" entfalten.[150]

100   Anhaltspunkte für (weitere) Ermittlungen und entsprechend geeignete Beweismittel können sich für das Gericht insbesondere aus dem Vortrag, den Anträgen bzw. Anregungen, aber auch aus dem sonstigen Verhalten der Beteiligten oder auch Dritter ergeben. In diesem Zusammenhang muss das Gericht im Einzelfall prüfen, ob es im Rahmen seiner Amtsermittlungspflicht auch **Beweisermittlungsanträgen,** die darauf abzielen, die entscheidungserheblichen Tatsachen im Rahmen einer Beweisaufnahme erst zu ermitteln, also der „Ausforschung" dienen, nachzugehen hat oder diese ohne Verletzung dieser Pflicht unbeachtet lassen kann.[151] Das Gericht ist aber auch berechtigt, über den Sachvortrag und die Beweisanregungen der Beteiligten hinauszugehen, wenn es weitere entscheidungserhebliche Tatsachen für aufklärungsbedürftig hält. Allerdings müssen dann entweder aus dem Vorbringen der Beteiligten oder aus den sonstigen Umständen für das Gericht Anhaltspunkte für weitere Ermittlungen erkennbar sein.[152]

101   Die Ermittlungspflicht des Gerichts wird begrenzt durch den **Verfahrensgegenstand,** weil die Entscheidungsbefugnis des Gerichts hierüber nicht hinausreicht.[153] Der Verfahrensgegenstand wird in den Verfahren, die nur auf Antrag eingeleitet werden, durch diesen bestimmt, in den Amtsverfahren durch das Gericht. In diesem Entscheidungsrahmen sind nur die tatbestandlichen Voraussetzungen der anzuwendenden materiell-rechtlichen Vorschriften von Amts wegen zu ermitteln.[154]

102   Innerhalb des Verfahrensgegenstandes begrenzt die **Entscheidungserheblichkeit** einer Tatsache die Pflicht zur Amtsermittlung. Entscheidungserheblich sind solche Tatsachen, deren Vorliegen oder Nichtvorliegen Einfluss auf die gerichtliche Entscheidung haben kann.[155] Eine zur Tatsachenfeststellung erforderliche Beweisaufnahme kann nicht durch eine Wahrunterstellung entbehrlich werden,[156] denn

---

[149] St. Rspr. BGH Beschl. v. 17.2.2010 – XII ZB 68/09, BGHZ 184, 269 (277f.)= NJW 2010, 1351; Beschl. v. 24.11.1993 – BLw 53/92, VIZ 1994, 301 (302) = RdL 1994, 72; Beschl. v. 5.7.1963 – V ZB 7/63, BGHZ 40, 54 (57) = NJW 1963, 1972.

[150] BGH Beschl. v. 30.3.2011 – XII ZB 537/10, FGPrax 2011, 178 = Rpfleger 2011, 433; Keidel/*Sternal* FamFG § 26 Rn. 17.

[151] Keidel/*Sternal* FamFG § 26 Rn. 24.

[152] BayObLG Beschl. v. 13.6.1990 – 1a Z 54/88, NJW 1990, 1480 (1481) = FamRZ 1990, 1281.

[153] OLG Stuttgart Beschl. v. 27.10.2010 – 15 UF 196/10, FamRZ 2011, 1086 (1087); MüKoFamFG/*Ulrici* § 26 Rn. 14.

[154] OLG Köln Beschl. v. 2.1.1989 – 2 Wx 57/88, OLGZ 1989, 144 (147) = MittRhNotK 1989, 226; OLG Saarbrücken Beschl. v. 17.5.2011 – 6 UF 60/11, NJW-RR 2011, 1374 = FamRZ 2011, 1735.

[155] OLG Saarbrücken Beschl. v. 17.5.2011 – 6 UF 60/11, NJW-RR 2011, 1374 = FamRZ 2011, 1735.

[156] So aber Keidel/*Sternal* FamFG § 26 Rn. 23; danach soll eine Wahrunterstellung zulässig sein, wenn das Gericht ohne Beweisaufnahme von der Richtigkeit einer entscheidungserheblichen Tatsache überzeugt ist oder sie für unwiderlegbar hält. Ist das Gericht aber, auf welcher Grundlage auch immer, von einer Tatsache überzeugt, muss diese nicht mehr als wahr unterstellt werden.

das Gericht darf seine Entscheidung nur auf Tatsachen stützen, von deren Vorliegen es überzeugt ist (→ Rn. 136).[157] Ohne Beweisaufnahme können nur solche Tatsachen als wahr unterstellt werden, die keinen Einfluss auf die Entscheidung des Gerichts haben, also nicht entscheidungserheblich sind und deswegen dem Amtsermittlungsgrundsatz schon nicht unterfallen.

In den Antragsverfahren findet die Ermittlungspflicht des Gerichts eine weitere Grenze dort, wo es die Beteiligten in der Hand haben, die notwendigen Erklärungen abzugeben und Beweismittel zu bezeichnen oder vorzulegen, um eine ihren Interessen entsprechende Entscheidung herbeizuführen. Der Amtsermittlungsgrundsatz entbindet die Verfahrensbeteiligten nämlich nicht von der Pflicht, an der **Aufklärung des Sachverhalts mitzuwirken** und sich zu dem Vorbringen der übrigen Beteiligten umfassend und konkret zu äußern (→ Rn. 111 ff.). Das Gericht kann jedenfalls in den Antragsverfahren ohne Verletzung der Aufklärungspflicht regelmäßig davon ausgehen, dass die Beteiligten die ihnen vorteilhaften Umstände von sich aus vorbringen. Nur wenn Anhaltspunkte dafür bestehen, dass ein Beteiligter sich der Bedeutung maßgeblicher Umstände nicht bewusst ist, ergibt sich für das Gericht eine besondere Hinweispflicht.[158] **103**

Das Gericht ist schließlich nicht verpflichtet, Ermittlungen anzustellen, die seine **tatsächlichen oder rechtlichen Möglichkeiten** übersteigen.[159] Das Gericht ist aber unter Beachtung des Grundsatzes der Verhältnismäßigkeit gehalten, zur vollständigen Ermittlung der entscheidungserheblichen Tatsachen die ihm vom Gesetz eingeräumten rechtlichen Befugnisse auszuschöpfen.[160] **104**

c) Insbesondere: Streitsachen der freiwilligen Gerichtsbarkeit. Auch für die Landwirtschaftsverfahren in den Streitsachen der freiwilligen Gerichtsbarkeit gelten die Vorschriften des zweiten Abschnitts des LwVG und über dessen §9 die allgemeinen Verfahrensvorschriften des FamFG. Diese Verfahren sind dadurch gekennzeichnet, dass sich in ihnen mindestens zwei **Beteiligte mit entgegengesetzten Interessen** gegenüberstehen und das Gericht über behauptete subjektive Rechte verbindlich und rechtsgestaltend entscheidet (→ Rn. 9). Soweit diese Besonderheiten nicht etwas anderes gebieten, ist das Verfahren als ein solches der frei- **105**

---

[157] Davon zu unterscheiden ist die Möglichkeit des Gerichts, im Rahmen einer Beweiswürdigung nach erfolgter Beweisaufnahme etwa die Aussage eines Zeugen als wahr zu unterstellen, weil sich auch dann das Ergebnis der Beweiswürdigung nicht ändert.

[158] BGH Beschl. v. 4.7.1979 – V BLw 9/79, BeckRS 1979, 31117819 = RdL 1980, 108; Keidel/*Sternal* FamFG §26 Rn. 21. So kann etwa die Pflicht zu weiteren Ermittlungen entfallen, wenn sich ein Beteiligter weigert, im Verfahren ein ihm zur Verfügung stehendes Privatgutachten – im entschiedenen Fall über die Echtheit von Unterschriften – vorzulegen; so OLG Köln Beschl. v. 20.12.1993 – 2 Wx 36/93, NJW-RR 1994, 396 (397) = FamRZ 1994, 1135.

[159] Tatsächliche Unmöglichkeit kann schon bei der Unzumutbarkeit weiterer Ermittlungen gegeben sein, etwa wenn ein Zeuge unbekannt ins Ausland verzogen ist; so MüKoFamFG/*Ulrici* §26 Rn. 17.

[160] So kann es etwa geboten sein, das persönliche Erscheinen eines Beteiligten, der eine Begutachtung seiner Person durch einen Sachverständigen verweigert, und dessen Anhörung in Gegenwart eines Sachverständigen nach §33 FamFG anzuordnen und ggf. nach §35 FamFG durchzusetzen; so BGH Beschl. v. 17.2.2010 – XII ZB 68/09, BGHZ 184, 269 (277 f.) = NJW 2010, 1351 in einer Kindschaftssache.

willigen Gerichtsbarkeit nach dem zweiten Abschnitt des LwVG zu führen. Die Vorschriften der ZPO werden lediglich ergänzend herangezogen.[161]

106 Der einer Sachentscheidung auf der Grundlage einer objektiven Tatsachenfeststellung dienende Amtsermittlungsgrundsatz ist mit der Geltendmachung widerstreitender Interessen ohne weiteres vereinbar und gilt daher grds. auch in den Streitsachen der freiwilligen Gerichtsbarkeit.[162] Er erfährt aber im Hinblick auf diese Besonderheit eine **deutliche Einschränkung.** Das Gericht kann ohne Verletzung seiner Aufklärungspflicht davon ausgehen, dass die Beteiligten ihnen vorteilhafte Umstände von sich aus vorbringen.[163] Eine Aufklärungs- und Ermittlungspflicht besteht nur insoweit, als der Vortrag der Beteiligten oder der Sachverhalt als solcher und die Tatbestandsmerkmale bei sorgfältiger Überlegung dazu Anlass geben.[164]

107 **d) Amtsermittlung im Rechtsmittelverfahren.** Der Grundsatz der Amtsermittlung gilt in allen Instanzen, also auch im Beschwerdeverfahren und im Rechtsbeschwerdeverfahren. Die Pflicht bezieht sich zunächst auf die Prüfung der Zulässigkeit des Rechtsmittels. Das **Beschwerdegericht** ist in gleicher Weise wie das erstinstanzliche Gericht zur Aufklärung des Sachverhalts verpflichtet, es tritt insoweit an dessen Stelle.[165] Da die Beteiligten nicht mit weiterem Vorbringen in der Beschwerdeinstanz ausgeschlossen sind (§ 65 Abs. 3 FamFG), kann hierzu auch die Ermittlung neuer Tatsachen zählen. Zu einer Wiederholung einer erstinstanzlichen Beweisaufnahme kann das Beschwerdegericht aber nur dann verpflichtet sein, wenn es erforderlich ist (→ Rn. 98 ff.). Dies ist nicht der Fall, wenn ein sachdienliches, die Entscheidung beeinflussendes Ergebnis nicht mehr erwartet werden kann.[166] Weitere Ermittlungen kommen insbesondere dann in Betracht, wenn die erstinstanzliche Beweiserhebung verfahrensfehlerhaft erfolgte und nicht auszuschließen ist, dass die angefochtene Entscheidung hierauf beruht.[167]

108 Das **Rechtsbeschwerdegericht** ist an die tatsächlichen Feststellungen des Beschwerdegerichts gebunden (§ 74 Abs. 3 S. 4 FamFG iVm § 559 Abs. 1 ZPO); neues tatsächliches Vorbringen findet grds. keine Berücksichtigung mehr. Als für die Entscheidung des Rechtsbeschwerdegerichts maßgebliche Tatsachengrundlage wird an Beteiligtenvorbringen nur dasjenige berücksichtigt, das aus der Beschwerdeentscheidung und dem Sitzungsprotokoll bzw. den Vermerken über Anhörungster-

---

[161] Keidel/*Sternal* FamFG § 1 Rn. 36.

[162] BGH Beschl. v. 24.11.1993 – BLw 53/92, VIZ 1994, 301 (302) = WPM 1994, 265; Beschl. v. 4.12.1992 – BLw 19/92, BGHZ 120, 352 (354) = NJW 1993, 857; Beschl. v. 1.12.1969 – NotZ 4/69, BGHZ 53, 95 (97) = NJW 1970, 427; Keidel/*Sternal* FamFG § 1 Rn. 36.

[163] BGH Beschl. v. 23.3.1988 – IVb 51/87, NJW 1988, 1839 (1840) = MDR 1988, 764; Beschl. v. 1.12.1969 – NotZ 4/69, BGHZ 53, 95 (97) = NJW 1970, 427.

[164] OLG Brandenburg Beschl. v. 6.3.2000 – 8 Wx 595/99, NJW-RR 2001, 176 (178) = OLG-NL 2000, 256.

[165] BGH Beschl. v. 28.1.2015 – XII ZB 520/14, NJW-RR 2015, 769 (770) = Rpfleger 2015, 397; OLG Frankfurt Beschl. v. 21.11.1997 – 20 W 8/95, BeckRS 9998, 01666 = FGPrax 1998, 24; OLG Köln Beschl. v. 2.1.1989 – 2 Wx 57/88, MittRhNotK 1989, 226 (227) = Rpfleger 1989, 238.

[166] OLG Köln Beschl. v. 3.11.2003 – 2 Wx 26/03, FGPrax 2004, 78 (79) = FamRZ 2004, 1382; KG Beschl. v. 20.3.1989 – 24 W 4238/88, NJW-RR 1989, 842 (843) = WuM 1989, 347.

[167] Keidel/*Sternal* FamFG § 26 Rn. 83.

mine (§ 28 Abs. 4 FamFG) ersichtlich ist.[168] Eine Ausnahme hiervon gilt aus Gründen der Verfahrensökonomie, also im Interesse einer möglichst raschen und Kosten sparenden Erledigung der Sache bei Vermeidung eines neuen Verfahrens, wenn die Berücksichtigung neuer tatsächlicher Umstände keine nennenswerte Mehrarbeit verursacht.[169]

e) Verletzung der Amtsermittlungspflicht. Das Unterlassen nach der Sach- und Rechtslage gebotener Ermittlungen begründet einen **Verfahrensfehler,** der, wenn er nach der Rechtsauffassung des Beschwerdegerichts Einfluss auf das Ergebnis der gerichtlichen Entscheidung haben kann, durch **Nachholung** der notwendigen Ermittlungen in der Rechtsmittelinstanz zu beseitigen ist.[170] Eine **Aufhebung und Zurückverweisung** an das erstinstanzliche Gericht kommt wegen eines solchen Verfahrensfehlers nur in den engen Grenzen des § 69 Abs. 1 S. 3 FamFG in Betracht. Zu dem Verfahrensfehler muss eine hierdurch bedingte umfangreiche oder aufwändige Beweiserhebung hinzukommen und ein Beteiligter muss die Aufhebung und Zurückverweisung beantragen. **109**

Für die Rechtsbeschwerdeinstanz gilt, dass dem erkennenden Gericht vorbehalten bleibt, welchen Weg es innerhalb der ihm vorgegebenen Verfahrensordnung für geeignet hält, um zu den für seine Entscheidung notwendigen Erkenntnissen zu gelangen. Dem **Rechtsbeschwerdegericht** obliegt lediglich die **Kontrolle auf Rechtsfehler,** insbesondere die Prüfung, ob die Tatsachengerichte alle maßgeblichen Gesichtspunkte in Betracht gezogen haben und die Würdigung auf einer ausreichenden Sachaufklärung beruht.[171] **110**

4. Mitwirkungspflicht der Beteiligten

a) Normzweck. Das FamFG regelt nunmehr in § 27 Abs. 1 FamFG ausdrücklich, dass die Beteiligten **bei der Ermittlung des Sachverhalts mitwirken sollen.** Die Mitwirkungspflicht ergänzt damit die Pflicht des Gerichts, die entscheidungserheblichen Tatsachen von Amts wegen festzustellen. Die Beteiligten sind **im Interesse der materiellen Wahrheit** gehalten, das Gericht bei seiner Ermittlungstätigkeit iSe Kooperation zu unterstützen.[172] Sie haben sich zu diesem Zweck nach § 27 Abs. 2 FamFG vollständig und der Wahrheit gemäß zu erklären, wie dies § 138 Abs. 1 ZPO bereits für den Zivilprozess vorschreibt. **111**

b) Inhalt und Umfang der Mitwirkungspflicht. Die Mitwirkungspflicht der Beteiligten ist gegenständlich, der Pflicht des Gerichts zur Amtsermittlung folgend, **112**

---

[168] BGH Beschl. v. 11.5.2016 – XII ZB 363/15, NJW 2016, 2650 (2652) = BeckRS 2016, 11288.

[169] So für die Einstellung des Nachlassinsolvenzverfahrens wegen Wegfalls des Eröffnungsgrundes in der Rechtsbeschwerdeinstanz nach Zulassung der Rechtsbeschwerde zur Frage des Vorrangs und der Unterbrechungswirkung des Insolvenzverfahrens BGH Beschl. v. 7.11.2012 – XII ZB 17/12, BeckRS 2012, 24339 = FamRZ 2013, 2014; allgemein BGH Beschl. v. 11.5.2016 – XII ZB 363/15, NJW 2016, 2650 (2652) = BeckRS 2016, 11288.

[170] Die angefochtene Entscheidung muss also auf dem Verfahrensfehler beruhen. Dies ist nur der Fall, wenn sie ohne den Verfahrensfehler anders ausgefallen wäre; so OLG Brandenburg Beschl. v. 6.3.2000 – 8 Wx 595/99, NJW-RR 2001, 176 (178) = OLG-NL 2000, 256.

[171] BGH Beschl. v. 28.4.2010 – XII ZB 81/09, BGHZ 185, 272 (282) = NJW 2010, 2805; Beschl. v. 18.3.2015 – XII ZB 370/14, NJW 2015, 1752 (1753) = Rpfleger 2015, 471; Beschl. v. 29.6.2016 – XII ZB 603/15, NJW 2016, 3098 = BeckRS 2016, 13392.

[172] MüKoFamFG/*Ulrici* § 27 Rn. 3.

auf die entscheidungserheblichen Tatsachen und die entsprechenden Erkenntnismittel beschränkt (→ Rn. 102). Der **Umfang der Mitwirkungspflicht** hängt von der jeweiligen Verfahrensart und den konkreten Umständen des Einzelfalls ab. Er erhöht sich in dem Maße, wie das Gericht hierauf angewiesen ist.[173] Die Pflicht der Beteiligten besteht in jedem Verfahrensstadium, auch im Beschwerde- und Rechtsbeschwerdeverfahren.[174] Sie trifft jeden Verfahrensbeteiligten, und zwar unabhängig von der im Einzelfall bestehenden Darlegungs- und Feststellungslast und unabhängig davon, ob es sich um ein Amts- oder ein Antragsverfahren handelt.[175] Tatsächlich obliegt die Mitwirkung aber in erster Linie den Beteiligten, zu deren Lasten sich die Nichtaufklärbarkeit einer Tatsache auswirkt (zur Feststellungslast allgemein → Rn. 148 ff.).[176]

113   Durch § 27 Abs. 1 FamFG wird den Beteiligten nicht nur auferlegt, durch Angaben zur Sache an der Ermittlung der entscheidungserheblichen Tatsachen mitzuwirken, sondern auch in anderer Weise, etwa dadurch, dass sie Untersuchungshandlungen an ihrer eigenen Person oder die Begutachtung und / oder Inaugenscheinnahme ihnen gehörender Sachen dulden.

114   Subjektiv richtet sich der Umfang der Mitwirkungspflicht nach der **Zumutbarkeit** im Einzelfall. Die Beteiligten sollen nur insoweit mitwirken, als ihnen dies möglich und zumutbar ist. Tatsachen oder Erkenntnismittel, die ihnen nicht bekannt sind, müssen nicht vorgebracht werden. Die Beteiligten müssen sich hiervon grds. auch keine Kenntnis verschaffen. Etwas anderes kann allenfalls dann gelten, wenn sie sich die Kenntnis ohne weiteres verschaffen können.[177] Eine allgemeine Pflicht, sich zu dem Vorbringen eines gegnerischen Beteiligten zu erklären, besteht nicht. Das Gericht kann das Vorbringen eines Beteiligten nicht schon deswegen seiner Entscheidung zugrunde legen, weil es von den übrigen Beteiligten nicht bestritten worden ist. **In den echten Streitverfahren der freiwilligen Gerichtsbarkeit** ist die Ermittlungspflicht des Gerichts durch die Darlegungs- und Förderungslast der Beteiligten begrenzt (→ Rn. 106).[178] Das Gericht kann davon ausgehen, dass jeder Beteiligte die für ihn vorteilhaften Umstände von sich aus vorbringt. Tut er dies nicht, widerspricht insbesondere nicht der glaubhaften Darstellung eines anderen Beteiligten, kann die Entscheidung auf der Grundlage dieses Vorbringens ergehen.[179]

115   § 27 Abs. 1 FamFG begründet grds. eine Pflicht zur Mitwirkung des einzelnen Beteiligten. Dessen **Einbindung in die Amtsermittlung** kann aber nicht durch verbindliche und zwangsweise durchsetzbare Weisungen erfolgen.[180] Das Gericht hat lediglich die Möglichkeit der Anordnung des persönlichen Erscheinens eines

---

[173] BT-Drs. 16/6308, 186; OLG Düsseldorf Beschl. v. 2.3.2012 – II-1 UF 120/10, BeckRS 2012, 18590 = FamRZ 2012, 1233.

[174] Keidel/ *Sternal* FamFG § 27 Rn. 4.

[175] Keidel/ *Sternal* FamFG § 27 Rn. 4; MüKoFamFG/ *Ulrici* § 27 Rn. 6.

[176] MüKoFamFG/ *Ulrici* § 27 Rn. 6.

[177] So MüKoFamFG/ *Ulrici* § 27 Rn. 6. Trifft den Beteiligten zugleich die materielle Feststellungslast, liegt es darüber hinaus in seinem eigenen Interesse, sich diese Kenntnis zu verschaffen.

[178] BGH Beschl. v. 23.3.1988 – IVb 51/87, NJW 1988, 1839 (1840) = MDR 1988, 764; Beschl. v. 1.12.1969 – NotZ 4/69, BGHZ 53, 95 (97) = NJW 1970, 427.

[179] BGH Beschl. v. 21.12.2000 – V ZB 45/00, BGHZ 146, 241 (249 f.) = NJW 2001, 1212.

[180] BeckOK FamFG/ *Burschel* § 27 Rn. 3 u. MüKoFamFG/ *Ulrici* § 27 Rn. 7 sprechen daher wegen der fehlenden Erzwingbarkeit nicht von einer Mitwirkungspflicht, vielmehr von einer Mitwirkungslast der Beteiligten.

Beteiligten und ggf. dessen zwangsweiser Durchsetzung nach § 33 Abs. 3 FamFG,[181] es kann aber die persönlich erschienenen Beteiligten nicht dazu zwingen, Angaben zur Sache zu machen.[182] Das Gericht kann nur im Rahmen von § 35 FamFG Verpflichtungen zur Vornahme oder Unterlassung einer Handlung aufgrund einer gerichtlichen Anordnung zwangsweise durchsetzen (→ § 30 Rn. 21).

Die **Unterlassung gebotener Mitwirkungshandlungen** kann jedoch für den   116 Inhalt der zu treffenden Entscheidung von Bedeutung sein. Der Umfang der Mitwirkung der Beteiligten hat nämlich Auswirkungen auf den Umfang der Pflicht des Gerichts zur Ermittlung des entscheidungserheblichen Sachverhalts. Das Gericht kann insbesondere in den Antragsverfahren und den Streitsachen der freiwilligen Gerichtsbarkeit davon ausgehen, dass die Beteiligten die für sie vorteilhaften Tatsachen und Beweismittel vortragen. Es genügt – nach vorherigem Hinweis an die Beteiligten – in diesen Verfahren grds. seiner Amtsermittlungspflicht, wenn eine Mitwirkungshandlung nicht erzwingbar ist und im Übrigen kein Anlass für weitere erfolgversprechende Ermittlungen besteht (→ Rn. 103 und 106).[183] Führt die Verletzung der Mitwirkungspflicht durch einen Beteiligten zur **Nichtaufklärbarkeit entscheidungserheblicher Tatsachen,** treffen die sich hieraus ergebenden nachteiligen Folgen grds. diesen Beteiligten wenn er zugleich insoweit die Feststellungslast (→ Rn. 148 ff.) trägt.[184] Treffen die nachteiligen Folgen einen anderen Beteiligten als denjenigen, der seiner Mitwirkungslast nicht genügt hat, dürfte dieser Umstand für das Gericht idR ein hinreichend konkreter Anhaltspunkt sein, den Sachverhalt von Amts wegen weiter aufzuklären.

c) Wahrheits- und Vollständigkeitspflicht. Die Pflicht nach § 27 Abs. 2   117 FamFG, durch vollständige und wahrheitsgemäße Tatsachendarstellung an der Aufklärung des Sachverhalts mitzuwirken,[185] richtet sich unmittelbar an die Beteiligten, daneben aber **auch an Beistände und Bevollmächtigte,** die ebenfalls wahrheitsgemäß und vollständig vorzutragen haben.[186] Die Vorschrift konkretisiert damit für ihren Regelungsbereich die nach § 27 Abs. 1 FamFG bestehende allgemeine Mitwirkungspflicht.

Schon aus der gesetzlichen Bezeichnung ergibt sich ohne weiteres die Pflicht der   118 Beteiligten sich **zu allen wesentlichen Punkten des Sachverhalts umfassend zu erklären.** Begrenzt wird die Pflicht zu vollständigem Vortrag ebenfalls durch die Entscheidungserheblichkeit der jeweiligen Tatsache sowie die Möglichkeiten der Beteiligten. Ob eine Tatsache entscheidungserheblich ist oder nicht, beurteilt sich aus Sicht des erkennenden Gerichts. Dass dessen Einschätzung maßgeblich ist, folgt bereits aus dem Umstand, dass das Gericht im Rahmen seiner Hinweispflicht (→ § 14 Rn. 62 ff.) gehalten ist, soweit erforderlich die entscheidungserheblichen

---

[181] So die amtl. Begründung BT-Drs. 16/6308, 186.

[182] MüKoFamFG/*Ulrici* § 27 Rn. 7.

[183] BT-Drs. 16/6308, 186. Aus dem Schweigen eines Beteiligten darf allerdings nicht der Schluss gezogen werden, es läge keine für diesen nachteiligen Umstände vor; so Bumiller/Harders/Schwamb/*Bumiller* FamFG § 27 Rn. 1.

[184] OLG Frankfurt Beschl. v. 10.2.2011 – 20 W 453/10, NJW-RR 2011, 1516 (1517) = MittBayNot 2012, 229; KG Beschl. v. 25.7.2011 – 25 W 33/11, FGPrax 2011, 309 (310) = Rpfleger 2011, 677.

[185] BayObLG Beschl. v. 21.11.2001 – 1Z BR 47/01, BayObLGZ 2001, 347 (351) = NJW-RR 2002, 726, Beschl. v. 11.12.1992 – 1Z BR 84/92, NJW-RR 1993, 459 (460) = FamRZ 1993, 1496; Keidel/*Sternal* FamFG § 27 Rn. 3.

[186] MüKoFamFG/*Ulrici* § 27 Rn. 12 f.

Tatsachen zu bezeichnen.[187] Tatsachen, die dem Gericht bereits bekannt sind, müssen nicht nochmals von den Beteiligten im Rahmen ihrer Mitwirkungspflicht in das Verfahren eingeführt werden.

119   Für die Beurteilung der Wahrheitswidrigkeit des Vorbringens gilt ein **subjektiver Maßstab,** das Vorbringen muss, um wahrheitsgemäß zu sein, der subjektiven Überzeugung des Beteiligten entsprechen.[188] Ein Beteiligter trägt dann wahrheitswidrig vor, wenn er Tatsachen behauptet, deren Unrichtigkeit er kennt oder Tatsachen verschweigt oder bestreitet, von deren Richtigkeit er überzeugt ist. Dass die Beteiligten gehalten sind, hinsichtlich der entscheidungserheblichen Tatsachen vollständig vorzutragen, ergibt sich damit dem Grunde nach bereits aus der Pflicht zu wahrheitsgemäßem Vorbringen.[189]

120   Im Zivilprozess ist es unzulässig, eine Behauptung **ohne greifbare Anhaltspunkte für das Vorliegen eines bestimmten Sachverhalts** willkürlich „aufs Geratewohl", gleichsam „ins Blaue hinein" aufzustellen. Dies ist aber in erster Linie nicht eine Frage der Wahrheitswidrigkeit[190] des Vorbringens, sondern vielmehr des rechtsmissbräuchlichen Verhaltens.[191] Bei der Annahme eines solchen missbräuchlichen Verhaltens ist allerdings Zurückhaltung geboten, denn oftmals wird es einer Partei nicht erspart bleiben, in einem Zivilprozess Tatsachen zu behaupten, **über die sie keine genauen Kenntnisse** haben kann, die sie nach Lage der Dinge aber für wahrscheinlich hält. In der Regel kann nur **das Fehlen jeglicher tatsächlicher Anhaltspunkte** den Vorwurf einer Behauptung „ins Blaue hinein" rechtfertigen.[192] Dies gilt grds. in den Verfahren der freiwilligen Gerichtsbarkeit entsprechend.[193] Anders als im Zivilprozess mit seinem Beibringungsgrundsatz wird ein Beteiligter in einem Verfahren der freiwilligen Gerichtsbarkeit wegen des dort geltenden Amtsermittlungsgrundsatzes regelmäßig nicht gehalten sein, Tatsachen, hinsichtlich derer er die Feststellungslast (→ Rn. 148 ff.) trägt, zu behaupten, obwohl er insoweit über keine genauen Kenntnisse verfügt. Fehlt für eine Behauptung jeglicher tatsächliche Anhaltspunkt, kann durch sie eine Pflicht zur Amtsermittlung insoweit nicht begründet werden (→ Rn. 99); es besteht daher auch im FamFG kein hinreichender Grund, ein solches Vorbringen „ins Blaue hinein" zuzulassen.[194]

121   Wie im Zivilprozess kann ein Beteiligter sein Vorbringen im Laufe des Verfahrens ändern oder sich vorsorglich für den Fall der Nichterweislichkeit auf alterna-

---

[187] Keidel/*Sternal* FamFG § 27 Rn. 10; aA MükoFamFG/*Ulrici* § 27 Rn. 18, der annimmt, dass die Beteiligten nicht verpflichtet sind, Tatsachen vorzutragen, die sie aus ihrer subjektiven Sicht nicht für entscheidungserheblich erachten.

[188] Keidel/*Sternal* FamFG § 27 Rn. 12; MüKoFamFG/*Ulrici* § 27 Rn. 19.

[189] Ein Vorbringen, dass solche dem Beteiligten bekannten Tatsachen nicht enthält, ist nicht wahrheitsgemäß; so zutr. Zöller/*Greger* ZPO § 138 Rn. 7 b.

[190] Zur Pflicht zu wahrheitsgemäßem Vorbringen allgemein BeckOK ZPO/*v. Selle* § 138 Rn. 29 ff.

[191] BGH Urt. v. 8.5.2012 –XI ZR 262/10, BGHZ 193, 159 (173) = NJW 2012, 2427; BGH Urt. v. 20.9.2002 – V ZR 170/01, NJW-RR 2003, 69 (70) = MDR 2003, 45.

[192] St. Rspr. BGH Urt. v. 4.3.1991 – II ZR 90/90, NJW-RR 1991, 888 (890 f.) = MDR 1991, 688; Urt. v. 25.4.1995 – VI ZR 178/94, NJW 1995, 2111 (2112) = MDR 1995, 738; Urt. v. 20.9.2002 – V ZR 170/01, NJW-RR 2003, 69 (70) = MDR 2003, 45; Urt. v. 8.5.2012 – XI ZR 262/10, BGHZ 193, 159 (173) = NJW 2012, 2427; Urt. v. 22.12.2015 – VI ZR 134/14, BeckRS 2016, 02440; BeckOK ZPO/*v. Selle* § 138 Rn. 32.

[193] Ebenso Keidel/*Sternal* FamFG § 27 Rn. 12; aA offenbar MükoFamFG/*Ulrici* § 27 Rn. 20 im Hinblick auf den im FamFG-Verfahren geltenden Amtsermittlungsgrundsatz.

[194] AA MükoFamFG/*Ulrici* § 27 Rn. 20.

tive, sich ausschließende Sachverhaltsdarstellungen berufen (Eventualvorbringen), **solange er nicht von der Unwahrheit einer Alternative überzeugt ist.**[195] Im Unterschied zum Zivilprozess kommt dagegen ein sich zu eigen machen des Vorbringens eines anderen Beteiligten wegen des bestehenden Amtsermittlungsgrundsatzes nicht in Betracht.[196] Widersprüchlicher tatsächlicher Vortrag kann dann berücksichtigt werden, wenn das Verhältnis des sich widersprechenden Vorbringens, ggf. auf einen gerichtlichen Hinweis hin (zur Hinweispflicht → § 14 Rn. 69 ff.), klargestellt wird, also deutlich wird, dass nicht ein einheitliches Vorbringen geltend gemacht wird.[197]

Eine konkrete Rechtsfolge bei einem Verstoß gegen die Pflicht zu vollständigem **122** und wahrheitsgemäßem Vortrag sieht das Gesetz nicht vor. Das Gericht kann einen solchen Verstoß aber in seine freie Überzeugungsbildung nach § 37 Abs. 2 FamFG einbeziehen (→ Rn. 130 ff.). Zudem sollen einem Beteiligten nach § 81 Abs. 2 Nr. 3 FamFG die Kosten des Verfahrens auferlegt werden, wenn er zu einer wesentlichen Tatsache schuldhaft unwahre Angaben gemacht hat. Die Vorschrift kann bei der Entscheidung über die Kosten nach §§ 44 Abs. 1, 45 im Rahmen des vom Gericht auszuübenden Ermessens entsprechend berücksichtigt werden.[198]

5. Glaubhaftmachung tatsächlicher Behauptungen

a) Allgemeines. Die Regelung in § 31 FamFG zur Glaubhaftmachung tatsäch- **123** licher Behauptungen entspricht wörtlich § 294 ZPO und führt in ihrem Anwendungsbereich so zu einer Angleichung der beiden Verfahrensordnungen.[199] Die Vorschrift dient in erster Linie **der beschleunigten Durchführung von Eil- und Zwischenverfahren.**[200] Zu diesem Zweck wird die Darlegung und Beweisführung demjenigen Beteiligten auferlegt,[201] der sich auf die glaubhaft zu machende Tatsache beruft. Damit einher geht eine Beschränkung in den Möglichkeiten der Beweisführung in zeitlicher Hinsicht (§ 31 Abs. 2 FamFG), eine weitgehende Entbindung des Gerichts von der Pflicht zur Amtsermittlung sowie eine Reduzierung des Maßes der gerichtlichen Überzeugungsbildung. Die Vorschrift gilt

---

[195] Keidel/*Sternal* § 27 FamFG Rn. 12.

[196] AA MüKoFamFG/*Ulrici* § 27 Rn. 20.

[197] BGH Beschl. v. 16.4.2015 – IX ZR 195/14, NJW-RR 2015, 829 (830) = DStR 2015, 1646.

[198] Vgl. Düsing/Martinez/*Hornung* LwVG § 45 Rn. 1.

[199] BT-Drs. 16/6308, 190.

[200] Die beschleunigte Durchführung von Zwischenverfahren soll mögliche Verzögerungen des Hauptsacheverfahrens vermeiden oder jedenfalls reduzieren (BT-Drs. 16/6308, 190). In den Antragsverfahren auf Erlass einer einstweiligen Anordnung hat nach § 51 Abs. 1 S. 2 der Antragsteller ua die Voraussetzungen für die Anordnung glaubhaft zu machen; die Glaubhaftmachung von Behauptungen ist weiter zB vorgesehen beim Ablehnungsgesuch (§ 6 FamFG iVm § 44 Abs. 2 ZPO), beim Antrag auf Wiedereinsetzung (§ 18 Abs. 3 S. 1 FamFG), bei der Anhörungsrüge für den Zeitpunkt der Kenntniserlangung von der Verletzung des rechtlichen Gehörs (§ 44 Abs. 2 S. 1 FamFG) oder bei der Bewilligung von Verfahrenskostenhilfe (§ 76 Abs. 1 FamFG iVm § 118 Abs. 2 S. 1 ZPO); zu weiteren Bsp. s. MüKoFamFG/*Ulrici* § 31 Rn. 3; Keidel/*Sternal* § 31 Rn. 4.

[201] Nach OLG Brandenburg Beschl. v. 14.7.2015 – 10 UF 53/15, BeckRS 2016, 08357 (Rn. 22) gelten hinsichtlich solcher glaubhaft zu machender Tatsachen die Regeln der Darlegungs- und Beweislast. Näher liegt es, hierin eine besondere Ausprägung der Mitwirkungslast der Beteiligten zu sehen; so MüKoFamFG/*Ulrici* § 31 Rn. 9.

auch für die Streitsachen der freiwilligen Gerichtsbarkeit, weil angesichts der identischen Regelungen für eine entsprechende Anwendung von § 294 ZPO kein Grund besteht.

124   Eine Glaubhaftmachung ist nur in den gesetzlich vorgesehenen Fällen zulässig und muss nur dann erfolgen, wenn **das Gericht sie für erforderlich erachtet.** Sie ist daher etwa entbehrlich bei offenkundigen[202] oder gerichtsbekannten[203] Tatsachen. Einer Glaubhaftmachung bedarf es idR auch dann nicht, wenn ein schlüssiges Vorbringen nicht bestritten wird[204] und das Gericht auch sonst keine Anhaltspunkte hat, an der Richtigkeit des Vorbringens zu zweifeln.[205] Besteht für eine Tatsache eine gesetzliche Vermutung (§ 292 ZPO), kann dies ebenfalls eine Glaubhaftmachung ersetzen.[206] Allerdings können solche vermuteten Tatsachen durch glaubhaft gemachte Tatsachen eines anderen Beteiligten, der Rechte aus der Unrichtigkeit der Vermutung herleiten will, widerlegt werden.

125   **b) Verfügbare Mittel der Glaubhaftmachung.** Wer eine tatsächliche Behauptung glaubhaft zu machen hat, kann sich grds. aller Beweismittel bedienen und darüber hinaus zur Versicherung an Eides statt zugelassen werden (§ 31 Abs. 1 FamFG).[207] Die Beteiligten sind hinsichtlich der ihnen zur Verfügung stehenden Beweismittel also grds. nicht beschränkt. Die **Einschränkungen in der Beweisführung** ergeben sich vielmehr aus § 31 Abs. 2 FamFG, der anordnet, dass eine Beweisaufnahme, die nicht sofort stattfinden kann, unstatthaft ist. Es obliegt danach, abweichend vom Amtsermittlungsgrundsatz (§ 26 FamFG), grds. den Beteiligten selbst, die Beweismittel herbeizuschaffen. Es genügt nicht, sich auf diese, etwa auf einen Zeugen oder auf Urkunden, nur zu beziehen.[208] Das Gericht hat grds. nicht die Pflicht, vor einer Entscheidung in der Sache solchen Anregungen der Beteiligten nachzugehen.[209]

126   **Unter Verstoß gegen § 31 Abs. 2 FamFG gewonnene Beweisergebnisse** sind bei der Entscheidung gleichwohl zu berücksichtigen, weil der Zweck der Vor-

---

[202] Entsprechend § 291 ZPO.

[203] Vgl. zu diesen Zöller/*Greger* ZPO § 291 Rn. 1a.

[204] So BGH Beschl. v. 11.9.2003 – IX ZB 37/03, BGHZ 156, 139 (143) = NJW 2003, 3558 zu § 290 Abs. 2 InsO.

[205] OLG Stuttgart Beschl. v. 28.7.2011 – 8 W 212/11, NJW-RR 2011, 1451 (1452) = FGPrax 2011, 263; MüKoFamFG/*Ulrici* § 31 Rn. 5. Nach Keidel/*Sternal* FamFG § 31 Rn. 3 soll in den Streitsachen der freiwilligen Gerichtsbarkeit zudem eine Glaubhaftmachung bei einem gerichtlichen Geständnis des Antragsgegners entsprechend § 288 ZPO entbehrlich sein.

[206] MüKoZPO/*Prütting* § 294 Rn. 13.

[207] Die Zulassung der eigenen eidesstattlichen Versicherung ist aber teilweise ausgeschlossen, zB zur Glaubhaftmachung des Ablehnungsgrundes bei Ablehnung einer Gerichtsperson (§ 6 Abs. 1 FamFG iVm § 44 Abs. 2 S. 1 2. Hs. ZPO) bzw. der Ablehnung eines Sachverständigen (§ 30 Abs. 1 FamFG iVm § 406 Abs. 3 ZPO).

[208] Hierdurch ergeben sich zugleich Beschränkungen hinsichtlich der Beweismittel selbst. So ist es zB regelmäßig nicht möglich, eine Tatsache durch ein Sachverständigengutachten glaubhaft zu machen, weil der Sachverständige durch das Gericht zu bestellen ist. Ein von einem Beteiligten selbst eingeholtes Sachverständigengutachten kann allenfalls durch dessen Vorlage im Wege des urkundlich belegten Beteiligtenvorbringens zur Glaubhaftmachung herangezogen werden.

[209] BGH Beschl. v. 11.9.2003 – IX ZB 37/03, BGHZ 156, 139 (141) = NJW 2003, 3558 zu § 290 Abs. 2 InsO.

schrift, Verzögerungen des Verfahrens zu vermeiden, nicht mehr erreicht werden kann.[210]

Unter den gleichen Beschränkungen auf präsente Beweismittel können die üb- **127** rigen Beteiligten die Glaubhaftmachung des feststellungsbelasteten Beteiligten erschüttern bzw. widerlegen oder Einwendungen glaubhaft machen.[211] Ist zur Überzeugung des Gerichts der Beweis für die Richtigkeit einer Tatsache durch ein Strengbeweismittel erbracht, kann dieser allein durch eine eidesstattliche Versicherung wegen deren geringeren Beweiswerts grds. nicht erschüttert werden.[212]

c) Maß der gerichtlichen Überzeugung. Das Gericht entscheidet, wie sonst **128** auch (→ Rn. 136 ff.), unter freier Würdigung des gesamten Vorbringens, ob eine Tatsache hinreichend glaubhaft gemacht ist. Für die Glaubhaftmachung genügt aber ein geringerer Grad der richterlichen Überzeugungsbildung. Die Behauptung ist glaubhaft gemacht, wenn eine **überwiegende Wahrscheinlichkeit** dafür besteht, dass sie zutrifft. An die Stelle des Vollbeweises tritt eine Wahrscheinlichkeitsfeststellung.[213]

Das von der Rspr. verwendete (unscharfe) Kriterium der überwiegenden Wahr- **129** scheinlichkeit ist allgemein nicht schon dann erfüllt, wenn aus Sicht des Gerichts nur etwas mehr für als gegen die Richtigkeit der Behauptung spricht. Welches Maß an Wahrscheinlichkeit für die Feststellung der behaupteten Tatsache zu fordern ist, bestimmt sich maßgeblich **nach den Umständen des Einzelfalls** und den Folgen der zu treffenden Entscheidung.[214] Das Gericht muss die maßgeblichen Erwägungen im Rahmen der Begründung (§ 38 Abs. 3 S. 1 FamFG) offen legen, um so eine Überprüfung seiner Entscheidung zu ermöglichen.[215]

6. Grundlage der Entscheidung (§ 37 FamFG)

a) Allgemeines. Wie § 286 Abs. 1 ZPO für den Zivilprozess bzw. § 261 StPO **130** für den Strafprozess bestimmt § 37 Abs. 1 FamFG für die Verfahren der freiwilligen Gerichtsbarkeit, dass das Gericht nach seiner freien Überzeugung zu entscheiden hat, an Beweisregeln also nicht gebunden ist. Im Unterschied zum Zivilprozess, in dem Entscheidungsgrundlage nur das ist, was Gegenstand der mündlichen Verhandlung geworden ist, entscheidet in den Verfahren der freiwilligen Gerichtsbarkeit das Gericht wegen seiner Pflicht zur Amtsermittlung **auf der Grundlage des gesamten Inhalts des Verfahrens.** Dies gilt auch in den Streitsachen der freiwilligen Gerichtsbarkeit. Die Besonderheit, dass in diesen Verfahren um subjektive Rechte der Beteiligten gestritten wird, gebietet kein Abweichen vom geltenden Amtsermittlungsgrundsatz.

In § 37 Abs. 2 FamFG wird klarstellend geregelt, dass das Gericht eine Ent- **131** scheidung, die in die Rechte eines Beteiligten eingreift, nur auf Tatsachen und

---

[210] BGH Urt. v. 2.11.1988 – IVb ZR 109/87, BeckRS 1988, 31072695 = FamRZ 1989, 373 zu § 294 Abs. 2 ZPO.

[211] Keidel/*Sternal* FamFG § 31 Rn. 10; Zöller/*Greger* ZPO § 294 Rn. 2.

[212] BayObLG Beschl. v. 9.9.1999 – BR83/99, NZM 2000, 245 (246) = ZMR 2000, 41; Keidel/*Sternal* FamFG § 31 Rn. 10.

[213] BGH Beschl. v. 11.9.2003 – IX ZB 37/03, BGHZ 156, 139 (141 f.) = NJW 2003, 3558; BGH Beschl. v. 21.12.2006 – IX ZB 60/06, NJW-RR 2007, 776 (777) = MDR 2007, 669.

[214] OLG München Beschl. v. 20.11.2012 – 34 Wx 364/12, FGPrax 2013, 41 (42) = Rpfleger 2013, 324; Zöller/*Greger* ZPO § 294 Rn. 6; Keidel/*Sternal* FamFG § 31 Rn. 3.

[215] MüKoFamFG/*Ulrici* § 31 Rn. 11.

Beweisergebnisse stützen darf, wenn diesem Beteiligten zuvor rechtliches Gehör gewährt worden war. Für die Landwirtschaftssachen der freiwilligen Gerichtsbarkeit gilt insoweit allerdings der im Wesentlichen gleichlautende § 14 Abs. 2 S. 1.

132   **b) Entscheidungsgrundlage.** Gegenstand der Entscheidung nach § 37 Abs. 1 FamFG ist **jede im Verfahren gewonnene Erkenntnis, soweit sie aktenkundig geworden ist.** Das FamFG enthält hierzu verfahrensrechtliche Absicherungen, die sicherstellen sollen, dass in das Verfahren eingeführte Tatsachen auch aktenkundig werden.[216] Auf Wahrnehmungen des Gerichts, die nicht aktenkundig geworden sind, kann die gerichtliche Entscheidung schon wegen des zu gewährenden rechtlichen Gehörs (§ 37 Abs. 2 FamFG) nicht gestützt werden.[217]

133   Maßgeblich ist der Verfahrensstoff, wie er sich **im Zeitpunkt des Erlasses der Entscheidung** aus der Akte ergibt.[218] Schon wegen der Pflicht zur Amtsermittlung gelten grds. keine Präklusionsvorschriften, Vorbringen von Beteiligten kann auch dann, wenn es erst unmittelbar vor Erlass der Entscheidung zur Akte gelangt und/oder bereits zu einem früheren Zeitpunkt in das Verfahren hätte eingeführt werden können, nicht wegen Verspätung zurückgewiesen werden.[219]

134   Ausnahmsweise können im Verfahren gewonnene Erkenntnisse bei der Entscheidung nicht berücksichtigt werden, wenn sie im Einzelfall einem **Verwertungsverbot** unterliegen. Ein ausdrückliches und endgültiges Verwertungsverbot enthält das FamFG nicht.[220] Ein solches Verbot kommt nur dann in Betracht, wenn die Erkenntnisse verfahrenswidrig gewonnen wurden. Aber nicht jeder Verfahrensverstoß bei der Ermittlung der entscheidungserheblichen Tatsachen zieht ein Verwertungsverbot nach sich. Es ist jeweils im Einzelfall durch Abwägung der widerstreitenden Interessen – Schutz von Rechten Beteiligter oder Dritter einerseits und Ermittlung der objektiven Wahrheit andererseits – zu bestimmen, wie diese in Einklang gebracht werden können.[221]

135   Beiden Interessen kann Rechnung getragen werden, wenn eine verfahrens- und damit rechtswidrige Beweiserhebung in rechtmäßiger Form wiederholt werden kann.[222] Ein Verwertungsverbot liegt insbesondere dann nahe, wenn durch die Verwertung der rechtswidrig gewonnenen Erkenntnisse der Eingriff insbesondere in

---

[216] Schriftliches oder durch Niederschrift der Geschäftsstelle in das Verfahren eingeführtes Vorbringen der Beteiligten wird allein schon durch seine schriftliche Niederlegung zum Bestandteil der Akte. Entsprechendes gilt für schriftliche Zeugenaussagen oder Sachverständigengutachten, Auskünfte von Behörden und vorgelegte Urkunden. Über das Ergebnis einer formlosen Beweisaufnahme ist nach § 29 Abs. 3 FamFG, über Termine und persönliche Anhörungen nach § 28 Abs. 4 FamFG ein Vermerk zu fertigen. Das Ergebnis einer förmlichen Beweisaufnahme ist gemäß § 15 Abs. 5 nach § 160 Abs. 3 Nr. 4, 5 ZPO zu protokollieren.

[217] AA offensichtlich MüKoFamFG/*Ulrici* § 37 Rn. 3.

[218] Keidel/*Meyer-Holz* FamFG § 37 Rn. 3; BT-Drs. 16/6308, 194.

[219] MüKoFamFG/*Ulrici* § 37 Rn. 4; Keidel/*Meyer-Holz* FamFG § 32 Rn. 7.

[220] Auch die ZPO trifft hierzu keine ausdrücklichen Regelungen.

[221] Für eine solche Interessen- u. Güterabwägung nach den im Einzelfall gegebenen Umständen BGH Urt. v. 10.12.2002 – VI ZR 378/01 – BGHZ 153, 165 (170f.) = NJW 2003, 1123; vgl. MüKoZPO/*Prütting* § 284 Rn. 65f.

[222] BGH Beschl. v. 17.2.2010 – XII ZB 68/09, BGHZ 184, 269 (171f.) = NJW 2010, 1351 für den Fall einer möglichen erneuten medizinischen Untersuchung durch einen Sachverständigen; MüKoFamFG/*Ulrici* FamFG § 37 Rn. 8.

die Rechte eines Dritten vertieft wird. So schützt das Zeugnisverweigerungsrecht den Zeugen vor Konflikten zwischen der Wahrheitspflicht und persönlichen Bindungen auch dadurch, dass rechtswidrig ohne Belehrung eingeholte Aussagen nicht verwertbar sind.[223] Die Annahme eines Verwertungsverbots ist nur dann gerechtfertigt, wenn die dem Verbot zugrunde liegenden Tatsachen zur Überzeugung des Gerichts festgestellt sind.[224]

c) Freie Würdigung der Tatsachen. Im Rahmen seiner **Überzeugungsbil-** **136** **dung** vom Vorliegen des entscheidungserheblichen Sachverhalts ist das Gericht bei der Beurteilung von Tatsachenbehauptungen und Ermittlungsergebnissen an Beweisregeln grds. nicht gebunden. Das **Maß der Überzeugung** entspricht demjenigen, das von der höchstrichterlichen Rechtsprechung zu § 286 ZPO herausgebildet worden ist.[225] Die tatrichterliche Überzeugungsbildung hängt von den jeweiligen Umständen des Einzelfalls ab. Ob die erreichte Beweisstärke im zu entscheidenden Fall ausreicht, um den Beweis als erbracht anzusehen, bestimmt sich einerseits nach einem bestimmten (hohen) Maß an Wahrscheinlichkeit,[226] andererseits nach der subjektiven persönlichen Entscheidung des Tatrichters, der aber nachprüfbare objektive Tatsachen zu Grunde liegen müssen. Er muss seiner Entscheidung den gesamten Inhalt des Verfahrens zugrunde legen und bei dessen Beurteilung die allgemeinen Erfahrungssätze sowie die Natur- und Denkgesetze beachten. Auf dieser Grundlage hat der Richter zu überprüfen, ob er als erfahrener und gewissenhafter Beurteiler vom Vorliegen oder Nichtvorliegen einer entscheidungserheblichen Tatsache auszugehen hat.[227]

Im Rechtsbeschwerdeverfahren ist das Gericht an das **Ergebnis der Beweis-** **137** **würdigung** durch den Tatrichter grds. gebunden. Allein der **Vorgang der Beweiswürdigung** ist eingeschränkt daraufhin überprüfbar, ob sich der Tatrichter entsprechend dem Gebot des § 37 Abs. 1 FamFG mit dem gesamten Verfahrensstoff und den Beweisergebnissen umfassend und widerspruchsfrei auseinandergesetzt hat und die Überzeugungsbildung vollständig und rechtlich möglich ist und nicht gegen Denkgesetze und Erfahrungssätze verstößt.[228] Auch um eine solche Überprüfung seiner Entscheidung durch die Beteiligten und das Rechtsmittelgericht zu ermöglichen, ist das Gericht gehalten, im Rahmen seiner Begründungspflicht (§ 38 Abs. 3 S. 1 FamFG; → Rn. 161 ff.) die für die getroffenen Feststellungen maßgeblichen Erwägungen (zB hinsichtlich der Glaubhaftigkeit und Glaubwürdigkeit von Zeugen oder Beteiligten) darzulegen.[229]

Auch in den Verfahren der freiwilligen Gerichtsbarkeit kann das Gericht ohne **138** gegen seine Amtsermittlungspflicht zu verstoßen eine tatsächliche Feststellung auf

---

[223] BGH Urt. v. 10.12.2002 – VI ZR 378/01, BGHZ 153, 165 (170f.) = NJW 2003, 1123; ähnlich MüKoFamFG/*Ulrici* § 37 Rn. 8, allerdings mit der Einschränkung, dass der Zeuge die Aussage nicht billigt. Zu Einzelheiten s. Zöller/*Greger* ZPO § 286 Rn. 15 a ff.

[224] BGH Urt. v. 10.12.2002 – VI ZR 378/01 – BGHZ 153, 165 (169) = NJW 2003, 1123

[225] BT-Drs. 16/6308, 194.

[226] Stein/Jonas/*Leipold* ZPO § 286 Rn. 3 (Fußn. 5); BGH Urt. v. 16.4.2013 – VI ZR 44/12, NJW 2014, 71 (72) = MDR 2013, 868.

[227] Vgl. BGH Urt. v. 16.4.2013 – VI ZR 44/12, NJW 2014, 71 (72) = MDR 2013, 868

[228] BayObLG Beschl. v. 19.11.1998 – 1Z BR 93/98, BeckRS 1999, 00305 = FamRZ 1999, 819; Beschl. v. 6.11.1995 – 1Z BR 56/95, BayObLGZ 1995, 383 (388) = NJW-RR 1996, 457 jeweils zur Feststellung der Testierfähigkeit durch das Tatsachengericht.

[229] Keidel/*Sternal* FamFG § 37 Rn. 11.

einen **Beweis des ersten Anscheins** stützen.[230] Diese allgemein anerkannte Form der Überzeugungsbildung erlaubt bei typischen Geschehensabläufen den Nachweis eines entscheidungserheblichen Umstandes ohne exakte Tatsachengrundlage aufgrund eines Erfahrungssatzes.[231] Die Tatsachen, an die nach einem Erfahrungssatz eine typische Folgerung geknüpft wird, müssen indes zur vollen Überzeugung des Gerichts feststehen. Treten im Rahmen der Amtsermittlung durch das Gericht Anhaltspunkte zu Tage, die entweder geeignet sind, die Tatsachengrundlage für den Anscheinsbeweis in Zweifel zu ziehen, oder die für einen atypischen Geschehensablauf sprechen, ist der Anscheinsbeweis erschüttert und scheidet als Grundlage für die richterliche Überzeugungsbildung aus.

139   **d) Insbesondere: Beweisvereitelung.** Die Grundsätze der Beweisvereitelung gelangen auch in den Verfahren der freiwilligen Gerichtsbarkeit grds. zur Anwendung, ohne dass der Amtsermittlungsgrundsatz dem entgegensteht.[232] Eine solche in die Beweiswürdigung einzubeziehende Beweisvereitelung kann in Anwendung des Rechtsgedankens aus §§ 427, 441 III 3, 444, 446, 453 II, 454 I ZPO und § 242 BGB[233] vorliegen, wenn ein insoweit nicht die Feststellungslast (→ Rn. 148 ff.) tragender Beteiligter **vorsätzlich oder fahrlässig einen möglichen Beweis des feststellungsbelasteten Beteiligten verhindert oder erschwert und dadurch die Beweisführung scheitern lässt.**[234] Dies kann etwa dadurch geschehen, dass beweisrelevante Urkunden oder Augenscheinsobjekte vernichtet oder beeinträchtigt werden, ein nur dem betreffenden Beteiligten bekannter Zeuge nicht namhaft gemacht oder die erforderliche Mitwirkung bei der Erstellung eines Sachverständigengutachtens verweigert wird.[235] Das Verschulden muss sich sowohl auf die Beeinflussung des Beweisobjekts als auch auf die Beseitigung seiner Beweisfunktion beziehen.[236] Für die verweigerte Entbindung eines Zeugen von seiner Schweigepflicht (§ 383 Abs. 1 Nr. 4 u. 6 ZPO iVm § 385 Abs. 2 ZPO) verlangt der Bundesgerichtshof ausdrücklich ein vorwerfbares, missbilligenswertes Verhalten, das entfallen kann, wenn der Beteiligte Anlass zur Besorgnis hat, der Zeuge werde aus mandantschaftlicher Verbundenheit zu einem anderen Beteiligten oder wegen einer drohenden Schadensersatzpflicht nicht wahrheitsgemäß aussagen.[237]

140   Das Gericht kann im Rahmen seiner Beweiswürdigung ein solches **zu seiner Überzeugung feststehendes** beweisvereitelndes Verhalten – auch unter Heranziehung des Maßes des Verschuldens – berücksichtigen. Nach der höchstrichterlichen Rechtsprechung kommen im **Zivilprozess** zu Gunsten der beweisbelasteten Partei in solchen Fällen **Beweiserleichterungen** in Betracht, die bis zu einer Um-

---

[230] BayObLG Beschl. v. 19.11.1998 – 1Z BR 93/98, BeckRS 1999, 00305; OLG Zweibrücken Beschl. v. 29.1.2002 – 33 W 11/02, NJW-RR 2002, 749 = FGPrax 2002, 154; OLG Düsseldorf Beschl. v. 1.6.2012 – I-3 Wx 273/11, NJW-RR 2012, 1100 (1101) = BeckRS 2012, 12836; MüKoFamFG/*Ulrici* § 37 Rn. 11.

[231] Zöller/*Greger* ZPO vor § 284 Rn. 29.

[232] BGH Beschl. v. 17.2.2010 – XII ZB 68/09, BGHZ 184, 269 (276 f.) = NJW 2010, 1351.

[233] So ausdrücklich BGH Urt. v. 23.11.2005 – VIII ZR 43/05, NJW 2006, 432 (436) = MDR 2006, 510.

[234] Vgl. zu § 286 ZPO MüKoZPO/*Prütting* § 286 Rn. 80.

[235] Vgl. dazu die Beispiele bei MüKoZPO/*Prütting* § 286 Rn. 81.

[236] BGH Urt. v. 17.1.2008 – III ZR 239/06, NJW 2008, 982 (985) = MDR 2008, 373.

[237] So für den Zivilprozess BGH Beschl. v. 26.9.1996 – III ZR 56/96, NJW-RR 1996, 1534 = DNotZ 1997, 699.

kehr der Beweislast gehen können, für die aber alle Umstände des Falls zu berücksichtigen sind.[238]

Jedenfalls in den **Antragsverfahren der freiwilligen Gerichtsbarkeit** kann **141** das Gericht bei der Feststellung der entscheidungserheblichen Tatsachen trotz des geltenden Amtsermittlungsgrundsatzes das beweisvereitelnde Verhalten eines Beteiligten im Rahmen seiner freien Überzeugungsbildung berücksichtigen. Weil die Verfahren der freiwilligen Gerichtsbarkeit keine subjektive Beweislast (Beweisführungslast) kennen, können aus einem solchen Verhalten aber keine Beweiserleichterungen zu Gunsten eines anderen Beteiligten hergeleitet werden. Die Beweisvereitelung kann sich jedoch auf die objektive Beweislast (materielle Feststellungslast; → Rn. 148ff.).[239] auswirken. Dies gilt in den Streitsachen der freiwilligen Gerichtsbarkeit, in denen das Gericht – wenn auch eingeschränkt – ebenfalls zur Amtsermittlung verpflichtet ist (→ Rn. 105f.), entsprechend.[240] Kann sich das Gericht trotz Berücksichtigung des beweisvereitelnden Verhaltens keine hinreichende Überzeugung vom Vorliegen oder Nichtvorliegen einer Tatsache verschaffen, ist entsprechend der Verteilung der Feststellungslast zu entscheiden.[241]

Ein als Beweisvereitelung zu wertendes Verhalten kann, weil es nur Bedeutung **142** auf der Ebene der objektiven Beweislast erlangen kann, nicht nur von einem nicht feststellungsbelasteten Beteiligten ausgehen, sondern **von jedem Beteiligten.** Entscheidend ist allein, dass die amtswegige Ermittlung der entscheidungserheblichen Tatsachen durch das Einwirken eines Beteiligten auf Beweismittel vereitelt oder erschwert wird.[212]

e) Beweisregeln. Im FamFG-Verfahren gelten im Rahmen der gerichtlichen **143** Überzeugungsbildung einige Beweisregeln, **an die das Gericht bei seiner Überzeugungsbildung gebunden ist.** Hierzu zählen insbesondere die §§ 415 bis 418 ZPO, wenn das Gericht einen Urkundenbeweis im förmlichen Beweisverfahren erhebt (→ § 15 Rn. 79f.). In Landwirtschaftsverfahren der freiwilligen Gerichtsbarkeit gilt die förmliche Beweiskraft des § 165 ZPO für das nach § 15 Abs. 5 anzufertigende Protokoll über die mündliche Verhandlung. Die Beweiskraft von Zustellungsnachweisen im Fall der förmlichen Zustellung nach den Vorschriften der

---

[238] Ua BGH Urt. v. 23.11.2005 – VIII ZR 43/05, NJW 2006, 432 (436) = MDR 2006, 510; Urt. v. 17.1.2008 – III ZR 239/06, NJW 2008, 982 (985) = MDR 2008, 373; Urt. v. 23.10.2008 – VII ZR 64/07, NJW 2009, 360 (362) = MDR 2009, 80; ablehnend MüKo-ZPO/*Prütting* § 286 Rn. 88, allerdings unter Bezugnahme auf BGH Urt. v. 27.4.2004 – VI ZR 34/03, BGHZ 159, 48 (53ff.) = NJW 2004, 2011, das die Beweislastverteilung im Arzthaftungsprozess bei groben Behandlungsfehlern betrifft.

[239] OLG Hamm Beschl. v. 12.10.1995 – 15 W 134/95, NJW-RR 1996, 1095 (1096) = MittBayNot 1996, 118; ähnlich Keidel/*Sternal* FamFG § 29 Rn. 45; allgemein für die Berücksichtigung eines solchen Verhaltens im Rahmen der freien Beweiswürdigung MüKo-FamFG/*Ulrici* § 37 Rn. 13.

[240] AA wohl MüKoFamFG/*Ulrici* § 37 Rn. 13.

[241] MüKoFamFG/*Ulrici* § 37 Rn. 13.

[242] Regelmäßig wird in einem solchen Fall auch ein Verstoß gegen die Mitwirkungspflicht des jeweiligen Beteiligten zu sehen sein. Dieser kann, wenn er von einem feststellungsbelasteten Beteiligten ausgeht, auch dazu führen, dass das Gericht berechtigt ist, von weiteren Ermittlungen abzusehen; vgl. BGH Beschl. v. 2.2.2011 – XII ZB 467/10, NJW-RR 2011, 1289 (1290) = MDR 2011, 428 sowie Keidel/*Sternal* FamFG § 37 Rn. 45.

ZPO (§ 15 Abs. 2 S. 1 FamFG) bestimmt sich demgemäß nach § 418 ZPO (iVm § 182 Abs. 2 S. 2 ZPO).[243]

144   Soweit in Antragsverfahren die Dispositionsbefugnis der Beteiligten, etwa durch die Möglichkeit, das Verfahren durch den Abschluss eines Vergleiches zu beenden, reicht, sollen auch **Vereinbarungen über die Feststellungslast** zulässig sein,[244] während sog. **Beweisverträge,** durch die etwa die Benutzung bestimmter Beweismittel ausgeschlossen oder die Feststellung einer bestimmter Tatsache dem Gericht vorgegeben wird, mit dem Amtsermittlungsgrundsatz nicht vereinbar sein sollen.[245] Richtigerweise wird man aber den Beteiligten im Rahmen ihrer Dispositionsbefugnis, die sie auch zum Abschluss von Teilvergleichen berechtigt, die Möglichkeit nicht verwehren können, dem Gericht durch übereinstimmende Erklärung vorzugeben, dass etwa ein aufwändiger Sachverständigenbeweis nicht erhoben werden soll oder das Gericht zur Vermeidung einer kosten- und zeitintensiven Beweiserhebung seiner Entscheidung eine konkrete Tatsache zugrunde legen soll, sofern dies nicht gegen Natur- oder Denkgesetze oder allgemeine Erfahrungssätze verstößt.

145   f) **Rechtsmittelverfahren.** Das Beschwerdegericht hat als **weiteres Tatsachengericht** nach seiner eigenen freien, aus dem gesamten Inhalt des Verfahrens gewonnenen Überzeugung zu entscheiden. Eine Übernahme der erstinstanzlichen Feststellungen, wie sie etwa § 529 Abs. 1 Nr. 1 ZPO ermöglicht, ist in den Verfahren der freiwilligen Gerichtsbarkeit nicht vorgesehen. Das Beschwerdegericht ist aber deswegen nicht gehalten, eine erstinstanzliche Beweisaufnahme erneut durchzuführen und zwar auch dann nicht, wenn es das Ergebnis einer solchen Beweisaufnahme anders würdigen will.

146   Besonderheiten gelten hier für den **Zeugenbeweis.** Will das Beschwerdegericht die Glaubwürdigkeit eines Zeugen anders beurteilen oder die protokollierte Aussage anders verstehen oder ihr ein anderes Gewicht beimessen als die Vorinstanz, ist eine erneute Vernehmung des Zeugen, die nach § 398 Abs. 1 ZPO grds. im Ermessen des Gerichts steht, geboten.[246] Das Gericht kann sich in diesem Fall auch nicht auf eine informatorische Anhörung des Zeugen beschränken.[247]

147   Die Beweiswürdigung und die darauf beruhende Tatsachenfeststellung der Instanzgerichte kann durch den Bundesgerichtshof im Rechtsbeschwerdeverfahren nur noch eingeschränkt überprüft werden. Das Rechtsbeschwerdegericht hat gem. § 74 Abs. 3 S. 4 FamFG iVm § 559 Abs. 2 ZPO grds. von dem Sachverhalt auszugehen, den das Beschwerdegericht festgestellt hat. Die den Feststellungen zu Grunde liegende Beweiswürdigung ist Sache des Tatrichters und im Rechtsbeschwerdeverfahren nur darauf zu überprüfen, ob dieser die maßgeblichen Rechtsbegriffe zutreffend erfasst und sich mit dem Verfahrensstoff und den Beweisergebnissen umfassend und widerspruchsfrei auseinandergesetzt hat, die Beweiswürdigung also vollständig

---

[243] Dies gilt auch für das anwaltliche Empfangsbekenntnis, obwohl es sich hierbei um eine Privaturkunde handelt; so ohne ausdrückliche Bezugnahme auf § 418 ZPO ua BGH Urt. v. 24.4.2001 – VI ZR 258/00, NJW 2001 2722 (2723) = MDR 2001, 1007; Beschl. v. 27.5.2003 – VI ZB 77/02, NJW 2003, 2460 = Rpfleger 2003, 1193.

[244] Keidel/*Sternal* FamFG § 29 Rn. 46; MüKoFamFG/*Ulrici* § 37 Rn. 18.

[245] Keidel/*Sternal* FamFG § 29 Rn. 33.

[246] BGH Urt. v. 19.2.1998 – I ZR 20/96, NJW-RR 1998, 1601 (1602) = MDR 1998, 1092; Urt. v. 2.6.1999 – VIII ZR 112/98, NJW 1999, 2972 (2973) = MDR 1999, 1083; Keidel/*Sternal* FamFG § 29 Rn. 36.

[247] BGH Urt. v. 19.2.1998 – I ZR 20/96, NJW-RR 1998, 1601 (1602) = MDR 1998.

und rechtlich möglich ist und nicht gegen Denkgesetze oder Erfahrungssätze ver-stößt.[248]

g) Feststellungslast. Weil in den Angelegenheiten der freiwilligen Gerichts-barkeit nicht die Verhandlungs-, sondern die Untersuchungsmaxime gilt, gibt es in diesen Verfahren **keine (subjektive) Beweisführungslast.** Das Gericht muss eine Entscheidung in der Sache aber auch dann treffen, wenn es sich nach Ausschöpfung der zulässigen Erkenntnismittel eine hinreichende Überzeugung weder vom Vor-liegen noch vom Nichtvorliegen einer entscheidungserheblichen Tatsache verschaf-fen kann. Zu wessen Lasten ein solches non liquet geht, bestimmt sich danach, wer die **Feststellungslast** (objektive Beweislast) trägt. **148**

Grundlage für die Verteilung der Feststellungslast ist das materielle Recht. Die Feststellungslast trägt – unabhängig von der Art der jeweiligen Beteiligung am Ver-fahren – grds. derjenige, der zu seinen Gunsten aus der betreffenden Tatsache Rechte herleiten will.[249] In den **Antragsverfahren einschließlich der Streitsa-chen der freiwilligen Gerichtsbarkeit** wird danach regelmäßig der Antragsteller die Feststellungslast für die rechtsbegründenden, der Antragsgegner für die rechts-hindernden oder rechtsvernichtenden Tatsachen tragen. In den **Amtsverfahren** geht die mangelnde Feststellbarkeit einer Tatsache grds. zu Lasten des Staates, der in die Rechte eines Beteiligten nur eingreifen darf, wenn die gesetzlichen Voraus-setzungen hierfür festgestellt werden. **149**

Die Verfahren betreffend die Anzeige und Beanstandung von Landpachtverträ-gen (§ 1 Nr. 1) und die Verfahren auf Grund der Vorschriften des GrdstVG (§ 1 Nr. 2) sind dadurch gekennzeichnet, dass sie zwar durch einen Antrag auf gericht-liche Entscheidung eingeleitet werden (§ 8 Abs. 1 LPachtVG bzw. § 22 Abs. 1 GrdstVG), der Antragsteller sich aber regelmäßig gegen einen staatlichen Eingriff, insbesondere gegen die Versagung einer Genehmigung wendet und das Gericht in diesen Verfahren an die Stelle der zuständigen Behörde tritt. Die Genehmigungsbe-hörde selbst ist an dem gerichtlichen Verfahren nicht beteiligt, vielmehr lediglich nach § 32 Abs. 1 anzuhören (→ § 32 Rn. 4 ff.). Obwohl es sich also um Antragsver-fahren handelt, trägt die Feststellungslast – wie in den Amtsverfahren – hinsichtlich der Voraussetzungen für die Versagung der Genehmigung eines Grundstückskauf-vertrages oder für die Beanstandung eines Landpachtvertrages der eingreifende Staat. **150**

V. Entscheidung durch Beschluss

1. Überblick

§ 38 Abs. 1 S. 1 FamFG bestimmt für alle Verfahren der freiwilligen Gerichtsbar-keit im Wege der Legaldefinition was unter einer **Endentscheidung** zu verstehen ist, nämlich eine Entscheidung des Gerichts, durch die der Verfahrensgegenstand ganz oder teilweise erledigt wird, und ordnet weiter an, dass diese Entscheidung **151**

---

[248] BGH Beschl. v. 14.1.2014 – II ZB 5/12, MittBayNot 2014, 357 (359) = MDR 2014, 599; Beschl. v. 23.4.2013 – II ZB 7/09, NJW 2013, 2114 (2115) = MDR 2013, 918; Keidel/*Meyer-Holz* FamFG § 37 Rn. 11; MüKoFamFG/*Ulrici* § 37 Rn. 10.

[249] KG Beschl. v. 6.11.1990 – 1 W 992/90, NJW-RR 1991, 392 (393) = Rpfleger 1991, 154; Beschl. v. 7.9.1999 – 1 W 4291/98, NJW 2001, 903 (903f.) = FamRZ 2000, 912; Mü-KoFamFG/*Ulrici* § 37 Rn. 17.

durch Beschluss ergeht. **Zwischen- und Nebenentscheidungen** sind nur dann durch Beschluss zu treffen, wenn dies durch Gesetz ausdrücklich angeordnet wird.[250] In Anlehnung an die Vorschriften der ZPO zum Urteil[251] wird in § 38 Abs. 2 bis 6 und § 39 FamFG der (formelle) Inhalt des Beschlusses normiert. Die Vorschrift gilt über die Verweisung in § 69 Abs. 3 FamFG auch für das Beschwerdeverfahren.[252]

152   Im Weiteren regelt § 41 FamFG, wie der die Instanz beendende Beschluss den Beteiligten bekannt zu geben ist. Für das Wirksamwerden des Beschlusses gilt in den Landwirtschaftssachen nicht § 40 FamFG (iVm § 9), weil das LwVG in § 30 hierzu eine eigene Regelung enthält. In den §§ 42 bis 45 FamFG finden sich Bestimmungen zur Berichtigung des Beschlusses bei offenbaren Unrichtigkeiten (§ 42 FamFG), zur Ergänzung des Beschlusses, wenn über einen Antrag nicht oder nicht vollständig entschieden wurde oder die Kostenentscheidung unterblieben ist (§ 43 FamFG) und zur Abhilfe bei Verletzung des Anspruchs auf rechtliches Gehör (§ 44 FamFG), die nach Inhalt und Funktion den §§ 319 bis 321a ZPO entsprechen. § 45 FamFG regelt den Eintritt der formellen Rechtskraft.

153   Wegen der abweichenden Regelung zum Zeitpunkt des Wirksamwerdens der Entscheidung in § 30 (→ § 30 Rn. 4ff.) ist die Regelung in § 47 FamFG zum wirksam bleiben von Rechtsgeschäften für die Landwirtschaftsverfahren der freiwilligen Gerichtsbarkeit ohne praktische Bedeutung. Dies gilt entsprechend für die in § 48 Abs. 1 FamFG eröffnete Möglichkeit, Beschlüsse mit Dauerwirkung, wie etwa Unterhaltstitel, bei nachträglicher Änderung der Sach- und Rechtslage abzuändern. Für die Möglichkeit der Wiederaufnahme rechtskräftig beendeter Verfahren verweist § 48 Abs. 2 FamFG auf die entsprechenden Vorschriften der ZPO.

2. Endentscheidung

154   Eine Endentscheidung liegt immer dann vor, wenn durch sie die Anhängigkeit der Sache in dieser Instanz unmittelbar beendet wird. Diese **Wirkung der unmittelbaren Verfahrensbeendigung** unterscheidet die Endentscheidung von Neben- und Zwischenentscheidungen. Unerheblich ist, ob das Verfahren durch eine Sachentscheidung, die das materielle Rechtsstellung der Beteiligten betrifft, oder durch eine Verfahrensentscheidung, die sich lediglich mit den Voraussetzungen für eine Sachentscheidung befasst, beendet wird.[253]

155   Endentscheidungen iSv § 38 Abs. 1 S. 1 FamFG sind auch **Teilentscheidungen,** die das Verfahren lediglich hinsichtlich eines Teils des Verfahrensgegenstandes für diese Instanz beenden. Allgemein ist die Zulässigkeit von Teilentscheidungen auch für die Verfahren der freiwilligen Gerichtsbarkeit nach dem FamFG anerkannt. Ein Teilbeschluss soll entsprechend einem Teilurteil nach § 301 ZPO zulässig sein, wenn ein selbständiger Teil eines mehrgliedrigen Verfahrensgegenstandes zur Endentscheidung reif[254] ist und im Verhältnis zum in der Instanz verbleibenden Ver-

---

[250] ZB in §§ 5 Abs. 3, 6 Abs. 2, 7 Abs. 5, 10 Abs. 3, 12 S. 4, 21 Abs. 1, 33 Abs. 3 FamFG.

[251] §§ 313, 313a, 313b, 315 Abs. 1 ZPO.

[252] Dagegen fehlt für das Rechtsbeschwerdeverfahren eine ausdrückliche Verweisung auf die Regelungen zum formalen Inhalt des die Instanz beendenden Beschlusses. Da aber an den Inhalt einer Endentscheidung in der Rechtsbeschwerdeinstanz keine anderen Anforderungen gestellt werden, ergibt sich dieser ebenfalls grds. aus § 38 Abs. 2–6 FamFG.

[253] Keidel/*Meyer-Holz* FamFG § 38 Rn. 10f.

[254] An einem selbständigen Teil eines mehrgliedrigen Verfahrensgegenstandes fehlt es etwa, wenn Gegenstand eines Verfahrens nach § 1 Nr. 2 die rechtsgeschäftliche Veräußerung mehre-

fahrensgegenstand die Gefahr einander widersprechender Entscheidungen auch im Instanzenzug ausgeschlossen ist.[255]

Ergeht gemessen hieran ein unzulässiger Teilbeschluss, begründet dies zwar idR **156** einen **wesentlichen Mangel des Verfahrens,** der aber nur unter den Voraussetzungen des § 69 Abs. 1 S. 3 FamFG zur Aufhebung und Zurückverweisung durch das Beschwerdegericht berechtigt, dh neben einer umfangreichen und aufwändigen Beweiserhebung auch einen entsprechenden Antrag eines Beteiligten, nicht notwendig des Beschwerdeführers, erfordert,[256] weil im FamFG eine dem § 538 Abs. 2 S. 1 Nr. 7, S. 3 ZPO entsprechende Regelung fehlt.[257] Dies gilt jedenfalls dann, wenn der Teilbeschluss deswegen unzulässig ist, weil der Verfahrensgegenstand zwar teilbar ist, aber die Gefahr widersprechender Entscheidungen besteht. Hat das Gericht einen Teilbeschluss erlassen, obwohl der Verfahrensgegenstand nicht teilbar war, fehlt es dagegen an einer wirksamen Sachentscheidung iSv § 69 Abs. 1 S. 2 FamFG, so dass in diesem Fall die Aufhebung und Zurückverweisung im Ermessen des Gerichts steht.

In den **Streitsachen der freiwilligen Gerichtsbarkeit** kann als Endentscheidung auch ein Zwischenbeschluss entsprechend § 280 ZPO oder ein Zwischen- **157** schluss über den Grund entsprechend § 304 ZPO ergehen.[258] In diesen Verfahren kann, wenn die Voraussetzungen hierfür vorliegen, auch ein Anerkenntnis- (entsprechend § 307 ZPO) oder Verzichtsbeschluss (entsprechend § 308 ZPO) erlassen werden (→ Rn. 13).[259] Die Besonderheiten des Verfahrens erfordern es aber nicht, in den Streitsachen entsprechend den §§ 330 ff. ZPO einen Säumnisbeschluss zuzulassen. Dies wäre mit dem geltenden Amtsermittlungsgrundsatz nicht zu vereinbaren.

In den Landwirtschaftssachen ist insbesondere dann, wenn eine Entscheidung **158** nicht im Anschluss an die mündliche Verhandlung getroffen wird, die ausreichende Mitwirkung der ehrenamtlichen Richter sicherzustellen. Aus § 193 Abs. 1 GVG ergibt sich, dass jede Entscheidung eines Kollegialgerichts auf einer Beratung und

---

rer selbständiger Grundstücke in einem Vertrag ist, weil über die Genehmigung des Vertrages nur einheitlich entschieden werden kann. Dagegen liegen selbständige Teile vor, wenn mehrere eigenständige Veräußerungsgeschäfte Gegenstand eines solchen Verfahrens sind. Eine Teilentscheidung über einen Teil dieser Verträge kann aber nur ergehen, wenn weiter die Gefahr widersprechender Entscheidungen ausgeschlossen ist, was etwa dann nicht der Fall wäre, wenn die Eigenschaft des Erwerbers als Landwirt als entscheidungserhebliche Tatsache nur einheitlich beurteilt werden kann.

[255] OLG Düsseldorf Beschl. v. 27.12.2010 – 7 UF 182/10, NJW-RR 2011, 808 = BeckRS 2011, 01749 unter Bezugnahme auf Keidel/*Meyer-Holz* FamFG § 38 Rn. 29; OLG Saarbrücken Beschl. v. 20.4.2015 – 6 UF 42/15, BeckRS 2015, 09066 = FamRZ 2015, 1928; BeckOK FamFG/*Obermann* § 38 Rn. 12; Zöller/*Feskorn* § 38 FamFG Rn. 3; Musielak/Borth/ *Borth/Grandel* FamFG § 38 Rn. 2.

[256] Eine entsprechende Anwendung von § 538 Abs. 2 S. 1 Nr. 7 S. 3 ZPO ist im Hinblick auf die Besonderheiten dieser Verfahren nicht geboten.

[257] MüKoFamFG/*A. Fischer* § 69 Rn. 47; aA Keidel/*Meyer-Holz* FamFG § 69 Rn. 14a (Aufhebung nach § 69 Abs. 1 S. 2 FamFG, weil eine umfassende Sachentscheidung fehle) und wohl – allerdings ohne nähere Begründung – OLG Saarbrücken Beschl. v. 20.4.2015 – 6 UF 42/15, BeckRS 2015, 09066 = FamRZ 2015.

[258] Keidel/*Meyer-Holz* FamFG § 38 Rn. 33 u. 34.

[259] Für den wirksamen Verzicht ist aber zu beachten, dass dieser, anders als das Anerkenntnis, nur „bei der mündlichen Verhandlung" erklärt werden kann.

Abstimmung der zur Entscheidung berufenen Richter beruhen muss (→ § 5 Rn. 12 ff.).

3. Form und Inhalt des Beschlusses

159   Was **notwendiger Inhalt** des die Instanz beendenden Beschlusses ist, ist in § 38 Abs. 2 FamFG geregelt. Nach der – im Gesetz nicht vorgeschriebenen – Bezeichnung als Beschluss unter Angabe des Aktenzeichens folgt das **Rubrum**. Nach § 38 Abs. 2 Nr. 1 FamFG sind zunächst die Beteiligten, ihre gesetzlichen Vertreter und ihre Bevollmächtigten anzugeben, nach § 38 Abs. 2 Nr. 2 FamFG das Gericht und schließlich die Namen der Gerichtspersonen, die bei der Entscheidung mitgewirkt haben. Hierzu zählen in den Landwirtschaftsverfahren auch die ehrenamtlichen Richter.

160   An das Rubrum schließt sich die **Beschlussformel** an. Diese besteht zunächst aus dem Rechtsfolgenausspruch in der Sache selbst. Der Ausspruch muss, auch im Hinblick auf eine mögliche Vollstreckung, so gefasst sein, dass sich aus ihm, ggf. mit den Gründen, der konkrete Inhalt der Entscheidung eindeutig ergibt.[260] Bezugnahmen auf Aktenteile im Entscheidungsausspruch sind nur dann zulässig, wenn sich der Entscheidungsgegenstand nicht anders beschreiben lässt.[261] An den Ausspruch zur Sachentscheidung schließen sich die Nebenentscheidungen an. Dies ist in erster Linie die in Landwirtschaftssachen nach §§ 44, 45 zu treffende Kostenentscheidung. Ist Gegenstand der Sachentscheidung eine Genehmigung, so bedarf es nicht zwingend eines besonderen Ausspruchs, dass die Entscheidung erst mit ihrer (formellen) Rechtskraft wirksam wird (§ 40 Abs. 2 FamFG), weil Entscheidungen in den Landwirtschaftssachen der freiwilligen Gerichtsbarkeit nach § 30 Abs. 1 allgemein erst ab diesem Zeitpunkt wirksam werden.[262] Hat der Beschluss einen vollstreckbaren Inhalt, so kann er nach Maßgabe des § 30 Abs. 2 durch das Gericht für vorläufig vollstreckbar erklärt werden. Gegenstand einer verfahrensrechtlichen Nebenentscheidung kann auch ein Vollstreckungsschutzantrag (§ 95 Abs. 3 S. 1 FamFG) und die Entscheidung über die Zulassung eines Rechtsmittels (§§ 61 Abs. 3, 70 Abs. 2 FamFG) sein.

4. Begründung des Beschlusses

161   **a) Allgemeines.** In § 38 Abs. 3 S. 1 FamFG wird lediglich angeordnet, dass der Beschluss zu begründen ist, ohne die Anforderungen an die Ausgestaltung der Gründe im Einzelnen festzulegen. Da der die Instanz durch eine Sachentscheidung beendende Beschluss in seiner Funktion dem Urteil im Zivilprozess entspricht, können die Anforderungen an die Ausgestaltung der Entscheidungsgründe, wie sie in § 313 Abs. 2 und Abs. 3 ZPO niedergelegt sind, zwar nicht ohne weiteres übertragen werden. Aus Gründen der Verständlichkeit ist es jedoch zweckmäßig, der rechtlichen Begründung der Entscheidung – entsprechend dem Tatbestand eines Urteils – zunächst einen Sachbericht voranzustellen Die Gründe sollten also in

---

[260] BGH Urt. v. 14.10.1999 – I ZR 117/97, BGHZ 142, 388 (391 f.) = NJW 2000, 2207; Keidel/*Meyer-Holz* FamFG § 38 Rn. 50; MüKoFamFG/*Ulrici* § 38 Rn. 14.

[261] BGH Urt. v. 9.5.1985 – I ZR 52/83, BGHZ 94, 276 (291) = NJW 1986, 192; Beschl. v. 14.2.1989 – X ZB 8/87, NJW-RR 1989, 1085 (1086) = MDR 1989, 909.

[262] Es kann allerdings sinnvoll sein, dies gleichwohl klarstellend entsprechend in die Beschlussformel mit aufzunehmen, wenn die Entscheidung die Genehmigung eines Rechtsgeschäfts zum Gegenstand hat.

einem ersten Teil aus dem Sachbericht und im zweiten Teil aus der rechtlichen Begründung der getroffenen Entscheidung bestehen.[263] Für das Beschwerdeverfahren wird in § 69 Abs. 2 FamFG die Pflicht zur Begründung der Entscheidung nochmals ausdrücklich angeordnet.

In § 38 Abs. 4 FamFG ist geregelt, in welchen Fällen auf eine Begründung der   **162** Entscheidung verzichtet werden kann. Die von § 38 Abs. 5 erfassten Konstellationen, in denen auf eine Begründung in keinem Fall verzichtet werden kann, sind für die Landwirtschaftsverfahren nur insoweit von Bedeutung, als eine Entscheidung im Ausland geltend gemacht werden soll (§ 38 Abs. 5 Nr. 4 FamFG).

b) Sachbericht. Dem Sachbericht kommt im Unterschied zum Tatbestand   **163** eines Urteils im Zivilverfahren keine Beurkundungsfunktion zu; eine dem § 314 ZPO entsprechende Vorschrift fehlt im FamFG.[264] Seine Funktion unterscheidet sich wegen des Amtsermittlungsgrundsatzes damit grundlegend von der Funktion des Tatbestands eines Urteils im Zivilverfahren. Berücksichtigungsfähig sind allein die festgestellten Tatsachen, auch wenn sie zwischen den Beteiligten unstreitig sein sollten. Welche Tatsachen festgestellt sind, ergibt sich also allein aus der rechtlichen Begründung der Entscheidung, nicht aus dem Sachbericht, der lediglich eine **darstellende** Funktion hat.

Zweckmäßig ist es, im Sachbericht **den zur Entscheidung stehenden Sach-**   **164** **verhalt seinem wesentlichen Inhalt** nach knapp darzustellen. Aus Gründen der Verständlichkeit kann es – insbesondere bei den Streitsachen der freiwilligen Gerichtsbarkeit – sachgerecht sein, sich an dem Aufbau des Tatbestands eines streitigen Urteils in Zivilsachen zu orientieren und in diesem Rahmen auch das Vorbringen des Antragstellers und des Antragsgegner wiederzugeben. Der Antrag ist in seinem vollen Umfang, nicht aber unbedingt im genauen Wortlaut aufzuführen. Am Ende des Sachberichts folgt die Darstellung der Ermittlungen des Gerichts, auf deren aktenkundiges Ergebnis Bezug genommen werden kann.[265]

c) Gründe. Die Gründe des Beschlusses folgen in Funktion und Aufbau den   **165** Entscheidungsgründen eines streitigen Urteils in Zivilsachen. Die Beteiligten und das Rechtsmittelgericht sollen ihnen entnehmen können, **auf welchen recht-** **lichen Erwägungen die Entscheidung beruht.** Hierfür genügt wie beim Urteil (§ 313 Abs. 3 ZPO) deren kurze Zusammenfassung in tatsächlicher und rechtlicher Hinsicht.[266] In jedem Fall ist anzugeben, auf welcher Rechtsgrundlage die Entscheidung beruht und von welchen festgestellten Tatsachen das Gericht ausgeht. In diesem Zusammenhang sind auch ggf. erhobene Beweise zu würdigen. Ist dem Gericht bei seiner Entscheidung ein Ermessen eingeräumt,[267] müssen auch die Erwägungen, die zu der konkreten Ermessensentscheidung geführt haben, mitgeteilt werden.[268]

---

[263] OLG Köln Beschl. v. 14.7.2010 – 2 Wx 99/10, NJW 2010, 320 (321) = Rpfleger 2010, 664; MüKoFamFG/*Ulrici* § 38 Rn. 16.

[264] Deshalb bedarf es auch keiner Regelung zur Berichtigung, wie sie in § 320 ZPO vorgesehen ist.

[265] Keidel/*Meyer-Holz* FamFG § 38 Rn. 56.

[266] Keidel/*Meyer-Holz* FamFG § 38 Rn. 64.

[267] ZB bei Entscheidungen nach § 16 Abs. 2 S. 1, Abs. 3–5 GrdstVG bzw. bei der anstelle der Behörde zu treffenden Entscheidung, ob eine Genehmigung nach dem GrdstVG unter einer bestimmten Auflage oder Bedingung erteilt werden kann (§§ 10, 11 GrdstVG).

[268] Vgl. BGH Beschl. v. 19.1.2012 – V ZB 221/11, FGPrax 2012, 84 (85) = BeckRS 2012, 04373.

166   Fehlen die Gründe vollständig oder reichen sie nicht aus, um die Entscheidung des Gerichts in tatsächlicher und rechtlicher Hinsicht nachzuvollziehen, so liegt ein **Verfahrensfehler** vor.[269] Bei einer erstinstanzlichen Entscheidung kann dies unter den Voraussetzungen des § 69 Abs. 1 S. 3 FamFG (→ Rn. 202) zu einer Aufhebung und Zurückverweisung führen. Das erstinstanzliche Gericht hat aber im Rahmen seiner Abhilfeentscheidung die Möglichkeit eine ausreichende Begründung nachzuholen und den Verfahrensfehler damit zu heilen.[270] Im Beschwerdeverfahren führt ein solcher Verfahrensfehler zwingend zur Aufhebung und Zurückverweisung, weil ein absoluter Rechtsbeschwerdegrund nach § 72 Abs. 3 FamFG iVm § 547 Nr. 6 ZPO vorliegt.[271]

5. Rechtsmittelbelehrung

167   Schließlich muss der Beschluss, soweit er mit einem Rechtsbehelf anfechtbar ist, nach § 39 FamFG eine Rechtsmittelbelehrung enthalten. Diese muss das statthafte Rechtsmittel, den Einspruch, den Widerspruch oder die Erinnerung enthalten. Über weitere nicht in § 39 S. 1 FamFG aufgeführte Rechtsbehelfe, wie etwa die Anhörungsrüge nach § 44 FamFG, ist nicht zu belehren.[272] Von der Belehrungspflicht ausdrücklich ausgenommen ist nach § 39 S. 2 FamFG die Sprungrechtsbeschwerde. Weiter müssen das Gericht, bei dem die Rechtsbehelfe einzulegen sind, dessen Sitz[273] und die einzuhaltende Form und Frist mitgeteilt werden. In diesem Zusammenhang ist auch über einen bestehenden Anwaltszwang zu informieren.[274] **Die Rechtsbehelfsbelehrung muss mit diesem zwingenden Inhalt aus sich heraus verständlich sein.** Ein nicht anwaltlich vertretener Beteiligter muss in den Stand gesetzt werden, allein anhand der Rechtsbehelfsbelehrung ohne Mandatierung eines Rechtsanwalts eine formrichtige Beschwerde einzulegen.[275] Eine Belehrung über Form und Frist einer Beschwerdebegründung ist nicht erforderlich.[276]

168   Eine fehlerhafte Rechtsmittelbelehrung hat grundsätzlich keine Auswirkungen auf den Lauf der Rechtsmittelfrist.[277] Es wird allerdings nach § 17 Abs. 2 FamFG vermutet, dass eine gesetzliche Frist ohne Verschulden versäumt wurde, wenn eine Rechtsbehelfsbelehrung unterblieben oder fehlerhaft ist (→ Rn. 60 ff.).

169   Nach dem eindeutigen Wortlaut des § 39 S. 1 ZPO („Jeder Beschluss hat … zu enthalten") ist die Rechtsbehelfsbelehrung notwendiger Bestandteil der Endentscheidung, muss also auch von der Unterschrift der erkennenden Richter

---

[269] BGH Beschl. v. 18.8.2010 – V ZB 119/10, BeckRS 2010, 21898 = NVwZ 2010, 1575 (Ls.); Keidel/*Meyer-Holz* FamFG § 38 Rn. 73. Da nicht zwingend vorgeschrieben, führt allein das Fehlen des Sachberichts nicht zu einem Verfahrensfehler.

[270] Keidel/*Meyer-Holz* FamFG § 38 Rn. 74; MüKoFamFG/*Ulrici* § 38 Rn. 34; aA wohl OLG Düsseldorf Beschl. v. 25.9.2012 – 1–3 WX 31/12, FGPrax 2013, 14 (15).

[271] Keidel/*Sternal* FamFG § 38 Rn. 75.

[272] BeckOK FamFG/*Obermann* § 39 Rn. 16.

[273] Anzugeben ist die vollständige Anschrift des Gerichts; so BGH Beschl. v. 15.6.2010 – XII ZB 468/10, NJW 2011, 2887 (2888) = FGPrax 2011, 258.

[274] BGH Beschl. v. 23.6.2010 – XII ZB 82/10, NJW-RR 2010, 1297 (1298) = MDR 2010, 1073.

[275] BT-Drs. 16/6308, 196; BGH Beschl. v. 23.6.2010 – XII ZB 82/10, NJW-RR 2010, 1297 (1298) = MDR 2010, 1073 mwN.

[276] BGH Beschl. v. 15.6.2010 – XII ZB 468/10, NJW 2011, 2887 (2888) = FGPrax 2011, 258.

[277] BGH Beschl. v. 3.5.2012 – V ZB 54/11, NJW 2012, 2445 = FGPrax 2012, 182.

($\rightarrow$ Rn. 170 ff.) umfasst sein; ein Hinweis auf eine beigefügte Rechtsbehelfsbelehrung ist nicht ausreichend.[278]

6. Unterschrift

Der Beschluss ist nach (§ 9 iVm) § 38 Abs. 3 S. 2 FamFG von den Gerichtspersonen zu unterschreiben, die an ihm mitgewirkt haben und die im Rubrum nach § 38 Abs. 2 Nr. 2 FamFG namentlich zu bezeichnen sind. Diese allgemeine Regelung soll mit der Unterschriftsleistung eine **Abgrenzung des Beschlusses von einem bloßen Entwurf** ermöglichen.[279] Bei einem kollegial besetzten Gericht wie den Landwirtschaftsgerichten ist daher eine eigenhändige Unterzeichnung der Entscheidung durch alle mitwirkenden Richter erforderlich. Ist ein mitwirkender Richter nach Beschlussfassung an der Unterschriftsleistung gehindert, kann diese in entsprechender Anwendung von § 315 Abs. 1 S. 2 ZPO ersetzt werden.[280] **170**

In der Entwurfsbegründung zu § 38 Abs. 3 S. 2 FamFG heißt es, dass eine Kollegialentscheidung alle Richter zu unterschreiben haben, die daran mitgewirkt haben. Eine ausdrückliche Regelung für ehrenamtliche Richter fehlt.[281] Allerdings ist für die Landwirtschaftssachen der freiwilligen Gerichtsbarkeit davon auszugehen, dass der Gesetzgeber über die Verweisung in § 9 LwVG für die darin genannten Angelegenheiten nicht beabsichtigt hat, mit der Regelung in § 38 Abs. 3 S. 2 FamFG eine Unterschriftsleistung auch durch die ehrenamtlichen Richter vorzuschreiben. Die Vorschrift ist im Wege der teleologischen Reduktion dahingehend auszulegen, dass **die ehrenamtlichen Richter in diesen Angelegenheiten ergangene Beschlüsse nicht unterschreiben müssen**.[282] **171**

Das Fehlen einer erforderlichen Unterschrift führt bei einem Beschluss, der schriftlich bekanntgegeben wird (§ 41 Abs. 1 FamFG; $\rightarrow$ Rn. 173), dazu, dass der Beschluss nicht wirksam wird. Es liegt ein bloßer **Beschlussentwurf** vor, der zwar, obwohl er eine Rechtsmittelfrist nicht in Gang setzt,[283] rechtsmittelfähig ist, aber weder materiell noch formell in Rechtskraft erwachsen kann.[284] Das Rechtsmittel dient in diesem Fall allein dazu, den äußeren Anschein einer tatsächlich nicht ergangenen Entscheidung zu beseitigen;[285] die fehlende Unterschrift **172**

---

[278] BAG Urt. v. 1.3.1994 – 10 AZR 50/93, NJW 1994, 3181 = BB 1994, 1432 zu § 9 Abs. 5 ArbGG; OLG Oldenburg Beschl. v. 23.1.2012 – 11 UF 212/11, BeckRS 2012, 04712 = FamRZ 2012, 1080; Keidel/*Meyer-Holz* FamFG § 39 Rn. 10.

[279] BT-Drs. 16/6308, 195.

[280] Keidel/*Sternal* FamFG § 38 Rn. 81; MüKoFamFG/*Ulrici* § 38 Rn. 28.

[281] BT-Drs. 16/6308, 195. Allerdings wäre angesichts des von § 315 Abs. 1 S. 1 ZPO, der ausdrücklich die Unterschrift durch die mitwirkenden Richter anordnet, abweichenden Wortlauts eine einschränkende Auslegung von § 38 Abs. 3 S. 2 FamFG denkbar (so OLG Brandenburg Beschl. v. 30.5.2013 – 5 W (Lw) 6/12, BeckRS 2013 09496 = NL-BzAR 2013, 288).

[282] BGH Beschl. v. 29.11.2013 – BLw 4/12, NJW-RR 2014, 243 (245) = RdL 2014, 107; Beschl. v. 28.4.2014 – BLw 2/13, NJW-RR 2014, 1170 (1171) = RdL 2014, 242. IE ebenso OLG Brandenburg Beschl. v. 30.5.2013 – 5 W (Lw) 6/12, BeckRS 2013 09496 = NL-BzAR 2013, 288.

[283] Vgl. BGH Beschl. v. 26.9.1997 – IX ZB 6/97, NJW-RR 1998, 141.

[284] BVerfG Beschl. v. 17.1.1985 – 2 BvR 498/94, NJW 1985, 788 = NVwZ 1985, 334 (Ls.).

[285] BVerfG Beschl. v. 17.1.1985 – 2 BvR 498/94, NJW 1985, 788 = NVwZ 1985, 334 (Ls.).

kann daher auch nicht im Rahmen einer Abhilfeprüfung nachgeholt werden.[286] Dagegen wird ein verkündeter Beschluss (§ 41 Abs. 2 S. 1 FamFG; → Rn. 175) auch dann rechtlich existent, wenn die schriftliche Fassung der Entscheidung nicht unterschrieben ist.[287]

7. Bekanntgabe und Wirksamwerden der Entscheidung

173 Der Beschluss ist **immer schriftlich bekanntzugeben,** und zwar auch dann, wenn er zuvor verkündet wurde (§ 41 Abs. 2 S. 4 FamFG). Nur hierdurch wird die Rechtsmittelfrist in Gang gesetzt (§§ 63 Abs. 3 S. 1, 71 Abs. 1 S 1 FamFG). Adressaten der Bekanntgabe sind die Beteiligten (§ 41 Abs. 1 S. 1 FamFG). Da das Gesetz ausdrücklich die Bekanntgabe der Entscheidung vorsieht, kommt eine formlose Mitteilung nach § 15 Abs. 3 FamFG nicht in Betracht. Die Form der Bekanntgabe bestimmt sich nach § 15 Abs. 1 u. 2 FamFG (→ Rn. 54 ff.) und steht grds. im Ermessen des Gerichts. Nur für einen anfechtbaren Beschluss ordnet das Gesetz in § 41 Abs. 1 S. 2 FamFG die förmliche Zustellung an denjenigen Beteiligten an, dessen erklärtem Willen er nicht entspricht. Neben den Beteiligten ist der Beschluss, wenn er die Genehmigung eines Rechtsgeschäfts zum Gegenstand hat, auch einem Dritten bekannt zu geben, für den das Rechtsgeschäft genehmigt wird (§ 41 Abs. 3 FamFG).

174 Ob der Beschluss als Ausfertigung oder als (beglaubigte) Abschrift bekannt zu geben ist, ist im FamFG nicht ausdrücklich geregelt. Für den Anwendungsbereich der ZPO ist durch das Gesetz zur Förderung des elektronischen Rechtsverkehrs mit den Gerichten vom 10. Oktober 2013[288] § 317 Abs. 1 ZPO mit Wirkung ab dem 1. Juli 2014 dahingehend geändert worden, dass den Parteien das Urteil **in durch die Geschäftsstelle zu beglaubigender (§ 169 Abs. 2 S. 1 ZPO) Abschrift**[289] zuzustellen ist.[290] Dies gilt in entsprechender Anwendung auch für die Bekanntgabe von Beschlüssen nach § 41 FamFG, weil sachliche Gründe, für den Bereich der freiwilligen Gerichtsbarkeit hiervon abweichend und ohne gesetzliche Grundlage die Bekanntgabe durch Übersendung einer Ausfertigung zu verlangen, nicht ersichtlich sind.[291]

175 Das Gericht hat daneben die Möglichkeit der **mündlichen Bekanntgabe durch Verlesen der Beschlussformel (Verkündung).** Diese ist aber in den Landwirtschaftssachen der freiwilligen Gerichtsbarkeit idR nicht geeignet, die Wirksamkeit der Entscheidung herbeizuführen, weil allein durch die Verkündung die Rechtsmittelfristen nicht in Gang gesetzt werden und nach § 30 Abs. 1 gerichtliche Entscheidungen in der Hauptsache erst mit Eintritt der (formellen) Rechtskraft wirksam werden (→ § 30 Rn. 1). Die Verkündung ist in den

---

[286] OLG Karlsruhe Beschl. v. 26.1.1998 – 16 WF 6/98, BeckRS 1998, 12281 = FamRZ 1999, 452.

[287] So für die Verkündung eines von einem nicht mitwirkenden Richter unterzeichneten Urteils im Zivilverfahren BGH Urt. vom 26.11.1997 – VIII ZR 322/96, NJW-RR 1998, 1065 = MDR 1998, 336.

[288] BGBl. I 3786 (3788).

[289] BT-Drs. 17/12634, 30.

[290] Vor der Neufassung des § 317 Abs. 1 ZPO war in der höchstrichterlichen Rspr. anerkannt, dass eine wirksame Zustellung nur durch Übermittlung einer Ausfertigung bewirkt werden kann (BGH Beschl. v. 9.6.2010 – XII ZB 133/09, BeckRS 2010, 15624).

[291] AA (Bekanntgabe durch Übermittlung einer Ausfertigung) Keidel/*Meyer-Holz* § 41 Rn. 6; Prütting/Helms/*Abramenko* FamFG § 41 Rn. 3; Zöller/*Feskorn* ZPO § 41 FamFG Rn. 2.

Akten zu vermerken (§ 41 Abs. 2 S. 2 FamFG) und die Begründung des Beschlusses alsbald nachzuholen (§ 41 Abs. 2 S. 3 FamFG).

Förmliche **Mängel der Bekanntgabe** führen nur dann dazu, dass der Beschluss **176** als nicht existent anzusehen ist, wenn elementare, das Wesen der Verlautbarung sichernde Vorschriften verletzt wurden. Zu den Mindestanforderungen gehört, dass die Verlautbarung von dem Gericht beabsichtigt war oder von den Beteiligten derart verstanden werden durfte und sie von Erlass und Inhalt der Entscheidung förmlich unterrichtet wurden.[292] Mängel der Bekanntgabe hindern allerdings den Eintritt der sich daran knüpfenden Rechtsfolgen, solange keine Heilung bewirkt wird. Zustellungsmängel können nach § 15 Abs. 2 FamFG iVm § 189 ZPO durch den tatsächlichen Zugang geheilt werden, wenn das Gericht mit Zustellungswillen gehandelt hat.[293] Die erforderliche Zustellung nach § 41 Abs. 1 S. 2 FamFG ist keine Voraussetzung für eine wirksame Bekanntgabe.[294] Für die Auslösung der Rechtsmittelfrist genügt allgemein die schriftliche Bekanntgabe (§§ 63 Abs. 3 S. 1, 71 Abs. 1 S. 1 FamFG).

Wann Entscheidungen in den Verfahren der freiwilligen Gerichtsbarkeit wirk **177** sam werden, ist in § 40 FamFG geregelt. Die Vorschrift wird aber von der Verweisung in § 9 nicht erfasst, weil das LwVG in § 30 eine eigene abschließende Regelung enthält, auf deren Kommentierung an dieser Stelle verwiesen wird.

8. Berichtigung, Ergänzung, Abhilfe

a) Berichtigung. § 42 FamFG übernimmt für die Verfahren der freiwilligen **178** Gerichtsbarkeit nunmehr ausdrücklich die bereits zuvor entsprechend angewandte Vorschrift des § 319 ZPO. Die Berichtigung offenbarer Unrichtigkeiten ist zwar nach der systematischen Stellung der Regelung auf Endentscheidungen iSv § 38 Abs. 1 FamFG bezogen, gilt aber, weil sie einen allgemeinen Rechtsgedanken enthält, auch für Neben- und Zwischenentscheidungen, den Berichtigungsbeschluss selbst und gerichtliche Verfügungen,[295] nicht aber für Vergleiche. Für letztere besteht allein die Möglichkeit, Unrichtigkeiten in der Niederschrift oder in dem Beschluss über den Vergleich entsprechend § 164 ZPO zu berichtigen (§ 36 Abs. 4 FamFG).

Einer Berichtigung zugänglich sind nur **offenbare Unrichtigkeiten.** Das sind **179** ausschließlich solche, die sich aus dem Zusammenhang des Beschlusses selbst oder zumindest aus den Vorgängen bei seinem Erlass bzw. seiner Bekanntgabe ergeben und ohne Weiteres auch für einen Dritten erkennbar sind.[296] Deswegen kann eine Berichtigung auch von einem Richter beschlossen werden, der an der Entscheidung nicht mitgewirkt hat. Eine Rubrumsberichtigung ist nur zulässig, wenn die

---

[292] BGH Beschl. v. 8.2.2012 – XII ZB 165/11, NJW 2012, 1591 (1592) = MDR 2012, 424; Urt. v. 12.3.2004 – V ZR 37/03, NJW 2004, 2019 (2020) = MDR 2004, 958.

[293] BGH Beschl. v. 26.11.2002 – VI ZB 41/02, NJW 2003, 1192 (1193) = MDR 2003, 407; OLG München Beschl. v. 20.2.2012 – 31 Wx 565/11, NJW-RR 2012, 523 (524) = FGPrax 2012, 137.

[294] OLG Hamm Beschl. v. 19.9.2012 – 1–15 W 420/11, FGPrax 2013, 28 = FamRZ 2013, 907; Keidel/*Meyer-Holz* FamFG § 41 Rn. 10.

[295] Keidel/*Meyer-Holz* FamFG § 42 Rn. 10ff.; MüKoFamFG/*Ulrici* § 42 Rn. 2.

[296] MwN BGH Urt. v. 25.2.2000 – V ZR 206/99, NJW-RR 2001, 61; Beschl. v. 12.12.2006 – I ZB 83/06, NJW 2007, 518 = ZMR 2007, 286.

Identität des Beteiligten, dem das Verfahrensrechtsverhältnis begründet worden ist, gewahrt bleibt.[297]

180   **b) Ergänzung.** Das FamFG hat für die Fälle der Ergänzung einer Entscheidung die Regelung aus § 321 ZPO in § 43 FamFG für die Verfahren der freiwilligen Gerichtsbarkeit übernommen. Voraussetzung für eine Ergänzung ist eine **versehentliche Entscheidungslücke**[298] weil ein aktenkundiger Antrag eines Beteiligten nicht oder nicht vollständig beschieden wurde oder eine gebotene Kostenentscheidung unterblieben ist (§ 43 Abs. 1 FamFG). Die Ergänzung dient nicht der Korrektur einer fehlerhaften Rechtsanwendung, kommt also etwa dann nicht in Betracht, wenn das Gericht den Antrag eines Beteiligten fehlerhaft ausgelegt und deswegen nicht vollständig beschieden hat.[299] Die Ergänzung setzt, insoweit abweichend von § 321 Abs. 1 ZPO für das Urteil im Zivilprozess,[300] nicht voraus, dass sich die Unvollständigkeit aus dem Beschluss selbst ergibt. Maßgeblich ist ein Vergleich zwischen Entscheidung und Verfahrensgegenstand.[301]

181   Die Ergänzung kann nur erfolgen, wenn sie innerhalb einer Frist von zwei Wochen ab der schriftlichen Bekanntgabe des Beschlusses beantragt wird (§ 43 Abs. 2 FamFG). Wird ein solcher Antrag trotz einer bestehenden Entscheidungslücke nicht oder nicht rechtzeitig gestellt, endet bei einem übergangenen Sachantrag dessen Anhängigkeit.[302] Er kann nur noch Gegenstand eines neuen Verfahrens sein.

182   Über den Ergänzungsantrag entscheidet das Gericht, das den unvollständigen Beschluss erlassen hat, aber nicht notwendig mit den Richtern, die die zu ergänzende Entscheidung erlassen haben. Der Ergänzungsbeschluss ist gegenüber der vorangegangenen Entscheidung selbständig. Da den Beteiligten die Möglichkeit eingeräumt werden muss, über die Anfechtung des ergänzten Beschlusses unter Berücksichtigung der nachgeholten Entscheidung neu zu befinden, ist im FamFG-Verfahren § 518 S. 1 ZPO auf die Beschwerdefrist entsprechend anwendbar.[303]

183   **c) Abhilfe.** Die Verfassung gewährt in Art. 103 Abs. 1 GG auch ein Recht auf Beseitigung einer Verletzung des rechtlichen Gehörs durch die Fachgerichte.[304] Diesbezüglich fordert der im Rechtsstaatsprinzip verankerte Grundsatz der Rechtsmittelklarheit, dass dieser verfassungsrechtlich geschützte Anspruch durch klare gesetzliche Regelungen positiv ausgestaltet wird.[305] Der Gesetzgeber hat diese Vorgabe durch das Anhörungsrügengesetz[306] umgesetzt, in dem ua in

---

[297] BGH Beschl. v. 12.12.2006 – I ZB 83/06, NJW 2007, 518 = ZMR 2007, 286.

[298] Erfasst werden also nur die Fälle einer bewussten Teilentscheidung.

[299] BGH Urt. v. 27.11.1979 – VI ZR 40/78, NJW 1980, 840 (840f.) = MDR 1980, 302; Keidel/*Meyer-Holz* FamFG § 43 Rn. 6.

[300] Auf eine Divergenz zum Sachbericht kommt es deswegen nicht an, weil diesem, im Unterschied zum Tatbestand eines Urteils im Zivilverfahren, keine Beurkundungsfunktion zukommt (→ Rn. 163).

[301] MüKoFamFG/*Ulrici* § 43 Rn. 5.

[302] BGH Urt. v. 10.1.2002 – III ZR 62/01, NJW 2002, 1115 (1116) = VersR 2002, 1375.

[303] Keidel/*Meyer-Holz* FamFG § 43 Rn. 18.

[304] BVerfG Beschl. v. 30.4.2003 – 1 PBvU 1/02, BVerfGE 107, 396 (418) = NJW 2003, 1924.

[305] BVerfG Beschl. v. 30.4.2003 – 1 PBvU 1/02, BVerfGE 107, 396 (408) = NJW 2003, 1924.

[306] Gesetz über die Rechtsbehelfe bei Verletzung des Anspruchs auf rechtliches Gehör v. 9.12.2004, BGBl. 2004 I 3220.

einige Verfahrensordnungen eine **besondere Gehörsrüge** eingefügt wurde. Es handelt sich um einen eigenständigen, wiedereinsetzungsähnlichen, außerordentlichen Rechtsbehelf zur Geltendmachung von Gehörsverletzungen gegenüber dem Ausgangsgericht. Ergänzend wird auf die Kommentierungen insbesondere zu § 44 FamFG und § 321 a ZPO Bezug genommen. Besonderheiten bestehen insoweit für die Landwirtschaftssachen der freiwilligen Gerichtsbarkeit nicht.

VI. Übersicht über das Rechtsmittelverfahren

1. Überblick

In **allen Verfahren nach dem FamFG** ist die befristete Beschwerde das einheitliche Rechtsmittel gegen im ersten Rechtszug ergangene Endentscheidungen.[307] Dies gilt auch für die Landwirtschaftssachen der freiwilligen Gerichtsbarkeit, weil mit dem Inkrafttreten des FamFG § 22 aF außer Kraft getreten ist, der als statthaftes Rechtsmittel die sofortige Beschwerde vorsah.[308] Das Rechtsmittelsystem wurde für die Verfahren der freiwilligen Gerichtsbarkeit unter Einbeziehung der Landwirtschaftsverfahren vereinheitlicht. **184**

Die befristete Beschwerde eröffnet eine **zweite Tatsacheninstanz,** die in den Landwirtschaftssachen vor dem Landwirtschaftssenat des jeweils zuständigen Oberlandesgerichts stattfindet. Ihr kommt grds. keine aufschiebende Wirkung zu. Das Beschwerdegericht hat aber nach § 64 Abs. 3 FamFG insbesondere die Möglichkeit, im Wege der einstweiligen Anordnung die Vollziehung des angefochtenen Beschlusses auszusetzen. Der Beurteilung des Beschwerdegerichts unterfallen auch die nicht selbständig anfechtbaren Entscheidungen,[309] die der angefochtenen Endentscheidung vorausgegangen sind (§ 58 Abs. 2 FamFG). **185**

Die **Rechtsbeschwerde** ist in den Landwirtschaftssachen der freiwilligen Gerichtsbarkeit nur statthaft, wenn der Landwirtschaftssenat sie in seiner das Beschwerdeverfahren abschließenden Entscheidung zugelassen hat (§ 70 Abs. 1 FamFG). **186**

2. Einlegung der Beschwerde

a) Beschwerdebefugnis. Berechtigt zur Einlegung der Beschwerde ist nach § 59 Abs. 1 FamFG jeder, **der durch den Beschluss in seinen Rechten beeinträchtigt ist.**[310] Dies entspricht dem Beteiligtenbegriff des § 7 Abs. 2 Nr. 1 **187**

---

[307] BT-Drs. 16/6308, 203; Endentscheidungen iSv § 38 Abs. 1 FamFG sind auch Entscheidungen über die Kosten, wenn sich die Hauptsache auf andere Art und Weise erledigt hat (vgl. BGH Beschl. v. 28.9.2011 – XII ZB 2/11, NJW 2011, 3654 (3654 f.) = MDR 2011, 1439 zur Anfechtung einer isolierten Kostenentscheidung in einer Familienstreitsache).

[308] Die Frist zur Einlegung der sofortigen Beschwerde betrug nach § 22 Abs. 1 S. 1 FGG zwei Wochen ab Zustellung der Entscheidung in der Hauptsache.

[309] Dies sind zB Beschlüsse zur Verbindung oder Trennung von Verfahren oder Beweisbeschlüsse, nicht aber Entscheidungen, die, wie etwa die Entscheidung über die Ablehnung von Gerichtspersonen, ihrerseits selbständig anfechtbar sind.

[310] BGH Beschl. v. 18.4.2012 – XII ZB 623/11, NJW 2012, 2039 = FGPrax 2012, 164; Beschl. v. 18.4.2012 – XII ZB 624/11, BeckRS 2012, 10741 = FamRZ 2012, 1131.

FamFG(→ Rn. 41)[311] Die angefochtene Entscheidung muss den Beschwerdeführer in einem subjektiven Recht unmittelbar beeinträchtigen.[312] Die Beschwerdeberechtigung ist vom Beschwerdegericht von Amts wegen zu prüfen. Für die Ermittlung der maßgebenden Tatsachen gilt der Amtsermittlungsgrundsatz (→ Rn. 95 ff.), der aber durch die Mitwirkungspflicht des Beschwerdeführers beschränkt werden kann (→ Rn. 116). Bleiben in tatsächlicher Hinsicht Zweifel am Bestehen einer Rechtsbeeinträchtigung, trifft den Beschwerdeführer die entsprechende **Feststellungslast** (→ Rn. 148 ff.).[313]

188   Das subjektive Recht, das beeinträchtigt sein kann, muss bei Erlass der angefochtenen Entscheidung bestanden haben und **bis zum Erlass der Beschwerdeentscheidung fortbestehen.** Entfällt es vor Beschwerdeeinlegung ist das Rechtsmittel unzulässig, ein Wegfall nach Einlegung der Beschwerde, führt dazu, dass die Beschwerde nunmehr unzulässig wird.[314] Der Grundsatz, dass das Gericht für die Zulässigkeit der Beschwerde vom Bestehen der Rechtsbeeinträchtigung überzeugt sein muss (→ Rn. 136), gilt nicht uneingeschränkt. Es genügt eine bloß mögliche Rechtsbeeinträchtigung, wenn die zur Feststellung der materiellen Beschwer des Beschwerdeführers aufzuklärenden Tatsachen auch im Rahmen der Begründetheit des Rechtsmittels entscheidungserheblich sind, sog. **doppelrelevante Tatsachen.**[315] Für die Zulässigkeit reicht die einseitige Behauptung dieser Tatsachen.[316]

189   Kann ein Beschluss **nur auf Antrag** erlassen werden und wird dieser – ganz oder teilweise – zurückgewiesen, steht im Umfang der Zurückweisung die Beschwerde nur dem Antragsteller zu (§ 59 Abs. 2 FamFG). Erforderlich ist damit neben der materiellen Beschwer eine formelle, denn durch § 59 Abs. 2 FamFG wird das in Abs. 1 für Amts- und Antragsverfahren geregelte Beschwerderecht beschränkt.[317] Soweit einem Antrag stattgegeben wurde, ergibt sich die Antragsberechtigung allein aus § 59 Abs. 1 FamFG.

190   In Landwirtschaftssachen, bei denen es sich grds. um **vermögensrechtliche Streitigkeiten** handelt, ist die Beschwerde nach § 61 Abs. 1 FamFG nur dann zulässig, wenn der Wert des Beschwerdegegenstandes darüber hinaus den Betrag von 600 EUR übersteigt. Eine vermögensrechtliche Streitigkeit liegt immer dann vor, wenn nach der Interessenlage des Beschwerdeführers dessen **Rechtsschutzbegehren**[318] in wesentlicher Weise auch der Wahrung wirtschaftlicher Interessen

---

[311] OLG Hamm Beschl. v. 26.1.2010 – 15 W 361/09, FGPrax 2010, 143 = DNotZ 2010, 555; Keidel/*Meyer-Holz* FamFG § 59 Rn. 6.

[312] Str. ist in diesem Zusammenhang, ob für die Beschwerdeberechtigung eine Verletzung von Verfahrensrechten durch das erstinstanzliche Gericht genügt (so Bumiller/Harders/Schwamb/*Bumiller* FamFG § 59 Rn. 6 mwNachw) oder nicht (so Keidel/*Meyer-Holz* FamFG § 59 Rn. 7).

[313] BayObLG Beschl. v. 13.2.2004 – 1Z BR 94/03, BayObLGZ 2004, 37 (40) = BeckRS 2004, 03758.

[314] BGH Beschl. v. 29.6.2004 – X ZB 11/04, NJW-RR 2004, 1365 = FamRZ 2004, 1553 für die Berufung (Beschwer).

[315] Eine solche doppelrelevante Tatsache kann etwa in den Verfahren nach § 1 Nr. 2 u. 3 die Frage sein, ob der Erwerber Landwirt ist und deswegen kein Versagungsgrund vorliegt.

[316] BGH Urt. v. 25.11.1993 – IX ZR 32/93, BGHZ 124, 237 (240) = NJW 1993, 1413; BayObLG Beschl. v. 30.3.1994 – 3Z BR 4/94, BeckRS 1994, 08322 = FamRZ 1994, 1061.

[317] BGH Beschl. v. 18.4.2012 – XII ZB 623/11, NJW 2012, 2039 = FGPrax 2012, 164; Beschl. v. 18.4.2012 – XII ZB 624/11, BeckRS 2012, 10741 = FamRZ 2012, 1131; Keidel/*Meyer-Holz* FamFG § 59 Rn. 39.

[318] Der Beschwerdegegenstand muss daher nicht dem Gegenstand der Hauptsache entsprechen. Allerdings hat der Bundesgerichtshof für den Fall der isolierten Kostenbeschwerde ent-

dient.[319] Maßgeblich für das Erreichen der Beschwerdesumme ist das Abänderungs-interesse des Rechtsmittelführers, also der Umfang der mit dem Rechtsmittel ver-folgten Abänderung der angefochtenen Entscheidung.[320] Maßgeblicher Zeitpunkt für die Berechnung der Mindestbeschwer ist der der Einlegung des Rechtsmit-tels.[321] Ohne Erreichen des Beschwerdewertes ist die Beschwerde nur zulässig, wenn sie vom erstinstanzlichen Gericht mit bindender Wirkung zugelassen worden ist (§ 61 Abs. 2 u. 3 FamFG).

b) Beschwerdefrist. Soweit gesetzlich nichts anderes bestimmt ist, ist die Be- **191** schwerde binnen **einer Frist von einem Monat** einzulegen (§ 63 Abs. 1 FamFG). Die Frist beginnt nach § 63 Abs. 3 S. 1 FamFG mit der schriftlichen Bekanntgabe der Entscheidung (→ Rn. 173 ff.). Kann eine solche nicht bewirkt werden, beginnt die Frist spätestens mit Ablauf von fünf Monaten nach Erlass des Beschlusses (§ 63 Abs. 3 FamFG). Die Beschwerdefrist reduziert sich auf zwei Wochen, wenn sich diese entweder gegen eine Endentscheidung im Verfahren der einstweiligen An-ordnung richtet (§ 63 Abs. 2 Nr. 1 FamFG) oder gegen eine Entscheidung über den Antrag auf Genehmigung eines Rechtsgeschäfts (§ 63 Abs. 2 Nr. 2 FamFG). Für die Berechnung der Frist gelten gemäß § 16 Abs. 2 FamFG iVm § 222 Abs. 1 ZPO die §§ 187 bis 193 BGB.

Die **Verkürzung der Beschwerdefrist** gemäß § 63 Abs. 2 Nr. 2 FamFG gilt in **192** den Landwirtschaftssachen der freiwilligen Gerichtsbarkeit in den Verfahren nach § 1 Nr. 2 u. 3, soweit diese die Genehmigung der rechtsgeschäftlichen Veräußerung eines landwirtschaftlichen Grundstücks zum Gegenstand haben. Die Verkürzung der Frist hängt nach dem Wortlaut der Vorschrift nicht vom Inhalt der Entschei-dung ab;[322] sie gilt auch für die isolierte Anfechtung einer Kostenentscheidung.[323]

Die Frist wird nach § 64 Abs. 1 S. 1 FamFG durch **Einlegung bei dem Gericht** **193** **gewahrt, dessen Beschluss angefochten wird.** Sie muss durch Einreichung einer vom Beschwerdeführer oder seinem Bevollmächtigten unterzeichneten Be-schwerdeschrift oder zur Niederschrift der Geschäftsstelle eingelegt werden (§ 64 Abs. 2 S. 1 u. 4 FamFG) und muss die Bezeichnung des angefochtenen Beschlusses sowie die Erklärung enthalten, dass Beschwerde gegen den Beschluss eingelegt wird (§ 64 Abs. 2 S. 3 FamFG).

Die Beschwerde **soll** begründet werden (§ 65 Abs. 1 FamFG). Den Beschwerde- **194** führer trifft damit eine Mitwirkungsobliegenheit, das Rechtsmittelgericht muss die zur Entscheidung des Rechtsmittels entscheidungserheblichen Tatsachen von Amts wegen ermitteln.[324] Auch wenn das Fehlen einer Begründung damit nicht zur Un-zulässigkeit des Rechtsmittels führt, lässt aber jedenfalls im einstweiligen Anord-nungsverfahren ihr Fehlen nach Ablauf von mehr als sechs Wochen nach Einlegung des Rechtsmittels wenigstens Zweifel an der Eilbedürftigkeit der verlangten Maß-

---

schieden, die Qualifizierung einer solchen Beschwerde als vermögensrechtliche Angelegenheit richte sich nach der Hauptsache; BGH Beschl. v. 25.9.2013 – XII ZB 464/12, NJW 2013, 3523 (3524 f.) = FGPrax 2013, 286.

[319] BGH Beschl. v. 13.5.1986 – VI ZR 96/85, BGHZ 98, 41 (42) = NJW 1986, 3143.

[320] BGH Beschl. v. 15.8.2012 – XII ZB 442/11, NJW-RR 2012, 1476 (1477) = Rpfleger 2012, 681; Keidel/*Meyer-Holz* FamFG § 61 Rn. 7.

[321] BGH Urt. v. 10.12.2008 – XII ZR 108/05, BeckRS 2009, 04579 = FamRZ 2009, 495.

[322] Keidel/*Meyer-Holz* FamFG § 63 Rn. 14c; MüKoFamFG/*A. Fischer* § 63 Rn. 6.

[323] OLG Celle Beschl. v. 22.11.2012 – 4 W 166/12, FGPrax 2013, 88 = BeckRS 2012, 24389.

[324] Keidel/*Sternal* FamFG § 65 Rn. 4.

nahme entstehen.[325] Auf eine Verkennung seiner Zuständigkeit durch das erstinstanzliche Gericht kann die Beschwerde nicht gestützt werden (§ 65 Abs. 4 FamFG).

3. Entscheidung über die Beschwerde

195   **a) Abhilfeverfahren.** Wird Beschwerde eingelegt, hat zunächst das Erstgericht zu prüfen, ob die Entscheidung isd des Beschwerdeführers korrigiert werden kann. Das nach § 68 Abs. 1 S. 1 FamFG auch in Landwirtschaftssachen der freiwilligen Gerichtsbarkeit zwingend durchzuführende **Abhilfeverfahren** ist gesetzlich nicht besonders geregelt. Es gelten also grds. die Regeln für die Durchführung des erstinstanzlichen Verfahrens. Das Ausgangsgericht hat der Beschwerde abzuhelfen, wenn es das Rechtsmittel für begründet erachtet.

196   Gemäß § 68 Abs. 1 S. 1 FamFG ist für die Abhilfe allein maßgeblich die **Begründetheit der Beschwerde.** Nach § 68 Abs. 2 S. 1 FamFG hat das Beschwerdegericht zu prüfen, ob die Beschwerde an sich statthaft und in der gesetzlichen Form und Frist eingelegt ist. Hieraus wird teilweise gefolgert, dass das Gericht erster Instanz keine Prüfung der Statthaftigkeit oder der Zulässigkeit der Beschwerde vornehmen darf und die Korrektur einer fehlerhaften Entscheidung im Wege der Abhilfe auch bei einer nicht statthaften oder unzulässigen Beschwerde erfolgen kann.[326] Die Beschwerde kann nach § 65 Abs. 3 FamFG auf neue Tatsachen und Beweismittel gestützt werden. Diese sind demgemäß auch schon im Abhilfeverfahren zu berücksichtigen.

197   Das erstinstanzliche Gericht entscheidet über die Abhilfe durch Beschluss, der gemäß § 38 Abs. 3 S. 1 FamFG grds. eine Begründung enthalten muss.[327] Eine Nichtabhilfeentscheidung ist auch dann erforderlich, wenn das Ausgangsgericht von der Unzulässigkeit der Beschwerde überzeugt ist.[328]

198   **b) Gang des Beschwerdeverfahrens.** Das Beschwerdegericht prüft zunächst die Statthaftigkeit und Zulässigkeit der Beschwerde und verwirft sie durch Beschluss, wenn es an einem dieser Erfordernisse mangelt (§ 68 Abs. 2 FamFG). Durch die statthafte und zulässige Beschwerde wird eine **zweite Tatsacheninstanz** eröffnet. Das Beschwerdegericht tritt in vollem Umfang an die Stelle des erstinstanzlichen Gerichts; ihm obliegt – unabhängig von den durch den Beschwerdeführer erhobenen Rügen – eine umfassende Überprüfung der angegriffenen Entscheidung.[329] Ausgenommen hiervon ist allein die Prüfung der örtlichen, sachlichen oder funktionellen Zuständigkeit (§ 65 Abs. 4 FamFG).

---

[325] OLG Brandenburg Beschl. v. 22. 7. 2010 – 9 WF 95/10, BeckRS 2010, 19864.

[326] LG Landau Beschl. v. 15. 6. 2010 – 3 T 42/10, NJW-RR 2011, 439 (440) = FamRZ 2011, 60; Keidel/*Sternal* FamFG § 68 Rn. 9 b; Bassenge/*Roth*/*Gottwald* FamFG/RPflG FamFG § 68 Rn. 2; ebenso für § 571 ZPO Zöller/*Heßler* ZPO § 571 Rn. 14; Musielak/Voit/*Ball* ZPO § 572 Rn. 4; offen lassend OLG Schleswig Beschl. v. 6. 1. 2004 – 16 W 170/03, BeckRS 2004, 05348 = SchlHA 2004, 315; aA MüKoFamFG/*A. Fischer* § 68 Rn. 12 (inzidente Prüfung der Zulässigkeit und Nichtabhilfeentscheidung bei Unzulässigkeit); differenzierend (Abhilfe, solange noch keine Bindungswirkung eingetreten ist) MüKoZPO/*Lipp* § 572 Rn. 7.

[327] Etwas anderes gilt allenfalls dann, wenn die Beschwerde ohne Begründung eingelegt wird; Keidel/*Sternal* FamFG § 68 Rn. 11.

[328] OLG Hamm Beschl. v. 1. 7. 2010 – I-15 W 261/10, FGPrax 2010, 322.

[329] Keidel/*Sternal* FamFG § 68 Rn. 42.

Das weitere Beschwerdeverfahren bestimmt sich grds. nach den **Vorschriften** **199**
über das Verfahren im ersten Rechtszug (§ 68 Abs. 3 S. 1 FamFG). Das Beschwerdegericht kann von der Durchführung einer mündlichen Verhandlung oder
einzelner Verfahrenshandlungen absehen, wenn diese bereits vom erstinstanzlichen
Gericht vorgenommen wurden und von einer erneuten Vornahme keine neuen
Erkenntnisse zu erwarten sind (§ 68 Abs. 3 S. 2 FamFG). Die dadurch eröffnete ver-
einfachte Möglichkeit, ohne mündliche Verhandlung im schriftlichen Verfahren zu
entscheiden, wird in den Landwirtschaftssachen der freiwilligen Gerichtsbarkeit allerdings durch den auch für das Beschwerdeverfahren geltenden § 15 Abs. 1[330] eingeschränkt. Danach muss das Gericht auf Antrag eines Beteiligten eine mündliche
Verhandlung anordnen (→ § 15 Rn. 4 ff.).

Eine Übertragung der Beschwerde auf den Einzelrichter kommt in den Land- **200**
wirtschaftssachen der freiwilligen Gerichtsbarkeit nicht in Betracht, weil die Besetzung des Beschwerdegerichts in § 2 Abs. 2 gesetzlich bestimmt ist. § 68 Abs. 4
FamFG findet wegen dieser vorrangigen Regelungen über die Verweisung in § 9
keine entsprechende Anwendung.

c) Die Beschwerdeentscheidung. Liegen die Zulässigkeitsvoraussetzungen **201**
der Beschwerde nicht bis zur Entscheidung des Beschwerdegerichts vor, ist sie als
unzulässig zu verwerfen (§ 68 Abs. 2 S. 2 FamFG). Ist die Beschwerde zulässig, hat
das Beschwerdegericht grds. eine **Entscheidung in der Sache** zu treffen. Die Beschwerde ist zurückzuweisen, wenn die erstinstanzliche Entscheidung keiner Änderung bedarf, dies auch dann, wenn das erstinstanzliche Verfahren selbst fehlerhaft
war oder die rechtliche Begründung durch das Ausgangsgericht nicht zutreffend
ist. Soweit sich die Beschwerde auch als begründet erweist, hat das Beschwerdegericht unter Abänderung der angefochtenen Entscheidung selbst eine Entscheidung
in der Sache zu treffen.

Eine **Aufhebung der angefochtenen Entscheidung** verbunden mit einer **202**
Zurückverweisung kommt nur ausnahmsweise in Betracht. **Von Amts wegen**
kann eine Zurückverweisung an das Gericht des ersten Rechtszugs nur erfolgen,
wenn dieses in der Sache noch nicht entschieden hat (§ 69 Abs. 1 S. 2 FamFG),
weil ansonsten der Beschwerdeführer eine Tatsacheninstanz verlieren würde.[331]
Eine Zurückverweisung kann darüber hinaus **auf Antrag** hin erfolgen, wenn
das erstinstanzliche Verfahren an einem wesentlichen Mangel leidet, zur Entscheidung eine umfangreiche und aufwändige Beweiserhebung notwendig ist
und ein Beteiligter, nicht notwendig der Beschwerdeführer, die Zurückverweisung beantragt (§ 69 Abs. 1 S. 3 FamFG). Im Unterschied zu § 538 Abs. 2 Nr. 1
ZPO muss für eine Aufhebung und Zurückverweisung nach § 69 Abs. 1 S. 3
FamFG die Beweisaufnahme nicht aufgrund des Verfahrensmangels notwendig
werden.[332]

Das **Verbot der reformatio in peius** gilt in den Landwirtschaftssachen der frei- **203**
willigen Gerichtsbarkeit als Antragsverfahren nicht uneingeschränkt.[333] Dieses Ver-

---

[330] Die Geltung des § 15 Abs. 1 S. 1 auch im Beschwerdeverfahren ergibt sich ohne weiteres
aus § 15 Abs. 1 S. 2, der allein für das Verfahren vor dem Bundesgerichtshof anordnet, dass S. 1
insoweit nicht gilt.
[331] Keidel/*Sternal* FamFG § 69 Rn. 14.
[332] Prütting/Helms/*Abramenko* FamFG § 69 Rn. 11.
[333] In Amtsverfahren besteht grds. die Möglichkeit einer Schlechterstellung des Beschwerdeführers, ohne dass dies von einem anderen Beteiligten erstrebt wird, weil in diesen Verfahren

bot ist nicht unmittelbar Ausfluss des Rechtsstaatsprinzips. Es handelt sich um eine dem Rechtsmittelführer gewährte Vergünstigung, die ihn davor schützt, auf sein eigenes Rechtsmittel in seinen Rechten über die mit der angegriffenen Entscheidung verbundene Beschwer hinaus weiter beeinträchtigt zu werden. Ob dem Rechtsmittelführer ein solcher Schutz zukommt, ist in Ermangelung einer gesetzlichen Regelung entscheidend danach zu beurteilen, welchen Zwecken das in Frage stehende Verfahren in erster Linie dient. Wenn in dem Verfahren die privaten Belange der Beteiligten vorherrschen, wird regelmäßig auch das Verbot der reformatio in peius eingreifen.[334] Dementsprechend ist die Geltung des Verbots in den sogenannten echten Streitsachen der freiwilligen Gerichtsbarkeit, in denen sich die Beteiligten mit widerstreitenden Interessen gegenüberstehen, bejaht worden.[335] Dagegen kann das Verbot nicht gelten, wenn das Verfahren im Wesentlichen der Durchsetzung öffentlicher Interessen dient, die nicht an der Rücksichtnahme auf das Interesse eines Beteiligten scheitern dürfen.[336]

204   In den **Landwirtschaftssachen der freiwilligen Gerichtsbarkeit,** die als Streitsachen zu qualifizieren sind, gilt demgemäß das Verbot der Schlechterstellung, weil sich schon nach der Natur dieser Verfahren widerstreitende Interessen der Beteiligten gegenüberstehen.[337] In den Verfahren nach § 1 Nr. 1 und 2 gilt das Verbot demgemäß nicht. Zwar werden diese Verfahren nur auf Antrag eines Beteiligten eingeleitet, sie dienen aber im Wesentlichen der Durchsetzung öffentlicher, nämlich agrarstruktureller, Interessen, die Vorrang vor den subjektiven Rechten der Beteiligten haben, soweit diese mit den agrarstrukturellen Interessen nicht vereinbar sind (→ Rn. 10).

205   § 69 Abs. 2 FamFG schreibt **zwingend** vor, dass die Beschwerdeentscheidung zu begründen ist. Lediglich im Übrigen (§ 69 Abs. 4 FamFG) gelten für die Beschwerdeentscheidung die Vorschriften über den Beschluss im ersten Rechtszug entsprechend. Wegen dieser ausdrücklichen Regelung für das Beschwerdeverfahren besteht eine Begründungspflicht auch dann, wenn für eine erstinstanzliche Entscheidung eine solche nach § 38 Abs. 4 FamFG entbehrlich wäre.[338] Die Begründung kann in diesen Fällen aber knapp ausfallen.

4. Die Rechtsbeschwerde

206   In den Landwirtschaftssachen der freiwilligen Gerichtsbarkeit ist gegen eine Entscheidung des Beschwerdegerichts **die Rechtsbeschwerde nur dann statthaft, wenn sie von diesem zugelassen worden ist** (§ 70 Abs. 1 FamFG). Sie ist nach § 70 Abs. 2 FamFG nur zuzulassen, wenn die Rechtssache grundsätzliche Bedeutung hat (Nr. 1) oder die Fortbildung des Rechts oder die Sicherung einer einheit-

---

die Dispositionsmaxime nicht gilt (BGH Beschl. v. 6.7.2016 – XII ZB 47/15, NJW-RR 2016, 1089 (1093) = MDR 2016, 1146).

[334] BGH Beschl. v. 27.10.1982 – IVb 719/81, BGHZ 85, 180 (185f.) = NJW 1983, 173.

[335] BGH Beschl. v. 30.11.1955 – IV ZB 90/55, BGHZ 19, 196 (199) = NJW 1956, 380; Beschl. v. 18.5.1978 – VII ZB 30/76, BGHZ 71, 314 (317) = NJW 1978, 1977.

[336] BGH Beschl. v. 27.10.1982 – IVb 719/81, BGHZ 85, 180 (185f.) = NJW 1983, 173.

[337] BGH Beschl. v. 5.3.1999 – BLw 36/98, BeckRS 1999, 30049924 = NL-BzAR 1999, 235. Dies gilt nicht, soweit in zulässiger Weise eine Anschlussbeschwerde (§ 66 FamFG) eingelegt wurde.

[338] Keidel/*Sternal* FamFG § 69 Rn. 42; MüKoFamFG/*A. Fischer* § 69 Rn. 59; aA Prütting/Helms/*Abramenko* FamFG § 69 Rn. 28; Zöller/*Feskorn* ZPO FamFG § 69 Rn. 5.

lichen Rechtsprechung eine Entscheidung des Rechtsbeschwerdegerichts erfordert (Nr. 2). Gegen einen Beschluss im Verfahren über die Anordnung, Abänderung oder Aufhebung einer einstweiligen Anordnung findet die Rechtsbeschwerde nicht statt (§ 70 Abs. 4 FamFG).

Die Rechtsbeschwerde kann nur darauf gestützt werden, dass die angefochtene **207** Entscheidung auf einer Verletzung des Rechts beruht (§ 72 Abs. 1 FamFG). Die §§ 547, 556 und 560 ZPO gelten in diesem Zusammenhang entsprechend (§ 72 Abs. 3 FamFG).

§ 10 [Örtliche Zuständigkeit]

[1]**Örtlich zuständig ist das Amtsgericht, in dessen Bezirk die Hofstelle liegt.** [2]**Ist eine Hofstelle nicht vorhanden, so ist das Amtsgericht örtlich zuständig, in dessen Bezirk die Grundstücke ganz oder zum größten Teil liegen oder die Rechte im wesentlichen ausgeübt werden.**

Inhaltsübersicht

I. Überblick

Die Vorschrift regelt **umfassend die örtliche Zuständigkeit** in Landwirt- **1** schaftssachen, und zwar, aufgrund der Verweisung in § 48 Abs. 1 S. 2 auch für die streitigen Landwirtschaftssachen nach § 1 Nr. 1a. Aus dem Fehlen weiterer Bestimmungen über die örtliche Zuständigkeit folgt ohne weiteres, dass die örtliche Zuständigkeit für alle Landwirtschaftssachen iSv § 1 damit abschließend als eine ausschließliche geregelt ist (→ § 2 Rn. 17).[1] Sie richtet sich nicht nach der Person eines Beteiligten oder einer Partei. Örtlich zuständig ist vielmehr, ähnlich dem Gerichtsstand der belegenen Sache (§ 24 ZPO),[2] das Landwirtschaftsgericht, in dessen Amtsbezirk die verfahrensgegenständliche Hofstelle oder die verfahrensgegenständlichen Grundstücke belegen sind oder dessen Amtsbezirk sie zugerechnet werden.[3] Bei § 10 handelt es sich also um eine spezialgesetzliche Regelung der örtlichen Zuständigkeit, neben der die allgemeinen Regelungen des FamFG zur örtlichen Zuständigkeit (§ 3 FamFG) keine Anwendung finden.[4]

Die örtliche Zuständigkeit ist in der Weise geregelt, dass sie sich **in erster Li- 2 nie nach der Lage der Hofstelle** bestimmt (§ 10 S. 1). Nur wenn eine solche

---

[1] OLG Schleswig Beschl. v. 28.11.2006 – 3 WLw 109/06, BeckRS 2007, 00447 = OLG Report Celle 2007, 73; *Ernst* LwVG § 10 Rn. 30 u. § 48 Rn. 35.
[2] BayObLG Beschl. v. 21.9.1956 – Allg. Reg. 60/56, BayObLGZ 1956, 329.
[3] Vergleichbare Regelungen finden sich etwa in § 1 S. 2 GBO, § 1 Abs. 1 ZVG.
[4] Keidel/*Sternal* FamFG § 3 Rn. 5 f.; Düsing/Martinez/*Hornung* LwVG § 10 Rn. 1.

nicht vorhanden ist, richtet sie sich **nach der Lage des oder der betroffen Grundstücke** oder nach **dem Ort, an dem die betroffen Rechte im Wesentlichen ausgeübt werden** (§ 10 S. 2). Die Regelung korrespondiert mit der Bestimmung der örtlich zuständigen Behörde für die Anzeige und Beanstandung von Landpachtverträgen (§ 6 LPachtVG) bzw. der örtlich zuständigen Genehmigungsbehörde für Verfahren nach dem GrdstVG (18 Abs. 1 GrdstVG).

II. Die örtliche Zuständigkeit im Einzelnen

1. Lage der Hofstelle (§ 10 S. 1)

3 **a) Begriff der Hofstelle.** § 10 S. 1 begründet die örtliche Zuständigkeit des Landwirtschaftsgerichts, in dessen Bezirk die **Hofstelle** liegt, ohne diesen Begriff näher zu bestimmen. Eine allgemeingültige gesetzliche Bestimmung der Hofstelle findet sich explizit weder im LwVG noch in anderen Vorschriften. § 1 Abs. 1 S. 1 HöfeO definiert lediglich, was unter einem Hof iS dieses Gesetzes zu verstehen ist und verwendet in diesem Zusammenhang den Begriff der „Hofstelle".[5] Nachfolgend regelt § 2 Buchst. a HöfeO welche Grundstücke zum Hof isv § 1 Abs. 1 HöfeO gehören, nämlich alle, die regelmäßig von der Hofstelle aus bewirtschaftet werden. Der Bundesgerichtshof hat für den Geltungsbereich der HöfeO entschieden, dass unter einer Hofstelle **die mit Wohn- und Wirtschaftsgebäuden bebaute Grundfläche des Hofes** zu verstehen ist, von der aus die Bewirtschaftung der wirtschaftlichen Einheit erfolgt, die den Mittelpunkt der Wirtschaft bildet,[6] dh von der aus die zum Hof gehörenden Grundstücke bewirtschaftet werden.[7] Ein unmittelbarer räumlicher Zusammenhang zwischen Hofstelle und bewirtschafteten Gebäuden ist nicht erforderlich. Die Wohn- bzw. Wirtschaftsgebäude (→ Rn. 5 f.) dürfen lediglich nicht räumlich so weit von den zu bewirtschaftenden Grundstücken entfernt liegen, dass eine Bewirtschaftung von der Hofstelle aus gar nicht mehr möglich ist.[8]

4 Die obergerichtliche Rechtsprechung hat die örtliche Zuständigkeit in Anlehnung an § 1 Abs. 1. S. 1 HöfeO bestimmt und für eine Landpachtsache nach § 1 Nr. 1a entschieden, dass eine Hofstelle isv § 10 S. 1 nicht vorliegt, weil der Verpächter als Kläger keine natürliche Person sei und deshalb gemäß

---

[5] Ein Hof ist danach eine im Gebiet der genannten Bundesländer belegene land- oder forstwirtschaftliche Besitzung mit einer zu ihrer Bewirtschaftung geeigneten Hofstelle, die im Alleineigentum einer natürlichen Person oder im gemeinschaftlichen Eigentum von Ehegatten steht oder zu einem Gesamtgut einer fortgesetzten Gütergemeinschaft gehört, sofern sie einen Wirtschaftswert von mindestens 10.000 EUR hat.

[6] BGH Beschl. v. 26.11.1952 – V BLw 45/52, BGHZ 8, 109 (115) = NJW 1953, 342. Ebenso im Grundsatz OLG Hamm Beschl. v. 15.12.2009 – 10 W 78/09, BeckRS 2010, 03611 = AUR 2010, 138, allerdings offen lassend, ob aufgrund der gewandelten Lebensverhältnisse das Vorhandensein eines Wohngebäudes noch als konstitutives Merkmal einer Hofstelle und damit eines Hofes isv § 1 Abs. 1 HöfeO angesehen werden kann oder ob es nicht im Wesentlichen für die Hofstelle auf den Charakter einer Betriebsstätte ankommt.

[7] Lüdtke-Handjery/v. Jeinsen/*Brinkmann* HöfeO § 1 Rn. 17.

[8] Lüdtke-Handjery/v. Jeinsen/*Brinkmann* HöfeO § 1 Rn. 18; Düsing/Martinez/*Hornung* LwVG § 10 Rn. 2.

§ 1 Abs. 1 HöfeO kein Hof und damit auch keine Hofstelle vorhanden sein könne.[9]

Die Anwendung dieses Begriffs der Hofstelle bzw. des Hofes iSd HöfeO auf § 10 **5** S. 1 ist nach dessen Wortlaut **nicht geboten und entspricht auch nicht Sinn und Zweck der Zuständigkeitsregelung.** Sie soll durch eine eindeutige und ausschließliche Bestimmung der örtlichen Zuständigkeit vermeiden, dass mehrere Gerichte örtlich zuständig sind oder Streit über die Zuständigkeit entsteht.[10] Der – enge – Begriff der Hofstelle iSv. §§ 1, 2 HöfeO würde den Anwendungsbereich von § 10 S. 1 auf solche Hofstellen beschränken, die im Eigentum einer natürlichen Person stehen und neben Wirtschaftsgebäuden auch über Wohngebäude verfügen. Für eine eindeutige Regelung der örtlichen Zuständigkeit ist eine solche Beschränkung des Begriffs der Hofstelle indes nicht erforderlich. Eine sichere Bestimmung ist auch dann ohne weiteres möglich, wenn auch solche Hofstellen erfasst werden, die im Eigentum juristischer Personen oder diesen gleichgestellten Gesellschaften stehen und/oder nicht über ein Wohngebäude verfügen.

Für eine die örtliche Zuständigkeit nach § 10 S. 1 begründende Hofstelle genügt **6** damit eine überhaupt **mit Gebäuden (Wohn- und/oder Wirtschaftsgebäude) bebaute Grundfläche,** von der aus der Betrieb seine landwirtschaftlichen Nutzflächen bewirtschaftet wird.[11] Diesem Begriffsverständnis liegt auch die gesetzliche Zuständigkeitsregelung in § 18 Abs. 1 GrdstVG zugrunde. Danach ist die Genehmigungsbehörde örtlich zuständig in deren Bezirk die Hofstelle des Betriebes liegt, zu dem das Grundstück gehört. Nach dem Wortlaut dieser Vorschrift kommt es demnach nicht darauf an, ob der Inhaber der Hofstelle eine natürliche oder juristische Person (oder einer juristischen Person gleichgestellte Personengesellschaft) ist und/oder der Hofstelle auch ein Wohngebäude vorhanden ist. Für die Anzeige und Beanstandung von Landpachtverträgen ist nach § 6 LPachtVG die Behörde örtlich zuständig, in deren Bezirk die Hofstelle des Verpächters liegt. Eine Einschränkung dahingehend, dass nur bestimmte Personen – etwa Inhaber eines Hofes iSd HöfeO – Verpächter sein können, enthält die Vorschrift ebenfalls nicht.[12] Die Zuständigkeitsregelung in § 10 S. 1 erfasst damit alle landwirtschaftliche Betriebe, die über grundstücksbezogene Einrichtungen verfügen, von denen aus die Betriebsflächen bewirtschaftet werden, und nicht nur Hofstellen von Höfen iSd HöfeO.

Durch den vorübergehenden Wegfall der Hofstelle, etwa durch ihre Zerstörung, **7** wird die Hofeigenschaft nicht aufgehoben.[13] Entsprechendes gilt für die Stilllegung

---

[9] OLG Schleswig Beschl. v. 28.11.2006 – 3 WLw 109/06, BeckRS 2007, 00447 = OLG Report Celle 2007, 73. Das OLG Schleswig hat dann konsequent die örtliche Zuständigkeit nach § 10 S. 2 Alt. 1 bestimmt.

[10] BT-Drs. 1/3819, 22; BayObLG Beschl. v. 21.9.1956 – Allg. Reg. 60/56, BayObLGZ 1956, 329 (330).

[11] Ungenau in diesem Zusammenhang *Ernst* LwVG § 10 Rn. 2, wonach unter Bezugnahme auf § 2 HöfeO entscheidend sein soll, ob das Grundstück regelmäßig von der Hofstelle aus bewirtschaftet wird.

[12] Für § 6 LPachtVG ebenso *Faßbender/Hötzel/Lukanow* Landpachtrecht LPachtVG § 6 § Rn. 2. Eine Hofstelle ist danach eine Zusammenfassung von Wohn- und/oder Wirtschaftsgebäuden, von der aus die Bewirtschaftung des Betriebes erfolgt; der Begriff der Hofstelle sei daher mit demjenigen der HöfeO nicht identisch.

[13] OLG Hamm Beschl. v. 3.3.1998 – 10 W 30/95, AgrarR 1999, 311; OLG Celle Beschl. v. 28.6.1966 – 7 Wlw 40/65, RdL 1967, 41; Lüdtke-Handjery/v. Jeinsen/Brinkmann HöfeO § 1 Rn. 12.

eines Hofes, wenn sie planmäßig nur vorübergehend erfolgen soll.[14] Für die Bestimmung der örtlichen Zuständigkeit nach § 10 S. 1 bleibt die **vorübergehend** nicht als solche genutzte Hofstelle maßgeblich.[15] Steht die Hofeigenschaft als die örtliche Zuständigkeit begründende Tatsache nicht fest, muss sie vom Landwirtschaftsgericht im Rahmen seiner Amtsermittlungspflicht festgestellt werden (→ Rn. 22 f.). Dies ist dann entbehrlich, wenn die Hofeigenschaft als **doppelrelevante Tatsache** auch für die Begründetheit eines Antrags entscheidungsrelevant ist. Will etwa der Antragsteller in einem Verfahren nach § 11 HöfeVfO die Hofeigenschaft festgestellt wissen, so ist für die Begründung der örtlichen Zuständigkeit nach § 10 S. 1 von dessen Vortrag auszugehen.[16]

8   **b) Inhaber der Hofstelle.** Für die Bestimmung des örtlich zuständigen Landwirtschaftsgerichts kommt es weiter darauf an, auf welchen **Inhaber** einer etwaigen Hofstelle abzustellen ist, auf den Verpächter/Veräußerer oder auf den Pächter/Erwerber. Der gesetzlichen Regelung in § 10 S. 1, die unspezifisch nur von „der Hofstelle" spricht, lässt sich nicht entnehmen, wessen Hofstelle für die Bestimmung der örtlichen Zuständigkeit des Landwirtschaftsgerichts maßgeblich sein soll.[17]

9   Ausgehend von der gesetzlichen Regelung in § 6 S. 1 LPachtVG zur örtlichen Zuständigkeit der Behörde für die Anzeige bzw. Beanstandung von Landpachtverträgen entspricht es allgA, dass, soweit das Verhältnis Verpächter/Pächter Gegenstand eines landwirtschaftlichen Verfahrens ist, für die örtliche Zuständigkeit in landwirtschaftsgerichtlichen Verfahren ebenfalls die **Hofstelle des Verpächters** maßgeblich ist, weil es keinen sachlichen Grund gibt, für das gerichtliche Verfahren einen vom korrespondierenden behördlichen Verfahren abweichenden Ansatzpunkt zu wählen.[18]

10   In **Landpachtsachen,** also den Verfahren betreffend die Anzeige und Beanstandung von Landpachtverträgen und über den Landpachtvertrag in den Fällen des § 585b Abs. 2, der §§ 588, 590 Abs. 2, des § 591 Abs. 2 und 3, der §§ 583, 594d Abs. 2 und der §§ 595 und 595a Abs. 2 BGB (§ 1 Nr. 1; → § 1 Rn. 6 ff.) sowie über den Landpachtvertrag im Übrigen (§ 1 Nr. 1a; → § 1 Rn. 66 ff.) bestimmt demgemäß die Hofstelle des Verpächters die örtliche Zuständigkeit. Dies gilt in gleicher Weise für die **Verfahren nach § 1 Nr. 4** über die Aufhebung eines Pacht- und sonstigen Nutzungsvertrages nach den §§ 58, 59 BVFG[19] und die Festsetzung des Ersatzanspruches und der Entschädigung nach § 7 Abs. 2 RSErgG.[20]

11   Für die **weiteren Verfahren** nach § 1 findet sich ein der Regelung in § 6 S. 1 LPachtVG entsprechender – mittelbarer – Anhaltspunkt für die Bestimmung der

---

[14] BGH Beschl. v. 27.1.1953 – V BLw 106/52, RdL 1953, 109; BGH Beschl. v. 22.11.1956 – V BLw 42/56, RdL 1957, 43; Lüdtke-Handjery/v. Jeinsen/*Brinkmann* HöfeO § 1 Rn. 15).

[15] Düsing/Martinez/*Hornung* LwVG § 10 Rn. 2.

[16] Ebenso Düsing/Martinez/*Hornung* LwVG § 10 Rn. 2.

[17] Auch in der gesetzliche Begründung zu § 10 (BT.-Drs. 1/3819, 22) fehlen Ausführungen zu dieser Frage.

[18] OLG Schleswig Beschl. v. 28.11.2006 – 3 WLw 109/06, BeckRS 2007, 00447 = OLG Report Celle 2007, 73; *Ernst* LwVG § 10 Rn. 3.

[19] Die §§ 30–93 BVFG wurden durch Art. 1 Nr. 30 des Kriegsfolgenbereinigungsgesetzes vom 21.12.1992 (BGBl I 2094) aufgehoben, so dass entsprechende Verfahren praktisch kaum noch relevant werden können (→ § 1 Rn. 153 ff.).

[20] Entgegen *Ernst* LwVG § 10 Rn. 7 ergibt sich die Maßgeblichkeit der Hofstelle des Verpächters nicht aus § 22 GrdstVG, auf den § 7 Abs. 2 S. 5 RSErgG verweist.

maßgeblichen Hofstelle in § 18 Abs. 1 GrdstVG.[21] Die Vorschrift regelt, dass in erster Linie die Genehmigungsbehörde zuständig ist, in deren Bezirk die Hofstelle des Betriebes liegt, zu dem das Grundstück gehört. Genehmigungspflichtige Geschäfte sind die rechtsgeschäftliche Veräußerung eines Grundstücks und der schuldrechtliche Vertrag hierüber (§ 2 Abs. 1 GrdstVG) sowie der Veräußerung eines Grundstücks gleichgestellte Rechtsgeschäfte (§ 2 Abs. 2 GrdstVG). Anknüpfungspunkt für die Begründung der örtlichen Zuständigkeit kann danach allein das den Gegenstand des Verfahrens bildende zu veräußernde Grundstück sein, mithin das Grundstück des **Veräußerers** und damit auch dessen Hofstelle. Wie in den Landpachtsachen liegt es auch hier nahe, diesen Gedanken der gesetzlichen Regelung zur behördlichen Zuständigkeit auf die gerichtliche Zuständigkeit zu übertragen.

Demgemäß richtet sich die örtliche Zuständigkeit des anzurufenden Landwirt- **12** schaftsgerichts in den **Grundstücksverkehrssachen** (§ 1 Nr. 2) und den Verfahren nach **§ 10 RSG** (§ 1 Nr. 3) nach der Hofstelle des **Veräußerers**.[22] In den Verfahren betreffend das **Anerbenrecht** einschließlich der Versorgungsansprüche (§ 1 Nr. 5) bestimmt sich die örtliche Zuständigkeit entsprechend nach der den Gegenstand des Verfahrens bildenden Hofstelle des Erblassers oder Übergebers,[23] in den Angelegenheiten, die mit der Aufhebung der früheren Vorschriften über **Erbhöfe** zusammenhängen (§ 1 Nr. 6) nach der Lage des früheren Erbhofes. Für Verfahren nach **§ 65 LwAnpG** ist die Lage des Betriebes der früheren LPG maßgeblich.

Ist Gegenstand eines Verfahrens nach § 1 Nr. 2 oder Nr. 3 ein Veräußerungsge- **13** schäft, dem als Verpflichtungsgeschäft ein **Tauschvertrag** zugrunde liegt, in dem sich die Vertragsparteien verpflichten, Grundstücke zu tauschen, deren Veräußerung jeweils nach § 2 Abs. 1 GrdstVG genehmigungspflichtig ist, stellt sich die Frage, welche Vertragspartei als Veräußerer anzusehen ist. Liegen die Hofstellen beider Vertragsparteien im Bezirk eines Landwirtschaftsgerichts, kann dies dahinstehen. Anders ist es dann, wenn die Hofstellen im Zuständigkeitsbereich verschiedener Landwirtschaftsgerichte liegen. Das OLG Nürnberg hat für einen solchen Fall angenommen, dass jedes Gericht eine Entscheidung über die Auflassung der in seinem Bezirk liegenden Grundstücke zu treffen hat, das Rechtsgeschäft also insgesamt nur wirksam wird, wenn beide Gerichte die in ihren Zuständigkeitsbereich fallende Auflassung genehmigt haben.[24] Diese Lösung begegnet schon deswegen Bedenken, weil die Genehmigung für das Veräußerungsgeschäft nur einheitlich erteilt oder versagt werden kann. Es liegt also näher, in diesen Fällen von einer kon-

---

[21] Entgegen der Auffassung von *Ernst* LwVG § 10 Rn. 4 und 5 lässt hingegen § 22 Abs. 1 GrdstVG keinen Rückschluss darauf zu, dass es für diese Verfahren auf die Hofstelle des Veräußerers ankommt. Diese Vorschrift verweist hinsichtlich des zuständigen Gerichts, bei dem ein Antrag auf gerichtliche Entscheidung gestellt werden kann, ihrerseits auf die Vorschriften des LwVG für die örtliche Zuständigkeit, also auf § 10.

[22] In den Fällen, in denen Gegenstand des Genehmigungsverfahrens die Veräußerung eines Erbanteils ist (§ 2 Abs. 2 Nr. 2 GrdstVG), kommt es demgemäß auf die Hofstelle des ererbten land- oder forstwirtschaftlichen Betriebes an.

[23] OLG Hamm Beschl. v. 15. 12. 2009 – 10 W 78/09, BeckRS 2010, 03611 = AUR 2010, 138 für einen Ehegattenhof iSd HöfeO. In den Fällen des § 13 HöfeO (Ergänzung der Abfindung wegen Wegfalls des höferechtlichen Zwecks) ist nach § 1 Abs. 2 HöfeVfO das für den ursprünglichen Hof zuständige Landwirtschaftsgericht auch dann örtlich zuständig, wenn Ansprüche wegen der Veräußerung oder Verwertung eines Ersatzbetriebes oder von Ersatzgrundstücken geltend gemacht werden.

[24] OLG Nürnberg Beschl. v. 26. 4. 1956 – W XV 67/56, RdL 1956, 226 (227).

kurrierenden örtlichen Zuständigkeit iSv § 2 Abs. 1 FamFG auszugehen, weil beide Vertragsparteien hinsichtlich des jeweils von ihnen zu übertragenden Grundstücks Veräußerer sind. Von den beiden örtlich zuständigen Gerichten wird dasjenige zuständig, bei dem der Antrag auf gerichtliche Entscheidung (§ 22 Abs. 1 GrdstVG[25]) zuerst eingeht.[26]

2. Lage der Grundstücke (§ 10 S. 2 Alt. 1)

14   Ist eine Hofstelle nicht vorhanden, bestimmt sich die Zuständigkeit gemäß § 10 S. 2 Alt. 1 nach der **Lage der Grundstücke.**[27] Zuständig ist das Landwirtschaftsgericht, in dessen Bezirk die Grundstücke ganz oder zum größten Teil liegen. Anders als bei der Zuständigkeit nach 10 S. 1 kann in den Fällen, in denen ein oder mehrere Grundstücke Gegenstand eines einheitlichen Landpachtvertrages oder Gegenstand eines nach dem GrdstVG genehmigungspflichtigen einheitlichen Veräußerungsgeschäfts sind, ohne weiteres der Fall eintreten, dass die Grundstücke im Zuständigkeitsbereich unterschiedlicher Landwirtschaftsgerichte belegen sind.

15   In diesem Fall ist das Landwirtschaftsgericht örtlich zuständig, in dessen Zuständigkeitsbereich die Grundstücke **zum größten Teil** liegen. Es ist also aufgrund der tatsächlichen Verhältnisse hinsichtlich der Grundstücke (oder auch eines einzelnen Grundstücks), die Gegenstand des jeweiligen Verfahrens sind, zu ermitteln, im Bezirk welches der betroffenen Landwirtschaftsgerichte sie überwiegend liegen. Hierfür sollte es – wie der Wortlaut des Gesetzes dies auch nahe legt – aus Gründen der Rechtssicherheit allein auf die Größe und nicht zusätzlich auf weitere Kriterien, wie etwa die Nutzungsart oder die Bodenqualität der betreffenden Grundstücke, ankommen.[28]

16   **Zweifel hinsichtlich der Zuständigkeit** können sich – theoretisch – nur in dem Fall ergeben, dass die verfahrensgegenständlichen Grundstücke jeweils zu exakt gleichen Teilen in die Bezirke verschiedener Landwirtschaftsgerichte fallen. Auch dann stehen der rechtlichen Beurteilung der Zuständigkeitsfrage aber keine tatsächlichen Gründe entgegen, so dass eine gerichtliche Bestimmung der Zuständigkeit nach § 5 Abs. 1 Nr. 2 FamFG[29] ausscheidet.[30] Es ist vielmehr in einer solchen Konstellation von einer konkurrierenden Zuständigkeit iSv § 2 Abs. 1 FamFG bzw. in streitigen Landpachtsachen von konkurrierenden, nicht ausschließlichen Ge-

---

[25] Ggf. iVm § 10 RSG.

[26] IE ebenso *Ernst* LwVG § 10 Rn. 21. Verfügt eine der Parteien des Tauschvertrages nicht über eine Hofstelle, bestimmt sich die Zuständigkeit des von dieser Partei zu übertragenden Grundbesitzes nach der Lage des Grundstücks (bzw. der Grundstücke, wenn es mehrere sind; → Rn. 14 f.).

[27] Die zweite Alternative von § 10 S. 2 (Ausübung der Rechte) hat in den Fällen, in denen Grundstücke den Gegenstand des Verfahrens bilden, daneben keine eigenständige Bedeutung, weil sich diese Rechte, wie etwa Pacht oder Nießbrauch, auf das jeweilige Grundstück beziehen; ebenso *Ernst* LwVG § 10 Rn. 15.

[28] AA offenbar *Ernst* LwVG § 10 Rn. 18, der annimmt, dass in den Fällen, in denen wegen eines wirtschaftlichen Zusammenhangs nur einheitlich entschieden werden kann, jedes der in Frage kommenden Landwirtschaftsgerichte für den gesamten Vertrag zuständig ist und nach den §§ 2, 5 FamFG die Zuständigkeit eines von ihnen herbeizuführen ist.

[29] Eine Zuständigkeitsbestimmung nach den weiteren Alternativen des § 5 Abs. 1 FamFG kommt ersichtlich nicht in Betracht.

[30] OLG Düsseldorf Beschl. v. 26.3.2012 – I-3 Sa 1/12, FGPrax 2012, 167 = FamRZ 2012, 1516; Keidel/*Sternal* FamFG § 5 Rn. 16; MüKoFamFG/*Pabst* § 5 Rn. 9.

richtsständen auszugehen. Örtlich zuständig wird das Gericht, bei dem der Antrag (§ 2 Abs. 1 S. 1 FamFG) bzw. die Klage (§ 261 Abs. 3 Nr. 1 ZPO) zuerst eingeht.

3. Ausübung von Rechten (§ 10 S. 2 Alt. 2)

Die Begründung der örtlichen Zuständigkeit des Gerichts, in dessen Bezirk die **17** Rechte im Wesentlichen ausgeübt werden (§ 10 S. 2 Alt. 2), kommt nur dann zum Tragen, wenn sich die Ausübung eines solchen (Nutzungs-)Rechts nicht auf ein Grundstück bezieht.

Damit kann sich insbesondere für **Fischereipachtverträge,** die nach **§ 11** **18** **LPachtVG** dem Anwendungsbereich dieses Gesetzes unterfallen, die örtliche Zuständigkeit nur aus § 10 S. 1 bzw. § 10 S. 2 1. Alt. ergeben. Gegenstand solcher Verträge sind nämlich Betriebe oder Grundstücke, die überwiegend zur Fischerei verpachtet werden.[31] Die örtliche Zuständigkeit bei Verpachtung eines Betriebs wird sich danach aus § 10 S. 1 ergeben, wenn er über eine mit Gebäuden bebaute Grundfläche, also über eine Betriebsstätte (→ Rn. 6) verfügt, von der aus seine Bewirtschaftung erfolgt. Im Übrigen, also bei der bloßen Verpachtung von Grundstücken zur Fischerei, bestimmt sich gemäß § 10 S. 2 Alt. 1, die örtliche Zuständigkeit nach der Lage der Grundstücke.

Die wesentliche Ausübung des Rechts ist dann für die Bestimmung des örtlich **19** zuständigen Gerichts maßgeblich, wenn Gegenstand eines Nutzungsrechts die **Ausübung eines Rechts** ist. Dies kommt in Betracht bei nicht dem § 11 LPachtVG unterfallenden **Pachtverträgen über Fischereirechte.** Durch § 51 Abs. 2 Satz 2 sind die einzelnen Bundesländer ermächtigt, für solche Verträge die Anwendbarkeit des LwVG anzuordnen.[32]

Die örtliche Zuständigkeit für Verfahren, die die **Beanstandung von Jagd–** **20** **pachtverträgen** zum Gegenstand haben, bestimmt sich ebenfalls danach, wo das Recht ausgeübt wird.[33] Gegenstand eines Jagdpachtvertrages ist nämlich nach § 11 Abs. 1 S. 1 BJagdG die Ausübung des Jagdrechts. Jagdpachtverträge müssen nach § 12 Abs. 1 S. 1 BJagdG der zuständigen Behörde angezeigt werden, die diese nach § 12 Abs. 1 S. 2 BJagdG beanstanden kann. In diesem Fall gelten gemäß § 12 Abs. 3 S. 3 BJagdG die Bestimmungen für die gerichtliche Entscheidung über die Beanstandung eines Landpachtvertrages (§ 1 Nr. 1) sinngemäß mit der Maßgabe, dass das Gericht ohne Zuziehung der ehrenamtlichen Richter entscheidet.

Auch in den Fällen, in denen sich die örtliche Zuständigkeit nach § 10 S. 2 2. Alt. **21** richtet, kann es so sein, dass das Recht in Bezirken verschiedener Landwirtschaftsgerichte ausgeübt wird. Der Fall einer konkurrierenden Zuständigkeit iSv § 2 Abs. 1 FamFG tritt hier aber grds. ebenfalls nicht ein. Örtlich zuständig ist allein das Landwirtschaftsgericht, in dessen Bezirk das Recht im Wesentlichen ausgeübt wird, was regelmäßig an Hand der Größe der von dem Ausübungsrecht betroffenen Flächen zu ermitteln sein wird.

---

[31] Von der Vorschrift werden nur Pachtverträge erfasst, die eine landwirtschaftliche Nutzung der Fischerei zum Gegenstand haben, insbesondere eine mit der Bodennutzung verbundene Tierhaltung (§ 1 LPachtVG iVm § 585 Abs. 1 BGB; so zutreffend *Faßbender/Hötzel/Lukanow* Landpachtrecht LPachtVG § 11 Rn. 6).

[32] Zu den Bundesländern, die von dieser Möglichkeit Gebrauch gemacht haben → § 51 Rn. 9 ff.

[33] Ebenso *Ernst* LwVG § 10 Rn. 15.

III. Prüfung der örtlichen Zuständigkeit

22   In allen Verfahren ist durch das angerufene Gericht seine örtliche Zuständigkeit als Teil der Zulässigkeitsprüfung des Antrags/der Klage **von Amts wegen** zu prüfen. Dies ergibt sich für die Verfahren der freiwilligen Gerichtsbarkeit aus (§ 9 iVm) § 26 FamFG. Für die streitigen Verfahren nach der ZPO ist für die nach § 56 Abs. 1 ZPO vorgeschriebene Prüfung der dort genannten Prozessvoraussetzungen allgemein anerkannt, dass sich das Gericht jederzeit vom Vorliegen der Sachurteilsvoraussetzungen von Amts wegen zu vergewissern hat.[34]

23   Beide Verfahrensarten unterscheiden sich aber dadurch, dass in den **Verfahren der freiwilligen Gerichtsbarkeit** das Gericht die für die Prüfung der Zuständigkeit und damit der Zulässigkeit eines Antrags maßgeblichen Tatsachen als Teil seiner Amtsermittlungspflicht[35] selbst zu ermitteln hat, während in den **Verfahren der streitigen Gerichtsbarkeit** sich das Gericht nach § 139 Abs. 3 ZPO insoweit darauf beschränken kann, auf Bedenken aufmerksam zu machen, die hinsichtlich der von Amts wegen zu berücksichtigenden Punkte bestehen.

24   Kommt es zu einer **Entscheidung durch ein örtlich unzuständiges Gericht,** so ist diese gleichwohl wirksam. Dies folgt für die Verfahren der freiwilligen Gerichtsbarkeit aus (§ 9 iVm) § 2 Abs. 3 und § 65 Abs. 4 FamFG.[36] In den streitigen Zivilsachen ergibt sich dies aus dem Umstand, dass ein Rechtsmittel gegen eine Entscheidung nicht darauf gestützt werden kann, dass diese durch ein örtlich unzuständiges Gericht ergangen ist (§§ 513 Abs. 2, 545 Abs. 2 ZPO).

25   Nicht ausdrücklich gesetzlich geregelt ist für die Verfahren der freiwilligen Gerichtsbarkeit der Fall, dass sich die Tätigkeit des Gerichts auf die **Entgegennahme einer Erklärung** beschränkt, eine Handlung des Gerichts iSv § 2 Abs. 3 FamFG also nicht vorliegt.[37] Die in den höferechtlichen Vorschriften vorgesehenen Erklärungen, dass die Besitzung Hof oder Ehegattenhof sein soll oder nicht sein soll, sind gemäß § 4 Abs. 1 HöfeVfO gegenüber dem Landwirtschaftsgericht abzugeben.[38] Erkennt das die Erklärung annehmende Landwirtschaftsgericht seine Unzuständigkeit nicht und betätigt sich als das zuständige Gericht,[39] ist § 2 Abs. 3 FamFG entsprechend anzuwenden, wenn das Gericht in einer Weise tätig geworden ist, dass

---

[34] BGH Urt. v. 11.11.1982 – III ZR 77/81, BGHZ 85, 288 (290) = NJW 1983, 867; Urt. v. 19.3.1987 – II ZR 2/86, BGHZ 100, 217 (219) = NJW 1987, 2018; Urt. v. 21.2.2000 – II ZR 231/98, NJW-RR 2000, 1156 = MDR 2000, 660; Musielak/*Voit* ZPO vor § 253 Rn. 12.

[35] Zur Amtsermittlungspflicht allgemein → § 9 Rn. 95 ff.

[36] Nach § 2 Abs. 3 FamFG sind nicht nur Entscheidungen, sondern grds. alle Handlungen eines örtlich unzuständigen Gerichts wirksam, also jedes aktive Tun des Gerichts (Keidel/*Sternal* FamFG § 2 Rn. 32).

[37] BayObLG Beschl. v. 11.3.1994 – 1Z BG 109/93, BayObLGZ 1994, 40 (50) = NJW-RR 1994, 967 zu § 7 FamFG.

[38] Solche Erklärungen sieht die HöfeO in § 1 Abs. 1 S. 3, Abs. 2, Abs. 4 und Abs. 5 S. 2 vor. Daneben ist in den §§ 9 Abs. 2 (Wahlerklärung bei Vererbung mehrerer Höfe), 11 (Ausschlagung des Anfalls des Hofes) und 14 Abs. 3 S. 3 HöfeO (Bestimmung des Hoferben durch den überlebenden Ehegatten) selbst angeordnet, dass diese Erklärungen gegenüber dem Gericht abzugeben sind.

[39] Dem gleichzustellen ist wohl der – eher theoretische – Fall, dass sich das Gericht in Kenntnis seiner Unzuständigkeit als das zuständige Gericht betätigt (so Keidel/*Sternal* FamFG § 2 Rn. 33; MüKoFamFG/*Pabst* § 2 Rn. 44; Bumiller/Harders/Schwamb/*Bumiller* FamFG § 2 Rn. 14).

die Beteiligten darauf vertrauen durften, es habe seine Zuständigkeit geprüft und bejaht, weil den Betroffenen die Folgen eines solchen Zuständigkeitsirrtums nicht aufgebürdet werden können.[40] Hieraus folgt weiter, dass dann, wenn das Gericht seine Unzuständigkeit erkennt und die Erklärung entweder zurückgibt oder an das zuständige Gericht weitergibt, diese erst wirksam wird, wenn sie bei dem zuständigen Gericht eingeht.[41]

§ 11 [aufgehoben]

§ 12 [Abgabe an zuständiges Gericht]

(1) [1]**Hält das Gericht sich für unzuständig, so hat es die Sache an das zuständige Gericht abzugeben.** [2]**Der Abgabebeschluß kann nach Anhörung der Beteiligten ohne mündliche Verhandlung ergehen.** [3]**Er ist für das in ihm bezeichnete Gericht bindend.** [4]**Im Falle der Abgabe an ein Gericht der streitigen Gerichtsbarkeit gilt die Rechtssache in dem Zeitpunkt als begründet, in dem der bei dem für Landwirtschaftssachen zuständigen Gericht gestellte Antrag dem Beteiligten bekanntgemacht worden ist, der nach der Abgabe Beklagter ist.** [5]**§ 167 der Zivilprozeßordnung ist entsprechend anzuwenden.**

(2) [1]**Wird in einem Rechtsstreit eine Angelegenheit des § 1 Nr. 1 oder Nr. 2 bis 6 anhängig gemacht, so hat das Prozeßgericht die Sache insoweit an das für Landwirtschaftssachen zuständige Gericht abzugeben.** [2]**Absatz 1 Satz 2, 3 ist anzuwenden.**

Inhaltsübersicht

---

[40] BGH Urt. v. 13.12.1961 – IV ZR 92/61, BGHZ 36, 197 (200) = NJW 1962, 491; BGH Beschl. v. 6.7.1977 – IV ZB 63/75, BeckRS 1977, 31116813; BayObL Beschl. v. 11.3.1994 – 1Z BR 109/93, BayObLGZ 1994, 40 (50) = NJW-RR 1994, 967; Keidel/*Sternal* FamFG § 2 Rn. 33; MüKoFamFG/*Pabst* § 2 Rn. 44; *Ernst* LwVG § 10 Rn. 35.
[41] Keidel/*Sternal* FamFG § 2 Rn. 33; Bumiller/Harders/Schwamb/*Bumiller* FamFG § 2 Rn. 15.

I. Überblick

1   Die Vorschrift regelt in **Abs. 1** das Verfahren bei Anrufung eines örtlich unzuständigen Landwirtschaftsgerichts oder bei Anrufung eines Landwirtschaftsgerichts, obwohl es sich nicht um eine Landwirtschaftssache iSv § 1 handelt und sodann in **Abs. 2** das Verfahren, wenn in einem (bürgerlichen) Rechtsstreit eine Angelegenheit des § 1 Nr. 1 oder Nr. 2 bis 6 anhängig gemacht wird. Der **Anwendungsbereich** der Vorschrift erfasst nach seinem Wortlaut alle Fälle der Unzuständigkeit eines nach dem zweiten Abschnitt des LwVG angerufenen Landwirtschaftsgerichts (§ 12 Abs. 1) und daneben den Fall, dass in einem bürgerlichen Rechtsstreit eine Angelegenheit nach § 1 Nr. 1 oder Nr. 2 bis 6 anhängig gemacht wird (§ 12 Abs. 2). Wegen der grds. entsprechenden Anwendung des FamFG in Landwirtschaftssachen der freiwilligen Gerichtsbarkeit (§ 9) bzw. der ZPO in streitigen Landwirtschaftssachen (§ 48 Abs. 1 S. 1) stellt sich insbesondere die Frage der Abgrenzung zu §§ 3, 4 FamFG bzw. zu § 281 ZPO.

II. Abgrenzung zu § 17 a Abs. 6 GVG

1. Bedeutung der Neuregelung

2   Durch Art. 22 Nr. 3 FGG-RG vom 17.12.2008[1] wurde mit Wirkung ab dem 1. September 2009 § 17a GVG ein neuer Abs. 6 angefügt. Danach gelten die Abs. 1–5 für die in bürgerlichen Rechtsstreitigkeiten, Familiensachen und Angelegenheiten der freiwilligen Gerichtsbarkeit zuständigen Spruchkörper in ihrem Verhältnis zueinander entsprechend. Der Gesetzgeber hat damit die bestehende höchstrichterliche Rechtsprechung zur **Abgrenzung zwischen ordentlicher streitiger Gerichtsbarkeit und freiwilliger Gerichtsbarkeit**[2] aufgegriffen und klarstellend gesetzlich geregelt.[3] Zwar weist nach dessen Änderung durch das FGG-RG[4] § 13 GVG auch die Angelegenheiten der freiwilligen Gerichtsbarkeit ausdrücklich als Zivilsachen aus, die vor den ordentlichen Gerichten verhandelt werden, die Unterschiede in den jeweiligen Verfahrensvorschriften der ZPO und des FamFG rechtfertigen es aber, im Verhältnis der Antragsverfahren nach dem FamFG (einschließlich der Streitsachen, → § 9 Rn. 9 ff.)[5] zu den bürgerlichen Rechtsstreitigkeiten die Vorschriften zur Zulässigkeit des Rechtswegs anzuwenden (→ § 5 Rn. 21 ff.).[6] § 17a Abs. 6 GVG regelt damit nicht die Zulässigkeit des Rechtswegs zu dem angerufenen Gericht, sondern erklärt die Absätze 1 bis 5 für die Abgren-

---

[1] BGBl. I 2586, 2694.

[2] BGH Urt. v. 20.1.2005 – III ZR 278/04, NJW-RR 2005, 721 = MDR 2005, 644; Beschl. v. 5.4.2001 – III ZB 48/00, NJW 2001, 2181 = MDR 2001, 945; Beschl. v. 29.7.1991 – NotZ 25/90, BGHZ 115, 275 (284) = NJW 1992, 2423; für Landwirtschaftssachen BGH Urt. v. 28.6.2002 – V ZR 74/01, NJW-RR 2002, 1651 = MDR 2002, 1265; Beschl. v. 26.10.1999 – BLw 1/99, BeckRS 1999, 30078842 = ZOV 2000, 93.

[3] BT-Drs. 16/6308, 318.

[4] BGBl. I S. 2586, 2694

[5] Also nicht im Amtsverfahren der freiwilligen Gerichtsbarkeit, *Kissel/Mayer* GVG § 17 Rn. 62; BT-Drs. 16/6308, 318.

[6] BGH Beschl. v. 29.7.1991 – NotZ 25/90, BGHZ 115, 275 (284) = NJW 1992, 2423.

zung der streitigen zur freiwilligen Gerichtsbarkeit lediglich für entsprechend anwendbar.[7]

2. Verhältnis zu § 12

Wird das Landwirtschaftsgericht in einer **bürgerlichen Rechtsstreitigkeit** 3 oder das Prozessgericht in einer **Landwirtschaftssache nach § 1 Nr. 1a** angerufen, liegt eine Konstellation vor, die weder unter den Anwendungsbereich des § 12 noch unter den des § 17a Abs. 6 GVG fällt, weil allein unterschiedliche Spruchkörper in einer bürgerlichen Rechtsstreitigkeit betroffen sind. Das Verfahren bestimmt sich in diesem Fall nach § 48 Abs. 1 S. 1 iVm § 281 ZPO bzw. nach § 281 ZPO (→ § 2 Rn. 10f.), weil es sich im Verhältnis der betroffenen Spruchkörper zueinander um eine Frage der sachlichen Zuständigkeit handelt und der Rechtsstreit als streitiges Verfahren allein den Vorschriften der Zivilprozessordnung folgt.[8]

Die Abgrenzungsfrage, ob der Anwendungsbereich des § 12 oder derjenige des 4 § 17a Abs. 6 GVG eröffnet ist, stellt sich dann, wenn das **Verhältnis einer bürgerlichen Rechtsstreitigkeit zu einer Angelegenheit der freiwilligen Gerichtsbarkeit** betroffen ist, also wenn Gegenstand eines Verfahrens nach den §§ 9ff. vor dem Landwirtschaftsgericht eine bürgerliche Rechtsstreitigkeit ist oder wenn durch eine Klage vor dem Prozessgericht eine Landwirtschaftssache nach § 1 Nr. 1 oder Nr. 2–6 anhängig gemacht worden ist.

Für diese Konstellation, dass nämlich die bei einem Spruchkörper anhängige 5 Rechtssache in einer anderen Verfahrensart zu entscheiden ist, maW die **Verfahrenszuständigkeit** eine unterschiedliche ist, verdrängt die jüngere und, weil differenzierter zugleich speziellere Regelung des § 17a Abs. 6 GVG in seinem Anwendungsbereich sowohl 12 Abs. 1 als auch § 12 Abs. 2 (→ § 2 Rn. 23).[9] Dies gilt sowohl für das Verhältnis verschiedener Spruchkörper desselben Gerichts, als auch für die verschiedener Gerichte.[10]

III. § 12 Abs. 1

1. Verbleibender Anwendungsbereich

Sieht man die Fälle der sog. Verfahrensunzuständigkeit als vom Anwendungsbe- 6 reich des § 12 Abs. 1 nicht mehr erfasst an, wird eine Abgabe nach dieser Vorschrift nur noch in seltenen Ausnahmefällen in Betracht kommen.

Vom Wortlaut der Regelung – noch – erfasst wird zunächst die **örtliche Zu-** 7 **ständigkeit** des angerufenen Gerichts in den Landwirtschaftssachen der freiwilligen Gerichtsbarkeit.[11] Angesichts der eindeutigen, an den Ort der Hofstelle, der

---

[7] Man kann daher in diesem Zusammenhang von einer Regelung der Verfahrenszuständigkeit sprechen, MüKoFamFG/*Pabst* § 3 Rn. 28; Keidel/*Sternal* FamFG § 3 Rn. 40.

[8] BGH Urt. v. 26.4.1991 – V ZR 53/90, BGHZ 114, 277 (279) = NJW 1991, 3280; OLG Jena Beschl. v. 13.1.1997 – LW W 358/96, OLG-NL 1997, 96; OLG Brandenburg Beschl. v. 22.4.1997 – 1 W 11/97, OLG-NL 1997, 212 (213) = AgrarR 1997, 225.

[9] So für das Verhältnis von § 3 FamFG zu § 17a Abs. 6 GVG MüKoFamFG/*Pabst* § 3 Rn. 28; Bumiller/Harders/Schwamb/*Bumiller* FamFG § 3 Rn. 3.

[10] Zur Bedeutung der Vorschrift innerhalb der Landwirtschaftsgerichte → § 2 Rn. 124.

[11] Die Verweisung in § 9 erfasst nicht § 3 FamFG, weil das LwVG insoweit eine eigene Regelung enthält.

Grundstücke oder der Ausübung der Rechte anknüpfenden örtlichen Zuständigkeit(→ § 10 Rn. 3ff.), die nach § 48 Abs. 1 S. 2 auch in den streitigen Landwirtschaftssachen gilt (→ § 2 Rn. 3), wird eine Abgabe an ein anderes Gericht wegen örtlicher Unzuständigkeit aber nur selten praktisch relevant werden.

8   Da § 12 Abs. 1 nach seiner systematischen Stellung im Gesetz allein für die Landwirtschaftssachen der freiwilligen Gerichtsbarkeit gilt, kommt, wenn sich das Landwirtschaftsgericht in einer streitigen Landwirtschaftssache für örtlich unzuständig hält, allein eine Verweisung nach § 281 ZPO in Betracht (→ § 2 Rn. 18).

9   Der Anwendungsbereich des § 12 Abs. 1 ist weiter eröffnet, wenn sich das Landwirtschaftsgericht in einem nach dem **zweiten Abschnitt des LwVG** geführten Verfahren für unzuständig hält und die Sache an einen anderen Spruchkörper abgeben will, in dem das Verfahren **ebenfalls als ein solches der freiwilligen Gerichtsbarkeit** geführt wird. So ist etwa das Landwirtschaftsgericht nach § 18 Abs. 2 HöfeO zuständig für die Entscheidung der Frage, wer kraft Gesetzes oder kraft Verfügung von Todes wegen Hoferbe eines Hofes[12] geworden ist, und zwar auch dann, wenn daneben noch hoffreies Vermögen zum Nachlass gehört.[13] Stellt sich nach Einleitung des Verfahrens vor dem Landwirtschaftsgericht heraus, dass zum Nachlass kein Hof iSd der §§ 1 bis 3 HöfeO gehört, also keine Bestimmung darüber zu treffen ist, wer Hoferbe geworden ist, ist für die Erteilung des Erbscheins das Nachlassgericht nach den §§ 342ff. FamFG sachlich und funktionell zuständig, an das dann die Sache nach § 12 Abs. 1 abgegeben werden muss.

10   Weil das LwVG für diesen Fall in § 12 Abs. 1 eine eigene Regelung enthält, erstreckt sich die Verweisung in § 9 nicht auf **§ 3 FamFG**. Nach seinem Regelungsbereich könnte aber **§ 4 FamFG**, der aus wichtigem Grund die Abgabe eines zuständigen Gerichts an ein anderes ebenfalls zuständiges Gericht ermöglicht,[14] auch in den Landwirtschaftssachen der freiwilligen Gerichtsbarkeit Anwendung finden, weil das LwVG eine vergleichbare Regelung nicht enthält. Allerdings wird ein wichtiger Grund iSd Vorschrift in Landwirtschaftssachen kaum in Betracht kommen, weil ein solcher regelmäßig nur in Verfahren vorliegen wird, in denen der Personenbezug im Vordergrund steht.[15] Außerhalb personenbezogener Verfahren kann etwa in Nachlasssachen ein wichtiger Grund in Betracht kommen, wenn der Nachlass überwiegend aus Grundstücken besteht, die in dem Bezirk eines anderen Gerichts liegen.[16] Ein praktisch relevanter Anwendungsbereich wird aber auch dadurch für Landwirtschaftsverfahren nicht eröffnet. Zwar tritt in den Fällen des § 18 Abs. 2 HöfeO das Landwirtschaftsgericht an die Stelle des Nachlassgerichts, dieses ist aber wegen der ausschließlichen örtlichen Zuständigkeitsregelung in § 10 (iVm § 1 Abs. 1 S. 1 HöfeVfO) ohnehin das Gericht, in dessen Bezirk sich die Hofstelle befindet.

---

[12] Zum Begriff des Hofes: §§ 1 bis 3 HöfeO. Das Landwirtschaftsgericht ist auch zuständig, wenn der Hof verwaist ist (§ 10 HöfeO), auch dann gehört der Hof zum Nachlass (Lüdke-Handjeri/v. Jeinsen/*Brinkmann* HöfeO § 10 Rn. 12).

[13] Lüdtke-Handjeri/v. Jeinsen/*Brinkmann* HöfeO § 18 Rn. 9. In diesem Fall ist das Landwirtschaftsgericht auch für die Erteilung des Erbscheins über das hoffreie Vermögen zuständig; BGH Beschl. v. 8.6.1988 – I ARZ 388/88, BGHZ 104, 363 (367) = NJW 1988, 2739.

[14] Keidel/*Sternal* FamFG § 4 Rn. 6ff.

[15] BeckOK FamFG/*Burschel* § 4 Rn. 6.

[16] OLG Brandenburg Beschl. v. 2.12.2005 – 1 AR 70/05, BeckRs 2006, 10045 = FGPrax 2006, 222 für §§ 75, 46 Abs. 1 S. 1 FGG.

2. Verfahren und Entscheidung

Hält sich das Landwirtschaftsgericht danach für unzuständig, hat es das Verfahren **11** nach § 12 Abs. 1 S. 1 an das zuständige Gericht **abzugeben.** Die Entscheidung kann, ohne dass es eines Antrags oder einer mündlichen Verhandlung bedarf, nach vorheriger Anhörung der Beteiligten ergehen (§ 12 Abs. 1 S. 2). Einer Zuziehung der ehrenamtlichen Richter bedarf es nach § 20 Abs. 1 Nr. 3 nicht (→ § 20 Rn. 33 ff.).

Die Entscheidung über die Abgabe ergeht durch Beschluss, in dem das zustän- **12** dige Gericht namentlich zu bezeichnen ist. **Eine Pflicht, den Beschluss zu begründen,** ergibt sich nicht unmittelbar aus (§ 9 iVm) § 38 Abs. 3 S. 1 FamFG,[17] weil es sich bei der Abgabeentscheidung nicht um eine Entscheidung iSv § 38 Abs. 1 S. 1 FamFG handelt, durch die der Verfahrensgegenstand ganz oder teilweise erledigt wird,[18] sondern um eine Zwischenentscheidung. Ein Begründungszwang ergibt sich auch nicht daraus, dass dem Gericht, an das die Sache abgegeben wird oder das Gericht, dass einen Zuständigkeitsstreit nach (§ 9 iVm) § 5 Abs. 1 Nr. 4 FamFG zu entscheiden hat, die Nachprüfung der getroffenen Entscheidung ermöglicht werden muss.[19] Zumindest eine mittelbare Pflicht, die Abgabeentscheidung zu begründen, folgt indes aus dem Umstand, dass die bei einer Entscheidung nach § 5 Abs. 1 Nr. 4 FamFG zu prüfende Bindungswirkung entfallen kann, wenn der Abgabebeschluss jeglicher rechtlichen Grundlage entbehrt (→ Rn. 15). Die Bindungswirkung entfällt zwar nicht schon allein wegen der fehlenden Begründung, sie kann aber entfallen, wenn die Begründung fehlt, der Beschluss selbst dadurch eine rechtliche Grundlage nicht erkennen lässt und auch dem sonstigen Akteninhalt eine solche nicht entnommen werden kann.[20]

In den Fällen, in denen ein Verfahren nach § 1 Nr. 1 oder Nr. 2 bis 6 an ein ande- **13** res Landwirtschaftsgericht abgegeben werden soll, weil es sich um eine Landpachtsache iSd § 1 Nr. 1a handelt,[21] oder an ein Prozessgericht, weil es sich um eine bürgerliche Rechtsstreitigkeit handelt, tritt § 17a Abs. 6 GVG an die Stelle des § 12 Abs. 1 (→ Rn. 5). Für die Regelungen über die Begründung der Rechtshängigkeit

---

[17] So aber Keidel/*Sternal* FamFG § 3 Rn. 49; MüKoFamFG/*Papst* § 3 Rn. 14; aA Haußleiter/*Gomille* FamFG § 3 Rn. 6 (keine Begründung).

[18] Als Endentscheidung anzusehende Zwischenentscheidungen sind in echten Streitsachen der freiwilligen Gerichtsbarkeit nur solche, die die Zulässigkeit des Antrags (§ 280 Abs. 2 S. 1 ZPO analog) oder den Grund des geltend gemachten Anspruchs (§ 304 Abs. 2 HS 2 analog) betreffen; Keidel/*Sternal* FamFG § 58 Rn. 17.

[19] Vgl. zu § 281 ZPO: BGH Beschl. v. 23. 3. 1988 – IVb ARZ 8/88, BeckRS 2009, 26085 = FamRZ 1988, 943. Allein eine fehlende Begründung führt daher auch nicht dazu, dass die Bindungswirkung entfällt; BGH Beschl. v. 7. 2. 1990 – XII ARZ 1/90, NJW-RR 1990, 506 (506 f.) = BeckRS 9998, 76832.

[20] BGH Beschl. v. 10. 9. 2002 – X ARZ 217/02, NJW 2002, 3634 (3635) = MDR 2002, 1446; BeckOK ZPO/*Bacher* § 281 Rn. 32.1; sehr weitgehend OLG München Beschl. v. 9. 7. 2007 – 31 AR 146/06, BeckRS 2007, 11816 = MDR 2007, 1278 (das OLG München lässt es im amtlichen Leitsatz für den Wegfall der Bindungswirkung genügen, wenn das verweisende Gericht mit keinem Wort auf den bei ihm bestehenden besonderen Gerichtsstand des Erfüllungsorts eingeht).

[21] Das angerufene Landwirtschaftsgericht muss in diesem Fall örtlich unzuständig sein, weil es bei örtlicher Zuständigkeit das Verfahren lediglich in die richtige Verfahrensart überführen müsste.

und die Wahrung von Fristen in **§ 12 Abs. 1 S. 4 und § 12 Abs. 1. S. 5** verbleibt in diesen Konstellationen kein eigenständiger Anwendungsbereich mehr.

3. Bindungswirkung und Anfechtbarkeit

14   Der **Beschluss über die Abgabe** ist für das Gericht, an das die Sache abgegeben wird, einem allgemeinen Grundsatz entsprechend (z. B. § 17 Abs. 2 S. 3 GVG, § 281 Abs. 2 S. 4 ZPO, § 3 Abs. 3 S. 2 FamFG) nach § 12 Abs. 1 S. 3 **bindend.** Die Bindungswirkung einer Entscheidung nach § 12 Abs. 1 erstreckt sich grds. nicht auf den Rechtsweg, die internationale Zuständigkeit, die Geschäftsverteilung und die Verfahrensart. Sie und die damit im Zusammenhang stehende Unanfechtbarkeit der Entscheidung dienen der Verfahrensökonomie. Es sollen Zuständigkeitsstreitigkeiten und dadurch bewirkte Verzögerungen und Verteuerungen des Verfahrens vermieden werden.[22] Die Bindungswirkung tritt ein, wenn der Beschluss wirksam geworden ist, d. h. mit seiner Bekanntgabe gem. (§ 9 iVm) § 40 Abs. 1 FamFG (→ § 30 Rn. 4).[23]

15   Einer Abgabeentscheidung nach § 12 Abs. 1 kann die gesetzlich vorgesehene **bindende Wirkung nur dann abgesprochen werden,** wenn sie schlechterdings nicht als im Rahmen des § 12 Abs. 1 ergangen anzusehen ist, etwa weil sie auf einer Verletzung rechtlichen Gehörs beruht, nicht durch den gesetzlichen Richter erlassen wurde oder jeder gesetzlichen Grundlage entbehrt und deshalb als willkürlich betrachtet werden muss.[24] Hierfür genügt es aber nicht, dass der Verweisungsbeschluss inhaltlich unrichtig oder fehlerhaft ist. Willkür liegt nur vor, wenn dem Verweisungsbeschluss jede rechtliche Grundlage fehlt und er bei verständiger Würdigung der das Grundgesetz beherrschenden Gedanken nicht mehr verständlich erscheint und offensichtlich unhaltbar ist.[25]

16   Erachtet das Gericht, an das die Sache abgeben wird, seine Zuständigkeit nicht für gegeben und den Beschluss über die Abgabe nicht für bindend **(negativer Kompetenzkonflikt),** so hat es sich durch Beschluss für unzuständig zu erklären. Das zuständige Gericht ist nach (§ 9 iVm) § 5 Abs. 1 Nr. 4 durch das nächsthöhere Gericht (→ § 2 Rn. 12 f.) zu bestimmen.[26]

17   § 12 Abs. 1 enthält selbst keine ausdrückliche Regelung dazu, ob der Beschluss über die Abgabe an ein anderes Gericht durch die Beteiligten anfechtbar ist. Weil

---

[22] St. Rspr., zB BGH Beschl. v. 13.12.2005 – X ARZ 223/05, NJW 2006, 847 (848) = MDR 2006, 703; Beschl. v. 10.9.2002 – X ARZ 217/02, NJW 2002, 3634 (3635) = MDR 2002, 1446.

[23] § 30 Abs. 1 betrifft nach seinem eindeutigen Wortlaut nur gerichtliche Entscheidungen in der Hauptsache.

[24] St. Rspr., zB BGH Beschl. v. 27.5.2008 – X ARZ 45/08, NJW-RR 2008, 1309 = MDR 2008, 1117 (zu § 281 Abs. 2 S. 4 ZPO); Beschl. v. 13.12.2005 – X ARZ 223/05, NJW 2006, 847 (848) = MDR 2006, 703; Beschl. v. 10.12.1987 – I ARZ 803/87, BGHZ 102, 338 (340) = NJW 1988, 1794.

[25] BGH Beschl. v. 10.6.2003 – X ARZ 92/03, NJW 2003, 3201 f. = BeckRS 2003, 05899 (zu § 281 Abs. 2 S. 4 ZPO); zu Einzelheiten BeckOK ZPO/*Bacher* § 281 Rn. 32.1 bis 32.5.

[26] Da nach der hier vertretenen Auffassung (→ Rn. 7 u. 9) eine Abgabe nach § 12 Abs. 1 nur in den Fällen in Betracht kommt, in denen das Landwirtschaftsgericht in einer Landwirtschaftssache der freiwilligen Gerichtsbarkeit seine örtliche Zuständigkeit nicht für gegeben hält oder an ein Gericht abgeben will, das, wenn auch nicht als Landwirtschaftssache, das Verfahren als ein solches der freiwilligen Gerichtsbarkeit führt, ist das nächsthöhere Gericht nach (§ 9 iVm) § 5 Abs. 2 FamFG zu bestimmen.

die Vorschrift für die Landwirtschaftssachen der freiwilligen Gerichtsbarkeit die Funktion des § 3 FamFG übernimmt, sind aber über § 9 die Regelungen des FamFG anzuwenden, soweit eine ausdrückliche Regelung in § 12 Abs. 1 fehlt. Der Beschluss über die Abgabe nach § 12 Abs. 1 ist demgemäß **für die Beteiligten des Verfahrens nach (§ 9 iVm) § 3 Abs. S. 1 FamFG nicht anfechtbar.**[27] Dies gilt selbst dann, wenn die Verweisungsentscheidung grob fehlerhaft oder willkürlich sein sollte.[28] Da es sich bei der Entscheidung über die Abgabe nicht um eine Endentscheidung handelt, ist jedenfalls nach dem Wortlaut der Vorschrift auch die Gehörsrüge nach § 44 Abs. 1 S. 2 FamFG nicht gegeben.[29]

Nimmt das Landwirtschaftsgericht seine Zuständigkeit zu Unrecht an und ent- **18** scheidet in der Sache, kann das Rechtsmittel der Beschwerde hierauf nicht gestützt werden, (§ 9 iVm) § 65 Abs. 4 FamFG (→ § 2 Rn. 15).

4. Kosten

Die Verfahrensabschnitte vor dem abgebenden Gericht und dem aufnehmenden **19** Gericht bilden **verfahrens- und kostenrechtlich eine Einheit.** Die im Verfahren vor dem angerufenen Gericht entstandenen Kosten werden nach (§ 9 iVm) § 3 Abs. 4 FamFG bzw. nach § 5 Abs. 1 S. 2 iVm S. 1 GNotKG als Teil der Kosten behandelt, die bei dem im Beschluss bezeichneten Gericht anfallen. Das abgebende Gericht trifft daher keine Kostenentscheidung, auch nicht über die durch seine Anrufung evtl. entstandenen Mehrkosten.[30] Diese werden nach § 5 Abs. 2 S. 1 GNotKG nur erhoben, wenn die Anrufung auf verschuldeter Unkenntnis der tatsächlichen oder rechtlichen Verhältnisse beruht.

Für den beauftragten Rechtsanwalt ist das Verfahren bis zur Abgabe als Zwi- **20** schenstreit nach § 19 Abs. 1 S. 2 Nr. 3 RVG mit den Gebühren nach Nr. 3100ff. VV RVG abgegolten. Wird der Rechtsanwalt nur im Abgabeverfahren tätig, entsteht eine Verfahrensgebühr nach Nr. 3403 VV RVG.

IV. § 12 Abs. 2

§ 12 Abs. 2 regelt allein den Fall, dass in einem **Rechtsstreit,** also in einer bür- **21** gerlichen Rechtsstreitigkeit iSv § 13 GVG, eine Landwirtschaftssache anhängig ge-

---

[27] Ebenso *Ernst* LwVG § 12 Rn. 41. In gleicher Weise ist auch die förmliche Ablehnung einer beantragten oder angeregten Abgabe nicht anfechtbar, BGH Beschl. v. 27.1.2004 – VI ZB 33/03, BeckRS 2004, 02523 = MDR 2004, 698; Keidel/*Sternal* FamFG § 3 Rn. 59.
[28] KG Beschl. v. 15.11.2012 – 17 WF 305/12, BeckRS 2013, 00926 = FamRZ 2013, 648; OLG Koblenz Beschl. v. 12.3.2012 – 10 W 117/12, BeckRS 2012, 09112; OLG Köln Beschl. v. 7.10.1991 – 17 W 365/91, BeckRS 1991, 00930 = VersR 1992, 1111 (§ 281 ZPO); Keidel/ *Sternal* FamFG § 3 Rn. 59; Musielak/*Foerste* ZPO § 281 Rn. 11; Zöller/*Greger* ZPO § 281 Rn. 14. In diesem Fall kann allenfalls für das Gericht, an das die Sache abgegeben worden ist, die Bindungswirkung entfallen (→ Rn. 12 und 15). AA BGH Beschl. v. 10.12.1987 – I ARZ 809/97, BGHZ 102, 338 (341) = NJW 1988, 1794 allerdings im Zusammenhang mit der Frage der Bindungswirkung gemäß § 281 Abs. 2 S. 4 ZPO; MüKoZPO/*Prütting* § 281 Rn. 41; ausdrücklich offen lassend BGH Beschl. v. 24.5.2000 – III ZB 9/00, NJW-RR 2000, 1731 (1732) = BeckRS 2000, 05239.
[29] Für die Zulässigkeit der Gehörsrüge im Wege einer verfassungskonformen Auslegung von § 44 Abs. 1 S. 2 FamFG MüKoFamFG/*Pabst* § 3 Rn. 16.
[30] So für Gerichtskosten ausdrücklich § 5 Abs. 2 S. 2 GNotKG.

macht wird, die im Verfahren der freiwilligen Gerichtsbarkeit zu entscheiden ist. Betroffen sind damit immer verschiedene Spruchkörper iSv § 17a Abs. 6 GVG. Für diesen Fall verdrängt aber § 17a Abs. 6 GVG als speziellere Regelung (→ Rn. 5) § 12 Abs. 2, für den demnach kein eigener Anwendungsbereich mehr verbleibt.

V. Verfahren nach § 17a GVG

1. Spezifischer Anwendungsbereich in Landwirtschaftsverfahren

22   Anstelle einer Abgabe nach § 12 Abs. 1 hat das Landwirtschaftsgericht das **Verfahren nach § 17a Abs. 2 GVG** an das zuständige Gericht zu verweisen, wenn es in einem Verfahren der freiwilligen Gerichtsbarkeit zu der Auffassung gelangt, es handele sich tatsächlich um eine bürgerliche Rechtsstreitigkeit. Entsprechend ist durch das Prozessgericht – anstelle einer Abgabe nach § 12 Abs. 2 – zu verfahren, wenn in einem bürgerlichen Rechtsstreit eine Angelegenheit nach § 1 Nr. 1 oder Nr. 2–6 anhängig gemacht wird (→ Rn. 4 ff.).

23   **Der Anwendungsbereich des § 17a GVG** ist dagegen nicht über § 17a Abs. 6 GVG eröffnet, wenn das Landwirtschaftsgericht in einem Verfahren der freiwilligen Gerichtsbarkeit zu der Auffassung gelangt, es handele sich um eine Landpachtsache iSv § 1 Nr. 1a und umgekehrt. Das angerufene, örtlich zuständige Landwirtschaftsgericht hat dann lediglich die Sache in dem aus seiner Sicht richtigen Verfahren zu führen (→ § 2 Rn. 24). Dies gilt auch in dem eher theoretischen Fall, dass es zugleich ein anderes Landwirtschaftsgericht für örtlich zuständig erachtet. Auch dann kann die Sache in der jeweils richtigen Verfahrensart entweder nach § 12 Abs. 1 an das örtlich zuständige Gericht der freiwilligen Gerichtsbarkeit abgegeben oder nach § 281 Abs. 1 ZPO an das örtlich zuständige Prozessgericht verwiesen werden.

2. Verfahren und Entscheidung

24   Der Verweis in § 17a Abs. 6 GVG auf die Absätze 1 bis 5 dieser Norm regelt das **Verfahren** einer Verweisung bei fehlender Verfahrenszuständigkeit nur unvollständig. In ihrem unmittelbaren Anwendungsbereich werden die Verfahrensvorschriften der § 17a Abs. 1 – Abs. 5 GVG ergänzt durch die Regelungen in den §§ 17 und 17b GVG, die entsprechend auch in den Fällen des § 17a Abs. 6 GVG zur Anwendung gelangen.[31]

25   Das Gericht hat die Möglichkeit, über die Zulässigkeit des gewählten Verfahrensweges eine **Vorabentscheidung** zu treffen (§ 17a Abs. 3 S. 1 GVG). Auf Antrag eines Beteiligten muss es eine solche Vorabentscheidung treffen (§ 17a Abs. 3 S. 2 GVG). In beiden Fällen kann der zu begründende Beschluss (§ 17a Abs. 4 S. 2), der ohne mündliche Verhandlung (§ 17a Abs. 4 S. 1 GVG) und ohne Zuziehung der ehrenamtlichen Richter ergehen kann (→ § 20 Rn. 33f.), mit der **sofortigen Beschwerde** nach der jeweils anzuwendenden Verfahrensordnung (§§ 58 ff. FamFG bzw. §§ 567 ff. ZPO) angefochten werden.

26   Wird die Zulässigkeit des gewählten Verfahrens von den Beteiligten/Parteien nicht gerügt und sieht das Landwirtschaftsgericht deswegen – und weil es sich selbst keine Zweifel an seiner Zuständigkeit hat – von einer Vorabentscheidung ab, so hat das **Rechtsmittelgericht** auch dann nach § 17a Abs. 5 GVG diese Frage nicht mehr zu prüfen, wenn die Zulässigkeit des Verfahrens in der erstinstanzlichen Ent-

---

[31] Ebenso Zöller/*Lückemann* ZPO § 17a GVG Rn. 21.

scheidung nicht ausdrücklich, sondern stillschweigend – durch die Sachentscheidung – bejaht worden ist.[32]

Erachtet das Landwirtschaftsgericht hingegen **das gewählte Verfahren für un-** **27** **zulässig,** hat es von Amts wegen nach Anhörung der Parteien dies auszusprechen und das Verfahren an das zuständige Gericht zu verweisen (§ 17a Abs. 2 S. 1 GVG), das hieran gebunden ist (§ 17a Abs. 2 S. 3 GVG) und den Rechtsstreit unter allen in Betracht kommenden rechtlichen Gesichtspunkten zu entscheiden hat (§ 17 Abs. 2 S. 1 GVG). Der Beschluss ist wie die Vorabentscheidung nach § 17a Abs. 3 GVG gemäß § 17a Abs. 4 GVG anfechtbar.

3. Wirkungen

Mit **Eintritt der (formellen) Rechtskraft des Verweisungsbeschlusses** **28** wird der Rechtsstreit mit Eingang der Akten bei dem im Beschluss bezeichneten Gericht anhängig (§ 17b Abs. 1 S. 1 GVG). Die Wirkungen der eingetretenen Rechtshängigkeit sollen bestehen bleiben (§ 17b Abs. 1 S. 2 GVG).

Der Begriff der **Rechtshängigkeit** knüpft an die entsprechenden Regelungen **29** der ZPO an.[33] Mit der Erhebung der Klage, also durch Zustellung der Klageschrift (§ 253 Abs. 1 ZPO), wird die Rechtshängigkeit der Streitsache begründet (§ 261 Abs. 1 ZPO).[34] Für die Landwirtschaftssachen der freiwilligen Gerichtsbarkeit, die, soweit nichts anderes bestimmt ist, nur auf Antrag eingeleitet werden (→ § 14 Rn. 8ff.), ist der Eintritt der Rechtshängigkeit weder im LwVG noch im FamFG ausdrücklich geregelt.[35] Beide Verfahrensordnungen differenzieren zwischen der „Anhängigkeit" und der „Rechtshängigkeit" einer Sache.[36]

Mangels anderweitiger Regelungen liegt es daher nahe, für diesen seinem Wort- **30** laut nach auch von § 12 Abs. 1 erfassten Fall die **Regelungen in § 12 Abs. 1 S. 4, 5 ergänzend anzuwenden.** Die Rechtshängigkeit gilt als eingetreten, wenn durch das Landwirtschaftsgericht der bei ihm gestellte Antrag dem Beteiligten, der nach der Abgabe Beklagter ist, bekanntgemacht worden ist, wobei § 167 ZPO entsprechend anzuwenden ist.[37] Zwar ordnet § 23 Abs. 2 FamFG lediglich an, dass der Antrag den übrigen Beteiligten übermittelt werden „soll". Die Übermittlung ist

---

[32] BGH Beschl. v. 18.9.2008 – V ZB 40/08, NJW 2008, 3572 (3573) = MDR 2008, 1412; aA OLG Rostock Beschl. v. 8.9.2005 – 7 U 2/05, NJW 2006, 2563 = BeckRS 2006, 07788.

[33] Das FamFG verwendet die Begriffe „Anhängigkeit" und „Rechtshängigkeit" nicht (lediglich für Verfahren in Ehesachen ordnet § 124 S. 2 FamFG für den verfahrenseinleitenden Antrag die entsprechende Anwendung der Vorschriften der ZPO über die Klageschrift an). In den Antragsverfahren wird das Gericht mit Eingang des Antrags mit dem sich aus diesem ergebenden Verfahrensgegenstand befasst. Dies soll dem Eintritt der Rechtshängigkeit im Zivilprozess entsprechen (OLG Dresden Beschl. v. 8.2.2011 – 20 WF 135/11, NJW-RR 2011, 660 = FamRZ 2011, 1242; MüKoFamFG/*Ulrici* § 23 Rn. 43; Zöller/*Feskorn* § 23 FamFG Rn. 6; Keidel/*Sternal* FamFG § 23 Rn. 49 spricht in diesem Zusammenhang lediglich von der „Anhängigkeit").

[34] An die Rechtshängigkeit knüpfen sich auch materiell-rechtliche Wirkungen, wie etwa die gesetzliche Verzinsungspflicht (§ 291 BGB), die Pflicht zum Nutzungsersatz (§ 987 BGB) oder die Hemmung der Verjährung (Erhebung der Klage, § 204 Nr. 1 BGB).

[35] Die Rechtshängigkeit kann also iSv § 17b Abs. 1 S. 2 GVG auch nicht bestehen bleiben.

[36] Ebenso Düsing/Martinez/*Hornung* LwVG § 12 Rn. 6.

[37] Für Verfahren nach dem FamFG iE ebenso Keidel/*Sternal* § 23 FamFG Rn. 49; MüKo-FamFG/*Ulrici* § 23 Rn. 51.

aber nach dem Willen des Gesetzebers der Regelfall,[38] die ohne Verletzung des Anspruchs auf rechtliches Gehör allenfalls unterbleiben kann, wenn es sich um einen offensichtlich unbegründeten oder unzulässigen Antrag handelt.[39] Diese Voraussetzungen, unter denen eine Übermittlung des Antrags unterbleiben kann, liegen aber im Fall der Verweisung nach § 17a GVG ohnehin nicht vor, weil nach § 17a Abs. 2 S. 1 GVG die Verweisung des Rechtsstreits an ein anderes Gericht nur nach vorheriger Anhörung der Parteien erfolgen darf.

4. Kosten

31   Auch für die Verweisung nach § 17a Abs. 2 GVG gilt gemäß § 17b Abs. 2 GVG der Grundsatz der **Kosteneinheit** (→ Rn. 19). Der Verweisungsbeschluss enthält also weder eine Kostenentscheidung noch eine Streitwertfestsetzung.

32   Wird der Verweisungsbeschluss nach § 17a Abs. 2 GVG oder die Vorabentscheidung nach § 17a Abs. 3 GVG mit der **Beschwerde** angefochten, ist über die Kosten des Rechtsmittels nach den allgemeinen für die Beschwerde geltenden Grundsätzen zu entscheiden,[40] also nach den §§ 44, 45. Der Gegenstandswert ist in diesen Fällen nach § 36 Abs. 1 GNotKG nach billigem Ermessen zu bestimmen. Er kann, da eine Entscheidung in der Hauptsache nicht ergeht, nur ein Bruchteil des Wertes der Hauptsache sein.[41]

33   Die durch die Anrufung des unzuständigen Gerichts entstehenden **Mehrkosten** sind dem Kläger auch dann aufzuerlegen, wenn er in der Hauptsache obsiegt (§ 17b Abs. 2 S. 2 GVG). Die starre Kostenregelung gilt aber gemäß § 17b Abs. 3 GVG nicht in den Verfahren der freiwilligen Gerichtsbarkeit, weil es in diesen keinen „Kläger" gibt. Hier ist über die Mehrkosten nach den allgemeinen Regeln (§§ 44, 45) zu befinden.

§ 13 [Bevollmächtigte, Beistände]

(1) ¹**Als Bevollmächtigte sind, soweit eine Vertretung durch Rechtsanwälte nicht geboten ist, auch berufsständische Vereinigungen der Landwirtschaft für ihre Mitglieder vertretungsbefugt. ²Sie handeln durch ihre Organe und mit der Verfahrensvertretung beauftragten Vertreter.**

(2) ¹**Ehrenamtliche Richter dürfen nicht als Bevollmächtigte vor einem Spruchkörper auftreten, dem sie angehören. ²Das Gericht weist Bevollmächtigte, die nicht vertretungsbefugt sind, durch unanfechtbaren Beschluss zurück. ³Verfahrenshandlungen eines nicht vertretungsbefugten Bevollmächtigten und Zustellungen oder Mitteilungen an diesen Bevoll-**

---

[38] BT-Drs. 16/6308, 186.

[39] MüKoFamFG/*Ulrici* § 23 Rn. 47; weitergehend Zöller/*Feskorn* § 23 FamFG Rn. 6, wonach die Übermittlung unterbleiben kann, wenn der Antrag von vornherein unzulässig oder unbegründet ist und deshalb zurückgewiesen wird.

[40] BVerwG Beschl. v. 15.9.2014 – 8 B 30.14, NVwZ-RR 2015, 69 = BeckRS 2014, 57419; BGH Beschl. v. 17.6.1993 – V ZB 31/92, NJW 1993, 2541 (2542) = MDR 1994, 37; MüKoZPO/*Zimmermann* GVG § 17b Rn. 11.

[41] BGH Beschl. v. 19.12.1996 – III ZB 105/96, NJW 1998, 909 (910) = MDR 1997, 386. Danach ist der Gegenstandswert idR in einem Bereich von 1/3 bis 1/5 des Wertes der Hauptsache festzusetzen.

mächtigen sind bis zu seiner Zurückweisung wirksam. ⁴Die Sätze 1 und 2 gelten für Beistände entsprechend.

Inhaltsübersicht

I. Überblick

In den Verfahren der freiwilligen Gerichtsbarkeit und damit auch in den Verfahren nach § 1 Nr. 1 und Nr. 2 bis 6 besteht – außer in den Verfahren vor dem Bundesgerichtshof (§ 10 Abs. 4 S. 1 FamFG)[1] – keine Pflicht, sich durch einen zugelassenen Rechtsanwalt vertreten zu lassen. Das FamFG regelt in seinen §§ 10 und 11 die **Vertretung der Beteiligten durch Bevollmächtigte.** Für die Landwirtschaftssachen der freiwilligen Gerichtsbarkeit erweitert § 13 Abs. 1[2] den in § 10 Abs. 2 FamFG normierten Kreis der möglichen Bevollmächtigten auf berufsständische Vertretungen der Landwirtschaft. **1**

Gemäß § 48 Abs. 2 S. 1 gilt § 13 auch in den **streitigen Landwirtschaftssachen.** In diesen Verfahren ist eine Vertretung durch Rechtsanwälte nur im ersten Rechtszug vor den Amtsgerichten als Landwirtschaftsgerichten nicht geboten (§ 78 Abs. 1 ZPO). **2**

Daneben kann nach § 12 FamFG ein Beteiligter zu seiner Unterstützung im Termin mit einem **Beistand** erscheinen. Der Beistand unterscheidet sich vom Bevollmächtigten dadurch, dass er nicht an Stelle des Beteiligten im Termin auftritt, sondern – zu dessen Unterstützung – neben diesem. **3**

II. Bevollmächtigte

1. Person des Bevollmächtigten

a) Bevollmächtigte nach § 10 Abs. 2 FamFG. Ausgehend von dem in § 10 Abs. 1 FamFG normierten Grundsatz, dass die Beteiligten das gesamte Verfahren selbst betreiben können und sich nicht durch einen **Rechtsanwalt** vertreten lassen müssen, stellt § 10 Abs. 2 S. 1 FamFG für die Verfahren der freiwilligen Gerichtsbarkeit klar, dass sie sich gleichwohl durch einen solchen vertreten lassen können. **4**

---

[1] Die Pflicht, sich vor dem Bundesgerichtshof durch einen Rechtsanwalt vertreten zu lassen, gilt nicht in Verfahren über die Ausschließung und Ablehnung von Gerichtspersonen und im Verfahren über die Verfahrenskostenhilfe.

[2] § 13 in seiner aktuellen Fassung wurde durch Art. 10a Nr. 1 des Gesetzes zur Neuregelung des Rechtsberatungsrechts vom 12.12.2007 mit Wirkung zum 1.7.2008 in das LwVG eingefügt (BGBl. I 2840, 2852).

5   Der Kreis der möglichen Bevollmächtigten wird durch § 10 Abs. 2 S. 2 FamFG erweitert. Nach dessen Nr. 1 können **Beschäftigte eines Beteiligten**[3] von diesem zur Vertretung bevollmächtigt werden. Der Begriff des „Beschäftigten" ist weit auszulegen,[4] erfasst werden – unabhängig von ihrem Umfang – alle privatrechtlichen oder öffentlich-rechtlichen Beschäftigungsverhältnisse.[5] Die Vertretungsbefugnis besteht nur für den Arbeitgeber, nicht etwa auch für Kunden, Gesellschafter oder Mitglieder eines Beteiligten.[6] Juristische Personen des Privatrechts können sich zudem durch Beschäftigte eines verbundenen Unternehmens (§ 15 AktG), Behörden und juristische Personen des öffentlichen Rechts einschließlich der von ihnen zur Erfüllung ihrer öffentlichen Aufgaben gebildeten Zusammenschlüsse durch Beschäftigte anderer Behörden oder juristischen Personen der zur Erfüllung ihrer Aufgaben gebildeten Zusammenschlüsse vertreten lassen.

6   § 10 Abs. 2 S. 2 Nr. 2 FamFG erweitert die durch § 6 RDG zugelassene unentgeltliche Rechtsberatung auf die **unentgeltliche Vertretung** im gerichtlichen Verfahren, wenn die Vertretung durch eine zum Richteramt befähigte Person oder durch einen Beteiligten[7] erfolgt. Entgeltlichkeit liegt immer dann vor, wenn die Vertretung von einer wie auch immer gearteten Gegenleistung abhängen soll, die nicht nur in einer Geldzahlung bestehen kann. Jeder vermögenswerte Vorteil, auch der nur mittelbare, der im Zusammenhang mit der Tätigkeit als Bevollmächtigter gewährt wird, lässt die Unentgeltlichkeit entfallen.[8]

7   Daneben können auch volljährige Familienangehörige iSv § 15 AO und § 11 LPartG Bevollmächtigte sein. Ein Richter darf nach § 10 Abs. 5 FamFG nicht vor dem Gericht als Bevollmächtigter auftreten, dem er angehört. Schließlich können nach § 10 Abs. 2 S. 2 Nr. 3 FamFG Notare mit der Vertretung beauftragt werden.

8   **b) Bevollmächtigte nach § 79 Abs. 2 ZPO.** In den **streitigen Landwirtschaftssachen** ist nur im ersten Rechtszug vor den Amtsgerichten als Landwirtschaftsgerichten eine Vertretung durch einen Rechtsanwalt nicht geboten (§ 78 Abs. 1 ZPO). § 79 Abs. 2 S. 1 ZPO stellt ebenfalls klar, dass auch in diesen Verfahren eine Vertretung durch einen Rechtsanwalt als Bevollmächtigten erfolgen kann, während § 79 Abs. 2 S. 2 ZPO, wie § 10 Abs. 2 S. 2 FamFG, im dort geregelten Umfang die Möglichkeit der Vertretung durch Nichtanwälte eröffnet. § 79 Abs. 2 S. 2 Nr. 1 und 2 ZPO entsprechen sachlich den Regelungen in § 10 Abs. 2 S. 2 Nr. 1 und 2 FamFG. Abweichend erlaubt § 79 Abs. 2 S. 2 ZPO die Vertretung durch mit öffentlichen Mitteln geförderte Verbraucherverbände im Rahmen ihres Aufgabenbereichs (Nr. 3) sowie durch Personen, die Inkassodienstleistungen erbringen (Nr. 4), beides Alternativen, denen in Landwirtschaftssachen keine praktische Bedeutung zukommt. Eine Vertretung durch Notare, wie sie § 10 Abs. 2 S. 2 Nr. 3 FamFG ermöglicht, ist in streitigen Zivilsachen nicht vorgesehen.

---

[3] Auf die Rechtsform des Beteiligten kommt es in diesem Zusammenhang nicht an.

[4] BT-Drs. 16/3655, 87.

[5] Zöller/*Vollkommer* ZPO § 79 Rn. 6; MüKoFamFG/*Pabst* § 10 Rn. 12.

[6] BT-Drs. 16/3655, 87.

[7] Gemeint ist hier, dass sich ein Beteiligter des Verfahrens durch einen anderen Beteiligten dieses Verfahrens vertreten lässt, entsprechend der Vertretung durch einen Streitgenossen im Zivilprozess (§ 79 Abs. 2 Nr. 2 ZPO).

[8] BT-Drs. 16/3655, 57. Der Ersatz von Sachauslagen, zB für Porto, Schreibarbeiten, Fahrten, steht der Unentgeltlichkeit nicht entgegen.

c) Bevollmächtigte nach § 13. § 13 Abs. 1 S. 1 erweitert den vorbezeichneten **9** Kreis der Personen, die in den Landwirtschaftssachen der freiwilligen Gerichtsbarkeit und in den streitigen Landwirtschaftssachen (→ Rn. 3) mit der Vertretung im gerichtlichen Verfahren beauftragt werden können, auf **berufsständische Vereinigungen der Landwirtschaft.** Diese können für ihre Mitglieder als Bevollmächtigte in einem gerichtlichen Verfahren auftreten. Die Vereinigungen handeln durch ihre Organe und durch ihre mit der Verfahrensvertretung beauftragten Vertreter (§ 13 Abs. 1 S. 2).

Nach § 7 Abs. 1 RDG sind allgemein berufliche oder zur Wahrung gemein- **10** schaftlicher Interessen gegründete Vereinigungen und deren Zusammenschlüsse unter den Voraussetzungen des § 7 Abs. 2 RDG nur berechtigt, außergerichtliche Rechtsdienstleistungen zu erbringen. Durch § 13 Abs. 1 wird diese Berechtigung für die berufsständischen Vereinigungen der Landwirtschaft auf die gerichtliche Vertretung von Mitgliedern in Landwirtschaftssachen erweitert.[9]

Die gerichtliche Vertretung durch die **ehrenamtlichen Richter** ist nicht aus- **11** drücklich geregelt. Als Bevollmächtigte eines Beteiligten können sie in einem landwirtschaftlichen Verfahren nur auftreten, wenn in ihrer Person die Voraussetzungen des § 13 Abs. 1[10] bzw. des § 10 Abs. 2 S. 2 FamFG oder des § 79 Abs. 2 S. 2 ZPO vorliegen.[11]

2. Ausschluss von Bevollmächtigten

a) Ausschluss wegen fehlender Vertretungsbefugnis. Das Gericht prüft im **12** Freibeweisverfahren (→ § 16 Rn. 2 ff.) die Vertretungsbefugnis eines Bevollmächtigten nach § 13 Abs. 2 S. 2 und 3.[12] Stellt das Gericht fest, dass der Bevollmächtigte nicht nach § 13 Abs. 1[13], nach § 10 Abs. 2 FamFG[14] oder nach § 79 Abs. 2 ZPO[15] zur Vertretung befugt ist, ist er durch **unanfechtbaren Beschluss** zurückzuweisen. Die Möglichkeit im Termin als Beistand eines Beteiligten aufzutreten, bleibt hiervon unberührt.

Verfahrenshandlungen eines durch Beschluss von der Vertretung ausgeschlos- **13** senen Bevollmächtigten sowie **Zustellungen und Mitteilungen** an diesen, die bis zu seiner Zurückweisung erfolgt sind, bleiben wirksam (13 Abs. 2 S. 3).[16] Vorausset-

---

[9] Trotz der Eröffnung der Möglichkeit, ihre Mitglieder im gerichtlichen Verfahren zu vertreten, enthält das LwVG keine dem § 7 Abs. 2 RDG entsprechende Sicherstellung einer sachgerechten Erbringung der Rechtsdienstleistung. Es muss also nicht sichergestellt sein, dass die Vertretung vor Gericht durch eine Person erfolgt, die zur entgeltlichen Erbringung von Rechtsdienstleistungen befugt ist oder über die Befähigung zum Richteramt verfügt oder jedenfalls eine Vertretung unter Anleitung einer solchen Person erfolgt.

[10] Allerdings können wiederum Mitglieder des Vorstandes oder der Geschäftsführung einer land- und forstwirtschaftlichen Berufsvertretung, soweit diese am Verfahren nach § 32 Abs. 1 beteiligt werden, nicht zu ehrenamtlichen Richtern berufen werden (→ § 4 Rn. 23).

[11] Da ehrenamtliche Richter nicht über die Befähigung zum Richteramt iSv § 5 DRiG verfügen, sind sie nicht als Personen mit Befähigung zum Richteramt (§ 10 Abs. 2 S. 2 Nr. 2 FamFG bzw. § 79 Abs. 2 S. 2 Nr. 2 ZPO) zur unentgeltlichen Vertretung berechtigt.

[12] § 10 Abs. 3 S. 1 u. 2 FamFG bzw. § 79 Abs. 3 S. 1 u. 2 ZPO enthalten insoweit gleichlautende Regelungen.

[13] Dies gilt für alle Landwirtschaftsverfahren.

[14] In den Landwirtschaftssachen der freiwilligen Gerichtsbarkeit.

[15] In den erstinstanzlichen streitigen Landwirtschaftssachen.

[16] OLG Köln Beschl. v. 31. 8. 2010 – 2 Wx 90/10, FGPrax 2011, 97 (97 f.) = JurBüro 2011, 211.

zung ist aber, dass eine wirksame Vollmacht des Beteiligten vorliegt, also allein die Vertretungsbefugnis des Bevollmächtigten fehlt.

14   **Richter** dürfen zur Vermeidung von Interessenkollisionen[17] nach § 10 Abs. 5 FamFG bzw. § 79 Abs. 4 S. 1 ZPO nicht als Bevollmächtigte vor dem **Gericht** auftreten, dem sie angehören. Der Ausschluss von der Vertretung gilt nicht nur für die mündliche Verhandlung, sondern für das gesamte Verfahren.[18] Für die **ehrenamtlichen Richter** enthält § 13 Abs. 2 S. 1 eine vergleichbare Regelung. Sie dürfen danach nicht vor einem **Spruchkörper** auftreten, dem sie angehören. Die Vorschrift, die nach § 48 Abs. 2 S. 1 auch für die streitigen Landwirtschaftssachen gilt, steht ihrem Wortlaut nach nicht im Einklang mit § 79 Abs. 4 S. 2 ZPO, der diesen Ausschluss von der Vertretung mit der Einschränkung versieht, dass er in den Fällen nicht gilt, in denen der ehrenamtliche Richter als bevollmächtigter Beschäftigter nach § 79 Abs. 2 S. 2 Nr. 1 ZPO auftritt.[19]

15   Der Ausschluss von **Berufsrichtern** von der Vertretungsbefugnis in gerichtlichen Verfahren soll den Anschein der **Voreingenommenheit** des Gerichts vermeiden und **Interessenkollisionen** von vornherein ausschließen, wobei auf alle Verfahren vor dem gesamten Gericht abzustellen ist, dem der Richter zugewiesen ist.[20] Für **ehrenamtliche Richter** wird das Vertretungsverbot auf den Spruchkörper, dem sie angehören, beschränkt, weil in diesen Fällen die Verbindung zu dem erkennenden Gericht besonders eng ist, so dass sich ein Auftreten als Vertreter in jedem Fall verbietet.[21] Mit der Ausnahme vom Vertretungsverbot für die Fälle, in denen ein ehrenamtlicher Richter seinen Arbeitgeber vertritt, sollte dem Umstand Rechnung getragen werden, dass es sich bei dem ehrenamtlichen Richter oftmals um den einzigen Beschäftigten handelt, der in der Lage ist, Prozesse des Unternehmens zu führen. Da anders als in den Fällen von Verbandsangehörigen (§ 13 Abs. 1 bzw. § 11 Abs. 2 Nr. 3 und 4 ArbGG) kein regelmäßiges Auftreten als Vertreter in einem gerichtlichen Verfahren vor dem Spruchkörper in Rede steht, wäre ein Ausschluss von der Vertretung auch in diesen Fällen unverhältnismäßig.[22] Es liegt daher nahe, das Fehlen dieser Ausnahme vom Vertretungsverbot in § 13 Abs. 1 S. 1 als redaktionelles Versehen des Gesetzgebers anzusehen,[23] zumal sachliche Gründe für eine abweichende Regelung im landwirtschaftlichen Verfahren nicht ersichtlich

---

[17] Düsing/Martinez/*Hornung* Agrarrecht LwVG § 13 Rn. 2.

[18] Zöller/*Vollkommer* ZPO § 79 Rn. 12.

[19] Diese Einschränkung vom Ausschluss von der Vertretungsbefugnis findet sich etwa auch in § 67 Abs. 5 S. 2 VwGO, § 11 Abs. 5. S. 2 ArbGG, § 73 Abs. 5 S. 2 SGG, § 62 Abs. 5 S. 2 FGO.

[20] BT-Drs. 16/3655, 89 f.

[21] BT-Drs. 16/3655, 94 für die entsprechende Regelung in § 11 Abs. 5 ArbGG.

[22] BT-Drs. 16/3655, 94. Anlass für die Ausnahme vom Vertretungsverbot waren dabei nicht allein arbeitsgerichtliche Verfahren, sondern auch die Vertretung von Unternehmen in Landwirtschaftssachen, durch Beschäftigte, die zugleich ehrenamtliche Landwirtschaftsrichter sind (BT-Drs. 16/3655, 90).

[23] Ein redaktionelles Versehen liegt umso mehr nahe, als in der ursprünglichen, als § 13 Abs. 4 FGG aF vorgesehenen, Fassung dieser Ausnahmetatbestand noch enthalten war (BT-Drs. 16/3655, 18). Im Zuge der Gesetzesberatungen wurde auf Vorschlag des Rechtsausschusses diese Regelung über den neu eingefügten Art. 10a des Gesetzes zur Neuregelung des Rechtsberatungsrechts vom 12.12.2007 (BGBl. I 2840, 2852) als neu gefasster § 13 in das LwVG eingefügt. Dieser § 13 sollte – einem Anliegen des Bundesrates folgend – als einzige neue Regelung allein die Vertretungsbefugnis der Berufsverbände der Landwirtschaft enthalten, die Regelung über die Unvereinbarkeit von ehrenamtlichem Richteramt und Vertretung sollte dagegen aus dem FGG übernommen werden (BT-Drs. 16/6634, 57).

sind. Die dadurch entstandene Regelungslücke kann durch eine entsprechende Anwendung von § 79 Abs. 4 S. 2 iVm Abs. 2 S. 2 Nr. 1 ZPO geschlossen werden.

b) Untersagung der weiteren Vertretung. Nach § 10 Abs. 3 S. 3 FamFG **16** bzw. § 79 Abs. 3 S. 3 ZPO kann den Bevollmächtigten nach § 10 Abs. 2 S. 2 Nr. 1 und 2 FamFG bzw. § 79 Abs. 2 S. 2 Nr. 1–3 ZPO durch unanfechtbaren Beschluss die **weitere Vertretung** untersagt werden, wenn sie nicht in der Lage sind, das Sach- und Streitverhältnis sachgerecht darzustellen. § 13 Abs. 2 sieht einen solchen Ausschluss für Bevollmächtigte in Landwirtschaftsverfahren nicht vor, vielmehr in S. 2 und 3 wortgleich mit den entsprechenden Regelungen in § 10 Abs. 3 FamFG und § 79 Abs. 3 ZPO nur die Zurückweisung nicht zur Vertretung befugter Bevollmächtigter. Die Vorschrift regelt, nach der Erweiterung des Kreises der möglichen Bevollmächtigten in § 13 Abs. 1 und des Ausschlusses der Bevollmächtigung ehrenamtlicher Richter für bestimmte Verfahren in § 13 Abs. 2 S. 1, die Möglichkeit der Zurückweisung **nicht zur Vertretung befugter Bevollmächtigter** in den Landwirtschaftsverfahren,[24] ohne, wie in den übrigen Verfahrensordnungen,[25] eine **Ausschlussmöglichkeit** wegen Ungeeignetheit für das weitere Verfahren vorzusehen. Sachliche Gründe, allein in Landwirtschaftsverfahren einen solchen Ausschluss von Bevollmächtigten nicht zuzulassen, sind nicht erkennbar. Es liegt daher nahe, insoweit § 10 Abs. 3 S. 3 FamFG (iVm § 9) bzw. § 79 Abs. 3 S. 3 ZPO (iVm § 48 Abs. 2 S. 1) in allen Landwirtschaftsverfahren entsprechend anzuwenden. Die entsprechende Anwendung erfasst dann auch die Bevollmächtigten nach § 13 Abs. 1.

Für das weitere Verfahren ist bei einer entsprechenden Anwendung zu beachten, **17** dass nach § 79 Abs. 4 S. 3 ZPO[26] diese **Ausschlussmöglichkeit für Richter und ehrenamtliche Richter wiederum nicht gilt,** während sich der Gesetzgeber in § 10 Abs. 5 FamFG darauf beschränkt hat, den Ausschluss von Richtern von der Vertretung in solchen Verfahren anzuordnen, die vor dem Gericht, dem sie angehören, geführt werden.[27] Allerdings beruht das Fehlen einer dem § 79 Abs. 4 S. 3 ZPO entsprechenden Regelung in § 10 Abs. 5 FamFG auf einem Fehler im Gesetzgebungsverfahren[28] und die hierdurch entstandene Regelungslücke ist in der Weise

---

[24] Ob insoweit tatsächlich eine eigenständige Regelung für das LwVG vom Gesetzgeber gewollt war, ist indes nicht sicher, weil nach der Begründung für die Neufassung des § 13 (Art. 10a des Gesetzes zur Neuregelung des Rechtsberatungsrechts, → Fußnote 22) nur die Vertretungsbefugnis für die Berufsverbände neu eingeführt und die Unvereinbarkeit von ehrenamtlichem Richteramt und Vertretung aus dem FGG übernommen werden sollte (BT-Drs. 16/6634, 57). Anhaltspunkte dafür, dass auch die Regelungen über den Ausschluss von der Vertretung ganz oder teilweise aus dem FGG übernommen werden sollten, finden sich nicht. Einer solchen vollständigen oder teilweisen Übernahme in das LwVG bedurfte es wegen der ergänzenden Geltung der Vorschriften von FamFG (§ 9) und ZPO (§ 48 Abs. 2 S. 1) zudem auch nicht.

[25] § 67 Abs. 3 S. 3 VwGO, § 11 Abs. 3 S. 3 ArbGG, § 73 Abs. 3 S. 3 SGG, § 62 Abs. 3 S. 3 FGO.

[26] Entsprechende Regelungen finden sich in § 67 Abs. 5 S. 3 VwGO, § 11 Abs. 5 S. 3 ArbGG, § 73 Abs. 5 S. 3 SGG, § 62 Abs. 5 S. 3 FGO.

[27] Richter, die etwa nach § 10 Abs. 2 S. 2 Nr. 2 FamFG zur Vertretung befugt sind, könnten danach in den Verfahren der freiwilligen Gerichtsbarkeit nach § 10 Abs. 3 S. 3 FamFG vom weiteren Verfahren ausgeschlossen werden.

[28] Im Gesetzgebungsverfahren war zunächst im Entwurf des Gesetzes zur Neuregelung des Rechtsberatungsgesetzes in der noch als § 13 Abs. 4 FGG vorgesehenen Fassung als S. 3 die ent-

zu schließen, dass auch in den Verfahren der freiwilligen Gerichtsbarkeit Richter, und zwar Berufsrichter und ehrenamtliche Richter, nicht deswegen von der Vertretung im weiteren Verfahren ausgeschlossen werden können, weil sie nicht in der Lage sind, das Sach- und Streitverhältnis sachgerecht darzustellen.

18   Die Untersagung der weiteren Vertretung kann **inhaltlich** nicht nur darauf gestützt werden, dass der Vertreter aufgrund seiner intellektuellen Fähigkeiten nicht zu einer sachgerechten Darstellung des Sach- und Streitstandes nicht in der Lage ist, sondern auch auf evidentes unsachliches Verhalten gegenüber dem Gericht oder den übrigen Beteiligten.[29] Der Ausschluss von der Vertretung ist nicht auf die mündliche Verhandlung beschränkt, sondern betrifft das gesamte Verfahren. Da der Ausschluss nur für die künftige weitere Vertretung gilt, die Wirksamkeit der bisherigen also unberührt lässt, bedarf es keiner § 10 Abs. 3 S. 2 FamFG, § 79 Abs. 3 S. 2 ZPO und § 13 Abs. 2 S. 3 entsprechenden Regelung.

19   **c) Anfechtbarkeit des Ausschlusses und der Untersagung der weiteren Vertretung.** Der Beschluss, mit dem ein Bevollmächtigter wegen fehlender Vertretungsbefugnis zurückgewiesen wird oder mit dem ihm die weitere Vertretung im Verfahren untersagt wird, ist als solcher nach dem Gesetz nicht anfechtbar. Eine Überprüfung der Entscheidung kann unter dem Gesichtspunkt der Verletzung rechtlichen Gehörs ausschließlich inzident im Rahmen eines Rechtsmittels gegen die Entscheidung in der Hauptsache erfolgen.[30]

3. Vollmacht des Vertreters

20   **a) Nachweis der Vollmacht.** Das LwVG enthält keine eigenen Regelungen zum **Nachweis des Bestehens bzw. zum Umfang der bestehenden Vollmacht,** so dass insoweit die Regelungen des FamFG (§ 11 FamFG) und der ZPO (§§ 80 ff. ZPO) in den jeweiligen Verfahrensarten zur Anwendung gelangen.

21   Das **Vorliegen der Vollmacht** ist in Verfahren, in denen als Bevollmächtigter nicht ein Notar oder ein Rechtsanwalt auftritt, von Amts wegen zu prüfen (§ 11 S. 4 FamFG bzw. § 88 Abs. 2 ZPO), ansonsten nur auf Rüge hin.[31] Die Vollmacht zur Vertretung, die formfrei erteilt werden kann, ist im landwirtschaftlichen Verfahren schriftlich nachzuweisen (§ 11 S. 1 FamFG bzw. § 80 S. 1 ZPO). Bei Erteilung von Untervollmachten muss der Nachweis in der vorgeschriebenen Form lückenlos bis zum Beteiligten erbracht werden.[32] Der Nachweis der schriftlichen Vollmacht

---

sprechende Geltung von Abs. 3 S. 1 und 2, nicht aber von Abs. 3 S. 3 vorgesehen (BT-DRs. 16/3655, 18). Im später dann so Gesetz gewordenen Entwurf des FGG-RG fehlt hingegen in § 10 Abs. 5 FamFG der Satz, dass (nur) § 10 Abs. 3 S. 1 und 2 FamFG entsprechend gelten sollen (BT-Drs. 16/6308, 17), obwohl nach der Begründung diese Regelung § 13 Abs. 4 FGG in der Fassung des Entwurfes eines Gesetzes zur Neuregelung des Rechtsberatungsgesetzes entsprechen sollte (BT-DRs. 16/6308, 181).

[29] Keidel/*Zimmermann* FamFG § 10 Rn. 41.

[30] BeckOK FamFG/*Burschel* § 10 Rn. 16.

[31] Ausnahmsweise darf das Gericht auch die Wirksamkeit der Bevollmächtigung eines Rechtsanwalts von Amts wegen nach § 88 Abs. 2 ZPO – für § 11 S. 4 FamFG kann nichts anderes gelten – prüfen, wenn es hieran begründete Zweifel hat, zB weil der Rechtsanwalt selbst solche erweckt hat; so BGH Urt. v. 5.4.2001 – IX ZR 309/00, NJW 2001, 2095 (2096) = MDR 2001, 1008 für § 88 Abs. 2 ZPO und OLG Schleswig Beschl. v. 3.8.2011 – 3 Wx 80/11, NJW-RR 2012, 199 (200) = FamRZ 2012, 320.

[32] BGH Beschl. v. 27.3.2002 – III ZB 43/00, NJW-RR 2002, 933 = MDR 2002, 1025.

kann nur durch Einreichung der Originalurkunde oder einer öffentlichen Beglaubigung geführt werden.[33] Er ist auch dann erbracht, wenn die Vollmacht in der mündlichen Verhandlung durch den Vollmachtgeber, also idR durch den Beteiligten, zur Niederschrift erteilt wird.[34]

Kann der Vertreter seine **Vollmacht nicht nachweisen,** führt dies nur dann zur 22 sofortigen Zurückweisung des Vertreters oder zu einer Endentscheidung,[35] wenn es sich um einen nicht behebbaren Mangel der Vollmacht handelt. Erscheint eine nachträgliche Beseitigung des Mangels der Vollmacht möglich, kann das Gericht nach pflichtgemäßem Ermessen entweder den Vertreter einstweilen – gegen oder ohne Sicherheitsleistung für Kosten und Schäden – zur Verfahrensführung zulassen und eine Frist zur Beibringung der Vollmacht setzen (§ 11 S. 5 FamFG iVm § 89 Abs. 1 ZPO bzw. § 89 Abs. 1 ZPO) oder – ohne eine solche vorläufige Zulassung – lediglich die Nachreichung der Vollmacht verlangen und hierfür eine Frist setzen (§ 11 S. 2 FamFG bzw. § 80 S. 2 ZPO).

b) Inhalt und Umfang der Vollmacht. Inhalt und Umfang der Vollmacht 23 bestimmen sich in den Landwirtschaftssachen der freiwilligen Gerichtsbarkeit nach § 11 S. 5 FamFG iVm §§ 81 bis 87 und 89 ZPO und in den streitigen Landwirtschaftssachen nach den §§ 81 bis 89 ZPO. In § 11 S. 5 FamFG fehlt ein Verweis auf § 88 ZPO, weil § 11 S. 2 und 3 insoweit eigenständige Regelungen enthalten.

Der **Umfang der Vollmacht** zur Vertretung im gerichtlichen Verfahren ergibt 24 sich aus § 81 ZPO. Sie ist als Generalvollmacht grds. umfassend und ermächtigt zu allen das Verfahren/den Rechtsstreit betreffenden Verfahrens- bzw. Prozesshandlungen.[36] Die Vollmacht gilt nach § 82 ZPO auch für die dort genannten Nebenverfahren, nämlich die Hauptintervention sowie die Verfahren auf Erlass eines Arrestes oder einer einstweiligen Verfügung.[37] Der Vertreter ist im Rahmen seiner gesetzlichen Vollmacht auch zur Abgabe und zur Entgegennahme **materiellrechtlicher Erklärungen** befugt, soweit sie sich im Rahmen des Verfahrensgegenstandes/Streitgegenstandes halten und der Erreichung des im gerichtlichen Verfahren angestrebten Ziels dienen, und zwar auch dann, wenn die Erklärungen außerhalb des Verfahrens abgegeben werden.[38] Werden mehrere Bevollmächtigte zur Vertretung beauftragt, sind diese sowohl zur gemeinschaftlichen Vertretung als auch zur Einzelvertretung berechtigt (84 S. 1 ZPO). Eine abweichende Bestimmung der Vollmacht hat gegenüber dem Gegner keine Wirkung (§ 84 S. 2 ZPO).

---

[33] BGH Beschl. v. 23.2.2006 – III ZB 50/05, BGHZ 166, 278 (280) = NJW 2007, 772. Die Streichung von § 80 Abs. 2 ZPO aF hat hieran nichts geändert; BT-Drs. 16/3655, 90.

[34] BT-Drs. 16/3655, 90; die Vollmacht ist dann durch den Vermerk gem. § 28 Abs. 4 FamFG urkundlich belegt.

[35] So ist das durch einen vollmachtlosen Vertreter eingelegte Rechtsmittel im Fall eines nicht behebbaren Vollmachtsmangels als unzulässig zu verwerfen (BGH Urt. v. 8.5.1990 – VI ZR 321/89, BGHZ 111, 219 (222f.) = NJW 1990, 3152; Urt. v. 23.10.1990 – VI ZR 105/90, BGHZ 112, 345 (351) = NJW 1991, 1176).

[36] Vom gesetzlichen Umfang der Vollmacht umfasst ist ausdrücklich auch die Befugnis zur Empfangnahme der von dem Gegner oder aus der Staatskasse zu erstattenden Kosten, nicht aber der Hauptsache.

[37] Sie gilt damit über den Verweis in § 11 S. 5 FamFG auch für ein Verfahren auf Erlass einer einstweiligen Anordnung nach den §§ 49ff. FamFG.

[38] BGH Urt. v. 18.12.2002 – VIII ZR 72/02, NJW 2003, 963 (964) = MDR 2003, 451.

25   Eine **Beschränkung der Vollmacht** ist den übrigen Verfahrensbeteiligten und dem Gericht gegenüber nur wirksam, wenn sie die Beendigung des Verfahrens bzw. des Rechtsstreits durch Vergleich oder – soweit zulässig – durch Verzicht oder Anerkenntnis betrifft (§ 83 Abs. 1 ZPO) und den Beteiligten bzw. Parteien gegenüber eindeutig bekannt gemacht wird.[39] Darüber hinaus wirken Beschränkungen der Vollmacht durch den Auftraggeber grds. nicht im Außenverhältnis.[40] Unabhängig davon, ob der Bevollmächtigte seine Befugnisse im Innenverhältnis überschreitet, sind seine vorgenommenen Handlungen nach § 84 Abs. 1 S. 1 ZPO für den Beteiligten/die Partei, den oder die er vertritt, in gleicher Weise wirksam, als wenn sie von dem Beteiligten/der Partei selbst vorgenommen worden wären. Das Verschulden des Bevollmächtigten wird dem Beteiligten/der Partei nach § 85 Abs. 2 ZPO wie eigenes Verschulden zugerechnet.

26   In den Landwirtschaftsverfahren ist in den Verfahren der freiwilligen Gerichtsbarkeit in der I. und in der II. Instanz und in den streitigen Landwirtschaftssachen in der I. Instanz eine Vertretung durch einen Rechtsanwalt nicht geboten (→ Rn. 1 f.). In diesen Verfahren kann die Vollmacht nach § 83 Abs. 2 ZPO **beschränkt für einzelne Verfahrenshandlungen** erteilt werden. Aus der nach § 81 ZPO zulässigen Vertretung kann auch die Befugnis für einzelne Handlungen, wie etwa die für den Abschluss eines Vergleichs, ausgenommen werden. Die Möglichkeit einer beschränkten Genehmigung im Außenverhältnis unwirksamer Verfahrenshandlungen eines vollmachtlosen Vertreters wird durch § 83 Abs. 2 ZPO nicht eröffnet.[41]

27   Die Vollmacht erlischt mit der wirksamen **Kündigung des Vollmachtvertrages**, erlangt den übrigen Beteiligten/Parteien gegenüber aber erst dann rechtliche Wirksamkeit wenn sie durch den Auftraggeber oder den Bevollmächtigten angezeigt worden ist (§ 87 Abs. 1 ZPO). Über ihren Wortlaut hinaus gilt die Vorschrift **auch für das Verhältnis zum Gericht.** Die Vollmacht erlischt nur gegenüber demjenigen, dem dies angezeigt worden ist.[42] In Verfahren, in denen eine Vertretung durch einen Rechtsanwalt geboten ist, muss zur Anzeige der Kündigung noch die Anzeige der Bestellung eines anderen Anwalts hinzukommen. Erfolgt die Kündigung durch den Bevollmächtigen, ist er hierdurch solange nicht gehindert, für den Vollmachtgeber zu handeln, bis dieser für die Wahrnehmung seiner Rechte in anderer Weise gesorgt hat (§ 87 Abs. 2 ZPO), ohne zu einer solchen Vertretung verpflichtet zu sein.

---

[39] BGH Urt. v. 20.1.1955 – II ZR 239/53, BGHZ 16, 167 (170) = NJW 1955, 545; OLG Celle Urt. v. 5.8.2009 – 14 U 37/09, BeckRS 2009, 22952 = MDR 2009, 1186.

[40] Etwas anderes gilt lediglich bei Vollmachtsmissbrauch oder bei bestehenden Interessenkollisionen; BGH Urt. v. 23.10.1990 – VI ZR 105/90, BGHZ 112, 345 (348 ff.) = NJW 1991, 1176; MüKoZPO/*Toussaint* § 83 Rn. 12 f.; Zöller/*Vollkommer* ZPO § 83 Rn. 3.

[41] BGH Beschl. v. 19.7.1984 – X ZB 20/83, BGHZ 92, 137 (142 f.) = NJW 1987, 130.

[42] Wird also die Kündigung des Vollmachtvertrags nur dem Gericht angezeigt, nicht aber den Beteiligten/Parteien, bleibt sie diesen gegenüber zunächst wirksam; Zöller/*Vollkommer* ZPO § 87 Rn. 1.

III. Beistände (§ 12 FamFG)

1. Person des Beistands

In allen Landwirtschaftssachen kann sich ein Beteiligter/eine Partei im Termin 28
durch einen **Beistand** unterstützen lassen (§ 12 FamFG bzw. § 90 ZPO), und zwar
auch dann, wenn er von einem ebenfalls im Termin anwesenden Rechtsanwalt vertreten wird.[43] Beistand ist, wer nicht an Stelle des Beteiligten/der Partei, sondern
neben ihm bzw. ihr im Termin auftritt. Andere im Verfahren auftretende Personen,
wie etwa Zeugen oder Sachverständige haben kein Recht auf einen eigenen Beistand isv § 12 FamFG,[44] es sei denn, sie werden selbst zu Beteiligten eines Verfahrens, wie etwa ein Zeuge, gegen den in der mündlichen Verhandlung ein Ordnungsgeld festgesetzt werden soll.

Beistand eines Beteiligten/einer Partei kann jeder sein, der als **Bevollmächtig-** 29
ter zur Vertretung befugt wäre (§ 12 S. 2 FamFG bzw. § 90 Abs. 1 S. 2 ZPO), in
den Landwirtschaftsverfahren also auch Vertreter berufsständischer Vereinigungen
isv § 13 Abs. 1. Daneben kann das Gericht andere Personen als Beistände zulassen,
wenn es dies für sachdienlich hält und hierfür nach den Umständen des Einzelfalls
ein Bedürfnis besteht.[45] Für die Zulassung eines Beistands bedarf es keines besonderen Beschlusses, es genügt wenn dieser namentlich im Protokoll vermerkt wird.[46]

2. Legitimation und Befugnisse

Der Beistand bedarf **keiner Verfahrensvollmacht,** er bezieht seine Legitima- 30
tion aus der Anwesenheit des Beteiligten/der Partei, wobei auch die Anwesenheit
eines Vertreters ausreichen kann.[47] Er kann im Verfahren wie der Beteiligte/die Partei Handlungen vornehmen und Erklärungen abgeben. Dem Anwaltszwang unterliegende Handlungen können also auch vom Beistand nicht vorgenommen werden.[48] Das vom Beistand Vorgetragene gilt als vom Beteiligten/der Partei
vorgetragen, wenn es nicht sofort widerrufen oder berichtigt wird (§ 12 S. 5 FamFG
bzw. § 90 Abs. 2 ZPO).

Die Tätigkeit als Beistand beschränkt sich auf den Termin. Er kann also weder 31
Schriftsätze einreichen noch – vor oder nach dem Termin – für den Beteiligten/die
Partei Erklärungen abgeben. Termin ist jede nach Datum, Uhrzeit und Ort im Voraus festgelegte Gerichtssitzung.[49]

---

[43] Keidel/*Zimmermann* FamFG § 12 Rn. 4.

[44] Ein Zeuge hat allerdings grds. das Recht, in der mündlichen Verhandlung nur in Anwesenheit seines rechtlichen Beistands auszusagen; BVerfG Beschl. v. 8.10.1974 – 2 BvR 747/73, NJW 1975, 103 (104f.) = MDR 1975, 190.

[45] An einem solchen Bedürfnis fehlt es, wenn der Beteiligte/die Partei bereits einen Rechtsanwalt als Vertreter bevollmächtigt und deswegen einen Anspruch auf anwaltliche Vertretung hat; OLG Celle Beschl. v. 29.8.2014 – 10 WF 190/14, BeckRS 2014, 17383 = MDR 2014, 640.

[46] Keidel/*Zimmermann* FamFG § 12 Rn. 11.

[47] Zöller/*Vollkommer* ZPO § 90 Rn. 2.

[48] MüKoFamFG/*Pabst* § 12 Rn. 5.

[49] MüKoFamFG/*Pabst* § 12 Rn. 8.

3. Kosten

32 Die Kosten des Beistands können als **Kosten des Verfahrens** nach § 45 Abs. 1 LwVG bzw. §§ 91 ff. ZPO erstattungsfähig sein. Für einen Rechtsanwalt ist die Tätigkeit als Beistand nach § 1 Abs. 2 RVG nicht von diesem Gesetz ausgenommen und kann demnach nach den Nrn. 3100 ff. VV-RVG vergütungspflichtig sein. Die übrigen Beistände sind gemäß § 91 Abs. 1 S. 2 ZPO[50] wie Zeugen zu entschädigen (§§ 19 ff. JVEG), soweit es sich um Kosten für notwendige Reisen oder Kosten für die notwendige Wahrnehmung von Terminen handelt.

§ 14 **[Antragsverfahren; Anhörung der Beteiligten]**

(1) **Das Verfahren wird, soweit nicht etwas anderes bestimmt ist, nur auf Antrag eingeleitet.**

(2) **¹Das Gericht hat vor seiner Entscheidung den Beteiligten Gelegenheit zu geben, sich zur Sache zu äußern. ²Für die Vorbereitung der Entscheidung gelten die Vorschriften des § 139 und des § 273 Abs. 1, 2, 3 Satz 1 und Abs. 4 der Zivilprozeßordnung sinngemäß.**

Inhaltsübersicht

---

[50] Die Vorschrift gilt gemäß (§ 9 iVm) § 80 S. 2 FamFG in den Landwirtschaftssachen der freiwilligen Gerichtsbarkeit entsprechend.

I. Überblick

§ 14 Abs. 1 stellt klar, dass Verfahren in den Landwirtschaftssachen der freiwilli- **1** gen Gerichtsbarkeit grundsätzlich nur auf Antrag eingeleitet werden. Gemeint ist ein **verfahrenseinleitender Antrag** isv § 23 Abs. 1 Satz 1 FamFG, wie er mittlerweile für alle Verfahren der freiwilligen Gerichtsbarkeit ausdrücklich vorgeschrieben ist, die nicht kraft besonderer Bestimmung als Amtsverfahren ausgestaltet sind. Die Vorschrift erklärt sich daraus, dass das FGG den Antragsgrundsatz nicht allgemein vorsah. Das Verhältnis zwischen Antrags- und Amtsverfahren wurde nach damaliger Rechtslage noch umgekehrt begriffen, insofern von einem Amtsverfahren ausgegangen wurde, wenn nichts anderes bestimmt war. Deshalb hielt der Gesetzgeber eine besondere Regelung des Antragsgrundsatzes im LwVG für nötig.[1]

Neben einem verfahrenseinleitenden Antrag ist ein **Sachantrag** möglich und in **2** Landwirtschaftssachen auch üblich. In einzelnen Verfahren aufgrund der in § 1 Nr. 1 und Nr. 2–6 genannten Vorschriften ist ein Sachantrag zudem erforderlich (→ Rn. 26 ff.). Nur in diesen sogenannten echten Streitsachen der freiwilligen Gerichtsbarkeit ist das Landwirtschaftsgericht an den Antrag gebunden (→ Rn. 25).

Von Amts wegen wird das Landwirtschaftsgericht im Wesentlichen nur in **3** Grundbuchverfahren gemäß § 38 GBO tätig (→ § 1 Rn. 105, 128, 221, 225).

§ 14 Abs. 2 S. 1 gewährleistet den Anspruch der Beteiligten auf **rechtliches Ge-** **4** **hör** (Art. 103 Abs. 1 GG). Die einfachgesetzliche Hervorhebung des grundrechtsgleichen Rechts (Art. 93 Abs. 1 Nr. 4a GG) erschien dem Gesetzgeber wegen der „freien Gestaltung" des Verfahrens der freiwilligen Gerichtsbarkeit und der „Eigenart der Landwirtschaftssachen" notwendig.[2] Der Konkretisierung des Anspruchs auf rechtliches Gehör dient auch der in § 14 Abs. 2 S. 2 enthaltene Verweis auf § 139 ZPO (Materielle Verfahrensleitung; → Rn. 62 ff.).[3]

Zur Vorbereitung der Entscheidung im Übrigen ordnet § 14 Abs. 2 S. 2 die sinn- **5** gemäße Geltung des § 273 ZPO mit Ausnahme von dessen Abs. 3 Satz 2 an, der sich als Ausfluss des zivilprozessualen Beibringungsgrundsatzes nicht mit dem Amtsermittlungsgrundsatz (→ § 9 Rn. 95 ff.) verträgt.

II. Anwendungsbereich

Die Vorschrift gilt aufgrund ihrer systematischen Stellung im zweiten Abschnitt **6** nur in den Landwirtschaftssachen der freiwilligen Gerichtsbarkeit nach § 1 Nr. 1 und Nr. 2–6 sowie nach § 65 Abs. 2 LwAnpG (→ § 1 Rn. 269) und des § 12 Abs. 3 BJagdG (→ § 1 Rn. 272 ff.). In den streitigen Landwirtschaftssachen (§ 1 Nr. 1a) gelten die Vorschriften des § 139 und des § 273 ZPO gemäß § 48 Abs. 1 S. 1 unmittelbar.

---

[1] BT-Drs. 1/3819, 24.
[2] BT-Drs. 1/3819, 24.
[3] BeckOK ZPO/*v. Selle* § 139 Rn. 5 ff. mwN.

III. Gesetzessystematik

7 Die formellen Voraussetzungen des verfahrenseinleitenden Antrags nach § 14 Abs. 1 sind nunmehr in (§ 9 iVm) § 23 Abs. 1 FamFG geregelt (→ Rn. 16 ff.). Die Verpflichtung zur Gewährung rechtlichen Gehörs nach § 14 Abs. 2 S. 1 wird durch (§ 9 iVm) § 23 Abs. 2 FamFG konkretisiert, wonach das Gericht den Antrag an die übrigen Beteiligten übermitteln soll (→ Rn. 22 ff.).[4] § 14 Abs. 2 S. 2 und § 139 ZPO gehen § 28 Abs. 1–3 FamFG als speziellere Regelung vor (→ Rn. 64).

IV. Antragsgrundsatz (Abs. 1)

1. Verfahrensantrag

8 **a) Antragsberechtigung.** Eine Sachentscheidung über einen verfahrenseinleitenden Antrag setzt voraus, dass der Antragssteller antragsberechtigt ist. Fehlt es an der Antragsberechtigung, wird der Antragsteller zwar kraft Gesetzes Verfahrensbeteiligter ([§ 9 iVm] § 7 Abs. 1 FamFG; näher → § 9 Rn. 40). Sein Antrag ist aber als unzulässig zu verwerfen (vgl. etwa → § 1 Rn. 20, 88).[5]

9 Die Antragsberechtigung kann zum einen **ausdrücklich gesetzlich geregelt** sein. So steht beispielsweise in Grundstücksverkehrssachen (§ 1 Nr. 2) das Antragsrecht gemäß § 22 Abs. 1 iVm § 3 Abs. 2 S. 1 GrdstVG den Vertragsparteien und demjenigen zu, zu dessen Gunsten der Vertrag geschlossen worden ist. Derartige Regelungen beschränken in der Regel zugleich den Kreis der Antragsberechtigten.[6] In Grundstücksverkehrssachen sind daher erwerbsinteressierte Landwirte nicht antragsberechtigt (→ § 1 Rn. 82).

10 Im Übrigen richtet sich die **Antragsberechtigung nach materiellem Recht.**[7] Antragsberechtigt sind grundsätzlich alle natürlichen und juristischen Personen, deren Recht durch die Entscheidung des Landwirtschaftsgerichts in dem betreffenden Verfahren ergehen kann, unmittelbar betroffen wird (vgl. § 7 Abs. 2 Nr. 1 FamFG).[8] Hinsichtlich der Antragsberechtigung in den einzelnen Landwirtschaftssachen der freiwilligen Gerichtsbarkeit nach § 1 Nr. 1 und Nr. 2–6 wird auf die Kommentierung zu § 1 verwiesen (Besondere Landpachtvorschriften, § 1 Nr. 1 → § 1 Rn. 17; Grundstücksverkehrssachen, § 1 Nr. 2 → § 1 Rn. 81 f.; Siedlungsrechtliches Vorkaufsrecht, § 1 Nr. 3 und 4 → § 1 Rn. 143, 160; Anerbensachen, § 1 Nr. 5 → § 1 Rn. 184 ff., 189 ff., 206, 214).

11 Sind **mehrere Personen antragsberechtigt,** kann jede von ihnen ihr Antragsrecht selbständig ausüben. Durch mehrere verfahrenseinleitende Anträge werden grundsätzlich mehrere Verfahren eingeleitet, doch wird das Landwirtschaftsgericht, wenn die Anträge zeitgleich oder zeitnah zueinander gestellt werden, die Verfahren in aller Regel gemäß (§ 9 iVm) § 20 FamFG verbinden, was auch stillschweigend geschehen kann.[9] Die Antragsteller sind dann einfache Ver-

---

[4] Vgl. BT-Drs. 16/6308, 186; MüKoFamFG/*Ulrici* § 23 Rn. 46.
[5] BeckOK FamFG/*Burschel* § 7 Rn. 4; Keidel/*Sternal* FamFG § 23 Rn. 23.
[6] MüKoFamFG/*Ulrici* § 23 Rn. 18.
[7] BeckOK FamFG/*Burschel* § 23 Rn. 9; MüKoFamFG/*Ulrici* § 23 Rn. 17.
[8] Statt vieler Keidel/*Sternal* FamFG § 23 Rn. 25.
[9] Keidel/*Sternal* FamFG § 23 Rn. 30.

fahrensgenossen,[10] über deren Anträge notwendig einheitlich entschieden wird.[11] Insbesondere über gegensätzliche Anträge (zB zweier Hoferbenprätendenten) muss in einer einheitlichen Entscheidung befunden werden, da andernfalls eine unzulässige Teilentscheidung vorläge.[12]

b) Verfahrensstandschaft. Gewillkürte Verfahrensstandsstandschaft ist in den **12** Landwirtschaftssachen der freiwilligen Gerichtsbarkeit unter denselben Voraussetzungen zulässig, unter denen gewillkürte Prozessstandschaft in den streitigen Landwirtschaftssachen zulässig ist.[13] Der Verfahrensstandschafter muss dazu von dem Antragsberechtigten ermächtigt sein, dessen Recht in eigenem Namen geltend zu machen, und er muss daran ein eigenes rechtliches Interesse haben.[14]

c) Antragstellung (Empfangszuständigkeit). Gemäß (§ 9 iVm) § 25 Abs. 1 **13** FamFG kann der verfahrenseinleitende Antrag bei dem **örtlich zuständigen Landwirtschaftsgericht** (→ § 10 Rn. 3ff.) abgegeben werden. Der Antrag auf gerichtliche Entscheidung in Grundstücksverkehrssachen (§ 1 Nr. 2) kann nach § 22 Abs. 2 S. 1 GrdstVG zudem bei der Genehmigungsbehörde gestellt werden (→ § 1 Rn. 84).

Da vor den Landwirtschaftsgerichten eine Vertretung durch einen Rechtsanwalt **14** nicht notwendig ist, kann der verfahrenseinleitende Antrag gemäß (§ 9 iVm) § 25 Abs. 2 FamFG auch vor der **Geschäftsstelle eines jeden Amtsgerichts zur Niederschrift** abgegeben werden. Die § 129a ZPO nachgebildete Vorschrift dient dem effektiven Rechtsschutz.[15] Die Wirkungen der Antragstellung treten allerdings nicht ein, bevor die Niederschrift bei dem zuständigen Landwirtschaftsgericht eingeht (§ 25 Abs. 3 S. 2 FamFG); deshalb ist die Geschäftsstelle, die die Niederschrift aufgenommen hat, nach § 25 Abs. 3 S. 1 FamFG verpflichtet, diese unverzüglich an das Gericht weiterzuleiten, an das sich der Antrag richtet. Geschieht dies bei fristgebundenen Anträgen nicht, kommt Wiedereinsetzung in den vorigen Stand (§ 17 FamFG) in Betracht.[16] In Grundstücksverkehrssachen (§ 1 Nr. 2) geht § 22 Abs. 2 S. 1 GrdstVG als speziellere Regelung § 25 Abs. 2 FamFG vor, so dass der Antrag auf gerichtliche Entscheidung nur zur Niederschrift des örtlich zuständigen Landwirtschaftsgerichts gestellt werden kann (→ § 1 Rn. 84).

Form und Inhalt der Niederschrift sind gesetzlich nicht geregelt. Aufzunehmen **15** sind neben dem Antrag und/oder der Erklärung wenigstens Gerichtsort und Datum, die Person des Erklärenden, der Verfahrensgegenstand, zu dem die Erklärung abgegeben wird, und das Gericht, an das das Protokoll übersandt werden soll. Das Protokoll ist durch den Urkundsbeamten zu unterzeichnen. Zweckmäßig ist auch ein § 162 Abs. 1 ZPO entsprechender Genehmigungsvermerk.[17]

d) Form des Antrags. Nach (§ 9 iVm) § 23 Abs. 1 S. 5 FamFG soll der verfah- **16** renseinleitende Antrag von dem Antragsteller oder seinem Bevollmächtigten unter-

---

[10] BeckOK FamFG/*Burschel* § 23 Rn. 11; MüKoFamFG/*Ulrici* § 23 Rn. 21.

[11] Keidel/*Sternal* FamFG § 23 Rn. 30; MüKoFamFG/*Ulrici* § 23 Rn. 21.

[12] Vgl. OLG Nürnberg Beschl. v. 15.4.2013 – 7 UF 399/13, BeckRS 2013, 08965; Bumiller/Harders/*Schwamb* FamFG § 23 Rn. 7.

[13] Vgl. OLG München Beschl. v. 5.11.2010 – 34 Wx 117/10, FGPrax 47 (47f.); MüKoFamFG/*Ulrici* § 23 Rn. 27.

[14] Keidel/*Sternal* FamFG § 23 Rn. 53 mwN.

[15] BeckOK ZPO/*v. Selle* § 129a Rn. 1.

[16] BT-Drs. 16/6308, 186; MüKoFamFG/*Ulrici* § 25 Rn. 21.

[17] Vgl. zB Keidel/*Sternal* FamFG § 25 Rn. 18ff.

schrieben werden. Damit setzt die Vorschrift grundsätzlich **Schriftform** voraus (s. auch § 25 Abs. 1 FamFG). Der Schriftform steht einmal das **elektronische Dokument** gleich, sofern die Landesregierung, in deren Zuständigkeitsbereich das adressierte Landwirtschaftsgericht liegt, bestimmt hat, dass elektronische Dokumente bei Gericht eingereicht werden können ([§ 9 iVm] § 14 Abs. 2 S. 1, Abs. 4 S. 1 FamFG). Hinsichtlich der Anforderungen an das elektronische Dokument verweist § 14 Abs. 2 S. 2 FamFG auf § 130a Abs. 1 ZPO. Danach bedürfen bestimmende Dokumente der qualifizierten elektronischen Signatur.[18] Ferner wird der Schriftform durch (§ 9 iVm) § 25 Abs. 1 FamFG die Antragstellung **zur Niederschrift der Geschäftsstelle** gleichgestellt.

17   Da § 23 Abs. 1 S. 5 FamFG als Soll-Vorschrift und § 25 Abs. 1 FamFG nicht als Muss-Vorschrift ausgestaltet ist, ist streitig, ob der verfahrenseinleitende Antrag auch mündlich, fernmündlich oder via E-Mail gestellt werden kann.[19] Nach den Vorstellungen des Gesetzgebers sollte die **Unterschrift** wie im ZPO-Streitverfahren (§ 130 Nr. 6 ZPO)[20] obligatorisch sein.[21] Nach der Rechtsprechung des BGH[22] ist eine Unterschrift einerseits im Regelfall erforderlich, andererseits nicht in jedem Fall unverzichtbar. Die Unterschrift ist danach insbesondere verzichtbar, wenn sich aus anderen Anhaltspunkten eine der Unterschrift vergleichbare Gewähr für die Urheberschaft und den Willen ergibt, das Schreiben in den Rechtsverkehr zu bringen. Dazu muss aus dem Schriftstück der Inhalt der Erklärung, die abgegeben werden soll, und die Person, von der sie ausgeht, hinreichend zuverlässig entnommen werden können; außerdem muss feststehen, dass es sich bei dem Schriftstück nicht nur um einen Entwurf handelt, sondern dass es mit Wissen und Willen des Berechtigten dem Gericht zugeleitet worden ist. Diese Voraussetzungen werden jedenfalls bei fernmündlicher Antragstellung und vielfach auch bei Übermittlung des Antrags via E-Mail[23] nicht erfüllt sein. Bei mündlicher Antragstellung hat die Geschäftsstelle ohnehin eine Niederschrift zu fertigen (§ 25 Abs. 1 FamFG).[24] Die praktische Bedeutung des Meinungsstreits ist daher gering, zumal das Landwirtschaftsgericht gemäß (§ 14 Abs. 2 S. 2 iVm) § 139 Abs. 3 ZPO auf verbleibende Authentizitätszweifel aufmerksam zu machen hat.[25]

18   **e) Antragsbegründung.** Nach (§ 9 iVm) § 23 Abs. 1 S. 1 FamFG soll der verfahrenseinleitende Antrag begründet werden. Nach den Vorstellungen des Gesetzgebers ist es dem Antragsteller im Rahmen der ihm obliegenden Mitwirkungspflicht zuzumuten, sein **Rechtsschutzziel zumindest in wenigen Sätzen darzulegen.**[26] Ein bestimmter Sachantrag wird demgegenüber nicht verlangt, da ein solcher Antrag nur in den Streitsachen der freiwilligen Gerichtsbarkeit erforderlich ist (→ Rn. 26). § 23 Abs. 1 S. 2 FamFG konkretisiert die „Begründungspflicht

---

[18] Näher BeckOK ZPO/*v. Selle* § 130a Rn. 8f.

[19] Bejahend zB Keidel/*Sternal* FamFG § 23 Rn. 19 mwN.; verneinend zB MüKoFamFG/ *Ulrici* § 23 Rn. 38 mwN.

[20] Näher zum Unterschriftserfordernis und den Anforderungen an die Unterschrift im Zivilprozess BeckOK ZPO/*v. Selle* § 130 Rn. 2, 7ff.

[21] BT-Drs. 16/6308, 186.

[22] BGH Beschl. v. 28.10.2010 – V ZB 210/10, FGPrax 2011, 41 Rn. 11.

[23] S. aber auch OLG Karlsruhe Beschl. v. 17.11.2011 – 18 UF 312/11, NJW 2012, 1822 (1823).

[24] So zutr. BeckOK FamFG/*Burschel* § 23 Rn. 22b.

[25] BeckOK ZPO/*v. Selle* § 139 Rn. 42.1. mwN.

[26] BT-Drs. 16/6308, 185.

als spezielle Mitwirkungspflicht"[27] dahingehend, dass der Antragsteller **die zur Begründung dienenden Tatsachen und Beweismittel angeben** und das Gericht dadurch bei der Ermittlung des entscheidungserheblichen Sachverhalts unterstützen soll; zudem sollen in dem Antrag die Personen benannt werden, die als Beteiligte in Betracht kommen. § 23 Abs. 1 S. 4 FamFG regelt in Anlehnung an § 131 ZPO[28] die Beifügung von Urkunden.

Nach § 23 Abs. 1 S. 3 FamFG soll der Antragsteller „in geeigneten Fällen" zudem Angaben zur außergerichtlichen Konfliktbeilegung machen. Von der Vorschrift, eingefügt durch Gesetz zur Förderung der Mediation und anderer Verfahren der außergerichtlichen Konfliktbeilegung v. 21.7.2012,[29] verspricht sich der Gesetzgeber, dass der Antragsteller spätestens bei Antragstellung hinterfragt, ob zur Streitbeilegung der Rechtsweg beschritten werden muss.[30] Die Regelung ist auf die Streitverfahren der freiwilligen Gerichtsbarkeit zugeschnitten, wie die Parallelvorschrift des § 253 Abs. 3 Nr. 1 ZPO zeigt.[31] Geeignet zur außergerichtlichen Konfliktbeilegung sind in Landwirtschaftssachen insbesondere die in § 1 Nr. 1 genannten Landpachtstreitigkeiten zwischen Verpächter und Pächter. **19**

Durch die Ausgestaltung des § 23 Abs. 1 FamFG als Soll-Vorschrift will der Gesetzgeber sichergestellt wissen, dass ein verfahrenseinleitender Antrag nicht mangels Begründung als unzulässig verworfen wird.[32] Einem solchen Antrag kann freilich im Einzelfall das **Rechtsschutzbedürfnis fehlen** ($\rightarrow$ Rn. 21), wenn der Antragsteller auch auf gemäß (§ 14 Abs. 2 S. 2 iVm) § 139 Abs. 3 ZPO gebotenen Hinweis[33] Angaben zu seinem Rechtsschutzziel schuldig bleibt. Auf der anderen Seite kann sich das Rechtsschutzziel schon aus der bloßen Antragstellung ergeben, etwa wenn sich der Antragsteller mit einem Antrag auf gerichtliche Entscheidung ($\rightarrow$ § 1 Rn. 17 ff., 80 ff.) gegen eine ihn beschwerende Behördenentscheidung wendet. **20**

f) Rechtsschutzbedürfnis. Die Zulässigkeit eines verfahrenseinleitenden Antrags ist ausnahmsweise zu verneinen, wenn dem Antragsteller ein rechtsschutzwürdiges Interesse an einer Sachentscheidung abgeht. Grundsätzlich hat zwar jeder einen öffentlich-rechtlichen Anspruch darauf, dass die staatlichen Gerichte sein Anliegen sachlich prüfen und darüber entscheiden.[34] In FG-Verfahren und so auch in den Landwirtschaftssachen der freiwilligen Gerichtsbarkeit kann diese Sachentscheidungsvoraussetzung aber insbesondere[35] deshalb praktisch werden, weil in diesen Verfahren ergangene Entscheidungen nicht stets in materielle Rechtskraft erwachsen (Einzelheiten $\rightarrow$ § 30 Rn. 30 ff.). Erschöpft sich also ein Antrag in der **Wiederholung bereits beschiedenen Vorbringens,** kann er als unzulässig verworfen werden.[36] Ein Verwerfungszwang besteht freilich, gerade wenn der Vorbeschluss nicht der materiellen Rechtskraft fähig ist, anders als im ZPO-Streitverfah- **21**

---

[27] BT-Drs. 16/6308, 186.
[28] BT-Drs. 16/6308, 186; zu § 131 ZPO etwa BeckOK ZPO/*v. Selle* § 131 Rn. 1, 4 ff.
[29] BGBl. I 1577.
[30] Vgl. BT-Drs. 17/5335, 22.
[31] MüKoFamFG/*Ulrici* § 23 Rn. 37.
[32] BT-Drs. 16/6308, 185.
[33] BeckOK ZPO/*v. Selle* § 139 Rn. 42 mwN.
[34] Statt vieler nur BGH Urt. v. 28.3.1996 – IX ZR 77/95, NJW 1996, 2035 (2037).
[35] S. aber auch $\rightarrow$ § 1 Rn. 198.
[36] BeckOK FamFG/*Burschel* § 23 Rn. 14; Keidel/*Sternal* FamFG § 23 Rn. 34.

ren[37] nicht; dem Landwirtschaftsgericht ist es daher unbenommen, den Antrag aus den Gründen des Vorbeschlusses (als unbegründet) zurückzuweisen.

22   **g) Übermittlung des Antrags an die übrigen Beteiligten.** Der Gewährung rechtlichen Gehörs (Art. 103 Abs. 1 GG) dient § 23 Abs. 2 FamFG,[38] wonach der verfahrenseinleitende Antrag an die übrigen Beteiligten übermittelt werden soll. Gemeint sind die **Muss- und insbesondere materiell Beteiligten** iSv § 7 Abs. 2 FamFG, die durch die Übermittlung zugleich zu formell Beteiligten werden (→ § 7 Rn. 41 f.). Wegen der an den einzelnen Landwirtschaftssachen der freiwilligen Gerichtsbarkeit nach § 1 Nr. 1 und 2–6 Beteiligten wird auf die Kommentierung zu § 1 verwiesen (Besondere Landpachtvorschriften, § 1 Nr. 1 → § 1 Rn. 17; Grundstücksverkehrssachen, § 1 Nr. 2 → § 1 Rn. 81 f.; Siedlungsrechtliches Vorkaufsrecht, § 1 Nr. 3 und 4 → § 1 Rn. 143, 160; Anerbensachen, § 1 Nr. 5 → § 1 Rn. 184 ff., 189 ff., 206 f., 214 ff.).

23   In tatsächlicher Hinsicht hat das Landwirtschaftsgericht anhand des Verfahrensgegenstands sowie der Angaben des Antragstellers in der Antragsschrift **von Amts wegen die übrigen Beteiligten und deren Anschriften zu ermitteln.** Dies verpflichtet das Gericht dazu, nahe liegende Erkenntnisquellen auszuschöpfen (etwa Nachfragen beim Antragsteller und bekannten Beteiligten, Einwohnermeldeamtsauskunft, Beiziehung von Nachlassakten). Fehlt es hingegen an greifbaren Anhaltspunkten für das Vorhandensein weiterer Beteiligter, erübrigen sich Ermittlungen aufs Geratewohl.[39]

24   Der Gesetzgeber hat § 23 Abs. 2 FamFG als Soll-Vorschrift ausgestaltet, weil die Gewährung rechtlichen Gehörs durch Übermittlung des verfahrenseinleitenden Antrags nicht erforderlich sei, wenn der Antrag unzulässig oder offensichtlich unbegründet ist.[40] Die allgemeine Regelung des § 23 Abs. 2 FamFG wird in Landwirtschaftssachen indes durch § 14 Abs. 1 S. 1 modifiziert, nach der das Gericht den Beteiligten vor seiner Entscheidung in jedem Fall Gelegenheit zu geben hat, sich zur Sache zu äußern. Auch unzulässige oder offensichtlich unbegründete Anträge wird das Landwirtschaftsgericht daher den übrigen Beteiligten übermitteln müssen. Eine § 23 Abs. 2 FamFG vorgehende Benachrichtigungsregelung enthält ferner § 11 Abs. 2 HöfeVfO für das höferechtliche Feststellungsverfahren (→ § 1 Rn. 198 ff.).

2. Sachantrag

25   **a) Abgrenzung zum Verfahrensantrag.** In der Praxis wird auch in den Landwirtschaftssachen der freiwilligen Gerichtsbarkeit nach § 1 Nr. 1 und Nr. 2–6 in der Regel ein verfahrenseinleitender Antrag gestellt, der das sachliche Rechtsschutzbegehren des Antragstellers zum Ausdruck bringt und sich in Form und Inhalt nicht von einem Klageantrag in den streitigen Landwirtschaftssachen nach § 1 Nr. 1 a unterscheidet ([§ 48 Abs. 1 S. 1 iVm] § 253 Abs. 2 Nr. 2 ZPO). Die **Abgrenzung von Verfahrens- und Sachantrag** kann daher nur **nach ihrer Funktion im landwirtschaftsgerichtlichen Verfahren** erfolgen: Der Verfahrensantrag setzt das gerichtliche Verfahren in Gang und belässt dem Landwirtschaftsgericht jede Entscheidungsmöglichkeit, die in dem betreffenden Verfahren nach formellem und

---

[37] Dazu zB BeckOK ZPO/*Bacher* § 253 Rn. 28 mwN.

[38] BT-Drs. 16/6308, 186.

[39] Keidel/*Sternal* FamFG § 23 Rn. 48 a.

[40] BT-Drs. 16/6308, 186; ferner BeckOK FamFG/*Burschel* § 23 Rn. 25; Keidel/*Sternal* FamFG § 23 Rn. 48; MüKoFamFG/*Ulrici* § 23 Rn. 47.

sachlichem Recht vorgesehen ist. Demgegenüber schränkt der Sachantrag die gesetzlich vorgesehenen Entscheidungsmöglichkeiten des Landwirtschaftsgerichts entsprechend § 308 Abs. 1 ZPO in der Weise ein, dass das Gericht nicht über das im Antrag formulierte Rechtsschutzbegehren hinausgehen darf.[41]

b) Erforderlichkeit eines Sachantrags. Das FamFG sieht einen Sachantrag **26** grundsätzlich nicht vor.[42] Der Gesetzgeber des LwVG ging davon aus, dass nach der Natur der einzelnen in Betracht kommenden Verfahren zu beurteilen ist, ob ein bestimmter Sachantrag gestellt werden muss.[43] Rechtsprechung[44] und Schrifttum[45] bejahen dies für die sogenannten **echten Streitsachen der freiwilligen Landwirtschaftsgerichtsbarkeit, in denen sich zwei oder mehrere Beteiligte mit entgegengesetzten Interessen gegenüberstehen und das Gericht über behauptete subjektive Rechte oder Berechtigungen zu entscheiden hat** (→ § 9 Rn. 9 ff., 92). Dem ist zu folgen. Aus der Verfügungsbefugnis über das materielle Recht lässt sich die Befugnis, aber auch die Obliegenheit des Antragstellers ableiten, mittels eines bestimmten Sachantrags festzulegen, in welcher Hinsicht und in welchem Umfang gerichtlicher Rechtsschutz zu dessen Durchsetzung in Anspruch genommen wird. Es wäre mit der Privatautonomie (Art. 2 Abs. 1 GG) schwerlich vereinbar, wenn das Gericht dem Antragsteller paternalistisch mehr oder etwas zusprechen würde, was oder das er zwar beanspruchen kann, aber aus vielleicht wohlerwogenen Gründen eben nicht beansprucht. Die Verfügungsbefugnis des Antragstellers entbindet das Gericht freilich nicht von der Pflicht, gemäß (§ 14 Abs. 2 S. 2 iVm) § 139 Abs. 1 S. 2 ZPO darauf hinzuwirken, dass dieser einen Sachantrag stellt, der seinem erkennbar verfolgten Rechtsschutzbegehren zum Erfolg verhelfen kann.[46]

c) Einzelne Sachanträge. In **Landpachtverkehrssachen** nach § 1 Nr. 1 ge **27** nügt grundsätzlich ein verfahrenseinleitender Antrag (Antrag auf gerichtliche Entscheidung; → § 1 Rn. 17 ff.). Da es den Parteien aber freisteht, wie sie einen aufgehobenen Landpachtvertrag (§ 8 Abs. 1 S. 1 Alt. 2 LPachtVG; → § 1 Rn. 23) abwickeln, ist ein Sachantrag ausnahmsweise zu verlangen, wenn sie sich über die Abwicklung des Vertrags nicht einigen können und deshalb das Landwirtschaftsgericht gemäß § 8 Abs. 2 S. 1 LPachtVG anrufen, damit es Anordnungen über die Vertragsabwicklung trifft (→ § 1 Rn. 25).[47] Der Antrag muss erkennen lassen, worin der Abwicklungskonflikt der Vertragsparteien besteht und welches Ziel mit dem Antrag erreicht werden soll.[48] Da der Inhalt der Abwicklungsanordnungen im pflichtgemäßen Ermessen des Gerichts steht, wird von dem Antragsteller freilich nicht mehr verlangt werden können, als dass er den Mindestinhalt der begehrten Anordnung im Antrag umschreibt. So wird zB ein Antrag ausreichen

---

[41] Keidel/*Sternal* FamFG § 23 Rn. 13; MüKoFamFG/*Ulrici* § 23 Rn. 14.
[42] BT-Drs. 16/6308, 185; MüKoFamFG/*Ulrici* § 23 Rn. 11 mwN.
[43] BT-Drs. 1/3819, 24.
[44] BGH Beschl. v. 4.12.1992 – BLw 19/92, BGHZ 120, 352 (355) = NJW 1993, 857 = RdL 1993, 76; Beschl. v. 10.5.1984 – BLw 2/83, BGHZ 91, 154 (158) = NJW 1984, 2831 = AgrarR 1984, 316.
[45] *Ernst* LwVG § 14 Rn. 18 mwN.
[46] Näher BeckOK ZPO/*v. Selle* § 139 Rn. 31 ff. mwN. Zur Parallelvorschrift des § 28 Abs. 2 Alt. 2 FamFG etwa Keidel/*Sternal* FamFG § 23 Rn. 13, § 28 Rn. 15.
[47] *Ernst* LwVG § 14 Rn. 36.
[48] NK-LPachtVG/*Klein-Blenkers* § 8 Rn. 17.

müssen, die Rückgabe der Pachtsache nicht vor einem bestimmten Datum anzuordnen. Das Gericht kann dann, wenn es dies für sachgerecht hält, ohne Verstoß gegen die Antragsbindung einen späteren Rückgabezeitpunkt anordnen. Ein Sachantrag ist ferner erforderlich, wenn die Vertragsparteien über den Inhalt getroffener Abwicklungsanordnungen streiten (§ 8 Abs. 2 S. 3 LPachtVG; → § 1 Rn. 26).[49]

28   Diese Grundsätze gelten für die Beanstandung der Pacht von Fischereirechten (→ § 51 Rn. 7) und von Jagdpachtverträgen (→ § 1 Rn. 272 ff.) entsprechend.

29   In **BGB-Landpachtstreitigkeiten,** die der freiwilligen Gerichtsbarkeit unterliegen (§ 1 Nr. 1; → § 1 Rn. 36 ff.), ist grundsätzlich ein Sachantrag erforderlich, da die Parteien über diese Ansprüche frei verfügen können.

30   In den Fällen des § 585b Abs. 2 BGB (→ § 1 Rn. 38 ff.) geht der Antrag dahin, einen Sachverständigen zur **Beschreibung der Pachtsache** zu ernennen. Die Pachtsache muss individualisierbar bezeichnet werden. Der Antrag kann im Kosteninteresse auf die Beschreibung einzelner Bestandteile der Pachtsache beschränkt werden, woran das Landwirtschaftsgericht gebunden ist.[50]

31   Beabsichtigt der Verpächter gemäß § 588 Abs. 1, Abs. 2 S. 1 BGB, **Maßnahmen zur Erhaltung und Verbesserung der Pachtsache** durchzuführen, muss er im Streitfall beantragen, dass der Pächter die konkret zu benennenden Maßnahmen zu dulden hat (→ § 1 Rn. 41 f.). Der dem komplementäre Anspruch des Pächters auf Ersatz seiner Aufwendungen und seines entgangenen Gewinns (§ 588 Abs. 2 S. 2 BGB) muss ebenso wie dessen diesbezüglicher Vorschussanspruch (§ 588 Abs. 2 S. 3 BGB) beziffert werden. Dagegen kann der Anspruch des Verpächters, dass der Pächter in eine **angemessene Erhöhung der Pacht** einwilligt, mit einem unbezifferten Antrag verfolgt werden. Ein **unbezifferter Leistungsantrag** wird nämlich auch im ZPO-Streitverfahren für zulässig erachtet, wenn die Höhe des Anspruchs dem billigen Ermessen des Gerichts unterliegt.[51] In diesem Fall muss der Verpächter sein Begehren freilich dadurch konkretisieren, dass er die Größenordnung der verlangten Pachterhöhung oder einen Mindesterhöhungsbetrag angibt.[52] Der aus der Ersetzung der Einwilligung des Pächters durch das Landwirtschaftsgericht folgende Zahlungsanspruch (§ 585 Abs. 2 iVm § 581 Abs. 1 S. 2 BGB) muss nach §§ 1 Nr. 1a, 48 Abs. 1 S. 1 durch bezifferte Zahlungsklage im ZPO-Streitverfahren durchgesetzt werden (→ § 1 Rn. 42 aE).

32   Erlaubt der Verpächter nicht, dass der **Pächter die bisherige Nutzung ändert** oder ein Gebäude errichtet, kann die Erlaubnis des Verpächters auf **Antrag des Pächters, der die beabsichtigte Maßnahme genau benennen muss,** unter den Voraussetzungen des § 590 Abs. 2 S. 3 und 4 BGB durch das Landwirtschaftsgericht ersetzt werden (→ § 1 Rn. 43 f.). Hat das Gericht die Erlaubnis gemäß § 592 Abs. 2 S. 5 BGB an eine Sicherheitsleistung des Pächters geknüpft, muss dessen Antrag auf Rückgabe der Sicherheit (§ 590 Abs. 2 S. 6 BGB iVm § 109 ZPO) dieselbe bestimmbar bezeichnen.[53]

33   Der Sachantrag des Pächters, die **Zustimmung des Verpächters zu wertverbessernden Verwendungen** iSv § 591 Abs. 1 BGB zu ersetzen (§ 591 Abs. 2 BGB; → § 1 Rn. 45), muss die konkret geplanten oder getätigten Verwendungen enthal-

---

[49] *Ernst* LwVG § 14 Rn. 39.
[50] *Ernst* LwVG § 14 Rn. 57.
[51] Statt vieler BeckOK ZPO/*Bacher* § 253 Rn. 60 ff. mwN.
[52] Vgl. statt vieler BeckOK ZPO/*Bacher* § 253 Rn. 62 f. mwN.
[53] Näher BeckOK ZPO/*Jaspersen* § 109 Rn. 15 mwN.

ten.[54] Über an die Zustimmung nach § 591 Abs. 2 S. 3 geknüpfte Bedingungen und Auflagen entscheidet das Landwirtschaftsgericht von Amts wegen.[55] Dem Antrag des Pächters kann der Verpächter mit dem auf Feststellung gerichteten Antrag zuvorkommen, dass dessen geplante oder vorgenommene Verwendungen nicht zustimmungsfähig oder –pflichtig sind.[56]

Der Anspruch des Pächters auf **Ausgleich des verwendungsbedingten Mehr- 34 werts** (§ 591 Abs. 1 BGB) durch Zahlung gemäß § 591 Abs. 3 S. 1 BGB (→ § 1 Rn. 46 f.) muss durch bezifferten Antrag geltend gemacht werden, auch wenn die Höhe des Mehrwerts von einer sachverständigen Begutachtung abhängt.[57] Die Bewilligung von Teilzahlungen (§ 591 Abs. 3 S. 2 BGB) ist in dem Antrag als Minus enthalten. Auch hier kann der Verpächter seinerseits die negative Feststellung beantragen, dass ein Mehrwert aus der beabsichtigten oder durchgeführten Verwendung des Pächters bei Pachtende nicht besteht.[58] Die Voraussetzungen des § 591 Abs. 3 S. 3 BGB – Unzumutbarkeit des Ersatzes des Mehrwerts durch Zahlung – sind auf Einrede des Verpächters bereits im Antragsverfahren nach § 591 Abs. 3 S. 1 BGB zu prüfen.[59] Der daran anknüpfende Antrag des Pächters nach § 591 Abs. 3 S. 4 BGB (→ § 1 Rn. 48) muss den Zeitpunkt enthalten, bis zu dem das Pachtverhältnis zur Abgeltung des Mehrwerts mindestens fortgesetzt werden soll. Dagegen kann der zahlungsunwillige Verpächter keinen selbständigen Fortsetzungsantrag stellen, da er dem Pächter dadurch die Fortsetzung des Pachtverhältnisses aufnötigen könnte.[60]

Verlangt ein Vertragsteil die **Anpassung des Landpachtvertrags an nachhal- 35 tig geänderte Verhältnisse,** zu der der andere Vertragsteil seine Einwilligung verweigert, muss der Antrag an das Landwirtschaftsgericht nach § 593 Abs. 4 BGB (→ § 1 Rn. 49) die verlangte Änderung bezeichnen.[61] Soweit (wie in der Regel) die Änderung der Pacht verlangt wird, wird ein unbezifferter Antrag unter Angabe der Größenordnung oder des Mindestbetrags der gewünschten Herab- oder Heraufsetzung ausreichen (→ Rn. 31), da die Anpassung weitgehend richterlichem Ermessen unterliegt (→ § 1 Rn. 50).[62] An das in dieser Weise konkretisierte Änderungsbegehren ist das Gericht dergestalt gebunden, dass es darüber nicht hinaus gehen darf.[63] Aus der gerichtlichen Änderung des Pachtvertrags folgende Ansprüche der Vertragsteile müssen nach §§ 1 Nr. 1a, 48 Abs. 1 S. 1 im ZPO-Streitverfahren durchgesetzt werden (→ § 1 Rn. 50 aE), also bei Änderung der Pacht durch bezifferte Leistungsklage.

Können sich die **Erben des Pächters** und der Verpächter nach dessen Kündi- 36 gung (§ 594d Abs. 1 BGB) nicht über die Fortsetzung des Pachtverhältnisses gemäß § 594d Abs. 2 BGB (→ § 1 Rn. 52) einigen, können sich beide Teile an das Landwirtschaftsgericht wenden.[64] Der Antrag der Erben geht dahin, die Fortsetzung des

---

[54] Staudinger/*v. Jeinsen* BGB § 591 Rn. 37.
[55] *Ernst* LwVG § 14 Rn. 76.
[56] So zutr. Staudinger/*v. Jeinsen* BGB § 591 Rn. 47.
[57] Vgl. zB BGH Urt. 11.3.2009 – IV ZR 224/07, NJW 2009, 1950 Rn. 14 mwN.
[58] Staudinger/*v. Jeinsen* BGB § 591 Rn. 51.
[59] Vgl. Staudinger/*v. Jeinsen* BGB § 591 Rn. 57.
[60] *Ernst* LwVG § 14 Rn. 79.
[61] HLBS/*Booth/Hanssen* BGB § 593 Rn. 73; Staudinger/*v. Jeinsen* BGB § 593 Rn. 25.
[62] AA wohl *Ernst* LwVG § 14 Rn. 88.
[63] So auch HLBS/*Booth/Hanssen* BGB § 593 Rn. 76 mwN.
[64] Staudinger/*v. Jeinsen* BGB § 594d Rn. 24; BeckOK BGB/*C. Wagner* § 594d Rn. 10. AA *Ernst* LwVG § 14 Rn. 92, dem zufolge nur die Erben des Pächters antragsberechtigt sind.

Pachtverhältnisses anzuordnen, der Antrag des Verpächters geht auf die negative Feststellung, dass diesen kein Fortsetzungsanspruch zusteht.

37   Verlangt der Pächter gemäß § 595 Abs. 1 und 2 BGB die **Fortsetzung des Pachtverhältnisses aus sozialen Gründen** (→ § 1 Rn. 53 f.) und erklärt sich der Verpächter hiermit nicht einverstanden, kann jener nach § 595 Abs. 6 S. 1 BGB die Entscheidung des Landwirtschaftsgerichts beantragen. Da das Gericht nach § 595 Abs. 6 S. 1 und 3 BGB von Amts wegen über Dauer, Bedingungen und Gegenstand der Fortsetzung zu entscheiden hat und ihm hierbei ein tatrichterlicher Beurteilungsspielraum zuzubilligen ist (→ § 1 Rn. 55), kann sich der Sachantrag des Pächters auf das Petitum beschränken, die Fortsetzung des Pachtverhältnisses „mindestens" bis zu einem bestimmten Zeitpunkt anzuordnen (→ Rn. 34).[65] Beantragt der Pächter hingegen, was ihm unbenommen ist, dass das Pachtverhältnis (nur) bis zu einem bestimmten Zeitpunkt, zu bestimmten Bedingungen und/oder bezogen auf einen bestimmten Teil der Pachtsache fortgesetzt wird, darf ihm das Gericht auch nicht mehr zusprechen.[66] Solange der Pächter sich des Fortsetzungsanspruchs lediglich vorprozessual berühmt, kann der Verpächter seinerseits eine diesen Anspruch leugnende Feststellung beantragen.[67]

38   Begehrt der Verpächter oder der Pächter vom Landwirtschaftsgericht, gemäß § 595 a Abs. 2 S. 1 BGB **Anordnungen über die Abwicklung eines vorzeitig – ganz oder teilweise – beendeten Landpachtvertrags** zu treffen (→ § 1 Rn. 57 f.), muss der Antrag zumindest erkennen lassen, was geregelt werden soll.[68] Das „wie" der Regelung kann in das Ermessen des Landwirtschaftsgerichts gestellt werden. Bei Festsetzung der Pacht für das verbleibende Pachtverhältnis (§ 595 a Abs. 2 S. 2 BGB) genügt die Angabe eines Mindest- oder Höchstbetrags.[69] Bei Streitigkeiten über den Inhalt der Abwicklungsanordnungen muss aus dem Antrag nach § 595 a Abs. 3 S. 2 BGB deutlich werden, welche Feststellung der Antragsteller von dem Landwirtschaftsgericht verlangt. Aus den Abwicklungsanordnungen resultierende Leistungsansprüche sind demgegenüber durch bestimmten Klageantrag iSv § 253 Abs. 2 Nr. 2 ZPO im ZPO-Streitverfahren nach §§ 1 Nr. 1 a, 48 Abs. 1 S. 1 geltend zu machen (→ § 1 Rn. 59).

39   Der Antrag auf gerichtliche Entscheidung in **Grundstücksverkehrssachen** (§ 1 Nr. 2; → § 1 Rn. 80 ff.) nach § 22 Abs. 1 GrdstVG ist bloßer Verfahrensantrag iSv (§ 9 iVm) § 23 Abs. 1 S. 1 FamFG. Wie durch § 22 Abs. 3 GrdstVG klargestellt wird, kann das Landwirtschaftsgericht die Entscheidungen treffen, die auch die Genehmigungsbehörde treffen kann. Antragsbindung besteht auch dann nicht, wenn die Beteiligten den Antrag auf gerichtliche Entscheidung mit einem Sachantrag verbinden (→ § 1 Rn. 90).[70]

---

[65] Weitergehend *Ernst* LwVG § 14 Rn. 101: Fortsetzungsdauer kann in das Ermessen des Gerichts gestellt werden; Staudinger/*v. Jeinsen* BGB § 595 Rn. 69: notwendig ist nur Antrag auf Pachtfortsetzung.

[66] *Ernst* LwVG § 14 Rn. 101; Staudinger/*v. Jeinsen* BGB § 595 Rn. 69.

[67] OLG Köln Beschl. v. 10. 3. 1988 – 23 WLw 6/87, BeckRS 2015, 06264 Rn. 16 = AgrarR 1989, 50; Staudinger/*v. Jeinsen* BGB § 595 Rn. 66.

[68] *Ernst* LwVG § 14 Rn. 109.

[69] Weitergehend erachtet *Ernst* (LwVG § 14 Rn. 109) für ausreichend, dass die Festsetzung des Pachtzinses beantragt wird.

[70] AA *Ernst* LwVG § 14 Rn. 116 unter unzutr. Verweis auf BGH Beschl. v. 20. 2. 1968 – V BLw 33/67, NJW 1968, 1423 (1425-) = RdL 1968, 95, zumal die Entscheidung den (behördlichen) Genehmigungsantrag nach § 3 Abs. 1 GrdstVG betrifft.

Das **Zuweisungsverfahren nach §§ 13 ff. GrdstVG** (→ § 1 Rn. 112 ff.) **40** gehört dagegen zu den echten Streitverfahren der freiwilligen Gerichtsbarkeit. Die Miterben einer durch gesetzliche Erbfolge entstandenen Erbengemeinschaft sind durch das GrdstVG nicht gehindert, sich einvernehmlich über den zum Nachlass gehörenden landwirtschaftlichen Betrieb auseinanderzusetzen. Ebenso kann jeder der Miterben privatautonom entscheiden, ob er die gerichtliche Zuweisung des landwirtschaftlichen Betriebs beansprucht und ggf. welche Grundstücke und Gegenstände sie umfassen soll, wenn sie sich über dessen Auseinandersetzung nicht einigen können. Mithin ist ein das Landwirtschaftsgericht bindender Sachantrag zu stellen,[71] der gemäß § 32a S. 1 die Gegenstände bezeichnen soll, deren Zuweisung beantragt wird (näher → § 32a Rn. 3). Desgleichen muss ein Miterbe, der sich gemäß § 17 Abs. 1 GrdstVG eines Anspruchs auf Vorteilsausgleich berühmt (→ § 1 Rn. 131), diesen mit beziffertem Sachantrag geltend machen.

Der Antrag auf gerichtliche Entscheidung wegen **Einwendungen gegen 41 das siedlungsrechtliche Vorkaufsrecht** (§ 1 Nr. 3; → § 1 Rn. 143) nach § 10 S. 3 RSG ist ebenso wie der Antrag in Grundstücksverkehrssachen, auf den diese Vorschrift verweist, bloßer Verfahrensantrag iSv (§ 9 iVm) § 23 Abs. 1 S. 1 FamFG.

Die Ausgleichsansprüche des Pächters nach § 7 Abs. 2 RSGErgG (§ 1 Nr. 4, **42** → § 1 Rn. 159) sind dem bürgerlichen Recht zuzuordnen. Der Antrag des anspruchsberechtigten Pächters oder des verpflichteten Siedlungsunternehmens auf gerichtliche Entscheidung (→ § 1 Rn. 160) muss daher mit einem Sachantrag zu verbunden werden,[72] in dem der gemäß § 7 Abs. 2 S. 1 RSGErgG beanspruchte oder geschuldete Verwendungsersatz zu beziffern und/oder ein Mindestbetrag oder Höchstbetrag oder eine Größenordnung der gemäß § 7 Abs. 2 S. 2 RSGErgG für angemessen erachteten Entschädigung anzugeben ist.

In Verfahren aufgrund der Vorschriften über das **Anerbenrecht** (§ 1 Nr. 5) ist **43** ein **Sachantrag insbesondere erforderlich,** wenn das Landwirtschaftsgericht zur Regelung der **Ansprüche der weichenden Miterben,** Pflichtteilsberechtigten und Vermächtnisnehmer **und des überlebenden Ehegatten** einschließlich der Versorgungsansprüche angerufen wird (→ § 1 Rn. 184 ff., Rn. 242 f., Rn. 251).[73]

Nach älterer Rechtsprechung[74] soll sich der im **höferechtlichen Feststel- 44 lungsverfahren** gemäß § 11 Abs. 1 HöfeVfO[75] (→ § 1 Rn. 188 ff.) erforderliche Antrag in seiner verfahrenseinleitenden Funktion nach § 14 Abs. 1 erschöpfen. Ein Sachantrag wäre danach nicht erforderlich, so dass sich der Antragsteller etwa darauf beschränken könnte, die Feststellung zu beantragen, wer Hoferbe geworden ist (§ 11 Abs. 1 Buchst. g) HöfeVfO). Auf der anderen Seite dürfte es mittlerweile allgemeiner Auffassung entsprechen, dass das Landwirtschaftsgericht an einen im Fest-

---

[71] *Ernst* LwVG § 14 Rn. 132.

[72] AA *Ernst* LwVG § 14 Rn. 143.

[73] AllgA, zB *Ernst* LwVG § 14 Rn. 206; § 1 Rn. 196 ff.

[74] BGH Beschl. v. 5.5.1953 – V Blw 113/52, LM Nr. 9 zu § 37 LVO = RdL 53, 191; Beschl. v. 11.10.1961 – V BLw 13/60, NJW 1962, 42 (43) = RdL 1962, 16 (obiter dicta); OLG Hamm Beschl. v. 27.10.1959 – 10 Wlw 99/59, RdL 1960, 21; im Grds. zust. *Ernst* HöfeVfO § 11 Rn. 10; abl. Lüdtke-Handjery/v. Jeinsen/*Brinkmann* HöfeVfO § 11 Rn. 4, 50. Vgl. aber auch BGH Beschl. v. 16.2.1954 – V Blw 89/53, RdL 1954, 128.

[75] Bzw. § 37 Abs. 1 LVO aF.

stellungsverfahren gestellten Sachantrag gebunden ist.[76] Beantragt der Antragsteller zB, ihn als Hoferben festzustellen, muss es danach mit der Zurückweisung des Antrags bewenden, wenn nicht er, aber möglicherweise ein Dritter Hoferbe geworden ist.[77] Die praktische Bedeutung der Einordnung des Antrags als bloßem Verfahrensantrag iSv § 14 Abs. 1 oder zugleich als Sachantrag ist daher gering.[78] Sie dürfte im Wesentlichen nur relevant werden, wenn ein Gläubiger des Hoferben (§§ 12ff. HöfeO) ein rechtliches Interesse daran hat, dass ihm dieser namhaft gemacht wird. In einem solchen Fall wird es damit bewenden können, dass der Antragsteller die Feststellung des Hoferben beantragt.[79] Im Übrigen wird, wer ein rechtliches Interesse (→ § 1 Rn. 189) an der Feststellung der Hoferbfolge oder einer anderen sie betreffenden Vorfrage hat, dieses Interesse auch in einem Sachantrag, hilfsweise mehreren, formulieren können. Vor diesem Hintergrund leuchtet nicht ein, weshalb das Landwirtschaftsgericht befugt sein sollte, eine andere, nicht durch ein entsprechendes rechtliches Interesse des Antragstellers getragene Feststellung zu treffen, zB entgegen dessen Antrag einen Dritten als Hoferben feststellen können soll.[80] Allerdings liegt in der Zurückweisung des Feststellungsantrags, dass der Antragsteller Hoferbe geworden, die Feststellung, dass der Antragsteller nicht Hoferbe geworden ist. In den Fällen des § 11 Buchst. a)–f) HöfeVfO ist mit der Feststellung (oder Nichtfeststellung) des Positivums (zB des Vorliegens eines Hofs usw.) die Nichtfeststellung (oder Feststellung) des Negativums ohnehin zwangsläufig verbunden – tertium non datur.[81]

45   In Zustimmungsverfahren nach § 16 Abs. 1 S. 2 Hs. 2 HöfeO, §§ 13–15 HöfeVfO (→ § 1 Rn. 204ff.) und Genehmigungsverfahren nach § 17 Abs. 3 HöfeO, § 16 HöfeVfO (→ 1 Rn. 212ff.) genügt ein verfahrenseinleitender Antrag iSv § 23 Abs. 1 FamFG.[82] An einen gestellten Sachantrag ist das Landwirtschaftsgericht ebenso wenig wie in Grundstücksverkehrssachen nach (§ 1 Nr. 2 gebunden (→ Rn. 39).

46   Im höferechtlichen **Erbscheinsverfahren** nach § 18 Abs. 2 HöfeO (→ § 1 Rn. 232ff., 250) **bedarf es eines bestimmten Sachantrags,** an den das Landwirtschaftsgericht nicht anders als das Nachlassgericht gebunden ist.[83] Das Landwirtschaftsgericht muss den Antrag mithin zurückweisen, wenn er die (Hof-)Erbfolge nicht zutreffend aufweist.[84] Vor der Zurückweisung wird dem Antragsteller freilich regelmäßig durch gemäß (§ 14 Abs. 2 S. 2 iVm) § 139 Abs. 1 S. 2 ZPO gebotenen Hinweis ermöglicht werden müssen, seinen Antrag der für zutreffend erachteten (Hof-) Erbfolge anzupassen.[85]

---

[76] Lüdtke-Handjery/v. Jeinsen/*Brinkmann* HöfeVfO § 11 Rn. 4; *Ernst* LwVG § 9 Rn. 492, § 14 Rn. 160; *ders.* HöfeVfO § 11 Rn. 10; *Wöhrmann* LwErbR HöfeO § 18 Rn. 81.

[77] Lüdtke-Handjery/v. Jeinsen/*Brinkmann* HöfeVfO § 11 Rn. 4; Düsing/Martinez/*Düsing* HöfeVfO § 13 Rn. 3; *Wöhrmann* LwErbR HöfeO § 18 Rn. 81.

[78] Lüdtke-Handjery/v. Jeinsen/*Brinkmann* HöfeVfO § 11 Rn. 4.

[79] Vgl. *Wöhrmann* LwErbR HöfeO § 18 Rn. 81.

[80] Vgl. *Ernst* LwVG § 14 Rn. 160.

[81] Vgl. Lüdtke-Handjery/v. Jeinsen/*Brinkmann* HöfeVfO § 11 Rn. 4; *Ernst* HöfeVfO § 11 Rn. 10.

[82] *Ernst* LwVG § 14 Rn. 149, 157.

[83] BayObLG Beschl. v. 25.11.2002 – 1 Z BR 93/02, NJW-RR 2003, 297 (298) mwN.

[84] *Ernst* LwVG § 14 Rn. 175; Lüdtke-Handjery/v. Jeinsen/*Brinkmann* HöfeO § 18 Rn. 42 mwN.

[85] Vgl. BayObLG Beschl. v. 25.11.2002 – 1 Z BR 93/02, NJW-RR 2003, 297 (298); Beck-OK BGB/*Siegmann/Höger* § 2353 Rn. 30 mwN.

In Verfahren auf Grund der Vorschriften des LwAnpG, die nach § 65 Abs. 2 **47** LwAnpG der freiwilligen Gerichtsbarkeit unterliegen (→ § 1 Rn. 269), ist grundsätzlich ein das Landwirtschaftsgericht bindender Sachantrag zu stellen.[86]

3. Gegenanträge

In den echten Streitsachen der freiwilligen Landwirtschaftsgerichtsbarkeit kann **48** der Antragsgegner seinerseits einen Gegenantrag im Sinne und unter den Voraussetzungen einer Widerklage im zivilprozessualen Verfahren stellen. Die entsprechende Anwendung von § 33 ZPO ist im Hinblick auf die Gleichwertigkeit der beiden Verfahren und die Gleichheit der Interessenlage der Verfahrensbeteiligten gerechtfertigt.[87] Da einer mündlichen Verhandlung nach § 15 anders als im Zivilprozess nach § 128 ZPO keine Zäsurwirkung zukommt, kann ein solcher Antrag auch noch nach Schluss der mündlichen Verhandlung bis zur Beschlussfassung des Landwirtschaftsgerichts gestellt werden (→ § 15 Rn. 12). Ein erstmals im Beschwerdeverfahren gestellter Gegenantrag ist ebenfalls nach den Grundsätzen der Widerklage zuzulassen, wenn dies nämlich zur sachgemäßen, abschließenden Regelung der Angelegenheit objektiv geboten erscheint oder wenn alle Beteiligten einem solchen neuen Antrag zustimmen (vgl. § 533 Nr. 1 ZPO).[88]

4. Verfügungsgrundsatz

a) Antragsverzicht. In den echten Streitsachen der freiwilligen Landwirt- **49** schaftsgerichtsbarkeit kann der Antragsberechtigte gegenüber dem Antragsgegner auf sein Antragsrecht verzichten.[89] Ein solcher Verzicht ist unter denselben Voraussetzungen möglich, unter denen im Zivilprozess auf die Klagbarkeit verzichtet werden kann.[90] Der Antragsverzicht begründet ein Verfahrenshindernis mit der Folge, dass der Antrag als unzulässig zu verwerfen ist.

b) Antragsrücknahme. Der Antragsteller kann seinen Antrag (§ 14 Abs. 1) ge- **50** mäß (§ 9 iVm) § 22 Abs. 1 S. 1 FamFG **bis zur Rechtskraft der Endentscheidung zurücknehmen,** also gegebenenfalls auch noch im Beschwerde- oder Rechtsbeschwerdeverfahren.[91] Nach Erlass der Endentscheidung bedarf die Rücknahme allerdings der Zustimmung der übrigen Beteiligten (§ 22 Abs. 1 S. 2 FamFG). Stimmen sie ihr zu, wird eine bereits ergangene, noch nicht rechtskräftige Entscheidung wirkungslos, ohne dass es einer ausdrücklichen Aufhebung bedarf (§ 22 Abs. 2 S. 1 FamFG). Auf Antrag eines Beteiligten hat das Landwirtschaftsgericht die Wirkungslosigkeit der Endentscheidung jedoch gemäß § 22 Abs. 2 S. 2

---

[86] BGH Beschl. v. 4.12.1992 – BLw 19/92, BGHZ 120, 352 (355) = NJW 1993, 857 = RdL 1993, 76; OLG Jena Beschl. v. 17.7.1997 – Lw U 134/96, AgrarR 1998, 287 (288); *Ernst* LwVG § 14 Rn. 209.

[87] BGH Beschl. v. 24.11.1993 – BLw 54/92, BeckRS 1993, 31081254 = RdL 1994, 45; OLG Brandenburg Beschl. v. 26.10.1995 – 5 W 29/95, AgrarR 1996, 126 (128); *Vogt/Wenzel* AgrarR SH 10/1993, 1 (4).

[88] OLG Oldenburg Beschl. v. 23.3.2006 – 10 W 33/04, BeckRS 2006, 11777; Düsing/ Martinez/*Hornung* LwVG § 14 Rn. 7.

[89] Keidel/*Sternal* FamFG § 23 Rn. 55.

[90] BeckOK ZPO/*Bacher* § 253 Rn. 16.1, 18.1; zu den rechtlichen Grenzen eines derartigen Klageverzichts näher *v. Selle/Kretschmer* ZfWG 2006, 294 (294 ff.).

[91] MüKoFamFG/*Pabst* § 22 Rn. 8 mwN.

FamFG durch Beschluss festzustellen, der nach § 22 Abs. 2 S. 3 FamFG nicht anfechtbar ist. Rücknahme und Zustimmung können formlos, auch stillschweigend
erklärt werden, sind aber als verfahrensgestaltende Erklärungen bedingungsfeind-
lich, unwiderruflich und nicht anfechtbar.[92] Über die Verfahrenskosten hat das
Landwirtschaftsgericht gemäß § 83 Abs. 2 iVm § 81 Abs. 5 FamFG nach §§ 44, 45
zu entscheiden (→ § 44 Rn. 8; → § 45 Rn. 6). Materiell-rechtliche Wirkungen hat
die Antragsrücknahme nicht. Dem Antragsteller ist es unbenommen, erneut einen
verfahrenseinleitenden Antrag zu stellen.

51   **c) Beendigungserklärung sämtlicher Beteiligter.** Gemäß (§ 9 iVm) § 22
Abs. 3 FamFG können die Beteiligten das Verfahren ferner dadurch beenden, dass sie
sämtlich erklären, es beenden zu wollen. Die Vorschrift entspricht der Regelung der
übereinstimmenden Erklärung der Erledigung der Hauptsache im Zivilprozess. Aus bloßem Schweigen eines Beteiligten kann jedoch, wie ein Gegenschluss aus
§ 91 a Abs. 1 S. 2 ZPO belegt, kein Einverständnis mit der Verfahrensbeendigung hergeleitet werden.[93] Im Übrigen gelten die Ausführungen zur Antragsrücknahme entsprechend, da die Beendigungserklärung nach § 22 Abs. 3 FamFG eine Antragsrücknahme verbunden mit einer Zustimmungserklärung sämtlicher anderer Beteiligter
beinhaltet.[94] § 22 Abs. 2 FamFG ist auf die übereinstimmende Beendigungserklärung
analog anzuwenden.[95] Über die Gerichtskosten hat das Landwirtschaftsgericht gemäß § 83 Abs. 2 iVm § 81 Abs. 5 FamFG nach § 44 zu entscheiden (→ § 44 Rn. 8),
während sich die Erstattung der außergerichtlichen Kosten in der Regel, sofern nicht
ein Beteiligter durch Klaglosstellung des Antragstellers iSv § 45 S. 1 unterliegt, nach
§ 83 Abs. 2 iVm § 81 Abs. 1 S. 1 FamFG richtet (→ § 45 Rn. 6).

52   **d) Erledigung der Hauptsache.** Die übereinstimmende Erklärung der Erledigung der Hauptsache fällt unter (§ 9 iVm) § 22 Abs. 3 FamFG (→ Rn. 51).[96] Im
Übrigen ist die Hauptsache in Landwirtschaftssachen der freiwilligen Gerichtsbarkeit erledigt, wenn der Verfahrensgegenstand durch ein Ereignis, welches eine Veränderung der Sachlage und Rechtslage herbeiführt, weggefallen ist.[97] **Erledigung
der Hauptsache** in diesem Sinne hat das Landwirtschaftsgericht gemäß (§ 9 iVm)
§ 26 FamFG **von Amts wegen in jeder Lage des Verfahrens zu prüfen.**[98] Hält
der Antragsteller seinen einmal gestellten Antrag trotz regelmäßig gemäß (§ 14 Abs. 2 S. 2 iVm) § 139
Abs. 1 S. 2 und 3 ZPO gebotenen Hinweises auf die Erledigung der Hauptsache
aufrecht, ist der Antrag zurückzuweisen.[99] Schließt sich umgekehrt ein Beteiligter

---

[92] Keidel/*Sternal* FamFG § 22 Rn. 12 mwN.
[93] MüKoFamFG/*Pabst* § 22 Rn. 18.
[94] BeckOK FamFG/*Burschel* § 22 Rn. 15 mwN.
[95] BeckOK FamFG/*Burschel* FamFG § 22 Rn. 17; MüKoFamFG/*Pabst* § 22 Rn. 20.
[96] Keidel/*Sternal* FamFG § 22 Rn. 29.
[97] Vgl. BGH Beschl. v. 25.11.1981 – IV b ZB 756/81, NJW 1982, 2505 mwN. Erledigung
kann namentlich in Grundstückssachen (§ 1 Nr. 2) eintreten, etwa durch Rücknahme
des behördlichen Genehmigungsantrags oder durch Erteilung der zunächst versagten Genehmigung durch die Behörde, s. BGH 10.3.1959 – V BLw 46/58, NJW 1959, 1323 = RdL
1959, 159; Beschl. v. 5.5.1983 – V BLw 1/82, NJW 1984, 54 = LM Nr. 5 zu § 22 GrdstVG;
Keidel/*Sternal* FamFG § 22 Rn. 49.
[98] Vgl. BayObLG Beschl. v. 26.11.1998 – 2Z BR 127/98, NZM 1999, 320 (321); OLG
Hamm Beschl. v. 5.12.1998 – 15 W 364/98, BeckRS 1998, 31008442; jew. mwN.
[99] BayObLG Beschl. v. 26.11.1998 – 2Z BR 127/98, NZM 1999, 320 (321); Keidel/*Sternal*
FamFG § 22 Rn. 31 mwN.

der Erledigungserklärung des Antragstellers nicht an, hat das Gericht die Erledigung durch Beschluss festzustellen, wenn diese eingetreten ist, andernfalls den Feststellungsantrag zurückzuweisen.[100] Im Unterschied zum ZPO-Streitverfahren setzt die Feststellung der Erledigung der Hauptsache nicht voraus, dass der Antrag bei Anhängigkeit zulässig und begründet war.[101] Über die Verfahrenskosten hat das Landwirtschaftsgericht gemäß §83 Abs. 2 iVm §81 Abs. 5 FamFG nach §§44, 45 zu entscheiden (→ §44 Rn. 8; → §45 Rn. 6). Dabei kann einem Beteiligten nicht schon deshalb die Erstattung der außergerichtlichen Kosten eines anderen auferlegt werden, weil er infolge der Erledigung der Hauptsache iSv §45 S. 1 unterliegt (→ §45 Rn. 7). Bei der stets erforderlichen Ermessensausübung kann das Landwirtschaftsgericht insbesondere berücksichtigen, ob sich die Hauptsache erst nach Eintritt der Rechtshängigkeit erledigt hat und der Antrag zuvor zulässig und begründet war.[102]

V. Rechtliches Gehör (Abs. 2 S. 1)

1. Verfassungsrechtliche Fundierung

Der Anspruch auf rechtliches Gehör nach Art. 103 Abs. 1 GG ist Ausfluss der **53** Menschenwürdegarantie des Grundgesetzes des Art. 1 Abs. 1 GG, insofern **niemand zum bloßen Gegenstand eines ihn betreffenden Gerichtsverfahrens gemacht werden darf.**[103] Deshalb gibt die Vorschrift dem Beteiligten eines gerichtlichen Verfahrens ein Recht darauf, dass er Gelegenheit erhält, sich zu dem zugrunde liegenden Sachverhalt vor Erlass der Entscheidung zu äußern, vor Gericht Anträge zu stellen und Ausführungen zu machen, mithin sich im Verfahren mit tatsächlichen und rechtlichen Argumenten zu behaupten.[104] Diesem Recht entspricht die Pflicht des Gerichts, das Vorbringen des Beteiligten zur Kenntnis zu nehmen und bei seiner Entscheidung in Erwägung zu ziehen (→ Rn. 97).[105] Die nähere Ausgestaltung des rechtlichen Gehörs bleibt zwar den einzelnen Verfahrensordnungen überlassen, die jedoch verfassungskonform ausgelegt und angewendet werden müssen.[106] Sofern danach im Verfahrensrecht verfassungswidrige Lücken verbleiben, sind diese in unmittelbarer Anwendung von Art. 103 Abs. 1 GG zu schließen.[107]

---

[100] OLG Hamm Beschl. v. 5.12.1998 – 15 W 364/98, BeckRS 1998, 31008442; Keidel/ *Sternal* FamFG § 22 Rn. 30 mwN.

[101] BayObLG Beschl. v. 25.3.1998 – 2Z BR 165/97, NZM 1998, 488 (489); OLG Hamm Beschl. v. 5.12.1998 – 15 W 364/98, BeckRS 1998, 31008442 mwN.

[102] Vgl. BayObLG Beschl. v. 25.3.1998 – 2Z BR 165/97, NZM 1998, 488 (489) mwN.

[103] St. Rspr., statt vieler BVerfG Beschl. v. 9.3.1983 – 2 BvR 315/83, NJW 1983, 1726 (1727) mwN.

[104] St. Rspr., statt vieler BVerfG Urt. 23.11.1982 – 2 BvR 1008/82, BVerfGE 62, 320 (322) mwN.

[105] St. Rspr., statt vieler BVerfG Urt. v. 8.7.1997 – 1 BvR 1621/94, NJW 1997, 2310 (2312) mwN.

[106] St. Rspr., statt vieler BVerfG-K Beschl. v 23.6.2004 – 1 BvR 496/00, NJW 2004, 3551 (3552) mwN.

[107] St. Rspr., statt vieler BGH Beschl. v. 18.7.2007 – XII ZB 162/06, NJW-RR 2008, 78 mwN.

2. Einfachgesetzliche Umsetzung

54   **a) Im LwVG.** § 14 Abs. 2 S. 1 regelt das **rechtliche Gehör** zunächst formal, das danach **den Beteiligten zu gewähren** ist. Das dahinter stehende materielle Verfassungsgebot, niemanden zum bloßen Gegenstand eines ihn betreffenden Gerichtsverfahrens zu machen, wird erst durch die **Verzahnung mit dem Beteiligtenbegriff des FamFG** eingelöst. Denn nach (§ 9 ivm) § 7 Abs. 2 Nr. 1 FamFG ist jeder als Beteiligter hinzuzuziehen, dessen Recht durch das Verfahren unmittelbar betroffen wird (→ § 9 Rn. 41).[108] Wessen Recht betroffen ist, wer also zum Verfahren als Beteiligter hinzuziehen und wem rechtliches Gehör zu gewähren ist, hängt von dem jeweiligen Verfahren ab (Besondere Landpachtvorschriften, § 1 Nr. 1 → § 1 Rn. 17; Grundstücksverkehrssachen, § 1 Nr. 2 → § 1 Rn. 81 f.; Siedlungsrechtliches Vorkaufsrecht, § 1 Nr. 3 und 4 → § 1 Rn. 143, 160; Anerbensachen, § 1 Nr. 5 → § 1 Rn. 184 ff., 189 ff., 206 f., 214 ff.).[109] Dagegen erfolgt die Anhörung der nach § 32a Abs. 1 zu hörenden Behörden und land- und forstwirtschaftlichen Berufsvertretungen mangels Beteiligtenstellung nicht zur Gewährung rechtlichen Gehörs (näher → § 32a Rn. 2 f.).[110]

55   **Art und Weise der Gewährung rechtlichen Gehörs** ist im LwVG nur fragmentarisch geregelt. Nach § 15 Abs. 1 und 2 ist auf Antrag eines Beteiligten im ersten und zweiten Rechtszug **mündlich zu verhandeln** (→ § 15 Rn. 4 f.). Gemäß § 15 Abs. 3 iVm § 357 Abs. 1 ZPO ist es den Beteiligten gestattet, einer **Beweisaufnahme** beizuwohnen (→ § 15 Rn. 43). Nach Maßgabe von § 15 Abs. 3 iVm §§ 397, 402 ZPO können die Beteiligten Zeugen und Sachverständige befragen bzw. befragen lassen (→ § 15 Rn. 43 f.). Gemäß § 15 Abs. 4 ist über das Ergebnis einer Beweisaufnahme stets mündlich zu verhandeln, wenn die Beteiligten nicht übereinstimmend darauf verzichten (→ § 15 Rn. 8 f., 45). Von zentraler Bedeutung für die Ausgestaltung rechtlichen Gehörs ist ferner die in § 14 Abs. 2 S. 2 bestimmte sinngemäße Anwendung von § 139 ZPO (→ Rn. 62 ff.). Der auf Vorschlag des Bundesrats eingefügte § 20 Abs. 3 gibt den Ländern die Befugnis, im Erbscheinsverfahren von der Anwendung des § 14 Abs. 2 zu dispensieren, das der Erbschein … im Gegensatz zur Hofenerbenfeststellung in der Regel nur dem Legitimationsbedürfnis eines unumstrittenen Hoferben" diene (→ § 20 Rn. 63 f.).[111] Ein Sonderfall der Gehörsgewährung ist schließlich in § 8 HöfeVfO geregelt (→ § 1 Rn. 227). Diese Vorschriften gehen in ihrem Anwendungsbereich als speziellere Regelungen dem FamFG vor, das aber weitere Bestimmungen zur Gewährung rechtlichen Gehörs enthält.

56   **b) Im FamFG.** Über § 9 sind ergänzend zu den Vorschriften des LwVG die des FamFG zum rechtlichen Gehör sinngemäß anzuwenden.[112] Nach § 34 Abs. 1 Nr. 1 FamFG hat das Gericht einen Beteiligten persönlich anzuhören, wenn dies zur Gewährung rechtlichen Gehörs des Beteiligten erforderlich ist. Damit ist der verfassungsrechtlich sanktionierte Anspruch auf rechtliches Gehör gemeint (Art. 103

---

[108] Vgl. BVerfG Beschl. v. 7.3.1995 – 1 BvR 790/91 ua, BVerfGE 92, 158 (183) = NJW 1995, 2155; BVerfG-K Beschl. v. 20.10.2008 – 1 BvR 291/06, NJW 2009, 138 Rn. 10; jew. mwN.

[109] *Steffen* RdL 1983, 141 (142).

[110] Dies verkennt OLG Rostock Beschl. v. 19.12.1995 – 12 W (Lw) 70/95, OLGR Rostock 1996, 165, und im Anschluss daran Düsing/Martinez/*Hornung* LwVG § 14 Rn. 12.

[111] BT-Drs. 1/3819, 43.

[112] *Ernst* LwVG § 15 Rn. 3.

Abs. 1 GG; → Rn. 53). Die Vorschrift versteht sich vor dem Hintergrund, dass von Verfassungs wegen eine **persönliche Anhörung der Beteiligten nicht grundsätzlich erforderlich** ist. Sie hat insoweit lediglich klarstellende Funktion. Im Übrigen erschöpft sie sich in einer Tautologie – wenn rechtliches Gehör durch persönliche Anhörung gewährt werden muss, dann muss es durch persönliche Anhörung gewährt werden. Unter welchen Voraussetzungen dies zu erfolgen hat, entzieht sich nach der Auffassung des Gesetzgebers „allgemeiner Definition".[113] In Landwirtschaftssachen kann eine persönliche Anhörung zur Erfüllung des Anspruchs auf rechtliches Gehör insbesondere geboten sein, wenn ein nicht durch einen Bevollmächtigten (§ 10 Abs. 2 FamFG) vertretener Beteiligter nach seinen persönlichen Fähigkeiten außerstande erscheint, sich ausreichend schriftlich oder zur Niederschrift der Geschäftsstelle (§ 25 Abs. 1 FamFG; → Rn. 16) zu erklären und seine Interessen auf diese Weise sachgemäß wahrzunehmen.[114] Dem wird der Fall gleich zu achten sein, dass sich der Beteiligte seinem Bevollmächtigten nur unvollkommen vermitteln kann.[115] In Anerbensachen (§ 1 Nr. 5) kann auch in Betracht kommen, die Beteiligten wegen des Persönlichkeitsbezugs der Entscheidung, etwa über die Stellung des überlebenden Ehegatten (zB § 14 HöfeO; → § 1 Rn. 185), persönlich anzuhören.[116] Dagegen ist die persönliche Anhörung kraft ausdrücklicher gesetzlicher Bestimmung nach § 34 Abs. 1 Nr. 2 FamFG in Landwirtschaftssachen gegenstandslos.

Eine nach § 34 Abs. 1 Nr. 1 FamFG gebotene persönliche Anhörung kann ausnahmsweise[117] unter den Voraussetzungen des § 34 Abs. 2 FamFG unterbleiben, also wenn sie zu einer erheblichen Gefährdung der Gesundheit des Beteiligten führen würde oder wenn dieser offensichtlich nicht in der Lage ist, seinen Willen kundzutun. Dem Unvermögen des Beteiligten steht nach § 34 Abs. 3 FamFG dessen Unwillen gleich, sofern sich dieser in unentschuldigtem Ausbleiben im Anhörungstermin manifestiert hat und der Beteiligte zuvor auf die Folgen seines Ausbleibens hingewiesen worden ist. Das Verfahren ist in diesem Fall so fortzuführen, als ob der Beteiligte persönlich angehört worden wäre, da ihm Gelegenheit hierzu gegeben worden ist und die Wahrnehmung rechtlichen Gehörs nicht durch Ordnungs- oder Zwangsmittel erzwungen werden kann.[118] **57**

Die persönliche Anhörung muss in Landwirtschaftssachen im ersten und zweiten **58** Rechtszug auf Antrag in mündlicher Verhandlung erfolgen (§ 15 Abs. 1 S. 1; → Rn. 55). Sofern die Anhörung außerhalb einer mündlichen Verhandlung durchgeführt wird, muss über sie ein Vermerk gefertigt werden, der auch den wesentlichen Inhalt der Anhörung wiedergibt (§ 28 Abs. 1 S. 1 und 2 FamFG).[119] Will das Gericht seine Entscheidung auf Tatsachen stützen, die bei der Anhörung bekundet worden sind, muss der Vermerk den Beteiligten, die bei der Anhörung nicht anwesend waren und deren Rechte durch die Entscheidung beeinträchtigt würden, zuvor mitgeteilt werden (§ 37 Abs. 2 FamFG).[120]

---

[113] BT-Drs. 16/6308, 192.
[114] Vgl. BT-Drs. 16/6308, 192; Keidel/*Meyer-Holz* FamFG § 34 Rn. 21.
[115] MüKoFamFG/*Ulrici* § 34 Rn. 7.
[116] Vgl. BT-Drs. 16/6308, 192.
[117] Keidel/*Meyer-Holz* FamFG § 34 Rn. 40.
[118] BT-Drs. 16/6308, 192.
[119] Keidel/*Sternal* FamFG § 28 Rn. 26.
[120] BT-Drs. 16/6308, 192.

59   Auch wenn über das **Ergebnis einer Beweisaufnahme** im Einvernehmen mit den Beteiligten nicht gemäß § 15 Abs. 4 mündlich verhandelt wird, ist ihnen nach § 30 Abs. 4 FamFG Gelegenheit zu geben, zum Ergebnis einer förmlichen Beweisaufnahme Stellung zu nehmen, soweit dies zur Aufklärung des Sachverhalts oder zur Gewährung rechtlichen Gehörs erforderlich ist. Letzteres ist nach § 37 Abs. 2 FamFG immer der Fall, wenn das Gericht eine auf das Beweisergebnis gestützte Entscheidung treffen will, die die Rechte eines Beteiligten beeinträchtigen würde.[121] Dasselbe gilt nach § 37 Abs. 2 FamFG für Tatsachen, die außerhalb einer förmlichen Beweisaufnahme festgestellt werden (§ 29 Abs. 1 S. 1 FamFG).

60   Aus § 37 Abs. 2 FamFG ergibt sich ferner mittelbar die Verpflichtung des Gerichts, andere **entscheidungserhebliche Schriftsätze** als den verfahrenseinleitenden Antrag (§ 23 Abs. 2 FamFG; → Rn. 22) den übrigen Beteiligten zu übermitteln.[122]

61   Jenseits dieser Vorschriften und seiner Hinweispflichten nach § 14 Abs. 2 S. 2 iVm § 139 ZPO (→ Rn. 68 ff.) hat das Landwirtschaftsgericht im Einzelfall nach **pflichtgemäßem Ermessen** darüber zu befinden, in welchem Verfahrensstadium und durch welche Maßnahmen es das rechtliche Gehör der Beteiligten gewährleistet.[123] Sofern kein Beteiligter gemäß § 15 Abs. 1 S. 1 (→ Rn. 55) eine mündliche Verhandlung beantragt, liegt es insbesondere in seinem Ermessen, ob es die Beteiligten mündlich oder schriftlich anhört.[124]

VI. Materielle Verfahrensleitung (Abs. 2 S. 2 iVm § 139 ZPO)

1. Bedeutung des Verweises

62   § 139 ZPO **konkretisiert den Anspruch auf rechtliches Gehör** (§ 14 Abs. 2 S. 1).[125] Das rechtliche Gehör bleibt nämlich formal, solange die entscheidungserheblichen Gesichtspunkte unklar sind. Deshalb wird das rechtliche Gehör verletzt, wenn das Gericht seine Entscheidung auf einen Gesichtspunkt stützt, mit dem auch ein gewissenhafter und kundiger Verfahrensbeteiligter selbst unter Berücksichtigung der Vielzahl vertretener Rechtsauffassungen nicht zu rechnen brauchte oder der Verfahrensbeteiligte bei Anwendung der von ihm zu verlangenden Sorgfalt nicht zu erkennen vermag, auf welche Tatsachen es für die Entscheidung ankommen kann.[126]

63   Der Verweis auf § 139 ZPO ist mit Art. 15 des ZPO-RG v. 27.7.2001 (BGBl. I 1887) in § 14 Abs. 2 S. 2 eingefügt worden. Mit der ZPO-Reform 2001 sind die bisherigen sachlichen Prozessleitungsnormen in § 139 ZPO in sprachlicher Anlehnung an die sogenannte formelle Prozessleitung in § 136 ZPO zur **materiellen Prozessleitung** zusammengefasst worden. Der Reformgesetzgeber hat sich davon eine Aufwertung der Prozessleitung versprochen,[127] obwohl § 139 ZPO in der Sache wenig Neues gebracht hat.[128] Der Gesetzesbegründung zu Art. 15 ZPO-RG

---

[121] Vgl. BT-Drs. 16/6308, 190; MükoFamFG/*Ulrici* § 30 Rn. 40.

[122] BT-Drs. 16/6308, 194.

[123] Vgl. Keidel/*Meyer-Holz* FamFG § 34 Rn. 12.

[124] BeckOK FamFG/*Burschel* § 37 Rn. 31.

[125] BGH Beschl. v. 15.3.2006 – IV ZR 32/05, NJW-RR 2006, 937 Rn. 4 mwN.

[126] BeckOK ZPO/*v. Selle* § 139 Rn. 6 mwN.

[127] BT-Drs. 14/4722, 77.

[128] BeckOK ZPO/*v. Selle* § 139 Rn. 2 mwN.

lässt sich nicht hinreichend entnehmen, was die Implementierung von § 139 ZPO in das LwVG motiviert hat. § 14 Abs. 2 S. 2 verwies zwar auf § 273 Abs. 1 ZPO und damit auch auf dessen S. 2 aF, der in der Neufassung von § 139 Abs. 1 S. 2 ZPO aufgegangen ist.[129] Das scheint für eine bloße Folgeänderung zu sprechen.[130] Es vermag aber nicht zu erklären, weshalb der Gesetzgeber die sinngemäße Geltung des gesamten § 139 ZPO in den Landwirtschaftssachen der freiwilligen Gerichtsbarkeit vorgeschrieben hat. Darüber hinaus blieb offen, weshalb die Verweisung nicht auch in das FGG aufgenommen wurde. Erst das FamFG enthält mit § 28 Abs. 1–3 Vorschriften, die denen des § 139 Abs. 1, 2 und 4 S. 1 ZPO nachgebildet sind.[131]

§ 14 Abs. 2 S. 2 iVm **§ 139 ZPO** geht § 28 FamFG als **speziellere Regelung 64** vor.[132] Der Gesetzgeber begreift insbesondere § 28 Abs. 1 S. 1 FamFG zwar als eine „spezielle Ausformung der Pflicht zur Amtsermittlung",[133] was für einen Anwendungsvorrang gegenüber § 139 ZPO sprechen könnte, da diese Vorschrift den zivilprozessualen Beibringungsgrundsatz unberührt lässt.[134] Diese Annahme des Gesetzgebers trifft indes nicht zu, weil § 139 Abs. 1 S. 2 ZPO ebenso wie § 28 Abs. 1 S. 1 FamFG das Gericht verpflichtet, darauf hinzuwirken, dass die Parteien/Beteiligten sich rechtzeitig und vollständig über alle erheblichen Tatsachen erklären und ungenügende Tatsachenangaben ergänzen. § 28 Abs. 1 S. 1 FamFG knüpft vielmehr an die Mitwirkungspflicht der Beteiligten nach (§ 9 iVm) § 27 FamFG an, die insbesondere ihre Erklärungen über tatsächliche Umstände vollständig und der Wahrheit gemäß abzugeben haben (§ 27 Abs. 2 FamFG). Die Mitwirkungspflicht der Beteiligten entspricht aber der Wahrheitspflicht der Parteien im Zivilprozess (§ 138 Abs. 1 ZPO).[135]

Infolgedessen lässt sich die Rechtsprechung zu § 139 ZPO im Grundsatz auf das **65** Verfahren vor den Landwirtschaftsgerichten übertragen. Dies gilt sowohl für die echten Streitsachen als auch die übrigen Verfahren der freiwilligen Landwirtschaftsgerichtsbarkeit, weil der Amtsermittlungsgrundsatz ([§ 9 iVm] § 26 FamFG) und die Mitwirkungspflicht der Beteiligten ([§ 9 iVm] § 27 FamFG) hier wie dort gelten.

Einschränkungen können sich im Hinblick auf den **Amtsermittlungsgrund- 66 satz** (Einzelheiten → § 9 Rn. 95 ff.) ergeben. Da die Beweiserhebung gemäß (§ 9 iVm) § 26 FamFG nicht von Beweisangeboten der Beteiligten abhängt, muss das Gericht auch nicht, wie in § 139 Abs. 1 S. 2 ZPO vorgesehen,[136] auf die Bezeichnung der Beweismittel hinwirken. Die (bloß) sinngemäße Anwendung von § 139 ZPO entspricht insoweit der Regelung in § 28 Abs. 1 und 2 FamFG, die die Hinwirkungspflicht des Gerichts auf die Erklärung über Tatsachen und die Stellung sachdienlicher Anträge beschränkt.

---

[129] BT-Drs. 14/4722, 82.

[130] So wird in BT-Drs. 14/4722, 131, ausgeführt, dass § 14 Abs. 2 S. 2 entsprechend „berichtigt" worden sei. IdS auch *Steffen* RdL 2001, 283.

[131] BT-Drs. 16/6308, 187; Keidel/*Sternal* FamFG § 28 Rn. 1 f.; MüKoFamFG/*Ulrici* § 28 Rn. 2.

[132] AA offenbar *Ernst* LwVG § 14 Rn. 245.

[133] BT-Drs. 16/6308, 187.

[134] BeckOK ZPO/*v. Selle* § 139 Rn. 7 mwN.

[135] Insoweit zutr. BT-Drs. 16/6308, 187; ferner – statt vieler – Keidel/*Sternal* FamFG § 27 Rn. 1.

[136] Vgl. BeckOK ZPO/*v. Selle* § 139 Rn. 2 ff.

67   Soweit der Amtsermittlungsgrundsatz reicht, gelten auch die sich aus dem Beibringungsgrundsatz ergebenden **Grenzen für die materielle Prozessleitung**[137] nicht. Während das Landwirtschaftsgericht zur Wahrung seiner Unparteilichkeit im Zivilprozess (§ 48 Abs. 1 Satz 1) das Verfügungsrecht der Parteien über das Streitverhältnis und deren alleinige Befugnis zur Beibringung des Prozessstoffes respektieren muss,[138] gibt es die gebotene Äquidistanz zu den Beteiligten im FG-Verfahren nicht schon dadurch auf, dass es entscheidungserhebliche Tatsachen feststellt, auf die sich keiner der Beteiligten berufen hat (vgl. auch § 29 Abs. 1 S. 2 FamFG). Freilich darf das Gericht auch in Landwirtschaftssachen der freiwilligen Gerichtsbarkeit nicht durch einen Hinweis darauf hinwirken, dass die Beteiligten einen anderen Verfahrensgegenstand (Lebenssachverhalt) einführen.[139]

2. Überblick über die materielle Verfahrensleitung

68   **a) Binnensystematik von § 139 ZPO.** § 139 ZPO beinhaltet Aufklärungspflichten (Abs. 1) und Hinweispflichten (Abs. 2 und 3), die von einer Dokumentationspflicht (Abs. 4) flankiert werden und ggf. die Pflicht zur erneuten Gewährung rechtlichen Gehörs nach sich ziehen (Abs. 2, Abs. 4 Hs. 1 und Abs. 5). Aufklärungs- und Hinweispflichten überschneiden sich in ihren Voraussetzungen und Rechtsfolgen, weswegen in der Praxis oftmals nicht zwischen ihnen unterschieden wird.[140]

69   **b) Aufklärungs- und Hinweispflichten nach § 139 Abs. 1–3 ZPO.** Die „generalklauselartige" Begrifflichkeit[141] der Vorschrift ermöglicht es dem Landwirtschaftsgericht, **fallbezogen auf unterschiedliche Verfahrenslagen zu reagieren:** Das Gericht muss das Sach- und Streitverhältnis gemäß (§ 14 Abs. 2 S. 2 iVm) § 139 Abs. 1 S. 1 ZPO soweit und nur soweit aufklären, als dies nach Aktenlage und insbesondere dem Vorbringen der Beteiligten erforderlich ist (vgl. auch [§ 9 iVm] §§ 26, 27 Abs. 1 FamFG), das Gericht kann nur auf einen Gesichtspunkt hinweisen, von dem es erkennen kann, dass er von den Beteiligten übersehen oder missverstanden worden ist (§ 139 Abs. 2 ZPO) und schließlich können die Beteiligten nur auf einen Punkt aufmerksam gemacht werden, von dem das Gericht annehmen darf, dass er ihrer Aufmerksamkeit bislang entgangen ist (§ 139 Abs. 3 ZPO).[142]

70   Die praktische Gestaltung der materiellen Verfahrensleitung durch Erörterung des Sach- und Streitverhältnisses, Fragen und Hinweise hängt damit von den Umständen des Einzelfalls ab und entzieht sich rechtsgrundsätzlicher Betrachtung.[143] Sie kann sich auf die tatsächliche oder rechtliche Seite des Verfahrensgegenstands beziehen (§ 139 Abs. 1 S. 1 ZPO).[144]

71   **Aufklärungsbedarf in tatsächlicher Hinsicht** kann sich insbesondere daraus ergeben, dass die Erklärungen der Beteiligten zur Ermittlung des Sachverhalts

---

[137] Näher dazu BeckOK ZPO/*v. Selle* § 139 Rn. 8 ff.

[138] BGH Beschl. v. 2.10.2003 – V ZB 22/03, BGHZ 156, 269 (270) = NJW 2004, 164.

[139] Vgl. BeckOK ZPO/*v. Selle* § 139 Rn. 16; Keidel/*Sternal* FamFG § 28 Rn. 6, 12a mwN.

[140] Näher BeckOK ZPO/*v. Selle* § 139 Rn. 12.1.

[141] BT-Drs. 14/4722, 77.

[142] Näher BeckOK ZPO/*v. Selle* § 139 Rn. 3.1, 15f., 22, 35 mwN. Vgl. zur Parallelvorschrift des § 28 FamFG MüKoFamFG/*Ulrici* § 28 Rn. 5.

[143] BeckOK ZPO/*v. Selle* § 139 Rn. 14 mwN.

[144] Näher BeckOK ZPO/*v. Selle* § 139 Rn. 21 mwN.

gemäß (§ 9 iVm) § 27 FamFG lückenhaft, mehrdeutig oder widersprüchlich sind.[145]

Ein **rechtlicher Hinweis** kann grundsätzlich auch gegenüber einem **anwalt-** 72 **lich vertretenen Beteiligten** erforderlich werden.[146] Die bei einem Rechtsanwalt vorauszusetzende Rechtskunde kann und wird freilich häufig dazu führen, dass für das Gericht nicht erkennbar ist, wenn der Anwalt die Rechtslage verkennt (→ Rn. 69).[147] Dann fehlt es an einem Anlass für ein Tätigwerden des Gerichts.[148] Erachtet das Gericht einen Antrag jedoch bereits für unschlüssig, wird es darauf in aller Regel auch einen anwaltlich vertretenen Beteiligten hinzuweisen haben.[149] Namentlich in streitigen Landwirtschaftssachen erübrigt sich ein an sich gebotener Hinweis, wenn der betroffene Beteiligte von der Gegenseite die nötige Unterrichtung erhalten hat.[150]

Insbesondere in den echten Streitsachen der freiwilligen Landwirtschaftsge- 73 richtsbarkeit (→ Rn. 26) muss das Gericht gemäß § 139 Abs. 1 S. 2 ZPO darauf hinwirken, dass die Beteiligten **sachdienliche Anträge** stellen. Die Vorschrift stimmt mit § 28 Abs. 2 Alt. 2 FamFG überein. Die Sachdienlichkeit der Anträge beurteilt sich nach dem Willen der Beteiligten, wie er unter Berücksichtigung ihrer Interessenlage aus der Antragsbegründung und ihren sonstigen Erklärungen hervorgeht. Da das Verfahrensrecht der Verwirklichung des materiellen Rechts dient, muss auf die Stellung eines Antrags hingewirkt werden, der dem Inhalt des mit dem Antrag verfolgten materiellen Rechts entspricht.[151] Seine Grenze findet diese Pflicht in der Befugnis der Beteiligten zur Verfügung über den Verfahrensgegenstand, weswegen Hinweise oder Anregungen, die auf eine Erweiterung oder Änderung des Verfahrensgegenstands abzielen, zu unterbleiben haben (→ Rn. 67).[152]

§ 139 Abs. 2 ZPO enthält das **Verbot von Überraschungsentscheidun-** 74 **gen.**[153] Hat ein Beteiligter einen tatsächlichen oder rechtlichen[154] Gesichtspunkt erkennbar übersehen, darf das Gericht nach § 139 Abs. 2 S. 1 ZPO seine Entscheidung darauf grundsätzlich nur stützen, wenn es auf ihn hingewiesen und Gelegenheit zur Äußerung gegeben hat. In streitigen Landwirtschaftssachen erübrigt sich ein Hinweis in der Regel, sofern die Beteiligten unterschiedliche Auffassungen in einer entscheidungserheblichen Frage vertreten, da es diese nicht mehr überraschen kann, wenn sich das Gericht einer dieser Auffassungen anschließt.[155] Andererseits ist in der Regel davon auszugehen, dass ein Gesichtspunkt übersehen oder für uner-

---

[145] BeckOK ZPO/*v. Selle* § 139 Rn. 22 mwN. Vgl. zur Parallelvorschrift des § 28 Abs. 1 S. 2 FamFG auch Keidel/*Sternal* § 28 Rn. 4f.

[146] ZB BGH Beschl. v. 8.12.2005 – VII ZR 67/05 u. VII ZR 90/05, NJW-RR 2006, 524 Rn. 10 mwN.

[147] BeckOK ZPO/*v. Selle* § 139 Rn. 17 mwN.

[148] Vgl. MüKoFamFG/*Ulrici* § 28 Rn. 6.

[149] BeckOK ZPO/*v. Selle* § 139 Rn. 24 mwN.

[150] BeckOK ZPO/*v. Selle* § 139 Rn. 19 mwN.

[151] BGH Urt. v. 1.12.1997 – II ZR 312/96, NJW-RR 1998, 1005; näher BeckOK ZPO/*v. Selle* § 139 Rn. 31 ff. mwN.

[152] BeckOK ZPO/*v. Selle* § 139 Rn. 32; Keidel/*Sternal* FamFG § 28 Rn. 15 mwN.

[153] BT-Drs. 14/4722, 77; BeckOK ZPO/*v. Selle* § 139 Rn. 36.

[154] BT-Drs. 14/4722, 77.

[155] So zutr. BT-Drs. 16/6308, 187, für § 28 Abs. 1 S. 2 FamFG; Keidel/*Sternal* FamFG § 28 Rn. 13; ferner BeckOK ZPO/*v. Selle* § 139 Rn. 21 mwN; einschränkend BeckOK FamFG/ *Burschel* § 28 Rn. 7.

heblich gehalten wurde, wenn kein Beteiligter auf ihn eingegangen ist.[156] Das Gericht enttäuscht prozessuales Vertrauen[157] ferner immer dann, wenn es einen solchen Gesichtspunkt anders beurteilt als „beide" (dh „die", also alle) Beteiligten, ohne sie darauf hinzuweisen (§ 139 Abs. 2 S. 2 ZPO).[158] Einen Hinweispflichten auslösenden Vertrauenstatbestand kann das Gericht schließlich durch eigenes Verhalten schaffen, zB wenn es entgegen eines vorherigen Verfahrenskostenhilfe- oder Beweisbeschlusses die Schlüssigkeit (Erheblichkeit) des Antrags- oder Verteidigungsvorbringens verneinen will.[159]

75   Der Hinweis nach § 139 Abs. 3 ZPO auf Bedenken, die hinsichtlich der von Amts wegen zu berücksichtigenden Punkte bestehen, betrifft Verfahrenstatsachen wie namentlich die Prozess- und Rechtsbehelfsvoraussetzungen. Die Vorschrift erklärt sich daraus, dass diese Voraussetzungen im Zivilprozess zwar von Amts wegen zu prüfen, nicht aber von Amts wegen zu ermitteln sind.[160] Im Verfahren der freiwilligen Gerichtsbarkeit unterliegen die **Sachentscheidungsvoraussetzungen** hingegen dem Amtsermittlungsgrundsatz (§ 26 FamFG).[161] Der Bedenkenhinweis gemäß § 139 Abs. 3 ZPO kann freilich (auch) als Maßnahme der Amtsermittlung verstanden werden.[162] Als solche wird sie insbesondere dort praktisch, wo einen Beteiligten, wie etwa bei der Wiedereinsetzung, gesteigerte Mitwirkungsobliegenheiten treffen ([§ 9 iVm] § 18 Abs. 3 FamFG).[163] Allerdings kann ein Hinweis nach § 139 Abs. 3 ZPO nicht deshalb unterbleiben, weil der Beteiligte das Bedenken voraussichtlich nicht entkräften können wird.

76   Von der Hinweispflicht ausgenommen sind gemäß § 139 Abs. 2 S. 1 ZPO Gesichtspunkte, die nur eine Nebenforderung betreffen (vgl. 4 Abs. 1 Hs. 2 ZPO). Verbreiteter Auffassung zufolge sind unter den Begriff der Nebenforderung vergleichsweise geringfügige Teile der Hauptforderung zu subsumieren.[164] Nebenforderungen müssen auch nicht iSv § 139 Abs. 1 ZPO aufgeklärt werden.[165]

77   **c) Verfahren und Form der Hinweiserteilung.** Die materielle Verfahrensleitung nach § 139 Abs. 1–3 ZPO obliegt grundsätzlich dem gesamten Landwirtschaftsgericht, also einschließlich der ehrenamtlichen Richter („Das Gericht …"). Doch gestattet § 14 Abs. 2 S. 2 iVm § 273 Abs. 2 ZPO dem Vorsitzenden oder einem von ihm bestimmten Mitglied des Prozessgerichts, den Termin und die Entscheidung vorbereitende Hinweise im Verfügungswege zu erteilen (→ Rn. 83).

78   Die nach § 139 Abs. 1–3 ZPO erforderlichen **Hinweise müssen klar und eindeutig formuliert** werden, wobei sie gegenüber rechtskundigen oder anwaltlich vertretenen Beteiligten knapp ausfallen können.[166] Sie sind gemäß § 139 Abs. 4 S. 1 ZPO „so früh wie möglich zu erteilen", was sich nicht allein mit Blick auf das kon-

---

[156] *Rensen* AnwBl 2002, 633 (637); BeckOK ZPO/*v. Selle* § 139 Rn. 38.

[157] BeckOK ZPO/*v. Selle* § 139 Rn. 4f.

[158] Näher BeckOK ZPO/*v. Selle* § 139 Rn. 38 f. mwN.

[159] BeckOK ZPO/*v. Selle* § 139 Rn. 39 mwN. Vgl. zur Parallelvorschrift des § 28 Abs. 1 S. 2 FamFG auch BeckOK FamFG/*Burschel* § 28 Rn. 8.

[160] BeckOK ZPO/*v. Selle* § 139 Rn. 41 mwN.

[161] Vgl. MüKoFamFG/*Ulrici* § 26 Rn. 8.

[162] BeckOK ZPO/*v. Selle* § 139 Rn. 4.1 mwN. So auch BT-Drs. 16/6308, 187, für § 28 Abs. 2 Alt. 1 FamFG, dessen Anwendungsbereich sich mit § 139 Abs. 3 ZPO deckt.

[163] Vgl. BeckOK ZPO/*v. Selle* § 139 Rn. 43 mwN.

[164] BeckOK ZPO/*v. Selle* § 139 Rn. 37 mwN.

[165] BeckOK ZPO/*v. Selle* § 139 Rn. 12.1, 20.

[166] Näher BeckOK ZPO/*v. Selle* § 139 Rn. 44 ff. mwN.

krete Verfahren, sondern nur unter Berücksichtigung der Gesamtbelastung des Landwirtschaftsgerichts beurteilen lässt. Im konkreten Verfahren müssen sie freilich stets „so früh" erteilt werden, dass die Beteiligten noch das ihnen durch sie gewährte rechtliche Gehör ausüben können. Wird der Hinweis nicht mit einer Erklärungsfrist verbunden, muss das Gericht mit seiner Entscheidung daher solange zuwarten, wie nach der Verfahrenslage mit einer Erklärung durch einen sorgfältigen und auf die Förderung des Verfahrens bedachten Beteiligten zu rechnen ist.[167] Wird der Hinweis erst in der mündlichen Verhandlung (§ 15 Abs. 1 S. 1) erteilt und ist einem Beteiligten eine sofortige Erklärung hierzu nicht möglich, muss ihm entsprechend § 139 Abs. 5 ZPO auf Antrag eine Erklärungsfrist eingeräumt oder die Verhandlung vertagt werden.[168]

Gemäß § 139 Abs. 4 S. 1 ZPO sind die Hinweise nach dieser Vorschrift, also alle **79** erforderlichen Aufklärungsmaßnahmen und **Hinweise** nach § 139 Abs. 1–3, **aktenkundig zu machen.**[169] Dazu müssen sie in ihrem auf den konkreten Fall bezogenen Inhalt dokumentiert werden.[170] Die Erteilung von Hinweisen kann nur durch den Inhalt der Akten bewiesen werden (§ 139 Abs. 4 S. 2 ZPO).

VII. Vorbereitung der Entscheidung
(Abs. 2 S. 2 iVm § 273 ZPO)

1. Bedeutung des Verweises

Der Verweis auf § 273 Abs. 1, 2, 3 S. 1 und 4 ZPO ist in § 14 Abs. 2 S. 2 mit **80** Art. 7 Nr. 10 Buchst. b) des Gesetzes zur Vereinfachung und **Beschleunigung gerichtlicher Verfahren**[171] eingefügt worden. Es handelte sich mithin um eine Folgeänderung der zivilprozessualen Vereinfachungsnovelle, die wie diese dazu diente, das gerichtliche Verfahren durch Vereinfachung zu beschleunigen.[172] Dessen unbeschadet ist die Verweisung nicht statisch, sondern jedenfalls insoweit dynamisch, als § 14 Abs. 2 S. 2 auf § 273 ZPO idF des ZPO-RG verweist. Denn bei der Änderung von § 14 Abs. 2 S. 2 durch das ZPO-RG (→ Rn. 63) ist die Verweisung auf § 273 ZPO unverändert geblieben, der gerade auch idF des ZPO-RG weiterhin der Verfahrensbeschleunigung dient. Zu diesem Zweck ist insbesondere durch § 273 Abs. 2 Nr. 5 ZPO idF des ZPO-RG mit dem Weiterverweis auf die – ebenfalls durch das ZPO-RG wesentlich geänderten – §§ 142, 144 ZPO die Prozessleitungsbefugnis des Gerichts erheblich erweitert worden (→ Rn. 92 f.).

Die **praktische Bedeutung** des Verweises **in Landwirtschaftssachen** liegt da- **81** rin, dass das Landwirtschaftsgericht gemäß § 273 Abs. 2 ZPO vorbereitende Maßnahmen ohne Mitwirkung der ehrenamtlichen Richter treffen kann. Die Vorschrift bezieht sich zwar ausdrücklich nur auf Maßnahmen zur Vorbereitung eines Termins zur mündlichen Verhandlung, was auch den Vorstellungen des Gesetzgebers des

---

[167] BGH Beschl. v. 4.4.2007 – VIII ZB 109/05, NJW 2008, 1887 Rn. 7; Keidel/*Sternal* FamFG § 28 Rn. 21.

[168] Näher BeckOK ZPO/*v. Selle* § 139 Rn. 47 ff. mwN.

[169] Näher BeckOK ZPO/*v. Selle* § 139 Rn. 51 mwN.

[170] Näher BeckOK ZPO/*v. Selle* § 139 Rn. 52 mwN.

[171] V. 3.12.1976, BGBl. I 3281.

[172] BT-Drs. 7/2729, 1, 117.

LwVG entsprach.[173] Die in § 14 Abs. 2 S. 2 bestimmte sinngemäße Geltung von § 273 ZPO erlaubt jedoch, die Vorschrift auch auf Maßnahmen anzuwenden, die der Vorbereitung einer Entscheidung im schriftlichen Verfahren dienen. Die Vorschrift nimmt bei Kollegialgerichten im Interesse der Verfahrensbeschleunigung in Kauf, dass vorbereitende Maßnahmen des Vorsitzenden oder eines von ihm bestimmten Mitglieds des Gerichts durch den Spruchkörper korrigiert werden.[174]

82   Von dem Verweis auf § 273 ZPO ist auf Intervention des Rechtsausschusses des Deutschen Bundestags dessen Abs. 3 S. 2 ausgenommen worden, weil S. 2 „für das Verfahren in Landwirtschaftssachen nicht einschlägig ist".[175] Dem ist zwar beizutreten, weil sich die Vorschusspflicht nach § 379 ZPO (§ 402 ZPO) als Konkretisierung des Beibringungsgrundsatzes nicht mit der Verpflichtung des Gerichts vereinbaren lässt, die entscheidungserheblichen Tatsachen von Amts wegen zu ermitteln (§ 26 FamFG; → § 15 Rn. 52).[176] Diese Inkompatibilität besteht freilich auch mit § 273 Abs. 3 S. 1 ZPO, wonach im Kosteninteresse des Beweisführers[177] Zeugen und Sachverständige nur geladen und die Vorlage von Urkunden oder Gegenständen bzw. die Duldung der Augenscheinseinnahme gegenüber Dritten nur angeordnet werden soll, „wenn der Beklagte dem Klageanspruch bereits widersprochen hat". § 273 Abs. 3 S. 1 ZPO kann auch nicht sinngemäß auf die echten Streitverfahren der freiwilligen Gerichtsbarkeit angewendet werden, weil auch in diesen Verfahren der Amtsermittlungsgrundsatz gilt. Bei dem Verweis auf § 273 Abs. 3 S. 1 ZPO handelt es sich mithin um ein Redaktionsversehen. § 273 Abs. 3 ZPO ist in den Landwirtschaftssachen der freiwilligen Gerichtsbarkeit in Gänze unanwendbar.[178]

2. Das Verfahren bei vorbereitenden Maßnahmen

83   Vorbereitende Maßnahmen können außerhalb einer mündlichen Verhandlung von dem **Vorsitzenden oder einem von ihm bestimmten Mitglied des Landwirtschaftsgerichts** angeordnet werden. Die Anordnung erfolgt durch Verfügung, die entsprechend §§ 329 Abs. 2 S. 1, 317 Abs. 2 S. 1 ZPO von dem Richter zu unterschreiben ist.[179] In der mündlichen Verhandlung (§ 15 Abs. 1 S. 1) entscheidet über vorbereitende Maßnahmen das Gericht.[180]

84   Die Anordnung ist den Beteiligten gemäß (§ 9 iVm) § 15 Abs. 1 FamFG bekannt zu geben, soweit sie eine Termins- oder Fristbestimmung enthält oder den Lauf einer Frist auslöst; andernfalls muss sie ihnen zumindest formlos mitgeteilt werden (§ 273 Abs. 4 S. 1 ZPO, § 15 Abs. 3 FamFG). Stützt das Gericht seine Entscheidung auf eine Maßnahme, von der es die Beteiligten nicht benachrichtigt hat, verletzt es deren rechtliches Gehör.[181]

---

[173] BT-Drs. 1/3819, 24.

[174] Zöller/*Greger* ZPO § 273 Rn. 4 mwN.

[175] BT-Drs. 7/5250, 19.

[176] Statt vieler BeckOK ZPO/*Scheuch* § 379 Rn. 2; Keidel/*Sternal* FamFG § 30 Rn. 45, 49 mwN.

[177] BeckOK ZPO/*Bacher* § 273 Rn. 12.

[178] AA Düsing/Martinez/*Hornung* LwVG § 14 Rn. 15.

[179] Vgl. BGH Urt. v. 13.3.1980 – VII ZR 147/79, BGHZ 76, 236 (241) = NJW 1980, 1167; BeckOK ZPO/*Bacher* § 273 Rn. 3.

[180] BeckOK ZPO/*Bacher* § 273 Rn. 2 mwN.

[181] BVerfG-K Beschl. v. 29.12.1993 – 2 BvR 65/93, NJW 1994, 1210 (1211); BeckOK ZPO/*Bacher* § 273 Rn. 4.

3. Maßnahmen zur Vorbereitung der Entscheidung (§ 273 Abs. 2 ZPO)

a) Beteiligtenvorbringen (Nr. 1). § 273 Abs. 2 ZPO nennt beispielhaft ein- 85
zelne Maßnahmen zur Vorbereitung der Entscheidung. Die **Aufforderung zur
Ergänzung oder Erläuterung des Vorbringens der Beteiligten** nach § 273
Abs. 2 Nr. 1 ZPO konkretisiert deren Mitwirkungspflicht nach (§ 9 iVm) § 27
Abs. 1 FamFG und deren Anspruch auf rechtliches Gehör gemäß § 14 Abs. 2 S. 1.
Die Vorschrift bezieht sich auf die materielle Prozessleitung nach § 139 Abs. 1
ZPO.[182] Die Aufforderung kann mit der Setzung einer Erklärungsfrist verbunden
werden, deren Versäumnis freilich keine Präklusionsfolgen hat.[183]

b) Behördenersuchen (Nr. 2). Gemäß § 273 Abs. 2 Nr. 2 Alt. 1 ZPO können 86
Behörden[184] oder Träger oder öffentliches Amtes (zB Notare) um die **Mitteilung
von Urkunden** ersucht werden. Maßgeblich ist der prozessuale Urkundenbegriff,
unter den alle schriftlich verkörperten Gedankenäußerungen fallen.[185] Auf Beweis-
bestimmung und Urhebererkennbarkeit der Gedankenäußerung kommt es nicht
an. Auch Behördenakten stellen daher Urkunden im prozessualen Sinne dar.[186]
Mitteilung von Urkunden bedeutet deren Übermittlung (vgl. § 135 Abs. 1 ZPO).

Die **amtliche Auskunft** nach § 273 Abs. 2 Nr. 2 Alt. 2 ZPO ersetzt je nach 87
ihrem Inhalt Zeugen- oder Sachverständigenbeweis.[187] Auch die Einholung von
Auskünften ausländischer Behörden im Wege der Rechtshilfe ist von der Vorschrift
gedeckt.[188]

Ersuchen nach § 273 Abs. 2 Nr. 2 ZPO sind Ersuchen um **Rechts- und Amts-** 88
hilfe.[189] Zu dieser ist die ersuchte Behörde nach Art. 35 GG, § 5 Abs. 4 VwVfG
grundsätzlich verpflichtet, es sei denn, dass sie die Hilfe gemäß § 5 Abs. 2 VwVfG
nicht leisten darf oder nach § 5 Abs. 3 VwVfG nicht zu leisten braucht. Die Verpflichtung zur Amtshilfe gegenüber dem Landwirtschaftsgericht wird durch § 17
gesondert hervorgehoben (Einzelheiten → § 17 Rn. 1 ff.).

c) Persönliches Erscheinen (Nr. 3). Zur Vorbereitung des Termins kann ge- 89
mäß § 273 Abs. 2 Nr. 3 ZPO ferner das persönliche Erscheinen **eines, mehrerer
oder aller Beteiligten** angeordnet werden. Die Anordnung hat analog § 141
Abs. 1 S. 2 ZPO zu unterbleiben, wenn dem Beteiligten die persönliche Wahrnehmung des Termins aus wichtigem Grund nicht zuzumuten ist.[190] Wird das Erscheinen angeordnet, ist der Beteiligte persönlich zu laden, auch wenn er durch einen
Verfahrensbevollmächtigten vertreten wird (§ 273 Abs. 4 S. 2 iVm § 141 Abs. 2
ZPO).[191] Bleibt der Beteiligte im Termin aus, kann gegen ihn ein Ordnungsgeld

---

[182] BeckOK ZPO/*Bacher* § 273 Rn. 5.

[183] BGH Beschl. v. 8.4.2010 – V ZB 51/10, BeckRS 2010, 08685 Rn. 18; Keidel/*Sternal*
FamFG § 26 Rn. 20.

[184] Näher BeckOK ZPO/*Krafka* § 415 Rn. 13.

[185] Näher BeckOK ZPO/*v. Selle* § 131 Rn. 4f.

[186] BeckOK ZPO/*Bacher* § 273 Rn. 7 mwN.

[187] BGH Beschl. v. 23.11.1983 – IV b ZB 6/82, NJW 1984, 438 (439f.); BeckOK ZPO/
Bacher § 273 Rn. 8.

[188] BGH Urt. v. 8.5.1992 – V ZR 95/91, NJW 1992, 3106 (3107).

[189] Vgl. Musielak/Voit/*Foerste* ZPO § 273 Rn. 11f.

[190] Näher BeckOK ZPO/*v. Selle* § 141 Rn. 8.

[191] Näher BeckOK ZPO/*v. Selle* § 141 Rn. 11.

festgesetzt werden (§ 273 Abs. 4 S. 2 iVm § 141 Abs. 3 S. 1 und 2 ZPO).[192] Darauf ist er in der Ladung hinzuweisen (§ 273 Abs. 4 S. 2 iVm § 141 Abs. 3 S. 3 ZPO).

90   **d) Zeugen und Sachverständige (Nr. 4).** Für die **vorbereitende Ladung von Zeugen** ist ein Beweisantritt (§ 373 ZPO), wie in § 273 Abs. 2 Nr. 4 ZPO vorgesehen, gemäß (§ 9 iVm) § 26 FamFG nicht erforderlich. Für die vorbereitende Ladung von Sachverständigen ist ein solcher Beweisantritt wegen § 144 ZPO ohnehin nicht vorgeschrieben. Aufgrund des Weiterverweises auf § 378 ZPO kann einem Zeugen aufgegeben werden, Aufzeichnungen und Unterlagen einzusehen und zu dem Termin mitzubringen.

91   In den Landwirtschaftssachen der freiwilligen Gerichtsbarkeit[193] kann zur Vorbereitung der Entscheidung auch eine schriftliche Zeugenaussage eingeholt werden. Die vorbereitende Einholung eines schriftlichen Sachverständigengutachtens ist nach § 273 Abs. 2 Nr. 5 iVm § 144 ZPO möglich (→ Rn. 93).

92   **e) Urkunden, Sachverständigengutachten und Augenschein (Nr. 5).** § 273 Abs. 2 Nr. 5 ZPO ermöglicht durch Weiterverweis auf § 142 ZPO zunächst, vorbereitend die **Vorlage von Urkunden** anzuordnen. Durch das ZPO-RG (→ Rn. 63) ist § 142 ZPO wesentlich erweitert worden:[194] Die Anordnung kann sich in sinngemäßer Anwendung von § 142 Abs. 1 S. 1 ZPO auf Urkunden oder sonstige Unterlagen[195] beziehen, die sich im Besitz[196] des auf sie berufenden Beteiligten, aber auch eines anderen Beteiligten oder sogar eines unbeteiligten Dritten befinden. Von Dritten ist die Vorlage von Unterlagen wie eine Zeugenaussage erzwingbar (§ 142 Abs. 2 S. 2 iVm § 390 ZPO). Dritte können die Vorlage der Urkunde gemäß § 142 Abs. 2 S. 1 ZPO allerdings verweigern, wenn sie ihnen unzumutbar ist oder sie zur Zeugnisverweigerung berechtigt sind.[197] Dagegen können die Vorschriften über das Zwischenstreitverfahren (§ 142 Abs. 2 S. 2 iVm §§ 387 ff. ZPO) und die Übersetzung fremdsprachiger Urkunden (§ 142 Abs. 3 ZPO) wegen des Amtsermittlungsgrundsatzes nicht sinngemäß in FG-Landwirtschaftssachen angewendet werden.

93   Der Weiterverweis in § 273 Abs. 2 Nr. 5 ZPO auf § 144 ZPO erlaubt es zudem, zur Vorbereitung der Entscheidung Beweis durch **Einnahme des Augenscheins** sowie durch **Begutachtung durch Sachverständige** anzuordnen. Das ZPO-RG hat § 144 ZPO entsprechend § 142 ZPO erweitert:[198] In sinngemäßer Anwendung von § 144 Abs. 1 S. 2 und 3 ZPO kann jedem Beteiligten und dritten Personen gerichtlich aufgegeben werden, an der Beweiserhebung mitzuwirken oder sie zu dulden. Die Duldungspflicht endet gemäß § 144 Abs. 1 S. 3 Hs. 2 ZPO allerdings an der Wohnung der Partei oder des Dritten, womit dem Grundrecht der Unverletzlichkeit der Wohnung nach Art. 13 GG Rechnung getragen wird.[199] Dritte können die Vorlegung eines in ihrem Besitz befindlichen Gegenstands oder die Duldung des

---

[192] Näher BeckOK ZPO/*v. Selle* § 141 Rn. 14, 16f.
[193] Während die Zulässigkeit einer solchen Maßnahme im ZPO-Verfahren streitig ist, verneinend zB BeckOK ZPO/*Bacher* § 273 Rn. 15, bejahend etwa BeckOK ZPO/*Bach* § 358 Rn. 3.
[194] BT-Drs. 14/4722, 78f.
[195] Näher BeckOK ZPO/*v. Selle* § 142 Rn. 7.
[196] Näher BeckOK ZPO/*v. Selle* § 142 Rn. 8.
[197] Näher BeckOK ZPO/*v. Selle* § 142 Rn. 13f.
[198] BT-Drs. 14/4722, 79.
[199] BT-Drs. 14/4722, 79; näher BeckOK ZPO/*v. Selle* § 144 Rn. 5.

Augenscheins oder der Begutachtung unter denselben Voraussetzungen verweigern, unter denen sie die Vorlegung einer Urkunde verweigern können (§ 144 Abs. 2 S. 1 ZPO; → Rn. 92).[200]

Die Einnahme des Augenscheins als solche kann nur durch das Landwirtschafts- **94** gericht erfolgen, sofern der sie anordnende Richter (→ Rn. 81) von dem Gericht nicht zugleich mit der Beweiserhebung beauftragt worden ist (→ § 16 Rn. 23). Die Einholung eines schriftlichen Sachverständigengutachtens kann zwar durch den Vorsitzenden oder ein von ihm bestimmtes Mitglied des Landwirtschaftsgerichts angeordnet werden.[201] Die Verwertung des Gutachtens bei der Entscheidungsfindung setzt freilich voraus, dass die Beweiserhebung nachträglich vom Landwirtschaftsgericht gebilligt wird.

Die sinngemäße Geltung von § 273 Abs. 2 Nr. 5 ZPO mit dem Weiterverweis **95** auf § 144 ZPO bezieht sich nicht auf dessen Abs. 3, da das Landwirtschaftsgericht Beweis durch Augenschein und Sachverständige gemäß (§ 9 iVm) § 29 Abs. 1 S. 1 FamFG grundsätzlich auch im Freibeweisverfahren erheben kann (→ § 16 Rn. 2).[202] Bei förmlicher Beweisaufnahme besteht kein Unterschied zur Beweisaufnahme nach der ZPO (vgl. § 30 Abs. 1 S. 1 FamFG).

VIII. Verstöße

1. Antragsgrundsatz

In den echten Streitsachen der freiwilligen Gerichtsbarkeit wird § 308 Abs. 1 **96** ZPO analog verletzt, wenn das Landwirtschaftsgericht dem Antragsteller etwas anderes oder mehr zuspricht, als dieser beantragt hat (→ Rn. 25). Der **Verfahrensmangel wird** im Rechtsmittelverfahren **von Amts wegen berücksichtigt.**[203] Obwohl der Verfahrensmangel wesentlich ist, berechtigt er das Beschwerdegericht doch nur unter den weiteren Voraussetzungen des (§ 9 iVm) § 69 Abs. 1 S. 3 FamFG zur Zurückverweisung.[204] Zudem kann der Verfahrensmangel im Beschwerderechtszug dadurch geheilt werden, dass sich der Antragsteller den Beschluss des Landwirtschaftsgerichts im Beschwerdeverfahren zu Eigen macht, was in der Regel schon dann der Fall sein wird, wenn er die erstinstanzliche Entscheidung verteidigt.[205] Gegen nicht anfechtbare Entscheidungen im zweiten Rechtszug und Entscheidungen des Rechtsbeschwerdegerichts kommt gemäß (§ 9 iVm) § 44 FamFG die Anhörungsrüge zum iudex a quo in Betracht, weil das rechtliche Gehör des Gegners zumeist auf den Gegenstand des Antrags beschränkt gewesen sein wird.[206]

2. Rechtliches Gehör

Grundsätzlich kann vor Gericht davon ausgegangen werden, dass es das von ihm **97** entgegengenommene Vorbringen eines Beteiligten auch zur Kenntnis nimmt und

---

[200] Näher BeckOK ZPO/*v. Selle* § 144 Rn. 6.

[201] Vgl. BeckOK ZPO/*Bacher* § 273 Rn. 16.

[202] Keidel/*Sternal* FamFG § 29 Rn. 19.

[203] Statt vieler BeckOK ZPO/*Elzer* § 308 Rn. 32 mwN.

[204] AA etwa Musielak/Voit/*Musielak* ZPO § 308 Rn. 19 für die inhaltsgleiche Vorschrift des § 538 Abs. 2 S. 1 Nr. 1 ZPO.

[205] Näher BeckOK ZPO/*Elzer* § 308 Rn. 34f. mwN.

[206] Vgl. Zöller/*Vollkommer* ZPO § 308 Rn. 6 mwN.

in Erwägung zieht.[207] Das Gericht ist nicht verpflichtet, sich mit jedem Vorbringen in der Begründung seiner Entscheidung ausdrücklich zu befassen.[208] Eine Gehörsverletzung kann daher nur angenommen werden, wenn das Gericht in den Beschlussgründen den **wesentlichen Kern des entscheidungserheblichen Sachvortrags eines Beteiligten übergangen** hat.[209] Die Verletzung rechtlichen Gehörs stellt grundsätzlich einen wesentlichen Verfahrensmangel dar,[210] der im zweiten Rechtszug freilich in der Regel durch das Beschwerdegericht geheilt werden wird und dieses nur unter den weiteren Voraussetzungen des (§ 9 iVm) § 69 Abs. 1 S. 3 FamFG zur Zurückverweisung berechtigt.[211] Bei Rechtswegerschöpfung (→ Rn. 96) steht dem von der Gehörsverletzung betroffenen Beteiligten der außerordentliche Rechtsbehelf des (§ 9 iVm) § 44 FamFG offen.

98   In der Praxis wird eine Gehörsverletzung häufig mit einer **Verletzung der gerichtlichen Hinweispflicht** nach (§ 14 Abs. 2 S. 2 iVm) § 139 ZPO begründet. Dazu muss der Rechtsmittelführer in der Verfahrensrüge im Einzelnen ausführen, was er auf den erforderlichen, aber unterbliebenen Hinweis vorgetragen hätte.[212] Maßgeblich für eine etwaige Verletzung von § 139 ZPO ist der materiell-rechtliche Standpunkt des Gerichts ohne Rücksicht auf seine Richtigkeit, so dass eine unrichtige Rechtsansicht des Vordergerichts nicht auf dem Umweg über eine angebliche Hinweispflicht gegenüber den Parteien in einen Verfahrensmangel umgedeutet werden kann.[213]

§ 15 [Mündliche Verhandlung]

(1) ¹Das Gericht hat auf Antrag eines Beteiligten eine mündliche Verhandlung anzuordnen. ²Dies gilt nicht für Verfahren vor dem Bundesgerichtshof.

(2) Wird eine mündliche Verhandlung anberaumt, so sind die Beteiligten zu laden.

(3) Bei einer Beweisaufnahme sind § 279 Abs. 2, §§ 357, 367 Abs. 1, §§ 397, 402 der Zivilprozeßordnung sinngemäß anzuwenden.

(4) Über das Ergebnis einer Beweisaufnahme ist stets mündlich zu verhandeln, wenn die Beteiligten nicht übereinstimmend auf mündliche Verhandlung verzichten.

(5) Die Vorschriften der §§ 159 bis 165 der Zivilprozeßordnung über die Niederschrift gelten sinngemäß.

---

[207] BVerfG Beschl. v. 27.5.1970 – 2 BvR 578/69, BVerfGE 28, 378 (385).

[208] St. Rspr. seit BVerfG Beschl. v. 25.5.1956 – 1 BvR 128/56, BVerfGE 5, 22 (24) = NJW 1956, 102.

[209] ZB BVerfG Beschl. v. 2.12.1969 – 2 BvR 320/69, 2 BvR 320/69, BVerfGE 27, 248 (252); BVerfG-K Beschl. v. 6.8.2002 – 2 BvR 2357/00, NVwZ-RR 2002, 802 (803); BGH Beschl. v. 14.6.2010 – II ZR 142/09, NJW-RR 2010, 1216 Rn. 5.

[210] AllgA, BGH Urt. v. 14.5.2013 – II ZR 76/12, NJW-RR 2013, 1013 Rn. 8 mwN.

[211] AA Düsing/Martinez/*Hornung* LwVG § 14 Rn. 12, unter Berufung auf OLG Stuttgart Beschl. v. 6.2.1990 – 10 W (Lw) 6/89, RdL 1990, 77.

[212] BeckOK ZPO/*v. Selle* § 139 Rn. 54 mwN.

[213] BeckOK ZPO/*v. Selle* § 139 Rn. 55 mwN.

Inhaltsübersicht

I. Überblick

In den **streitigen Landwirtschaftssachen** gilt nach (§ 48 Abs. 1 S. 1 iVm) **1** § 128 Abs. 1 ZPO der Mündlichkeitsgrundsatz, während in den **Landwirt- schaftssachen der freiwilligen Gerichtsbarkeit** nach (§ 9 iVm) § 32 Abs. 1 FamFG die Durchführung einer mündlichen Verhandlung grds. im Ermessen des Gerichts steht. Das LwVG regelt ergänzend hierzu, wann das Landwirtschaftsge- richt in den Verfahren der freiwilligen Gerichtsbarkeit mündlich zu verhandeln hat (15 Abs. 1 und 4) und ordnet in diesem Zusammenhang ausdrücklich die La- dung der Beteiligten an (§ 15 Abs. 2). In seinem Absatz 3 normiert § 15 weiter die Durchführung der Beweisaufnahme. Der Vorschrift kommt allerdings weitge- hend nur **deklaratorische Bedeutung** zu, weil nach § 30 Abs. 1 FamFG eine förmliche Beweisaufnahme allgemein entsprechend den Vorschriften der Zivil- prozessordnung zu erfolgen hat. Das FamFG enthält keine Vorschriften zur Proto- kollierung des Inhalts einer mündlichen Verhandlung. Für die Landwirtschafts- sachen sieht § 15 Abs. 5 insoweit ausdrücklich die Geltung der §§ 159–165 ZPO vor.

II. Entscheidung aufgrund mündlicher Verhandlung

1. Anordnung der mündlichen Verhandlung in Landwirtschaftssachen der freiwilligen Gerichtsbarkeit

2   **a) Allgemein: Mündliche Verhandlung in Verfahren der freiwilligen Gerichtsbarkeit.** In den Verfahren der freiwilligen Gerichtsbarkeit gilt der **Mündlichkeitsgrundsatz** nicht, die Durchführung eines mündlichen Erörterungstermins mit den Beteiligten ist nicht zwingend vorgeschrieben, steht vielmehr nach § 32 Abs. 1 FamFG im pflichtgemäßen Ermessen des Gerichts.[1] Davon zu unterscheiden ist die Anordnung des persönlichen Erscheinens eines Beteiligten zum Zwecke seiner Anhörung (§ 33 FamFG). Diese erfolgt, wenn das Gericht im Rahmen seiner Pflicht zur Sachaufklärung auf die Mitwirkung der Beteiligten (→ § 9 Rn. 111 ff.) angewiesen ist (§ 27 Abs. 1 FamFG) und in diesem Rahmen eine **persönliche Anhörung außerhalb einer förmlichen Beweiserhebung** (§§ 29, 30 FamFG) für erforderlich erachtet oder die Anhörung nach § 34 Abs. 1 FamFG (→ § 14 Rn. 56 f.) geboten ist.[2]

3   Das **pflichtgemäße Ermessen** betreffend die Anberaumung eines mündlichen Erörterungstermins hat sich in erster Linie an dessen Sachdienlichkeit zu orientieren. Ist diese aus der maßglichen Sicht des Gerichts gegeben, darf nach dem Willen des Gesetzgebers nur aus wichtigem Grund von der Durchführung des Termins abgesehen werden.[3] Die Sachdienlichkeit kann sich neben der gebotenen mündlichen Erörterung der Sach- und Rechtslage auch aus dem Erfordernis der Gewährung rechtlichen Gehörs (→ § 14 Rn. 53 ff.), aus der Pflicht zur Aufklärung des Sachverhalts (26 FamFG) oder zur Herbeiführung einer gütlichen Einigung (§ 36 Abs. 1 S. 2 FamFG) ergeben.[4]

4   **b) Mündliche Verhandlung in Landwirtschaftssachen der freiwilligen Gerichtsbarkeit.** Für die Landwirtschaftssachen der freiwilligen Gerichtsbarkeit bestimmt § 15 Abs. 1 S. 1, dass auf **Antrag** eines Beteiligten eine **mündliche Verhandlung** durch das Gericht zwingend anzuordnen ist. Nach dem eindeutigen Wortlaut der Vorschrift wird die Pflicht zur Anordnung einer mündlichen Verhandlung nur durch den Antrag eines Beteiligten ausgelöst. Nicht ausreichend ist dagegen der Antrag Dritter, etwa den nach § 32 Abs. 1 anzuhörenden Berufsverbänden und Behörden. Erhebt die übergeordnete Behörde nach § 32 Abs. 2 S. 2 Beschwerde, wird sie dadurch zur Beteiligten im Beschwerdeverfahren (→ § 32 Rn. 17) und kann in diesem die Durchführung einer mündlichen Verhandlung nach § 15 Abs. 1 beantragen.[5]

---

[1] BT-Drs. 16/6308, 191; Keidel/*Meyer-Holz* FamFG § 32 Rn. 3.

[2] Dass es sich bei der Anhörung nach § 33 FamFG nicht um eine mündliche Erörterung iSv § 32 Abs. 1 S. 1 FamFG handelt, zeigt sich ua daran, dass § 33 Abs. 1 S. 2 FamFG ausdrücklich die Möglichkeit der getrennten Anhörung eines Beteiligten in Abwesenheit der jeweils anderen Beteiligten vorsieht; OLG Frankfurt Beschl. v. 12. 4. 2011 – 3 UF 25/11, BeckRS 2011, 26728 = FamRZ 2012, 571.

[3] BT-Drs. 16/9733, 288 iVm BT-Drs. 16/6308, 366.

[4] Eine Pflicht zur mündlichen Erörterung oder eine Reduzierung des Ermessens kann sich zudem im Einzelfall aus dem Gesetz ergeben; s. dazu die Aufstellung bei BeckOK FamFG/*Burschel* § 32 Rn. 8 f.

[5] *Ernst* LwVG § 15 Rn. 5.

Die Pflicht, auf den Antrag eines Beteiligten hin eine mündliche Verhandlung 5
anzuordnen, gilt nach § 15 Abs. 1 S. 2 nicht für die **Verfahren vor dem Bundesgerichtshof.** Diese ausdrückliche Regelung ist erforderlich geworden, weil anders als § 27 FGG die Regelungen des FamFG betreffend das Rechtsbeschwerdeverfahren (§§ 70 ff. FamFG) eine entsprechende Klarstellung nicht enthalten.[6] Im **Beschwerdeverfahren vor den Landwirtschaftssenaten** gelten hingegen die Regelungen für das erstinstanzliche Verfahren. Nach §§ 68 Abs. 3, 69 Abs. 1 S. 1 FamFG tritt das Beschwerdegericht als zweite Tatsacheninstanz an die Stelle des erstinstanzlichen Gerichts.

Zwar schreibt § 15 Abs. 1 S. 1 für die Landwirtschaftssachen der freiwilligen Ge- 6
richtsbarkeit vor, wann eine mündliche Verhandlung zwingend anzuordnen ist,
aber **nicht in dem abschließenden Sinn,** dass eine mündliche Verhandlung nur
stattfindet, wenn ein Beteiligter dies beantragt. Daneben bleibt § 32 FamFG (iVm
§ 9) anwendbar, dh das Gericht kann auch **ohne Antrag** eines Beteiligten eine
mündliche Verhandlung anordnen, wenn es dies nach seinem pflichtgemäßen Ermessen für erforderlich erachtet.

c) Insbesondere: Mündliche Verhandlung zum Ergebnis der Beweisauf- 7
nahme. Nach dem FamFG ist eine mündliche Verhandlung **zum Ergebnis einer
Beweisaufnahme** weder für das Freibeweisverfahren (§ 29 FamFG) noch für das
förmliche Beweisverfahren (§ 30 FamFG) zwingend vorgeschrieben. Für das förmliche Beweisverfahren sieht § 30 Abs. 4 FamFG vor, dass den Beteiligten Gelegenheit zu geben ist, zu dessen Ergebnis Stellung zu nehmen, soweit dies zur Aufklärung des Sachverhalts oder zur Gewährung rechtlichen Gehörs erforderlich ist. Die
Gelegenheit zur Stellungnahme kann auch schriftlich gewährt werden, ohne dass
nochmals mündlich über das Ergebnis der Beweisaufnahme verhandelt wird. Die
Vorschrift entspricht in ihrer Funktion dem § 279 Abs. 3 ZPO, der im Zivilprozess
das Gericht verpflichtet, im Anschluss an eine Beweisaufnahme den Sach- und
Streitstand mit den Parteien mündlich zu erörtern.[7] Daneben regelt § 37 Abs. 2
FamFG allgemein, dass das Gericht eine Entscheidung, die die Rechte eines Beteiligten beeinträchtigt, nur auf Tatsachen und Beweisergebnisse stützen darf, zu denen sich die Beteiligten äußern konnten, schreibt eine mündliche Verhandlung
über das Ergebnis einer Beweisaufnahme aber ebenfalls nicht zwingend vor.[8]

Über diesen durch §§ 30 Abs. 4 und 37 Abs. 2 FamFG gewährten Umfang 8
rechtlichen Gehörs in den Verfahren der freiwilligen Gerichtsbarkeit geht das
LwVG hinaus. Nach § 15 Abs. 4 ist nämlich über das **Ergebnis einer Beweisaufnahme** stets mündlich zu verhandeln, wenn nicht die Beteiligten übereinstimmend
hierauf verzichten. Der Wortlaut der Vorschrift spricht allgemein von dem Ergebnis
einer Beweisaufnahme, über das mündlich zu verhandeln ist, differenziert also nicht
danach, ob dieses im Freibeweisverfahren (→ § 16 Rn. 6 ff.) oder in einem förmlichen Beweisverfahren (→ § 16 Rn. 10 ff.) erlangt wurde. Da das Gesetz in diesem
Zusammenhang nicht zwischen Freibeweisverfahren und förmlichem Beweisver-

---

[6] Vgl. MAH AgrarR § 5 Rn. 127.

[7] BT-Drs. 16/6308, 190; MüKoFamFG/*Ulrici* § 30 Rn. 40; Prütting/Helms/*Prütting*
FamFG § 30 Rn. 16; Keidel/*Sternal* FamFG § 30 Rn. 31;

[8] Eine Pflicht, über das Ergebnis einer Beweisaufnahme mündlich zu verhandeln, dürfte sich
bei Durchführung einer förmlichen Beweisaufnahme nicht schon daraus ergeben, dass die Tatsachen nach § 30 Abs. 1 entsprechend der Zivilprozessordnung festzustellen sind, weil dadurch
nur die §§ 355 ff. ZPO in Bezug genommen werden; Keidel/*Sternal* FamFG § 30 Rn. 16.

fahren differenziert, ist in beiden Fällen über das Ergebnis einer Beweisaufnahme grds. mündlich zu verhandeln.[9]

9   Der **Anwendungsbereich** des § 15 Abs. 4 ist demnach nicht auf Fälle beschränkt, in denen eine Beweisaufnahme durchgeführt wurde, weil die Beteiligten widerstreitende Behauptungen aufgestellt hatten.[10] Eine mündliche Verhandlung über das Ergebnis der Beweisaufnahme hat vielmehr auch dann zu erfolgen, wenn das Gericht – etwa bei übereinstimmenden Behauptungen der Beteiligten – gem. § 26 FamFG **von Amts wegen** Beweis erhoben hat.[11] Da § 16 nur die Möglichkeit eröffnet, die Beweisaufnahme dem beauftragten Richter zu übertragen, ist dieser nicht mehr befugt, im Anschluss daran mit den Beteiligten über deren Ergebnis mündlich zu verhandeln. Die mündliche Verhandlung hat vielmehr vor dem vollständig besetzten Landwirtschaftsgericht als dem gesetzlichen Richter stattzufinden.[12]

10   Das Verfahren in den Landwirtschaftssachen der freiwilligen Gerichtsbarkeit nähert sich dadurch dem **Verfahren in den streitigen Landwirtschaftssachen** nach den Vorschriften der ZPO an. In den streitigen Landwirtschaftssachen ist nach § 128 Abs. 1 ZPO grds. mündlich zu verhandeln. Nach § 279 Abs. 3 ZPO[13] hat das Gericht im Anschluss an eine Beweisaufnahme erneut den Sach- und Streitstand und, soweit möglich, das Ergebnis der Beweisaufnahme mit den Parteien zu erörtern.

2. Verfahrensrechtliche Bedeutung der mündlichen Verhandlung

11   Durch die Bestimmung eines Termins zur mündlichen Verhandlung entweder auf Antrag eines Beteiligten oder zum Ergebnis einer Beweisaufnahme oder nach § 32 Abs. 1 FamFG wird in den Landwirtschaftssachen der freiwilligen Gerichtsbarkeit nicht der in den streitigen Landwirtschaftssachen geltende **Mündlichkeitsgrundsatz** eingeführt. Entscheidungsgrundlage bleibt stets der gesamte Akteninhalt[14] und nicht nur das, was – ggf. auch über eine zulässige Bezugnahme auf Dokumente, wie sie etwa in § 137 Abs. 3 ZPO vorgesehen ist – zum Gegenstand der mündlichen Verhandlung geworden ist und von den dort gestellten Anträgen umfasst wird.[15]

12   Da somit die **Endentscheidung** in keinem Fall „aufgrund" einer durchgeführten mündlichen Verhandlung ergeht, bildet diese keine Zäsur in dem Sinn, dass nach deren Schluss eingegangenes schriftliches Vorbringen nicht mehr zu berücksichtigen wäre. Es ist vielmehr der gesamte, bis zum Erlass der Entscheidung in der Hauptsache vorgetragene Tatsachenstoff einschließlich aller Anträge zu berücksichtigen; § 296a ZPO findet keine Anwendung.[16] Dies gilt auch in Verfahren, die Streitsachen der freiwilligen Gerichtsbarkeit zum Gegenstand haben.[17]

---

[9] *Ernst* LwVG § 15 Rn. 46.

[10] So aber *Wöhrmann/Herminghausen* LwVG § 15 Rn. 24.

[11] *Ernst* LwVG § 15 Rn. 46.

[12] Ebenso *Ernst* LwVG § 15 Rn. 46; aA *Kobler* DNotZ 1953, 571.

[13] Die Vorschrift ist weder nach § 15 Abs. 3 noch nach § 32 Abs. 1 FamFG in den Verfahren der freiwilligen Gerichtsbarkeit entsprechend anwendbar.

[14] BT-Drs. 16/6308, 191.

[15] Keidel/*Meyer-Holz* FamFG § 32 Rn. 7.

[16] BVerfG Beschl. v. 26. 1. 1983 – 1 BvR 614/80, BVerfGE 63, 80 (86) = NJW 1983, 2017; BGH Beschl. v. 24. 11. 1993 – BLw 54/92, BeckRS 1993, 31081254 = RdL 1994, 45.

[17] BGH Beschl. v. 24. 11. 1993 – BLw 54/92, BeckRS 1993, 31081254 = RdL 1994, 45.

Die Endentscheidung kann, weil sie nicht auf der mündlichen Verhandlung be- **13**
ruht, also auch durch einen **Richter** getroffen werden, der an dieser nicht teilgenommen hat, wenn das mündliche Vorbringen gem. § 28 Abs. 4 FamFG bzw. § 15 Abs. 4
hinreichend aktenkundig gemacht worden ist, es sei denn, es kommt entscheidend
auf den persönlichen Eindruck eines angehörten Beteiligten, eines Zeugen oder
einer sonstigen Auskunftsperson an.[18] Entsprechendes gilt in den Landwirtschaftsverfahren, in denen die mündliche Verhandlung vor einem Kollegialgericht stattfindet,
für den Fall, dass nicht der gesamte Spruchkörper, sondern nur einzelne Richter zwischen mündlicher Verhandlung und Endentscheidung wechseln (→ Rn. 40).[19]

3. Anordnung des Termins

a) Bestimmung des Termins. Die Terminsbestimmung erfolgt, wenn ein **14**
Termin zur mündlichen Verhandlung anzuberaumen ist, von Amts wegen durch
verfahrensleitende Verfügung des **Vorsitzenden.** Dies ergibt sich, auch wenn sowohl im FamFG als auch im LwVG eine dem § 216 Abs. 2 ZPO entsprechende
Vorschrift fehlt und diese Regelung weder in § 32 FamFG noch von § 15 in Be-
zug genommen wird, aus dem Rechtsgedanken dieser Vorschrift. Die Bestimmung
des Termins bzw. die Anordnung und ggf. Neuansetzung eines Termins zur münd-
lichen Verhandlung ist als verfahrensleitende Maßnahme Aufgabe des Vorsitzenden.
Dies zeigt auch die Verweisung in § 32 Abs. 1 S. 2 FamFG auf § 227 Abs. 4 S. 1
ZPO. Über die Aufhebung sowie Verlegung eines Termins entscheidet danach der
Vorsitzende ohne mündliche Verhandlung. Für die erstmalige Anberaumung des
Termins kann nichts anderes gelten.[20]

§ 15 Abs. 2 sieht ausdrücklich vor, dass **alle Beteiligten** zu einem anberaumten **15**
Termin zur mündlichen Verhandlung zu laden sind. Ohne die Regelung in § 15
Abs. 2 ergäbe sich die Pflicht, den Beteiligten den Termin zur mündlichen Verhandlung bekannt zu geben, aus § 15 Abs. 1 FamFG. Die Ladung ist die Bekanntgabe des angesetzten Termins verbunden mit der Aufforderung zum Erscheinen.
Da abweichende Regelungen zur **Form der Ladung** fehlen, erfolgt diese gemäß
(§ 9 iVm) § 15 Abs. 2 FamFG entweder durch förmliche Zustellung nach den
§§ 166 ff. ZPO oder durch Aufgabe zur Post.[21] Die Ladung wird nach Terminsbestimmung durch den Urkundsbeamten der Geschäftsstelle von Amts wegen (§ 15

---

[18] So Keidel/*Meyer-Holz* FamFG § 32 Rn. 9.
[19] So BGH Urt. v. 4.2.1997 – XI ZR 160/96, NJW 1997, 1586 (1587) = MDR 1997, 592
zu § 355 ZPO, der in den Verfahren der freiwilligen Gerichtsbarkeit bei Durchführung einer
förmlichen Beweisaufnahme nach § 30 Abs. 1 FamFG Anwendung findet. Soweit es um die
Glaubwürdigkeit eines Zeugen gehe, müsse das erkennende Gericht in seiner Spruchbesetzung
einen persönlichen Eindruck von dem Zeugen gewonnen haben oder auf eine aktenkundige
und den Parteien zugängliche Beurteilung zurückgreifen können; ebenso BGH Urt. v.
4.12.1990 – XI ZR 310/89, NJW 1991, 1180 = MDR 1991, 672.
[20] Etwas anderes lässt sich auch § 28 FamFG nicht entnehmen. Diese Vorschrift ist zwar mit
„Verfahrensleitung" überschrieben, konkretisiert aber nachfolgend in den Abs. 1 bis 3 die Hinweispflicht des Gerichts (nicht des Vorsitzenden, → § 14 Rn. 77) und damit lediglich einen
Teilaspekt der gerichtlichen Verfahrensleitung (BeckOK FamFG/*Burschel* § 28 Rn. 2).
[21] § 329 Abs. 2 S. 2 ZPO, der für nicht verkündete Entscheidungen (Beschlüsse oder Verfügungen), die eine Terminsbestimmung enthalten, die förmliche Zustellung nach den §§ 166 ff.
ZPO vorsieht, gilt in den Landwirtschaftssachen der freiwilligen Gerichtsbarkeit mangels ausdrücklichen Verweises nicht. Der hinter der Regelung stehende Regelungszweck legt es indes

Abs. 2 S. 1 FamFG iVm § 168 Abs. 1 ZPO) ausgeführt,[22] einer gesonderten Ladungsverfügung durch den Vorsitzenden bedarf es insoweit nicht. **Adressaten der Ladung** sind, soweit die Beteiligten durch Bevollmächtigte vertreten werden, diese, ansonsten die Beteiligten selbst. Die Beteiligten sind bei Vertretung durch einen Bevollmächtigten aber dann selbst zu laden, wenn ihr persönliches Erscheinen, etwa zum Zweck ihrer Anhörung angeordnet ist.

16   Ein **notwendiger Inhalt der Ladung** wird durch das Gesetz nicht vorgeschrieben. Mitzuteilen sind aber jedenfalls die Bezeichnung der Angelegenheit unter Angabe des gerichtlichen Aktenzeichens, die Aufforderung zum Erscheinen, die bestimmte Bezeichnung von Ort und Zeit des Termins und ggf. seines Zwecks.[23]

17   Anders als in § 217 ZPO ist für die Verfahren der freiwilligen Gerichtsbarkeit eine gesetzliche Mindestfrist zwischen Zugang der Ladung und Termin nicht bestimmt. § 32 Abs. 2 FamFG ordnet allgemein an, dass zwischen der Ladung und dem Termin eine **angemessene Frist** liegen soll. Die Länge der nach pflichtgemäßem Ermessen zu bestimmenden Frist hat sich an dem Verfahrensgegenstand und der Dringlichkeit der mündlichen Verhandlung zu orientieren. In jedem Fall muss gewährleistet sein, dass die Beteiligten unter Beachtung ihrer nach § 27 Abs. 1 FamFG bestehenden Mitwirkungspflicht sich hinreichend auf den Termin vorbereiten können.[24] Fehlen besondere Umstände für eine kürzere oder längere Frist, so wird in Hauptsacheverfahren also eine solche von einer Woche und im einstweiligen Anordnungsverfahren eine solche von mindestens drei Tagen regelmäßig angemessen und ausreichend sein.[25] Eine zu kurz bemessene Frist kann die Beteiligten in ihrem Anspruch auf Gewährung rechtlichen Gehörs (Art. 103 Abs. 1 GG) verletzen und zugleich einen Verstoß des Gerichts gegen seine Pflicht, die entscheidungserheblichen Tatsachen von Amts wegen festzustellen, begründen.[26] Beide Verstöße können mit der Beschwerde gegen die Endentscheidung geltend gemacht werden.[27]

18   **b) Änderung des Termins.** Unter welchen Voraussetzungen ein anberaumter Termin wieder geändert werden kann, bestimmt sich gemäß der Verweisung in § 32 Abs. 1 S. 2 FamFG nach § 227 Abs. 1, 2 und 4 ZPO. Eine Terminsänderung ist nach § 227 Abs. 1 S. 1 ZPO die **Aufhebung** (= Absetzung eines Termins vor dessen Beginn ohne gleichzeitige Bestimmung eines neuen), die **Verlegung** (= Aufhebung des anberaumten Termins vor dessen Beginn unter gleichzeitiger Bestimmung eines neuen) und die **Vertagung** (= Beendigung eines bereits begonnenen Termins vor dessen Schluss unter gleichzeitiger Bestimmung eines Fortsetzungstermins).

---

nahe, Beschlüsse oder Verfügungen mit einer Terminsbestimmung auch im FamFG-Verfahren förmlich zuzustellen.

[22] Lediglich dann, wenn die Zustellung durch Aushändigung an der Amtsstelle (§ 173 ZPO), gegen Empfangsbekenntnis (§ 174 ZPO) oder durch Einschreiben mit Rückschein (§ 175 ZPO) keinen Erfolg verspricht, kann der Vorsitzende oder ein von ihm bestimmtes Mitglied des Gerichts den Gerichtsvollzieher oder eine andere Behörde mit der Ausführung der Zustellung beauftragen (§ 168 Abs. 2 ZPO).

[23] Keidel/*Meyer-Holz* FamFG § 32 Rn. 15.

[24] Keidel/*Meyer-Holz* FamFG § 32 Rn. 13. Auch wenn in § 32 Abs. 1 S. 2 FamFG ein Verweis auf § 217 ZPO fehlt, kann letztgenannte Vorschrift einen Anhalt für die jedenfalls zu wahrende Ladungsfrist bieten (so MüKoZPO/*Ulrici* FamFG § 32 Rn. 8).

[25] Zöller/*Feskorn* ZPO § 32 FamFG 6.

[26] Düsing/Martinez/*Hornung* LwVG § 15 Rn. 5.

[27] Keidel/*Meyer-Holz* FamFG § 32 Rn. 13.

Eine Terminsänderung darf nur aus **erheblichen Gründen** erfolgen (§ 227 **19** Abs. 1 ZPO). Die erheblichen Gründe müssen auf Verlangen des Vorsitzenden oder im Fall der Vertagung auf Verlangen des Gerichts glaubhaft gemacht werden (§ 227 Abs. 2 ZPO). In § 227 Abs. 1 S. 2 ZPO ist beispielhaft geregelt, welche Gründe nicht als erhebliche iSd Gesetzes gelten. Aus Sicht des Gerichts können Gründe etwa das Erfordernis einer weiteren Vorbereitung des Termins oder die Gewährung rechtlichen Gehörs sein. Für einen Beteiligten kann etwa die Erkrankung seines Bevollmächtigten[28] oder, wenn er nicht durch einen solchen vertreten werden kann, seine eigene Erkrankung Grund für die Beantragung einer Terminänderung sein.[29]

Über einen Antrag auf Aufhebung oder Verlegung des Termins entscheidet der **20** Vorsitzende durch **Verfügung,** über einen Antrag auf Vertagung das Gericht durch **Beschluss** (§ 227 Abs. 4 S. 1 ZPO). Die Entscheidung ist jeweils nach Anhörung der Beteiligten kurz zu begründen (§ 227 Abs. 4 S. 2 ZPO); sie ist nicht selbständig anfechtbar (§ 227 Abs. 4 S. 3 ZPO). Dies gilt auch dann, wenn einem Antrag auf Terminsänderung nicht stattgegeben wird. Die Versagung einer beantragten Terminsänderung kann aber unter dem Gesichtspunkt der Beeinträchtigung des Anspruchs auf Gewährung rechtlichen Gehörs[30] einen Verfahrensfehler begründen, auf den ein Rechtsmittel gegen die Entscheidung in der Hauptsache gestützt werden kann.[31] Liegen die Voraussetzungen für eine versagte Terminsänderung vor, kann dies auch eine Richterablehnung wegen der Besorgnis der Befangenheit rechtfertigen, wenn die Gründe für den Verlegungsantrag erheblich sind und mit der Verweigerung eine augenfällige Ungleichbehandlung der Beteiligten zum Ausdruck kommt.[32]

c) Terminsort. Hinsichtlich des Terminsorts verweist § 32 Abs. 1 S. 2 FamFG **21** auf § 219 ZPO. Die Termine werden im Regelfall an der **Gerichtsstelle** abgehalten. Sie können aber auch an jedem anderen Ort (Orts- oder Lokaltermin) stattfinden, wenn die Einnahme eines Augenscheins, die Verhandlung mit einer am Erscheinen vor Gericht verhinderten Person oder eine sonstige Handlung, die an der Gerichtsstelle nicht vorgenommen werden kann, dies erfordert (§ 219 Abs. 1 ZPO). Ein Termin außerhalb der Gerichtsstelle darf nur angeordnet werden, wenn dies aus

---

[28] Erkrankt der sachbearbeitende Rechtsanwalt einer bevollmächtigten Sozietät, darf ein Antrag auf Terminsverlegung nicht mit der Begründung abgelehnt werden, ein anderes Mitglied der Sozietät könne den Termin wahrnehmen und sich in die Sache einarbeiten, wenn für eine solche Einarbeitung nicht mehr genügend Zeit verbleibt; BVerwG Urt. v. 9.12.1983 – 4 C 44/83, NJW 1984, 882 = BayVBl 1984, 189.

[29] Zu Einzelfällen für das Vorliegen oder das Fehlen eines wichtigen Grundes s. etwa Müko-ZPO/*Gehrlein* ZPO § 227 Rn. 8–10; *Zöller/Stöber* ZPO § 227 Rn. 6 f.; BeckOK ZPO/*Jaspersen* § 227 Rn. 12.1–12.13.

[30] BGH Beschl. v. 6.4.2006 – V ZB 194/05, NJW 2006, 2492 (2494) = MDR 2006, 1246. Das Grundrecht auf rechtliches Gehör ist danach aber erst dann verletzt, wenn erhebliche Gründe für eine Terminsverlegung vorliegen und die Zurückweisung des Antrags für den betreffenden Beteiligten schlechthin unzumutbar wäre.

[31] Keidel/*Meyer-Holz* FamFG § 32 Rn. 21.

[32] OLG Brandenburg Beschl. v. 30.9.1998 – 1 W 32–98, NJW-RR 1999, 1291 (1292) = BeckRS 9998, 78780; OLG Köln Beschl. v. 8.11.2002 – 11 W 73/02, BeckRS 2002, 09386 = MDR 2003, 170; KG Beschl. v. 6.10.2004 – 15 W 98/04, BeckRS 2004, 10355 = MDR 2005, 708.

sachlichen Gründen erforderlich ist,[33] bloße Nützlichkeitserwägungen (zB Kostenersparnis) genügen nicht.[34]

22   Für die Bestimmung des Terminsorts ist der Vorsitzende oder, wenn die Terminsbestimmung im Rahmen eines Beweisbeschlusses erfolgt, das Gericht zuständig. Die bloße Änderung des Terminsorts wird von § 227 ZPO nicht erfasst. Die nach pflichtgemäßem Ermessen zu treffende Entscheidung im Rahmen der Verfahrensleitung ist nicht selbständig anfechtbar, und zwar auch dann nicht, wenn ein Beteiligter die Abhaltung eines Termins an einem anderen Ort ausdrücklich beantragt hatte.[35]

23   Bei einem Termin außerhalb der Gerichtsstelle sind die **Befugnisse des Gerichts** allerdings beschränkt, insbesondere steht dem Gericht nicht das Hausrecht zu.[36] Die in § 144 Abs. 1 ZPO normierten Mitwirkungspflichten der Parteien[37] gelten in den Verfahren der freiwilligen Gerichtsbarkeit jedenfalls für die Beteiligten nicht unmittelbar. Soweit § 144 Abs. 1 ZPO die Parteien verpflichtet eine Inaugenscheinnahme oder eine Begutachtung zu dulden, kann sich in einem Verfahren nach dem FamFG eine entsprechende Duldungspflicht der Beteiligten aus § 27 Abs. 1 FamFG ergeben. Diese sind danach ua gehalten, eine gerichtliche Aufklärung zu ermöglichen.[38] Sie müssen zu diesem Zweck – unabhängig davon zu wessen Lasten sich die Nichtfeststellbarkeit einer Tatsache auswirkt – auch die Durchführung eines Termins dulden.

24   Eine entsprechende Mitwirkungspflicht **Dritter** sieht das FamFG im Unterschied zu § 144 Abs. 1 ZPO nicht ausdrücklich vor. Ob eine solche Mitwirkungspflicht, etwa die Duldung eines Ortstermins zur Augenscheinnahme auf ihrem Grundstück, in den Verfahren der freiwilligen Gerichtsbarkeit besteht, ist umstritten (→ Rn. 49).[39] Ausgenommen von der Duldungspflicht ist wegen des Grundsatzes der Unverletzlichkeit der Wohnung (Art. 13 GG) in jedem Fall die Wohnung eines Beteiligten oder eines Dritten (§ 144 Abs. 1 S. 3 ZPO) zum Zwecke der Einnahme des Augenscheins oder der Begutachtung durch einen Sachverständigen. Der Wohnungsbegriff ist iSd verfassungsrechtlichen Gewährleistung weit auszulegen, weil die Abschirmung der Privatsphäre in räumlicher Hinsicht gewährleistet werden soll.[40]

25   Bei einem Termin in der **Wohnung** kann gegenüber einem anderen Beteiligten, einem Dritten oder einem Sachverständigen der Zutritt verwehrt werden. Dies kann indes verfahrensrechtlich im Rahmen der Beweiswürdigung Bedeutung erlangen. Dem steht Art. 13 GG nicht entgegen, weil danach nur der Zutritt zur Wohnung gegen den Willen des Wohnungsinhabers verhindert werden soll, nicht

---

[33] RG Urt. v. 28.1.1904 – VI 227/03, RGZ 56, 357 (359).

[34] Zöller/*Stöber* ZPO § 219 Rn. 2.

[35] Bei einem solchen „Antrag" handelt es sich der Sache nach um eine bloße Anregung, die als solche nicht anfechtbar ist (so für § 219 ZPO MüKoZPO/*Gehrlein* § 219 Rn. 4).

[36] Musielak/*Stadler* ZPO § 219 Rn. 3; MüKoZPO/*Gehrlein* § 219 Rn. 2.

[37] Auch der iS dieser Vorschrift nicht beweisbelasteten Partei.

[38] BT-Drs. 16/6308, 186.

[39] Für eine entsprechende Anwendung von § 144 ZPO MüKoFamFG/*Ulrici* § 30 Rn. 33; Haußleiter/*Gomille* FamFG § 30 Rn. 20; aA *Brehm* Freiwillige Gerichtsbarkeit § 11 Rn. 28; Keidel/*Sternal* FamFG § 30 Rn. 38 hält eine solche entsprechende Anwendung jedenfalls für problematisch.

[40] Mit Beispielen BeckOK ZPO/*von Selle* § 144 Rn. 5.

aber verfahrensrechtliche Rückschlüsse aus einem solchen Verhalten eines Beteiligten.

4. Durchführung des Termins

Nach § 2 EGGVG finden die Vorschriften des Gerichtsverfassungsgesetzes auf **26** die ordentliche Gerichtsbarkeit und deren Ausübung Anwendung. Vor die ordentlichen Gerichte gehören nach § 13 GVG die Angelegenheiten der freiwilligen Gerichtsbarkeit. Die Durchführung des Termins bestimmt sich somit nach den Regelungen des GVG.

In den Verfahren der freiwilligen Gerichtsbarkeit sind die Verhandlungen **27** nach § 170 Abs. 1 S. 1 GVG grds. **nicht öffentlich.** Das Gericht kann im Einzelfall die Öffentlichkeit zulassen, aber nicht dann, wenn ein Beteiligter widerspricht (§ 170 Abs. 1 S. 2 GVG). Etwas anderes gilt nur für die Streitsachen der freiwilligen Gerichtsbarkeit. Weil diese Verfahren zivilrechtliche Ansprüche und Verpflichtungen iSv Art. 6 Abs. 1 S. 1 EMRK zum Gegenstand haben, sind sie öffentlich, die Öffentlichkeit darf nur in den gesetzlich vorgesehenen Fällen ausnahmsweise ausgeschlossen werden (→ § 9 Rn. 18 ff.).[41] Der **Ausschluss der Öffentlichkeit** von der mündlichen Verhandlung durch das erstinstanzliche Gericht ohne Vorliegen der gesetzlichen Voraussetzungen begründet zwar einen Verfahrensfehler, der aber, wenn hierauf das Rechtsmittel der Beschwerde gestützt wird, durch das Beschwerdegericht als zweiter Tatsacheninstanz (§§ 68 Abs. 3, 69 Abs. 1 S. 1 FamFG; → § 9 Rn. 198 f.) geheilt werden kann.[42] Unterläuft dem Beschwerdegericht ein solcher Verfahrensfehler, kommt eine Heilung bei zugelassener und eingelegter Rechtsbeschwerde durch den Bundesgerichtshof nicht in Betracht, weil die Rechtsbeschwerdeinstanz keine weitere Tatsacheninstanz ist. Die Entscheidung unterliegt in diesem Fall vielmehr zwingend der Aufhebung (§ 72 Abs. 3 FamFG iVm § 547 Nr. 5 ZPO). Verfahrensfehlerhaft ist aber auch die **Zulassung der Öffentlichkeit** zur mündlichen Verhandlung, obwohl sie nach den §§ 170 ff. GVG hätte ausgeschlossen werden müssen.[43] Der in einer erweiterten Öffentlichkeit liegende Verfahrensverstoß kann ebenfalls mit der Beschwerde bzw. bei entsprechender Zulassung mit der Rechtsbeschwerde angegriffen werden.[44]

Die **sitzungspolizeilichen Befugnisse** des Gerichts ergeben sich aus den **28** §§ 176 ff. GVG. Die Aufrechterhaltung der Ordnung in der Sitzung obliegt danach dem Vorsitzenden (§ 176 GVG), für die Anordnung von Ordnungsmaßnahmen (§§ 177, 178 GVG) ist grds. das Gericht zuständig, es sei denn die Anordnungen ergehen gegenüber Personen, die an der Verhandlung nicht beteiligt sind. In diesen Fällen entscheidet der Vorsitzende (§§ 177 S. 2, 178 Abs. 2 GVG).

---

[41] BGH Beschl. v. 24.11.1993 – BLw 37/93, BGHZ 124, 204 (208 f.) = VIZ 1994, 188.

[42] OLG Frankfurt Beschl. v. 17.3.2014 – 20 WLw 7/13, MittBayNot 2014, 562 (562 f.) = BeckRS 2014, 11709; Düsing/Martinez/*Hornung* LwVG § 15 Rn. 9.

[43] Der absolute Revisionsgrund des § 547 Nr. 5 (bzw. § 338 Nr. 6 StPO) spricht allgemein von der Verletzung der Vorschriften über die Öffentlichkeit des Verfahrens.

[44] Auch insoweit liegt iSv § 547 Nr. 5 ZPO ein absoluter Revisionsgrund vor, der iVm § 72 Abs. 3 FamFG zur Aufhebung der angefochtenen Entscheidung führt; s. Musielak/*Ball* ZPO § 547 Rn. 12; MüKoZPO/*Wagner* § 547 Rn. 14; BeckOK ZPO/*Kessal-Wulf* § 547 Rn. 20; *Kissel/Mayer* GVG § 169 Rn. 60. AA für § 338 Nr. 6 StPO BGH Urt. v. 21.11.1969 – 3 StR 244/68, NJW 1970, 523 (524) = MDR 1970, 250.

29   Die **Gerichtssprache** ist deutsch (§ 184 GVG). Wird unter Beteiligung von Personen verhandelt, die der deutschen Sprache nicht mächtig sind, ist von Amts wegen ein Dolmetscher hinzuziehen (§ 185 Abs. 1 S. 1 GVG). Die Verletzung dieser Amtspflicht kann gegen das Gebot rechtlichen Gehörs und gegen den Amtsermittlungsgrundsatz verstoßen und mit der Beschwerde gegen die Endentscheidung angegriffen werden.[45]

30   Besondere Vorschriften über den **Ablauf der mündlichen Verhandlung** (bzw. des Erörterungstermins) enthalten weder das LwVG noch das FamFG. Eine entsprechende Anwendung der §§ 136, 137 ZPO kommt zwar nicht in Betracht, allerdings ergeben sich aus der Natur des gerichtlichen Verfahrens Vorgaben, die ua in § 136 ZPO zum Ausdruck gekommen sind.[46] Die Leitung der Verhandlung obliegt danach dem Vorsitzenden, der den Beteiligten das Wort erteilen und auch wieder entziehen kann. Das Gericht kann darüber hinaus verfahrensleitende Maßnahmen nach § 28 FamFG treffen, mit den Beteiligten die Sach- und Rechtslage erörtern und weitere Sachverhaltsaufklärung betreiben. Das Gericht hat schließlich nach § 36 Abs. 1 S. 2 FamFG in jeder Lage des Verfahrens auf eine gütliche Einigung der Beteiligten hinzuwirken.

31   Zur **Teilnahme** an der mündlichen Verhandlung sind die Beteiligten und ihre Bevollmächtigten berechtigt. Beiständen nach § 12 FamFG steht dagegen nur ein abgeleitetes Teilnahmerecht zu. Das Teilnahmerecht kann während der Anhörung anderer Beteiligter unter den Voraussetzungen des § 33 Abs. 1 S. 2 FamFG beschränkt werden.

5. Kosten und Gebühren

32   Besondere Gerichtskosten sind mit der Durchführung einer mündlichen Verhandlung nicht verbunden. Für den Rechtsanwalt entsteht durch die Teilnahme an der mündlichen Verhandlung eine **Terminsgebühr** nach 3104 VV RVG. Ob eine solche Gebühr für den Rechtsanwalt auch dann entsteht, wenn eine vorgeschriebene mündliche Verhandlung[47] nicht stattfindet, ist in der obergerichtlichen Rechtsprechung umstritten.[48]

III. Durchführung der Beweisaufnahme

1. Allgemeines

33   Entschließt sich das Landwirtschaftsgericht in einer Landwirtschaftssache der freiwilligen Gerichtsbarkeit zur Durchführung einer **förmlichen Beweisauf-**

---

[45] Keidel/*Meyer-Holz* FamFG § 32 Rn. 35.

[46] MüKoFamFG/*Ulrici* § 32 Rn. 10.

[47] Etwa weil ein Beteiligter dies beantragt hat (§ 15 Abs. 1 S. 1) oder weil über das Ergebnis einer Beweisaufnahme zu verhandeln ist (§ 15 Abs. 4).

[48] Für eine solche Gebühr nach 3104 Nr. 1 VV RVG, wenn eine nach § 155 Abs. 2 S. 1 FamFG vorgeschriebene mündliche Verhandlung nicht stattfindet KG Beschl. v. 26.5.2011 – 19 WF 102/11, BeckRS 2011, 14594 = FamRZ 2011, 1978; ähnlich OLG Schleswig Beschl. v. 30.3.2007 – 15 WF 41/07, BeckRS 2007, 10868 = OLGReport Celle 2007, 475; aA OLG Koblenz Beschl. v. 21.5.2008 – 13 WF 391/08, FGPrax 2008, 178 = Rpfleger 2008, 599 allerdings für einen Fall in dem eine mündliche Erörterung nach dem FamFG nicht vom Gesetz vorgeschrieben war.

nahme, sind nach (§ 9 iVm) § 30 Abs. 1 FamFG die entscheidungserheblichen Tatsachen entsprechend der Zivilprozessordnung festzustellen.[49] Durch diese allgemeine Bezugnahme wird deutlich, dass die Regelungen der ZPO nur insoweit die Durchführung des förmlichen Beweisverfahrens regeln, als nicht in den Verfahren der freiwilligen Gerichtsbarkeit geltende Verfahrensgrundsätze, insbesondere der Amtsermittlungsgrundsatz, etwas anderes gebieten.[50]

Die **Erhebung von Beweisen** in einer förmlichen Beweisaufnahme[51] bestimmt **34**
sich damit im Wesentlichen nach den §§ 355 ff. ZPO. Von den §§ 284 ff. ZPO sind im Hinblick auf den geltenden Amtsermittlungsgrundsatz jedenfalls die Regelungen über das Geständnis (§§ 288–290 ZPO) und die Zurückweisung neuer Beweismittel (§ 296 ZPO) nicht anwendbar.[52] LwVG und FamFG wiederum enthalten eigene Regelungen zur Verhandlung nach Beweisaufnahme (§ 15 Abs. 4 und § 30 Abs. 4 FamFG), zur Beweiswürdigung (§ 37 Abs. 1 FamFG) und zur Glaubhaftmachung (§ 31 FamFG), so dass eine entsprechende Anwendung der §§ 285, 286 und 294 ZPO insoweit nicht erforderlich ist. Die Regelungen über offenkundige Tatsachen (§ 291 ZPO) und die Ermittlung ausländischen Rechts (§ 293 ZPO) gelten hingegen im FamFG-Verfahren sinngemäß.

Ergänzend ordnet § 15 Abs. 3 in den **Landwirtschaftsverfahren** bei einer Be- **35**
weisaufnahme[53] ausdrücklich die sinngemäße Geltung des § 279 Abs. 2, der §§ 357, 367 Abs. 1, §§ 397 und 402 der Zivilprozessordnung an. Die ausdrücklich in Bezug genommenen Vorschriften betreffen, von § 279 Abs. 2 ZPO abgesehen, die Rechtsstellung der Beteiligten im Beweisverfahren, die hierdurch nochmals – die Vorschriften kämen ohne den Verweis in § 15 Abs. 4 über die Bezugnahme in § 30 Abs. 1 FamFG zur Anwendung – für das Landwirtschaftsverfahren hervorgehoben wird.

2. Anordnung der Beweisaufnahme und Öffentlichkeit

Das Gericht kann die Erhebung von Beweisen in einem förmlichen Beweisver- **36**
fahren durch einen **Beweisbeschluss** anordnen. Der Erlass eines solchen Beschlusses ist zwar für die Durchführung der Beweisaufnahme nicht zwingend erforderlich, wird aber zur Konkretisierung des Beweisthemas regelmäßig jedenfalls zweckmäßig sein.[54] Darüber hinaus wird durch die förmliche Anordnung der Beweisaufnahme durch Beschluss für die Beteiligten deutlich, dass das Gericht den Beweis im Strengbeweisverfahren erhebt.[55]

---

[49] Das Gesetz vermeidet damit eine konkrete Bezugnahme auf Vorschriften oder Vorschriftengruppen (etwa zu einzelnen förmlichen Beweismitteln) der ZPO, die in den Verfahren der freiwilligen Gerichtsbarkeit entsprechend gelten sollen.

[50] So finden etwa wegen des Amtsermittlungsgrundsatzes alle Vorschriften der ZPO über den Beweisantritt (zB §§ 371, 403, 420, 445, 447 ZPO) keine Anwendung. Wegen weiterer Besonderheiten wird auf die nachfolgenden Ausführungen zu den einzelnen Beweismitteln verwiesen.

[51] Zum Übergang vom Freibeweisverfahren ins Strengbeweisverfahrens → § 16 Rn. 10 ff.

[52] Keidel/*Sternal* FamFG § 30 Rn. 16a, der weitergehend annimmt, die §§ 284 bis 294 ZPO fänden grds. keine Anwendung; BeckOK FamFG/*Burschel* § 30 Rn. 17. Etwas anderes kann in den Verfahren gelten, die Streitsachen der freiwilligen Gerichtsbarkeit zum Gegenstand haben.

[53] Eine Beweisaufnahme iSd Vorschrift ist nur die förmliche Beweisaufnahme, nicht die Erhebung von Beweisen im Freibeweisverfahren.

[54] Keidel/*Sternal* FamFG § 30 Rn. 17.

[55] BeckOK FamFG/*Burschel* § 30 Rn. 18.

37   In dem Beweisbeschluss, der jederzeit von Amts wegen geändert werden kann, sind die **beweisbedürftigen Tatsachen** und die korrespondierenden **Beweismittel** zu benennen. Die Beweiserhebung erfolgt von Amts wegen. Anträge von Beteiligten, einen bestimmten Beweis zu erheben, sind lediglich Anregungen an das Gericht, die in den Beweisbeschluss nicht aufgenommen werden. Den Beteiligten kann allenfalls aufgegeben werden, geeignete Beweismittel, wie etwa Zeugen, Urkunden oder Augenscheinsobjekte, im Rahmen ihrer Mitwirkungspflicht nach § 27 Abs. 1 FamFG (→ § 9 Rn. 111 ff.) zu benennen, denn es ist im Rahmen der Amtsermittlung nicht Aufgabe des Gerichts, diese erst zu ermitteln.

38   Hat das Gericht Termin zur Beweisaufnahme bestimmt, so ist dieser nach § 370 Abs. 1 ZPO, § 15 Abs. 4 zugleich **Termin zur mündlichen Verhandlung.** Der Termin zur Beweisaufnahme ist zwar wie die mündliche Verhandlung nicht öffentlich iSv § 169 GVG,[56] aber die Beteiligten haben nach § 357 Abs. 1 ZPO das Recht, dieser beizuwohnen.

3. Unmittelbarkeit der Beweisaufnahme

39   Im Rahmen einer durch das Gericht angeordneten förmlichen Beweisaufnahme gilt der **Grundsatz der Unmittelbarkeit** (§ 355 Abs. 1 ZPO),[57] dh die Überzeugungsbildung des Gerichts muss auf einer von ihm selbst durchgeführten Beweisaufnahme beruhen. Der im FamFG allgemein geltende Grundsatz, dass nicht mündlich verhandelt werden muss, und zwar auch nicht zum Ergebnis einer Beweisaufnahme,[58] findet in den Landwirtschaftsverfahren nach § 15 Abs. 4 keine Anwendung. Danach ist nämlich über das Ergebnis der Beweisaufnahme stets mündlich zu verhandeln, wenn nicht alle Beteiligten hierauf verzichten. Dies ändert indes nichts daran, dass Gegenstand der Entscheidung der gesamte Akteninhalt ist und nicht nur dasjenige, über das mündlich verhandelt wurde.

40   Ein **Richterwechsel** nach Abschluss der Beweisaufnahme hindert eine Verwertung der erhobenen Beweise dann nicht, wenn die bei der Entscheidung Mitwirkenden nur das berücksichtigen, was aktenkundig ist. Kommt es auf den persönlichen Eindruck einer Beweisperson an, muss dieser in einem Protokoll niedergelegt sein.[59] Es genügt nicht, wenn der persönliche Eindruck nur mündlich durch einen Richter, der an der Beweisaufnahme teilgenommen hat, vermittelt wird.[60]

41   Der Grundsatz der Unmittelbarkeit der Beweisaufnahme wird durch die gesetzlichen Möglichkeiten, diese einem beauftragten[61] oder ersuchten Richter zu

---

[56] Etwas anderes gilt nur für die Streitsachen der freiwilligen Gerichtsbarkeit (→ § 9 Rn. 18 f.).

[57] BayObLG Beschl. v. 7.8.1997 – 2Z BR 80–97, NJW-RR 1998, 301 (302) = ZflR 1997, 738; OLG München Beschl. v. 11.6.2008 – 31 Wx 26/08, FGPrax 2008, 211 (212) = FamRZ 2008, 2047.

[58] BayObLG Beschl. v. 20.6.1990 – 1a Z 19/89, NJW-RR 1990, 1420 (1421).

[59] OLG München Beschl. v. 11.6.2008 – 31 Wx 26/08, FGPrax 2008, 211 (212) = FamRZ 2008, 2047.

[60] BayObLG Beschl. v. 7.9.1994 – 2Z BR 65/94, NJW-RR 1995, 653 (654 f.); OLG Karlsruhe Beschl. v. 4.2.1997 – 11 Wx 17/97, NJW-RR 1998, 1771 (1772); für den Zivilprozess BGH Urt. v. 4.2.1997 – XI ZR 160/96, NJW 1997, 1586 (1587) = MDR 1997, 592; Urt. v. 19.12.1994 – II ZR 4/94, NJW 1995, 1292 (1293) = MDR 1995, 305.

[61] Allg. zur Durchführung der Beweisaufnahme durch einen beauftragten Richter → § 16 Rn. 18 ff.

übertragen, eingeschränkt. Die Beweisaufnahme durch **Zeugenvernehmung** kann unter den Voraussetzungen des § 375 ZPO einem beauftragten (→ § 16 Rn. 24) oder einem ersuchten Richter übertragen werden. Die Vorschrift gilt nach § 402 ZPO für den **Beweis durch Sachverständige** (→ § 16 Rn. 25) und nach § 451 ZPO für den Beweis durch **Vernehmung eines Beteiligten** entsprechend. Für den **Beweis durch Augenschein** ermöglicht § 372 Abs. 2 ZPO (→ § 16 Rn. 23) dessen Einnahme durch ein Mitglied des erkennenden oder eines anderen Gerichts.

Verletzt das Gericht den Grundsatz der Unmittelbarkeit, kann im streitigen **42** Zivilverfahren dieser **Verfahrensverstoß** durch ausdrückliche Zustimmung der Parteien oder durch rügeloses Verhandeln geheilt werden (§ 295 ZPO). In den Verfahren der freiwilligen Gerichtsbarkeit können die Beteiligten wegen des dort geltenden Amtsermittlungsgrundsatzes hierüber nicht disponieren. In der obergerichtlichen Rechtsprechung wird allein für die Streitsachen der freiwilligen Gerichtsbarkeit eine entsprechende Anwendung des § 295 ZPO (→ § 9 Rn. 13) in Betracht gezogen.[62] Die Verletzung dieses Grundsatzes kann mit dem gegen die Hauptsacheentscheidung zulässigen Rechtsmittel gerügt werden. Verstößt das Gericht gegen den Unmittelbarkeitsgrundsatz, weil es durch ein Mitglied des Kollegialgerichts einen Zeugen vernimmt oder einen Sachverständigen anhört, ohne dass die Voraussetzungen des § 375 ZPO vorliegen, kann im Einzelfall noch eine zulässige Beweiserhebung im Freibeweisverfahren vorliegen.[63]

4. Stellung der Beteiligten

Durch den Verweis in § 15 Abs. 3 wird für die Landwirtschaftssachen der freiwilligen **43** Gerichtsbarkeit zunächst das **Recht der Beteiligten** hervorgehoben, der Beweisaufnahme beizuwohnen (§ 357 Abs. 1 ZPO). Nimmt ein Beteiligter dieses Recht nicht wahr, ist die Beweisaufnahme gleichwohl insoweit zu bewirken, als dies nach Lage der Sache geschehen kann (§ 367 Abs. 1 ZPO). Die Beteiligten sind berechtigt, einem Zeugen aus ihrer Sicht sachdienliche Fragen vorlegen zu lassen (§ 397 Abs. 1 ZPO). Ihnen kann durch den Vorsitzenden darüber hinaus gestattet werden, Fragen unmittelbar an die Zeugen zu richten (§ 397 Abs. 2 ZPO). Dies gilt gemäß § 402 ZPO für den Sachverständigenbeweis entsprechend.

Die **Grenzen des Fragerechts** ergeben sich auch in den Verfahren der freiwilligen **44** Gerichtsbarkeit aus dessen Zweck der Ausschöpfung des Beweismittels. Unzulässig sind etwa Fragen, die keinen Bezug zum Beweisthema aufweisen, oder keine tatsächliche Wahrnehmung des Zeugen zum Gegenstand haben oder Suggestivfragen.[64] Wegen des geltenden Amtsermittlungsgrundsatzes sind aber Fragen, die auf eine Ausforschung des Sachverhalts gerichtet sind, im Unterschied zum Zivilprozess nicht grds. unzulässig. Über die Zulässigkeit einer Frage entscheidet das Gericht im Einzelfall durch nicht anfechtbaren Beschluss (§ 397 Abs. 3 ZPO).

---

[62] So BayObLG Beschl. v. 17.11.1983 – BReg 2 Z 85/82, MDR 1984, 324; ebenso Keidel/ *Sternal* FamFG § 30 Rn. 26 mit der Einschränkung, dass die Amtsaufklärungspflicht nicht entgegenstehen darf.

[63] BayObLG Beschl. v. 6.8.1991 – BReg 1 Z 9/91, NJW-RR 1992, 73 (74) = FamRZ 1992, 355; OLG Frankfurt Beschl. v. 22.12.1997 – 20 W 264–95, NJW-RR 1998, 870 (871) = FamRZ 1998, 1061.

[64] Zöller/*Greger* ZPO § 397 Rn. 4.

45   Zur Wahrung des **rechtlichen Gehörs** ist den Beteiligten Gelegenheit zu geben, zum Ergebnis einer Beweisaufnahme Stellung zu nehmen.[65] Abweichend von § 30 Abs. 4 FamFG erfolgt dies in den Landwirtschaftsverfahren wie im Zivilprozess (§ 279 Abs. 3 ZPO) dadurch, dass gemäß § 15 Abs. 4 über dieses Ergebnis mündlich verhandelt wird.

IV. Die einzelnen Beweismittel

1. Beweis durch Augenschein

46   **a) Allgemeines.** Die Erhebung des Beweises durch Augenschein bestimmt sich grds., nach den §§ 371–372a ZPO. Wegen des im Verfahren der freiwilligen Gerichtsbarkeit geltenden Grundsatzes der Amtsermittlung bedarf es eines Antrags nach § 371 Abs. 2 S. 1 ZPO nicht. Augenschein ist **jede sinnliche Wahrnehmung** des Gerichts, nicht nur die optische. Objekt des Augenscheins kann jede Person oder Sache hinsichtlich ihrer Existenz und Substanz sowie der durch sie ausgelösten Vorgänge sein.[66]

47   Häufig wird die Erhebung eines Sachverständigenbeweises die Inaugenscheinnahme des zu begutachtenden Objekts beinhalten, die aber dem Sachverständigen überlassen werden darf, wenn es hierfür dessen Sachkunde bedarf.[67] Gegenstand des Urkundenbeweises ist zwar in erster Linie der gedankliche Inhalt der verkörperten Erklärung. Daneben beinhaltet er aber auch einen Augenschein an der vorgelegten Urkunde.[68]

48   **b) Herbeischaffung des Gegenstands.** Erfolgt die Herbeischaffung des Gegenstands, der in Augenschein genommen werden soll, nicht freiwillig, kann sie durch das Gericht angeordnet werden. Die Befugnis des Gerichts hierzu jedenfalls gegenüber den **Beteiligten** des Verfahrens ergibt sich ohne weiteres aus der Pflicht, von Amts wegen die zur Feststellung der entscheidungserheblichen Tatsachen erforderlichen Ermittlungen durchzuführen (§ 26 FamFG). Die Beteiligten sind als Ausfluss ihrer Mitwirkungspflicht nach § 27 Abs. 1 FamFG gehalten, entsprechende Maßnahmen im Rahmen eines Ortstermins zu dulden.[69]

49   Streitig ist, ob die Herbeischaffung eines Gegenstands oder die Duldung einer Einnahme des Augenscheins auch **gegenüber einem Dritten** angeordnet werden kann. Teilweise wird vertreten, dass in einem Verfahren, in dem der Amtsermittlungsgrundsatz gilt, dem Gericht in entsprechender Anwendung von § 144 ZPO die Befugnisse zustehen müssen, über die das Gericht in dem von den Parteien bestimmten Zivilprozess verfügt.[70] Nach aA wird eine solche Befugnis des Gerichts

---

[65] Nach § 37 Abs. 2 FamFG darf nämlich das Gericht seine Entscheidung nur auf solche Tatsachen und Beweisergebnisse stützen, zu denen die Beteiligten sich äußern konnten.

[66] Zöller/*Greger* ZPO § 371 Rn. 1.

[67] BGH Urt. v.13.7.1962 – IV ZR 21/62, BGHZ 37, 389 (313f.) = NJW 1962, 1770; Zöller/*Greger* ZPO § 404a Rn. 5.

[68] So können etwa durch Augenschein festgestellte äußere Mängel der Urkunde deren Beweiswert beeinträchtigten (§ 419 ZPO).

[69] Die Frage, ob dem Gericht die Befugnisse nach § 144 ZPO in entsprechender Anwendung zustehen, stellt sich daher in diesem Zusammenhang nicht (→ Rn. 23).

[70] MüKoFamFG/*Ulrici* § 30 Rn. 33; Haußleiter/*Gomille* FamFG § 30 Rn. 20; BeckOK FamFG/*Burschel* § 30 Rn. 23.

gegenüber Dritten aufgrund einer entsprechenden Anwendung von § 144 ZPO für problematisch erachtet.[71] Für den Beweis durch Augenschein verweist § 371 Abs. 2 S. 1 ZPO auf § 144 ZPO und die dort geregelten Befugnisse des Gerichts. Der entsprechenden Anwendung dieser Vorschrift über § 30 Abs. 1 FamFG steht der im FamFG-Verfahren geltende Amtsermittlungsgrundsatz nicht entgegen.[72] Die Pflicht zur Amtsermittlung bedingt lediglich, dass anders, als in § 371 Abs. 2 S. 1 ZPO für das Zivilverfahren vorgeschrieben, weder die Beweiserhebung selbst noch die Herbeischaffung des Gegenstands den Antrag eines Beteiligten voraussetzt, sie gebietet es aber nicht, die Befugnisse des Gerichts zur Herbeischaffung des Beweisgegenstandes gegenüber Dritten zu beschränken.[73]

Das Gericht kann daher nicht nur einem Beteiligten, sondern auch einem Drit- **50** ten eine Frist zur Herbeischaffung des Beweisgegenstandes setzen oder eine Anordnung nach § 144 ZPO erlassen. Entspricht ein **Beteiligter** nicht dieser in einer gerichtlichen Anordnung konkretisierten Pflicht, kann diese nach § 35 Abs. 1, 4 FamFG zwangsweise durchgesetzt werden.[74] Gegenüber einem **Dritten** kann die Verpflichtung gemäß §§ 371 Abs. 2 S. 1, 144 Abs. 2 S. 2, 390 ZPO durchgesetzt werden. Allerdings ist zu beachten, dass der Dritte nach § 144 Abs. 2 S. 1 ZPO nicht zur Vorlegung oder Duldung verpflichtet ist, wenn ihm dies nicht zumutbar ist oder er zur Zeugnisverweigerung gemäß den §§ 383 bis 385 ZPO berechtigt ist.

Die auf den Parteiprozess zugeschnittene Fiktion des § 371 Abs. 3 ZPO, wonach **51** bei Vereitelung des Augenscheins die Behauptungen des Gegners zur Beschaffenheit des Gegenstands als bewiesen angesehen werden, findet wegen des Amtsermittlungsgrundsatzes im FamFG-Verfahren grds. keine Anwendung.[75] Anwendbar sind aber die allgemeinen Grundsätze der Beweisvereitelung (→ § 9 Rn. 139 ff.).

2. Zeugenbeweis

a) Allgemeines. Für die **Erhebung des Zeugenbeweises** gelten grds. die **52** §§ 373–401 ZPO entsprechend, soweit sie mit dem Amtsermittlungsgrundsatz vereinbar sind. Im FamFG-Verfahren sind danach insbesondere die Regelungen über den Beweisantritt (§ 373 ZPO) und den Auslagenvorschuss als Voraussetzung für die Ladung eines Zeugen (§ 379 ZPO) nicht anwendbar.[76] Die in § 30 Abs. 1

---

[71] Keidel/*Sternal* FamFG § 30 Rn. 37.

[72] So aber Keidel/*Sternal* FamFG § 30 Rn. 37; Zöller/*Feskorn* ZPO § 30 FamFG Rn. 16 (der insgesamt § 371 ZPO nicht für anwendbar hält).

[73] Ähnlich MüKoFamFG/*Ulrici* § 30 Rn. 33.

[74] So MüKoFamFG/*Ulrici* § 30 Rn. 33, der zutreffend darauf hinweist, dass die zwangsweise Durchsetzung der stärkeren Einbindung der Beteiligten in das Verfahren (§ 27 FamFG) entspricht und nicht durch die auf den Zivilprozess zugeschnittene Beweisregel des § 371 Abs. 3 ZPO ausgeschlossen wird.

[75] Zöller/*Feskorn* ZPO § 30 FamFG Rn. 16; einschränkend Keidel/*Sternal* FamFG § 30 Rn. 33, wonach die Vorschrift das Verbot arglistigen Verhaltens in einem gerichtlichen Verfahren konkretisiere, aber nicht dazu führen dürfe, dass bei seiner Verletzung zwingend von der Richtigkeit oder Unrichtigkeit bestimmter Tatsachen ausgegangen werden müsse. AA (entsprechende Geltung von § 371 Abs. 3 ZPO) Musielak/Borth/*Grandel/Borth* FamFG § 30 Rn. 9, der aber in diesem Zusammenhang allgemein von der Geltung der Grundsätze der Beweisvereitelung spricht.

[76] Das Gericht kann im Verfahren der freiwilligen Gerichtsbarkeit zwar einen Auslagenvorschuss anfordern, es darf aber nicht die Ladung des Zeugen von der Einzahlung des Vorschusses abhängig machen.

FamFG angeordnete förmliche Beweisaufnahme entsprechend den Vorschriften der ZPO erfasst auch die Möglichkeit, nach § 128a Abs. 2 ZPO einen Zeugen, der sich an einem anderen Ort aufhält, im Wege der Bild- und Tonübertragung zu vernehmen.

53   Zeuge kann jeder sein, der nicht **Beteiligter** des betreffenden Verfahrens ist. Wer Beteiligter ist, bestimmt sich nach § 7 FamFG (→ § 9 Rn. 39ff.). In den Verfahren nach dem LwVG, die nach § 14 Abs. 1 im Allgemeinen durch einen Antrag eingeleitet werden, sind dies zunächst der Antragsteller (§ 7 Abs. 1 FamFG) sowie diejenigen, die nach § 7 Abs. 2 FamFG zwingend hinzuziehen sind (sog. Muss-Beteiligte). Personen, die nach § 7 Abs. 3 FamFG von Amts wegen hinzugezogen werden können (sog. Kann-Beteiligte), sind bis zu ihrer Hinzuziehung als Zeugen und nicht als Beteiligte zu vernehmen.[77]

54   Der **gesetzliche Vertreter** eines Beteiligten kann grds. nicht Zeuge sein. Dies sind etwa der Betreuer eines Beteiligten im Rahmen seines Aufgabenkreises oder der Vorstand oder Geschäftsführer einer juristischen Person. Der Komplementär einer KG kann Zeuge sein, wenn er durch den Gesellschaftsvertrag von der Vertretung ausgeschlossen ist[78] oder sich die Gesellschaft in Liquidation befindet und er nicht zum Liquidator bestellt ist.[79] Nichts anderes kann dann für den Gesellschafter einer GbR oder einer OHG gelten, der durch den Gesellschaftsvertrag von der Vertretung ausgeschlossen ist.[80] In Verfahren unter Beteiligung einer Partei kraft Amtes ist der jeweilige Rechtsinhaber Zeuge. Dies gilt entsprechend auch in den Fällen der gesetzlichen oder gewillkürten Prozessstandschaft.[81]

55   Der **Zeitpunkt der Vernehmung** ist maßgeblich dafür, ob jemand als Beteiligter oder als Zeuge zu vernehmen ist.[82] Wird die zu vernehmende Person zwischen der Anordnung der Vernehmung und deren Durchführung vom Beteiligten zum Zeugen, so ist sie als Zeuge zu vernehmen. Im umgekehrten Fall ist wegen der Subsidiarität der Beteiligtenvernehmung (→ Rn. 86) zu prüfen, ob deren Voraussetzungen zum Zeitpunkt der Vernehmung vorliegen. Wechselt der Status nach Durchführung der Vernehmung vom Zeugen zum Beteiligten, bleibt die Aussage verwertbar,[83] der Wechsel kann aber im Rahmen der Beweiswürdigung berücksichtigt werden. Die Aussage eines Beteiligten, der nach seiner Vernehmung endgültig aus dem Verfahren ausscheidet, bleibt ebenfalls verwertbar, eine erneute Vernehmung als Zeuge ist jedenfalls nicht zwingend geboten.[84]

---

[77] Eine nachfolgende Hinzuziehung als Beteiligter berührt die Wirksamkeit einer zuvor gemachten Zeugenaussage nicht; Keidel/*Sternal* FamFG § 30 Rn. 46.

[78] BGH Urt. v. 27.9.1965 – II ZR 239/64, BGH NJW 1965, 2253 (2254) = MDR 1965, 980; entsprechendes gilt danach für den nicht zur Vertretung berechtigten Kommanditisten der KG.

[79] BGH Urt. v. 19.10.1964 – II ZR 109/62, BGHZ 42, 230 (231f.) = NJW 1965, 106.

[80] MüKoZPO/*Damrau* § 373 Rn. 10.

[81] Bei der gewillkürten Prozessstandschaft aber mit der Einschränkung, dass der Rechtsinhaber nicht als Zeuge zu vernehmen ist, wenn sie vorwiegend zu diesem Zweck vorgenommen worden ist; MüKoZPO/*Damrau* § 373 Rn. 13.

[82] RG Urt. v. 9.1.1900 – VIa 275/99, RGZ 46, 318 (320); für die Beurteilung der Voraussetzungen der Vernehmung als Partei BGH Urt. v. 18.12.1964 – V ZR 207/62, MDR 1965, 287.

[83] RG Urt. v. 11.12.1891 – II 225/91, RGZ 29, 343 (344).

[84] MüKoZPO/*Damrau* § 373 Rn. 16.

Wird ein **Beteiligter als Zeuge** vernommen, kann seine Aussage als Ergebnis **56** der Anhörung eines Beteiligten im Verfahren verwertet werden.[85] In Streitsachen der freiwilligen Gerichtsbarkeit soll in entsprechender Anwendung von § 295 ZPO durch Rügeverzicht oder rügeloses Verhandeln die Heilung eines solchen Verfahrensfehlers herbeigeführt werden können.[86] Diese Heilungsmöglichkeit soll auch in den Antragsverfahren bestehen.[87] Näher liegt aber auch hier wegen der Pflicht zur Amtsermittlung eine Verwertung als Ergebnis der Anhörung des versehentlich als Zeugen vernommenen Beteiligten oder als Ergebnis einer Beweiserhebung im Freibeweisverfahren (→ Rn. 42).

b) Ladung. Die **Ladung** der Zeugen ist nach § 377 Abs. 1 S. 1 ZPO durch die **57** Geschäftsstelle unter Bezugnahme auf den Beweisbeschluss zu bewirken. Die Bezugnahme entfällt, wenn die Beweisaufnahme ohne einen solchen Beschluss angeordnet worden ist. Die Ladung erfolgt gemäß § 377 Abs. 1 S. 2 ZPO grds. formlos, sofern nicht die Zustellung (§ 15 Abs. 2 FamFG) durch das Gericht ausdrücklich angeordnet worden ist. Sie muss den in § 377 Abs. 2 ZPO normierten Anforderungen genügen, wobei an die Stelle der Bezeichnung der Parteien die Bezeichnung der Angelegenheit tritt. Das voraussichtliche Thema der Vernehmung ist in summarischer Form in der Ladung zu bezeichnen.[88]

Im Hinblick auf die **Vorbereitungspflicht** des Zeugen kann es sinnvoll sein, **58** ihn mit der Ladung auf die in diesem Zusammenhang stehende Pflicht hinzuweisen, vor der Vernehmung aussageerleichternde Unterlagen einzusehen und zu dem Termin mitzubringen (§ 378 Abs. 1 S. 1 ZPO). Davon umfasst ist aber nicht die Pflicht, die zur Gedächtniserforschung verwendeten Unterlagen dem Gericht und den Beteiligten vorzulegen. Wenn das Gericht dies für erforderlich erachtet, kann es die Urkundenvorlegung nach § 378 Abs. 1 S. 2 ZPO iVm § 142 ZPO anordnen.

c) Zeugenpflichten. Ein Zeuge hat die Pflicht, **vor Gericht zu erschei-** **59** **nen,**[89] die Pflicht **wahrheitsgemäß auszusagen** und die **Pflicht zur Eidesleistung.** Das Gericht kann auch die schriftliche Beantwortung der Beweisfragen anordnen (§ 377 Abs. 3 ZPO), der Zeuge ist aber zur Abgabe einer solchen schriftlichen Erklärung nicht verpflichtet.[90] Erscheint ein ordnungsgemäß geladener Zeuge nicht, so werden ihm nach § 380 Abs. 1 S. 1 ZPO die hierdurch verursachten Kosten auferlegt. Zugleich kann gegen ihn ein Ordnungsgeld festgesetzt werden (§ 380 Abs. 1 S. 2 ZPO). Das Ordnungsgeld kann im Fall wiederholten Ausbleibens noch einmal festgesetzt werden, das Gericht hat aber auch die Möglichkeit, die zwangsweise Vorführung des Zeugen anzuordnen (§ 380 Abs. 2 ZPO).

---

[85] OLG Hamm Beschl. v. 25.7.1967 – 15 W 187/67, OLGZ 1967, 390 (391) = MDR 1968, 159.

[86] BGH Beschl. v. 20.3.2000 – NotZ 207/99, NJW-RR 2000, 1664 (1665) = MDR 2000, 914.

[87] So, allerdings ohne nähere Auseinandersetzung mit dem geltenden Amtsermittlungsgrundsatz OLG Karlsruhe Beschl. v. 26.3.2010 – 14 Wx 30/09, FGPrax 2010, 239 (241) = BeckRS 2010, 18455; Keidel/*Sternal* FamFG § 30 Rn. 48.

[88] Keidel/*Sternal* FamFG § 30 Rn. 51.

[89] Eine Pflicht zum Erscheinen besteht nicht für den Bundespräsidenten (§ 375 Abs. 2 ZPO) und für die Mitglieder der Bundesregierung, der Landesregierungen und der Parlamente (§ 382 ZPO).

[90] *Zöller/Greger* ZPO § 373 Rn. 2; das Gericht kann dann aber den Zeugen, worauf es den ihn hinzuweisen hat, nach § 377 Abs. 3 S. 2 ZPO zur Vernehmung laden.

Unter den Voraussetzungen des § 381 Abs. 1 S. 1 und 2 ZPO kann von der Auferlegung der Kosten und/oder Ordnungsmitteln abgesehen werden, wenn der Zeuge sein Ausbleiben genügend entschuldigt. Bei nachträglicher genügender Entschuldigung können bereits getroffene Anordnungen unter den Voraussetzungen des § 381 Abs. 1 S. 2 ZPO, also wenn der Zeuge glaubhaft macht, dass ihn an der verspäteten Entschuldigung kein Verschulden trifft, wieder aufgehoben werden (§ 381 Abs. 1 S. 3 ZPO).

60   Durch Beschluss ergangene **erstinstanzliche Anordnungen** nach § 380 Abs. 1, 2 ZPO können gemäß § 380 Abs. 3 ZPO mit der sofortigen Beschwerde angefochten werden. Der Gang des Beschwerdeverfahrens bestimmt sich grds. nach (§ 9 iVm) §§ 58 ff. FamFG, also nach dem Rechtsmittelsystem, dass das Gesetz für die Verfahren der freiwilligen Gerichtsbarkeit bereithält. Im Fall der (sofortigen) Beschwerde eines Zeugen gegen die Anordnung eines Ordnungsmittels durch das Gericht richtet sich das Beschwerdeverfahrens abweichend von diesem Grundsatz nach den §§ 567–570 ZPO.[91] Für die sofortige Beschwerde eines Beteiligten gegen die Anordnung eines Ordnungsmittels gegen ihn verweist nunmehr § 33 Abs. 3 S. 5 FamFG ausdrücklich auf die §§ 567–572 ZPO. Für die Beschwerde eines Zeugen[92] gelten die §§ 567–572 ZPO über eine entsprechende Anwendung von § 33 Abs. 3 S. 5 FamFG,[93] weil nichts dafür ersichtlich ist, dass das zulässige Rechtsmittel nicht den Regeln folgen soll, die in den vergleichbaren Fällen, in denen eine **Zwischen- oder Nebenentscheidung** im FamFG-Verfahren unter Verweis auf die §§ 567–572 ZPO mit der sofortigen Beschwerde angefochten werden kann, gelten.[94] Dies hat ua zur Folge, dass dem Rechtsmittel nach § 570 Abs. 1 ZPO aufschiebende Wirkung zukommt.

61   Die erstmalige Anordnung von Ordnungsmitteln durch das **Beschwerdegericht** ist demgemäß nicht mit der sofortigen Beschwerde anfechtbar, weil diese nach § 567 Abs. 1 ZPO nur gegen im ersten Rechtszug ergangene Entscheidungen der Amtsgerichte und Landgerichte stattfindet. Gegen die **Beschwerdeentscheidung** über die Anordnung von Ordnungsmitteln durch das erstinstanzliche Gericht kann unter den Voraussetzungen der §§ 574 ff. ZPO die Rechtsbeschwerde eingelegt werden; die §§ 70 ff. FamFG finden insoweit keine Anwendung.[95]

---

[91] So BGH Beschl. v. 4.7.1984 – IVa ZB 18/93, BGHZ 91, 392 (395) = NJW 1984, 2893 für die Zulässigkeit der weiteren Beschwerde (nach dem FGG) eines Zeugen gegen einen Beschluss, mit dem die Zeugnisverweigerung unter Berufung auf die ärztliche Schweigepflicht für nicht rechtmäßig erachtet wurde. IE ebenso, aber unter unmittelbarer Bezugnahme auf die §§ 567 ff. ZPO Keidel/*Sternal* FamFG § 30 Rn. 56; Bumiller/Harders/Schwamb/*Bumiller* FamFG § 30 Rn. 19.

[92] Dies gilt auch für die Beschwerde eines Sachverständigen gegen die Anordnung eines Ordnungsmittels gegen ihn, weil nach § 402 ZPO die Vorschriften für Zeugen grds. auch für den Beweis durch Sachverständige gelten.

[93] Verweise auf das Beschwerdeverfahren nach den §§ 567–572 ZPO finden sich daneben etwa auch in den §§ 6 Abs. 2, 7 Abs. 5 S. 2, 35 Abs. 5 u. 76 Abs. 2 FamFG.

[94] Zöller/*Feskorn* ZPO § 70 FamFG Rn. 2.

[95] So ua BGH Beschl. v. 15.2.2012 – XII ZB 451/11, NJW-RR 2012, 582 = FGPrax 2012, 136 für § 6 Abs. 2 FamFG; Beschl. v. 30.3.2011 – XII ZB 692/10, NJW-RR 2011, 1154 (1155) = FGPrax 2011, 179 für § 7 Abs. 5 S. 2 FamFG; Beschl. v. 4.3.2010 – V ZB 222/09, BGHZ 184, 323 (326 f.) = FGPrax 2010, 154 für § 76 Abs. 2 FamFG; anders noch (Rechtsbeschwerde nach §§ 70 ff. FamFG) BGH Beschl. v. 11.5.2011 – V ZB 265/10, FGPrax 2011, 201 = BeckRS 2011, 14045.

Unter welchen Voraussetzungen ein Zeuge im Einzelfall zur **Zeugnisver-** 62
weigerung berechtigt ist, bestimmt sich nach den §§ 383–390 ZPO, ob und
wie er ggf. seine Aussage zu beeiden hat, nach den §§ 391–393 ZPO. Macht
der Zeuge von seinem Zeugnisverweigerungsrecht Gebrauch, kann über die
Rechtmäßigkeit der Weigerung in einem Zwischenstreit nach § 387 ZPO entschieden werden. Wegen der Verpflichtung des Gerichts zur Amtsermittlung
bedarf es für die Einleitung eines solchen Zwischenverfahrens keines Antrags
eines Beteiligten. Dies wird aber regelmäßig dazu führen, dass das Gericht, das
eine Zeugnisverweigerung für nicht zulässig erachtet, entsprechende Anordnungen nach § 390 Abs. 1 ZPO treffen wird und die Rechtmäßigkeit im Rahmen
eines durch eine sofortige Beschwerde des Zeugen nach § 390 Abs. 3 ZPO ein-
geleiteten Beschwerdeverfahrens überprüft werden wird.[96] Kommt es gleichwohl zu einem Zwischenstreit nach § 387 ZPO, so entscheidet das Gericht nicht
durch Zwischenurteil (§ 390 Abs. 3 ZPO), sondern durch Beschluss, der ebenfalls mit der sofortigen Beschwerde nach den §§ 567 ff. ZPO angefochten werden kann.

Der **Gang der Vernehmung** eines Zeugen ist in den §§ 394–399 ZPO gere- 63
gelt, die grds. ebenfalls entsprechend im Verfahren der freiwilligen Gerichtsbarkeit
gelten. Die in § 399 ZPO eröffnete Möglichkeit, auf einen Zeugen zu verzichten,
ist mit dem Amtsermittlungsgrundsatz nicht vereinbar und findet deshalb in den
Verfahren der freiwilligen Gerichtsbarkeit keine Anwendung.

3. Beweis durch Sachverständige

a) Allgemeines. Für den **Beweis durch Sachverständige** gelten, soweit 64
die §§ 403 ff. ZPO keine abweichenden Regelungen bereithalten, nach § 402
ZPO die Vorschriften über den Beweis durch Zeugen entsprechend. Sachverständiger kann jede natürliche Person sein,[97] die nicht Beteiligte ist. In den Fällen, in denen das Gericht die Sachkunde eines in einem Rechtsform des Privatrechts betriebenen (wissenschaftlichen) Instituts, einer Klinik oder eines
Unternehmens in Anspruch nehmen will, muss es eine diesem Unternehmen
angehörende natürliche Person mit der Erstattung des Gutachtens beauftragen.[98]
Ausnahmsweise können Fachbehörden mit der Abgabe gutachterlicher Auskünfte beauftragt werden, wenn ihnen diese Aufgabe spezialgesetzlich übertragen worden ist.[99]

Im Verfahren der freiwilligen Gerichtsbarkeit besteht für das Gericht **Anlass,** 65
einen Sachverständigen hinzuziehen, wenn es zur Feststellung entscheidungserheblicher Tatsachen dessen sachkundiger Unterstützung als Gehilfe des Gerichts bedarf.
Im **Unterschied zum Zeugen,** der eigene Wahrnehmungen von Tatsachen bekundet, wertet der Sachverständige vorgegebene Tatsachen aus, indem er aufgrund
seines Fachwissens subjektive Wertungen, Schlussfolgerungen und Hypothesen bekundet. Überschneidungen der beiden Bereiche ergeben sich beim sachverständi-

---

[96] Auch für dieses (Zwischen-)Verfahren gelten für die sofortige Beschwerde die §§ 567 ff.
ZPO (→ Rn. 60).

[97] MüKoZPO/*Zimmermann* § 404 Rn. 2. Dass die ZPO unausgesprochen davon ausgeht,
dass Sachverständiger nur eine natürliche Person sein kann, zeigt sich etwa an § 408 ZPO (Gut-
achtenverweigerungsrecht) und § 410 ZPO (Sachverständigenbeeidigung).

[98] Zöller/*Greger* ZPO § 402 Rn. 6.

[99] BGH Urt. v. 3.3.1998 – X ZR 106/96, NJW 1998, 3355 (3356) = MDR 1999, 112.

gen Zeugen (§ 414 ZPO), der Tatsachen bekunden soll, zu deren Wahrnehmung seine besondere Sachkunde erforderlich ist.[100]

66   **b) Auswahl und Bestellung des Sachverständigen.** Die **Auswahl** des Sachverständigen ist Sache des Gerichts (§ 404 Abs. 1 S. 1 ZPO), das nach dem Gegenstand der zu beantwortenden Beweisfragen entscheiden muss, für welches Fachgebiet ein Sachverständiger gesucht wird. In diesem Zusammenhang muss ua darüber befunden werden werden, ob die Beantwortung der Beweisfrage eine wissenschaftliche Ausbildung erfordert, oder – insbesondere im Kosteninteresse der Beteiligten – etwa auch durch einen Handwerker erfolgen kann. Schon in diesem Stadium der Auswahl kann sich das Gericht im Bedarfsfall sachverständiger Hilfe bedienen, was allerdings in der Praxis nur ausnahmsweise dann in Betracht kommen wird, wenn dies bereits erforderlich ist, um die Beweisfrage einem bestimmten Fachgebiet zuzuordnen.

67   Das **Ermessen** des Gerichts bei der Auswahl des Sachverständigen[101] wird durch § 404 Abs. 2 ZPO eingeschränkt. Sind für gewisse Arten von Gutachten Sachverständige öffentlich bestellt (404 Abs. 3 ZPO), so sollen andere nur ausgewählt werden, wenn besondere Umstände dies erfordern. Das Gericht kann auch die Beteiligten bei der Auswahl eines Sachverständigen hinzuziehen und sie nach § 403 ZPO auffordern, Personen zu bezeichnen, die als geeignete Sachverständige in Betracht kommen. Einigen sich die Beteiligten auf einen bestimmten Sachverständigen, dürfte eine Bindungswirkung (§ 404 Abs. 4 ZPO) wegen des geltenden Amtsermittlungsgrundsatzes gleichwohl nicht eintreten. Das Gericht wird vielmehr den Sachverständigen auswählen müssen, der aus seiner Sicht am geeignetsten ist, die Beweisfrage zu beantworten.

68   Nach der Auswahl des Sachverständigen erfolgt dessen **Ernennung** durch Beschluss.[102] Ein öffentlich bestellter Sachverständiger wird durch die Ernennung zur Erstattung des Gutachtens verpflichtet (§ 407 Abs. 1 ZPO), ein anderer nur dann, wenn er sich hierzu vor Gericht bereit erklärt hat (§ 407 Abs. 2 ZPO). In der Kommentarliteratur ist umstritten, ob – wofür der Wortlaut der Vorschrift spricht – eine ausdrückliche Bereiterklärung erforderlich ist,[103] oder ob die widerspruchslose Entgegennahme des Auftrags durch den Sachverständigen genügt.[104] Die weiteren Pflichten des Sachverständigen ergeben sich dann aus § 407a ZPO. Er ist insbesondere verpflichtet, das Gutachten selbst und eigenverantwortlich zu erstatten. Ein unter Verstoß gegen diese Pflicht von einem Dritten erstattetes Gutachten ist im Verfahren nicht verwertbar. Ist der Verstoß für das Gericht erkennbar, etwa weil sich die Erstattung durch den Dritten aus dem Gutachten ergibt, kann das Gericht – nach Anhörung der Beteiligten – den Dritten mit der Erstattung des Gutachtens beauftragen.[105] Für unterstützende Dienste unter Weisung und Aufsicht des Sachverständigen dürfen aber Hilfspersonen hinzugezogen werden.

---

[100] Zöller/*Greger* ZPO § 402 Rn. 1a.

[101] Nach § 404 Abs. 1 S. 2 ZPO kann das Gericht für eine Beweisfrage grds. auch mehrere Sachverständige auswählen und ernennen bzw. nach § 404 Abs. 1 S. 3 ZPO statt des zunächst ernannten Sachverständigen einen anderen ernennen.

[102] Zur Ernennung durch den beauftragten Richter → § 16 Rn. 25.

[103] So MüKoZPO/*Zimmermann* § 407 Rn. 3; Wieczorek/Schütze/*Ahrens* ZPO § 407 Rn. 6; wohl auch Musielak/*Huber* ZPO § 407 Rn. 2.

[104] So Stein/Jonas/*Berger* ZPO § 407 Rn. 5; Zöller/*Greger* ZPO § 407 Rn. 1; BeckOK ZPO/*Scheuch* ZPO § 407 Rn. 5.

[105] BGH Urt. v. 8.1.1985 – VI ZR 15/83, NJW 1985, 1399 (1400) = MDR 1985, 923.

Der Sachverständige darf unter den Voraussetzungen, unter denen ein Zeuge be- **69** rechtigt ist, das Zeugnis zu verweigern (§§ 383 bis 390 ZPO), die **Erstattung des Gutachtens verweigern** (§ 408 Abs. 1 S. 1 ZPO). Für einen Streit über die Berechtigung zur Verweigerung der Gutachtenerstattung gelten die Ausführungen für den Zeugen (→ Rn. 62) entsprechend. Das Gericht darf aus anderen Gründen einen Sachverständigen von der Erstattung des Gutachtens entbinden (§ 408 Abs. 1 S. 2 ZPO). Zudem kann ein Sachverständiger nach § 406 Abs. 1 ZPO aus denselben Gründen wegen der Besorgnis der Befangenheit abgelehnt werden, die zur Ablehnung eines Richters berechtigen (§ 20 → Rn. 9 ff.).[106]

Der Sachverständige steht weder zum Gericht noch zu den Beteiligten des Ver- **70** fahrens in vertraglichen Beziehungen, seine Verpflichtung zur Erstattung des Gutachtens ist öffentlich-rechtlicher Natur.[107]

c) Inhalt und Durchführung des Gutachtenauftrags. Neben der Auswahl **71** und der Bestellung des Sachverständigen ist es weiter **Aufgabe des Gerichts,** dessen Tätigkeit zu leiten und ihm ggf. für die Art und den Umfang seiner Tätigkeit Weisungen zu erteilen (§ 404a Abs. 1 ZPO). Dazu ist es zunächst erforderlich, die vom Sachverständigen zu beantwortende Beweisfrage – idR in einem gesonderten Beweisbeschluss – so präzise wie möglich zu fassen. Grundlage für die Formulierung der Beweisfrage ist nicht, wie im Zivilprozess eine von einer Partei behauptete und von der Gegenseite erheblich bestrittene Tatsache, sondern eine entscheidungserhebliche, von Amts wegen zu ermittelnde Tatsache, deren Feststellung wegen der erforderlichen Sachkunde der Mithilfe eines Sachverständigen bedarf.

Es ist auch in den Verfahren der freiwilligen Gerichtsbarkeit zwischen Anschluss- **72** tatsachen und Befundtatsachen zu differenzieren. **Anschlusstatsachen** sind solche Tatsachen, die der Sachverständige seiner Begutachtung zugrunde zu legen hat, die aber nicht Gegenstand der Sachverständigentätigkeit sind. Es ist Sache des Gerichts, dem Sachverständigen mitzuteilen, von welchen Anschlusstatsachen er bei der Erstattung seines Gutachtens auszugehen hat.[108] Hat bereits eine Beweisaufnahme, insbesondere durch Vernehmung von Zeugen, stattgefunden, muss das Gericht dem Sachverständigen vorgeben, von welchen Gegebenheiten es überzeugt ist und der Sachverständige hat diese Feststellungen des Gerichts für seine Beurteilung als maßgebend zu erachten.[109] Wenn das Gericht noch keine abschließenden Feststellungen zu den maßgeblichen Anknüpfungstatsachen getroffen hat oder noch nicht

---

[106] Der Antrag muss im Fall der Ablehnung eines Sachverständigen vor dessen Vernehmung und spätestens binnen zwei Wochen nach Verkündung oder Zustellung des Beschlusses über die Ernennung gestellt werden. Ein späterer Antrag ist nur zulässig, wenn glaubhaft gemacht wird, dass der Ablehnende ohne sein Verschulden gehindert war, den Ablehnungsgrund früher geltend zu machen (§ 406 Abs. 2 S. 1 und 2 ZPO).

[107] Weil es seines Einverständnisses nicht bedarf, handelt es sich aber nicht um einen öffentlich-rechtlichen Vertrag. Dem Sachverständigen stehen bei der Ausübung seiner Tätigkeit auch keine hoheitlichen Befugnisse zu (MüKoZPO/*Zimmermann* § 404a Rn. 2).

[108] § 404 Abs. 3 ZPO gilt auch in den Verfahren der freiwilligen Gerichtsbarkeit, allerdings mit der Maßgabe, dass es nicht darauf ankommt, ob eine Tatsache streitig ist. Es kann dabei sachdienlich sein, etwa eine Inaugenscheinnahme in Anwesenheit des Sachverständigen durchzuführen oder Zeugen in dessen Beisein zu vernehmen.

[109] BGH Urt. v. 30.1.1957 – V ZR 186/55, BGHZ 23, 207 (213) = NJW 1957, 906; Urt. v. 21.1.1997 – VI ZR 86/96, NJW 1997, 1446 (1447) = MDR 1997, 493; MüKoZPO/*Zimmermann* § 404a Rn. 5.

treffen will, kann dem Sachverständigen eine Begutachtung auf alternativer Tatsachengrundlage aufgegeben werden.[110]

73   **Befundtatsachen** sind solche (Anschluss-)Tatsachen, die ausnahmsweise vom Sachverständigen selbst ermittelt werden, weil deren Wahrnehmung dessen besondere Sachkunde voraussetzen. Es handelt sich also um Tatsachen, die unmittelbar den Gutachtenauftrag betreffen.[111] Der Sachverständige rückt damit zwar in die Nähe eines sachverständigen Zeugen (§ 414 ZPO) oder eines Gehilfen des Gerichts bei der Einnahme eines Augenscheins (§ 372 Abs. 1 ZPO), er vermittelt seine Kenntnisse aber weiterhin als ein diese Tatsachen bewertender Sachverständiger.[112]

74   Von den Befundtatsachen zu unterscheiden sind die sog. **Zufallstatsachen.** Das sind solche Tatsachen, die dem Sachverständigen anlässlich der Gutachtenerstattung bekannt werden, die aber nicht unmittelbar den Gutachtenauftrag betreffen und deren Wahrnehmung auch nicht notwendig die Sachkunde des Sachverständigen voraussetzen.[113] Die Verwertung solcher Zufallstatsachen, die im Hinblick auf die Pflicht zur Amtsermittlung anders als im Zivilprozess grds. geboten ist, verstößt dann nicht gegen den Unmittelbarkeitsgrundsatz, wenn sie, etwa durch die Vernehmung des Sachverständigen als Zeugen, in das Verfahren eingeführt werden.[114]

75   Die Pflicht des Gerichts, die Tätigkeit des Sachverständigen nach Maßgabe des § 404 a ZPO zu leiten, ändert nichts daran, dass der Sachverständige sein Gutachten **eigenverantwortlich** zu erstatten hat (§ 407 a Abs. 2 S. 1 ZPO).[115] Ein Verstoß gegen § 404 a ZPO führt nicht per se zu einer Unverwertbarkeit des Gutachtens.[116]

76   Das Gericht kann auch ein in einem anderen Verfahren erstattetes Sachverständigengutachten zu Beweiszwecken verwerten. Wegen der Förmlichkeit der Beweisaufnahme kann ein solches Gutachten nur dann verwertet werden, wenn es nach § 411 a ZPO in das Verfahren eingeführt und dem Betroffenen gemäß § 14 Abs. 2 S. 1 bzw. §§ 30 Abs. 4, 37 Abs. 2 FamFG (→ § 14 Rn. 62 f.) Gelegenheit gegeben worden ist, zu den Ausführungen des zu verwertenden Gutachtens in dem vorliegenden Verfahren Stellung zu nehmen. Vor der Anordnung der Verwertung muss das Gericht den Beteiligten seine Absicht mitteilen und ihnen rechtliches Gehör gewähren.[117] Die Rechte der Beteiligten etwa auf Anhörung des Sachverständigen oder dessen Ablehnung wegen der Besorgnis der Befangenheit werden nicht berührt.

---

[110] MüKoZPO/*Zimmermann* § 404 a Rn. 5; Keidel/*Sternal* FamFG § 30 Rn. 91.

[111] BGH Beschl. v. 17.8.2011 – V ZB 128/11, NJW-RR 2011, 1459 f. = WuM 2011, 571; BeckOK ZPO/*Scheuch* § 404 a Rn. 9.

[112] MüKoZPO/*Zimmermann* § 404 a Rn. 8.

[113] BeckOK ZPO/*Scheuch* § 404 a Rn. 12; MüKoZPO/*Zimmermann* § 404 a Rn. 8.

[114] Wegen des Amtsermittlungsgrundsatzes bedarf es, anders als im Zivilprozess, weder eines entsprechenden Vortrags der Beteiligten noch eines Beweisantritts.

[115] Der Sachverständige darf daher die Erstellung des Gutachtens nicht einem anderen überlassen, er darf sich aber im Rahmen der Gutachtenerstellung Dritter als Hilfspersonen bedienen, die dann auch namentlich und nach dem Umfang ihrer Tätigkeit zu benennen sind, wenn es sich nicht um Hilfsdienste von untergeordneter Bedeutung handelt (§ 407 a Abs. 2 S. 2 ZPO). BGH Beschl. v. 17.8.2011 – V ZB 128/11, NJW-RR 2011, 1459 = WuM 2011, 571.

[116] BGH Beschl. v. 17.8.2011 – V ZB 128/11, NJW-RR 2011, 1459 = WuM 2011, 571.

[117] BGH Beschl. v. 27.4.2016 – XII ZB 611/15, NJW-RR 2016, 1149 (1150) = MDR 2016, 1022; Beschl. v. 16.11.2011 – XII ZB 6/11, NVwZ-RR 2012, 360 (362) = MDR 2012, 226; Musielak/*Huber* ZPO § 411 a Rn. 11; Zöller/*Greger* ZPO § 411 a Rn. 4.

4. Beweis durch Urkunden

a) Allgemeines. Auf den **Beweis durch Urkunden** finden grds. die 77
§§ 415–444 ZPO Anwendung, soweit nicht wiederum der geltende Amtsermittlungsgrundsatz Einschränkungen gebietet. Diese Einschränkungen sind beim Urkundenbeweis deutlich größer als bei den übrigen Beweismitteln, weil zahlreiche Regelungen der ZPO zum Urkundenbeweis gesetzliche Vermutungen und Beweislastfragen betreffen, denen in den Verfahren der freiwilligen Gerichtsbarkeit wegen des geltenden Amtsermittlungsgrundsatzes (→ § 9 Rn. 95 ff.) keine Bedeutung zukommt.

Nicht anwendbar sind danach insbesondere die Vorschriften über den Beweisantritt (§§ 420, 421, 428 ZPO) sowie über den Verzicht auf Vorlegung der Urkunde 78
(§ 436 ZPO). Eines Antrags auf Vorlegung der Urkunde durch einen anderen Beteiligten (§ 424 ZPO) oder einen Dritten (§ 430 ZPO) bedarf es ebenfalls nicht.

b) Der Beweiswert von Urkunden. Auch in den Verfahren der freiwilligen 79
Gerichtsbarkeit gelten hinsichtlich des Beweiswerts von Urkunden – abweichend vom Grundsatz der freien Beweiswürdigung – grds. die **Beweisregeln** der
§§ 415–418 ZPO.[118] Eine Einschränkung gilt für § 415 Abs. 2 ZPO (Zulässigkeit des Gegenbeweises), an dessen Stelle die Amtsermittlungspflicht des Gerichts tritt.

Der vom Gesetz beigemessene Beweiswert kommt nur **echten Urkunden** zu. 80
Die Echtheit einer Urkunde ist vom Gericht in freier Beweiswürdigung festzustellen. In diesem Zusammenhang ist auch das Verhalten der Beteiligten entsprechend §§ 427, 444 ZPO zu berücksichtigen. Die in § 440 ZPO in diesem Zusammenhang geregelte Verteilung der Beweislast hat für die Verfahren der freiwilligen Gerichtsbarkeit keine unmittelbare Bedeutung. Die Echtheit von Urkunden (§ 440 Abs. 1 ZPO) muss das Gericht im Rahmen seiner Pflicht zur Amtsermittlung klären.[119] Die Vermutung der Echtheit nach § 440 Abs. 2 ZPO ist ebenfalls eine allein für den Zivilprozess geltende Beweislastregel, wenn die Echtheit einer über der Unterschrift stehenden Schrift bestritten wird. Die im FamFG-Verfahren bestehende Feststellungslast (→ § 9 Rn. 148 ff.) regelt sich dagegen nach den Grundsätzen der freien Beweiswürdigung, in deren Rahmen allerdings der der Regelung des § 440 Abs. 2 ZPO zugrunde liegende Erfahrungssatz zu berücksichtigen sein wird.[120] Entsprechendes gilt für die Erklärung über die Echtheit von Privaturkunden (§ 439 ZPO). Insbesondere für § 439 Abs. 3 ZPO, nach der die Urkunde als anerkannt anzusehen ist, wenn ihre Echtheit nicht bestritten wird, ist in Verfahren der freiwilligen Gerichtsbarkeit kein Raum.[121]

---

[118] OLG München Beschl. v. 7.5.2008 – 31 Wx 12/08, FGPrax 2008, 162 (163) = Rpfleger 2008, 492; Keidel/*Sternal* FamFG § 30 Rn. 108; MüKoFamFG/*Ulrici* § 30 Rn. 29.

[119] Das Gericht ist an die Anerkennung der Echtheit einer Urkunde durch die Beteiligten ohnehin nicht gebunden, kann diese vielmehr bei gleichwohl bestehenden Zweifeln etwa durch eine weitere Beweisaufnahme klären.

[120] BayObLG Beschl. v. 20.3.2002 – 2Z BR 99/01, BayObLGZ 2002, 78 (81) = FGPRax 2002, 111.

[121] Davon zu unterscheiden ist die Frage, ob im Fall des Nichtbestreitens der Echtheit durch die Beteiligten für das Gericht Anlass besteht, über die Echtheit der Urkunde Beweis zu erheben. Dies wird idR nur der Fall sein, wenn aufgrund anderer Anhaltspunkte im Rahmen der Pflicht, die entscheidungserheblichen Tatsachen von Amts wegen festzustellen, solche weiteren Ermittlungen, etwa bei äußeren Mängeln der Urkunde, geboten sind.

81   Weist eine (echte) Urkunde **äußere Mängel,** wie etwa Durchstreichungen, Radierungen oä auf, so kann deren Beweiskraft ganz oder teilweise aufgehoben und gemindert sein. Ob und ggf. inwieweit der Beweiswert eingeschränkt ist, entscheidet das Gericht auch im FamFG-Verfahren nach freier Überzeugung (§ 419 ZPO).

82   **c) Vorlage der Urkunde.** Die Regelungen über die **Vorlage von Urkunden** (§§ 420–432 ZPO) sind in ihrer Gesamtheit Ausdruck des kontradiktorischen Zivilverfahrens und des Beibringungsgrundsatzes und werden in den Verfahren der freiwilligen Gerichtsbarkeit im Kern durch den Amtsermittlungsgrundsatz (§ 26 FamFG) und die Pflicht der Beteiligten, bei der Ermittlung des Sachverhaltes mitzuwirken (§ 27 FamFG) abgelöst.

83   Die Vorlegung von Urkunden durch **Beteiligte** kann, wenn sich das Gericht oder ein Beteiligter auf diese bezogen hat, angeordnet und bei Nichtvorlage nach § 35 FamFG auch durchgesetzt werden. Die Pflicht zur Vorlage der Urkunde dürfte sich für Beteiligte bereits aus § 27 Abs. 1 FamFG ergeben,[122] so dass es einer entsprechenden Anwendung von § 142 ZPO nicht bedarf.[123]

84   Die **Vorlegungspflicht Dritter** hat in § 429 ZPO eine ausdrückliche gesetzliche Regelung erfahren. Satz 1 dieser Vorschrift wird in den Verfahren der freiwilligen Gerichtsbarkeit mit der Maßgabe entsprechend anwendbar sein, dass derjenige Beteiligte, den im jeweiligen Antragsverfahren die Feststellungslast trifft (→ § 9 Rn. 148 ff.) einen Dritten im Klageweg auf Vorlage der Beweisurkunde in Anspruch nehmen kann. Die Klage hat aber nur dann Erfolg, wenn dem Beteiligten gegen den Dritten ein entsprechender materiell-rechtlicher Anspruch zusteht.[124] Große praktische Bedeutung kommt § 429 S. 1 ZPO indes nicht zu, weil daneben (§ 429 S. 2 ZPO) das Gericht gegenüber dem Dritten die Vorlage der Urkunde nach § 142 Abs. 1 ZPO anordnen kann. Ist für den Dritten die Vorlage der Urkunde zumutbar und kann er sich nicht auf ein Zeugnisverweigerungsrecht berufen (§ 142 Abs. 2 S. 1 ZPO), so kann die Pflicht zur Vorlage nach § 390 ZPO durchgesetzt werden (§ 142 Abs. 2 S. 2 ZPO).

5. Beweis durch Beteiligtenvernehmung

85   **a) Allgemeines.** Die durch § 30 Abs. 1 FamFG angeordnete entsprechende Geltung der Vorschriften der ZPO für die Durchführung einer förmlichen Beweisaufnahme schließt die Möglichkeit einer förmlichen Vernehmung der Beteiligten ein. Wegen des geltenden Amtsermittlungsgrundsatz kommt allerdings allein die **Vernehmung von Beteiligten nach § 448 ZPO** von Amts wegen in Betracht. Die §§ 445–447 ZPO finden keine Anwendung.[125]

86   Der in § 450 Abs. 2 ZPO zum Ausdruck kommende **Vorrang anderer Beweismittel** vor der förmlichen Vernehmung einer Partei gilt auch für die förmliche

---

[122] Die Mitwirkungspflicht nach § 27 Abs. 1 FamFG umfasst auch die Vorlage von Beweismitteln; so OLG Düsseldorf Beschl. v. 2.3.2012 – II-1 UF 120/10, BeckRS 2012, 18590 = FamRZ 2012, 1233.

[123] Für eine entsprechende Anwendung von § 142 Abs. 1 ZPO MüKoFamFG/*Ulrici* § 30 Rn. 28. Nach Prütting/Helms/*Prütting* FamFG § 30 Rn. 19 sollen die §§ 141–144 ZPO insoweit dagegen gerade nicht gelten.

[124] Ein solcher Anspruch besteht etwa dort, wo der Beteiligte einen Anspruch auf Auskunft und Rechnungslegung (§ 259 Abs. 1 BGB) oder auf Herausgabe der Urkunde hat (Zöller/*Geimer* ZPO § 429 Rn. 1 u. § 422 Rn. 2).

[125] Keidel/*Sternal* FamFG § 30 Rn. 114.

Beteiligtenvernehmung in den Verfahren der freiwilligen Gerichtsbarkeit.[126] Hiervon zu unterscheiden ist die Frage, ob eine Beteiligtenvernehmung nur erfolgen darf, um restliche Zweifel des Gerichts nach Ausschöpfung der übrigen Beweismittel zu beseitigen, also isv § 448 ZPO bereits eine gewisse Wahrscheinlichkeit für die zu erweisende Tatsache besteht.[127] Das Erfordernis eines solchen „Anbeweises" soll im Zivilprozess verhindern, dass die Folgen der Beweisfälligkeit einer Partei vermieden werden. Hierfür besteht aber im FamFG-Verfahren mit seinem geltenden Untersuchungsgrundsatz kein Anlass. Das Gericht hat selbständig und ohne Bindung an die Erklärungen und Beweisanträge die Aufklärung des Sachverhalts zu betreiben, so dass es auch ohne die Beschränkung des § 448 ZPO einen Beteiligten förmlich vernehmen kann.[128]

Daneben besteht immer auch die Möglichkeit einen oder mehrere Beteiligte anzuhören (§ 33 Abs. 1 S. 1 FamFG) und das Ergebnis dieser **Anhörung** bei der Beweiswürdigung zu berücksichtigen. **87**

b) Verfahren. Als Beteiligter ist jeder zu vernehmen, der nicht Zeuge sein kann (→ Rn. 53 ff.). Das **Erscheinen** des Beteiligten vor Gericht zur Durchführung der Vernehmung kann im Verfahren der freiwilligen Gerichtsbarkeit im Unterschied zum Zivilverfahren nach § 33 Abs. 3 FamFG zwangsweise durchgesetzt werden. Wegen dieser erzwingbaren Pflicht zum Erscheinen kommt der Beweisregel des § 454 Abs. 1 ZPO keine Bedeutung zu, und zwar unabhängig davon, dass auch der Amtsermittlungsgrundsatz der Anwendung dieser Regel entgegenstünde. **88**

Die **Vernehmung** selbst, einschließlich der Möglichkeit der Vereidigung des Beteiligten, erfolgt entsprechend der Vernehmung eines Zeugen. Anders als beim Zeugen kann aber weder die Aussage des Beteiligten noch dessen Beeidigung[129] erzwungen werden.[130] Da andererseits dem Beteiligten ein Aussage- bzw. Eidesverweigerungsrecht nicht zusteht, ordnet § 453 Abs. 2 ZPO die entsprechende Geltung von § 446 ZPO an. Das Gericht hat danach unter Berücksichtigung des gesamten maßgeblichen Verfahrensstoffs (→ § 9 Rn. 132 ff.) zu entscheiden, ob es die behauptete Tatsache als erwiesen ansehen will.[131] Das Schweigen eines Beteiligten unterliegt damit anders als das Schweigen eines Zeugen auch im FamFG-Verfahren der freien Beweiswürdigung durch das Gericht (§ 37 Abs. 1 FamFG; → § 9 Rn. 136 ff.).[132] **89**

c) Anhörung der Beteiligten. Statt die Beteiligten förmlich zu vernehmen hat das Gericht auch die Möglichkeit, zur Aufklärung des Sachverhalts **das persönliche Erscheinen der Beteiligten zum Zwecke ihrer Anhörung** nach § 33 **90**

---

[126] Keidel/*Sternal* FamFG § 30 Rn. 114; MüKoFamFG/*Ulrici* § 30 Rn. 36 (allerdings unter Bezugnahme auf § 448 ZPO).

[127] Für das Erfordernis eines solchen „Anbeweises" Keidel/*Sternal* FamFG § 30 Rn. 115; wohl auch MüKoFamFG/*Ulrici* § 30 Rn. 36.

[128] BayObLG Beschl. v. 21.7.1970 – BReg. 1a Z 108/69, BayObLGZ 1970, 173 (176 f.) = NJW 1970, 2300; Zöller/*Feskorn* ZPO § 30 FamFG Rn. 20; Schulte-Bunert/Weinreich/*Brinkmann* FamFG § 30 Rn. 89.

[129] Wegen des geltenden Amtsermittlungsgrundsatzes kann aber auf eine Beeidung nicht verzichtet werden; § 452 Abs. 3 ZPO gilt im FamFG-Verfahren nicht.

[130] Keidel/*Sternal* FamFG § 30 Rn. 118; MüKoFamFG/*Ulrici* § 30 Rn. 36.

[131] Das Schweigen kann aber auch dann gewürdigt werden, wenn ein Beteiligter hierfür keine Gründe angibt; MüKoZPO/*Schreiber* § 446 Rn. 3.

[132] MüKoZPO/*Schreiber* ZPO § 453 Rn. 2 und § 446 Rn. 3.

FamFG anzuordnen.[133] Die Anordnung erfolgt, wenn das Gericht die Anhörung zur weiteren Aufklärung des Sachverhalts für erforderlich erachtet, etwa wenn ein Beteiligter in Anwesenheit eines Sachverständigen[134] oder im Zusammenhang mit der Vernehmung von Zeugen angehört werden soll, aber auch dann, wenn eine schriftliche Erklärung nicht als ausreichend erachtet wird (vgl. → § 14 Rn. 56).[135] Das persönliche Erscheinen darf demgemäß nicht mehr angeordnet werden, wenn die Sache entscheidungsreif ist.

91   Obwohl nach § 33 Abs. 1 S. 1 FamFG die Anordnung im Ermessen des Gerichts steht („… kann …") besteht ein entsprechender **Gestaltungsspielraum des Gerichts** nur dann, wenn die Anhörung im gleichen Maße zur Ermittlung des entscheidungserheblichen Sachverhalts geeignet ist, wie andere Ermittlungsmaßnahmen.[136] Erforderlich ist die persönliche Anhörung zudem immer dann, wenn es für die Entscheidung auf den persönlichen Eindruck des Gerichts von den Beteiligten ankommen kann. Wenn dies zum Schutz eines anzuhörenden Beteiligten oder aus anderen wichtigen Gründen erforderlich ist, kann die Anhörung nach § 33 Abs. 1 S. 2 FamFG in Abwesenheit der anderen Beteiligten stattfinden. Die Verfahrensrechte der übrigen Beteiligten dürfen dabei nicht über das erforderliche Maß hinaus beschränkt werden. Die Ausschließung kann danach auf bestimmte Beteiligte und/oder bestimmte Teile der Anhörung beschränkt werden.[137] Die Ausschließungsmöglichkeit besteht nicht gegenüber Bevollmächtigten und Beiständen von Beteiligten.[138]

92   Der anzuhörende Beteiligte ist nach § 33 Abs. 2 S. 1 FamFG **persönlich** zu laden; die Ladung ist nach S. 2 zuzustellen, wenn das Erscheinen eines Beteiligten ungewiss ist. Bleibt der ordnungsgemäß geladene Beteiligte unentschuldigt dem Anhörungstermin fern, kann gegen ihn – auch wiederholt – ein Ordnungsgeld festgesetzt werden (§ 33 Abs. 3 S. 1, 2 FamFG). Im Fall wiederholten Fernbleibens kann zudem seine Vorführung angeordnet werden (§ 33 Abs. 3 S. 3 FamFG). Auf diese möglichen Folgen ist der Beteiligte nach § 33 Abs. 4 FamFG in der Ladung hinzuweisen. Weil die Anhörung nach § 33 FamFG der Ermittlung der entscheidungserheblichen Tatsachen dient, scheiden Ordnungsmittel aus, wenn trotz des Nichterscheinen des anzuhörenden Beteiligten der Sachverhalt in dem Termin hinreichend aufgeklärt wird und deswegen eine Anhörung nicht mehr erforderlich ist.[139] Nach § 33 Abs. 3 FamFG kann allein die Pflicht zum persönlichen Erscheinen durchgesetzt werden, nicht aber, dass der Beteiligte im Termin auch Angaben zur Sache selbst macht.

---

[133] Davon zu unterscheiden ist die Anhörung zur Gewährung des rechtlichen Gehörs nach § 34 Abs. 1 Nr. 1 FamFG (→ § 14 Rn. 56 ff.).

[134] BGH Beschl. v. 17.2.2010 – XII ZB 68/09, BGHZ 184, 269 (279 ff.) = NJW 2010, 1351.

[135] MüKoFamFG/*Ulrici* § 33 Rn. 3

[136] Keidel/*Meyer-Holz* FamFG § 33 Rn. 5.

[137] MüKoFamFG/*Ulrici* § 33 Rn. 10.

[138] So die amtl. Begr., BT-Drs. 16/9733, 289.

[139] OLG Hamm Beschl. v. 30.5.2011 – 8 WF 134/11, NJW-RR 2011, 1696 = FamRZ 2012, 150. Ordnungsmittel nach § 33 Abs. 3 FamFG dürfen also nicht verhängt werden, um eine Missachtung des Gerichts zu ahnden; so zutr. Keidel/*Meyer-Holz* FamFG § 33 Rn. 15.

6. Behördliche Auskunft

In § 358a S. 1 ZPO ist geregelt, dass ein Beweisbeschluss schon vor der münd- **93** lichen Verhandlung erlassen werden kann. In einem solchen Beschluss kann nach § 358a S. 2 Nr. 2 ZPO auch die **Einholung amtlicher Auskünfte** angeordnet werden. Entsprechend sieht § 273 Abs. 2 Nr. 2 ZPO die Möglichkeit vor, durch den Vorsitzenden oder ein von ihm bestimmtes Mitglied des Prozessgerichts um Erteilung amtlicher Auskünfte zu ersuchen. Ohne dass insoweit das Verfahren zur Erhebung eines solchen Beweises näher geregelt wäre, handelt es sich bei der amtlichen Auskunft um ein weiteres selbständiges Beweismittel,[140] das im Einzelfall die Erhebung eines Zeugen- oder Sachverständigenbeweises entbehrlich machen kann.[141] Die Pflicht der Behörden zur Erteilung von Auskünften und der Übermittlung von Urkunden und Akten beruht auf den allgemeinen Regelungen zur Amtshilfe (§§ 4ff. VwVfG) und besteht auch in den Verfahren der freiwilligen Gerichtsbarkeit.

V. Das selbständige Beweisverfahren

Im FamFG ist ein **beweissicherndes Verfahren** nicht vorgesehen. Bei einem **94** entsprechenden Bedürfnis kommen in entsprechender Anwendung der §§ 485ff. ZPO auch **vor Einleitung eines Verfahrens durch Antrag** beweissichernde Maßnahmen in Betracht.[142] Antragsberechtigt sind die materiell Berechtigten eines entsprechenden Antragsverfahrens. Da vor Einleitung eines Verfahrens das Gericht noch nicht zur Amtsermittlung verpflichtet ist, kann die beweissichernde Vernehmung eines Zeugen oder die Einholung eines Sachverständigengutachtens nach § 379 ZPO (im Fall des Sachverständigenbeweises iVm § 402 ZPO) von der vorherigen Einzahlung eines Auslagenvorschusses abhängig gemacht werden.

VI. Die Niederschrift

Nach § 28 Abs. 4 FamFG hat das Gericht über Termine und persönliche Anhö- **95** rungen lediglich einen Vermerk zu fertigen, in den die wesentlichen Vorgänge aufzunehmen sind. Davon abweichend regelt § 15 Abs. 5 für die Landwirtschaftssachen der freiwilligen Gerichtsbarkeit, dass über den Verlauf einer mündlichen Verhandlung bzw. einer Beweisaufnahme nach den Vorschriften der §§ 159–165 ZPO ein **Protokoll** zu fertigen ist.

Gemäß § 159 Abs. 1 S. 1 ZPO ist über jede Verhandlung oder Beweisaufnahme **96** ein Protokoll aufzunehmen. Dies gilt nach § 159 Abs. 2 S. 1 ZPO auch für Verhandlungen außerhalb der Sitzung, etwa vor dem beauftragten oder ersuchten

---

[140] So BGH Beschl. v. 19. 10. 1963 – VI ZR 125/62, NJW 1964, 107 = MDR 1964, 44, der ausführt, dass durch die Einholung einer amtlichen Auskunft ein Beweisaufnahmeverfahren eröffnet wird und nach dem damals geltenden Gebührenrecht für Rechtsanwälte eine Beweisgebühr entsteht; ebenso Musielak/*Stadler* ZPO § 358a Rn. 9; Keidel/*Sternal* FamFG § 30 Rn. 120.

[141] BGH Urt. v. 27. 11. 1963 – V ZR 6/62, BeckRS 1963, 31189 = MDR 1964, 223; Beschl. v. 23. 11. 1983 – IVb ZB 6/82, BGHZ 89, 114 (119) = NJW 1984, 438.

[142] So MüKoFamFG/*Ulrici* § 30 Rn. 37; Keidel/*Sternal* FamFG § 30 Rn. 121; Prütting/Helms/*Prütting* FamFG § 30 Rn. 17; aA Kemper/Schreiber/*Schreiber* FamFG § 30 Rn. 7.

Richter. Der wesentliche Inhalt des Protokolls ergibt sich aus § 160 ZPO, wobei bestimmte Feststellungen nach § 162 Abs. 1 ZPO von den Beteiligten zu genehmigen sind. Unter den Voraussetzungen des § 161 Abs. 1 ZPO[143] kann die vorgeschriebene Protokollierung des Ergebnisses einer Beweisaufnahme nach § 160 Abs. 3 Nr. 4 und 5 unterbleiben. In dem Protokoll ist dann lediglich zu vermerken, dass die Vernehmung oder der Augenschein durchgeführt worden ist.

§ 16   **[Beauftragter Richter]**

[1]Das Gericht kann eines seiner Mitglieder mit der Beweisaufnahme oder mit örtlichen Ermittlungen oder mit Verhandlungen mit den Beteiligten beauftragen. [2]Die Vorschriften der Zivilprozeßordnung über das Verfahren vor dem beauftragten Richter gelten sinngemäß. [3]Zur förmlichen Vernehmung von Beteiligten, Zeugen und Sachverständigen, zur Abnahme von Eiden sowie zur Protokollierung eines Vergleichs sind nur Richter befugt.

Inhaltsübersicht

I. Überblick

1   Nach ihrer systematischen Stellung regelt die Vorschrift die Möglichkeit des Gerichts, in Landwirtschaftssachen der freiwilligen Gerichtsbarkeit eines seiner Mitglieder mit der Durchführung einer förmlichen Beweisaufnahme, mit örtlichen Ermittlungen oder mit Verhandlungen mit den Beteiligten zu beauftragen. Sie gilt damit jedenfalls nicht unmittelbar für die streitigen Landwirtschaftssachen. § 16 S. 3 schränkt für die ehrenamtlichen Richter den Kreis der Aufgaben, die an sie als beauftragte Richter übertragen werden können – und damit die Gleichstellung mit den Berufsrichtern nach § 5 S. 1 (→ § 5 Rn. 6 ff.) – ein.

---

[143] § 161 Abs. 1 Nr. 1 ZPO gilt in den Landwirtschaftssachen der freiwilligen Gerichtsbarkeit mit der Maßgabe, dass die Endentscheidung nicht der Beschwerde oder der Rechtsbeschwerde unterliegt.

II. Beauftragter Richter in den Landwirtschaftssachen der freiwilligen Gerichtsbarkeit

1. Beweiserhebung durch den beauftragten Richter im Freibeweisverfahren

a) Voraussetzungen. In den Landwirtschaftssachen der freiwilligen Gerichts- **2** barkeit gilt der Grundsatz, dass **das Gericht von Amts wegen** die zur Feststellung der entscheidungserheblichen Tatsachen erforderlichen Ermittlungen durchzuführen hat (**Amtsermittlungsgrundsatz;** → § 9 Rn. 95 ff.). Nach § 29 Abs. 1 S. 1 FamFG erhebt das Gericht grds. die erforderlichen Beweise in **geeigneter** Form (sog. **Freibeweisverfahren**), ohne dabei an das Vorbringen der Beteiligten gebunden zu sein (§ 29 Abs. 1 S. 2 FamFG). Die Form einer Beweisaufnahme unterliegt im Freibeweisverfahren – von den Regelungen in § 29 Abs. 2 und 3 FamFG abgesehen – keinen besonderen gesetzlichen Vorgaben.[1]

Die Formulierung „das Gericht" erlaubt keinen Rückschluss darauf, dass die Be- **3** weiserhebung durch den voll besetzten, erkennbaren Spruchkörper erfolgen muss. Die Ermittlung der entscheidungserheblichen Tatsachen kann vielmehr auch im Freibeweisverfahren einem **beauftragten Richter** iSv § 361 ZPO überlassen werden.[2] Diese schon nach § 26 FamFG im Rahmen der Amtsermittlungspflicht im Ermessen des Gerichts stehende Möglichkeit wird in § 16 S. 1 für die Landwirtschaftssachen der freiwilligen Gerichtsbarkeit ausdrücklich – klarstellend – geregelt.[3]

Das Landwirtschaftsgericht hat danach die Möglichkeit, **eines seiner Mitglie-** **4** **der mit der Erhebung entscheidungserheblicher Tatsachen beauftragen.** In den erstinstanzlichen Verfahren kann dies der Vorsitzende oder einer der beiden mitwirkenden ehrenamtlichen Richter sein, im Beschwerdeverfahren einer der drei Berufsrichter oder einer der beiden ehrenamtlichen Richter.[4]

---

[1] So bedarf es etwa keines förmlichen Beweisbeschlusses, keiner Anberaumung eines Beweistermins bzw. keiner Ladung der Beteiligten zu einem solchen Termin. Der Grundsatz der Beteiligtenöffentlichkeit gilt nicht (mwN MüKoFamFG/*Ulrici* § 29 Rn. 13; BeckOK FamFG/ *Burschel* § 29 Rn. 11 f.); allerdings gebietet der Anspruch auf rechtliches Gehör, dass der nach § 29 Abs. 3 FamFG zu fertigende Vermerk über das Ergebnis der Beweiserhebung den Beteiligten bekannt gegeben wird und diese ggf. Gelegenheit zur Stellungnahme erhalten. Der Anspruch auf rechtliches Gehör kann es auch gebieten, den Beteiligten die Teilnahme an der formlosen Beweisaufnahme zu ermöglichen (Keidel/*Sternal* FamFG § 29 Rn. 23)
[2] BGH Beschl. v. 9.11.2011 – XII ZB 286/11, NJW 2012, 317 (319) = FGPrax 2012, 17; Beschl. v. 17.6.2010 – V ZB 127/10, BeckRS 2010, 17283 = NVwZ 2010, 1318; MüKo-FamFG/*Ulrici* § 26 Rn. 9.
[3] Die Beweiserhebung durch einen ersuchten Richter ist im Amtsermittlungsverfahren dagegen nur möglich, wenn das Gericht das förmliche Beweisverfahren nach § 30 FamFG durchführt.
[4] Die Möglichkeit, auch einen der ehrenamtlichen Richter im Freibeweisverfahren mit der Durchführung einer Beweisaufnahme zu betrauen, ergibt sich ohne weiteres aus der Gleichstellung mit den Berufsrichtern bei der Ausübung des Richteramts (→ § 5 Rn. 6 ff.), dürfte aber in der Praxis der Landwirtschaftsgerichte nur eine theoretische sein, von der kein Gebrauch gemacht wird.

5   Im Freibeweisverfahren finden die Vorschriften über die Beweisaufnahme nach den §§ 355 bis 484 ZPO keine Anwendung. Die Anordnung der sinngemäßen Geltung der Vorschriften der ZPO über das Verfahren vor dem beauftragten Richter in § 16 S. 2 ist insoweit ohne Bedeutung. Dies gilt entsprechend für die Differenzierung in § 16 S. 1 zwischen (förmlicher) Beweisaufnahme, örtlichen Ermittlungen und Verhandlungen mit Beteiligten, weil im Freibeweisverfahren **eine förmliche Beweisaufnahme gerade nicht stattfindet.**

6   **b) Art und Weise der Beweiserhebung.** Dem Gericht bzw. dem von ihm mit der Beweiserhebung beauftragten Richter stehen im Freibeweisverfahren zunächst die **Beweismittel der ZPO** zur Verfügung. Eine Beweiserhebung durch den beauftragten Richter wird aber im Wesentlichen in den Fällen des Augenscheins und der Anhörung von Auskunftspersonen (Sachverständige, Zeugen) in Betracht kommen. An die Stelle der förmlichen Parteivernehmung tritt die Anhörung der Beteiligten,[5] die ebenfalls durch den beauftragten Richter erfolgen kann.

7   Davon abgesehen gibt es im Freibeweisverfahren **keinen geschlossenen Katalog an Beweismitteln.**[6] Sie werden dadurch für das Freibeweisverfahren aber iE nicht erweitert, weil dem förmlichen Beweismittel des Augenscheins letztlich jede mit den Sinnen wahrnehmbare Tatsache zugänglich ist.

8   Dadurch, dass im Freibeweisverfahren nicht zwischen verschiedenen Beweismitteln differenziert wird und die Form der Beweisaufnahme keinen besonderen Regeln unterliegt, ist dem Gericht das **Verfahren der Beweiserhebung** weitgehend freigestellt. So können etwa Zeugen, Sachverständige oder Beteiligte als Auskunftspersonen auch informell mündlich, schriftlich oder telefonisch befragt werden.[7] Mit dieser Freiheit in der Wahl der Form der Beweiserhebung korrespondiert eine Beschränkung der Möglichkeiten des Gerichts bei der Erhebung der Beweise. So ist das Gericht etwa bei der Befragung von Auskunftspersonen auf deren freiwillige Mitwirkung angewiesen. Ihm stehen keine Zwangsmaßnahmen zur Verfügung, um die Erhebung des aus seiner Sicht gebotenen Beweises durchzusetzen.[8]

9   Die Ermittlung der entscheidungserheblichen Tatsachen kann **ohne Bindung an die Beschränkungen des § 375 ZPO** im Freibeweisverfahren auch dem beauftragen Richter überlassen werden. Da eine förmliche Vernehmung von Zeugen oder eine förmliche Anhörung von Sachverständigen im Freibeweisverfahren gerade nicht stattfindet, ist die in § 16 S. 3 normierte Beschränkung für ehrenamtliche Richter bei einer solchen Beweiserhebung ohne Bedeutung. Zur Protokollierung von Vergleichen ist ein ehrenamtlicher Richter aber auch im Freibeweisverfahren nicht befugt.

---

[5] Von der Anhörung der Beteiligten nach § 26 FamFG im Rahmen einer Beweiserhebung, also der Feststellung beweiserheblicher Tatsachen, ist die nach § 14 Abs. 2 S. 1 bzw. § 34 Abs. 1 FamFG zu unterscheiden, die zur Gewährung des rechtlichen Gehörs vorgeschrieben ist (→ § 14 Rn. 53 ff.).

[6] So die amtliche Begründung BT-Drs. 16/6308, 188.

[7] BT-Drs. 16/6308, 188.

[8] BeckOK FamFG/*Burschel* § 29 Rn. 13; MüKoFamFG/*Ulrici* § 29 Rn. 13; Keidel/*Sternal* § 29 FamFG Rn. 19; BT-Drs. 16/6308, 189.

2. Beweiserhebung durch den beauftragten Richter im Strengbeweisverfahren

a) Beweiserhebung im Strengbeweisverfahren. Nach § 30 Abs. 1 FamFG **10** entscheidet das Gericht nach pflichtgemäßem Ermessen, ob es abweichend von dem in § 29 Abs. 1 FamFG normierten Grundsatz die entscheidungserheblichen Tatsachen durch eine **förmliche Beweisaufnahme** entsprechend den Regelungen der ZPO feststellen will. Das Gesetz selbst stellt – von § 30 Abs. 3 FamFG abgesehen – keine ermessensleitenden Kriterien für die Wahl des Beweisverfahrens auf. Maßgebliche Gründe für den Übergang in ein förmliches Beweisverfahren sind insbesondere die ausreichende Sachaufklärung und die Bedeutung der Angelegenheit.[9] Die Pflicht zur Beweiserhebung in einem förmlichen Beweisverfahren besteht nur in dem Rahmen, in dem auch die ZPO den Strengbeweis vorsieht.[10]

Der **Übergang in das Strengbeweisverfahren** ist geboten, wenn im Freibe- **11** weisverfahren die entscheidungserheblichen Tatsachen mit einer für die Überzeugungsbildung hinreichenden Gewissheit nicht ermittelt werden können.[11] Eine förmliche Beweisaufnahme liegt auch dann nahe, wenn der Ausgang des Verfahrens von der Erweislichkeit einzelner Tatsachen abhängt.[12] Das Gesetz räumt den Beteiligten zwar nicht das Recht ein, die Durchführung des förmlichen Beweisverfahrens zu beantragen, sie haben aber die Möglichkeit, ein solches Verfahren anzuregen. Eine derartige Anregung ist im Rahmen der nach § 30 Abs. 1 FamFG zu treffenden Ermessensentscheidung zu berücksichtigen.[13]

§ 30 Abs. 3 FamFG schränkt das Ermessen des Gerichts dahingehend ein, dass **12** dann, wenn das Gericht seine Entscheidung **maßgeblich auf die Feststellung einer Tatsache stützen will,** deren Richtigkeit **von einem Beteiligten ausdrücklich bestritten worden ist,** eine förmliche Beweisaufnahme über die Richtigkeit dieser Tatsachenbehauptung stattfinden soll. Die Vorschrift setzt also zunächst voraus, dass es sich um eine **entscheidungserhebliche Tatsache** handelt. Die Formulierung „… maßgeblich auf die Feststellung stützen will,…" führt nicht zu einer Einschränkung des Anwendungsbereichs der Vorschrift auf besonders bedeutsame Tatsachen. Jede Tatsache, auf die es, auch als Indiztatsache, aus Sicht des Gerichts für die Feststellung der Voraussetzungen einer entscheidungserheblichen

---

[9] OLG Zweibrücken Beschl. v. 27.10.1987 – 3 W 81/87, NJW-RR 1988, 1211; BT-Drs. 16/6308, 189.

[10] Das Gericht kann sich auch im Zivilprozess etwa vom Vorliegen der Verfahrensvoraussetzungen im Wege des Freibeweises überzeugen (BGH Beschl. v. 7.12.1999 – VI ZB 30/99, NJW 2000, 814 = MDR 2000, 290; Beschl. v. 30.10.1997 – VII ZB 19/97, NJW 1998, 461 = MDR 1998, 57).

[11] Etwa weil Auskunftspersonen freiwillig keine oder nur unzureichende Angaben machen und die Erzwingung einer wahrheitsgemäßen Aussage deren formale Vernehmung als Zeugen erfordert.

[12] BayObLG Beschl. v. 17.2.1995 – 1Z BR 50/94, NJW-RR 1996, 583 (584) = BeckRS 1995, 05396; OLG Köln Beschl. v. 30.4.1993 – 2 Wx 56–57/92, NJW-RR 1993, 970 = FamRZ 1993, 1253. Dies kann in Landwirtschaftssachen etwa in den Verfahren nach § 1 Nr. 2 oder Nr. 3 die Eigenschaft des Erwerbers als Landwirt oder die dringende Aufstockungsbedarf eines erwerbsbereiten Dritten sein.

[13] BT-Drs. 16/6308, 189.

Norm und damit für die zu treffende Entscheidung ankommt, ist in diesem Sinn maßgeblich.[14]

13   Seinem Wortlaut nach setzt § 30 Abs. 3 FamFG voraus, dass das Gericht seine Entscheidung auf die **Feststellung** einer bestimmten Tatsache stützen will. Hat das Gericht dagegen Zweifel oder ist sogar davon überzeugt, dass die – behauptete – Tatsache nicht zutrifft, soll die Vorschrift nach der Vorstellung des Gesetzgebers jedenfalls ihrem Wortlaut nach nicht einschlägig sein.[15] Nach Sinn und Zweck der Vorschrift wird aber eine Beweiserhebung im Strengbeweisverfahren schon dann geboten sein, wenn das Gericht **weder vom Vorliegen noch vom Nichtvorliegen einer entscheidungserheblichen Tatsache überzeugt ist und ein Beteiligter diese ausdrücklich bestreitet.**[16] Die Norm setzt weder nach Wortlaut noch nach Sinn und Zweck voraus, dass ein Bestreiten erst dann das Gericht zur Durchführung eines förmlichen Beweisverfahrens veranlassen soll, wenn es sich zunächst in einem Freibeweisverfahren die Überzeugung vom Vorliegen einer entscheidungserheblichen Tatsache – vorläufig – verschafft hat. Das Gesetz hat das Verfahren zur Erhebung der Beweise in den §§ 29, 30 FamFG nicht in der Weise ausgestaltet, dass einem förmlichen Beweisverfahren ein Freibeweisverfahren vorausgegangen sein muss. Das Gericht kann vielmehr auch unmittelbar und ausschließlich die entscheidungserheblichen Tatsachen in einer förmlichen Beweisaufnahme nach der Zivilprozessordnung feststellen.[17]

14   Die Ermessensreduzierung für die Entscheidung, ob ein Beweis statt im Frei- im Strengbeweisverfahren zu erheben ist, ist nach dem Wortlaut des § 30 Abs. 3 FamFG weiter daran geknüpft, dass **die Richtigkeit der Tatsache von einem Beteiligten bestritten ist.** Unter Bezugnahme auf die gesetzliche Begründung[18] wird vielfach vertreten, ein konkludentes Bestreiten reiche für eine solche Ermessensreduzierung nicht aus. Ein einfaches Bestreiten könne nur ausnahmsweise ausreichen, wenn dem Beteiligten ein höherer Grad an Substantiierung nicht zuzumuten sei. Es sei ein Mindestmaß an objektiv nachvollziehbarer Begründung für die Ablehnung des Freibeweisergebnisses erforderlich.[19]

15   Diese Auffassung begegnet Bedenken. Ein besonders qualifiziertes Bestreiten wird nicht grds. erforderlich sein, um das Ermessen des Gerichts für den Über-

---

[14] Die gesetzliche Begründung (BT-Drs. 16/6308, 190), die Tatsache habe maßgebliche Bedeutung für die zu treffende Entscheidung, wenn sie als Haupttatsache den Tatbestand einer entscheidungserheblichen Norm unmittelbar ausfülle, vermag den Kreis der maßgeblichen Tatsachen in diesem Sinn nicht weiter einzuschränken. Nach der weiteren Begründung soll dann, wenn eine streitige Tatsache eine von mehreren Anknüpfungstatsachen ist, mit denen die Annahme eines unbestimmten Rechtsbegriffs begründet werden soll, deren Wahrheit strengbeweislich zu erforschen sein, wenn die streitige Tatsache im Ergebnis ausschlaggebende Bedeutung im Rahmen der gerichtlichen Abwägung habe, im Fall von Hilfstatsachen müsse ein hinreichend sicherer Rückschluss auf das Vorliegen der Haupttatsache möglich sein.

[15] BT-Drs. 16/6308, 190.

[16] Noch weitergehender MüKoFamFG/*Ulrici* § 30 Rn. 16, der § 30 Abs. 3 FamFG auch auf das ausdrückliche Behaupten einer vom Gericht nicht festgestellten Tatsache anwenden will.

[17] Wie hier Keidel/*Sternal* § 30 FamFG Rn. 10; aA MüKoFamFG/*Ulrici* § 30 Rn. 13.

[18] BT-Drs. 16/6308, 190.

[19] BeckOK FamFG/*Burschel* § 30 Rn. 15; MüKoFamFG/*Ulrici* § 30 Rn. 10; Musielak/Borth/*Grandel/Borth* FamFG § 30 Rn. 4; differenzierend Zöller/*Feskorn* ZPO § 30 FamFG Rn. 10, der das Erfordernis eines substantiierten Bestreitens aus der in § 27 Abs. 1 FamFG normierten Mitwirkungspflicht herleitet.

gang in das Strengbeweisverfahren zu reduzieren.[20] Ausreichend ist ein **hinrei-chendes Bestreiten.** Ob hierfür ein einfaches Bestreiten oder ein substantiiertes erforderlich ist, bestimmt sich im Einzelfall danach, wie konkret ein anderer Beteiligter in Bezug auf diese Tatsache vorgetragen hat[21] bzw. danach, welches Ergebnis eine mögliche – aber nicht zwingend vorgeschriebene – Beweiserhebung im Freibeweisverfahren bereits ergeben hat. Substantiiertes Bestreiten wird zudem jedenfalls dann nicht verlangt werden können, wenn die fraglichen Tatsachen außerhalb des eigenen Wahrnehmungsbereichs des bestreitenden Beteiligten liegen.[22]

Allein der Umstand, dass es sich um eine **Streitsache der freiwilligen Ge-** **16** **richtsbarkeit** (→ § 9 Rn. 9 ff.) handelt, führt noch nicht dazu, dass erforderliche Beweise schon deswegen in einem förmlichen Beweisverfahren zu erheben sind.[23] Allerdings wird in diesen Verfahren regelmäßig eine förmliche Beweisaufnahme bereits nach § 30 Abs. 1 FamFG angezeigt sein, um den Beteiligten die erforderliche Wahrnehmung ihrer nach der Natur des Verfahrens widerstreitenden Interessen durch eine unmittelbare Beteiligung am Beweisverfahren zu ermöglichen.[24]

Eine gesetzliche Anordnung, die eine förmliche Beweisaufnahme vorschreibt **17** (§ 30 Abs. 2 FamFG) besteht für Landwirtschaftssachen nach § 1 Nr. 1 und Nr. 2–6 nicht.

b) Durchführung der Beweisaufnahme durch den beauftragten Richter. **18** Erfolgt die Beweisaufnahme in einem förmlichen Beweisverfahren, so gelten hierfür die Vorschriften der ZPO (§ 30 Abs. 1 FamFG; → § 15 Rn. 33 ff.). Dies erfasst auch die Regelungen über das Verfahren vor dem beauftragen Richter. Die Verweisung in § 16 S. 2 und die Regelung in § 16 S. 1 haben für die Beweisaufnahme insoweit nur klarstellende Bedeutung.

Die Entscheidung des Gerichts, eine Beweiserhebung in einem förmlichen Be- **19** weisverfahren nach der ZPO durchzuführen, bedarf **keiner besonderen Form.**[25] Auch im Übrigen muss ein gesonderter Beweisbeschluss nur dann ergehen, wenn die Beweisaufnahme ein besonderes Verfahren erfordert (§ 358 ZPO).[26] Ergeht allerdings ein förmlicher Beweisbeschluss, so ist dies ein gewichtiges Anzeichen dafür, dass die Beweisaufnahme im Strengbeweisverfahren erfolgt.[27] Unabhängig davon

---

[20] Anders die gesetzliche Begründung, BT-Drs. 16/6308, 190, allerdings davon ausgehend, dass dem förmlichen Beweisverfahren ein Freibeweisverfahren vorgeschaltet ist.

[21] Eine förmliche Darlegungslast wie im Zivilprozess gibt es in den Verfahren der freiwilligen Gerichtsbarkeit nicht.

[22] So für den Zivilprozess BGH Urt. v. 11.3.2010 – IX ZR 104/08, NJW 2010, 1357 (1358) = VersR 2010, 946; BeckOK ZPO/*von Selle* § 138 Rn. 16. An ein „ausdrückliches Bestreiten" iSv § 30 Abs. 3 FamFG können keine darüber hinausgehenden Anforderungen gestellt werden.

[23] So aber Keidel/*Sternal* § 30 FamFG Rn. 14; aA MüKoFamFG/*Ulrici* § 30 Rn. 4.

[24] Vgl. BayObLG Beschl. v. 28.1.1992 – BReg. 1 Z 64/91, NJW-RR 1992, 653 = Rpfleger 1992, 484; Keidel/*Sternal* § 30 FamFG Rn. 14.

[25] MüKoFamFG/*Ulrici* § 30 Rn. 19.

[26] Dies ist etwa bei der Anordnung einer Beweiserhebung durch förmliche Beteiligtenvernehmung (§ 450 Abs. 1 S. 1 ZPO), einer Beweiserhebung im Rechtshilfeweg oder einer vorterminlichen Beweiserhebung (§ 358a ZPO) der Fall.

[27] MüKoFamFG/*Ulrici* § 30 Rn. 19.

wird in der gerichtlichen Praxis idR ein – nicht anfechtbarer[28] – Beweisbeschluss zur Konkretisierung des Beweisthemas zweckmäßig sein.

20　　Nach § 355 Abs. 2 ZPO kann die Beweisaufnahme nur in den durch dieses Gesetz geregelten Fällen **einem Mitglied des Prozessgerichts als beauftragtem Richter** übertragen werden. Die Entscheidung, ob abweichend von dem gesetzlichen Grundsatz der Beweisaufnahme vor dem Prozessgericht (§ 355 Abs. 1 S. 1 ZPO; → § 15 Rn. 39 ff.), diese von einem beauftragten Richter durchzuführen ist, obliegt dem Prozessgericht, das hierüber durch Beschluss[29] zu befinden hat.[30] Die namentliche Benennung des Mitglieds des Prozessgerichts, das die Beweisaufnahme durchzuführen hat, kann ebenfalls schon in dem anordnenden Beschluss erfolgen. Geschieht dies nicht, kann der beauftragte Richter durch den Vorsitzenden bezeichnet werden (§ 361 Abs. 1 ZPO).

21　　Die Beweisaufnahme kann nur **einem** Mitglied des Prozessgerichts als beauftragtem Richter übertragen werden. Dies ergibt sich ohne weiteres aus dem Wortlaut sowohl von § 361 Abs. 1 ZPO (**„… durch ein Mitglied des Prozessgerichts …“**) als auch von § 16 S. 1 (**„Das Gericht kann eines seiner Mitglieder …“**).[31] Einer maßgeblich an praktischen Bedürfnissen orientierten Auslegung, die jedenfalls in der Berufungsinstanz eine Beweisaufnahme durch einen Berufsrichter und einen ehrenamtlichen Richter oder durch zwei ehrenamtliche Richter für möglich hält,[32] steht der eindeutige Wortlaut der gesetzlichen Regelungen entgegen. Kann oder soll im Rahmen einer förmlichen Beweisaufnahme auf den Sachverstand der ehrenamtlichen Richter nicht verzichtet werden und kann eine Beweisaufnahme durch einen der ehrenamtlichen Richter etwa deswegen nicht erfolgen, weil er nach § 16 S. 3 zu einer förmlichen Vernehmung von Zeugen nicht befugt ist, so hat die Beweiserhebung gemäß der gesetzlichen Grundentscheidung durch das Prozessgericht zu erfolgen.

22　　Die **Beweisaufnahme vor dem beauftragten Richter** unterliegt nicht dem Gebot der Öffentlichkeit,[33] den Parteien ist aber nach § 357 Abs. 1 ZPO gestattet, dieser beizuwohnen; Anwaltszwang besteht insoweit ebenfalls nicht. Nach § 229 ZPO stehen dem beauftragten Richter die in diesem Titel dem Gericht und dem Vorsitzenden beigelegten Befugnisse für die von diesem zu bestimmenden Termine und Fristen zu. Er kann auch die erforderlichen Maßnahmen zur Aufrechterhaltung der Ordnung in der Sitzung und bei der Vornahme von Amtshandlungen außerhalb der Sitzung treffen (§ 180 GVG iVm §§ 176 ff. GVG.).

23　　**c) Einzelne Beweismittel.** Nach § 372 Abs. 2 ZPO steht es im Ermessen des Prozessgerichts, die **Einnahme des Augenscheins** einem beauftragen Richter zu

---

[28] § 355 Abs. 2 ZPO; ausnahmsweise kann auch ein Beweisbeschluss mit der sofortigen Beschwerde anfechtbar sein, wenn es um Grundrechtsverletzungen geht, die durch Anfechtung der Hauptentscheidung nicht mehr behoben werden können (BGH Beschl. v. 28.5.2009 – I ZB 93/08, NJW-RR 2009, 1223 = MDR 2009, 1184; Zöller/*Greger* ZPO § 358 Rn. 4)

[29] In dem die Beweisaufnahme anordnenden Beweisbeschluss oder in einem Ergänzungsbeschluss nach § 360 ZPO.

[30] BGH Urt. v. 9.12.1982 – III ZR 106/81, BGHZ 86, 104 (111) = NJW 1983, 1793; MüKoZPO/*Heinrich* § 361 Rn. 4; Musielak/*Stadler* ZPO § 361 Rn. 2.

[31] BGH Urt. v. 27.4.1960 – IV ZR 100/59, BGHZ 32, 233 (236) = NJW 1960, 1252; BVerwG Urt. v. 4.11.1966 – IV C 65/65, NJW 1967, 995 f. = RdL 1967, 102; OLG Düsseldorf Beschl. v. 14.11.1966 – 3 W 242/66, NJW 1967, 454.

[32] So *Ernst* LwVG § 16 Rn. 14 f.; Düsing/Martinez/*Hornung* LwVG § 16 Rn. 2.

[33] Nach § 169 S. 1 GVG ist die Verhandlung vor dem erkennenden Gericht öffentlich.

übertragen.[34] Diesem kann, soweit nicht bereits durch das Prozessgericht erfolgt, auch die Ernennung eines zuzuziehenden Sachverständigen überlassen werden. Das Ergebnis des Augenscheins ist nach § 15 Abs. 5 iVm § 160 Abs. 3 Nr. 5 ZPO zu protokollieren (→ § 15 Rn. 95 f.).

Der im Hinblick auf die Glaubhaftigkeit und insbesondere Glaubwürdigkeit von **24** **Zeugen** besonders bedeutsame Grundsatz der Unmittelbarkeit der Beweisaufnahme (§ 355 Abs. 1 ZPO; → § 15 Rn. 39 ff.) gebietet es, deren Vernehmung nur ausnahmsweise durch einen kommissarischen Richter vornehmen zu lassen. Eine solche ist etwa dann zulässig, wenn es dem Zwecke der Wahrheitsfindung dienlich ist, den Zeugen nicht an der Gerichtsstelle zu vernehmen oder gesetzliche Vorschriften eine solche Vernehmung an einem anderen Ort als der Gerichtsstelle anordnen (§ 375 Abs. 1 Nr. 1 ZPO), wenn der Zeuge verhindert ist, vor dem Prozessgericht zu erscheinen (§ 375 Abs. 1 Nr. 2 ZPO) oder dem Zeugen das Erscheinen vor dem Prozessgericht wegen zu großer Entfernung unter Berücksichtigung der Bedeutung seine Aussage nicht zugemutet werden kann (§ 375 Abs. 1 Nr. 3 ZPO). In den beiden letztgenannten Fällen muss zudem hinzukommen, dass eine Zeugenvernehmung nach § 128 a ZPO nicht stattfindet. Nach § 375 Abs. 2 ZPO kann die Erhebung des Zeugenbeweises einem beauftragten Richter[35] auch dann übertragen werden, wenn dadurch die Verhandlung vor dem Prozessgericht erleichtert wird und anzunehmen ist, dass das Prozessgericht das Beweisergebnis auch ohne eigenen unmittelbaren Eindruck sachgerecht zu würdigen vermag. Im Fall des Nichterscheinens des Zeugen oder der Zeugnisverweigerung stehen dem beauftragten Richter nach § 400 ZPO die gesetzlichen Zwangsmaßnahmen zur Verfügung. Er darf danach auch über die Zulässigkeit einer dem Zeugen vorgelegten Frage vorläufig entscheiden und die nochmalige Vernehmung eines Zeugen vornehmen.

Für den Beweis durch **Sachverständige** gelten nach § 402 ZPO die Vorschrif- **25** ten über den Beweis durch Zeugen, also insbesondere die §§ 375, 400 ZPO entsprechend. Nach § 405 ZPO kann das Prozessgericht den mit der Beweisaufnahme beauftragten Richter auch zur Ernennung des Sachverständigen ermächtigen. In diesem Fall stehen ihm die Befugnisse und Pflichten des Prozessgerichts nach §§ 404, 404a ZPO zu. Für den Fall der Ernennung des Sachverständigen durch den beauftragten Richter ist bei ihm ein Ablehnungsantrag gegen den Sachverständigen zu stellen (§ 406 Abs. 2 S. 1 ZPO), über den er dann nach § 406 Abs. 4 ZPO durch Beschluss zu entscheiden hat.

Der Beweis durch **förmliche Vernehmung eines Beteiligten** entsprechend **26** den §§ 445 ff. ZPO kann einem beauftragen Richter unter den Voraussetzungen des § 375 ZPO übertragen werden (§ 451 ZPO).

d) Beweisaufnahme durch einen ehrenamtlichen Richter. Die Möglich- **27** keit, einen der **ehrenamtlichen Richter** als beauftragten Richter mit der Durchführung einer **förmlichen Beweisaufnahme** zu beauftragen, wird durch § 16 S. 3 ausgeschlossen. Weil ihm die förmliche Vernehmung von Beteiligten, Zeugen oder Sachverständigen und die Abnahme von Eiden nicht gestattet ist, kommt hinsichtlich dieser Beweismittel seine Beauftragung nicht in Betracht.

Es verbliebe danach die – theoretische – Möglichkeit, einen ehrenamtlichen **28** Richter mit der **Einnahme des Augenscheins** zu beauftragen. Die Beschränkung

---

[34] Vgl. BGH Beschl. v. 31.5.1990 – III ZB 52/89, NJW 1990, 2936 (2937) = Rpfleger 1990, 410.
[35] Nicht dem ersuchten Richter nach § 362 ZPO.

der Befugnisse von ehrenamtlichen Richtern in § 16 S. 3 ist vorgenommen worden, weil nicht erwartet werden kann, dass die landwirtschaftlichen Richter die Technik der Vernehmung und der nach § 15 Abs. 5 vorgeschriebenen Protokollierung beherrschen.[36] Dies gilt aber auch für die Einnahme des Augenscheins, dessen Ergebnis nach § 160 Abs. 3 Nr. 5 ZPO in einem Protokoll festzuhalten ist. Kommt es bei einer solchen Beweiserhebung maßgeblich auf den Sachverstand der ehrenamtlichen Richter an, so wird es idR sachgerecht sein, diese durch das vollständig besetzte Landwirtschaftsgericht vorzunehmen.

3. Weitere Befugnisse des beauftragen Richters

29   Nach § 16 S. 1 kann das Gericht den beauftragten Richter nicht nur mit der Beweisaufnahme beauftragen, sondern auch mit **örtlichen Ermittlungen oder mit Verhandlungen mit den Beteiligten.** Dieser Regelung kommt für die Landwirtschaftssachen der freiwilligen Gerichtsbarkeit allenfalls deklaratorische Bedeutung zu, weil es dem Landwirtschaftsgericht bereits nach § 26 FamFG obliegt, die zur Feststellung der entscheidungserheblichen Tatsachen erforderlichen Ermittlungen durchzuführen und es diese Ermittlungen grds. auch einem seiner Mitglieder überlassen werden können (→ Rn. 2 ff.). Die ehrenamtlichen Richter sind, wenn sie insoweit als beauftrage Richter tätig werden, nicht befugt, einen Vergleich zu protokollieren (§ 16 S. 3).

III. Beauftragter Richter in den streitigen Landwirtschaftssachen

30   § 16 findet nach seiner systematischen Stellung auf **streitige Landwirtschaftssachen keine Anwendung.** Die Möglichkeit, einen beauftragten Richter mit der Erhebung von Beweisen zu beauftragen, ergibt sich für diese Verfahren aus der unmittelbaren Geltung der ZPO. Dies schließt auch die Beauftragung eines ehrenamtlichen Richters mit ein, der nach § 5 S. 1 in vollem Umfang den Berufsrichtern gleichgestellt ist.

31   Wird in einer streitigen Landwirtschaftssache ein ehrenamtlicher Richter als beauftragter Richter tätig, so gelten für ihn die in § 16 S. 3 normierten **Beschränkungen nicht unmittelbar.** Weil aber die Gründe für die Beschränkungen, wie sie sich aus der gesetzlichen Begründung ergeben (→ Rn. 28) für die Tätigkeit eines ehrenamtlichen Richters als beauftragter Richter in streitigen Landwirtschaftssachen in gleicher Weise bestehen, liegt es nahe, die Vorschrift insoweit entsprechend anzuwenden.[37]

---

[36] So die amtliche Begründung, BT-Drs. 1/3819, 26.

[37] Die entsprechende Anwendung liegt umso näher, als § 1 Nr. 1a erst später durch Art. 3 Nr. 1b) des Gesetzes zur Neuordnung des landwirtschaftlichen Pachtrechts vom 8. 11. 1985 (BGBl I 2071) in das LwVG eingefügt wurde.

§ 17 [Amtshilfe]

[1]Alle Behörden sind auf Ersuchen des Gerichts zur Amtshilfe verpflichtet. [2]Die Finanzämter haben auf Ersuchen des Gerichts Auskünfte über den Einheitswert oder den Wirtschaftswert land- oder forstwirtschaftlicher Grundstücke zu erteilen.

I. Überblick

In § 17 ist für die Landwirtschaftssachen der freiwilligen Gerichtsbarkeit ausdrücklich die **Pflicht der Behörden,** insbesondere der Finanzbehörden, geregelt auf Ersuchen dem Landwirtschaftsgericht Amtshilfe zu leisten. Die Vorschrift konkretisiert damit Art. 35 GG, wonach sich die Behörden des Bundes und der Länder gegenseitig Rechts- und Amtshilfe zu gewähren haben und erweitert diese Pflicht zugleich auf Behörden von Städten, Gemeinden und Gemeindeverbänden.[1] Die Rechtshilfe, die sich die Gerichte in Straf- und Zivilsachen zu gewähren haben, ist als Teilbereich der Amtshilfe bereits in § 2 EGGVG, §§ 156 ff. GVG spezialgesetzlich geregelt. **1**

II. Rechtshilfe

Rechtshilfe iSv § 156 GVG liegt vor, wenn **funktional auf beiden Seiten ordentliche Gerichte** beteiligt sind und wenn die ersuchte Tätigkeit ihrer Art nach der **Rechtsprechungstätigkeit** des Gerichts und nicht der Justizverwaltung zuzuordnen ist.[2] Rechtshilfe ist Teil der Rechtsprechung, ihr Gegenstand kann nur eine Amtshandlung sein, die das ersuchende Gericht selbst hätte vornehmen können, die es aber aus Zweckmäßigkeitsgründen einem anderen Gericht überträgt.[3] Es handelt sich um eine Tätigkeit, die von der richterlichen Unabhängigkeit umfasst ist und dem Gebot des gesetzlichen Richters unterliegt.[4] **2**

Als solche **Rechtshilfehandlungen** kommen etwa Beweisaufnahmen im Bezirk des ersuchten Gerichts in Betracht. Eine zulässige Rechtshilfehandlung soll auch die Entgegennahme einer Parteierklärung aus Anlass des persönlichen Erscheinens sein, weil § 141 ZPO kein ausdrückliches Verbot der Rechtshilfe enthalte.[5] Dagegen liegt Amtshilfe durch ein Gericht vor, wenn etwa der ersuchenden Behörde die Befugnis fehlt, die ersuchte Handlung selbst vorzunehmen[6] oder wenn Gegenstand des Ersuchens eine andere als den Gerichten vorbehaltene Handlung ist. **3**

---

[1] Bt-Drs. 1/3819, 26.
[2] *Kissel/Mayer* GVG § 156 Rn. 10; *Zöller/Lückemann* ZPO § 156 GVG Rn. 2.
[3] *Zöller/Lückemann* ZPO § 156 GVG Rn. 2.
[4] *Kissel/Mayer* GVG § 156 Rn. 23.
[5] OLG Frankfurt Beschl. v. 19.1.2006 – 13 W 95/05, BeckRS 2006, 12427 = OLGR 2006, 746.
[6] Die Pflicht der Gerichte ihrerseits zur Amtshilfe gegenüber Behörden verstößt nicht gegen den Grundsatz der Gewaltenteilung, BVerfG Beschl. v. 28.11.1957 – 2 BvL 11/56, BVerfGE 7, 183 (187 ff.) = NJW 1958, 97.

4   Die Gewährung von Rechtshilfe für das Landwirtschaftsgericht durch ein anderes Gericht richtet sich **ausschließlich nach den §§ 156 ff. GVG.** Nach seinem
eindeutigen Wortlaut erfasst § 17 nur die Amtshilfe von Behörden. Dies können
zwar auch Gerichte sein, aber nur wenn sie außerhalb ihrer Rechtsprechungstätigkeit als Organ der Justizverwaltung tätig werden.

III. Amtshilfe

1. Allgemein: Amtshilfe nach § 17 S. 1

5   Amtshilfe iSv § 17 S. 1 liegt vor, wenn der ersuchenden Stelle die Befugnis
zur Vornahme der ersuchten Amtshandlung fehlt oder wenn andere, als die den
Gerichten vorbehaltenen Handlungen, insbesondere die Erteilung von Auskünften nachgesucht werden.[7] **Das Ersuchen des Landwirtschaftsgerichts an
eine Verwaltungsbehörde,** das Gericht bei seiner Tätigkeit zu unterstützen,
ist danach keine Rechtshilfe, sondern Amtshilfe.[8] Ein solches Ersuchen, das sich
häufig an die Behörde richten wird, die für die Beanstandung von Landpachtverträgen (§ 4 LPachtVG) bzw. die Erteilung einer nach § 2 GrdstVG erforderlichen Genehmigung zuständig ist, wird idR auf die Erteilung von Auskünften
über tatsächliche Verhältnisse und Vorgänge bzw. auf die Vornahme entsprechender Ermittlungen gerichtet sein. Zur Auskunft verpflichtet sind auch die
Landwirtschaftskammern. Ebenfalls Behörde iSd § 17 S. 1 sind Notare, die damit
auf Ersuchen zur Amtshilfe verpflichtet sein können.[9]

6   Bei der zu gewährenden Amtshilfe müssen die Behörden, insbesondere auch die
Notare, ihre evtl. bestehende Pflicht zur Verschwiegenheit beachten. Vor einem
entsprechenden Ersuchen müssen ggf. die Beteiligten ersucht werden, die Behörde
von ihrer Pflicht zur Verschwiegenheit zu entbinden.[10]

2. Amtshilfe durch die Finanzbehörden

7   Nach § 17 S. 2 haben die Finanzbehörden auf Ersuchen des Gerichts **Auskünfte
über den Einheitswert oder den Wirtschaftswert** land- oder forstwirtschaftlicher Grundstücke zu erteilen. Durch diese ausdrückliche gesetzliche Regelung
steht fest, dass solche Auskünfte nicht dem von den Finanzbehörden zu beachten-
den Steuergeheimnis unterfallen. Die Auskunft ist für den Geltungsbereich der
HöfeO von besonderer Bedeutung, weil nach § 1 HöfeO die Hofeigenschaft maßgeblich vom Wirtschaftswert abhängt.[11]

8   Die Auskunftspflicht beschränkt sich nicht auf die bloße Mitteilung des Ein-
heits- oder Wirtschaftswerts, sondern erstreckt sich auch auf die für die Berechnung und Zusammensetzung maßgeblichen Tatsachen. Der Wert ist im Zusammenhang mit der Beurteilung der Hofeigenschaft nach § 1 HöfeO für die

---

[7] *Zöller/Lückemann* ZPO § 156 GVG Rn. 3.
[8] *Kissel/Mayer* GVG § 156 Rn. 59; aA offenbar *Ernst* LwVG § 17 Rn. 4, wonach die Amtshilfe nach § 17 S. 1 auch die Rechtshilfe umfasst.
[9] *Ernst* LwVG § 17 Rn. 4; *Düsing/Martinez/Hornung* LwVG § 17 Rn. 3.
[10] *Ernst* LwVG § 17 Rn. 4; *Düsing/Martinez/Hornung* LwVG § 17 Rn. 3.
[11] Vgl. BT-Drs. 10/3830, 32 f.

Landwirtschaftsgerichte bindend.[12] Das Amtshilfeersuchen kann auch zu dem Zweck erfolgen, den für die Festsetzung des Geschäftswerts des Verfahrens maßgeblichen Grundstückswert festzustellen.[13]

3. Mitteilungspflicht nach § 3a HöfeVfO

Nach § 3a S. 1 HöfeVfO teilt das Finanzamt den Wirtschaftswert eines Betriebs **9** der Land- oder Forstwirtschaft mit, wenn sich dieser von mindestens 5.000 Euro auf weniger als 5.000 EUR verringert hat, sich von weniger als 10.000 EUR auf mindestens 10.000 EUR erhöht hat oder erstmals ermittelt worden ist und mindestens 10.000 EUR beträgt. Die Mitteilung hat durch das Finanzamt **von Amts wegen** zu erfolgen, setzt also kein Ersuchen des Gerichts voraus.

Nach § 3a S. 2 HöfeVfO erfolgen die Mitteilungen über die **Gesamtheit aller** **10** **entsprechenden Veränderungen**[14] mindestens einmal jährlich. Durch die jährliche Meldepflicht sollen die Landwirtschaftsgerichte in die Lage versetzt werden, den Bestand der in ihrem Zuständigkeitsbezirk liegenden landwirtschaftlichen Besitzungen von Amts wegen regelmäßig zu überprüfen und für eine sachgerechte grundbuchliche Fortschreibung hinsichtlich der Eintragung des Hofvermerks zu sorgen.[15]

§ 18 [Einstweilige Anordnungen]

Bei einstweiligen Anordnungen kann von der Zuziehung der ehrenamtlichen Richter und von der Anwendung des § 14 Abs. 2 abgesehen werden, wenn durch Verzögerung der einstweiligen Anordnung ein Nachteil zu entstehen droht.

---

[12] BGH Beschl. v. 7.7.1954 – V Blw 23/54, BGHZ 14, 188 (198f.) = NJW 1954, 1643; Lüdtke-Handjery/v. Jeinsen/*Brinkmann* HöfeO § 1 Rn. 29.
[13] OLG Celle Beschl. v. 9.2.1976 – 7 Wlw 2/76, RdL 1976, 81 = AgrarR 1976, 144.
[14] Düsing/Martinez/*Hornung* LwVG § 17 Rn. 5.
[15] Lüdtke-Handjery/v. Jeinsen/*v. Jeinsen* HöfeO § 3a HöfeVfO Rn. 1.

I. Überblick

1   Nach § 18 Abs. 1 S. 1 in seiner bis zum 31. August 2008 geltenden Fassung konnte in den Landwirtschaftssachen der freiwilligen Gerichtsbarkeit das Gericht bis zu einer Entscheidung in der Hauptsache vorläufige Anordnungen treffen. Der Erlass einer solchen Anordnung setzte also die **Anhängigkeit eines Hauptsacheverfahrens** voraus. Weil es hierfür keine besondere Rechtfertigung gab, ist diese Einschränkung mit dem Inkrafttreten des FamFG am 1. September 2009 entfallen.[1]

2   Die **Voraussetzungen für den Erlass einer einstweiligen Anordnung**, deren Vollzug und ggf. deren Aufhebung sowie die gegen die Entscheidung gegebenen Rechtsmittel ergeben sich nunmehr grds. aus (§ 9 iVm) §§ 49 ff. FamFG. Die dadurch erfolgte **Trennung von Hauptsache und einstweiliger Anordnung** entspricht der Situation bei Arrest und einstweiliger Verfügung nach der ZPO. Durch die Beseitigung der Hauptsacheabhängigkeit für den Erlass einer einstweiligen Anordnung werden die Verfahrensordnungen harmonisiert.[2] Im Hinblick auf die Eilbedürftigkeit von Entscheidungen im Eilverfahren besteht zudem die Möglichkeit, von der nach § 14 Abs. 2 gebotenen **Anhörung des Antragsgegners** vor Erlass der Entscheidung abzusehen und **ohne Hinzuziehung der ehrenamtlichen Richter** zu entscheiden.

II. Voraussetzungen und gerichtliche Entscheidung

1. Anordnungsanspruch

3   Das Gericht der Hauptsache kann nach § 49 Abs. 1 FamFG eine einstweilige Anordnung erlassen, wenn dies **nach den für das Rechtsverhältnis maßgebenden Vorschriften gerechtfertigt** ist und ein dringendes Bedürfnis für ein sofortiges Tätigwerden besteht. Wie die einstweilige Verfügung, die nach § 935 ZPO die drohende Vereitelung oder wesentliche Erschwerung der Verwirklichung eines Rechts voraussetzt und der Arrest, der nach § 916 Abs. 1 ZPO die Zwangsvollstreckung wegen einer Geldforderung[3] sichern soll, knüpft die einstweilige Anordnung mit der Voraussetzung des Bestehens eines Anordnungsanspruchs an das materielle Recht an.[4] Das materielle Recht begrenzt zugleich den Inhalt möglicher Anordnungen durch das Gericht.

4   Der Antragsteller hat nach § 51 Abs. 2 S. 1 FamFG die Voraussetzungen für die Anordnung und damit auch das Bestehen eines Anordnungsanspruchs glaubhaft zu machen.[5] Das Gericht selbst hat eine **summarische Prüfung** vorzunehmen.[6]

---

[1] BT-Drs. 16/6308, 330.

[2] BT-Drs. 16/6308, 199.

[3] Die Sicherung kann auch für einen Anspruch, der in eine Geldforderung übergehen kann, erfolgen.

[4] BT-Drs. 16/6308, 199; zum Erfordernis eines solchen Anordnungsanspruchs auch schon nach altem Recht BVerfG Beschl. v. 7.11.2005 – 1 BvR 1178/05, NJW 2006, 1339 (1340) = FamRZ 2006, 257.

[5] Zur Glaubhaftmachung → § 9 Rn. 123 ff.

[6] OLG Brandenburg Beschl. v. 20.8.2010 – 10 WF 187/10, NJW 2010, 3245 (3246); OLG Hamm Beschl. v. 15.11.2010 – 8 WF 240/10, BeckRS 2010, 31017 = FamRZ 2011, 1151 (Ls.).

Diese bezieht sich nicht auf die Prüfung der Rechtslage, sondern ist Folge der besonderen Verfahrensvorschriften für das einstweilige Anordnungsverfahren, das durch geringere Beweis- und Ermittlungsanforderungen gekennzeichnet ist.[7]

2. Anordnungsgrund

Besteht ein Anordnungsanspruch kann eine einstweilige Anordnung nur dann **5** ergehen, wenn nach § 49 Abs. 1 FamFG ein dringendes Bedürfnis für ein sofortiges Tätigwerden besteht **(Anordnungsgrund)**. Wann ein solches Bedürfnis besteht, richtet sich nach dem jeweiligen Verfahrensgegenstand. Allgemein besteht ein Anordnungsgrund bzw. ein Regelungsbedürfnis, wenn bei einem Abwarten bis zu einer endgültigen Entscheidung die zu schützenden Interessen nicht gewahrt werden könnten.[8]

Die tatsächlichen Voraussetzungen des Anordnungsgrundes sind ebenfalls nach **6** § 51 Abs. 1 S. 2 FamFG vom Antragsteller glaubhaft zu machen.

3. Erlass der einstweiligen Anordnung

a) Anordnungsinhalt. Liegen diese gesetzlichen Voraussetzungen für den Er- **7** lass einer einstweiligen Anordnung vor, steht dem Gericht entgegen dem Wortlaut von § 49 Abs. 1 FamFG („Das Gericht kann …") **kein Handlungsermessen** zu, das Gericht muss die Anordnung erlassen. Das Gericht hat allein ein Gestaltungsermessen, das ihm ermöglicht, ohne Bindung an einen gestellten Antrag, die Anordnung zu erlassen, die geeignet und ausreichend ist, den mit ihr verfolgten vorläufigen Sicherungs- oder Regelungszweck zu erreichen.[9]

Maßstab für den **Inhalt der einstweiligen Anordnung** ist ebenfalls das materi- **8** elle Recht. Die Anordnung darf inhaltlich nicht über das hinausgehen, was das materielle Recht dem Antragsteller gewährt, hat vielmehr grds. dahinter zurückzubleiben, denn durch die einstweilige Anordnung soll die Hauptsache grds. nicht vorweggenommen werden.[10] Weil auch die Interessen des Antragsgegners zu berücksichtigen sind, hat sie sich inhaltlich zugleich auf den geringstmöglichen Eingriff in dessen Rechte zu beschränken, sie muss maW dem Grundsatz der Verhältnismäßigkeit genügen.[11] Dem kann im Einzelfall auch durch eine zeitliche Begrenzung der angeordneten Maßnahme Rechnung getragen werden.

In § 49 Abs. 2 S. 1 und 2 FamFG werden die **Befugnisse des Gerichts** beim **9** Erlass einer einstweiligen Anordnung gesetzlich geregelt.[12] Nach S. 1 kann eine angeordnete vorläufige Maßnahme einen bestehenden Zustand sichern oder vorläufig regeln. Eine Systematisierung der einstweiligen Anordnungen nach ihrem Inhalt ist aufgrund dieser Regelung allerdings in der Praxis kaum möglich, zumal auch die sog. Regelungsanordnung letztlich der vorläufigen Sicherung einer materiell-

---

[7] Keidel/*Giers* FamFG § 49 Rn. 10.

[8] Keidel/*Giers* FamFG § 49 Rn. 13.

[9] Keidel/*Giers* FamFG § 49 Rn. 14; MüKoFamFG/*Soyka* § 49 Rn. 3.

[10] OLG Hamm Beschl. v. 15.11.2010 – 8 WF 240/10, BeckRS 2010, 31017 = FamRZ 2011, 1151 (Ls.); OLG Schleswig Beschl. v. 11.11.1976 – 3 WLw 46/76, SchlHA 1977, 204; Keidel/*Giers* FamFG § 49 Rn. 15.

[11] Vgl. BVerfG Beschl. v. 29.11.1993 – 1 BvR 1045/93, NJW 1994, 1208 (1209) = FamRZ 1994, 23; MüKoFamFG/*Soyka* § 49 Rn. 13.

[12] Maßstäbe für den konkreten Inhalt einer einstweiligen Anordnung lassen sich der gesetzlichen Regelung indes nicht entnehmen.

rechtlichen Rechtsposition des Antragstellers dient.[13] Das Gesetz eröffnet dem Gericht in § 49 S. 2 FamFG ausdrücklich die Möglichkeit, zur Erreichung des mit der Anordnung verfolgten Zwecks Gebote oder Verbote, zB Verfügungsverbote, zu erlassen.

10   Nach § 49 Abs. 2.S. 3 FamFG kann das Gericht mit der einstweiligen Anordnung zugleich die zu ihrer Durchführung erforderlichen Anordnungen treffen. Eines Antrags bedarf es insoweit nicht.[14]

11   **b) Insbesondere: Sicherung von Geldforderungen.** Im Zivilprozess dient die einstweilige Verfügung (§§ 935 ff. ZPO) der Sicherung von Individualansprüchen allgemein, während durch den **Arrest** (§§ 916 ff. ZPO) die Zwangsvollstreckung wegen einer Geldforderung oder eines Anspruchs, der in eine Geldforderung übergehen kann, in das bewegliche oder unbewegliche Vermögen gesichert werden soll (§ 916 Abs. 1 ZPO). Eine unmittelbare Anwendung der Regelungen der ZPO zum Arrest, aber auch zur einstweiligen Verfügung, kommt wegen der abschließenden Regelung in den §§ 49 ff. FamFG für die Verfahren der freiwilligen Gerichtsbarkeit nicht in Betracht.[15]

12   Das FamFG selbst differenziert, anders als die ZPO, nicht zwischen der Sicherung von Geldforderungen und der Sicherung anderer Rechte, spricht vielmehr allgemein in § 49 Abs. 2 S. 1 FamFG von der **Sicherung eines bestehenden Zustandes.** Dies schließt nach dem Wortlaut der Vorschrift die Befugnis des Gerichts ein, in Verfahren der freiwilligen Gerichtsbarkeit auch zur Sicherung einer Forderung iSv § 916 Abs. 1 ZPO eine einstweilige Anordnung **mit einem entsprechenden Inhalt** zu erlassen.[16] Die obergerichtliche Rechtsprechung hat schon für den Anwendungsbereich des § 18 aF, der durch die §§ 49 ff. FamFG abgelöst worden ist, angenommen, dass die vorläufige Anordnung nach dieser Vorschrift **alle Aufgaben erfüllt, die zur Sicherung der Rechte der Beteiligten erforderlich sind** und deswegen eine entsprechende Anwendung der §§ 916 ff., 935 ff. ZPO nicht in Betracht kommt.[17] Dies umfasst ohne weiteres auch Anordnungen zur

---

[13] Ähnlich Keidel/*Giers* FamFG § 49 Rn. 16.

[14] BT-Drs. 16/6308, 199.

[15] Vgl. zu § 18 LwVG aF BGH Beschl. v. 8.5.1954 – V BLw 10/54, BGHZ 13, 218 (219) = NJW 1954, 1242 für eine Landwirtschaftssache der freiwilligen Gerichtsbarkeit; ebenso OLG Hamm Beschl. v. 28.7.1964 – 10 Wlw 48/64, RdL 1965, 72; OLG Celle Beschl. v. 28.4.1969 – 7 WLw 11/69, RdL 1969, 182 (182f.); OLG Celle Beschl. v. 6.9.1965 – 7 WLw 73/65, NdsRpfl 1965, 245 (246).

[16] Wie hier MüKoFamFG/*Soyka* § 49 Rn. 15; OLG Jena Beschl. v. 8.12.1997 – LW U 1687/97, OLG-NL 1998, 98 = NL-BzAR 1998, 95 für einen Anspruch aus § 44 LwAnpG. Das OLG Jena hat im konkreten Fall einen „Arrest" nur deswegen nicht angeordnet, weil wegen der Möglichkeit der sofortigen Vollstreckung aus der bereits titulierten Forderung ein Anordnungsgrund nicht gegeben war. AA Düsing/Martinez/*Hornung* LwVG § 18 Rn. 6 mit der Begründung, es fehle für eine entsprechende Anwendung der §§ 916 ff. ZPO an der erforderlichen Regelungslücke. Der in diesem Zusammenhang zitierten Entscheidung OLG Hamm Beschl. v. 15.12.2009 – 10 W 97/07, BeckRS 2010, 15751 lässt sich lediglich entnehmen, dass in einem vorangegangenen Eilverfahren aufgrund einer einstweiligen Anordnung zur Sicherung von Nachabfindungsansprüchen nach § 13 Abs. 1 S. 2 HöfeO Sicherungshypotheken eingetragen worden waren, was nach § 932 Abs. 1 ZPO auch in Vollziehung eines Arrestes hätte erfolgen können.

[17] OLG Celle Beschl. v. 28.4.1969 – 7 WLw 11/69, RdL 1969, 182 (182f.); Beschl. v. 6.9.1965 – 7 WLw 73/65, NdsRpfl 1965, 245 (246).

Sicherung von Geldforderungen. Insbesondere in Verfahren, die durch die Geltendmachung subjektiver Rechte geprägt sind, also etwa den Streitsachen der freiwilligen Gerichtsbarkeit, erfordert die Gewährung eines effektiven Rechtsschutzes auch die Möglichkeit, bei Geldforderungen einen bestehenden Zustand zu sichern, wenn hierfür ein dringendes Bedürfnis besteht.

Eine Anordnung mit einem solchen Inhalt muss, wie beim Arrest, die Geldfor- **13** derung nach Grund und Höhe, die Art der Sicherung (dinglich oder persönlich) und entsprechend § 923 ZPO die Lösungssumme bezeichnen. Der **Vollzug der Anordnung** bestimmt sich – entsprechend den Arrestvorschriften – gemäß § 95 Abs. 1 FamFG nach den Vorschriften der ZPO (→ § 30 Rn. 23ff.). Da die Vollstreckung nicht zur Befriedigung führen darf, ist bei beweglichen Sachen grds. nur der Pfändung (vgl. § 930 Abs. 1 und 2 ZPO), bei Forderungen und anderen Rechten ebenfalls nur die Pfändung, nicht aber auch die Einziehung an Zahlungs statt oder zur Einziehung zulässig. Die Vollziehung des Arrests in Grundstücke erlaubt nur die Eintragung einer Sicherungshypothek bis zum Höchstbetrag der Lösungssumme (vgl. § 932 Abs. 1 ZPO).

c) Einstweilige Anordnung in Landwirtschaftssachen der freiwilligen **14** **Gerichtsbarkeit.** Die Regelungen über die vorläufige Anordnung in § 18 und in (§ 9 iVm) §§ 49ff. FamFG gewährleisten damit **alle erforderlichen Maßnahmen zur Sicherung der Rechte der Beteiligten in den Landwirtschaftssachen der freiwilligen Gerichtsbarkeit.** Einstweilige Verfügungen und Arreste aufgrund der §§ 916ff., 935ff. ZPO sind nicht zulässig. Ein auf den Erlass einer einstweiligen Verfügung gerichteter Antrag kann aber in einen solchen auf Erlass einer einstweiligen Anordnung umgedeutet werden.[18] Ein bereits als einstweilige Verfügung ergangener Beschluss soll noch in den Erlass einer einstweiligen Anordnung und ein gegen die einstweilige Verfügung eingelegter Widerspruch in eine Beschwerde nach § 18 Abs. 1 aF umgedeutet werden können.[19]

Einstweilige Anordnungen werden in den **Beanstandungsverfahren nach § 1** **15** **Nr. 1 und den Verfahren nach § 1 Nr. 2 u. 3** kaum in Betracht kommen. Gegenstand des Beanstandungsverfahrens ist ein wirksamer Pachtvertrag, der jedenfalls vorläufig bis zum Abschluss des Beanstandungsverfahrens das Rechtsverhältnis der Parteien des Pachtvertrages regelt. Sollte sich in deren Verhältnis untereinander ein Bedürfnis für den Erlass einer vorläufigen Regelung in einem gerichtlichen Eilverfahren ergeben, so wäre dies als eine streitige Landpachtsache nach § 1 Nr. 1a und damit als eine bürgerliche Rechtsstreitigkeit zu qualifizieren, auf die nach § 48 Abs. 1 S. 1 die ZPO Anwendung findet. Ebenso kann sich in den Verfahren nach § 1 Nr. 2 u. 3 ein vorläufiges Sicherungs- oder Regelungsbedürfnis allenfalls zwischen den Parteien des zu genehmigenden Vertrages ergeben. Ein entsprechendes Verfahren auf Erlass eines Arrestes oder einer einstweiligen Verfügung würde sich danach als bürgerliche Rechtsstreitigkeit unmittelbar nach den §§ 916ff. ZPO richten.

Dagegen kann in den **Zuweisungsverfahren nach § 13 GrdstVG** ohne **16** weiteres ein vorläufiges Sicherungsinteresse entstehen, da hier die gesetzlichen Erben darum streiten, wer Eigentümer des im Nachlass befindlichen landwirtschaftlichen Betriebs ist bzw. wird. Zur Sicherung dieser Ansprüche kann

---

[18] Vgl. BGH Beschl. v. 8.5.1954 – V BLw 10/54, BGHZ 13, 218 (220) = NJW 1954, 1242.
[19] OLG Hamm Beschl. v. 28.7.1964 – 10 Wlw 48/64, RdL 1965, 72; OLG Köln Beschl. v. 5.5.1983 – 23 WLw 1/83, RdL 1984, 78 (80).

ohne weiteres ein dringendes Bedürfnis für ein sofortiges Tätigwerden iSv § 49 Abs. 1 FamFG entstehen; entsprechendes gilt für die Regelung der Bewirtschaftung des landwirtschaftlichen Betriebs bis zu einer Entscheidung in der Hauptsache.[20]

17   Formal ausgeschlossen ist der Erlass einer einstweiligen Anordnung für keine Landwirtschaftssache der freiwilligen Gerichtsbarkeit, sie wird aber in der Gerichtspraxis insbesondere in den Verfahren relevant werden, in denen die subjektiven Rechte der Beteiligten den Verfahrensgegenstand bilden. Hierzu zählen in erster Linie die Streitsachen der freiwilligen Gerichtsbarkeit (→ § 9 Rn. 11).

18   Was **Inhalt einer einstweiligen Anordnung** sein kann, ergibt sich auch für die Landwirtschaftssachen der freiwilligen Gerichtsbarkeit allein aus (§ 9 iVm) § 49 FamFG. Der Erlass einer einstweiligen Verfügung oder eines Arrestes unmittelbar auf Grundlage der §§ 916 ff. ZPO kommt ausschließlich in den **streitigen Landwirtschaftssachen** nach § 1 Nr. 1a in Betracht. Eine entsprechende Anwendung der §§ 916 ff. ZPO ist für **Streitsachen** der freiwilligen Gerichtsbarkeit nicht veranlasst, weil durch die §§ 49 ff. FamFG in ausreichendem Umfang vorläufiger Rechtsschutz auch in diesen Verfahren gewährt wird.[21]

19   Die Eintragung einer **Vormerkung** bzw. eines **Widerspruchs gegen die Richtigkeit des Grundbuchs** kann, wenn der Berechtigte eine solche nicht bewilligt, nach §§ 885 Abs. 1 S. 1, 899 Abs. 2 BGB auch aufgrund einer **einstweiligen Verfügung** erfolgen. Obwohl diese Vorschriften des materiellen Rechts nach ihrem Wortlaut auf eine einstweilige Verfügung nach den §§ 935 ff. ZPO abstellen, kann, wenn ein entsprechendes Sicherungsbedürfnis besteht, auch eine einstweilige Anordnung nach §§ 49 ff. FamFG Grundlage für eine entsprechende Eintragung sein.[22] Sachliche Gründe, den vorläufigen Rechtsschutz in Angelegenheiten der freiwilligen Gerichtsbarkeit insoweit hinter dem im Zivilverfahren gewährten Rechtsschutz im Falle der Unrichtigkeit des Grundbuchs oder eines Anspruchs auf Einräumung oder Aufhebung eines Rechts an einem Grundstück zurückstehen zu lassen, bestehen ersichtlich nicht. Allein die vom Wortlaut der §§ 885 Abs. 1, 899 Abs. 2 BGB abweichende Bezeichnung der im Verfahren des vorläufigen Rechtsschutzes ergangenen Entscheidung als einstweilige Anordnung rechtfertigt es nicht, eine angeordnete Eintragung einer Vormerkung oder eines Widerspruchs nicht vorzunehmen.

20   In einer höferechtlichen Versorgungsstreitigkeit hat das OLG Hamm entschieden, dass eine nach § 14 HöfeO zu zahlende Altenteilsrente als Reallast dinglich gesichert werden kann und dieser Anspruch auf dingliche Sicherung wiederum im Wege einer einstweiligen Anordnung durch die Eintragung einer **Vormerkung** gesichert werden kann.[23] In einer anderen höferechtlichen Auseinandersetzung betreffend die Auslegung eines Testaments hinsichtlich des Eintritts des Nacherbfalls für den Fall, dass der Hofvorerbe kinderlos verstirbt, hat das OLG Köln die Eintra-

---

[20] *Ernst* LwVG § 18 Rn. 12.

[21] Gegen eine entsprechende Anwendung der §§ 916 ff. ZPO auf Streitsachen der freiwilligen Gerichtsbarkeit spricht auch, dass für die Familienstreitsachen, für die weitgehend die Vorschriften der ZPO gelten, nach § 113 Abs. 1 S. 1 FamFG die Regelungen in §§ 49 ff. FamFG über die einstweilige Anordnung anwendbar bleiben und die §§ 916 ff. ZPO für diese Verfahren gerade nicht gelten.

[22] OLG Hamm Beschl. v. 19.2.1959 – 10 Wlw 57/58, RdL 1959, 214 (215); *Ernst* LwVG § 18 Rn. 19.

[23] OLG Hamm Beschl. v. 28.7.1964 – 10 Wlw 48/64, RdL 1965, 72.

gung eines **Widerspruchs** in das Grundbuch aufgrund einer vom Landwirtschaftsgericht erlassenen einstweiligen Anordnung bestätigt.[24] Das OLG Hamm hat in
einer weiteren Entscheidung eine einstweilige Anordnung des Landwirtschaftsgerichts auf Eintragung eines Widerspruchs nur deswegen aufgehoben, weil es an der
nach damaligem Recht erforderlichen Voraussetzung der Anhängigkeit der Hauptsache fehlte.[25] Demgegenüber hat das OLG Oldenburg in einer höferechtlichen
Streitigkeit entschieden, dass ein Widerspruch nur aufgrund einer vom Prozessgericht erlassenen einstweiligen Verfügung eingetragen werden könne und das Landwirtschaftsgericht für den Erlass einer einstweiligen Anordnung mit einem entsprechenden Inhalt nicht zuständig sei.[26]

Inhalt einer einstweiligen Anordnung kann auch der Erlass eines **Verfügungs-** 21
verbots sein.[27] Ein vom Landwirtschaftsgericht erlassenes Verfügungsverbot über
einen eingezahlten Kaufpreis für ein Grundstück zur Sicherung von Ansprüchen
aus § 13 HöfeO hat das OLG Celle allein deswegen wieder aufgehoben, weil es am
erforderlichen Verfügungsgrund fehlte.[28] Zur Verhinderung der Eintragung eines
Hofübernehmers auf Grund eines unwirksamen Übergabevertrages hat das OLG
Celle im Wege der einstweiligen Anordnung ein **Erwerbsverbot** ausgesprochen.
Die Fassung des § 18 aF ermögliche es, **jede notwendige Anordnung** im Sinne
einer sichernden Maßnahme zu treffen.[29]

III. Überblick über das Verfahren

1. Zuständigkeit

Nach § 50 Abs. 1 S. 1 FamFG ist das Gericht für das Verfahren des vorläufigen 22
Rechtsschutzes zuständig, das auch für die **Entscheidung in der Hauptsache zu-**
ständig wäre. Die sachliche Zuständigkeit ergibt sich aus § 1 Nr. 1 sowie Nr. 2–6
sowie ergänzenden Sonderzuweisungen (im Einzelnen → § 1 Rn. 6 ff.) und ist eine
ausschließliche (→ § 2 Rn. 7 ff.). Die örtliche Zuständigkeit ist ebenfalls als ausschließliche in § 10 geregelt (→ § 10 Rn. 3 ff.). Ist bereits eine **Hauptsache anhän-**
gig ist das Gericht des ersten Rechtszuges zuständig (§ 50 Abs. 1 S. 2 Hs. 1 FamFG).
Die Formulierung „eine Hauptsache" ist so zu verstehen, dass es sich um diejenige
iSv 52 FamFG handeln muss.[30] Zuständigkeitsbegründend ist in diesem Fall allein

---

[24] OLG Köln Beschl. v. 5.5.1983 – 23 WLw 1/83, RdL 1984, 78 (80).
[25] OLG Hamm Beschl. v. 19.2.1959 – 10 Wlw 57/58, RdL 1959, 214 (215).
[26] OLG Oldenburg Beschl. v. 8.9.1967 – 3 WLw 25/67, NdsRpfl 1967, 271 (272). Gegenstand der Entscheidung war aber – nach einseitiger Erledigungserklärung und Verweisung des
Rechtsstreits vom Landgericht an das Landwirtschaftsgericht – eine vom Amtsgericht erlassene
einstweilige Verfügung. Seine Auffassung hat das OLG Oldenburg damit begründet, dass das
übertragene Recht der Verwaltung und Nutznießung gemäß § 59 Abs. 3 LVO (Verfahrensordnung für Landwirtschaftssachen vom 2. Dezember 1947 – Verordnungsblatt für die britische
Zone S. 157 –, die durch § 26 HöfeVfO insgesamt aufgehoben worden ist) auch ohne Eintragung in ein Nießbrauchsrecht nach §§ 1030 ff. BGB übergegangen sei.
[27] OLG Hamm Beschl. v. 18.7.1963 – 10 Wlw 38/63, RdL 1964, 244.
[28] OLG Celle Beschl. v. 24.9.1973 – 7 WLw 50/73, AgrarR 1973, 407 (408).
[29] OLG Celle Beschl. v. 28.4.1969 – 7 WLw 11/69, RdL 1969, 182 (183).
[30] OLG Stuttgart Beschl. v. 16.3.2010 – 15 UF 38/10, BeckRS 2010, 10567 = FamRZ
2010, 1828; Keidel/*Giers* § 50 FamFG Rn. 4.

die Anhängigkeit der Hauptsache, eine weitere Zuständigkeitsprüfung findet nicht mehr statt.[31]

23   Ist das **Verfahren in der Beschwerdeinstanz anhängig,** so ist für den Erlass einer einstweiligen Anordnung, die diese Hauptsache betrifft, allein das Beschwerdegericht zuständig (§ 50 Abs. 1 S. 2 Hs. 2 FamFG). Die Zuständigkeit des Beschwerdegerichts beschränkt sich auf den Umfang des bei ihm angefallenen Verfahrensgegenstandes.[32] Daraus folgt zugleich, dass dann, wenn die Hauptsache in der Rechtsbeschwerdeinstanz anhängig ist, für den Erlass einer einstweiligen Anordnung nach § 50 Abs. 1 S. 2 Hs. 1 FamFG wieder das erstinstanzliche Gericht zuständig ist. Die Zuständigkeit des Beschwerdegerichts beginnt mit dem Eingang der Beschwerde nach § 68 Abs. 1 FamFG[33] und endet mit der Rechtskraft der Beschwerdeentscheidung oder der Einlegung der Rechtsbeschwerde nach § 71 Abs. 1 FamFG.[34] Der Bundesgerichtshof ist damit in keinem Fall für den Erlass einer einstweiligen Anordnung zuständig.

24   Die in § 50 Abs. 2 FamFG geregelte – vorläufige – Zuständigkeit in besonders dringenden Fällen spielt für Landwirtschaftssachen keine praktische Rolle, weil der Gegenstand dieser Verfahren zugleich der alleinige Anknüpfungspunkt für die Begründung der örtlichen Zuständigkeit des Gerichts ist.

2. Verfahren bis zum Erlass der Entscheidung

25   Da Landwirtschaftssachen der freiwilligen Gerichtsbarkeit nach § 14 Abs. 1 grds. nur auf Antrag eingeleitet werden, setzt auch der Erlass einer einstweiligen Anordnung nach § 51 Abs. 1 S. 1 FamFG einen solchen voraus. In den wenigen Verfahren, die vom Landwirtschaftsgericht von Amts wegen zu führen sind (→ § 9 Rn. 94), wird ein dringendes Bedürfnis für ein sofortiges Tätigwerden schon der Sache nach nicht in Betracht kommen. Der Antrag ist nach § 51 Abs. 1 S. 2 FamFG zu begründen und die Voraussetzungen für die Anordnung sind glaubhaft zu machen (zur Glaubhaftmachung → § 9 Rn. 123 ff.).

26   Für den Antrag gelten die allgemeinen Vorschriften (→ § 14 Rn. 8 ff.). Wie bei dem Antrag auf Erlass der einstweiligen Verfügung genügt es, dass das Rechtsschutzziel erkennbar wird, ein inhaltlich bestimmter Antrag ist nicht erforderlich.[35]

27   Die Durchführung des Verfahrens richtet sich **nach den Vorschriften, die für die Hauptsache gelten, soweit sich nicht aus den Besonderheiten des einstweiligen Rechtsschutzes etwas anderes ergibt** (§ 51 Abs. 2 S. 1 FamFG). Insbesondere kann, wenn die Dringlichkeit einer Entscheidung dies gebietet, von der Durchführung einer mündlichen Verhandlung abgesehen werden (§ 51 Abs. 2 S. 2 FamFG). Darüber hinaus sieht § 18 ausdrücklich die Möglichkeit vor, bei einstweiligen Anordnungen von der Zuziehung der ehrenamtlichen Richter und davon abzusehen, den Beteiligten vor einer Entscheidung Gelegenheit zu geben, sich zu der

---

[31] Wegen der Ausschließlichkeit der Zuständigkeit der Landwirtschaftsgerichte, die an Tatsachen anknüpft, die sich, anders als etwa der Wohnsitz, nicht im Lauf der Zeit ändern, wird es in der Praxis in den Landwirtschaftssachen zu sich überschneidenden Zuständigkeiten idR nicht kommen.

[32] Keidel/*Giers* FamFG § 50 Rn. 6.

[33] Daraus folgt zugleich, dass während des Abhilfeverfahrens das erstinstanzliche Gericht zuständig bleibt.

[34] Keidel/*Giers* FamFG § 50 Rn. 6.

[35] MüKoFamFG/*Soyka* § 51 Rn. 5; Zöller/*Vollkommer* ZPO § 938 Rn. 2.

Sache zu äußern, **wenn durch eine Verzögerung der einstweiligen Anordnung ein Nachteil zu entstehen droht.**

Der durch die Verzögerung drohende Nachteil iSv § 18 muss über das dringende **28** Bedürfnis nach § 49 Abs. 1 FamFG hinausgehen und ist ebenfalls **vom Antragsteller glaubhaft zu machen.** Die konkret und unmittelbar drohenden Nachteile im Falle einer weiteren Verzögerung durch die Hinzuziehung der ehrenamtlichen Richter und durch die Gewährung rechtlichen Gehörs für den Antragsgegner müssen die dadurch bewirkten Einschränkungen deutlich überwiegen.[36]

Das Landwirtschaftsgericht bzw. der Landwirtschaftssenat des Oberlandesge- **29** richts als Beschwerdegericht darf daher nur dann allein durch die Berufsrichter als gesetzliche Richter entscheiden, wenn ein **drohender Nachteil** iSd § 18 gegeben ist. Hat das Landwirtschaftsgericht wegen der Dringlichkeit allein durch seinen Vorsitzenden über den Antrag auf Erlass der einstweiligen Anordnung entschieden, ist über eine Beschwerde gegen diese Entscheidung durch den Landwirtschaftssenat gleichwohl unter Hinzuziehung der ehrenamtlichen Richter zu befinden.[37] Die gegenteilige Auffassung,[38] nach der in Eilverfahren das Beschwerdegericht ohne Zuziehung der ehrenamtlichen Richter entscheiden darf, wenn das Landwirtschaftsgericht allein durch seinen Vorsitzenden entschieden hat,[39] lässt außer Betracht, dass der maßgebliche Grund für die Möglichkeit des Gerichts, ohne die ehrenamtlichen Richter zu entscheiden ist, dass es für die zu treffende Entscheidung auf deren Sachkunde regelmäßig nicht ankommen wird. Ausschlaggebend dafür, nach § 18 ohne die ehrenamtlichen Richter über den Antrag auf Erlass einer einstweiligen Anordnung zu entscheiden, ist dagegen der drohende Nachteil für den Antragsteller bei einer weiteren Verzögerung der Entscheidung. Dies wird aber in der Beschwerdeinstanz regelmäßig nicht der Fall sein. Das Beschwerdegericht kann also ebenfalls nur unter den Voraussetzungen des § 18 ohne Zuziehung der ehrenamtlichen Richter entscheiden.

Eine **Beweisaufnahme ist im einstweiligen Anordnungsverfahren** auf **30** präsente Beweismittel beschränkt (§ 31 Abs. 2 FamFG), weshalb es nicht genügt, wenn von dem feststellungsbelasteten Beteiligten etwa ein Zeuge lediglich benannt wird.[40] Dies kann im Hinblick auf den auch im Eilverfahren geltenden Amtsermittlungsgrundsatz anders sein, wenn das Gericht eine mündliche Verhandlung anord-

---

[36] Düsing/Martinez/*Hornung* LwVG § 18 Rn. 5.

[37] Ebenso Düsing/Martinez/*Hornung* LwVG § 18 Rn. 3 unter Bezugnahme auf eine Entscheidung des OLG Naumburg (OLG Naumburg Beschl. v. 19.2.2003 – 2 Ww 12/03, BeckRS 2003, 30302796 = NL-BzAR 2003, 507). Der genannten Entscheidung lässt sich dies allerdings nicht entnehmen, weil sie in einer streitigen Landwirtschaftssache nach § 48 Abs. 1 ergangen ist und die Frage betrifft, ob eine Entscheidung durch den Vorsitzenden des Landwirtschaftsgerichts nach § 944 ZPO als Entscheidung eines Einzelrichters anzusehen ist, über die das Beschwerdegericht ebenfalls durch einen Einzelrichter zu entscheiden hätte.

[38] OLG Jena Beschl. v. 8.12.1997 – LW U 1687/97, OLG-NL 1998, 89 (90) = AgrarR 1998, 323.

[39] Bei einer solchen Entscheidung allein durch den Vorsitzenden kann es sich regelmäßig nur um eine Entscheidung handeln, die eine einstweilige Anordnung erlässt, weil bei der Zurückweisung eines solchen Antrags regelmäßig durch die Verzögerung kein Nachteil droht, der das Landwirtschaftsgericht berechtigt, nach § 18 ohne die ehrenamtlichen Richter zu entscheiden.

[40] OLG Bremen Beschl. v. 17.8.2011 – 4 UF 109/11, NJW-RR 2011, 1511 (1512) = FamRZ 2012, 142 (Ls.).

net und zur rechtzeitigen Ladung der benannten Zeugen in der Lage ist.[41] Der Grundsatz der Amtsermittlung gilt für das Eilverfahren entsprechend dem Hauptsacheverfahren.[42] Unterbleibt aber eine Glaubhaftmachung vollständig und wird auch auf eine entsprechende gerichtliche Verfügung hin nicht nachgeholt, ist der Antrag ohne weitere Amtsermittlung zurück zu weisen, weil der Antragsteller gegen seine Mitwirkungspflichten verstößt.[43] Dies gilt grds. auch in den **Streitsachen der freiwilligen Gerichtsbarkeit.** Es besteht kein hinreichender sachlicher Grund, die auch für diese Verfahren, wenn auch eingeschränkt (→ § 9 Rn. 105 f.), geltende Pflicht zur Amtsermittlung im einstweiligen Anordnungsverfahren vollständig entfallen zu lassen.[44]

31   Über den Antrag auf Erlass einer einstweiligen Anordnung entscheidet das Gericht gemäß § 38 FamFG durch zu begründenden Beschluss. Der **Inhalt der Anordnung** steht im Ermessen des Gerichts, das an den Antrag nicht gebunden ist, aber über diesen nicht hinausgehen darf. Wegen der Unabhängigkeit vom Hauptsacheverfahren (§ 51 Abs. 3 S. 1 FamFG) muss der Beschluss eine Kostengrundentscheidung enthalten. Er ist mit einer Rechtsbehelfsbelehrung zu versehen, die neben der Möglichkeit der Beschwerde nach §§ 58 ff. FamFG auch über die der Abänderung (§ 54 FamFG) und des Antrags auf Durchführung des Hauptsacheverfahrens belehren muss.[45]

32   Die Entscheidung des Landwirtschaftsgerichts über den Erlass der einstweiligen Anordnung ist mit der Beschwerde (§§ 58 ff. FamFG) anfechtbar. Die Rechtsbeschwerde zum Bundesgerichtshof ist nach § 70 Abs. 4 FamFG ausgeschlossen.

3. Rechtsschutz nach Erlass der einstweiligen Anordnung

33   **a) Antrag auf Einleitung des Hauptsacheverfahrens.** In den Antragsverfahren[46] und damit grds. auch in den Landwirtschaftssachen der freiwilligen Gerichtsbarkeit hat das Gericht auf Antrag desjenigen, der durch die einstweilige Anordnung in seinen Rechten beeinträchtigt ist, anzuordnen, dass der Beteiligte, der die einstweilige Anordnung erwirkt hat, binnen einer vom Gericht zu bestimmenden Frist **die Einleitung des Hauptsacheverfahrens beantragt;** hierfür genügt es, dass ein Antrag auf Bewilligung von Verfahrenskostenhilfe für das Hauptsacheverfahren gestellt wird (§ 52 Abs. 2 S. 1 FamFG). Wird ein entsprechender Antrag innerhalb der vom Gericht bestimmten Frist, die nach § 52 Abs. 2 S. 2 FamFG den Zeitraum von drei Monaten nicht überschreiten darf, nicht gestellt, ist gemäß § 52 Abs. 2 S. 3 FamFG die einstweilige Anordnung aufzuheben. Die Vorschrift entspricht nach Sinn und Zweck der Regelung in § 926 ZPO für das Arrestverfahren bzw. das Verfahren auf Erlass einer einstweiligen Verfügung.

34   Die **Entscheidung** über den Antrag auf Einleitung des Hauptsacheverfahrens ergeht durch Beschluss, der eine Begründung (§ 38 Abs. 3 FamFG) und eine Rechtsmittelbelehrung (§ 39 FamFG) enthalten muss.[47] Der Beschluss mit der An-

---

[41] So jedenfalls zu § 294 ZPO Zöller/*Greger* ZPO § 294 Rn. 3.

[42] So Keidel/*Giers* FamFG § 51 Rn. 8; MüKoFamFG/*Soyka* § 51 Rn. 9.

[43] Keidel/*Giers* FamFG § 51 Rn. 8.

[44] AA für Familienstreitsachen Keidel/*Giers* FamFG § 51 Rn. 7.

[45] Keidel/*Giers* FamFG § 51 Rn. 21.

[46] Die für die Amtsverfahren geltende Regelung in § 52 Abs. 1 FamFG spielt für die Landwirtschaftssachen der freiwilligen Gerichtsbarkeit keine praktische Rolle.

[47] Keidel/*Giers* FamFG § 52 Rn. 9.

ordnung der Fristsetzung ist dem Antragsteller zuzustellen, weil durch ihn eine Frist in Gang gesetzt wird (§ 15 Abs. 1 FamFG). Der Antrag kann im Einzelfall auch zurückgewiesen werden, etwa dann, wenn aus der einstweiligen Anordnung (zB wegen Ablaufs einer angeordneten Befristung) nicht mehr vollstreckt werden kann, weil es dann am erforderlichen Rechtsschutzbedürfnis fehlt.[48]

Sowohl die **Anordnung** der Frist als auch die **Zurückweisung** eines entspre- **35** chenden Antrags sind innerhalb einer Frist von zwei Wochen seit Bekanntgabe (§ 63 Abs. 2 Nr. 1 FamFG) mit der Beschwerde nach §§ 58ff. FamFG anfechtbar.[49] In beiden Fällen handelt es sich um eine Endentscheidung iSv § 58 Abs. 1 FamFG. Bei der Zurückweisung des Antrags folgt dies ohne weiteres daraus, dass das Verfahren nach § 52 Abs. 2 FamFG mit dieser Entscheidung abgeschlossen ist. Aber auch im Fall der Anordnung liegt eine Endentscheidung vor, weil auch damit über den Antrag auf Einleitung des Hauptsacheverfahrens abschließend entschieden wird.

Wird das Hauptsacheverfahren nicht innerhalb der vom Gericht gesetzten Frist **36** durch den Antragsteller eingeleitet, wird die einstweilige Anordnung nach § 52 Abs. 2 S. 3 FamFG **rückwirkend aufgehoben.** Die Aufhebung erfolgt, wie die Einleitung des Verfahrens, nur auf entsprechenden Antrag hin[50] durch Beschluss. Dies entspricht der Regelung in § 926 Abs. 2 ZPO, an der sich der Gesetzgeber für das Verfahren nach § 52 Abs. 2 FamFG orientiert hat.[51] Der Beschluss ist nach § 41 Abs. 1 S. 2 FamFG demjenigen zuzustellen, dessen erklärtem Willen er nicht entspricht. Dies ist im Fall der Aufhebung derjenige, auf dessen Antrag hin die einstweilige Anordnung zunächst erlassen worden war.

Der Beschluss über den Antrag auf Aufhebung der einstweiligen Anordnung ist **37** ebenfalls **mit der Beschwerde nach §§ 58ff. FamFG anfechtbar.** Zwar geht der gesetzliche Begründung davon aus, dass es sich insoweit um einen unanfechtbaren Beschluss handeln soll,[52] diese Ansicht findet indes im Gesetz keine Stütze.[53] Der Gesetzgeber hat lediglich – mit Einschränkungen (§ 57 S. 2 FamFG) – in § 57 S. 1 FamFG angeordnet, dass Entscheidungen in Verfahren der einstweiligen Anordnung in Familiensachen nicht anfechtbar sind.[54] Der Beschluss muss daher auch eine entsprechende Rechtsmittelbelehrung nach § 39 FamFG enthalten.

---

[48] OLG Karlsruhe Beschl. v. 3.9.2010 – 5 WF 179/10, BeckRS 2010, 21576 = FamRZ 2011, 571.

[49] So für die Zurückweisung des Antrags Keidel/*Giers* FamFG § 52 Rn. 9; aA OLG Karlsruhe Beschl. v. 3.9.2010 – 5 WF 179/10, BeckRS 2010, 21576 = FamRZ 2011, 571; BeckOK FamFG/*Schlünder* § 52 Rn. 5 (sofortige Beschwerde entsprechend §§ 567ff. ZPO).

[50] Keidel/*Giers* FamFG § 52 Rn. 10; BeckOK FamFG/*Schlünder* § 52 Rn. 4; Prütting/ Helms/*Stößer* FamFG § 52 Rn. 5; Schulte-Bunert/Weinreich/*Schwonberg* FamFG § 52 Rn. 15; wohl auch Musielak/Borth/*Grandel/Borth* FamFG § 52 Rn. 11, der in diesem Zusammenhang auch von einer möglichen Abweisung des Antrags spricht; aA Zöller/*Feskorn* ZPO § 52 FamFG Rn. 6; Bumiller/Harders/Schwamb/*Bumiller* FamFG § 52 Rn. 3; Thomas/Putzo/*Seiler* ZPO § 52 FamFG Rn. 8.

[51] BT-Drs. 16/6308, 201.

[52] BT-Drs. 16/6308, 201.

[53] Der Umstand, dass in § 70 Abs. 4 FamFG die Rechtsbeschwerde gegen einen Beschluss im Verfahren über die Aufhebung ausdrücklich ausgeschlossen wird, für die Beschwerde aber eine solche Regelung (von § 57 S. 1 FamFG abgesehen) fehlt, legt den Schluss nahe, dass die Beschwerde gegen eine solche Entscheidung zulässig ist.

[54] So auch Musielak/Borth/*Grandel/Borth* FamFG § 52 Rn. 11; Keidel/*Giers* FamFG § 52 Rn. 10b; aA hinsichtlich der Anfechtbarkeit OLG Zweibrücken Beschl. v. 15.5.2012 – 2 UF 64/12, NJW 2012, 3796 (3797) = MDR 2012, 1044; Zöller/*Feskorn* ZPO § 52 FamFG

38   Mit dem die einstweilige Anordnung aufhebenden (und den Antrag auf ihren Erlass zurückweisenden) Beschluss ist zugleich über die gesamten **Kosten des Anordnungsverfahrens** zu entscheiden. Diese sind regelmäßig demjenigen aufzuerlegen, der durch seinen Antrag auf Erlass der einstweiligen Anordnung das Verfahren eingeleitet und durch seine Untätigkeit auf die Fristsetzung hin die Entscheidung schuldhaft veranlasst hat.[55] Da für das Verfahren nach § 52 Abs. 2 FamFG keine besonderen Gerichtsgebühren anfallen, muss im Fall der Zurückweisung des Antrags auf Aufhebung allenfalls über angefallene außergerichtliche Kosten entschieden werden.[56]

39   Über den Antrag auf Einleitung des Hauptsacheverfahrens und den Antrag auf Aufhebung der einstweiligen Anordnung kann entsprechend § 20 Abs. 1 (→ § 20 Rn. 6 ff.) ohne Zuziehung der ehrenamtlichen Richter entschieden werden, weil die Entscheidung keine landwirtschaftliche Sachkunde der zur Entscheidung berufenen Richter erfordert.

40   **b) Aufhebung oder Änderung der Entscheidung.** In den Antragsverfahren[57] kann nach § 54 Abs. 1 S. 1 FamFG **auf Antrag** (§ 54 Abs. 1 S. 2 FamFG) die einstweilige Anordnung aufgehoben oder geändert werden. Da das Gesetz insoweit keine Einschränkungen enthält, kann der Antrag nicht nur durch den Beteiligten gestellt werden, gegen den sich die einstweilige Anordnung richtet, sondern auch durch denjenigen, dessen Antrag zurückgewiesen wurde oder nur eingeschränkt Erfolg hatte. Wurde die einstweilige Anordnung gemäß § 18 erlassen, ohne dass dem Antragsgegner nach § 14 Abs. 2 S. 1 Gelegenheit zur Stellungnahme gegeben worden war, kann eine Aufhebung oder Abänderung nach 54 Abs. 1 S. 3 FamFG auch **von Amts wegen** erfolgen. Ein solcher Fall liegt immer dann vor, wenn der Erlass der einstweiligen Anordnung wegen der besonderen Eilbedürftigkeit iSv § 18 allein auf den Angaben des Antragstellers beruht.

41   **Antragsberechtigt** ist nur der Beteiligte, der durch die einstweilige Anordnung beschwert ist.[58] Einem Antrag, der sich auf eine Wiederholung des im Ausgangsverfahren Vorgetragenen beschränkt, fehlt das erforderliche Rechtsschutzbedürfnis. Damit würde iE ein vom FamFG nicht vorgesehenes und uU nach § 57 FamFG unzulässiges Rechtsmittel eingeführt.[59] Ist die einstweilige Anordnung erlassen worden, ohne dem Antragsgegner zuvor rechtliches Gehört zu gewähren, erhält dieser mit dem Antrag auf Aufhebung oder Abänderung erstmals Gelegenheit, sich zur Sache zu äußern. Das Verfahren ersetzt insoweit den im Arrestverfahren und einstweiligen Verfügungsverfahren vorgesehenen Widerspruch nach § 924 ZPO, wenn eine Eilentscheidung nicht auf einer mündlichen Verhandlung beruht (§ 922 Abs. 1 ZPO).

42   Für die Aufhebung oder Abänderung ist nach § 54 Abs. 3 S. 1 FamFG **das Gericht zuständig,** das die einstweilige Anordnung erlassen hat. § 54 Abs. 4 FamFG

Rn. 6; MüKoFamFG/*Soyka* § 52 Rn. 9; Bumiller/Harders/Schwamb/*Bumiller* FamFG § 52 Rn. 3.

[55] Keidel/*Giers* FamFG § 52 Rn. 10b.

[56] Dabei ist zu beachten, dass nach § 16 Nr. 5 RVG einstweilige Anordnung und das Verfahren nach § 52 FamFG als eine Angelegenheit gelten.

[57] Die Amtsverfahren sind auch hier für die Landwirtschaftssachen der freiwilligen Gerichtsbarkeit ohne praktische Bedeutung.

[58] Keidel/*Giers* FamFG § 54 Rn. 5.

[59] Musielak/Borth/*Grandel/Borth* FamFG § 54 Rn. 6.

regelt das Verhältnis von Beschwerde und Antrag auf Aufhebung oder Abänderung in der Weise, dass für die Dauer des Beschwerdeverfahrens gegen eine Entscheidung über den Erlass einer einstweiligen Anordnung eine Aufhebung oder Abänderung durch das erstinstanzliche Gericht unzulässig ist.

Das Gericht entscheidet wiederum durch zu **begründenden Beschluss.** Der **43** Entscheidungsspielraum wird durch die Erstentscheidung und das materielle Recht begrenzt. In diesen Grenzen kann die einstweilige Anordnung rückwirkend oder nur mit Wirkung für die Zukunft aufgehoben oder abgeändert werden. Im Aufhebungs-/Abänderungsverfahren erfolgt eine umfassende Überprüfung der Erstentscheidung, die tatsächlichen und rechtlichen Grundlagen der Entscheidung können durch das Gericht neu gewürdigt werden.[60] Der Beschluss kann auch eine Kostenentscheidung enthalten, wenn die im Ausgangsverfahren ergangene Kostenentscheidung geändert werden soll. Hinsichtlich der Kosten des Abänderungs-/Aufhebungsverfahrens selbst gelten die Ausführungen zum Anordnungsverfahren (→ Rn. 31) entsprechend. Die Entscheidung ist in den Landwirtschaftssachen der freiwilligen Gerichtsbarkeit mit der Beschwerde, nicht aber mit der Rechtsbeschwerde (§ 70 Abs. 4 FamFG) anfechtbar.

Weil Anträge auf Aufhebung oder Änderung der einstweiligen Anordnung oder **44** die Beschwerde keine aufschiebende Wirkung haben, kann das Gericht durch nicht anfechtbaren Beschluss (§ 55 Abs. 1 S. 2 FamFG) die **Vollstreckung einer einstweiligen Anordnung nach § 55 Abs. 1 S. 1 FamFG aussetzen oder beschränken.** Zuständig ist das Gericht, das über den Antrag nach § 54 Abs. 1 S. 2 FamFG zu entscheiden hat oder, wenn gegen den Erlass der einstweiligen Anordnung Beschwerde eingelegt wurde, das Beschwerdegericht.[61]

Das Gericht kann die Aussetzung der Vollstreckung zwar auch von Amts wegen **45** anordnen,[62] wird aber hierzu ohne ein entsprechendes Vorbringen desjenigen, gegen den sich die einstweilige Anordnung richtet, keine Veranlassung haben. Wird ein Antrag gestellt, ist über diesen nach § 55 Abs. 2 FamFG vorab zu entscheiden. Die Einstellung der Vollstreckung kann von Bedingungen und Auflagen, insbesondere einer **Sicherheitsleistung** abhängig gemacht werden.[63]

c) Außerkrafttreten der einstweiligen Anordnung. Wegen der Vorläufig- **46** keit einer einstweiligen Anordnung bedarf es einer ausdrücklichen gesetzlichen Regelung für das Außerkrafttreten der gerichtlich angeordneten vorläufigen Maßnahme. Dies ist sowohl für Antragsverfahren als auch Amtsverfahren der Fall, wenn **eine anderweitige Regelung in Bezug auf den Gegenstand des Anordnungsverfahrens wirksam wird** (§ 56 Abs. 1 S. 1 FamFG). Diese anderweitige Regelung ist idR eine Endentscheidung in der Hauptsache. Die Entscheidung muss wirksam sein, was in den Landwirtschaftssachen der freiwilligen Gerichtsbarkeit nach § 30 Abs. 1 grds. erst mit dem Eintritt der formellen Rechtskraft der Fall

---

[60] Musielak/Borth/*Grandel/Borth* FamFG § 54 Rn. 6.
[61] BeckOK FamFG/*Schlünder* § 55 Rn. 5; Zöller/*Feskorn* ZPO § 55 FamFG Rn. 4. Die Formulierung in § 55 Abs. 1 „*... im Fall des § 57 das Rechtsmittelgericht ...*“ ist nicht in der Weise zu verstehen, dass damit allein in Familiensachen durch das Rechtsmittelgericht, soweit die einstweilige Anordnung in diesen Verfahren nach § 57 S. 2 FamFG anfechtbar ist, die Vollstreckung ausgesetzt werden kann, weil für eine solche Beschränkung ein sachlicher Grund nicht ersichtlich ist.
[62] BT-Drs. 16/6308, 202; Keidel/*Giers* FamFG § 55 Rn. 3; Musielak/Borth/*Grandel/Borth* FamFG § 55 Rn. 2.
[63] BT-Drs. 16/6308, 202.

ist (→ § 30 Rn. 6 ff.). Soweit die Beteiligten über den Gegenstand des Verfahrens verfügen können, kann eine anderweitige Regelung auch durch einen gerichtlichen oder außergerichtlichen Vergleich erfolgen.[64]

47   Nur für Antragsverfahren, also grds. auch für die Landwirtschaftssachen der freiwilligen Gerichtsbarkeit (§ 14 Abs. 1), sind in § 56 Abs. 2 FamFG weitere Fälle geregelt, in denen die einstweilige Anordnung außer Kraft tritt, nämlich dann, wenn der Antrag in der Hauptsache zurückgenommen wird (§ 56 Abs. 2 Nr. 1 FamFG), der Antrag in der Hauptsache rechtskräftig abgewiesen wird (§ 56 Abs. 2 Nr. 2 FamFG) oder die Hauptsache übereinstimmend für erledigt erklärt wird oder die Erledigung anderweitig eingetreten ist (§ 56 Abs. 2 Nr. 3 u. 4 FamFG).

48   Mit ihrem Außerkrafttreten verliert die einstweilige Anordnung ihre Vollstreckbarkeit. Die Vollstreckung ist ggf. nach § 95 Abs. 1 FamFG iVm § 775 Nr. 1 ZPO einzustellen. Bereits getroffene Vollstreckungsmaßnahmen sind nach § 776 S. 1 ZPO aufzuheben.

49   Das Außerkrafttreten der einstweiligen Anordnung hat das Gericht auf Antrag deklaratorisch durch Beschluss auszusprechen (§ 56 Abs. 3 S. 1 FamFG). Der Beschluss ist, obwohl ihm nur deklaratorische Bedeutung zukommt, nach § 56 Abs. 3 S. 2 FamFG mit der Beschwerde (§§ 58 ff. FamFG) anfechtbar.

§ 19 [Gerichtlicher Vergleich]

Enthält ein gerichtlicher Vergleich Bestimmungen über die Veräußerung, Belastung oder Verpachtung von Grundstücken, so kann das Gericht auf Antrag anstelle der sonst zuständigen Behörde darüber entscheiden, ob diese Bestimmungen nach den Vorschriften über den Verkehr mit land- oder forstwirtschaftlichen Grundstücken genehmigt oder nach den Vorschriften des Landpachtverkehrsgesetzes beanstandet werden.

I. Überblick

1   In allen Landwirtschaftssachen haben die Beteiligten die Möglichkeit, das gerichtliche Verfahren durch den Abschluss eines **Vergleichs** ganz oder teilweise zu beenden. Für die Verfahren nach § 1 Nr. 1 sowie § 1 Nr. 2 bis 6 ergibt sich dies aus (§ 9 iVm) § 36 FamFG, für die Verfahren nach § 1 Nr. 1 a aus (§ 48 Abs. 1 S. 1 iVm) § 278 ZPO. Trotz seiner Stellung im zweiten Abschnitt des Gesetzes, der die Landwirtschaftssachen der freiwilligen Gerichtsbarkeit regelt, findet § 19 in den streitigen Landwirtschaftssachen nach § 1 Nr. 1 a gemäß § 48 Abs. 2 entsprechende Anwendung. Der gerichtliche Vergleich kann nach § 20 Abs. 2 (→ § 20 Rn. 53) auch beim Amtsgericht vor dem Vorsitzenden, beim Oberlandesgericht und beim Bundesgerichtshof vor dem Vorsitzenden oder einem beauftragen Richter, also ohne Zuziehung der ehrenamtlichen Richter, geschlossen werden.

---

[64] Musielak/Borth/*Grandel/Borth* FamFG § 56 Rn. 5; MüKoFamFG/*Soyka* § 56 Rn. 2.

II. Gerichtliche Vergleiche in Verfahren nach dem LwVG

1. Allgemein: Vergleichsabschluss in Landwirtschaftssachen

Für Vergleiche, die in Verfahren nach dem LwVG **in mündlicher Verhand-** 2
lung geschlossen werden, gelten gemäß § 15 Abs. 5 (→ § 15 Rn. 95f.) bzw. § 48
Abs. 1 S. 1 die §§ 159ff. ZPO. Der Abschluss eines Vergleichs ist nach § 160 Abs. 3
Nr. 1 ZPO im **Protokoll** festzustellen und das Protokoll den Beteiligten vorzulesen
oder zur Durchsicht vorzulegen, § 162 Abs. 1 S. 2 ZPO. Ist der Inhalt des Protokolls
nur vorläufig aufgezeichnet worden (§ 160a Abs. 1 ZPO), genügt es, wenn die Aufzeichnungen vorgelesen oder abgespielt werden (162 Abs. 1 S. 2 ZPO). Im Protokoll ist dann zu vermerken, dass dies geschehen und die Genehmigung erteilt ist
oder welche Einwendungen erhoben worden sind (162 Abs. 1 S. 3 ZPO). Ein Verstoß gegen § 162 Abs. 1 ZPO führt dazu, dass dem Protokoll die Beweiskraft einer
öffentlichen Urkunde fehlt.[1] Er berührt die Wirksamkeit der Verfahrens- bzw. Pro-
zesserklärung nicht, wenn deren Abgabe und Inhalt anderweitig festgestellt werden
können.[2]

Wegen der **rechtlichen Doppelnatur** des Verfahrens- bzw. Prozessvergleichs 3
stellt sich daneben die Frage seiner materiell-rechtlichen Wirksamkeit. Bei Vergli-
chen, die iSv § 19 die Veräußerung oder die Verpachtung eines Grundstücks zum
Gegenstand haben, ist zur materiell-rechtlichen Wirksamkeit die **Wahrung der
gesetzlich vorgeschriebenen Form** erforderlich (für die Veräußerung von
Grundstücken: notarielle Beurkundung gem. §§ 311b Abs. 1, 128, 129 BGB; für
Landpachtverträge mit einer längeren Dauer als zwei Jahre: Schriftform gem.
§§ 585a, 126 BGB). Ein Verstoß gegen das Formerfordernis führt im Fall der
Grundstücksveräußerung grds. zur Nichtigkeit des Vertrages nach § 125 BGB, im
Fall des Landpachtvertrages dazu, dass dieser als auf unbestimmte Zeit geschlossen
gilt (§ 585b BGB). Die erforderliche Form wird in beiden Fällen durch ein den ge-
setzlichen Anforderungen genügendes gerichtliches Protokoll gewahrt (§ 127a
BGB bzw. §§ 126 Abs. 4, 127a BGB). Die notarielle Beurkundung wird auch dann
durch das Protokoll ersetzt, wenn in diesem der Vermerk unterblieben ist, dass die
Erklärung vorgelesen oder sonst in gesetzlicher Form eröffnet und genehmigt worden ist.[3]

Gerichtliche Vergleiche in Landwirtschaftssachen betreffen nach der Natur des 4
Verfahrens- bzw. Streitgegenstands idR landwirtschaftliche Grundstücke und damit
auch deren Veräußerung, Belastung oder Verpachtung. Der von den Vergleichspar-
teien beabsichtigte rechtsgeschäftliche Erfolg kann also im Einzelfall davon abhängen, dass die nach § 2 Abs. 1, Abs. 2 Nr. 3 GrdstVG erforderliche **Genehmigung
für die Veräußerung oder die Bestellung eines Nießbrauchs** (→ § 1 Rn. 74)
erteilt oder **der Landpachtvertrag nicht nach § 4 LPachtVG beanstandet** (zu
den Beanstandungsgründen: → § 1 Rn. 21) wird. Es dient daher dem Interesse der
am Verfahren Beteiligten und fördert uU deren Bereitschaft zur gütlichen Streitbei-

---

[1] BGH Beschl. v. 4.7.2007 – XII ZB 14/07, NJW-RR 2007, 1451; Beschl. v. 18.1.1984 –
IVb ZB 53/83, NJW 1984, 1465 = LM Nr. 5 zu § 160 ZPO.
[2] BGH Urt. v. 5.4.1989 – IVb ZR 26/88, BGHZ 107, 142 (145f.) = NJW 1989, 1934 für
das Anerkenntnis; BGH Beschl. v. 18.1.1984 – IV ZB 53/83, NJW 1984, 1465 = LM Nr. 5 zu
§ 160 ZPO.
[3] BGH Urt. v. 18.6.1999 – V ZR 40/98, BGHZ 142, 84 (88) = NJW 1999, 2806.

legung, wenn sie in absehbarer Zeit mit einer Entscheidung hierüber rechnen können, ohne – ggf. nochmals – den Abschluss eines zeitaufwändigeren Verwaltungsverfahrens durch die sonst nach dem GrdstVG bzw. LPachtVG zuständigen Behörden abwarten zu müssen. Ob daneben die Vergleichsbereitschaft auch dadurch
gefördert werden soll, dass schon bei Abschluss des Vergleichs den Beteiligten bzw.
Parteien die Genehmigung oder die Nichtbeanstandung in Aussicht gestellt wird,[4]
erscheint zweifelhaft, zumal die Besetzung des Gerichts bei Protokollierung des
Vergleiches nicht mit der Besetzung übereinstimmen muss, die über den Antrag
entscheidet (→ Rn. 1).

2. Voraussetzungen für die Erteilung der Genehmigung nach § 19

5   **a) Wirksamer Vergleich.** Die **Genehmigung** einer Veräußerung oder Belastung eines landwirtschaftlichen Grundstücks oder die Entscheidung über die **Beanstandung** eines Landpachtvertrages nach § 19 setzt einen wirksam geschlossenen
gerichtlichen Vergleich voraus. Grundlage der Genehmigung kann auch ein **Teil-
vergleich** sein, der nur einen abgrenzbaren Teil des Verfahrens betrifft. Ob ein
Zwischenvergleich über bestimmte verfahrensrechtliche oder materiell-rechtliche
Vor- und Einzelfragen ein Vergleich iSv § 19 sein kann, ist zweifelhaft, weil damit
das weitere Verfahren bis zur Entscheidung über die noch ausstehende Genehmigung zunächst zum Stillstand käme.

6   Die Vergleichsbeteiligten müssen **rechts- und geschäftsfähig sein und über
den Vergleichsgegenstand rechtswirksam verfügen können.** Dieser muss
nicht mit dem Verfahrens- oder Streitgegenstand übereinstimmen, auch nicht in
den Verfahren der freiwilligen Gerichtsbarkeit, obwohl § 36 Abs. 1 FamFG nach
seinem Wortlaut ausdrücklich auf den Gegenstand des Verfahrens abstellt.[5]

7   Auch die Beteiligten eines **Beanstandungsverfahrens** nach dem LPachtVG
oder eines **Genehmigungsverfahrens** nach dem GrdstVG sind grds. befugt,
das durch einen Antrag nach § 8 LPachtVG oder nach § 22 GrdstVG eingeleitete
gerichtliche Verfahren durch den Abschluss eines Vergleichs zu beenden.[6] Bei
den Verfahren auf gerichtliche Entscheidung nach dem LPachtVG und dem
GrdstVG handelt es sich nicht um Amtsverfahren, sondern um Antragsverfahren
iSd FamFG. Im Unterschied zu den Amtsverfahren, in denen den Beteiligten
idR die Verfügungsbefugnis fehlen wird, ist in den Antragsverfahren jeweils zu
prüfen, ob und inwieweit den Beteiligten diese nach materiellem Recht zusteht.[7] Dass eine Einigung der Beteiligten über den Verfahrensgegenstand noch
einer Genehmigung bedarf, hindert den Vergleichsabschluss nicht, da diese im
Anschluss an den Vergleichsabschluss erteilt werden kann. Zwar können die Be-

---

[4] So indes ausdrücklich die amtliche Begründung, BT-Drs. 1/3819, 27.

[5] So für einen Vergleich in einem Erbscheinsverfahren BayObLG Beschl. v. 14.7.1997 – 1Z
BR 39/97, NJW-RR 1997, 1368 (1369).

[6] AA *Ernst* LwVG § 19 Rn. 7 und 23, weil sich die Beteiligten in diesen Angelegenheiten
nicht zur Entscheidung eines zwischen ihnen bestehenden Streits vor Gericht gegenüberstün-
den, Gegenstand des Verfahrens vielmehr das staatliche Hoheitsrecht sei, die Wirksamkeit bestimmter Rechtsgeschäfte von der Erteilung einer staatlichen Genehmigung abhängig zu machen.

[7] *Keidel/Sternal* FamFG § 36 Rn. 18, der weiter hieraus folgert, dass ein Vergleich danach
regelmäßig nur in echten Streitsachen der freiwilligen Gerichtsbarkeit in Betracht kommen
wird.

teiligten in einem Verfahren nach § 1 Nr. 2 oder Nr. 3 nicht über die Genehmigung selbst disponieren, aber sie haben die Möglichkeit, im Rahmen eines das Verfahren beendenden Vergleichs eine vertragliche Gestaltung zu vereinbaren, die die Voraussetzungen für eine Genehmigung des Vertrages schafft. Wird nachfolgend die Genehmigung nicht erteilt, so entfallen, wenn der gerichtliche Vergleich unbedingt geschlossen worden war, dessen materiell-rechtlichen Wirkungen. Damit entfällt zugleich die verfahrensbeendende Wirkung des Vergleichs (→ Rn. 11).

Der gerichtliche Vergleich muss für seine Wirksamkeit auch in den Landwirt- **8** schaftssachen den **gesetzlichen Formerfordernissen** genügen. Ist der Vergleich, was in Landwirtschaftsverfahren häufig der Fall sein wird, **die Verpflichtung** zum Gegenstand, das Eigentum an einem Grundstück zu übertragen oder zu erwerben, so bedarf es nach § 311b Abs. 1 BGB grds. der notariellen Beurkundung.[8] Formbedürftig ist auch die zur Übertragung des Eigentums an einem Grundstück erforderliche **dingliche Einigung (Auflassung),** die nach § 925 Abs. 1 S. 1 BGB bei gleichzeitiger Anwesenheit des Veräußerers und des Erwerbers vor einer zuständigen Stelle erklärt werden muss.[9] Die Form der notariellen Beurkundung wird nach § 127a BGB durch die Aufnahme der Erklärungen in ein nach den Vorschriften der ZPO errichtetes Protokoll ersetzt. Diese Voraussetzung ist nicht nur in den streitigen Landwirtschaftssachen, sondern auch in den Landwirtschaftssachen der freiwilligen Gerichtsbarkeit regelmäßig gewahrt, weil nach § 15 Abs. 5 die mündliche Verhandlung abweichend von den Anforderungen des FamFG, grds. gemäß den Regelungen in §§ 159–165 ZPO über die Niederschrift zu protokollieren ist (→ § 15 Rn. 95f.).

Ein gerichtlicher Vergleich kann außerhalb einer mündlichen Verhandlung nach **9** § 278 Abs. 6 S. 1 ZPO auch dadurch wirksam geschlossen werden, dass die Beteiligten/Parteien dem Gericht einen schriftlichen Vergleichsvorschlag unterbreiten oder einen schriftlichen Vergleichsvorschlag des Gerichts durch Schriftsatz ggü. dem Gericht annehmen.[10] Die Vorschrift gilt gemäß (§ 9 iVm) § 36 Abs. 3 FamFG auch in

---

[8] Ungenau in diesem Zusammenhang Düsing/Martinez/*Hornung* LwVG § 19 Rn. 1, der ausführt, die Veräußerung oder Belastung eines Grundstücks bedürfe in landwirtschaftsgerichtlichen Vergleichen der notariellen Beurkundung. Die Verpflichtung, ein Grundstück zu belasten, kann grds. formfrei erfolgen. Die dingliche Einigung über die Belastung eines Grundstücks ist ebenfalls formfrei möglich, die Beteiligten sind aber vor der Eintragung der Rechtsänderung an die Einigung nur gebunden, wenn die Erklärungen notariell beurkundet oder vor dem Grundbuchamt abgegeben oder bei diesem eingereicht sind oder der Berechtigte dem anderen Teil eine den Vorschriften der GBO entsprechende Eintragungsbewilligung ausgehändigt hat (§ 873 Abs. 2 BGB). Zwingend formbedürftig ist insoweit wegen des erforderlichen Nachweises der Eintragungsvoraussetzungen ggü. dem Grundbuchamt (§ 29 Abs. 1 GBO) allein die Eintragungsbewilligung (§ 19 GBO) als verfahrensrechtliche Erklärung (BGH Beschl. v. 15.11.2012 – V ZB 99/12, FGPrax 2013, 53 (54) = Rpfleger 2013, 194; Demharter GBO § 19 Rn. 13).

[9] Die Protokollierung auch der Auflassung in einem gerichtlichen Vergleich kommt insbesondere deswegen, weil die Grundbuchlage dem Gericht in der mündlichen Verhandlung selten vollständig bekannt sein wird und mögliche weitere Eintragungsvoraussetzungen nicht abschließend übersehen werden können, allenfalls in Ausnahmefällen in Betracht.

[10] Der Beschluss nach § 278 Abs. 6 S. 2 FamFG über das Zustandekommen des Vergleichs hat, außer dem Umstand, dass dadurch der Vergleich zum Vollstreckungstitel wird (§ 794 Abs. 1 Nr. ZPO), lediglich feststellenden Charakter; Zöller/*Greger* ZPO § 278 Rn. 35.

den Landwirtschaftssachen der freiwilligen Gerichtsbarkeit. Es ist umstritten, ob der nach § 278 Abs. 6 ZPO zustande gekommenen Vergleich **die notarielle Beurkundung** ersetzt.[11] Teilweise wird jedenfalls für solche Vergleiche, die auf der Annahme eines gerichtlichen Vorschlags durch die Beteiligten/Parteien beruhen, angenommen, dass in diesem Fall eine für die Wirksamkeit erforderliche notarielle Beurkundung ersetzt werden kann, weil davon ausgegangen werden könne, dass die Gesichtspunkte, die in einem Protokollierungstermin Gegenstand einer Belehrung durch das Gericht sein könnten, bei Abfassung des Vergleichs Berücksichtigung gefunden haben.[12] Die Gewährleistung einer hinreichenden Belehrung durch die Fiktion, das Gericht habe die maßgeblichen Gesichtspunkte bei Abfassung des Vergleichsvorschlags hinreichend berücksichtigt, ist aber deswegen zweifelhaft, weil nicht beurteilt werden kann, ob der Hinweis von den Beteiligten/Parteien auch richtig verstanden worden ist und sie hierauf ihren Interessen gemäß reagiert haben.[13]

10   Der Vergleich kann unter einer **aufschiebenden oder auflösenden Bedingung** (§ 158 BGB) oder unter einer Zeitbestimmung geschlossen werden. Die Beteiligten können sich insbesondere seinen **Widerruf**, dessen Nichtausübung idR eine aufschiebende Bedingung sein wird,[14] für den Fall vorbehalten, dass die erforderliche Genehmigung nicht bis zu einem bestimmten Zeitpunkt erteilt wird oder den Vergleich unter der ausdrücklichen aufschiebenden Bedingung schließen, dass die Genehmigung erteilt wird.

11   Aufgrund seiner **Doppelnatur** kann ein gerichtlicher Vergleich zunächst als Verfahrenshandlung unwirksam sein. Die Unwirksamkeit kann daneben oder ausschließlich den Vergleich als materiell-rechtlichen Vertrag betreffen. Ist der Vergleich **nur als Verfahrenshandlung unwirksam,** so entfällt ohne weiteres seine verfahrensbeendende Wirkung, er kann aber als materiell-rechtlicher Vertrag Bestand haben, wenn dies dem mutmaßlichen Willen der Beteiligten/Parteien entspricht. Ist der Vergleich **allein aus materiell-rechtlichen Gründen,** etwa nach § 779 BGB unwirksam, so entfällt dagegen ohne weiteres auch seine verfahrensbeendende Wirkung, weil nach dem Willen der Beteiligten das Verfahren nur durch eine auch materiell-rechtliche wirksame Vereinbarung beendet werden soll.[15] Der Beteiligte, der sich auf die Unwirksamkeit des Vergleiches beruft, kann in diesem Fall die Fortsetzung des Verfahrens beantragen, in dessen weiterem Verlauf dann gerichtlich über diese Frage zu befinden ist.[16]

12   **b) Antrag eines Beteiligten.** Das Landwirtschaftsgericht kann nach § 19 nur auf **Antrag** eines Beteiligten an Stelle der sonst zuständigen Behörde entschei-

---

[11] Zum Meinungsstand Zöller/*Greger* ZPO § 278 Rn. 35; Keidel/*Meyer-Holz* FamFG § 36 Rn. 13.

[12] OLG München Beschl. v. 28.9.2010 – 12 UF 1153/10, FamRZ 2011, 812 (813); Thomas/Putzo/*Reichold* ZPO § 278 Rn. 17; Keidel/*Meyer-Holz* FamFG § 36 Rn. 13; Düsing/Martinez/*Hornung* LwVG § 19 Rn. 1; aA Zöller/*Greger* ZPO § 278 Rn. 35.

[13] Man wird daher die Frage der Ersetzung der notariellen Beurkundung durch einen Vergleich nach § 278 Abs. 6 ZPO unabhängig von der Art und Weise des Zustandekommens des Vergleichs nur einheitlich beantworten können.

[14] BGH Urt. v. 18.11.1966, IV ZR 235/65, NJW 1967, 440; Urt. v. 27.10.1983 – IX ZR 68/83, NJW 1984, 312.

[15] BGH Urt. v. 24.10.1984 – IV ZR 35/83, NJW 1985, 1962 (1963) = MDR 1985, 392; Zöller/*Feskorn* ZPO § 794 Rn. 15.

[16] OLG Frankfurt Beschl. v. 1.7.1991 – 20 Ww 3/89, AgrarR 1992, 111.

den. Ob das Landwirtschaftsgericht auf einen solchen Antrag hin von der Möglichkeit des § 19 Gebrauch macht, steht in seinem pflichtgemäßen Ermessen, eine Pflicht, die entsprechende Befugnis an Stelle der Behörde auszuüben, besteht nicht.

3. Verfahren und Entscheidung

Das LwVG enthält keine ausdrücklichen verfahrensrechtlichen Regelungen zur **13** Entscheidung über die Erteilung der Genehmigung durch das Gericht. Es können also im Grundsatz nur die **allgemeinen Regeln** für Verfahren in Landwirtschaftssachen gelten.

Die Genehmigung kann allein in der Form des **Beschlusses** ergehen, weil an- **14** dere Entscheidungsformen, wie etwa die Erteilung der Genehmigung durch Erlass eines Verwaltungsakts, dem Landwirtschaftsgericht nicht zur Verfügung stehen. Daraus folgt notwendig, dass das Gericht in seiner vollständigen Besetzung (→ § 2 Rn. 26 f.) über den Antrag zu entscheiden hat, also unter Beteiligung der ehrenamtlichen Richter. Dies gilt auch dann, wenn der Vergleich gemäß § 20 Abs. 2 vor dem Vorsitzenden oder dem beauftragten Richter geschlossen wurde. Eine Entscheidung ohne Zuziehung der ehrenamtliche Richter kommt nicht in Betracht. Die Genehmigung eines Grundstückskaufvertrages oder die Nichtbeanstandung eines Pachtvertrages ist insbesondere keine Angelegenheit von geringer Bedeutung (→ § 20 Rn. 46 ff.), bei der eine Entscheidung ohne Zuziehung der ehrenamtlichen Richter ergehen kann (§ 20 Abs. 1 Nr. 7).

Eine Entscheidung nach § 19 kommt nicht in Betracht, wenn der Vergleich vor **15** einem anderen Gericht geschlossen wurde. Wurde der Vergleich in einer Rechtsmittelinstanz geschlossen, so hat das Rechtsmittelgericht über den Antrag zu entscheiden.[17]

In § 19 ist nicht ausdrücklich geregelt, ob vor der Entscheidung des Gerichts **16** über die Beanstandung eines Landpachtvertrages oder die Genehmigung einer rechtsgeschäftlichen Veräußerung die nach Landesrecht **zuständige Behörde** und die **land- und forstwirtschaftlichen Berufsvertretungen** (→ § 32 Rn. 19 ff.) zu hören sind (§ 32 Abs. 1). Die Bundesregierung und der Rechtsausschuss des Bundestages hatten im Laufe des Gesetzgebungsverfahrens eine solche Anhörung, die der Bundesrat noch für zweckmäßig erachtet hatte,[18] nicht für erforderlich gehalten und dieses mit dem Gesetzeszweck begründet (→ Rn. 4), nämlich den Beteiligten schon während der Vergleichsverhandlungen die Nichtbeanstandung des Pachtvertrages oder die Genehmigung des Geschäfts in Aussicht stellen zu können. Durch die vorherige Anhörung der Landwirtschaftsbehörde würden die Oberlandesgerichte und der Bundesgerichtshof immer dann gehindert, die Entscheidung schon im Vergleichstermin zu treffen, wenn die Behörde nicht in diesem Termin vertreten sei. Zudem sei die Erteilung der Genehmigung durch die zuständige Behörde nicht anfechtbar. Es erscheine daher nicht folgerichtig, dass die gleiche Entscheidung, die das Amtsgericht an Stelle der Behörde treffe, anfechtbar sein solle.[19]

---

[17] So auch *Ernst* LwVG § 19 Rn. 19 f.
[18] BT-Drs. 1/3819, 42.
[19] Stellungnahme der Bundesregierung, BT-Drs. 1/3819, 45, der sich der Rechtsausschuss in seinem schriftlichen Bericht, BT-Drs. 1/4429, 4, angeschlossen hat. Diese Begründung überzeugt bereits deswegen nicht, weil es in diesem Zusammenhang nicht darauf ankommt,

17   Im **Wortlaut** des § 19 findet die gesetzliche Begründung keine Stütze. Da ausdrückliche abweichende Regelungen nicht bestehen, kommen die allgemeinen Verfahrensregeln für Landwirtschaftssachen der freiwilligen Gerichtsbarkeit zur Anwendung.[20] Vor der Entscheidung des Gerichts sind also gem. § 32 Abs. 1 die dem Landesrecht zuständigen Behörden und im Fall der rechtsgeschäftlichen Veräußerung die land- und forstwirtschaftliche Berufsvertretung zu hören. Der Genehmigungsbehörde ist die Entscheidung über die Erteilung der Genehmigung bekannt zu geben (§ 32 Abs. 1 S. 2). Diese Beteiligung führt in den Verfahren nach § 1 Nr. 1, 2 und 3 schon deswegen zu keiner Verzögerung, weil die zuständigen Stellen ohnehin nach § 32 Abs. 1 am Verfahren mitwirken. In den übrigen Verfahren, insbesondere in solchen nach § 1 Nr. 1a, wird eine Erteilung der Genehmigung oder die Nichtbeanstandung eines Landpachtvertrages unmittelbar im Anschluss an die Protokollierung des Vergleichs selbst dann nicht in Betracht kommen, wenn der Vergleich nicht allein vor dem Vorsitzenden oder einem beauftragten Richter geschlossen worden ist, weil der insoweit maßgebliche und von Amts wegen zu ermittelnde Sachverhalt (→ § 9 Rn. 95 ff.) in diesen Verfahren idR noch nicht hinreichend aufgeklärt sein wird.

4. Anfechtbarkeit

18   Die Nichtbeanstandung eines Pachtvertrages oder die Erteilung der Genehmigung nach dem Grundstücksverkehrsgesetz durch Beschluss nach § 19 ist **nach den allgemeinen Bestimmungen anfechtbar.** Entscheidet das Landwirtschaftsgericht, ist statthaftes Rechtsmittel hiergegen die Beschwerde (§ 9 iVm §§ 58 ff. FamFG), entscheidet das Oberlandesgericht, ist hiergegen im Fall der Zulassung die Rechtsbeschwerde statthaft (§ 9 iVm §§ 70 ff. FamFG).

19   Allerdings wird eine Beschwerde durch die am Vergleich Beteiligten idR nicht zulässig sein, weil diese durch die Nichtbeanstandung des Landpachtvertrages oder die Genehmigung des Veräußerungsgeschäfts **nicht beschwert** sein werden. Im Fall der Erteilung der Genehmigung oder Nichtbeanstandung eines Landpachtvertrages durch das Landwirtschaftsgericht oder das Oberlandesgericht kann jedoch die übergeordnete Behörde berechtigt sein, gegen diese Entscheidung die Beschwerde bzw. die Rechtsbeschwerde zu erheben (§ 32 Abs. 2).

§ 20   **[Entscheidung ohne ehrenamtliche Richter]**

(1) **Das Gericht kann ohne Zuziehung ehrenamtlicher Richter über**
1. **die Ausschließung oder die Ablehnung der Gerichtspersonen,**
2. **einen Antrag auf Wiedereinsetzung in den vorigen Stand,**
3. **die Abgabe einer Sache wegen Unzuständigkeit,**
4. **die Unzulässigkeit eines Antrags oder eines Rechtsmittels,**
5. **die Erinnerung gegen die Erteilung oder gegen die Ablehnung des Rechtskraftzeugnisses,**

---

durch wen eine Entscheidung nach § 19 angefochten werden kann, sondern ausschließlich darauf, wessen Sachverstand im Interesse einer sachgerechten und richtigen Entscheidung im Rahmen einer Anhörung berücksichtigt werden soll.

[20] Ebenso *Ernst* LwVG § 19 Rn. 22; aA *Pritsch,* Das gerichtliche Verfahren in Landwirtschaftssachen, § 19 Anm. III S. 92; *Wöhrmann/Herminghausen,* Gesetz über das gerichtliche Verfahren in Landwirtschaftssachen § 19 Rn. 8.

6. die Bewilligung der Verfahrenskostenhilfe und die Änderung der Bewilligung sowie die Versagung der Verfahrenskostenhilfe oder die Aufhebung der Bewilligung mit der Begründung, daß die persönlichen und wirtschaftlichen Verhältnisse des Antragstellers die Bewilligung der Verfahrenskostenhilfe nicht zulassen,

6a die Ernennung des Sachverständigen nach §585b Abs. 2 BGB des Bürgerlichen Gesetzbuchs,

7. Angelegenheiten von geringer Bedeutung, soweit es sich nicht um die Entscheidung in der Hauptsache handelt,

8. die Kosten, wenn die Hauptsache erledigt ist,

entscheiden.

(2) Ein gerichtlicher Vergleich kann beim Amtsgericht vor dem Vorsitzenden, beim Oberlandesgericht und beim Bundesgerichtshof vor dem Vorsitzenden oder einem beauftragten Richter geschlossen werden; die Zuziehung ehrenamtlicher Richter ist nicht erforderlich.

(3) Die Länder können bestimmen, daß die Entscheidung über die Erteilung eines Erbscheins ebenfalls ohne Zuziehung ehrenamtlicher Richter erfolgen kann und daß insoweit die Vorschriften der §§ 14 Abs. 2 und 30 sowie § 38 Abs. 3, §§ 39, 41 Abs. 1 Satz 2, §§ 58 und 66 des Gesetzes über das Verfahren in Familiensachen und in den Angelegenheiten der freiwilligen Gerichtsbarkeit keine Anwendung finden; das gleiche gilt für die Einziehung und die Kraftloserklärung eines Erbscheins.

Inhaltsübersicht

I. Überblick

1   In § 20 ist allgemein geregelt, wann die in Landwirtschaftssachen zuständigen Gerichte abweichend von der in § 2 Abs. 2 vorgeschriebenen Besetzung **ohne Zuziehung der ehrenamtlichen Richter** tätig werden können. In Abs. 1 ist aufgeführt, in welchen Angelegenheiten eine Entscheidung ohne Beteiligung der ehrenamtlichen Richter erfolgen kann, Abs. 2 eröffnet die Möglichkeit, Vergleiche allein vor dem Vorsitzenden oder dem beauftragten Richter zu schließen. In Abs. 3 schließlich wird den einzelnen Bundesländern die Möglichkeit eröffnet, die Verfahren über die Erteilung eines Erbscheins in gewissem Umfang selbst zu regeln, insbesondere zu bestimmen, dass die Entscheidung ohne Mitwirkung der ehrenamtlichen Richter ergehen kann.

2   Daneben eröffnet § 18 für die Landwirtschaftssachen der freiwilligen Gerichtsbarkeit die Möglichkeit, bei einstweiligen Anordnungen von der Zuziehung der ehrenamtlichen Richter abzusehen, wenn durch Verzögerung der einstweiligen Anordnung ein Nachteil zu entstehen droht (→ § 18 Rn. 27 ff.).[1]

II. Entscheidung ohne Zuziehung der ehrenamtlichen Richter (§ 20 Abs. 1)

1. Allgemeines

3   Die Vorschrift gilt, wie Abs. 2, sowohl für Landwirtschaftssachen der **freiwilligen Gerichtsbarkeit** als auch für **streitige Landwirtschaftssachen** nach § 1 Nr. 1 a (→ § 48 Abs. 1 S. 2). Sie eröffnet dem Gericht nach pflichtgemäßem Ermessen die Möglichkeit, ohne Zuziehung der ehrenamtlichen Richter zu entscheiden. Die Besetzung der Landwirtschaftsgerichte mit Landwirten als ehrenamtlichen Richtern ist vom Gesetzgeber für erforderlich erachtet worden, um den Berufsrichtern zur Beurteilung und Beantwortung spezifisch landwirtschaftlicher Fragen sachkundige Laien zur Seite zu stellen. Eine Hinzuziehung der ehrenamtlichen Richter ist danach in allen Angelegenheiten entbehrlich, in denen die besondere Sachkunde der ehrenamtlichen Richter ohne Bedeutung oder eine Entscheidung in der Hauptsache nicht mehr zu treffen ist.[2]

4   Ergeht eine Entscheidung **unter Beteiligung der ehrenamtlichen Richter,** obwohl nach § 20 Abs. 1 ihre Hinzuziehung entbehrlich gewesen wäre, führt dies nicht zu einer Verletzung des Rechts auf den gesetzlichen Richter (Art. 101 Abs. 1 S. 2 GG, § 16 S. 2 GVG), weil § 20 Abs. 1 lediglich die Möglichkeit eröffnet, ohne Beteiligung der ehrenamtlichen Richter zu entscheiden, das Gericht also nicht verpflichtet, bei Vorliegen der Voraussetzungen von einer solchen Beteiligung abzusehen. Ergeht die Entscheidung dagegen **ohne Beteiligung der ehrenamtlichen Richter** und liegen die gesetzlichen Voraussetzungen nach § 20 Abs. 1 nicht vor,

---

[1] In streitigen Landwirtschaftssachen kann in dringenden Fällen nach § 944 ZPO der Vorsitzende über den Erlass einer einstweiligen Verfügung entscheiden.

[2] BGH Beschl. v. 14.11.1985 – BLw 23/84, BGHZ 96, 258 (261) = NJW 1986, 1349. Nach der amtl. Begründung in BT-Drs. 1/3819, 27 kommt die Sachkunde der ehrenamtlichen Richter bei Geschäften, die lediglich verfahrensrechtliche Angelegenheiten betreffen und keine wirtschaftliche Bedeutung haben, nicht zur Geltung.

ist das Gericht bei der Beratung und Entscheidung nicht ordnungsgemäß besetzt
(→ § 2 Rn. 40 f. zu den Rechtsfolgen einer nicht ordnungsgemäßen Besetzung).[3]
Die (erforderliche) Mitwirkung der ehrenamtlichen Richter an der Entscheidungsfindung muss in einer für die Beteiligten/Parteien und das Rechtsmittelgericht
nachprüfbaren Weise festgehalten werden. Da die Entscheidungen nicht auch von
den ehrenamtlichen Richtern unterzeichnet werden,[4] setzt dies eine Dokumentation der Mitwirkung der ehrenamtlichen Richter in den Akten voraus (→ § 5
Rn. 17 ff.).[5]

Ob eine Entscheidung ohne Zuziehung der ehrenamtlichen Richter nach § 20 **5**
Abs. 1 in Betracht kommt, prüft das Gericht ohne Beteiligung der ehrenamtlichen
Richter nach pflichtgemäßem Ermessen. Gelangt das Gericht im Laufe des Verfahrens zu der Auffassung, dass entgegen der ursprünglichen Einschätzung die ehrenamtlichen Richter zu beteiligen sind, so sind diese, ggf. unter Wiederholung bishe-
riger Verfahrensabschnitte, nunmehr hinzuziehen.

Wird mit der **Rechtsbeschwerde** die **nicht ordnungsgemäße Besetzung 6**
des Beschwerdegerichts gerügt, weil dieses im Zeitpunkt der Beschlussfassung
keinen gerichtsverfassungsmäßigen Vorsitzenden gehabt habe, so bedarf es in
entsprechender Anwendung von § 20 Abs. 1 bei der Entscheidung hierüber nicht
der Zuziehung der ehrenamtlichen Richter, weil die Prüfung der ordnungsgemäßen Besetzung, die keine Angelegenheit von geringer Bedeutung iSv § 20
Abs. 1 Nr. 7 ist, keine landwirtschaftliche Sachkunde der zur Entscheidung berufenen Richter erfordert. Vom Grundsatz und der Zielsetzung der Beteiligung
von sachkundigen Laien an der Beschlussfassung der Landwirtschaftsgerichte her
ist es gerechtfertigt, § 20 Abs. 1 auf einen solchen Fall entsprechend anzuwenden.[6]

Daneben sind **weitere Entscheidungen** denkbar, die zwar in § 20 Abs. 1 nicht **7**
ausdrücklich aufgeführt sind, bei denen aber in gleicher Weise feststeht, dass es auf
die landwirtschaftliche Sachkunde nicht ankommt. Erkennt etwa in einer streitigen
Landwirtschaftssache eine Partei den gegen sie geltend gemachten Anspruch an, so
ist sie nach § 307 S. 1 ZPO gemäß ihrem **Anerkenntnis** zu verurteilen.[7] Das Gericht prüft in diesem Fall außer der Wirksamkeit des Anerkenntnisses nur die unver-

---

[3] BGH Urt. v. 15.4.2011 – LwZR 7/10, BeckRS 2011, 13874 = NL-BzAR 2011, 270;
Urt. v. 25.4.2014 – LwZR 2/13, BeckRS 2014, 11251 = AUR 2014, 263 jeweils für die
(konkludente) Ablehnung der Wiedereröffnung der mündlichen Verhandlung (§ 156 ZPO)
anlässlich nach Schluss der mündlichen Verhandlung eingereichter nicht nachgelassener
Schriftsätze.
[4] Für die streitigen Landwirtschaftssachen ergibt sich dies aus § 48 Abs. 1 S. 2, für die Landwirtschaftssachen der freiwilligen Gerichtsbarkeit aus einer teleologischen Reduktion des § 38
Abs. 3 S. 2 FamFG; so BGH Beschl. v. 29.11.2013 – BLw 4/12, NJW-RR 2014, 243 (245)
= RdL 2014, 107 ff.; Beschl. v. 25.4.2014 – BLw 7/13, BeckRS 2014, 11597 = NL-BzAR
2014, 281; iE ebenso OLG Brandenburg Beschl. v. 20.6.2013 – 5 W (Lw) 5/12, BeckRS 2013,
12116 = NL-BzAR 2014, 428; aA OLG Zweibrücken Beschl. v. 18.3.2011 – 4 WLw 110/10,
BeckRS 2011, 18408 = RdL 2012, 152; *Ernst* LwVG § 9 Rn. 67.
[5] BGH Beschl. v. 25.4.2014 – LwZR 2/13, BeckRS 2014, 11251 = AUR 2014, 263;
Beschl. v. 29.11.2013 – 4 BLw 4/12, NJW-RR 2014, 243 (245 ff.) = RdL 2014, 107; Urt. v.
20.4.2012 – Lw ZR 5/11, NJW-RR 2012, 879 (880) = RdL 2012, 216.
[6] BGH Beschl. v. 14.11.1985 – BLw 23/84, BGHZ 96, 258 (261) = NJW 1986, 1349.
[7] Anerkenntnis- und Verzichtsentscheidungen können auch in den Verfahren der freiwilligen Gerichtsbarkeit ergehen, die Streitsachen zum Gegenstand haben, → § 9 Rn. 13.

zichtbaren Prozessvoraussetzungen.[8] Dies gilt entsprechend für einen **Verzicht** nach § 306 ZPO. Da im Unterschied zum Anerkenntnisurteil, das nach § 307 S. 2 ZPO auch ohne mündliche Verhandlung ergehen kann, der Kläger nur bei der mündlichen Verhandlung auf den geltend gemachten Anspruch verzichten kann, wird sich in diesem Fall die Frage der Zuziehung der ehrenamtlichen Richter idR aber nicht stellen, weil diese ohnehin an der mündlichen Verhandlung teilnehmen.

8　　Auch im Fall der **Säumnis** einer Partei kann für die Entscheidung die Sachkunde der ehrenamtlichen Richter entbehrlich sein, nämlich dann, wenn in der mündlichen Verhandlung der Kläger säumig ist, weil für den Erlass eines die Klage abweisenden Versäumnisurteils allein die allgemeinen Prozessvoraussetzungen, die Säumnis des Klägers, das Nichtvorliegen der in § 335 ZPO und § 337 ZPO genannten Hindernisse und der Antrag des Beklagten vorliegen müssen. Ist dies der Fall, ergeht das Versäumnisurteil ohne sachliche Prüfung. Dies gilt entsprechend in der Berufungsinstanz für den Fall der Säumnis des Rechtsmittelführers (§ 539 Abs. 1 ZPO). Aber auch hier wird sich die Frage der Beteiligung der ehrenamtlichen Richter an der Entscheidung nur ausnahmsweise stellen, weil Voraussetzung immer die Säumnis im Termin zur mündlichen Verhandlung ist. Im Fall der Säumnis des Beklagten oder des Berufungsbeklagten dürfte hingegen nicht feststehen, dass es für die Entscheidung nicht auf die Sachkunde der ehrenamtlichen Richter ankommen kann. In diesen Fällen ergeht das Versäumnisurteil nämlich auf der Grundlage des tatsächlichen Vorbringens des Klägers oder des Rechtsmittelführers (§ 331 Abs. 1 S. 1, Abs. 2 ZPO u. § 539 Abs. 2 ZPO).[9]

2. Ausschließung und Ablehnung der Gerichtspersonen (Nr. 1)

9　　**a) Anwendungsbereich.** Ist über die **Ausschließung oder die Ablehnung von Gerichtspersonen** zu entscheiden, ist nach § 20 Abs. 1 Nr. 1 die Beteiligung der ehrenamtlichen Richter nicht erforderlich. Die Ausschließung oder Ablehnung von Gerichtspersonen bestimmt sich nach den Vorschriften der Zivilprozessordnung, nämlich nach den §§ 41–49 ZPO. Dies folgt für streitige Landwirtschaftssachen aus § 48 Abs. 1 S. 1, für die Landwirtschaftssachen der freiwilligen Gerichtsbarkeit aus (§ 9 iVm) § 6 FamFG. Gerichtspersonen sind neben dem hauptberuflichen und ehrenamtlichen Richtern auch Urkundsbeamten der Geschäftsstelle (§ 49 ZPO) sowie Rechtspfleger (§ 10 RPflG). Für die Ablehnung gerichtlich bestellter Sachverständiger verweist § 406 Abs. 1 ZPO auf die Gründe, die zur Ablehnung einer Gerichtsperson berechtigen (§ 42 ZPO). Dies gilt über die Verweisung in § 30 Abs. 1 FamFG auch für die Landwirtschaftssachen der freiwilligen Gerichtsbarkeit. Die Vorschriften für Sachverständige gelten gemäß § 191 GVG wiederum für Dolmetscher entsprechend. Aus dem Wortlaut des § 406 Abs. 2 ZPO folgt, dass Sachverständige (und damit auch Dolmetscher) im Fall eines Ausschließungsgrundes nicht kraft Gesetzes vom Verfahren ausgeschlossen sind, es vielmehr eines ordnungsgemäßen Ablehnungsantrages bedarf.[10] Gerichtsvollzieher schließlich können nach

---

[8] BGH Urt. v. 8.10.1953 – III ZR 206/51, BGHZ 10, 333 (335) = NJW 1953, 1830; Urt. v. 25.11.1993 – IX ZR 51/93, NJW 1994, 944 = MDR 1994, 1145; Beschl. v. 10.11.2009 – XI ZB 15/09, NJW-RR 2010, 275 (276) = MDR 2010, 164.

[9] Zwar kann hier ein Versäumnisurteil ohne mündliche Verhandlung in Betracht kommen, so dass eine Entscheidung ohne eine zu dokumentierende Beteiligung der ehrenamtlichen Richter prozessökonomisch sein könnte, eine solche unterbliebene Beteiligung kann aber nicht auf eine entsprechende Anwendung von § 20 Abs. 1 gestützt werden.

[10] Zöller/*Greger* ZPO § 406 Rn. 10.

§ 155 I. GVG in bürgerlichen Rechtsstreitigkeiten von der Ausübung ihres Amtes aus den dort genannten Gründen ausgeschlossen sein.

b) Verfahren. Die **Gerichtsperson** ist kraft Gesetzes von der Ausübung ihres **10** Amtes ausgeschlossen, wenn einer der **Ausschließungsgründe** des § 41 ZPO vorliegt. Anders als im Fall der Ablehnung wegen der Besorgnis der Befangenheit besteht keine Befugnis nach § 47 Abs. 1 ZPO zur Vornahme unaufschiebbarer Handlungen.[11] Ist der Ausschließungsgrund evident, scheidet der Richter ohne weiteres aus dem Verfahren aus, in allen anderen Fällen ist hierüber (deklaratorisch) zu entscheiden. Bei Zweifeln über das Bestehen eines Ausschließungsgrundes hat der betroffene Richter selbst nach § 48 ZPO die Möglichkeit, von Amts wegen eine Entscheidung durch das für die Erledigung eines Ablehnungsgrundes zuständige Gericht herbeizuführen. Hält der betroffene Richter einen Ausschließungsgrund nicht für gegeben, kann ihn jeder Beteiligte in Form eines Ablehnungsgesuchs geltend machen. In beiden Fällen bestimmt sich das weitere Verfahren nach § 45 ZPO (→ Rn. 13f.). Im Fall der Anzeige nach § 48 ZPO ist allerdings immer nach § 45 Abs. 2 S. 1 ZPO zu entscheiden, ein formloses Ausscheiden oder eine Entscheidung nach § 45 Abs. 2 S. 2 ZPO kommen nicht in Betracht.[12] Es handelt sich dabei nicht um einen rein innerdienstlichen Vorgang, die Beteiligten sind vielmehr an dem Verfahren zu beteiligen und haben Anspruch auf Gewährung rechtlichen Gehörs.[13] Ist ein Richter von einem Ausschließungsgrund betroffen, tritt an seine Stelle der nach dem Geschäftsverteilungsplan bestimmte Vertreter (§§ 21 e, 21 g GVG).

Die **Mitwirkung** eines kraft Gesetzes ausgeschlossenen Richters bei einer Ent- **11** scheidung führt nicht zu deren Nichtigkeit, sondern allein zur Anfechtbarkeit (§§ 547 Nr. 2, 579 Abs. 1 Nr. 2, 576 Abs. 3 ZPO, für Landwirtschaftssachen der freiwilligen Gerichtsbarkeit iVm § 72 Abs. 3 FamFG für die Rechtsbeschwerde und iVm § 48 Abs. 2 FamFG für die Wiederaufnahme).

Der Antrag auf **Ablehnung eines Sachverständigen** ist bei dem Gericht oder **12** Richter anzubringen, von dem der Sachverständige ernannt worden ist (406 Abs. 2 ZPO). Das Gericht oder der Richter hat dann über den Antrag zu entscheiden (§ 406 Abs. 4 ZPO). Das ist im Fall einer Beweisaufnahme durch den beauftragten Richter (§ 405 ZPO; → § 16 Rn. 18ff.) dieser. Der Antrag ist binnen einer Frist von zwei Wochen nach Verkündung oder Zustellung des Beschlusses über seine Ernennung, in jedem Fall aber vor seiner Vernehmung zu stellen (§ 406 Abs. 2 S. 1 ZPO). Zu einem späteren Zeitpunkt ist eine Ablehnung nur noch zulässig, wenn der Antragsteller glaubhaft macht, ohne sein Verschulden daran gehindert gewesen zu sein, den Ablehnungsgrund früher geltend zu machen (§ 406 Abs. 2 S. 2 ZPO). Der Antrag unterliegt auch in streitigen Landwirtschaftssachen nicht dem Anwaltszwang (§§ 406 Abs. 2 S. 3, 78 Abs. 3 ZPO).

Wird ein **Richter** nach § 42 Abs. 1 ZPO abgelehnt, entscheidet das Gericht, **13** dem der **Abgelehnte** angehört, ohne dessen Mitwirkung (§ 45 Abs. 1 ZPO). Der Antrag unterliegt auch in streitigen Landwirtschaftssachen ebenfalls nicht dem Anwaltszwang (§§ 44 Abs. 1, 78 Abs. 3 ZPO) Beim Amtsgericht hat nach § 45 Abs. 2 S. 1 ZPO ein anderer Richter des Amtsgerichts – ohne Hinzuziehung der ehrenamtlichen Richter – über das Gesuch zu befinden. Der abgelehnte Richter kann

---

[11] Zöller/*Vollkommer* ZPO § 47 Rn. 1 u. § 41 Rn. 15.
[12] OLG Oldenburg Beschl. v. 25.2.2010 – 5 AR 2/10, MDR 2010, 651.
[13] BVerfG Beschl. v. 8.6.1993 – 1 BvR 878/90, BVerfGE 89, 28 (36f.) = NJW 1993, 2229f.; BGH Urt. v. 8.11.1994 – XI ZR 35/94, NJW 1995, 403f. = MDR 1995, 409.

nach § 45 Abs. 2 S. 2 ZPO ausnahmsweise selbst über das Ablehnungsgesuch entscheiden, muss dabei aber in gleicher Weise die allgemeinen Verfahrensgrundsätze
beachten, insbesondere die Verfahrensbeteiligten anhören und eine förmliche Entscheidung mit Begründung treffen.[14] Betrifft die Ablehnung ausschließlich die
ehrenamtlichen Richter, entscheidet hierüber beim Amtsgericht der nach dem Geschäftsverteilungsplan zur Entscheidung in der Hauptsache bestimmte hauptamtliche Richter, beim Oberlandesgericht und beim Bundesgerichtshof der nach dem
Geschäftsverteilungsplan für die Hauptsache zuständige Spruchkörper.[15]

14   Im Strafprozess kann bei strenger Beachtung der Voraussetzungen des gänzlich
untauglichen oder rechtsmissbräuchlichen Ablehnungsgesuchs eine **Selbstent-**
scheidung (§ 26a StPO) mit der Verfassungsgarantie des Art. 101 Abs. 1 S. 2
GG vereinbar sein, weil die Prüfung keine Beurteilung des eigenen Verhaltens des abge-
lehnten Richters voraussetzt. Für den Zivilprozess sind diese Grundsätze entsprechend heranzuziehen[16]. In den Landwirtschaftssachen der freiwilligen Gerichtsbarkeit, in denen die Regelungen der ZPO zur Ablehnung von Gerichtspersonen
gemäß § 6 Abs. 1 FamFG anwendbar sind, kann nichts anderes gelten.

15   **c) Entscheidung und Rechtsmittel.** Die **Entscheidung über das Ableh-**
nungsgesuch ergeht durch zu begründenden[17] Beschluss (§ 46 Abs. 1 ZPO). Der
dem Gesuch **stattgebende** und nicht anfechtbare[18] Beschluss (§ 46 Abs. 2 1. Alt.
ZPO) wird, wenn er nicht verkündet wird, in den Landwirtschaftssachen der freiwilligen Gerichtsbarkeit nach § 41 Abs. 1 S. 1 FamFG den Beteiligten bekannt gegeben. Die Bekanntgabe erfolgt durch Zustellung nach den §§ 166 bis 195 ZPO
oder dadurch, dass das Schriftstück unter der Anschrift des Adressaten zur Post gegeben wird (§ 15 Abs. 2 S. 1 FamFG). In den streitigen Landwirtschaftssachen genügt nach § 329 Abs. 2 S. 1 ZPO die formlose Mitteilung.

16   Der das Gesuch **zurückweisende** und anfechtbare Beschluss ist dem Gesuch-
steller zuzustellen. Dies gilt sowohl für die Landwirtschaftssachen der freiwilligen
Gerichtsbarkeit (§§ 41 Abs. 1 S. 2, 6 Abs. 2 FamFG) als auch für die streitigen Landwirtschaftssachen (§§ 329 Abs. 2 S. 2, 46 Abs. 2 2. Alt. ZPO).

17   Anfechtbar ist allein ein das Ablehnungsgesuch zurückweisender Beschluss
durch das erstinstanzliche Landwirtschaftsgericht. Dieser kann mit der sofortigen
Beschwerde nach den §§ 567 bis 572 ZPO, auf die für die Verfahren der freiwilligen
Gerichtsbarkeit § 6 Abs. 2 2. Alt. FamFG insoweit verweist, angegriffen werden.
Die sofortige Beschwerde kann sich auch gegen einen das Gesuch als unzulässig ver-

---

[14] OLG Frankfurt Beschl. v. 15.8.1997 – 1 WF 11/97, FamRZ 1998, 377 (377f.); OLG Ol-
denburg Beschl. v. 25.2.2010 – 5 AR 2/10, BeckRS 2010, 05475 = MDR 2010, 651. Der
Gegner des Ablehnenden hat die Stellung eines Verfahrensbeteiligten, dem ebenfalls rechtliches
Gehör zu gewähren ist, BGH Beschl. v. 6.4.2005 – V ZB 25/04, NJW 2005, 2233 (2234)
= MDR 2005, 1016.
[15] Dies gilt auch für den Fall der Ablehnung eines Urkundsbeamten der Geschäftsstelle (§ 49
ZPO).
[16] BVerfG Beschl. v. 20.7.2007 – 1 BvR 2228/06, NJW 2008, 3771 (3772f.)
= BeckRS 2007, 25568.
[17] OLG Brandenburg Beschl. v. 10.11.1999 – 1 W 24/99, MDR 2000, 105; für einen stattgebenden Beschluss OLG Oldenburg Beschl. v. 2.3.1994 – 2 W 6/94, NJW-RR 1995, 830
= BeckRS 9998, 13818.
[18] Ausnahmsweise soll nach OLG Oldenburg Beschl. v. 2.3.1994 – 2 W 6/94, NJW-RR 1995,
830 = BeckRS 9998, 13818 ein stattgebender Beschluss mit einer außerordentlichen Beschwerde
anfechtbar sein, wenn der Anspruch auf Gewährung rechtlichen Gehörs verletzt wurde.

Huth

werfenden Beschluss richten.[19] Hat das Oberlandesgericht als Beschwerdegericht über einen Ablehnungsantrag entschieden, ist gegen diesen Beschluss die Rechtsbeschwerde statthaft, wenn sie in dem Beschluss zugelassen worden ist (§ 574 Abs. 1 Nr. 2 ZPO). Obwohl § 6 Abs. 2 FamFG nur die §§ 567 bis 572 ZPO für entsprechend anwendbar erklärt, hat der Bundesgerichtshof auch in Angelegenheiten der freiwilligen Gerichtsbarkeit die Rechtsbeschwerde nach § 574 Abs. 1 Nr. 2 ZPO für statthaft erachtet, wenn sie durch das Beschwerdegericht zugelassen worden ist.[20] Hat das Oberlandesgericht im Rahmen eines Beschwerde- oder Berufungsverfahrens durch eine Zwischenentscheidung über ein Befangenheitsgesuch zu befinden, so ist diese Entscheidung auch im Fall der Zurückweisung des Gesuchs nicht mit der sofortigen Beschwerde anfechtbar.

d) Kosten. Für die (Zwischen-)Entscheidung über ein Ablehnungsgesuch fal- **18** len keine Gerichtsgebühren an. Für den Rechtsanwalt gehört dieses Verfahren zum Rechtszug (§ 19 Abs. 1 S. 2 Nr. 3 RVG). Im **Beschwerdeverfahren** ergeht eine **Kostenentscheidung** nur bei erfolgloser Beschwerde. Die Kosten eines ohne Erfolg eingelegten Rechtsmittels hat in entsprechender Anwendung von § 97 Abs. 1 ZPO der Beschwerdeführer zu tragen.[21] Die Gerichtskosten ergeben sich in diesem Fall aus Nr. 1812 der Anlage 1 zum GKG bzw. aus Nr. 19116 der Anlage 1 zum GNotKG. Die außergerichtlichen Kosten des Gegners des ablehnenden Beteiligten (bzw. der ablehnenden Partei) sind ebenfalls erstattungsfähig. Dieser hat im Ablehnungsverfahren die Stellung eines Beteiligten, weil die Entscheidung seinen Anspruch auf den gesetzlichen Richter berührt und ihm deswegen in dem Verfahren auch rechtliches Gehör zu gewähren ist.[22] Die Kosten einer erfolgreichen Beschwerde sind dagegen solche des Rechtsstreits.[23]

e) Entsprechende Anwendung. Die ZPO kennt weitere, dem Verfahren über **19** die Ablehnung von Gerichtspersonen vergleichbare Zwischenverfahren, für deren Durchführung eine Zuziehung der ehrenamtlichen Richter in **entsprechender Anwendung** von § 20 Abs. 1 Nr. 1 entfallen kann, weil die landwirtschaftliche Sachkunde in diesem Verfahren nicht zum Tragen kommt (→ Rn. 2). Hierzu zählen etwa der Zwischenstreit über den Antrag auf Zurückweisung der Nebenintervention (§ 71 ZPO), das Zwischenverfahren über einen Antrag auf Rückgabe einer einem Rechtsanwalt überlassenen Urkunde (§ 135 Abs. 2 ZPO) und der Zwischenstreit über die Rechtmäßigkeit einer Zeugnisverweigerung (§ 384 Abs. 1 ZPO).[24]

3. Antrag auf Wiedereinsetzung in den vorigen Stand (Nr. 2)

a) Anwendungsbereich. In allen **Verfahrensordnungen** ist die Möglichkeit **20** der Wiedereinsetzung in den vorigen Stand bei Versäumung bestimmter Fristen vorgesehen. Die Wiedereinsetzung schränkt die Rechtssicherheit im Interesse einer mate-

---

[19] Zöller/ *Vollkommer* ZPO § 46 Rn. 14.

[20] BGH Beschl. v. 15.2.2012 – XII ZB 451/11, NJW-RR 2012, 582 = FGPrax 2012, 136.

[21] BGH Beschl. v. 6.4.2005 – V ZB 25/04, NJW 2005, 2233 (2234) = MDR 2005, 1016; OLG Celle Beschl. v. 17.7.2008 – 4 W 99/08, MDR 2008, 1180 = OLG Report Celle 2008, 840; aA OLG München Beschl. v. 16.2.1994 – 11 W 698/94, MDR 1994, 627 = BeckRS 1994, 07350.

[22] BGH Beschl. v. 6.4.2005 – V ZB 25/04, NJW 2005, 2233 (2234) = MDR 2005, 1016.

[23] OLG Frankfurt Beschl. v. 28.5.2007 – 1 W 23/07, MDR 2007, 1399 = BeckRS 2007, 09571.

[24] Bei diesen Verfahren dürfte es sich nicht um solche von geringer Bedeutung iSv § 20 Abs. 1 Nr. 7 handeln.

riell richtigen Entscheidung im Einzelfall ein.[25] Durch sie wird nicht die versäumte Frist verlängert, sondern der schon eingetretene Nachteil rückwirkend durch die Fiktion der Fristwahrung beseitigt[26] und dadurch eine Sachentscheidung ermöglicht.[27] Demgemäß ist auch in Landwirtschaftssachen grds. bei Versäumung von Fristen die **Wiedereinsetzung in den vorigen** Stand möglich. Die Entscheidung über die Wiedereinsetzung kann nach § 20 Abs. 1 Nr. 2 ohne Zuziehung der ehrenamtlichen Richter erfolgen.

21   In den **streitigen Landwirtschaftssachen** kann Wiedereinsetzung nach (§ 48 Abs. 1 S. 1 iVm) §§ 233–238 ZPO gewährt werden, wenn eine Notfrist oder die Frist zur Begründung der Berufung, der Revision, der Nichtzulassungsbeschwerde oder der Rechtsbeschwerde oder die Frist des § 234 Abs. 1 ZPO nicht eingehalten worden ist (§ 233 S. 1 ZPO).

22   In den **Landwirtschaftssachen der freiwilligen Gerichtsbarkeit** kann Wiedereinsetzung nach (§ 9 iVm) §§ 17–19 FamFG erfolgen, wenn ein Beteiligter ohne sein Verschulden gehindert war, eine gesetzliche Frist einzuhalten (§ 17 Abs. 1 FamFG). Im Unterschied zu § 233 S. 1 ZPO genügt die Versäumung jeder gesetzlichen Frist. Eine Wiedereinsetzung kann daher etwa auch dann in Betracht kommen, wenn im Fall der Versagung der Genehmigung oder der Erteilung dieser Genehmigung unter Auflagen oder Bedingungen (§ 9 Abs. 1 GrdstVG) oder der Verweigerung einer Bescheinigung nach § 11 Abs. 2 GrdstVG die Frist des § 22 Abs. 1 GrdstVG zur Stellung des Antrags auf gerichtliche Entscheidung nicht eingehalten worden ist (→ § 1 Rn. 79).

23   **b) Verfahren und Entscheidung.** Eine Wiedereinsetzung in den vorigen Stand setzt grds. einen **Antrag** desjenigen voraus, der die Frist versäumt hat (§ 17 Abs. 1 FamFG, § 233 S. 1 ZPO). Der Antrag ist binnen einer **Frist** von zwei Wochen nach Wegfall des Hindernisses zu stellen (§ 18 Abs. 1 S. 1 FamFG, § 234 Abs. 1 S. 1 ZPO), im Fall der Versäumung der Frist zur Begründung der Rechtsbeschwerde (§ 18 Abs. 1 S. 2 FamFG) bzw. der Frist zur Begründung der Berufung, der Revision, der Nichtzulassungsbeschwerde oder der Rechtsbeschwerde binnen eines Monats (§ 234 Abs. 1 S. 2 ZPO). Die **Form** des Antrags bestimmt sich nach den Vorschriften, die für die versäumte Rechtshandlung gelten (§ 18 Abs. 2 FamFG, § 236 Abs. 1 ZPO). In den streitigen Landwirtschaftssachen muss bereits der Antrag die Angabe der die Wiedereinsetzung begründenden Tatsachen enthalten (§ 236 Abs. 2 S. 1 ZPO), die dann spätestens im Verfahren über den Antrag glaubhaft zu machen sind (§ 236 Abs. 2. S. 1 ZPO). In den Landwirtschaftssachen der freiwilligen Gerichtsbarkeit genügt es, wenn die die Wiedereinsetzung begründenden Tatsachen im Verfahren über diesen Antrag glaubhaft gemacht werden (§ 18 Abs. 2 S. 1 FamFG), deren Angabe bereits im Antrag ist nicht vorgeschrieben. Innerhalb der Antragsfrist muss zudem die versäumte Rechtshandlung nachgeholt werden. Ist dies geschehen, kann die Wiedereinsetzung auch ohne ausdrücklichen Antrag gewährt werden (§ 18 Abs. 3 S. 3 FamFG, § 236 Abs. 2 S. 2 ZPO).

---

[25] Ist seit dem Ende der versäumten Frist mehr als ein Jahr vergangen, überwiegt das Interesse an der Rechtssicherheit und Wiedereinsetzung kann dann nicht mehr gewährt werden (§ 18 Abs. 4 FamFG, § 234 Abs. 3 ZPO).

[26] BGH Beschl. v. 8.10.1986 – VIII ZB 41/86, BGHZ 98, 325 (328) = NJW 1987, 327; Urt. v. 8.1.1953 – IV ZR 125/52; BGHZ 8, 284 (285) = NJW 1953, 423.

[27] Eine Wiedereinsetzung kommt nicht in Betracht, wenn dem Interesse an Rechtssicherheit der Vorrang gebührt. Sie ist daher in den Verfahren der freiwilligen Gerichtsbarkeit in den Fällen ausgeschlossen, in denen eine Genehmigung für ein Rechtsgeschäft erteilt oder verweigert wurde und dies gegenüber einem Dritten wirksam geworden ist (§ 48 Abs. 3 FamFG).

Es genügt in diesem Fall, wenn der Wille – wenigstens hilfsweise – auch einen Antrag auf Wiedereinsetzung stellen zu wollen, konkludent zum Ausdruck kommt, etwa in dem die zu Wiedereinsetzung begründenden Tatsachen vorgetragen werden.[28]

Über die Wiedereinsetzung ist **von Amts wegen** zu entscheiden. Die Beteilig- **24** ten können hierüber nicht disponieren, indem sie etwa Wiedereinsetzungsgründe anerkennen oder Tatsachen, die zur Begründung des Antrags vorgebracht werden, unstreitig stellen.[29]

Zuständig für die Entscheidung ist das **Gericht,** das über die **versäumte** **25** **Rechtshandlung** zu befinden hat (§ 19 Abs. 1 FamFG, § 237 ZPO). Zwar ist in den Landwirtschaftssachen der freiwilligen Gerichtsbarkeit die Beschwerde bei dem Gericht einzulegen, dessen Entscheidung angefochten wird (§ 64 Abs. 1 S. 1 FamFG), über einen Antrag auf Wiedereinsetzung wegen des Versäumens der Beschwerdefrist hat aber das Beschwerdegericht zu befinden. Dem Ausgangsgericht steht lediglich die Befugnis zu, der Beschwerde abzuhelfen, soweit es sie für begründet erachtet oder sie dem Beschwerdegericht vorzulegen (§ 68 Abs. 1 S. 1 FamFG), es darf das Rechtsmittel aber nicht als unzulässig verwerfen, weil es nicht innerhalb der gesetzlichen Frist eingelegt worden ist (→ § 9 Rn. 196). Vielmehr hat das Beschwerdegericht zu prüfen, ob die Beschwerde an sich statthaft und in der gesetzlichen Form und Frist eingelegt worden ist (§ 68 Abs. 2 S. 1 FamFG), hat also auch iSv § 19 Abs. 1 FamFG über die versäumte Rechtshandlung zu befinden.

Für die streitigen Landwirtschaftssachen ist in § 238 Abs. 1 S. 1 ZPO ausdrück- **26** lich angeordnet, dass das Verfahren über den Antrag auf Wiedereinsetzung mit dem Verfahren über die versäumte Prozesshandlung zu verbinden ist, dem Gericht aber die Befugnis zusteht, dieses zunächst auf die Verhandlung und Entscheidung über den Antrag zu beschränken (§ 238 Abs. 1 S. 2 ZPO). Welche Verfahrensweise das Gericht wählt, steht in seinem **freien Ermessen.**[30] Für die Verfahren der freiwilligen Gerichtsbarkeit fehlt es an einer solchen ausdrücklichen Regelung, der Beschluss mit dem über die Wiedereinsetzung entschieden wird kann aber auch hier mit der Entscheidung in der Sache verbunden werden.[31]

In den streitigen Landwirtschaftssachen ist bei einer **mit der Hauptsache ver-** **27** **bundenen Wiedereinsetzungsverfahren** mit dieser über den Antrag auf Wiedereinsetzung mündlich zu verhandeln (§ 128 ZPO), der Termin zur mündlichen Verhandlung über die versäumte Prozesshandlung ist zugleich der Verhandlungstermin über die Wiedereinsetzung.[32] Für die Verfahren der freiwilligen Gerichtsbarkeit ist die Durchführung einer mündlichen Verhandlung nicht grds. vorgeschrieben. Wird aber mündlich verhandelt, so ist im Fall der Verbindung der Verfahren dann auch über die Wiedereinsetzung mündlich zu verhandeln.

Über den Antrag auf Wiedereinsetzung sollte zwar auch bei einer verbundenen **28** Entscheidung **ausdrücklich** entschieden werden, eine Entscheidung allein in den Gründen der Hauptsacheentscheidung ist aber unschädlich.[33] Sieht das Gericht von einer gesonderten Entscheidung über den Antrag auf Wiedereinsetzung ab, wird sich idR die Frage, ob von einer Zuziehung der ehrenamtlichen Richter nach § 20

---

[28] BGH Beschl. v. 17.1.2006 – XI ZB 4/05, NJW 2006, 1518 = JurBüro 2006, 222.
[29] Musielak/*Grandel* ZPO § 238 Rn. 2; MüKoZPO/*Pabst* FamFG § 19 Rn. 7.
[30] BGH Beschl. v. 9.1.1989 – II ZB 11/88, NJW 1989, 1155 = MDR 1989, 521.
[31] BeckOK FamFG/*Burschel* § 19 Rn. 5.
[32] MüKoZPO/*Gehrlein,* § 238 Rn. 8.
[33] Für § 238 ZPO RG Urt. v. 3.12.1907 – VII 60/07, RGZ 67, 186 (190); für § 19 FamFG Keidel/*Sternal,* FamFG § 19 Rn. 4

Abs. 1 Nr. 2 abgesehen werden kann, nicht stellen, wenn diese ohnehin an der Sachentscheidung in der Hauptsache zu beteiligen sind.

29   Wird in den streitigen Landwirtschaftssachen bei **abgesonderter Verhandlung** über den Antrag auf Wiedereinsetzung mündlich verhandelt, so ergeht die Entscheidung durch Zwischenurteil (§ 303 ZPO), ansonsten durch Beschluss. In den Verfahren der freiwilligen Gerichtsbarkeit wird bei abgesonderter Entscheidung über den Antrag auf Wiedereinsetzung durch Beschluss entschieden (§ 38 FamFG). Wenn über die Wiedereinsetzung **verbunden mit der Hauptsache** verhandelt wird, ergeht die Entscheidung über diese mit der Hauptsacheentscheidung in deren Form.

30   Unabhängig davon, in welcher Form das Gericht über den Antrag auf Wiedereinsetzung entscheidet, gilt, dass eine **Entscheidung vor Ablauf der Wiedereinsetzungsfrist** den Antragsteller in seinem Anspruch auf rechtliches Gehör verletzen kann.[34] Zugleich darf über die verspätete Prozesshandlung nicht vor der Entscheidung über die Wiedereinsetzung befunden werden.[35] Wurde im Fall der Versäumung einer Rechtsmittelfrist das Rechtsmittel bereits zuvor verworfen, ist gleichwohl über die beantragte Wiedereinsetzung zu entscheiden, denn eine Wiedereinsetzung beseitigt rückwirkend auch eine zunächst eingetretene Rechtskraft.[36]

31   **c) Rechtsmittel.** Die Entscheidung, mit der Wiedereinsetzung gewährt wird, ist **unanfechtbar** (§ 19 Abs. 2 FamFG, § 238 Abs. 3 ZPO). Wird die Wiedereinsetzung versagt, ist gegen diese Entscheidung das Rechtsmittel zulässig, das gegen die Entscheidung über die versäumte Rechtshandlung gegeben ist (§ 19 Abs. 3 FamFG, § 238 Abs. 2 S. 1 ZPO). Ist gegen die Entscheidung des Gerichts in der Hauptsache ein Rechtsmittel ausgeschlossen, so kann auch die Versagung der Wiedereinsetzung nicht angefochten werden.[37] Dies gilt auch dann, wenn in der Hauptsache ein zulassungsbedürftiges Rechtsmittel nicht zugelassen ist.[38]

32   **d) Kosten.** Für das Verfahren auf Wiedereinsetzung fallen, unabhängig davon, ob eine gesonderte Entscheidung über den Antrag auf Wiedereinsetzung getroffen wird oder diese zusammen mit der Entscheidung in der Hauptsache ergeht, keine besonderen Gerichtsgebühren an. Die Tätigkeit eines Rechtsanwalts ist mit den im Verfahren entstehenden Gebühren abgegolten. Ist ein Rechtsanwalt allein im Wiedereinsetzungsverfahren tätig geworden, richtet sich sein Gebührenanspruch nach VV 3403 und 3404 RVG. Besondere Kosten können im Wiedereinsetzungsverfahren aber durch Auslagen der Beteiligten/Parteien bzw. durch eine durchgeführte Beweisaufnahme entstehen. Diese Kosten fallen in den streitigen Landwirtschaftssachen nach § 238 Abs. 4 ZPO dem Antragsteller zur Last.[39] Für die Verfahren der freiwilligen Gerichtsbarkeit fehlt es an einer ausdrücklichen Regelung. Hier wird es aber regelmäßig billigem Ermessen (§ 81 Abs. 1 S. 1 FamFG) entsprechen, diese Kosten gemäß dem Rechtsgedanken des § 238 Abs. 4 ZPO dem Antragsteller als Veranlasser aufzuerlegen. Ergeht eine isolierte den Antrag auf Wiedereinsetzung zurückweisende Entscheidung und wird dagegen durch den Antragsteller Beschwerde

---

[34] BGH Beschl. v. 17.2.2011 – V ZB 310/10, NJW 2011, 1363 = MDR 2011, 558.

[35] BGH Beschl. v. 15.4.2014 – VI ZB 462/13, NJW-RR 2014, 758 = MDR 2014, 1225.

[36] BGH Beschl. v. 8.10.1986 – VIII ZB 41/86, BGHZ 98, 325 (328) = NJW 1987, 327.

[37] Keidel/*Sternal* FamFG § 19 Rn. 11.

[38] BayObLG Beschl. v. 2.11.1989 – BReg 3 Z 139/89, NVwZ 1990, 597 = NJW 1990, 2072 (Ls.).

[39] Soweit sie nicht durch einen unbegründeten Widerspruch des Gegners entstanden sind (§ 238 Abs. 4 ZPO).

eingelegt, so entstehen für das Beschwerdeverfahren gesonderte Gerichts- und Anwaltsgebühren (KV 1812 GKG, KV 19116 GNotKG, VV 3500 und 3513 RVG).

4. Abgabe einer Sache wegen Unzuständigkeit (Nr. 3)

Nach § 20 Abs. 1 Nr. 3 kann das Gericht bei **Abgabe der Sache** wegen Unzu- 33
ständigkeit ohne Zuziehung der ehrenamtlichen Richter entscheiden. Nach seinem Wortlaut bezieht sich die Vorschrift auf eine Abgabe nach § 12.[40] Unter den Anwendungsbereich der Norm fallen aber auch die **Verweisungen** nach (§ 48 Abs. 1 S. 1 iVm) § 281 ZPO sowie nach § 17 a GVG. Für diese gilt ebenfalls, dass es für die Entscheidung des besonderen Sachverstandes der ehrenamtlichen Richter nicht bedarf.

Soweit die Entscheidung des Gerichts, die Sache an das nach seiner Auffassung 34
nach zuständige Gericht abzugeben oder zu verweisen, durch einen Beteiligten anfechtbar ist (§ 17 a Abs. 4 GVG), kann das **Rechtsmittelgericht** ebenfalls ohne Zuziehung der ehrenamtlichen Richter entscheiden. Dies gilt auch für den Fall, dass der Bundesgerichtshof über eine zugelassene Rechtsbeschwerde zu entscheiden hat.[41]

Zieht das Landwirtschaftsgericht die **Bindungswirkung** eines Beschlusses, mit 35
dem eine Sache an dieses Gericht verwiesen oder abgegeben werden soll, in Zweifel und erklärt sich ebenfalls für unzuständig und legt die Sache dem nächsthöheren Landwirtschaftssenat zur Entscheidung des Zuständigkeitsstreits vor (→ § 2 Rn. 12 f.), kann der Beschluss, mit dem sich das Landwirtschaftsgericht für unzuständig erklärt, in entsprechender Anwendung von § 20 Abs. 1 Nr. 3 ebenfalls ohne Zuziehung der ehrenamtlichen Richter ergehen. Dies gilt auch für den Landwirtschaftssenat, der nach § 36 Abs. 1 Nr. 6 ZPO bzw. § 5 Abs. 1 Nr. 4 FamFG das zuständige Gericht zu bestimmen hat.[42]

5. Unzulässigkeit eines Antrags oder eines Rechtsmittels (Nr. 4)

a) Anwendungsbereich. § 20 Abs. 1 Nr. 4 eröffnet die Möglichkeit, in allen 36
Landwirtschaftsverfahren ohne Zuziehung der ehrenamtlichen Richter einen **Antrag** als unzulässig abzuweisen oder ein **Rechtsmittel** als unzulässig zu verwerfen. Erfasst werden die Fälle, in denen das Gericht seine Prüfung auf Fragen der Zulässigkeit beschränkt und eine Prüfung der Begründetheit eines Antrags oder eines Rechtsmittels nicht erfolgt. Auf die Gründe, warum der Antrag oder das Rechtsmittel unzulässig ist, kommt es nicht an. Weil auch in diesem Fall allein die Zulässigkeit des gewählten Verfahrens Gegenstand der gerichtlichen Prüfung ist, kann entsprechend § 20 Abs. 1 Nr. 4 die Beteiligung der ehrenamtlichen Richter an der Entscheidung entfallen, wenn nach § 17 a Abs. 3 GVG die **Zulässigkeit des beschrittenen Rechtswegs vorab** ausgesprochen wird.

---

[40] Nach der hier vertretenen Ansicht wird § 12 Abs. 2 in seinem potentiellen Anwendungsbereich durch die neuere Regelung in § 17 a Abs. 6 GVG verdrängt (→ § 12 Rn. 5 und 21).
[41] Da Gegenstand der gerichtlichen Prüfung in der Rechtsmittelinstanz allein die Zulässigkeit des gewählten Rechtswegs oder des gewählten Verfahrens (§ 17 a Abs. 6 GVG) ist, kann die Möglichkeit, ohne Zuziehung der ehrenamtlichen Richter zu entscheiden ebenso mit einer entsprechenden Anwendung von § 20 Abs. 1 Nr. 4 begründet werden.
[42] BayObLG Beschl. v. 21. 9. 1956 – Allg. Reg. 60/1956, RdL 1956, 304, 305; aA OLG Hamm Beschl. v. 22. 6. 1987 – 15 Sbd 6/87, AgrarR 1988, 80, wonach grundsätzlich das nach § 5 FGG aF (= § 5 FamFG) obere Gericht für die Bestimmung der Zuständigkeit zuständig sein soll.

37   Für das Vorliegen der Voraussetzungen des § 20 Abs. 1 Nr. 4 ist entscheidend, dass das Landwirtschaftsgericht, sei es das erstinstanzliche Gericht oder das Rechtsmittelgericht, **nur über Zulässigkeitsfragen befindet.** Dies ist auch dann der Fall, wenn im Rahmen der Rechtsbeschwerde nur über die vom Beschwerdegericht angenommene Zulässigkeit der Beschwerde[43] oder über den Antrag auf Heraufsetzung der Beschwer zu entscheiden ist, weil diese Entscheidungen in der Sache die Unzulässigkeit des Rechtsmittels betreffen.[44] Darf in der Hauptsache ein Antrag oder ein Rechtsmittel ohne ehrenamtliche Richter als unzulässig zurückgewiesen werden, so kann in dieser Besetzung auch der Antrag auf Bewilligung von Prozesskostenhilfe beschieden werden.[45]

38   **b) Insbesondere Sachbefugnis und Antragsbefugnis.** Die **Sachbefugnis** ist in den **Verfahren nach § 1 Nr. 1a,** in denen eine klagende Partei gegen eine beklagte in einem streitigen Verfahren einen Anspruch geltend macht, eine Frage des materiellen Rechts. Steht der eingeklagte Anspruch nicht dem Kläger zu bzw. besteht der Anspruch nicht gegenüber dem Beklagten, fehlt es an der Aktivlegitimation des Klägers bzw. der Passivlegitimation des Beklagten. Die Klage ist in beiden Fällen als **unbegründet** abzuweisen.[46] Die Voraussetzungen für eine Entscheidung ohne Zuziehung der ehrenamtlichen Richter nach § 20 Abs. 1 Nr. 4 liegen nach dem eindeutigen Wortlaut der Vorschrift nicht vor.[47] Eine entsprechende Anwendung dieser Regelung auf die Fälle der fehlenden Aktiv- oder Passivlegitimation wird nicht in Betracht kommen. Zwar wird es bei einer Entscheidung hierüber regelmäßig auf den spezifischen Sachverstand der ehrenamtlichen Richter nicht ankommen. Die Beteiligung der ehrenamtlichen Richter ist aber nicht davon abhängig, ob für die jeweils konkret zu entscheidende Frage ihr Sachverstand erforderlich ist, das Gesetz sieht vielmehr grundsätzlich deren Mitwirkung vor. Es differenziert nicht danach, ob für die Entscheidung über eine zulässige Klage im konkreten Fall deren spezifischer Sachverstand erforderlich ist oder nicht.[48]

39   Von der Sachbefugnis zu unterscheiden ist **in den Landwirtschaftssachen der freiwilligen Gerichtsbarkeit die Antragsbefugnis** (→ § 14 Rn. 8 ff.). Die Antragsbefugnis oder Antragsberechtigung ist in diesen Verfahren Sachentscheidungsvoraussetzung. Fehlt sie, wird der Antrag als unzulässig abgewiesen.[49] Die Antragsbefugnis wird aus dem materiellen Recht hergeleitet. Sie steht nur den materiell Beteiligten zu,[50] also denjenigen natürlichen oder juristischen Personen, deren

---

[43] BGH Beschl. v. 2.3.1995 – BLw 70/94, NJW-RR 1995, 705 (706) = RdL 1995, 134.

[44] BGH Beschl. v. 29.3.2001 – LwZR 3/01, NJW-RR 2001, 1218 = VIZ 2002, 116.

[45] So für die Rechtsbeschwerde BGH Beschl. v. 6.2.1992 – BLw 18/91, BeckRS 9998, 93634 = RdL 1992, 128.

[46] Musielak/*Weth* § 51 ZPO Rn. 18; Zöller/*Vollkommer* vor § 50 ZPO Rn. 18.

[47] AA *Ernst* LwVG § 20 Rn. 12, der ohne nähere Differenzierung zwischen den Verfahrensarten von der Unzulässigkeit des Antrags bei fehlender Aktivlegitimation ausgeht.

[48] Davon zu unterscheiden ist die Prozessführungsbefugnis als Prozessvoraussetzung, die bei ihrem Fehlen zu einer Abweisung der Klage als unzulässig führt. Diese Entscheidung kann nach § 20 Abs. 1 Nr. 4 ohne Zuziehung der ehrenamtlichen Richter ergehen.

[49] BGH Beschl. v. 12.7.2012 – V ZB 106/12, BGHZ 194, 97 (101) = NJW 2012, 3181; MüKoFamFG/*Ulrici* § 23 Rn. 16; Keidel/*Sternal* § 23 FamFG Rn. 23; aA OLG Köln Beschl. v. 2.8.2010 – 2 Wx 97/10, BeckRS 2011, 05239 = FGPrax 2011, 30 (Zurückweisung als unbegründet).

[50] BGH Beschl. v. 13.7.1961 – V ZB 9/61, JZ 1962, 122 (123) allgemein zum Beteiligtenbegriff und zur Differenzierung zwischen formell und materiell Beteiligtem; Keidel/*Sternal* § 23 FamFG Rn. 25.

Rechte und Pflichten durch die gerichtliche Entscheidung unmittelbar berührt werden können.[51] Noch enger ist die Anknüpfung der Antragsbefugnis an das materielle Recht in den Streitsachen der freiwilligen Gerichtsbarkeit (→ § 9 Rn. 9 ff.).

Obwohl sich mit der Anbindung an das materielle Recht die Antragsbefugnis in- **40** haltlich der Aktivlegitimation in streitigen Zivilsachen annähert, bleibt sie eine **Sachentscheidungsvoraussetzung,** die im Fall ihres Fehlens zu einer Zurückweisung des Antrags als unzulässig führt. Die damit nach dem Wortlaut des § 20 Abs. 1 Nr. 4 eröffnete Möglichkeit, ohne Zuziehung der ehrenamtlichen Richter zu entscheiden, kommt am ehesten in den Fällen in Betracht, in denen bereits der Gesetzgeber die Antragsbefugnis einem bestimmten Personenkreis zugewiesen hat,[52] also ohne den spezifischen Sachverstand der ehrenamtlichen Richter deren Fehlen festgestellt werden kann.[53] Hängt dagegen die Antragsbefugnis, wie etwa insbesondere in den Streitsachen der freiwilligen Gerichtsbarkeit, maßgeblich von der materiellen Berechtigung des Antragstellers ab, ist die Nähe zum materiellen Recht so groß, dass idR die ehrenamtlichen Richter an der Entscheidung über die Zurückweisung des Antrags als unzulässig zu beteiligen sein werden.

Soweit Entscheidungen in den Verfahren der freiwilligen Gerichtsbarkeit nicht **41** in (materielle) Rechtskraft (→ § 30 Rn. 13 ff.) erwachsen, kann das **Rechtsschutzbedürfnis** für einen Antrag eines grds. Antragsberechtigten entfallen, wenn ein bereits früher zurückgewiesener Antrag nochmals gestellt wird, ohne dass sich die Sach- und Rechtslage geändert hat.[54]

6. Erinnerung gegen die Erteilung oder gegen die Ablehnung des Rechtskraftzeugnisses (Nr. 5)

Das **Zeugnis über die Rechtskraft einer Entscheidung** ist nach (§ 9 iVm) **42** § 46 FamFG bzw. nach (§ 48 Abs. 1 S. 1 iVm) § 706 Abs. 1 ZPO von der Geschäftsstelle des erstinstanzlichen Gerichts oder, solange das Verfahren in einem höheren Rechtszug anhängig ist, von der Geschäftsstelle dieses Gerichts zu erteilen. Da § 46 S. 4 FamFG auf diese Vorschrift verweist, ist in beiden Verfahrensarten gegen die Entscheidung des Urkundsbeamten der Geschäftsstelle die befristete Erinnerung nach § 573 ZPO möglich. Die Entscheidung über die Erinnerung trifft das Landwirtschaftsgericht, in dessen Geschäftsstelle der Urkundsbeamte tätig ist. Es kann, ebenso wie das Beschwerdegericht im Fall der Nichtabhilfe (§ 573 Abs. 2 ZPO), hierbei ohne Zuziehung der ehrenamtlichen Richter entscheiden.

---

[51] BayObLG Beschl. v. 13.7.1989 – 3 Z 35/89, NJW-RR 1990, 52 = MDR 1989, 1107; vgl. auch BGH Beschl. v. 12.7.2012 – V ZB 106/12, BGHZ 194, 97 (101 ff.) = NJW 2012, 3181; Keidel/*Sternal* § 23 FamFG Rn. 25; MüKoFamFG/*Ulrici* § 23 Rn. 17.

[52] Vgl. dazu MüKoFamFG/*Ulrici* § 23 FamFG Rn. 18.

[53] Wie zB die Regelung der Antragsberechtigung in § 3 Abs. 2 GrdstVG, die Berechtigung zur Anzeige eines Landpachtvertrags nach § 2 Abs. 1 LPachtVG und dessen Beanstandung nach § 4 Abs. 1 LPachtVG oder die Bestimmung derjenigen, die Einwendungen gegen die Ausübung des siedlungsrechtlichen Vorkaufsrechts erheben können, in § 10 S. 1 RSG.

[54] BGH Beschl. v. 9.7.2013 – II ZB 7/13, NJW-RR 2013, 1194 (1195) = FGPrax 2013, 219 für eine erneute Anmeldung zum Handelsregister; KG Beschl. v. 1.2.2005 – 1 W 528/01, BeckRS 2005, 02309 = FGPrax 2005, 130 für eine erneute Anmeldung zum Vereinsregister; BeckOK FamFG/*Burschel* § 23 Rn. 14.

7. Bewilligung, Versagung, Aufhebung von Verfahrenskostenhilfe (Nr. 6)

43   Nach § 20 Abs. 1 Nr. 6 kann die Bewilligung, die Änderung der Bewilligung, die Versagung oder die Aufhebung der Bewilligung von Verfahrenskostenhilfe ohne Zuziehung der ehrenamtlichen Richter erfolgen, soweit es für die Entscheidung **allein auf die persönlichen und wirtschaftlichen Verhältnisse des Antragstellers** ankommt. Trotz der Verwendung des Begriffs der Verfahrenskostenhilfe gilt die Vorschrift nicht nur für Entscheidungen nach (§ 9 iVm) §§ 76 ff. FamFG), sondern auch für die Prozesskostenhilfe in streitigen Landwirtschaftssachen nach den §§ 114 ff. ZPO (iVm § 48 Abs. 1 S. 1).

44   In entsprechender Anwendung von § 20 Abs. 1 Nr. 6 kann in den genannten Fällen auch dann ohne Zuziehung der ehrenamtlichen Richter entschieden werden, wenn der beabsichtigte Antrag oder das beabsichtige Rechtsmittel bereits **unzulässig** ist und deswegen nach § 20 Abs. 1 Nr. 4 ohne Zuziehung der ehrenamtlichen Richter entschieden werden kann (→ Rn. 36).[55] Allgemein wird im Verfahrens- bzw. Prozesskostenhilfeverfahren eine Entscheidung ohne Zuziehung der ehrenamtlichen Richter ergehen können, wenn in dem konkreten Verfahren, für das Verfahrenskostenhilfe begehrt wird, ebenfalls ohne Zuziehung der ehrenamtlichen Richter entschieden werden kann. Dies kann etwa der Fall sein, wenn nach übereinstimmender Erledigungserklärung nur noch über die Kosten des Verfahrens zu entscheiden ist oder wenn sich ein Rechtsmittel ausschließlich gegen die Kostenentscheidung in der Hauptsacheentscheidung oder gegen eine isolierte Kostenentscheidung richtet.[56]

8. Ernennung eines Sachverständigen nach § 585 b Abs. 2 BGB (Nr. 6 a)

45   Nach § 585 b Abs. 1 BGB sollen Verpächter und Pächter bei Beginn des Pachtverhältnisses gemeinsam eine Beschreibung der Pachtsache anfertigen. Verweigert eine Vertragspartei ihre Mitwirkung oder ergeben sich bei der Anfertigung Meinungsverschiedenheiten, so kann nach § 585 b Abs. 2 BGB jeder Vertragsteil verlangen, dass eine Beschreibung durch einen auf Antrag vom Landwirtschaftsgericht zu ernennenden Sachverständigen angefertigt wird. Die Ernennung kann nach § 20 Abs. 1 Nr. 6 a ohne Zuziehung der ehrenamtlichen Richter erfolgen.

9. Angelegenheiten von geringer Bedeutung (Nr. 7)

46   **a) Überblick.** Für Angelegenheiten von geringer Bedeutung wird durch § 20 Abs. 1 Nr. 7 die Möglichkeit eröffnet, ohne Zuziehung der ehrenamtlichen Richter zu entscheiden, soweit es sich nicht um die Entscheidung in der Hauptsache handelt. Dies sind idR Angelegenheiten, die im Rahmen eines Hauptsachverfahrens oder im Zusammenhang mit diesem ergehen und deshalb

---

[55] BGH Beschl. v. 6. 2. 1992 – BLw 18/91, BeckRS 9998, 93634 = RdL 1992, 128.

[56] In streitigen Landwirtschaftssachen ist eine isolierte Anfechtung der Kostenentscheidung ausnahmsweise nach § 99 Abs. 2 S. 1 ZPO zulässig. In den Verfahren der freiwilligen Gerichtsbarkeit ist die befristete Beschwerde allgemein gegen eine im Hauptsachebeschluss getroffene oder gegen eine isolierte Kostenentscheidung zulässig. Sie setzt in vermögensrechtlichen Angelegenheiten eine Kostenbeschwer von mehr als 600 EUR (§ 61 Abs. 1 FamFG) oder eine Zulassung (§ 61 Abs. 2 FamFG) voraus (mwN Keidel/*Meyer-Holz* § 61 FamFG Rn. 4).

von geringer Bedeutung sind, weil sie nur die Ermittlung der Höhe der für das Verfahren anfallenden Kosten und Gebühren oder die (vorläufige) Vollstreckung aus Hauptsachenentscheidungen betreffen.[57] Nach allgemeiner Auffassung sind **Beschwerden** gegen Entscheidungen, die mit Recht ohne Zuziehung der ehrenamtlichen Richter erfolgt sind, ebenfalls grds. Angelegenheiten von geringer Bedeutung.[58]

Darüber hinaus wird entsprechend § 20 Abs. 1 Nr. 7 eine Angelegenheit von geringer Bedeutung anzunehmen sein, soweit in Landwirtschaftssachen die Entscheidung dem **Einzelrichter** übertragen ist oder übertragen werden kann. Die Entscheidung ergeht in diesen Fällen aber bereits aufgrund ihrer Übertragung an den Einzelrichter ohne die Beteiligung der ehrenamtlichen Richter. Hierunter fallen **sofortige Beschwerden (§ 11 Abs. 1 RPflG) oder Erinnerungen (§ 11 Abs. 2 RPflG) gegen Entscheidungen des Rechtspflegers.** Über sofortige Beschwerden gegen Entscheidungen des Rechtspflegers, entscheidet im Anwendungsbereich der ZPO[59] das Beschwerdegericht nach § 568 S. 1 ZPO durch eines seiner Mitglieder als Einzelrichter. Im Anwendungsbereich des FamFG kann das Beschwerdegericht durch Beschluss die Entscheidung nach § 68 Abs. 4 S. 1 FamFG einem seiner Mitglieder als Einzelrichter übertragen. **47**

Sowohl in den Verfahren der freiwilligen Gerichtsbarkeit als auch in den streitigen Landwirtschaftssachen sind **Erinnerungen und Beschwerden gegen den Kostenansatz** kraft spezialgesetzlicher Regelung dem Einzelrichter übertragen (§ 81 Abs. 6 S. 1 GNotKG, § 66 Abs. 6 S. 1 GKG). Die Entscheidung ohne Beteiligung der ehrenamtlichen Richter ist in § 81 Abs. 6 S. 3 GNotKG bzw. § 66 Abs. 6 S. 3 GKG in diesem Zusammenhang ausdrücklich gesetzlich geregelt; diese dürfen an der Entscheidung nicht beteiligt werden (→ § 2 Rn. 32 ff.) **48**

b) Einzelfälle. Als Angelegenheiten von geringer Bedeutung hat die Rspr. etwa die **Festsetzung des Geschäftswerts** (außerhalb einer Hauptsacheentscheidung) angesehen.[60] Setzt der Vorsitzende des (erstinstanzlichen) Landwirtschaftsgerichts den Geschäftswert außerhalb der Hauptsacheentscheidung ohne Zuziehung der ehrenamtlichen Richter fest, entscheidet er nicht als Einzelrichter, sondern in seiner Funktion als Vorsitzender. Das Beschwerdegericht kann deshalb bei einer Beschwerde gegen die Festsetzung nicht nach § 83 Abs. 1 S. 5 iVm § 81 Abs. 6 S. 1 GNotKG bzw. nach §§ 68 Abs. 1 S. 5 iVm § 66 Abs. 6 S. 1 GKG durch den Einzelrichter entscheiden.[61] Über die Beschwerde ist aber nach § 83 Abs. 1 S. 5 iVm § 81 Abs. 6 S. 3 GNotKG bzw. nach § 68 Abs. 1 S. 5 iVm § 66 Abs. 6 S. 3 GKG kraft **49**

---

[57] Etwas anderes kann hier aber gelten, wenn im Rahmen der Vollstreckung der Inhalt der Hauptsachentscheidung im Wege der Auslegung näher zu bestimmen ist (→ Rn. 49).

[58] OLG Jena Beschl. v. 8.12.1997 – LW U 1687/97, OLG-NL 1989, 89 (90) = AgrarR 1998, 323; ebenso die amtliche Begründung (BT-Drs. 1/3819, S. 28); *Ernst* LwVG § 20 Rn. 4; zu Einschränkungen im Eilverfahren → § 18 Rn. 22.

[59] ZB bei sofortigen Beschwerden nach §§ 104 Abs. 3, 109 Abs. 4 ZPO (zu § 104 Abs. 3 ZPO: OLG Zweibrücken Beschl. v. 3.5.2010 – 4 WLw 45/10, BeckRS 2010, 16856 = RdL 2010, 249; zu § 109 Abs. 4 ZPO: OLG Brandenburg Beschl. v. 18.1.2016 – 5 U (Lw) 30/13, unveröffentl.).

[60] OLG Hamm Beschl. v. 12.11.2009 – 10 W 105/09, BeckRS 2009, 88156 = AUR 2010, 176; OLG Stuttgart Beschl. v. 12.9.2011 – 101 W 1/11, BeckRS 2011, 23347 = RdL 2011, 364.

[61] OLG Brandenburg Beschl. v. 16.9.2015 – 5 W (Lw)10/15 (unveröffentl.).

Gesetzes ohne Beteiligung der ehrenamtlichen Richter zu entscheiden (→ § 2 Rn. 33).[62]

50　　Ebenfalls unter § 20 Abs. 1 Nr. 7 fällt die **Einstellung der Zwangsvollstreckung** nach § 30 Abs. 2 bzw. nach §§ 707, 719 Abs. 2 ZPO.[63] Entsprechend dürfte dann auch eine einstweilige Anordnung nach § 769 ZPO jedenfalls nicht zwingend der Mitwirkung der ehrenamtlichen Richter bedürfen. Das OLG Köln hat die Festsetzung eines Zwangsgeldes nach § 24 GrdstVG (→ § 1 Rn. 108) ebenfalls als Angelegenheit von geringer Bedeutung angesehen.[64] Demgegenüber hat das OLG Brandenburg[65] in einem Stufenverfahren entsprechend § 254 ZPO zur Geltendmachung eines Anspruches nach § 44 LwAnpG die Durchsetzung des auf der ersten Stufe ergangenen Teilbeschlusses zur Erteilung der Auskunft durch Festsetzung eines Zwangsgeldes nicht als Angelegenheit von geringer Bedeutung angesehen, weil die Entscheidung über die Festsetzung eines Zwangsgeldes in Auskunftsverfahren auf einer fortgesetzten Beurteilung des Erkenntnisverfahrens beruhe und sich das Schwergewicht des gerichtlichen Rechtsschutzes in das Vollstreckungsverfahren verlagere, weil Inhalt und Umfang des Titels im Weg der Auslegung verdeutlicht werden müssten.

10. Entscheidung über die Kosten (Nr. 8)

51　　Nach § 20 Abs. 1 Nr. 8 kann schließlich, wenn die Hauptsache erledigt ist, die Entscheidung über die Kosten ohne Zuziehung der ehrenamtlichen Richter erfolgen. Die Vorschrift erfasst ihrem Wortlaut nach zunächst die Kostenentscheidung nach § 91 a ZPO, wenn in streitigen Landwirtschaftssachen die Hauptsache übereinstimmend für erledigt erklärt worden ist bzw. wenn in den Verfahren der freiwilligen Gerichtsbarkeit das Verfahren durch Vergleich (ohne eigene Kostenregelung) oder auf sonstige Weise erledigt ist (§ 83 Abs. 1 S. 1, Abs. 2 Alt. 1 FamFG).

52　　Nach Sinn und Zweck kann allgemein entsprechend § 20 Abs. 1 Nr. 8 immer dann ohne Beteiligung der ehrenamtlichen Richter entschieden werden, wenn über die Hauptsache nicht mehr zu befinden ist und nur noch eine Entscheidung über die Kosten ergehen muss.[66]

III. Protokollierung von Vergleichen (§ 20 Abs. 2)

53　　§ 20 Abs. 2, der nach § 48 Abs. 1 S. 2 auch in streitigen Landwirtschaftssachen gilt, regelt ausdrücklich, dass in Landwirtschaftsverfahren gerichtliche Vergleiche vor dem Vorsitzenden oder – beim Oberlandesgericht und beim Bundesgerichtshof – auch vor dem beauftragten Richter, also ohne Beteiligung der ehrenamtlichen Richter, geschlossen werden können.

---

[62] OLG Brandenburg Beschl. v. 16.9.2015 – 5 W (Lw) 10/15 (unveröffentl.).

[63] BGH Beschl. v. 11.9.1997 – BLw 19/97, BeckRS 9998, 53816 = RdL 1998, 45.

[64] OLG Köln Beschl. v. 25.7.1962 – 2 WLw 39/62 u. 44/62, RdL 1962, 323 (324).

[65] OLG Brandenburg Beschl. v. 8.9.2005 – 5 W (Lw) 33/05, OLG-NL 2006, 68 = RdL 2007, 140; vgl. BGH Urt. v. 2.6.1993 – IV ZR 211/92, NJW-RR 1993, 1154 = FamRZ 1993, 1189 zum Erfordernis der Bestimmung des Inhalts des Auskunftstitels durch Auslegung im Vollstreckungsverfahren.

[66] Vgl. BayObLG Beschl. v. 8.8.1988 – LwBReG 1/88, BeckRS 1988, 05605 = RdL 1988, 300, allerdings unter Anwendung von § 20 Abs. 1 Nr. 7.

Vor einem **ehrenamtlichen Richter,** der als beauftragter Richter tätig wird, **54**
kann nach § 16 S. 3 ein Vergleich – jedenfalls als verfahrensrechtlich wirksamer –
nicht protokolliert werden.[67] Die Vorschrift gilt entsprechend auch in streitigen
Landwirtschaftssachen (→ § 16 Rn. 31)

IV. Erteilung eines Erbscheins (§ 20 Abs. 3)

1. Landesrechtlicher Vorbehalt für das Erbscheinsverfahren

§ 20 Abs. 3 enthält eine Öffnungsklausel für die Bundesländer, hinsichtlich der **55**
verfahrensrechtlichen Ausgestaltung des Verfahrens vor den Landwirtschaftsgerichten, soweit Gegenstand des Verfahrens die Entscheidung über **die Erteilung, die
Einziehung oder die Kraftloserklärung eines Erbscheins** ist. Die Landwirtschaftsgerichte sind in den Bundesländern, in denen das bundesrechtliche Anerbenrecht nach der HöfeO gilt, auch für die Ausstellung des Erbscheins zuständig, wenn
ein Hof zum Nachlass gehört, und zwar auch dann, wenn der Nachlass daneben
auch aus hoffreiem Vermögen besteht.[68] Die HöfeO gilt gegenwärtig in den Bundesländern Hamburg, Niedersachsen Nordrhein-Westfalen und Schleswig-Holstein. In Rheinland-Pfalz gilt als landesrechtliche Regelung die HO-RhPF (→ § 1
Rn. 173).

Nach § 20 Abs. 3 sind vom Verfahren in Landwirtschaftssachen der freiwilligen **56**
Gerichtsbarkeit abweichende Regelungen **in folgenden Fällen** möglich:
– Zuziehung der ehrenamtlichen Richter
– Gewährung rechtlichen Gehörs (§ 14 Abs. 2)
– Wirksamkeit und Vollstreckbarkeit der Entscheidung (§ 30 FamFG)
– Begründung des Beschlusses (§ 38 Abs. 3 FamFG)
– Rechtsbehelfsbelehrung (§ 39 FamFG)
– Zustellung des Beschlusses (§ 41 Abs. 1 S. 2 FamFG)
– Statthaftigkeit der Beschwerde und der Anschlussbeschwerde (§§ 58, 66 FamFG).
Von dieser Möglichkeit der abweichenden Verfahrensgestaltung haben die Bun- **57**
desländer Hamburg, Niedersachen, Nordrhein-Westfalen und Schleswig-Holsten,
in denen die HöfeO gilt, durch eigene landesgesetzliche Regelungen in unterschiedlichem Umfang Gebrauch gemacht. Im Bereich der in Rheinland-Pfalz geltenden HO-RhPf und der in Hessen geltenden LandGO bestehen solche Regelungen nicht.

Hamburg hat in § 2 des Gesetzes zur Ausführung des Gesetzes über das gericht- **58**
liche Verfahren in Landwirtschaftssachen vom 6. 12. 1956,[69] zuletzt geändert durch
Gesetz vom 4. 12. 1990[70] lediglich geregelt, dass die Entscheidung ohne Beteiligung
der ehrenamtlichen Richter ergehen kann.

In **Niedersachen** war durch das AGLwVG vom 19. 12. 1955,[71] zuletzt geändert **59**
durch Art. 2 des Gesetzes vom 10. 11. 2005,[72] in dessen § 6 S. 1 geregelt, dass die Ent-

---

[67] Der Vergleich kann materiell-rechtlich zwischen den Beteiligten wirksam sein (→ § 19
Rn. 8).
[68] BGH Beschl. v. 8. 6. 1988 – I ARZ 388/88, BGHZ 104, 363 (367 ff.) = NJW 1988, 2739;
Lüdtke-Handjery/v. Jeinsen/*Brinkmann* HöfeO § 18 Rn. 9.
[69] GVBl. 1956, 508.
[70] GVBl. 1990, 240.
[71] GVBl. 1955, 291.
[72] GVBl. 2005, 334.

scheidung ohne Zuziehung der ehrenamtlichen Richter ergehen konnte. Nach S. 2 sollte das Gericht unter Zuziehung der ehrenamtlichen Richter entscheiden, wenn dies wegen der Besonderheit des Falles geboten ist, insbesondere wenn die Wirtschaftsfähigkeit des Hoferben in Frage steht. § 5 AGLwVG sah vor, dass § 14 Abs. 2 keine Anwendung findet, Beschwerde und Anschlussbeschwerde nach § 22 aF ausgeschlossen sind und §§ 21 u. 30 ebenfalls nicht gelten. Diese Regelungen sind mit Inkrafttreten des Niedersächsischen Justizgesetzes (NJG) vom 16.12.2014[73] am 31.12.2014 außer Kraft getreten. § 72 Abs. 2 NJG entspricht dem früheren § 6 AGLwVG. § 72 Abs. 1 NJG berücksichtigt, dass die §§ 21 und 22 seit dem Inkrafttreten des FamFG am 1.9.2009 nicht mehr gelten und ordnet nun an, dass Beschwerde und Anschlussbeschwerde (§§ 58 und 66 FamFG) ausgeschlossen sind, der Beschluss keiner Begründung und keiner Rechtsmittelbelehrung (§§ 38 Abs. 3, 39 FamFG) bedarf und eine Zustellung nach § 41 Abs. 1 S. 2 FamFG nicht erforderlich ist.

60   Die Regelungen in den §§ 107, 108 des Justizgesetzes **Nordrhein-Westfalen**[74] – JustG – entsprechen inhaltlich weitgehend den Regelungen in § 72 NJG. Die Zuziehung der ehrenamtlichen Richter soll hier aber, anders als in Niedersachsen und Schleswig-Holstein, nicht nur dann erfolgen, wenn insbesondere die Wirtschaftsfähigkeit des Hoferben in Frage steht, sondern ausdrücklich auch bei einem möglichen Verlust der Hofeigenschaft wegen Wegfalls der Betriebseinheit (§ 108 JustG).

61   **Schleswig-Holstein** schließlich hat in § 1 AGLwVG vom 8.11.1991[75], zuletzt geändert durch Gesetz vom 27.3.2012,[76] die Beteiligung der ehrenamtlichen Richter wie in Niedersachsen geregelt. § 2 AGLwVG wurde durch Art. 3 des Gesetzes vom 27.3.2012 allerdings neu gefasst und der neuen Rechtslage durch Inkrafttreten des FamFG am 1.9.2009 angepasst.

62   Die Vorschrift sieht nunmehr vor, dass die §§ 58 u. 66 FamFG sowie die §§ 39 u. 41 Abs. 1 S. 2 FamFG keine Anwendung finden. Einer Begründung nach § 38 Abs. 3 FamFG bedarf es in den Fällen nicht, in denen auch von der Zuziehung der ehrenamtlichen Richter abgesehen werden kann, also bei der Erteilung und der Kraftloserklärung eines Erbscheins. Die Einziehung eines Erbscheins muss danach im Geltungsbereich der HöfeO immer begründet werden.

2. Insbesondere: Anhörung der Beteiligten

63   Die Bundesländer, in denen die HöfeO gilt, haben – abgesehen von Hamburg – übereinstimmend dem Landwirtschaftsgericht die Möglichkeit eröffnet, in den Verfahren nach § 18 Abs. 2 HöfeO von der **Anhörung der Beteiligten** nach § 14 Abs. 2 S. 1 abzusehen. Der Kreis der hiervon Betroffenen umfasst insbesondere diejenigen, die das Erbrecht des Hoferben bestreiten und ein besseres für sich in Anspruch nehmen.[77] Daneben können die in § 345 Abs. 1 S. 2 Nr. 1–5 FamFG bezeichneten Personen vom Gericht als Beteiligte hinzugezogen werden. Auf ihren Antrag hin sind sie zu beteiligen.

---

[73] GVBl. 2014, 436.
[74] GV. NRW 2010, 30, zuletzt geändert durch Gesetz vom 6.12.2016, GV. NRW 2016, 1066.
[75] GVOBl. 1991, 576.
[76] GVOBl. 2012, 426.
[77] Lüdtke-Handjery/v. Jeinsen/*Brinkmann* HöfeO § 18 Rn. 47.

Wesentliche praktische Auswirkungen auf das Verfahren kommt der fehlenden **64** Anwendbarkeit des § 14 Abs. 2 insoweit nicht zu, weil die sich aus der Verfahrensstellung als Beteiligter nach dem FamFG ergebenden Rechte hierdurch eben so wenig berührt werden, wie die Pflicht des Gerichts, den entscheidungserheblichen Sachverhalt von Amts wegen umfassend zu ermitteln und dabei alle tatsächlich und rechtlich möglichen Erkenntnisquellen auszuschöpfen (→ § 9 Rn. 104). Soweit Rechte eines Beteiligten betroffen sind, greift zudem der verfassungsrechtlich verbürgte Anspruch auf Gewährung rechtlichen Gehörs (→ § 14 Rn. 55 ff.) nach Art. 103 Abs. 1 GG ein.[78]

§§ 21–29   [aufgehoben]

§ 30   [Wirksamwerden der Entscheidungen; vorläufige Vollstreckbarkeit]

(1) **Die gerichtlichen Entscheidungen in der Hauptsache werden erst mit dem Eintritt der Rechtskraft wirksam.**

(2) **Hat der Beschluss einen vollstreckbaren Inhalt, so kann das Gericht ihn gegen oder ohne Sicherheitsleistung für vorläufig vollstreckbar erklären, dem Schuldner auf Antrag auch nachlassen, die Vollstreckung durch Sicherheitsleistung abzuwenden.**

Inhaltsübersicht

I. Überblick

Die **Wirksamkeit gerichtlicher Entscheidungen in Landwirtschaftssa-** **1** **chen** der freiwilligen Gerichtsbarkeit bestimmt sich für Entscheidungen in der Hauptsache nach § 30. Abweichend von dem in § 40 Abs. 1 FamFG normierten Grundsatz, dass der Beschluss mit der Bekanntgabe an den Beteiligten wirksam wird, für den er seinem wesentlichen Inhalt nach bestimmt ist, tritt die Wirksamkeit der Hauptsacheentscheidung nach § 30 Abs. 1 erst mit Eintritt der (formellen) Rechtskraft ein. Der für die sonstigen Verfahren der freiwilligen Gerichtsbarkeit in § 40 Abs. 2 FamFG geregelte Sonderfall, dass die Wirksamkeit eines Beschlusses, der die Genehmigung eines Rechtsgeschäfts zum Gegenstand hat, erst mit Rechtskraft der Entscheidung eintritt, ist in den Landwirtschaftssachen der freiwilligen Gerichtsbarkeit damit die Regel.

---

[78] Lüdtke-Handjery/v. Jeinsen/*Brinkmann* HöfeO § 18 Rn. 48; *Wöhrmann* LwErbR § 18 Rn. 59.

2   Das LwVG ist durch das Gesetz über das gerichtliche Verfahren in Landwirtschaftssachen vom 21. Juli 1953 am 1. Oktober 1953 mit der auch heute noch geltenden Fassung des § 30 in Kraft getreten. Grund für die seinerzeit von § 16 FGG abweichende Regelung der Wirksamkeit einer Entscheidung in der Hauptsache war, dass **ein Wirksamwerden bereits mit der Bekanntgabe der Entscheidung für die Mehrzahl der Verfahren nach dem LwVG nicht sachgemäß gewesen wäre.** Werde etwa durch eine amtsgerichtliche Entscheidung ein Grundstücksveräußerungsvertrag genehmigt, die Genehmigung im Beschwerdeverfahren aber wieder aufgehoben, so könne der Erwerber in der Zwischenzeit als Eigentümer in das Grundbuch eingetragen werden und über das Grundstück verfügen.[1]

3   Wenn eine Landwirtschaftssache der freiwilligen Gerichtsbarkeit einen vollstreckungsfähigen Inhalt hat, steht es im Ermessen des Landwirtschaftsgerichts, die Entscheidung gegen oder ohne Sicherheitsleistung für vorläufig vollstreckbar zu erklären (§ 30 Abs. 2).

II. Wirksamwerden der Entscheidung (§ 30 Abs. 1)

1. Entscheidung in der Hauptsache

4   Entscheidungen in der Hauptsache sind solche Beschlüsse, durch die **über einen Sach- oder Verfahrensantrag ganz oder teilweise entschieden und die Instanz abgeschlossen wird.**[2] Nicht in der Hauptsache erlassen sind Beschlüsse, die sich in der Entscheidung über Neben- und Zwischenfragen erschöpfen, ohne das Verfahren über das eigentliche Streitverhältnis ganz oder teilweise zum Abschluss zu bringen.[3] Hauptsacheentscheidungen iSv § 30 Abs. 1 werden danach idR zugleich Endentscheidungen iSv § 38 Abs. 1 FamFG sein (→ § 9 Rn. 154 ff.).

5   Ist in einem Verfahren – etwa weil die Beteiligten dieses übereinstimmend nach § 22 Abs. 3 FamFG für beendet erklärt haben oder der Sachantrag zurückgenommen worden ist – nicht mehr über einen Sachantrag, sondern nur noch über die Kosten des Verfahrens zu entscheiden, so handelt es sich bei dieser **(isolierten) Kostenentscheidung** um eine die Instanz beendende und selbständig anfechtbare Entscheidung, die ebenfalls als Endentscheidung iSv § 38 Abs. 1 FamFG anzusehen ist.[4] Bei einer solchen (isolierten) Kostenentscheidung handelt es sich aber **nicht**

---

[1] So die amtliche Begründung in BT-Drs. 1/3819, 32; ebenso Düsing/Martinez/*Hornung* LwVG § 30 Rn. 1. Daneben gibt es zahlreiche weitere dem LwVG unterfallende Verfahren, die – ohne einer Vollstreckung zu bedürfen – unmittelbar auf rechtsändernde Wirkung gerichtet sind, wie etwa die Feststellungsverfahren nach § 11 HöfeVfO, das Zustimmungsverfahren nach § 13 ff. HöfeVfO, die Genehmigung von Übergabeverträgen nach § 16 HöfeVfO (iVm § 17 Abs. 3 HöfeO, § 2 GrdstVG) oder die Aufhebung eines Landpachtvertrages im Beanstandungsverfahren (§§ 7, 8 Abs. 1 S. 1 LPachtVG).

[2] BGH Beschl. v. 5.10.1954 – V BLw 25/54, BGHZ 14, 381 (384) = NJW 1954, 1886.

[3] BGH Beschl. v. 12.7.1966 – V BLw 8/66, NJW 1966, 2310 (2311) = MDR 1966, 921.

[4] BT-Drs. 16/6308, 168, 195, 216; BGH Beschl. v. 8.12.2011 – V ZB 170/11, FGPrax 2012, 91 (92) = Rpfleger 2012, 197; Beschl. v. 28.9.2011 – XII ZB 2/11, NJW 2011, 3654 (3655 f.) = MDR 2011, 1439 (für eine Ehe- und Familienstreitsache); OLG Düsseldorf Beschl. v. 15.6.2010 – 7 WF 63/10, BeckRS 2010, 19143 = FamRZ 2010, 1835; Keidel/*Meyer-Holz* FamFG § 38 Rn. 4 u. § 58 Rn. 97; Zöller/*Feskorn* ZPO § 58 FamFG Rn. 5; aA wohl BeckOK FamFG/*Obermann* § 38 Rn. 8.

um eine Entscheidung in der Hauptsache, so dass für deren Wirksamwerden nicht § 30 Abs. 1 gilt, sondern (§ 9 iVm) § 40 Abs. 1 FamFG.

2. Eintritt der Rechtskraft

a) Formelle Rechtskraft. Unter Eintritt der Rechtskraft iSv § 30 Abs. 1 ist der   **6**
Eintritt der formellen Rechtskraft des Beschlusses nach (§ 9 iVm) § 45 S. 1 FamFG
zu verstehen.[5] Sie tritt ein, wenn die gerichtliche Entscheidung **durch ordentliche
Rechtsmittel oder sonstige Rechtsbehelfe nicht oder nicht mehr angefochten werden kann.** Die Hemmungswirkung eines Rechtsmittels erstreckt
sich grds. auf die gesamte Entscheidung, erfasst insbesondere auch solche Teile, die
mit dem zulässigen Rechtsbehelf nicht angegriffen sind.[6] Der nicht angefochtene
Teil einer Entscheidung wird aber dann rechtskräftig, wenn er weder durch Erweiterung der Rechtsmittelanträge noch durch ein Anschlussrechtsmittel in das
Rechtsmittelverfahren einbezogen werden kann und damit insoweit jede Möglichkeit einer Änderung im Rechtsmittelzug ausgeschlossen ist.[7]

Die Rechtskraft einer Entscheidung wird gehemmt, wenn gegen sie das **statt-**   **7**
hafte Rechtsmittel oder der statthafte sonstige Rechtsbehelf (Einspruch, Widerspruch oder Erinnerung) eingelegt wird (§ 45 S. 2 FamFG). Die Hemmungswirkung erfasst grds. auch die Teile der angefochtenen Entscheidung, die nach den
Rechtsmittelanträgen nicht angegriffen werden sollen und von dem Rechtsmittelführer mangels Beschwer auch nicht angegriffen werden können.[8] Eine teilweise
Rechtskraft kann nur eintreten, wenn das Rechtsmittel eine entsprechende Beschränkung in Form eines teilweisen Verzichts auf das Rechtsmittel enthält.[9]

Andere Rechtsbehelfe, wie die Wiedereinsetzung (§ 17 FamFG), die Gehörs-   **8**
rüge (§ 44 FamFG) und die Wiederaufnahme (§ 48 Abs. 2 FamFG) hindern den
Eintritt der formellen Rechtskraft nicht. Sie führen aber, wenn sie Erfolg haben, zu
deren **Durchbrechung** in der Weise, dass sie rückwirkend entfällt.[10] In gleicher
Weise führt auch eine Verfassungsbeschwerde erst im Fall ihres Erfolgs zu einer solchen Durchbrechung der Rechtskraft.[11]

Ist gegen eine Entscheidung **ein Rechtsbehelf nicht statthaft,** wird sie mit Er-   **9**
lass, also mit der Bekanntgabe durch Verlesen der Beschlussformel oder mit der
Übergabe der Urschrift an die Geschäftsstelle formell rechtskräftig.[12] Unstatthaftig-
keit eines Rechtsmittels bedeutet die generelle Unanfechtbarkeit der gerichtlichen

---

[5] Ebenso Düsing/Martinez/*Hornung* LwVG § 30 Rn. 2; *Ernst* LwVG § 30 Rn. 3.

[6] Keidel/*Engelhardt* FamFG § 45 Rn. 21.

[7] MwN BGH Urt. v. 1.12.1993 – VII ZR 41/93, NJW 1994, 657 (659) = MDR 1994, 261.

[8] BGH Urt. v. 12.5.1992 – VI ZR 118/91, NJW 1992, 2296 = MDR 1992, 1083.

[9] RG Urt. v. 19.11.1903 – VI 315/03, RGZ 56, 31 (34); BGH Urt. v. 14.7.1952 – IV ZR 81/52, BGHZ 7, 143 (144) = NJW 1952, 1295; BGH Urt. v. 12.5.1992 – VI ZR 118/91, NJW 1992, 2296 = MDR 1992, 1083.

[10] BGH Urt. v. 18.3.1987 – IVb ZR 44/86, BGHZ 100, 203 (205) = NJW 1987, 1766 (Wiedereinsetzung); Beschl. v. 15.6.2010 – XI ZB 33/09, NJW-RR 2011, 427 (428) = MDR 2010, 945 (Anhörungsrüge); Beschl v. 24.2.2005 – III ZR 263/04, NJW 2005, 1432 = MDR 2005, 887 (Anhörungsrüge).

[11] BVerfG Beschl. v. 10.2.1987 – 2 BvR 314/86, BVerfGE 74, 220 (226) = NJW 1987, 1191.

[12] BT-Drs. 16/6308, 198; Keidel/*Engelhardt* FamFG § 45 Rn. 8; MüKoFamFG/*Ulrici* § 45 Rn. 4.

Entscheidung kraft Gesetzes, ohne dass es noch eines richterlichen Rechtsfindungsaktes bedarf, sei es durch das Erstgericht, sei es durch das Rechtsmittelgericht.[13] Beschwerdeentscheidungen, auch solche des Landwirtschaftssenats in Landwirtschaftssachen der freiwilligen Gerichtsbarkeit, werden daher auch bei Nichtzulassung der Rechtsbeschwerde erst mit Ablauf der Frist zur Einlegung der Rechtsbeschwerde oder mit der Entscheidung des Rechtsbeschwerdegerichts über eine innerhalb der Frist eingelegte Beschwerde rechtskräftig.[14]

10   Ist **ein Rechtsmittel gegen die Entscheidung statthaft,** tritt formelle Rechtskraft mit fruchtlosem Ablauf der für den Rechtsbehelf laufenden Frist, Verzicht auf den Rechtsbehelf oder rechtskräftiger Entscheidung über den eingelegten Rechtsbehelf ein.[15]

11   Eintritt der Rechtskraft durch Ablauf der für den Rechtsbehelf laufenden Fristen setzt voraus, dass für **alle Beteiligten** diese Frist abgelaufen ist.[16] Etwas anderes gilt nur dann, wenn im Verhältnis zu einzelnen Beteiligten selbständige Verfahrensgegenstände betroffen sind (→ Rn. 6).[17] Maßgeblich sind die Beteiligten, die entweder nach § 7 Abs. 1 FamFG kraft Gesetzes am Verfahren beteiligt sind oder nach § 7 Abs. 2 und 3 FamFG tatsächlich zu dem Verfahren tatsächlich hinzugezogen worden sind. Wer am erstinstanzlichen Verfahren nicht formell beteiligt worden ist, aber von dem Beschluss möglicherweise iSv § 59 Abs. 1 FamFG in seinen Rechten beeinträchtigt wird, kann nur solange fristgemäß Beschwerde einlegen, bis die Frist für den letzten formell Beteiligten abgelaufen ist.[18] Die Rechtskraft tritt, wenn sich eine Zustellung der Entscheidung nicht bewirken lässt, spätestens sechs Monate nach Erlass der Entscheidung[19] ein, weil die Rechtsmittelfrist nach § 63 Abs. 3 S. 2 FamFG spätestens fünf Monate nach Erlass des Beschlusses zu laufen beginnt.

12   Rechtskraft tritt auch ein, wenn **alle Beteiligten gegenüber dem Gericht (§ 67 Abs. 1 FamFG) auf die Einlegung eines Rechtsmittels verzichtet haben.**[20] Die Erklärung des Verzichts gegenüber einem anderen Verfahrensbeteiligten hat nach § 67 Abs. 3 FamFG nur dann die Unzulässigkeit der Beschwerde zur Folge, wenn sich der andere Beteiligte auf den Verzicht beruft, kann also gerade nicht den Eintritt der Rechtskraft bewirken.

13   **b) Materielle Rechtskraft.** Von der formellen Rechtskraft iSv § 45 FamFG ist die materielle Rechtskraft zu unterscheiden, die abweichenden Entscheidungen desselben oder eines anderen Gerichts innerhalb näher zu bestimmender objektiver und subjektiver Grenzen entgegensteht (**„ne bis in idem-Gebot“**). Für den Zivilprozess hat die materielle Rechtskraft in § 322 ZPO hinsichtlich des Umfangs

---

[13] BGH Urt. v. 15.11.1989 – IVb ZR 3/89, BGHZ 109, 211 (213) = NJW-RR 1990, 323; Beschl. v. 6.8.2008 – XII ZB 25/07, BGHZ 178, 47 (49) = NJW-RR 2008, 1673.

[14] BGH Beschl. v. 6.8.2008 – XII ZB 25/07, BGHZ 178, 47 (49 f.) = NJW-RR 2008, 1673.

[15] Gemeinsamer Senat der obersten Gerichtshöfe des Bundes Beschl. v. 24.10.1983 – Gms-OBG 1/83, BGHZ 88, 353 (357) = NJW 1984, 1027.

[16] Keidel/*Engelhardt* FamFG § 45 Rn. 13; MüKoFamFG/*Ulrici* § 45 Rn. 7.

[17] Keidel/*Engelhardt* FamFG § 45 Rn. 13.

[18] OLG Celle Beschl. v. 4.10.2011 – 17 W 16/11, NJOZ 2011, 2073 (2074) = FamRZ 2012, 321 (Ls.); OLG Hamm Beschl. v. 7.9.2010 – 15 W 111/10, FGPrax 2011, 84 = Rpfleger 2011, 87; Keidel/*Sternal* FamFG § 63 Rn. 45 c.

[19] Durch Übergabe des Beschlusses an die Geschäftsstelle oder der Bekanntgabe durch Verlesen der Beschlussformel, § 38 Abs. 3 S. 3 FamFG.

[20] BGH Urt. v. 8.12.1993 – XII ZR 133/92, NJW-RR 1994, 386 = FamRZ 1994, 300.

der materiellen Rechtskraft und in § 325 ZPO hinsichtlich der Wirkungen ihren gesetzlichen Ausdruck gefunden. In materielle Rechtskraft erwächst der Streitgegenstand, der bestimmt wird durch den Antrag und durch den Lebenssachverhalt, aus dem die begehrte Rechtsfolge hergeleitet wird.[21]

Sie ist, wenn der Gegenstand eines zweiten Verfahrens mit dem eines vorange- **14** gangenen und (formell) rechtskräftig entschiedenen identisch ist, eine von Amts wegen zu berücksichtigende **negative Prozess- bzw. Verfahrensvoraussetzung.** Das neue Verfahren ist allein deswegen unzulässig.[22] Ist die in einem Vorprozess rechtskräftig entschiedene Rechtsfolge Vorfrage für die Entscheidung eines nachfolgenden Rechtsstreits, bewirkt die materielle Rechtskraft in den Grenzen der §§ 322, 325 ZPO eine **Bindung des später entscheidenden Gerichts.**[23]

Für die **Verfahren der freiwilligen Gerichtsbarkeit** fehlt eine den §§ 322, **15** 325 ZPO entsprechende Regelung, die Umfang und Wirkung der materiellen Rechtskraft einer Endentscheidung näher regelt. Ob und welche Entscheidungen in diesen Verfahren in materielle Rechtskraft erwachsen können, ist im Einzelnen umstritten und von Fall zu Fall zu entscheiden.[24]

Endentscheidungen in echten Streitsachen der freiwilligen Gerichtsbarkeit er- **16** wachsen entsprechend § 322 Abs. 1 ZPO in materielle Rechtskraft.[25] Mit dem Eintritt der formellen Rechtskraft und aufgrund der fehlenden Abänderbarkeit erwächst eine Entscheidung auch in materielle Rechtskraft, deren Wesen es ist, das derselbe Verfahrensgegenstand ungeachtet aufgetretener Fehler einer neuerlichen Nachprüfung und Abänderung in einem anderen Verfahren entzogen ist.[26] Dies ordnet § 48 Abs. 3 FamFG für die gerichtliche Entscheidung über die Genehmigung eines Rechtsgeschäfts oder deren Verweigerung ausdrücklich an, wenn sie einem Dritten gegenüber wirksam geworden ist.[27]

Danach sind in den Landwirtschaftssachen der freiwilligen Gerichtsbarkeit alle **17** Endentscheidungen materiell rechtskraftfähig, die die **Erteilung einer Genehmigung** zum Gegenstand haben. Dies sind insbesondere Verfahren nach § 1 Nr. 2 und 3, **Zustimmungsverfahren** nach § 13 ff. HöfeVfO und **Genehmigungsverfahren** nach § 16 HöfeVfO. Weiter sind die im **Feststellungsverfahren** nach § 11 HöfeVfO ergangenen Entscheidungen der materiellen Rechtskraft fähig. Dies folgt

---

[21] MwN BGH Urt. v. 13.1.2009 – XI ZR 66/08, NJW-RR 2009, 790 = MDR 2009, 398.

[22] BGH Urt. v. 18.1.1985 – V ZR 233/83, BGHZ 93, 287 (289) = NJW 1985, 1711; Urt. v. 19.11.2003 – VIII ZR 60/03, BGHZ 157, 47 (50) = NJW 2004, 1252; Urt. v. 13.1.2009 – XI ZR 66/08, NJW-RR 2009, 790 = MDR 2009, 398.

[23] BGH Urt. v. 24.6.1993 – III ZR 43/92, NJW 1993, 3204 (3205) = MDR 1994, 724; Urt. v. 17.3.1995 – V ZR 178/93, NJW 1995, 1757 = MittBayNot 1995, 324; Urt. v. 26.6.2003 – I ZR 269/00, NJW 2003, 3058 (3059) = MDR 2003, 1247.

[24] Keidel/*Engelhardt* FamFG § 45 Rn. 24.

[25] BGH Beschl. v. 12.1.2007 – XII ZB 134/03, NJW-RR 2007, 578 (579) = DNotZ 2007, 532; Beschl. v. 21.4.1982 – IVb ZB 584/81, NJW 1982, 1646 (1647) = MDR 1982, 833.

[26] BGH Beschl. v. 21.4.1982 – IVb ZB 584/81, NJW 1982, 1646 (1647) = MDR 1982, 833. Da nach § 48 Abs. 1 FamFG überhaupt nur rechtskräftige Endentscheidungen mit Dauerwirkung abänderbar sind, wenn sich die zugrunde liegende Sach- und Rechtslage nachträglich wesentlich geändert hat, wären alle übrigen Endentscheidungen, weil nicht abänderbar, der materiellen Rechtskraft zugänglich.

[27] BT-Drs. 16/6308, 196; ebenso Keidel/*Engelhardt* FamFG § 45 Rn. 25. Der Ausschluss der Wiedereinsetzung in den vorigen Stand, die Rüge nach § 44 FamFG und die Wiederaufnahme des Verfahrens betreffen dagegen die Durchbrechung der formellen Rechtskraft der Entscheidung (→ Rn. 8).

aus § 12 HöfeVfO, der eine Abänderung und damit eine Durchbrechung der materiellen Rechtskraft nur zulässt, wenn die Voraussetzungen der Absätze 1–3 kumulativ vorliegen (→ § 1 Rn. 198). Unabhängig davon sind alle Entscheidungen, die in Landwirtschaftssachen ergehen, die als **echte Streitsachen der freiwilligen Gerichtsbarkeit** einzuordnen sind, der materiellen Rechtskraft fähig.[28]

18 **c) Verfahrensinterne Bindungswirkung.** Von der formellen und materiellen Rechtskraft einer Endentscheidung ist deren verfahrensinterne Bindungswirkung zu unterscheiden. Im FamFG fehlt eine ausdrückliche Regelung, die das Gericht an seine eigenen Entscheidungen bindet.[29] Eine **interne Bindungswirkung** gilt für die Gerichte zwar auch in den FamFG-Verfahren, sie endet aber zunächst mit der Einlegung eines Rechtsmittels gegen die Entscheidung.[30] § 68 Abs. 1 S. 1 FamFG eröffnet dem Gericht die Möglichkeit, seine eigene Entscheidung abzuändern. Diese Möglichkeit endet mit der Vorlage an das Beschwerdegericht, das von diesem Zeitpunkt an ausschließlich über die Sache zu entscheiden hat.[31]

19 Wird im **Rechtsmittelverfahren** eine Entscheidung der Vorinstanz aufgehoben und an diese zurückverwiesen, ist das Vordergericht bei seiner erneuten Entscheidung an die rechtliche Beurteilung, die das Rechtsmittelgericht der Aufhebung zugrunde gelegt hat, gebunden. Dies ist für das Beschwerdeverfahren in § 69 Abs. 1 S. 4 FamFG und für das Rechtsbeschwerdeverfahren in § 74 Abs. 6 S. 4 FamFG nunmehr ausdrücklich geregelt.

III. Vollstreckung

1. Allgemein: Vollstreckung in Landwirtschaftssachen der freiwilligen Gerichtsbarkeit

20 **a) Vollstreckungstitel.** Das LwVG enthält keine eigenen Regelungen zur Vollstreckung von Entscheidungen, die in Landwirtschaftssachen der freiwilligen Gerichtsbarkeit ergehen. Die Zwangsvollstreckung bestimmt sich daher nach (§ 9 iVm) §§ 86 ff. FamFG. Sie findet allgemein nach § 86 Abs. 1 FamFG aus gerichtlichen Beschlüssen (§ 86 Abs. 1 Nr. 1 FamFG), aus gerichtlich gebilligten Vergleichen gemäß § 156 Abs. 2 FamFG (§ 86 Abs. 1 Nr. 2 FamFG)[32] sowie aus Vollstreckungstiteln iSd § 794 ZPO soweit die Beteiligten über den Gegenstand des Verfahrens verfügen können (§ 86 Abs. 1 Nr. 3 FamFG) statt.

21 Die Vollstreckung nach § 86 Abs. 1 Nr. 1 FamFG betrifft wirksam gewordene (§ 86 Abs. 2 FamFG; → Rn. **6** ff.) **Endentscheidungen** iSv § 38 Abs. 1 FamFG.[33] Verfahrensleitende Anordnungen, die innerhalb eines laufenden Verfahrens ergehen, werden ausschließlich nach § 35 FamFG zwangsweise durchge-

---

[28] BGH Beschl. v. 12. 12. 1963 – V BLw 12/63, BGHZ 40, 338 (341) = NJW 1964, 863.

[29] Eine solche Regelung enthält etwa § 318 ZPO für den Zivilprozess.

[30] Keidel/*Engelhardt* FamFG § 45 Rn. 30.

[31] Streitig ist in diesem Zusammenhang die Frage, ob die Abhilfemöglichkeit von der Zulässigkeit oder Statthaftigkeit der Beschwerde abhängig ist (zum Meinungsstand ausführlich Keidel/*Sternal* FamFG § 68 Rn. 9 ff.). Nach Keidel/*Engelhardt* FamFG § 45 Rn. 30 soll eine Abhilfebefugnis ausgeschlossen sein, wenn das eingelegte Rechtsmittel schon nicht statthaft ist.

[32] Dieser Titel betrifft Kindschaftssachen und ist für die Landwirtschaftssachen der freiwilligen Gerichtsbarkeit ohne Bedeutung.

[33] BT-Drs. 16/6308, 192.

setzt.[34] Weil § 30 Abs. 1 das Wirksamwerden von Endentscheidungen abweichend von § 40 Abs. 1 FamFG an den Eintritt der Rechtskraft knüpft, kann ein solcher Beschluss, soweit er einen vollstreckbaren Inhalt hat (→ Rn. 33), nach § 30 Abs. 2 für vorläufig vollstreckbar erklärt werden. Die Zwangsvollstreckung in den Landwirtschaftssachen der freiwilligen Gerichtsbarkeit findet in diesem Fall auch aus **vorläufig vollstreckbaren Titeln** statt und nicht nur aus formell rechtskräftigen und damit iSv § 86 Abs. 2 FamFG wirksam gewordenen.

Einer **Vollstreckungsklausel** bedarf der zu vollstreckende Titel nach § 86 **22** Abs. 3 FamFG nur dann, wenn die Vollstreckung nicht durch das Gericht erfolgt, das den Titel erlassen hat. Für die Erteilung der Klausel gelten die §§ 724–734, 797 Abs. 2 ZPO entsprechend.[35]

b) Durchführung der Zwangsvollstreckung. Die §§ 88–94 FamFG regeln **23** die Vollstreckung von Entscheidungen über die Herausgabe von Personen und die Regelung des Umgangs und sind für die Landwirtschaftsverfahren ohne Bedeutung. Dies gilt auch für § 96 FamFG (Vollstreckung in den Verfahren nach dem Gewaltschutzgesetz) und § 96 a FamFG (Vollstreckung in Abstammungssachen). Die in den Landwirtschaftssachen der freiwilligen Gerichtsbarkeit ergehenden Titel werden nach § 95 Abs. 1 FamFG allein nach den **entsprechend anwendbaren Vorschriften der ZPO** vollstreckt. Nach § 95 Abs. 2 FamFG tritt dabei an die Stelle des Urteils der Beschluss nach den Vorschriften dieses Gesetzes.

Die entsprechend anwendbaren Vorschriften der ZPO sind, neben den sinn- **24** gemäß anwendbaren Allgemeinen Vorschriften der §§ 704 ff. ZPO, für die Zwangsvollstreckung wegen einer Geldforderung (§ 95 Abs. 1 Nr. 1 FamFG) die §§ 802 a ff. ZPO und für die Zwangsvollstreckung zur Erwirkung der Herausgabe einer beweglichen oder unbeweglichen Sache (§ 95 Abs. 1 Nr. 2 FamFG), zur Vornahme einer Handlung (§ 95 Abs. 1 Nr. 3 FamFG) sowie zur Erzwingung von Duldungen oder Unterlassungen (§ 95 Abs. 1 Nr. 4 FamFG) bzw. zur Abgabe einer Willenserklärung (§ 95 Abs. 1 Nr. 5 FamFG) die §§ 883 ff. ZPO. Für Vollstreckungen zur Herausgabe einer Sache und zur Vornahme einer vertretbaren Handlung erweitert § 95 Abs. 4 FamFG die Vollstreckungsmöglichkeiten des Gerichts um die Möglichkeit, Maßnahmen nach § 888 ZPO anzuordnen. Der Schuldner kann auch durch die Festsetzung von Zwangsgeld oder die Anordnung von Zwangshaft veranlasst werden, die geschuldete Handlung vorzunehmen.

In den Antragsverfahren der freiwilligen Gerichtsbarkeit erfolgt die Vollstre- **25** ckung gegen den Verpflichteten **nur auf einen entsprechenden Antrag** des Berechtigten (Titelgläubigers) hin (§ 87 Abs. 1 S. 2 Hs. 1 FamFG). Entspricht das Gericht dem Antrag nicht, entscheidet es durch Beschluss (§ 87 Abs. 1 S. 2 Hs. 2 FamFG). Die Vollstreckung darf nur beginnen, wenn der Beschluss, aus dem vollstreckt wird, bereits zugestellt ist oder gleichzeitig zugestellt wird (§ 87 Abs. 2 FamFG).[36]

---

[34] OLG München Beschl. v. 9.8.2010 – 31 Wx 2/10, FGPrax 2010, 307 (309) = DB 2010, 2097.

[35] Dies folgt für Titel, die nach den Vorschriften der ZPO vollstreckt werden, schon aus der Verweisung in § 95 Abs. 1 ZPO.

[36] Der Vorschrift kommt in den Landwirtschaftssachen der freiwilligen Gerichtsbarkeit nur dann Bedeutung zu, wenn das Gericht von der Möglichkeit Gebrauch macht, einen Beschluss nach § 30 Abs. 2 für vorläufig vollstreckbar zu erklären.

26   Ist Gegenstand der Vollstreckung ein Titel wegen einer Geldforderung kann das Gericht nach § 95 Abs. 3 S. 1 FamFG auf Antrag des Verpflichteten die Vollstreckung vor Eintritt der Rechtskraft ausschließen, wenn der Verpflichtete glaubhaft macht, dass ihm durch die Vollstreckung **ein nicht zu ersetzender Nachteil droht.** Weil nach § 30 Abs. 1 gerichtliche Entscheidungen in Landwirtschaftssachen der freiwilligen Gerichtsbarkeit grds. ohnehin erst mit Eintritt der formellen Rechtskraft wirksam werden, kommt der Vorschrift in diesen Verfahren kaum praktische Bedeutung zu.[37] Dies gilt demgemäß auch für die durch § 95 Abs. 3 S. 2 FamFG eröffnete Möglichkeit, unter den Voraussetzungen des § 707 Abs. 1 bzw. des § 719 Abs. 1 ZPO die Zwangsvollstreckung einzustellen, wobei auch in diesen Fällen dem Schuldner ein nicht zu ersetzender Nachteil drohen muss.

27   **c) Rechtsmittel.** Gegen **Beschlüsse** im Vollstreckungsverfahren ist nach § 87 Abs. 4 FamFG in entsprechender Anwendung der §§ 567–572 ZPO das Rechtsmittel der sofortigen Beschwerde gegeben, und zwar auch dann, wenn der Rechtspfleger durch Beschluss entschieden hat (§ 11 Abs. 1 RPflG). Die Rechtsbeschwerde zum BGH bestimmt sich nach den §§ 574 ff. ZPO.[38] Die Beschwerdevorschriften des FamFG bleiben aber insoweit anwendbar, wie sie den sachlichen Unterschieden zwischen ZPO- und FamFG-Verfahren Rechnung tragen.[39] Deswegen kann etwa gemäß § 62 FamFG die Rechtswidrigkeit einer vollstreckungsrechtlichen Maßnahme nach deren Erledigung im Beschwerdeverfahren festgestellt werden.[40]

28   Gegen die Art und Weise der Zwangsvollstreckung durch Vollstreckungsmaßnahmen des Gerichtsvollziehers oder des Vollstreckungsgerichts im Rahmen der Vollstreckung nach § 95 Abs. 1 Nr. 1 FamFG ist die **Vollstreckungserinnerung** nach § 766 ZPO gegeben.[41] Bei Einwendungen des Verpflichteten/Schuldners gegen die Zulässigkeit der Vollstreckungsklausel steht diesem die **Klauselerinnerung** nach § 732 ZPO zu. Die Entscheidung ergeht jeweils durch – mit der sofortigen Beschwerde (§ 87 Abs. 4 FamFG) angreifbaren – Beschluss (§ 764 Abs. 3 ZPO bzw. § 732 Abs. 1 S. 2 ZPO).

29   Daneben können vom Verpflichteten/Schuldner die weiteren im achten Buch der ZPO vorgesehenen vollstreckungsrechtlichen Rechtsbehelfe erhoben werden. Hierzu zählen insbesondere der **Vollstreckungsabwehrantrag** (§ 767 ZPO) und der **Drittwiderspruchsantrag** (§ 771) sowie die **Klauselgegenklage** (§ 768 ZPO). Das Gericht entscheidet in diesen Fällen nicht durch Urteil, sondern durch Beschluss, der, weil es sich wiederum um eine Endentscheidung handelt, mit der Beschwerde gemäß § 58 FamFG angefochten werden kann.[42] Beim

---

[37] Bei der Ermessensentscheidung nach § 30 Abs. 2 sind die Interessen des Schuldners ebenfalls zu berücksichtigen, so dass die Anordnung der vorläufigen Vollstreckbarkeit idR nicht erfolgen wird, wenn diesem durch die Vollstreckung ein auch durch die Anordnung einer Sicherheitsleistung nicht zu ersetzender Nachteil droht.

[38] BGH Beschl. v. 17.8.2011 – XII ZB 621/10, NJW 2011, 3163 = Rpfleger 2011, 666; Beschl. v. 1.2.2012 – XII ZB 188/11, NJW-RR 2012, 324 (325) = MDR 2012, 366.

[39] BGH Beschl. v. 12.4.2006 – XII ZB 102/04, NJW 2006, 2122 (2123) = MDR 2006, 1423 zu § 14 FGG; OLG Brandenburg Beschl. v. 27.8.2012 – 3 UF 41/12, BeckRS 2012, 19718 = FamRZ 2013, 802; Keidel/*Meyer-Holz* FamFG § 58 Rn. 89.

[40] OLG Brandenburg Beschl. v. 27.8.2012 – 3 UF 41/12, BeckRS 2012, 19718 = FamRZ 2013, 802; Keidel/*Giers* FamFG § 87 Rn. 5.

[41] Keidel/*Giers* FamFG § 87 Rn. 15; MüKoFamFG/*Zimmermann* § 87 Rn. 10.

[42] Keidel/*Giers* FamFG § 95 Rn. 19; aA (sofortige Beschwerde gem. § 87 Abs. 4 FamFG) MüKoFamFG/*Zimmermann* § 95 Rn. 28.

Vollstreckungsabwehrantrag gilt die Präklusionsregelung in § 767 Abs. 2 ZPO mit der Maßgabe, dass an die Stelle des Schlusses der mündlichen Verhandlung der Erlass der Entscheidung (§ 38 Abs. 3 S. 3 FamFG) tritt, aus der die Vollstreckung betrieben wird.

2. Vorläufige Vollstreckbarkeit (§ 30 Abs. 2)

a) Anordnung der vorläufigen Vollstreckbarkeit. Weil bis zum Eintritt der **30** formellen Rechtskraft und damit der Wirksamkeit einer Endentscheidung und auch als Voraussetzung für die Zwangsvollstreckung längere Zeit vergehen kann, der Gläubiger aber ein Interesse an einer vorläufigen Durchsetzung des Titels haben kann, eröffnet § 30 Abs. 2 Hs. 1 dem Landwirtschaftsgericht die Möglichkeit, einen Beschluss gegen oder ohne Sicherheitsleistung für vorläufig vollstreckbar zu erklären, soweit dieser einen vollstreckbaren Inhalt hat.[43]

Haben die zu vollziehenden Endentscheidungen eine **Feststellung** zum Ge- **31** genstand oder kommt ihnen unmittelbar **rechtsgestaltende Wirkung** zu, weisen sie keinen mit der Zwangsvollstreckung durchsetzbaren Anspruch des Gläubigers aus.[44] Solche Entscheidungen haben, von der Entscheidung über die Kosten abgesehen, keinen vollstreckungsfähigen Inhalt.[45] In diesem Sinn bedarf auch die Verpflichtung zur Abgabe einer Willenserklärung (§ 95 Abs. 1 Nr. 5 FamFG) keiner Vollstreckung, weil diese nach § 894 ZPO mit Eintritt der Rechtskraft der Entscheidung als abgegeben gilt. Ein (vorläufig) zu vollstreckender Inhalt kann sich in diesen Fällen nur aus § 895 ZPO ergeben, der in den dort genannten Fällen die Eintragung einer Vormerkung aufgrund einer für vorläufig vollstreckbar erklärten Entscheidung ermöglicht.

Danach haben die Entscheidungen in Landwirtschaftssachen der freiwilligen **32** Gerichtsbarkeit, die Genehmigungen betreffen,[46] wegen ihrer rechtsgestaltenden Wirkung in der Hauptsache keinen vollstreckungsfähigen Inhalt. Dies gilt entsprechend für Entscheidungen in Verfahren nach § 8 LPachtVG. Die Verfahren nach § 1 Nr. 1 über den Landpachtvertrag bedürfen keiner Vollstreckung nach den Vorschriften der ZPO, soweit es sich um solche nach § 585b Abs. 2 BGB (Ernennung eines Sachverständigen, → § 1 Rn. 38 ff.), § 590 Abs. 2 BGB (Nutzungsänderung der Pachtsache, → § 1 Rn. 43 f.), § 591 Abs. 2 BGB (Zustimmung zu wertverbessernden Verwendungen, → § 1 Rn. 45), 591 Abs. 3 BGB (soweit es um die Bestimmung eines verwendungsbedingten Mehrwerts geht, § 1 Rn. 46), § 593 BGB (Änderung bzw. Anpassung des Landpachtvertrages, → § 1 Rn. 49 ff.), § 594d Abs. 2 BGB (Entscheidung über die Fortsetzung des Landpachtvertrages, → § 1 Rn. 52), § 595 BGB (Entscheidung über die Fortsetzung des Pachtverhältnisses, → § 1 Rn. 53 ff.) und § 595a Abs. 2, 3 BGB (Anordnungen über die Abwicklung eines vorzeitig beendeten oder eines teilweise beendeten Landpachtvertrages, → § 1

---

[43] BGH Beschl. v. 8. 10. 1997 – BLw 33/97, NJW-RR 1998, 278 = RdL 1997, 326.

[44] Unklar insoweit Düsing/Martinez/*Hornung* LwVG § 30 Rn. 4, wonach der vollstreckbare Inhalt einer Entscheidung zwar einerseits auch aus einer Rechtsgestaltung oder Rechtsfeststellung bestehen können soll, andererseits aber zB Entscheidungen der Landwirtschaftsgerichte in Genehmigungsverfahren keinen vollstreckbaren Inhalt haben sollen.

[45] Zöller/*Stöber* ZPO § 704 Rn. 2.

[46] Dies sind insbesondere Genehmigungen nach dem GrdstVG bzw. die Genehmigung von Hofübergabeverträgen nach § 16 HöfeVfO (iVm § 17 Abs. 3 HöfeO) und die Zustimmungsverfahren nach §§ 13 HöfeVfO.

Rn. 57 ff.) handelt. Die Feststellungsverfahren nach § 11 HöfeVfO haben ebenfalls keinen vollstreckungsfähigen Inhalt. In den genannten Verfahren kann eine Anordnung der vorläufigen Vollstreckbarkeit allenfalls wegen der Kosten erfolgen.[47]

33   Eine Entscheidung über die vorläufige Vollstreckbarkeit in der Hauptsache kommt in Betracht bei Entscheidungen über zu zahlende Abfindungen bzw. auf Zahlung eines Vorteilsausgleichs im Zuteilungsverfahren (§§ 16, 17 GrdstVG; → § 1 Rn. 129 ff.), über die Abfindung der Miterben eines Hoferben (§§ 12, 13 Höfe) sowie in den Verfahren über den Landpachtvertrag nach § 588 BGB (Duldung von Einwirkungen des Verpächters auf die Pachtsache, → § 1 Rn. 41 f.) und nach § 591 Abs. 3 BGB (Entscheidung über den zu zahlenden Mehrwert, → § 1 Rn. 47). Kaum noch von praktischer Bedeutung sind Titel über Abfindungen und Rückgaben nach dem LwAnpG. In diesem Zusammenhang kann auch ein der Bezifferung des Anspruchs vorgeschaltetes Auskunftsbegehren für vorläufig vollstreckbar erklärt werden.[48]

34   Die Entscheidung über die vorläufige Vollstreckbarkeit ergeht **von Amts wegen,** eines Antrags durch den Gläubiger bedarf es nicht.[49] Eine zunächst unterbliebene Anordnung zur vorläufigen Vollstreckbarkeit kann noch im Rechtsmittelverfahren auf Antrag oder von Amts wegen nachgeholt werden.[50] Oft gibt erst die Einlegung eines Rechtsmittels und die damit eintretende Hinausschiebung der Wirksamkeit des angefochtenen Beschlusses Anlass für die Anordnung der vorläufigen Vollstreckbarkeit. Da es sich nicht um einen Fall der Beschlussergänzung handelt, unterliegt die **nachträgliche Anordnung** nicht der Ergänzungsfrist des § 43 Abs. 2 FamFG.[51]

35   Zuständig für die nachträgliche Anordnung der vorläufigen Vollstreckbarkeit bleibt nach Einlegung eines Rechtsmittels das **Ausgangsgericht,** dessen Entscheidung angefochten wird. Dies folgt für die **Rechtsbeschwerdeinstanz** ohne weiteres bereits daraus, dass für das Rechtsbeschwerdeverfahren eine dem § 718 ZPO vergleichbare Regelung fehlt. Diese Regelung kann aber in den Landwirtschaftssachen nicht entsprechend angewendet werden,[52] weil sie die Korrektur einer fehlerhaften vorinstanzlichen Entscheidung ermöglichen soll.[53] Um eine Korrektur einer fehlerhaften Entscheidung geht es aber bei einer nachträglichen Anordnung der vorläufigen Vollstreckbarkeit nach § 30 Abs. 2 nicht. Ob eine solche Anordnung ergeht, steht vielmehr im pflichtgemäßen Ermessen des Gerichts, das den Titel erlas-

---

[47] So im Grundsatz auch *Ernst* LwVG § 30 Rn. 43 und wohl auch Düsing/Martinez/*Hornung* LwVG § 30 Rn. 4.

[48] OLG Brandenburg Beschl. v. 11. 1. 1996 – 5 W 118/95, BeckRS 1996, 01670 = AgrarR 1996, 128.

[49] Ohne Darlegung des Interesses an der Anordnung einer vorläufigen Vollstreckbarkeit wird das Gericht aber regelmäßig keinen Anlass haben, eine solche Entscheidung gegen oder ohne Sicherheitsleistung zu treffen.

[50] BGH Beschl. v. 8. 10. 1997 – BLw 33/97, NJW-RR 1998, 278 = RdL 1997, 326.

[51] BGH Beschl. v. 8. 10. 1997 – BLw 33/97, NJW-RR 1998, 278 = RdL 1997, 326; aA möglicherweise Düsing/Martinez/*Hornung* LwVG § 30 Rn. 4, der die Zulässigkeit der nachträglichen Anordnung nunmehr aus § 43 Abs. 1 FamFG herleitet. Etwas anderes ergibt sich auch nicht aus § 716 ZPO, denn die dort vorgesehene Ergänzung des Urteils für den Fall, dass über die vorläufige Vollstreckbarkeit nicht entschieden worden ist, beruht darauf, dass das Urteil nach den §§ 708, 709 ZPO eine Entscheidung zur vorläufigen Vollstreckbarkeit enthalten muss.

[52] AA *Ernst* LwVG § 30 Rn. 48.

[53] BGH Beschl. v. 31.7.2013 – XII ZR 114/13, BeckRS 2013, 14150 = GuT 2013, 217; Zöller/*Herget* ZPO § 718 Rn. 1; MüKoZPO/*Götz* § 718 Rn. 1.

sen hat. Da dessen Entscheidung nach Einlegung eines Rechtsmittels noch nicht wirksam ist, verbleibt es insoweit bei seiner Zuständigkeit.[54]

Trifft das Gericht keine Entscheidung zur vorläufigen Vollstreckbarkeit, ist das **36** Unterbleiben einer solchen Anordnung nicht anfechtbar. Eine ergangene, aber fehlerhafte Anordnung kann aber entsprechend § 718 ZPO durch das Beschwerdegericht überprüft werden. Der Schuldner hat zudem die Möglichkeit, nach § 719 iVm § 707 Abs. 1 ZPO eine Einstellung der Zwangsvollstreckung gegen oder ohne Sicherheitsleistung bei dem Rechtsmittelgericht zu beantragen.

b) Abwendungsbefugnis des Schuldners. Hat das Gericht seine Entschei- **37** dung hinsichtlich deren vollstreckbaren Inhalts mit oder ohne Sicherheitsleistung für vorläufig vollstreckbar erklärt, kann es dem Schuldner nachlassen, die Vollstreckung gegen Sicherheitsleistung abzuwenden. Die Entscheidung erfordert einen entsprechenden **Antrag des Schuldners.** Über einen Vollstreckungsschutzantrag nach § 30 Abs. 2, der eine Anordnung der vorläufigen Vollstreckbarkeit voraussetzt, entscheidet das Rechtsmittelgericht, also das Beschwerdegericht oder das Rechtsbeschwerdegericht. Hatte der Schuldner es versäumt, im Beschwerderechtszug einen Vollstreckungsschutzantrag nach § 30 Abs. 2 zu stellen, obwohl ihm dies möglich und zumutbar gewesen wäre, kam im FGG-Verfahren eine Einstellung der Zwangsvollstreckung nach § 719 Abs. 2 ZPO in Betracht.[55] Mit Inkrafttreten des FamFG dürfte eine Entscheidung des Rechtsbeschwerdegerichts nach § 719 Abs. 2 ZPO ausgeschlossen sein, weil § 95 Abs. 3 S. 2 FamFG allein auf § 719 Abs. 1 ZPO verweist.

§31 [aufgehoben]

§32 [Anhörung von Behörden und Berufsvertretungen]

(1) **In den Verfahren wegen Beanstandung eines Landpachtvertrages ist die nach Landesrecht zuständige Behörde, in den Verfahren wegen Genehmigung einer rechtsgeschäftlichen Veräußerung die Genehmigungsbehörde und die land- und forstwirtschaftlichen Berufsvertretungen zu hören und zu einer mündlichen Verhandlung zu laden.**

(2) **¹Soweit nach Absatz 1 die Landwirtschafsbehörde oder die Genehmigungsbehörde zu hören ist, sind ihr die Entscheidungen in der Hauptsache bekannt zu geben. ²Die der Landwirtschaftsbehörde oder Genehmigungsbehörde übergeordnete Behörde ist insoweit berechtigt, gegen diese Entscheidungen die Beschwerde und die Rechtsbeschwerde zu erheben. ³Erhebt sie eine solche Beschwerde, so gilt sie als Beteiligte.**

(3) **Die Landesregierung bestimmt durch Rechtsverordnung, welche Organisationen als land- und forstwirtschaftliche Berufsvertretungen gelten.**

---

[54] Auch BGH Beschl. v. 8.10.1997 – BLw 33/97, NJW-RR 1998, 278 = RdL 1997, 326 stellte für die Begründung der Zuständigkeit des Beschwerdegerichts maßgeblich darauf ab, dass dessen Entscheidung (nach dem damals geltenden § 26 S. 2 FGG) noch nicht wirksam geworden war.

[55] BGH Beschl. v. 11.9.1997 – BLw 19/97, VIZ 1998, 532 (533) = RdL 1998, 45.

Inhaltsübersicht

I. Überblick

1   Auf Antrag eines Vertragsteils entscheidet das Landwirtschaftsgericht nach § 8 LPachtVG über die Beanstandung eines Landpachtvertrages (→ § 1 Rn. 17 ff.) durch die zuständige Behörde. Wird eine nach dem GrdstVG erforderliche Genehmigung versagt oder nur unter Auflagen oder Bedingungen erteilt, können die Beteiligten nach § 22 Abs. 1 GrdstVG Antrag auf gerichtliche Entscheidung stellen (→ § 1 Rn. 80 ff.). In § 32 Abs. 1 ist zunächst geregelt, in welcher Weise die Behörde, deren jeweilige Ausgangsentscheidung Gegenstand eines Verfahrens nach § 8 LPachtVG oder § 22 GrdstVG ist, in das gerichtliche Verfahren einzubeziehen ist.

2   Maßgeblicher Grund für dieses zwingend vorgeschriebenen Mitwirkungsrecht im gerichtlichen Verfahren ist, dass dort, wo in Landwirtschaftssachen **öffentliche Interessen** berührt werden, deren Wahrnehmung ansonsten den Landwirtschaftsbehörden obliegt, diese Behörden in das gerichtliche Verfahren einbezogen werden müssen.[1] Die Mitwirkung am gerichtlichen Verfahren wird dadurch ergänzt und gesichert, dass den Behörden nach § 32 Abs. 2 die Entscheidungen **in der Hauptsache** bekannt zu geben sind und der übergeordneten Behörde die Möglichkeit eröffnet wird, gegen diese Entscheidung Rechtsmittel einzulegen.

3   Nach § 19 GrdstVG hat die Genehmigungsbehörde vor der Entscheidung über einen Genehmigungsantrag die land- und forstwirtschaftliche Berufsvertretung iSv § 32 Abs. 3 zu hören. Dies hat in Fortsetzung der Beteiligung am behördlichen Verfahren nach § 32 Abs. 1 entsprechend auch im gerichtlichen Verfahren zu erfolgen. Durch die zwingend vorgeschriebene **Mitwirkung der Berufsvertretungen** sowohl im Genehmigungsverfahren als auch im nachfolgenden gerichtlichen Verfahren sollen die Fachkenntnisse und Erfahrungen der landwirtschaftlichen Berufsvertretungen, nicht aber die Interessen einzelner betroffener Landwirte, bei der Entscheidung über die Genehmigung nutzbar gemacht werden.[2]

---

[1] BT-Drs. 1/3819, 33.

[2] BVerwG Beschl. v. 23.1.1996 – 11 B 150/95, NVwZ-RR 1996, 369 (370) = RdL 1996, 109; Düsing/Martinez/*Martinez* GrdstVG § 19 Rn. 1.

II. Anhörung der Behörden und der Berufsvertretung

1. Anhörung der zuständigen Behörden

a) Der Anhörungspflicht unterfallende Verfahren. Werden in einem **Be-** 4
anstandungsverfahren nach § 7 LPachtVG die Vertragsteile durch behördlichen
Bescheid aufgefordert, den Landpachtvertrag oder die Vertragsänderung bis zu
einem bestimmten Zeitpunkt aufzuheben oder in bestimmter Weise zu ändern (§ 7
Abs. 2 S. 1 LPachtVG), so können sie nach § 7 Abs. 2 S. 2 LPachtVG Antrag auf gerichtliche Entscheidung (§ 8 Abs. 1 LPachtVG) stellen. In diesen Verfahren ist nach
§ 32 Abs. 1 die beanstandende Behörde zu hören und zu einer mündlichen Verhandlung zu laden. Dies gilt auch für dem LPachtVG unterfallende Fischereipachtverträge (§ 11 LPachtVG).

Die Bestimmungen für die gerichtliche Entscheidung über die Beanstandung 5
eines Landpachtvertrages gelten im Verfahren über die Beanstandung von Jagdpachtverträgen nach § 12 Abs. 3 S. 3 BJagdG entsprechend. Daher ist auch die zuständige, die Pachtvertrag beanstandende Jagdbehörde gemäß § 32 Abs. 1 im
gerichtlichen Verfahren zu hören und die übergeordnete Jagdbehörde zur Erhebung
von Rechtsmitteln berechtigt (→ § 1 Rn. 274). Die Entscheidung ergeht gemäß
§ 12 Abs. 3 S. 3 Hs. 2 BJagdG ohne Beteiligung der ehrenamtlichen Richter (→ § 1
Rn. 274 und → § 10 Rn. 20).

Nach dem Wortlaut der Vorschrift wird die Anhörungspflicht für die Verfahren 6
wegen Beanstandung eines Landpachtvertrages normiert. Davon erfasst sind demgemäß **nicht die Verfahren nach § 10 Abs. 3 LPachtVG über die Rechtmä-**
ßigkeit von Ordnungsmaßnahmen nach § 10 Abs. 1 und 2 LPachtVG,[3] einschließlich der möglichen Festsetzung eines Zwangsgelds zur Durchsetzung eines
Anzeige- oder Rückübergabeverlangens (→ § 1 Rn. 28). Die Ordnungsmaßnahmen betreffen entweder die Durchsetzung der Anzeigepflicht oder die Durchsetzung einer bestandskräftig gewordenen Beanstandung des Landpachtvertrags. Die
Behörde ist in diesen Verfahren als die den Verwaltungsakt erlassende Stelle selbst
Beteiligte des gerichtlichen Verfahrens mit allen sich daraus ergebenden Rechten
und Pflichten.[4]

Der Anhörungspflicht nach § 32 Abs. 1 unterfällt auch nicht das **Verfahren** 7
nach § 8 Abs. 2 LPachtVG. Danach kann das Landwirtschaftsgericht auf Antrag
eines Vertragsbeteiligten Anordnungen über die Abwicklung eines bereits aufgehobenen Landpachtvertrages treffen. Dieses Verfahren betrifft allein die Rechtssphäre
der Vertragsparteien des Landpachtvertrages in seiner Abwicklungsphase. Öffentliche Interessen werden hierdurch nicht in einer Art und Weise berührt, die eine
Mitwirkung der Behörde an diesem Verfahren erforderlich macht.

Die zuständige Behörde ist weiter in den **Verfahren wegen Genehmigung** 8
einer rechtsgeschäftlichen Veräußerung zu hören und ggf. zu einer mündlichen Verhandlung zu laden. Dies sind die Verfahren, in denen nach § 22 GrdstVG
eine gerichtliche Entscheidung beantragt werden kann sowie die **Verfahren nach**
§ 3 Abs. 1 GrdstVG iVm § 17 Abs. 3 HöfeO, in denen unmittelbar das Land-

---

[3] AA *Ernst* LwVG § 32 Rn. 12; *Düsing/Martinez/Hornung* LwVG § 32 Rn. 3.

[4] Dies gilt entsprechend auch dann, wenn nach § 24 GrdstVG ein Zwangsgeld durch die zuständige Behörde erlassen wird (→ § 1 Rn. 107 f.) und diese Festsetzung gerichtlich überprüft
wird.

wirtschaftsgericht für die Erteilung der Genehmigung zuständig ist.[5] Für Einwendungen gegen das siedlungsrechtliche Vorkaufsrecht nach § 10 RSG gelten nach § 10 S. 3 RSG die Regelungen über den Antrag auf gerichtliche Entscheidung in § 22 GrdstVG entsprechend. Mit der Ausübung des Vorkaufsrechts durch Mitteilung der Erklärung durch die Genehmigungsbehörde an den Verpflichteten gilt der Veräußerungsvertrag zwischen dem Verkäufer und dem Vorkaufsberechtigten als genehmigt (§ 6 Abs. 1 S. 3 RSG). Diese Verfahren unterfallen damit in gleicher Weise dem Anwendungsbereich des § 32 Abs. 1, weil sie die Genehmigung einer rechtsgeschäftlichen Veräußerung zum Gegenstand haben. Dagegen unterliegt die gerichtliche Zustimmung zu einer Verfügung von Todes wegen nach § 16 Abs. 1 HöfeO nicht der Anhörungspflicht, weil sie sich **nicht auf eine rechtsgeschäftliche Veräußerung bezieht** und damit vom Wortlaut des § 32 Abs. 1 nicht erfasst wird.[6] Schließlich ist die Genehmigungsbehörde zu hören, wenn die Genehmigung einer rechtsgeschäftlichen Veräußerung Gegenstand eines Vergleichs nach § 19 ist.[7]

9   Soll auf **Antrag der Genehmigungsbehörde** nach § 24 Abs. 1 S. 2 GrdstVG durch das Gericht ein Zwangsgeld festgesetzt werden, ist die Behörde in diesem Verfahren selbst Beteiligte.[8] Sie ist auch dann Beteiligte, wenn sie vom Landwirtschaftsgericht fehlerhaft tatsächlich am Verfahren beteiligt worden ist und ihr Kosten des Verfahrens auferlegt worden sind. Sie kann sich gegen diese Entscheidung selbst mit der isolierten Kostenbeschwerde wenden, weil sie iSv § 59 Abs. 1 FamFG insoweit in ihren Rechten beeinträchtigt ist.[9]

10   **b) Anforderungen an die Anhörung.** Das Gericht ist verpflichtet, der Behörde im Rahmen der Anhörung Gelegenheit zu geben, **sich zu den entscheidungserheblichen Tatsachen zu äußern.** Findet eine mündliche Verhandlung statt, ist die Behörde zu dieser zu laden. Die Anhörungspflicht umfasst die Pflicht, die Stellungnahme der Behörde entgegenzunehmen und bei der Entscheidung zu berücksichtigen, dh sich mit dem Vorgebrachten auseinanderzusetzen. Eine Beachtungspflicht iS einer Pflicht zur Umsetzung besteht hingegen nicht.[10]

11   Die Anhörungspflicht besteht **in allen Instanzen,** also auch in der Beschwerdeund in der Rechtsbeschwerdeinstanz. Die Behörde erlangt dadurch aber nicht die Stellung eines Beteiligten iSv § 7 FamFG.[11] Die Anhörung ist von der **Mitwir-**

---

    [5] BGH Beschl. v. 13.3.1951 – V BLw 122/50, BGHZ 1, 253 (256 ff.) = NJW 1951, 442; Lüdtke-Handjery/v. Jeinsen/*Roemer* HöfeVfO § 16 Rn. 19; *Ernst* LwVG § 32 Rn. 14; Düsing/Martinez/*Hornung* LwVG § 32 Rn. 3.

    [6] So stellt BGH Beschl. v. 13.3.1951 – V BLw 122/50, BGHZ 1, 253 (258) = NJW 1951, 442 für ein Beschwerderecht der oberen Landwirtschaftsbehörde nach § 30 Abs. 1 LVO maßgeblich darauf ab, dass ein Hofübergabevertrag nach § 17 HöfeO nicht nur eine Angelegenheit nach der HöfeO ist, sondern zugleich eine Veräußerung des Hofes unter Lebenden. AA *Ernst* LwVG § 32 Rn. 14; Düsing/Martinez/*Hornung* LwVG § 32 Rn. 3.

    [7] Ebenso Lüdtke-Handjery/von Jeinsen/*Roemer* HöfeVfO § 16 Rn. 19; *Ernst* LwVG § 32 Rn. 15; Düsing/Martinez/*Hornung* LwVG § 32 Rn. 3.

    [8] *Ernst* LwVG § 32 Rn. 9; Düsing/Martinez/*Hornung* LwVG § 32 Rn. 2.

    [9] OLG Brandenburg Beschl v. 15.10.2015 – 5 W (Lw) 6/15 (unveröffentl.); nach OLG Stuttgart Beschl. v. 14.1.1998 – 10 W (Lw) 17/97, AgrarR 1999, 119 = RdL 1998, 244 soll in einem solchen Fall die übergeordnete Behörde nach § 32 Abs. 2 S. 2 berechtigt sein, eine (isolierte) Beschwerde gegen die Kostenentscheidung einzulegen.

    [10] Düsing/Martinez/*Martinez* GrdstVG § 19 Rn. 2.

    [11] OLG Stuttgart Beschl. v. 24.1.2011 – 101 W 3/10, BeckRS 2011, 03061 = RdL 2011, 102; OLG München Beschl. v. 8.7.1988 – W XV 2/87, AgrarR 1992, 260 = RdL 1992, 68.

kungspflicht der Behörde bei der Ermittlung der entscheidungserheblichen Tatsachen zu unterscheiden. Eine solche Mitwirkungspflicht ergibt sich zwar nicht aus der Stellung als Beteiligte am Verfahren, kann aber dann bestehen, wenn die Behörde nach § 17 um Amtshilfe ersucht wird.[12]

2. Anhörung der Berufsvertretungen

Soweit die zuständige Behörde in den Verfahren wegen Genehmigung einer **12** rechtsgeschäftlichen Veräußerung zu hören ist (→ Rn. 7 ff.), haben auch die durch die jeweiligen Landesregierungen bestimmten (§ 32 Abs. 3) land- und forstwirtschaftlichen Berufsvertretungen das Recht zur Mitwirkung am Verfahren. Diese Mitwirkung entspricht ihrer vorangegangenen Beteiligung am behördlichen Genehmigungsverfahren. Demgemäß sind die Berufsvertretungen in den Verfahren wegen Beanstandung eines Landpachtvertrages nicht zu beteiligen.

3. Verletzung der Anhörungspflicht

Werden die zuständigen Behörden und die land- und forstwirtschaftlichen Be- **13** rufsvertretungen nicht oder nicht in dem erforderlichen Umfang durch das Gericht angehört, leidet eine gleichwohl ergangene Entscheidung an einem **Verfahrensfehler.** Der übergangenen Berufsvertretung steht hiergegen mangels Beteiligtenstellung ein eigener Rechtsbehelf nicht zu. Die Beteiligten des Verfahrens und die der Genehmigungsbehörde übergeordnete Behörde können mit Erfolg eine Beschwerde oder eine Rechtsbeschwerde nur dann auf diesen Verfahrensfehler stützen, wenn die angefochtene Entscheidung hierauf beruht,[13] also bei ausreichender Anhörung das Vorbringen der Behörde oder der Berufsvertretung das Gericht möglicherweise zu einer anderen, für den Beschwerdeführer günstigeren Entscheidung gekommen wäre.[14]

III. Bekanntgabe der Entscheidung und Rechtsmittel

1. Bekanntgabe der Entscheidung (§ 32 Abs. 2 S. 1)

Nach § 32 Abs. 2 S. 1 ist der zuständigen Behörde, **soweit sie nach § 32 Abs. 1** **14** **zu hören ist,** die Entscheidung in der Hauptsache bekannt zu geben. Eine besondere Form der Bekanntgabe ist im LwVG nicht vorgesehen, die Bekanntgabe erfolgt also nach (§ 9 iVm) § 41 FamFG (→ § 9 Rn. 173 ff.). Sie hat nach § 41 Abs. 1 S. 2 FamFG durch Zustellung zu erfolgen, wenn die Entscheidung nicht dem er-

---

Obwohl die zuständige Behörde nicht Beteiligte des Verfahrens ist, soll sie nach OLG Celle RdL 1985, 106 = AgrarR 1985, 264 berechtigt sein, einen Richter wegen der Besorgnis der Befangenheit abzulehnen; aA *Ernst* LwVG § 9 Rn. 18, wonach das Ablehnungsrecht mit der fehlenden Beteiligtenstellung nicht vereinbar sei.

[12] *Ernst* LwVG § 32 Rn. 18.

[13] Keidel/*Sternal* FamFG § 69 Rn. 15 a; MüKoFamFG/*A. Fischer* § 69 Rn. 42.

[14] BVerfG Beschl. v. 8. 2. 1994 – 1 BvR 765, 766/89, BVerfGE 89, 381 (392 f.) = NJW 1994, 1053; BGH Beschl. v. 9. 5. 2005 – V ZR 271/04, NJW 2005, 2624 (2625) = MDR 2005, 1365; Beschl. v. 3. 12. 2013 – XI ZR 301/11, NJW-RR 2014, 381 (382) = MDR 2014, 175. Nach OLG Rostock Beschl. v. 19. 12. 1995 – 12 W (Lw) 70/95, OLGR Rostock 1996, 165 soll ein solcher Verfahrensfehler ohne weiteres zur Aufhebung und Zurückverweisung führen, wenn er im Beschwerdeverfahren nicht geheilt wird.

klärten Willen der Behörde entspricht. Dies ist immer schon dann der Fall wenn das Gericht von der Entscheidung der Behörde, die Anlass für den Antrag auf gerichtliche Entscheidung war, abweicht.[15]

15   Eine Bekanntgabe an die nach § 32 Abs. 1 zu hörenden land- und forstwirtschaftlichen Berufsvertretungen, denen auch kein Rechtsmittel gegen die Entscheidung zusteht, ist nicht vorgeschrieben.

2. Rechtsmittel der übergeordneten Behörde (§ 32 Abs. 2 S. 2, 3)

16   Gegen die **Entscheidungen in der Hauptsache,** die der Landwirtschaftsbehörde oder der Genehmigungsbehörde bekannt zu geben ist, kann deren übergeordnete Behörde nach § 32 Abs. 2 S. 2 Beschwerde oder Rechtsbeschwerde erheben. Das Beschwerderecht ist in dem Umfang gegeben, wie die zuständigen Behörden nach § 32 Abs. 1 zu dem gerichtlichen Verfahren hinzugezogen werden müssen. Es besteht im öffentlichen Interesse, so dass es auf eine Beeinträchtigung der übergeordneten Behörde in eigenen Rechten nicht ankommt. Ein Rechtsmittel kann daher auch dann eingelegt werden, wenn die Entscheidung des Gerichts derjenigen der nachgeordneten Behörde entspricht.[16]

17   Vor Inkrafttreten des FamFG bedurfte die Entscheidung keiner Rechtsbehelfsbelehrung hinsichtlich der Rechtsmittel der übergeordneten Behörde nach § 32 Abs. 2 S. 2, weil nach § 21 Abs. 2 S. 2 aF eine solche Belehrung nur gegenüber den Beteiligten des Verfahrens vorgeschrieben war.[17] Die **Rechtsbehelfsbelehrung nach § 39 FamFG** muss dagegen die nach § 32 Abs. 2 S. 2 der übergeordneten Behörde zustehenden Rechtsmittel mit umfassen.[18] Eine Einschränkung dahingehend, dass die Belehrung nur die den Beteiligten zustehenden Rechtsbehelfe zu erfassen hat, enthält § 39 FamFG nicht. Erhebt die übergeordnete Behörde eine Beschwerde oder eine Rechtsbeschwerde, wird sie hierdurch nach § 32 Abs. 2 S. 3 im Rechtsmittelverfahren selbst zur Beteiligten. Ihre Rechtsstellung im Verfahren entspricht dann der eines Beteiligten iSv § 7 FamFG.

IV. Zuständige Behörden und Berufsvertretungen

1. Bestimmung der land- und forstwirtschaftlichen Berufsvertretungen (§ 32 Abs. 3)

18   Die jeweiligen Landesregierungen bestimmen durch Rechtsverordnung, welche Organisationen als land- und forstwirtschaftliche Berufsvertretungen gelten, die nach § 32 Abs. 1 zu hören und zu einer mündlichen Verhandlung zu laden sind. Auch die Behörden, die in den Verfahren wegen Beanstandung eines Landpachtvertrages und wegen Genehmigung einer rechtsgeschäftlichen Veräußerung als Ausgangsbehörde zuständig und im gerichtlichen Verfahren zu hören sind bzw. als übergeordnete Behörden berechtigt sind, gegen die Entscheidungen des Landwirt-

---

[15] Ebenso *Ernst* LwVG § 32 Rn. 24; Düsing/Martinez/*Hornung* LwVG § 32 Rn. 4.

[16] OLG Celle Beschl. v. 14.3.1960 – 7 WLw 21, 22/60, NdsRpfl 1960, 102; Düsing/Martinez/*Hornung* LwVG § 32 Rn. 5.

[17] OLG Celle Beschl. v. 14.11.2001 – 7 W 30/01, NdsRpfl 2001, 193.

[18] Ebenso Düsing/Martinez/*Hornung* LwVG § 32 Rn. 4; *Ernst* LwVG § 32 Rn. 25.

schaftsgerichts Rechtsmittel einzulegen (§ 32 Abs. 2 S. 1), ergeben sich aus den jeweiligen landesrechtlichen Regelungen.

2. Behörden und Berufsvertretungen in den einzelnen Bundesländern

a) Baden-Württemberg. Nach dem LPachtVG für die Beanstandung von **19** Landpachtverträgen zuständige Behörde und Genehmigungsbehörde nach dem GrdstVG ist jeweils in den Landkreisen das Landratsamt als unter Landwirtschaftsbehörde und in den Stadtkreisen das Bürgermeisteramt der Gemeinde (§ 26 Abs. 1 Agrarstrukturverbesserungsgesetz – ASVG vom 10.11.2009[19]). Siedlungsbehörde ist das Landesamt für Geoinformation und Landentwicklung (§ 15 ASVG). Untere Jagdbehörde ist das bei den Landratsämtern und den Stadtkreisen zu errichtende Kreisjagdamt (§ 33 Abs. 3 S. 1 LJagdG[20]), obere Jagdbehörde das Regierungspräsidium (§ 33 Abs. 2 S. 1 LJagdG) und oberste Jagdbehörde das Ministerium (§ 33 Abs. 1 S. 1 LJagdG). Fischereibehörden sind die Regierungspräsidien (§ 48 Abs. 2 FischG[21]), oberste Fischereibehörde das Ministerium (§ 48 Abs. 1 FischG). Land- und forstwirtschaftliche Berufsvertretung sind in ihrem jeweiligen Verbandsgebiet der Badische Landwirtschaftliche Hauptverband und der Landesbauernverband in Baden-Württemberg (§ 1 der Verordnung über die land- und forstwirtschaftliche Berufsvertretung in gerichtlichen Verfahren in Landwirtschaftssachen vom 5.9.2000[22]).

b) Bayern. Landwirtschaftsbehörden iSv § 32 Abs. 1 und Abs. 2 S. 1 sind die **20** Kreisverwaltungsbehörden in den Verfahren des ersten Rechtszugs, die Regierungen in den Verfahren des zweiten Rechtszugs und das Staatsministerium für Ernährung, Landwirtschaft und Forsten in den Verfahren des dritten Rechtszugs (§ 62 Abs. 1 Nr. 1–3 ZustV).[23] Übergeordnete Behörde ist das Staatsministerium für Ernährung, Landwirtschaft und Forsten (§ 62 Abs. 2 ZustV). Die Kreisverwaltungsbehörde ist auch die zuständige untere Siedlungsbehörde (Art. 1 Bayerisches Agrarstrukturgesetz vom 13.12.2016).[24] Untere Jagdbehörden sind die Kreisverwaltungsbehörden (Art. 49 Abs. 2 Nr. 3 BayJG[25]), übergeordnete Behörden die Regierungen (Art. 49 Abs. 2 Nr. 2 BayJG) und oberste Jagdbehörde ist das Staatsministerium für Ernährung, Landwirtschaft und Forsten (Art. 49 Abs. 2 Nr. 1 BayJG). Land- und forstwirtschaftliche Berufsvertretung ist der Bayerische Bauernverband (§ 62 Abs. 3 ZustV).

c) Berlin. In Berlin sind die Bezirke die zuständigen Behörden nach dem **21** LPachtVG und dem GrdstVG; sie sind zugleich Siedlungsbehörden (§ 4 Abs. 1 S. 2 AZG iVm Nr. 7 Abs. 1 ZustKat AZG[26]). Jagd- und Fischereibehörde ist die Senats-

---

[19] GBl. 2009, 645, zuletzt geändert durch Art. 9 des Gesetzes vom 29.7.2014, GBl. 2014, 378 (380).

[20] Landesjagdgesetz vom 1.6.1996, GBl. 1996, 369.

[21] Fischereigesetz vom 14.11.1979, GBl. 1971, 466.

[22] GBl. 2000, 633.

[23] Zuständigkeitsverordnung vom 16.6.2015, GVBl. 2015, 184.

[24] GVBl. 2016, 347.

[25] Bayerisches Jagdgesetz vom 1.1.1983, BayRS V, 595

[26] Gesetz über die Zuständigkeit in der Allgemeinen Berliner Verwaltung, GVBl. 1996, 302, 472.

verwaltung für Stadtentwicklung (§ 4 Abs. 1 S. 1 AZG iVm Nr. 11 Abs. 8 ZustKat AZG). In Berlin hat die Landesregierung keine land- und forstwirtschaftlichen Berufsvertretungen durch Rechtsverordnung bestimmt.

22   **d) Brandenburg.** Zuständige Behörden nach dem LPachtVG und Genehmigungsbehörde nach dem GrdstVG sind die Landkreise und die kreisfreien Städte, übergeordnete Behörde ist das Ministerium für Ernährung, Landwirtschaft und Forsten (§§ 1, 2 GrdstLPVZ[27]; jetzt: Ministerium für Ländliche Entwicklung, Umwelt und Landwirtschaft). Siedlungsbehörde ist das Amt für Ländliche Entwicklung, Landwirtschaft und Flurneuordnung. Jagd- und Fischereibehörden sind ebenfalls die Landkreise und kreisfreien Städte (§ 55 Abs. 2 S. 3 BbgJagdG[28] bzw. § 36 Abs. 2 BbgFischF[29]). Oberste Jagd- bzw. Fischereibehörde ist jeweils das Ministerium für Ernährung, Landwirtschaft und Forsten (§ 55 Abs. 2 S. 2 BbgJagdG bzw. § 36 Abs. 1 S. 1 BbgFischG). In Brandenburg sind gemäß § 1 der Verordnung zur Ausführung des Gesetzes über das gerichtliche Verfahren in Landwirtschaftssachen vom 6. 12. 1994[30] die land- und forstwirtschaftlichen Berufsvertretungen die Organisationen, die der Hauptnutzung des Grundstücks entsprechen, und zwar

– für die Landwirtschaft der Landesbauernverband Brandenburg e. V. und der Bauernbund Brandenburg e. V.,
– für die Forstwirtschaft der Waldbesitzerverband Brandenburg e. V.,
– für den Gartenbau der Landesverband Gartenbau e. V. und
– für die Binnenfischerei der Landesfischereiverband Brandenburg e. B.

23   **e) Bremen.** Zuständige Behörde nach dem LPachtVG und dem GrdstVG sowie Siedlungsbehörde und zugleich übergeordnete Behörde ist der Senator für Wirtschaft und Häfen (§ 1 DVOGrdstVG u. LwVG[31] iVm Abschnitt II Buchst. f) Nr. 45 der Bekanntmachung vom 16. 8. 1988[32], zuletzt geändert durch Bekanntmachung vom 13. 10. 1992). Jagdbehörde ist in der Stadtgemeinde Bremen das Stadt- und Polizeiamt, in der Stadtgemeinde Bremerhaven der Magistrat, oberste Jagdbehörde ist jeweils der Senator für Umwelt, Bau, Verkehr und Europa (Art. 37 Abs. 2 LJagdG[33]). Land- und forstwirtschaftliche Berufsvertretung ist für den Bereich der Landwirtschaft mit Ausnahme des Erwerbsgartenbaus die Landwirtschaftskammer Bremen, für den Bereich des Erwerbsgartenbaus die Gartenbaufachkammer Bremen (§ 2 DVOGrdstVG u. LwVG).

24   **f) Hamburg.** Zuständige Behörde nach dem LPachtVG ist die Behörde für Wirtschaft, Verkehr und Innovation (Anordnung zur Durchführung des LPachtVG vom 20. 10. 1986[34], zuletzt geändert durch Art. 128 der Anordnung vom 20. 9. 2011[35]). Diese ist auch die nach dem GrdstVG zuständige Genehmigungsbehörde (Anordnung zur Durchführung des GrdstVG vom

---

[27] Verordnung zur Regelung von Zuständigkeiten nach dem Grundstücksverkehrsgesetz und dem Landpachtverkehrsgesetz, GVBl. II 1994, 689.
[28] Brandenburgisches Jagdgesetz vom 9. 10. 2003, GVBl. I 2003, 250.
[29] Brandenburgisches Fischereigesetz vom 13. 5. 1993, GVBl. 1993, 178.
[30] GVBl. II 1994, 992.
[31] GBl. 1962, 10.
[32] GBl. 1992, 607.
[33] Bremisches Landesjagdgesetz vom 5. 11. 1981 (GBl. 1981, 171), zuletzt geändert durch Geschäftsverteilung des Senats vom 31. 3. 2009 (GBl. 2009, 129)
[34] AmtlAnz 1986, 2109.
[35] AmtlAnz 2011, 2157 (2171).

13. 11. 1984[36], zuletzt geändert durch Art. 127 der Anordnung vom 20. 9. 2011[37]). Die Behörde für Wirtschaft, Verkehr und Innovation ist auch Siedlungsbehörde (Anordnung über Zuständigkeiten auf dem Gebiet des landwirtschaftlichen Siedlungswesens vom 9. 1. 1962[38], zuletzt geändert durch Art. 54 der Anordnung vom 20. 9. 2011[39]) und Jagdbehörde (Art. 1 Abs. 1 der Anordnung über Zuständigkeiten auf dem Gebiet des Jagdrechts vom 5. 9. 1995[40], zuletzt geändert durch Art. 107 der Anordnung vom 29. 9. 2015[41]). Übergeordnete Behörde ist in allen Fällen der Senat der Freien und Hansestadt Hamburg. Land- und forstwirtschaftliche Berufsvertretung ist die Landwirtschaftskammer Hamburg (§ 1 der Verordnung zur Durchführung des LwVG vom 9. 1. 1962[42] idF des § 22 Abs. 3 des Gesetzes über die Landwirtschaftskammer Hamburg vom 4. 12. 1990[43], zuletzt geändert durch Art. 17 des Gesetzes vom 11. 7. 2007[44]).

g) Hessen. Die jeweils örtlich zuständigen Kreisausschüsse sind die nach dem **25** LPachtVG zuständige Behörde, die zuständige Genehmigungsbehörde nach dem GrdstVG sowie Siedlungsbehörde (§ 1 Abs. 1 S. 1 des Gesetzes zum Vollzug von Aufgaben in den Bereichen der Landwirtschaft, der Landschaftspflege, der Dorf- und Regionalentwicklung und des ländlichen Tourismus vom 21. März 2005 – LwAufgVollzG[45], zuletzt geändert durch Gesetz vom 10. Dezember 2015[46]). Übergeordnete Behörden sind die jeweiligen Regierungspräsidien (§ 4 Nr. 6 der Delegations- und Zuständigkeitsverordnung Landwirtschaft, Forsten und Naturschutz vom 29. 10. 2014 – LFNDZustV[47], zuletzt geändert durch Verordnung vom 25. 11. 2015[48] bzw. § 3 Abs. 3 S. 4 LwAufgVollzG). Jagdbehörden sind in den Landkreisen die Kreisausschüsse und in den kreisfreien Städten die Magistrate (§ 38 Abs. 3 HJagdG[49]), übergeordnete Behörde ist das Regierungspräsidium Kassel (§ 38 Abs. 2 HJagdG). Diese Behörden sind auch die zuständigen Fischereibehörden (§ 44 Abs. 3 S. 1 und Abs. 2 HFischG[50]). Nach § 1 GrdstVGAusfV[51] ist land- und forstwirtschaftliche Berufsvertretung die Organisation, die der Hauptnutzung des Grundstücks entspricht. Dies ist
– für die Landwirtschaft der Hessische Bauernverband e. V. in Frankfurt am Main,
– für die Forstwirtschaft der Hessische Waldbesitzerverband e. V. in Wiesbaden,

---

[36] AmtlAnz 1984, 1913.
[37] AmtlAnz 2011, 2157 (2171).
[38] AmtlAnz 1962, 41.
[39] AmtlAnz 2011, 2157 (2163).
[40] AmtlAnz 1995, 2089.
[41] AmtlAnz 2015, 1697 (1708).
[42] GVBl. 1962, 173.
[43] GVBl. 1990, 240.
[44] GVBl. 2007, 236 (238).
[45] GVBl. I 2005, 229 (233).
[46] GVBl. 2015, 635.
[47] GVBl. I 2014, 255.
[48] GVBl. 2015, 616.
[49] Hessisches Jagdgesetz vom 5. 6. 2001, GVBl. I 2001, 271, zuletzt geändert durch Gesetz vom 23. 7. 2015, GVBl. 2015, 315.
[50] Hessisches Fischereigesetz vom 3. 12. 2010, GVBl. I 2011, 362, geändert durch Art. 3 des Gesetzes vom 27. 6. 2013, GVBl. 2013, 458.
[51] Verordnung zur Ausführung des Grundstücksverkehrsgesetzes vom 17. 1. 1962, GVBl. I 1962, 2.

– für den Gemüse- Obst- und Gartenbau der Landesverband Gemüse-, Obst- und Gartenbau e. V. in Frankfurt am Main und
– für den Weinbau der Rheingauer Weinbauernverein e. V. in Geisenheim.

26   **h) Mecklenburg-Vorpommern.** Zuständige Behörden nach dem LPachtVG sind die Staatlichen Ämter für Landwirtschaft und Umwelt (§ 1 Bodenrechtsdurchführungsverordnung – BodenrechtsDVO[52]). Zuständige Genehmigungsbehörden (§ 2 BodenrechtsDVO) und Siedlungsbehörden (§ 3 Abs. 2 BodenrechtsDVO) sind ebenfalls die Staatlichen Ämter für Landwirtschaft und Umwelt. Untere Jagdbehörden sind die Landräte und in den kreisfreien Städten die Oberbürgermeister (§ 36 Abs. 2 Nr. 2 LJagdG[53]), übergeordnete Behörde ist das für das Jagdwesen zuständige Ministerium (§ 36 Abs. 2 Nr. 1 LJagdG). Obere Fischereibehörde ist das Landesamt für Landwirtschaft, Lebensmittelsicherheit und Fischerei (§ 23 Abs. 2 LFischG[54]), oberste Fischereibehörde das Ministerium für Landwirtschaft, Umwelt und Verbraucherschutz (§ 23 Abs. 1 LFischG). Gemäß § 5 BodenrechtsDVO sind land- und forstwirtschaftliche Berufsvertretungen entsprechend der Hauptnutzung des Grundstücks
– für landwirtschaftlich genutzte Grundstücke der Bauernverband Mecklenburg-Vorpommern e. V., Neubrandenburg,
– für forstwirtschaftlich genutzte Grundstücke der Waldbesitzerverband Mecklenburg-Vorpommern e. V., Güstrow und
– für gartenbaulich genutzte Grundstücke der Gartenbauverband Nord e. V., Hamburg.

27   **i) Niedersachsen.** Die Aufgaben der zuständigen Behörde nach dem LPachtVG und dem GrdstVG nehmen die Landkreise, die kreisfreien Städte und die großen selbständigen Städte durch einen besonderen Ausschuss (Grundstücksverkehrsausschuss) wahr (§ 41 Abs. 1 S. 1 LwKG[55]). Übergeordnete Behörde ist in beiden Fällen das zuständige Fachministerium (§ 2 iVm § 1 des Gesetzes zur Auflösung der Bezirksregierungen vom 3. 11. 2004[56]). Gemäß Erlass vom 11. 11. 2004[57] sind Siedlungsbehörden die Behörden für Geoinformation, Landentwicklung und Liegenschaften in Braunschweig, Hannover, Lüneburg und Oldenburg. Die Aufgaben der Jagdbehörden und der zuständigen Behörden iSd BJagdG nehmen die Landkreise und kreisfreien Städte war (§ 36 Abs. 1 S. 1 NdsJagdG[58]), oberste Jagdbehörde ist das zuständige Fachministerium (§ 36 Abs. 2 NdsJagdG). Land- und forstwirtschaftliche Berufsvertretung ist nach § 1 Nr. 17 der Verordnung zur Übertra-

---

[52] Verordnung zur Durchführung des landwirtschaftlichen Bodenrechts vom 28. 11. 1994, GVOBl. 1994, 1080, zuletzt geändert durch Art. 17 Abs. 19 des Gesetzes vom 27. 5. 2016, GVOBl. 2016, 431 (442).
[53] Jagdgesetz des Landes Mecklenburg-Vorpommern vom 22. 3. 2000, GVOBl. 2000, 126, zuletzt geändert durch Art. 16 des Gesetzes vom 27. 5. 2016, GVOBl. 2016, 431 (437).
[54] Fischereigesetz des Landes Mecklenburg-Vorpommern vom 13. 4. 2005, GVOBl. 2005, 153, zuletzt geändert durch Art. 2 des Gesetzes vom 24. 6. 2013, GVOBl. 2013, 404.
[55] Gesetz über die Landwirtschaftskammer Niedersachsen vom 10. 2. 2003, GVBl. 2003, 61 (176), zuletzt geändert durch Gesetz vom 9. 12. 2011, GVBl. 2011, 471.
[56] GVBl. 2004, 394.
[57] NdsMinBl. 2004, 869.
[58] Niedersächsisches Jagdgesetz vom 16. 3. 2001, GVBl. 2001, 100, zuletzt geändert durch Gesetz vom 8. 6. 2016, GVBl. 2016, 114.

gung von staatlichen Aufgaben auf die Landwirtschaftskammer vom 20.12.2004[59] ebenfalls die Landwirtschaftskammer.

j) Nordrhein-Westfalen. Zuständige Behörde nach dem LPachtVG und **28** Genehmigungsbehörde nach dem GrdstVG ist der jeweilige Geschäftsführer der Kreisstelle der Landwirtschaftskammer als Landesbeauftragter im Kreis (§ 5 Abs. 1 Nr. 2 und 3 ZustVOAgrar[60]). Übergeordnete Behörde ist der Direktor der Landwirtschaftskammer als Landesbeauftragter im Kreis (§ 6 Abs. 2 iVm § 9 Abs. 2 LOG[61]). Siedlungsbehörden sind die Ämter für Agrarordnung. Untere Jagdbehörde ist der Kreis oder die kreisfreie Stadt als Kreisordnungsbehörde (§ 46 Abs. 2 LJG[62]), oberste Jagdbehörde das Ministerium (§ 46 Abs. 1 LJG). Untere Fischereibehörde ist die Kreisordnungsbehörde (§ 52 Abs. 3 LFischG[63]). Land und forstwirtschaftliche Berufsvertretung ist die Landwirtschaftskammer die nach § 2 Abs. 1 Buchst. g LWKG[64] in den rechtlichen Angelegenheiten der Landwirtschaft nach den besonderen gesetzlichen Regelungen mitzuwirken hat.

k) Rheinland-Pfalz. Zuständige Behörde nach dem LPachtVG ist die Kreis- **29** verwaltung, in kreisfreien Städten die Stadtverwaltung als untere Landwirtschaftsbehörde (§ 2 der Landesverordnung zur Durchführung des Landpachtverkehrsgesetzes[65]). Genehmigungsbehörde nach dem GrdstVG ist die Kreisverwaltung, in kreisfreien Städten die Stadtverwaltung (§ 1 Abs. 1 Buchst. a AVO-GrdstVG[66]), für Grundstücksverkehrssachen, bei denen ein Landkreis oder eine kreisfreie Stadt beteiligt ist, die Aufsichts- und Dienstleistungsdirektion (§ 2 Abs. 1 AVO-GRdstVG). Übergeordnete Behörde ist im ersten Fall die Aufsichts- und Dienstleistungsdirektion als obere Landwirtschaftsbehörde (§ 1 Abs. 1 Buchst. b iVm § 2 Abs. 2 AVO-GrdstVG) und im zweiten das Ministerium für Landwirtschaft, Weinbau und Forsten als oberste Landwirtschaftsbehörde (§ 1 Abs. 1 Buchst. a ivm § 2 Abs. 2 AVO-GrdstVG). Siedlungsbehörde ist das Dienstleistungszentrum Ländlicher Raum, obere Siedlungsbehörde die Aufsichts- und Dienstleistungsdirektion und oberste Siedlungsbehörde das Ministerium für Landwirtschaft, Weinbau und Forsten (§ 1 Abs. 1 bis 3 der Landesverordnung über siedlungs-

---

[59] GVBl. 2004, 621, zuletzt geändert durch Gesetz vom 24.8.2015, GVBl. 2015, 164.

[60] Verordnung zur Regelung von Zuständigkeiten und zur Übertragung von Ermächtigungen zum Erlass von Rechtsverordnungen für Bereiche der Agrarwirtschaft vom 11.11.2008, GV. NRW. 2008, 732, zuletzt geändert durch Art. 1 der Verordnung vom 21.12.2010, GV. NRW. 2010, 706.

[61] Gesetz über die Organisation der Landesverwaltung vom 10.7.1962, GV. NRW. 1962, 421, zuletzt geändert durch Art. 2 des Gesetzes vom 1.10.2013, GV. NRW. 2013, 566.

[62] Landesjagdgesetz Nordrhein-Westfalen vom 7.12.1994, GV. NRW. 1995, 2, zuletzt geändert durch Art. 25 des Gesetzes vom 15.11.2016, GV. NRW. 2016, 934.

[63] Fischereigesetz für das Land Nordrhein-Westfalen vom 22. Juni 1994, GV. NRW. 1994, 516, zuletzt geändert durch Art. 26 des Gesetzes vom 15.11.2016, GV. NRW. 2016, 934.

[64] Gesetz über die Errichtung der Landwirtschaftskammer Nordrhein-Westfalen vom 11.2.1949, GV. NRW. 1949, 53, zuletzt geändert durch Gesetz vom 19.12.2013, GV. NRW. 2013, 878.

[65] Landesverordnung zur Durchführung des Landpachtverkehrsgesetzes vom 3.2.1993, GVBl. 1993, 116 zuletzt geändert durch Gesetz vom 6.7.1998, GVBl. 1998, 171.

[66] Landesverordnung zur Durchführung des Grundstücksverkehrsgesetzes vom 21.12.1961, GVBl. 1961, 267, zuletzt geändert durch Art. 196 des Gesetzes vom 12.10.1999, GVBl. 1999, 325.

rechtliche Zuständigkeiten vom 2.11.1993[67], zuletzt geändert durch Art. 7 der Verordnung vom 14.1.2005[68]). Untere Jagdbehörde ist die Kreisverwaltung, in kreisfreien Städten die Stadtverwaltung, obere Jagdbehörde ist die Zentralstelle der Forstverwaltung und oberste Jagdbehörde das fachlich zuständige Ministerium (§ 44 Abs. 1 S. 1 bis 3 LJG[69]). Untere Fischereibehörde ist ebenfalls die Kreisverwaltung und in kreisfreien Städten die Stadtverwaltung (§ 58 Abs. 3 LFischG[70]). Obere Fischereibehörde ist die Struktur- und Genehmigungsdirektion (§ 58 Abs. 2 LFischG) und oberste Fischereibehörde das fachlich zuständige Ministerium (§ 58 Abs. 1 LFischG). Land- und forstwirtschaftliche Berufsvertretung ist die Landwirtschaftskammer (§ 3 AVO-GrdstVG).

30   **l) Saarland.** Zuständige Behörde nach dem LPachtVG und Genehmigungsbehörde nach dem GrdstVG sind die Landkreise, der Regionalverband Saarbrücken, die Landeshauptstadt Saarbrücken und die kreisfreien Städte (§ 2 Abs. 1 des Gesetzes zur Ausführung des Grundstücksverkehrsgesetzes und des Landpachtgesetzes vom 11.7.1962[71]). Ist ein Landkreis oder eine kreisfreie Stadt Vertragspartner ist zuständige Genehmigungsbehörde das Ministerium für Umwelt und Verbraucherschutz (§ 2 Abs. 2 des Gesetzes zur Ausführung des Grundstücksverkehrsgesetzes und des Landpachtgesetzes iVm Nr. 8.05 der Bekanntmachung – BS – Nr. 1101–5), das zugleich die übergeordnete Behörde ist. Siedlungsbehörde ist das Landesamt für Agrarwirtschaft und Landentwicklung (§ 14 Abs. 1 des Ausführungsgesetzes zum Siedlungsrecht[72]). Untere Jagdbehörde sind die Landkreise, der Regionalverband Saarbrücken und die Landeshauptstadt Saarbrücken (§ 2 Abs. 3 SJG[73]). Oberste Jagdbehörde ist das Ministerium für Umwelt und Verbraucherschutz (§ 2 Abs. 2 SJG). Fischereibehörde ist der Minister für Umwelt (§ 47 SFischG[74]). Land- und forstwirtschaftliche Berufsvertretung ist die Landwirtschaftskammer des Saarlands (§ 1 der Verordnung über die Bestimmung der land- und forstwirtschaftlichen Berufsvertretung bei gerichtlichen Verfahren in Landwirtschaftssachen vom 21.3.1962[75]).

31   **m) Sachsen.** Zuständige untere Landwirtschaftsbehörde nach dem LPachtVG und Genehmigungsbehörde nach dem GrdstVG sind die Landkreise und Kreisfreien Städte, obere Landwirtschaftsbehörde ist das Landesamt für Umwelt, Landwirtschaft und Geologie, oberste Landwirtschaftsbehörde ist das Staatsministerium

---

[67] GVBl. 1993, 530.

[68] GVBl. 2005, 16.

[69] Landesjagdgesetz vom 9.7.2010, GVBl. 2010, 149, zuletzt geändert durch Art. 1 der Verordnung vom 12.9.2012, GVBl. 2012, 210.

[70] Landesfischereigesetz vom 9.12.1974, GVBl. 1974, 601, zuletzt geändert durch § 127 des Gesetzes vom 14.7.2015, GVBl. 2015, 127.

[71] Amtsbl. 1962, 504, zuletzt geändert durch Gesetz vom 21.11.2007, Amtsbl. 2007, 2393.

[72] Ausführungsgesetz zum Siedlungsrecht vom 15.12.1919, PrGS 1920, 31, zuletzt geändert durch Art. 6 Abs. 7 Gesetz Nr. 1639 vom 21.11.2007, Amtsbl. 2008, 278 (die durch Art. 7 Abs. 4 des Gesetzes vom 21.11.2007 angeordnete Befristung bis 31.12.2012 wurde durch Art. 2 des Gesetzes Nr. 1782 vom 19. September 2012, Amtsbl. 2012, 418, aufgehoben).

[73] Gesetz Nr. 1407 zur Jagd und zum Wildtiermanagement vom 27.5.1998, Amtsbl. 1998, 638, zuletzt geändert durch Gesetz vom 13.10.2015, Amtsbl. 2015, 712).

[74] Saarländisches Fischergesetz Nr. 1181 in der Fassung der Bekanntmachung vom 16.7.1999, Amtsbl. 1999, 1282, zuletzt geändert durch Gesetz vom 21.11.2008, Amtsbl. 2007, 2393.

[75] Amtsbl. 1962, 224.

für Umwelt und Landwirtschaft (§ 1 Abs. 1 SächsAgrarAÜG[76]). Soll eine Genehmigung nach dem GrdstVG für ein Rechtsgeschäft erteilt werden, an dem eine Gemeinde oder ein Landkreis beteiligt ist, entscheidet die obere Landwirtschaftsbehörde über den Antrag (§ 2 Abs. 1 SächsAgrarAÜG). Siedlungsbehörde ist das Landesamt für Umwelt, Landwirtschaft und Geologie (§ 1 der Verordnung zur Ausführung des RSG vom 22.5.1996[77], zuletzt geändert durch die Verordnung vom 11. Juni 2008[78]). Untere Jagdbehörden sind die Landkreise und Kreisfreien Städte, obere Jagdbehörde ist der Staatsbetrieb Sachsenforst und oberste Jagdbehörde das Staatsministerium für Umwelt und Landwirtschaft (§ 32 Abs. 1 SächsLJagdG[79]). Fischereibehörde ist das Landesamt für Umwelt, Landwirtschaft und Geologie, oberste Fischereibehörde das Staatsministerium für Umwelt und Landwirtschaft (§ 30 Abs. 1 SächsFischG[80]). Landwirtschaftliche Berufsvertretung sind der Sächsische Landesbauernverband e.V. und der Verband der privaten Landwirte und Grundeigentümer Sachsen e.V., nach deren Zusammenschluss der dann entstandene Verband. Soweit die Satzung eines der bezeichneten Landesverbände oder des nach dem Zusammenschluss entstandenen Verbands die Bildung rechtlich selbständiger Kreisverbände zulässt, tritt an die Stelle des Landesverbands der jeweilige Kreisverband mit dem Tag seiner Eintragung im Vereinsregister (§ 1 Abs. 1 der Verordnung über die Beteiligung der land- und forstwirtschaftlichen Berufsvertretung in gerichtlichen Verfahren in Landwirtschaftssachen und in Verfahren der ländlichen Neuordnung vom 17.3.1994[81], zuletzt geändert durch Art. 4 der Verordnung vom 9.7.2007[82]). Forstwirtschaftliche Berufsvertretung ist der Sächsische Waldbesitzerverband e.V. und fischereiwirtschaftliche Berufsvertretung der Sächsische Landesfischereiverband (§ 1 Abs. 2 der Verordnung vom 17.3.1994).

n) Sachsen-Anhalt. Zuständige Behörden nach dem LPachtVG und Genehmigungsbehörde nach dem GrdstVG sind die Landkreise und kreisfreien Städte, übergeordnete Behörde ist das Landesverwaltungsamt (Nr. 4 des Beschlusses der Landesregierung über die Errichtung der Ämter für Landwirtschaft, Flurneuordnung und Forsten vom 7.7.2009[83], zuletzt geändert durch Nr. 1 Beschluss der Landesregierung vom 13.10.2015[84]). Nach Abschnitt 2 Ziffer 10.1 und 10.2 des Runderlasses des Ministeriums für Landwirtschaft und Umwelt vom 8.4.2014[85] haben die Landkreise und kreisfreien Städte vor einer Entscheidung über die Beanstandung eines Landpachtvertrages oder vor Erteilung einer Genehmigung nach dem GrdstVG eine Stellungnahme des Amtes für Landwirtschaft, Flurneuordnung und Forsten einzuholen, wenn nicht beurteilt werden kann, ob der Vollzug des Rechtsgeschäfts zu einer Verschlechterung der Agrarstruktur führen würde oder sonstige Gründe vorliegen, nach denen der Vertrag zu beanstanden ist. Siedlungsbehörden sind die Landesämter für Landwirtschaft, Flurneuordnung und Forsten (Ab-

32

---

[76] Sächsisches Agrar-Aufgabenübertragungsgesetz vom 29.1.2008, GVBl. 2008, 138 (192).
[77] GVBl. 1996, 198.
[78] GVBl. 2008, 428.
[79] Sächsisches Landesjagdgesetz vom 8.6.2012, GVBl. 2012, 308.
[80] Sächsisches Fischereigesetz vom 9.7.2007, GVBl. 2007, 310, zuletzt geändert durch Gesetz vom 29.4.2012, GVBl. 2012, 254.
[81] GVBl. 1994, 689.
[82] GVBl. 2007, 310 (319).
[83] MBl. 2009, 569.
[84] MBl. 2015, 669.
[85] MBl. 2014, 236.

schnitt 2 Ziffer 3.7 Buchst. b des Runderlasses vom 8.4.2014). Jagdbehörden sind die Landkreise und kreisfreien Städte (§ 38 Abs. 1 S. 1 LJagdG[86]). Obere Jagdbehörde ist das Landesverwaltungsamt (§ 38 Abs. 1 S. 2 LJagdG) und oberste Jagdbehörde das für das Jagdwesen zuständige Ministerium (§ 38 Abs. 1 S. 3 LJagdG). Die behördlichen Zuständigkeiten im Bereich des Fischereirechts sind entsprechend (§ 44 Abs. 1 S. 1 bis 3 FischG[87]). Land- und forstwirtschaftliche Berufsvertretung sind die Organisationen, die der Hauptnutzung des Grundstücks entsprechen, und zwar für

- Gartenbau der Landesverband Gartenbau Sachsen-Anhalt e.V.,
- für Weinbau der Weinbauverband Saale-Unstrut e.V.,
- für Fischereiwirtschaft der Landesfischereiverband Sachsen-Anhalt e.V.
- für Forstwirtschaft der Waldbesitzerverband Sachsen-Anhalt e.V. und
- im Übrigen der Landesbauernverband Sachsen-Anhalt e.V., der Landvolkverband Sachsen-Anhalt e.V und der Landesverband der Landwirte im Nebenberuf.

33   **o) Schleswig-Holstein.** Zuständige Behörden nach dem LPachtVG (§ 1 ZustVO-LPachtVG[88]) und Genehmigungsbehörden nach dem GrdstVG (§ 1 Abs. 1 des Gesetzes zur Durchführung des GrdstVG[89]) sowie Siedlungsbehörden (Art. 1 § 3 Abs. 2 Nr. 6 des Gesetzes einer Neuordnung der landwirtschaftlichen Staats- und Selbstverwaltung vom 24.2.1973[90], zuletzt geändert durch Art. 67 der Landesverordnung vom 4.4.2013[91]) sind die Ämter für Land- und Wasserwirtschaft. Untere Jagdbehörde sind die Landrätinnen und Landräte und die Bürgermeisterinnen und Bürgermeister der kreisfreien Städte (§ 31 Abs. 2 LJagdG[92]), oberste Jagdbehörde ist das für das Jagdwesen zuständige Ministerium (§ 31 Abs. 1 LJagdG). Land- und forstwirtschaftliche Berufsvertretungen sind die Landwirtschaftskammer oder die von ihr für das Gebiet jedes einzelnen Amtes für Land- und Wasserwirtschaft benannten Personen (§ DVO –GrdstVG vom 20.12.1961[93]).

34   **p) Thüringen.** Zuständige Behörden nach dem LPachtVG und dem GrdstVG sind die Landwirtschaftsämter (§§ 1, 2 der Verordnung über Zuständigkeiten nach dem GrdstVG und dem LPachtVG vom 7.6.1991[94], geändert durch Verordnung vom 19.8.1994[95] iVm der Verordnung vom 15.4.2002[96]). Siedlungsbehörden sind

---

[86] Landesjagdgesetz vom 23.7.1991, GVBl. 1991, 186, zuletzt geändert durch Art. 2 des Gesetzes vom 21.7.2015, GVBl. 2015, 365 (368).

[87] Fischereigesetz vom 31.8.1993, GVBl. 1993, 464, zuletzt geändert durch Art. 2 des Gesetzes vom 18.1.2011, GVBl. 2011, 6 (11).

[88] Landesverordnung über die zuständigen Behörden nach dem Landpachtverkehrsgesetz vom 27.1.1987, GVOBl. 1987, 44.

[89] Gesetz zur Durchführung des Grundstücksverkehrsgesetzes vom 8.12.1961, GVOBl. 1961, 1, in der Fassung der Bekanntmachung vom 31.12.1971, zuletzt geändert durch Gesetz vom 21.2.1996, GVOBl. 1996, 231.

[90] GVOBl. 1973, 67.

[91] GVOBl. 2013, 143.

[92] Landesjagdgesetz vom 13.10.1990, GVBl. 1990, 300, zuletzt geändert durch Art. 3 des Gesetzes vom 27.5.2016, GVBl. 2016, 162.

[93] GVOBl. 1962, 80.

[94] GVBl. 1991, 132.

[95] GVBl. 1994, 963.

[96] GVBl. 2002, 177.

die Ämter für Landentwicklung und Flurneuordnung (§ 1 Abs. 1 Nr. 3 der Verordnung über die Zuständigkeiten der Flurneuordnungs-, Flurbereinigungs- und Siedlungsbehörden vom 17.3.1994[97]). Untere Jagdbehörden sind die Landkreise und kreisfreien Städte im übertragenen Wirkungskreis (§ 50 Abs. 2 Nr. 2 ThJG[98]). Oberste Jagdbehörde ist das für das Jagdwesen zuständige Ministerium (§ 50 Abs. 2 Nr. 1 ThJG). Entsprechend sind die Landkreise und kreisfreien Städte auch die zuständigen Fischereibehörden, oberste Fischereibehörde ist das für das Fischereiwesen zuständige Ministerium (§ 45 ThürFischG[99]). Land- und forstwirtschaftliche Berufsvertretung in Landwirtschaftssachen der freiwilligen Gerichtsbarkeit ist gemäß § 3 der Verordnung über die Zuständigkeiten nach dem GrdstVG und dem LPachtVG entsprechend der Hauptnutzung des Grundstücks
– für landwirtschaftlich genutzte Grundstücke der Thüringer Bauernverband e.V. Erfurt,
– für forstwirtschaftlich genutzte Grundstücke der Waldbesitzerverband für Thüringen e.V. Belrieth und
– für gartenbaulich genutzte Grundstücke der Landesverband Gartenbau e.V. Erfurt.

§ 32a [Verfahren über die gerichtliche Zuweisung eines Betriebes]

[1]In den Verfahren auf Grund der Vorschriften über die gerichtliche Zuweisung eines Betriebes (§ 1 Nr. 2) soll der Antrag die Gegenstände bezeichnen, deren Zuweisung beantragt wird. [2]In der Entscheidung über die Zuweisung des Betriebes sollen die zugewiesenen Gegenstände bezeichnet werden. [3]Der Vorsitzende des Gerichts des ersten Rechtszugs ersucht nach Eintritt der Rechtskraft der Entscheidung das Grundbuchamt um Eintragung des Erwerbers.

I. Überblick

Die Vorschrift ist am 1.1.1962 mit Inkrafttreten des Gesetzes über Maßnahmen 1
zur Verbesserung der Agrarstruktur und zur Sicherung land- und forstwirtschaftlicher Betriebe (GrdstVG) vom 28.7.1961[1] durch dessen § 25 Nr. 5 als § 32a in das LwVG eingefügt worden. Sie **ergänzt in verfahrensrechtlicher Hinsicht das Zuweisungsverfahren nach den § 13ff. GrdstVG.** In § 32a S. 1 werden die Anforderungen an den durch den Antragsteller zu stellenden Sachantrag normiert, der dann auch zum Inhalt des Tenors einer die Zuweisung aussprechenden gerichtlichen Entscheidung (§ 32a S. 2) werden kann. § 32a S. 3 regelt die Umsetzung der Entscheidung, soweit von ihr Grundstücke betroffen sind.

Unter den Anwendungsbereich des § 32a fällt ausschließlich das Zuweisungsver- 2
fahren nach den §§ 13ff. GrdstVG. Die Regelung ist bereits ihrem Wortlaut nach

---

[97] GVBl. 2014, 150.
[98] Thüringer Jagdgesetz vom 28.6.2006, GVBl. 2006, 313, zuletzt geändert durch Gesetz vom 6.5.2013, GVBl. 2013, 117.
[99] Thüringer Fischereigesetz vom 18.9.2008, GVBl. 2008, 315, geändert durch Gesetz vom 10.6.2014, GVBl. 2014, 172.
[1] BGBl. I, 1091.

eindeutig allein auf die **Zuweisung eines landwirtschaftlichen Betriebs nach § 13 Abs. 1 GrdstVG** und den damit verbundenen Eigentumsübergang kraft Gesetzes (§ 13 Abs. 2 GrdstVG) bezogen. Eine Anwendung auch auf die weiteren Verfahren nach § 1 Nr. 2, insbesondere auf solche, die die Genehmigung einer rechtsgeschäftlichen Grundstücksveräußerung, nicht aber die Zuweisung eines Grundstücks, zum Gegenstand haben, kommt nach dem Wortlaut der Vorschrift und deren Regelungszweck nicht in Betracht.[2]

II. Antrag und Entscheidung

3   Die in § 32a S. 1 normierten **Anforderungen an die Bestimmtheit des Antrags** entsprechen denjenigen nach § 253 Abs. 2 Nr. 2 ZPO an die Bestimmtheit eines Klageantrags. Trotz des Wortlauts („soll") sind im Antrag die Gegenstände, deren Zuweisung verlangt wird, konkret zu bezeichnen. Ohne eine solche Bezeichnung kann eine dem Antrag stattgebende Entscheidung mit der Folge des unmittelbaren Übergangs des Eigentums an den Gegenständen nach § 13 Abs. 2 GrdstVG nicht ergehen (→ § 1 Rn. 127 f.).[3]

4   § 32a S. 2 bestimmt, dass in der dem Zuweisungsantrag stattgebenden Entscheidung die zugewiesenen Gegenstände **durch das Gericht bezeichnet werden.** Auch hier gilt, dass wegen des Eigentumsübergangs an den Zuweisungsgegenständen mit Rechtskraft der Entscheidung oder zu einem späteren, in der Entscheidung benannten Zeitpunkt, diese zwingend durch das Gericht zu bezeichnen sind (→ § 1 Rn. 128).

III. Ersuchen des Gerichts

5   Soweit von der Zuweisung des landwirtschaftlichen Betriebes Grundstücke betroffen sind, wird wegen des gesetzlichen Eigentumsübergangs nach § 13 Abs. 2 GrdstVG das Grundbuch hinsichtlich des eingetragenen Eigentümers mit Rechtskraft der Zuweisungsentscheidung oder zu dem in der Entscheidung bestimmten Zeitpunkt (sofern dieser Zeitpunkt nach Eintritt der Rechtskraft liegt) unrichtig. Zur Beseitigung dieser Unrichtigkeit hat nach § 32a S. 3 **der Vorsitzende des Gerichts des ersten Rechtszugs das Grundbuchamt um Eintragung des Erwerbers zu ersuchen.** Zuständig für das Ersuchen ist auch dann, wenn die Zuweisung erst im Rechtsmittelverfahren erfolgt, immer das erstinstanzliche Gericht.

6   Das auf die Berichtigung des Grundbuchs gerichtete Ersuchen muss der **Form des § 29 Abs. 3 GBO genügen,** also vom Vorsitzenden unterschrieben und mit Siegel oder Stempel versehen sein.[4] Das Ersuchen darf nach § 32a S. 3 erst dann an das zuständige Grundbuchamt gerichtet werden, wenn die gerichtliche Entscheidung über die Zuweisung rechtskräftig geworden ist. Für den Fall, dass in der gerichtlichen Entscheidung ein späterer Zeitpunkt als der Eintritt der Rechtskraft für die Zuweisung des Betriebes bezeichnet ist (§ 13 Abs. 2 Alt. 2 GrdstVG), stellt sich

---

[2] Ebenso *Ernst* LwVG § 32a Rn. 1; aA wohl Düsing/Martinez/*Hornung* LwVG § 32a Rn. 1.
[3] Allerdings dürfte ein Antrag, der die Zuweisungsgegenstände nicht hinreichend bestimmt bezeichnet, nicht schon unzulässig, sondern unbegründet sein; ebenso Düsing/Martinez/*Hornung* LwVG § 32a Rn. 1.
[4] *Demharter* GBO § 38 Rn. 68.

die Frage, ob das Gericht das Ersuchen bereits mit Eintritt der formellen Rechtskraft an das Grundbuchamt richten kann oder erst zu dem späteren Zeitpunkt der Zuweisung.

Vom Wortlaut des § 32 a S. 3 sind beide Möglichkeiten erfasst, denn nach **7** § 13 Abs. 2 Alt. 2 GrdstVG liegt der durch das Gericht bestimmte Zeitpunkt zeitlich nach dem Eintritt der Rechtskraft. Gründe für die Bestimmung eines späteren Zeitpunktes können etwa sein, dass der Zuweisungserwerber noch zu jung ist oder aus anderen Gründen die Bewirtschaftung nicht sofort antreten kann. Die gemeinschaftliche Bewirtschaftung des Betriebs kann für eine Übergangszeit auch im Interesse der Erbengemeinschaft liegen.[5] Zwischen Eintritt der Rechtskraft und Zuweisung kann daher im Einzelfall ein längerer Zeitraum liegen.

Richtigerweise wird das Ersuchen in einem solchen Fall erst dann gestellt werden **8** können, wenn die **Zuweisung wirksam geworden ist.** Erst mit diesem Zeitpunkt wird durch den gesetzlichen Eigentumsübergang das Grundbuch unrichtig und kann auf der Grundlage des gerichtlichen Ersuchens berichtigt werden. Die Gegenauffassung, wonach das Ersuchen sofort nach Eintritt der Rechtskraft an das Grundbuchamt zu richten ist und der zuständige Rechtspfleger in eigener Prüfungskompetenz darüber befinden soll, wann die Zuweisung wirksam wird,[6] berücksichtigt schon nicht hinreichend, dass dem Grundbuchamt bei einem Ersuchen nach § 38 GBO nur eine eingeschränkte Prüfungskompetenz zusteht. Es darf lediglich prüfen, ob die ersuchende Behörde zur Stellung eines solchen Ersuchens befugt ist, ob das Ersuchen nach Form und Inhalt den gesetzlichen Vorschriften entspricht und ob durch das Ersuchen nicht ersetzte Eintragungserfordernisse gegeben sind.[7] Ob die Voraussetzungen, unter denen die Behörde zu dem Ersuchen befugt ist, vorliegen, ist vom Grundbuchamt dagegen gerade nicht zu prüfen.[8] Das Grundbuchamt hat zudem nach § 18 Abs. 1 GBO lediglich die Möglichkeit, eine beantragte Eintragung, der ein Eintragungshindernis entgegensteht, zurückzuweisen oder im Wege der Zwischenverfügung eine angemessene Frist zur Hebung des Hindernisses zu setzen. Es hat aber nicht die Möglichkeit, einen Eintragungsantrag zunächst nicht zu bearbeiten und zuzuwarten, bis durch bloßen Zeitablauf möglicherweise zu einem späteren Zeitpunkt die Eintragungsvoraussetzungen eintreten.

Enthält der Zuweisungsbeschluss eine Entscheidung, dass weichende Miterben **9** durch Übereignung eines Grundstücks abzufinden sind (§ 16 Abs. 4 S. 1 GrdstVG), ist auch in diesem Fall zunächst der Zuweisungsempfänger im Grundbuch als Eigentümer einzutragen. Die Abfindung erfolgt erst durch Übereignung des Grundstücks durch den Zuweisungsempfänger an den weichenden Miterben.[9]

Für die Berichtigung des Grundbuchs aufgrund eines Ersuchens nach § 32 a S. 3 **10** werden gemäß Hauptabschnitt 4 Vorbemerkung 1.4 Abs. 2 Nr. 2 der Anlage 1 zum GNotKG keine Gebühren erhoben.

§33 [aufgehoben]

---

[5] Düsing/Martinez/*Martinez* GrdstVG § 13 Rn. 15.
[6] Düsing/Martinez/*Hornung* LwVG § 32a Rn. 2; wohl auch *Ernst* LwVG § 32a Rn. 4.
[7] *Demharter* GBO § 38 Rn. 73.
[8] OLG Frankfurt Beschl. v. 12.12.2002 – 20 W 352/02, FGPrax 2003, 197 = BeckRS 2002, 30298109; Demharter GBO § 38 Rn. 74.
[9] Ebenso Düsing/Martinez/*Hornung* LwVG § 32a Rn. 2; *Ernst* LwVG § 32a Rn. 6.

§ 34   [Kostenentscheidung]

Über die Kosten ist zugleich mit der Entscheidung über die Hauptsache zu entscheiden.

I. Überblick

1   Die Vorschrift normiert den **Grundsatz der Einheitlichkeit der Kostenentscheidung:** Nicht jede Entscheidung *in* der Hauptsache, sondern erst die Entscheidung *über* die Hauptsache ermächtigt und verpflichtet das Landwirtschaftsgericht, über die Kosten zu entscheiden. Beschlüsse in der Hauptsache, durch die der Verfahrensgegenstand lediglich teilweise erledigt wird (§ 38 Abs. 1 S. 1 Alt. 2 FamFG), ermöglichen in der Regel keine Teil-Kostenentscheidung, weil grundsätzlich erst mit der Entscheidung über den gesamten Verfahrensgegenstand eine sachgerechte Entscheidung über die Kosten, die ja regelmäßig nach dem gesamten Verfahrensgegenstand entstehen, getroffen werden kann.

2   Daneben lässt sich § 34 mittelbar entnehmen, dass jede Entscheidung über die Hauptsache einer Kostenentscheidung bedarf. Indem die Vorschrift nachträgliche Kostenentscheidungen nach Entscheidung über die Hauptsache verbietet, dient sie zudem der Verfahrensbeschleunigung.

II. Anwendungsbereich

3   Die Vorschrift gilt aufgrund ihrer systematischen Stellung im zweiten Abschnitt in den Landwirtschaftssachen der freiwilligen Gerichtsbarkeit nach § 1 Nr. 1 und Nr. 2–6 sowie nach § 65 Abs. 2 LwAnpG (→ § 1 Rn. 269) und des § 12 Abs. 3 BJagdG (→ § 1 Rn. 272 ff.). Die ZPO (§§ 1 Nr. 1 a, 48 Abs. 1 S. 1) enthält – im Unterschied zum FamFG (§ 82 FamFG) – keine § 34 LwVG entsprechende Vorschrift. Der Grundsatz der Einheitlichkeit der Kostenentscheidung ist dort freilich seit langem richterrechtlich etabliert.

4   § 34 setzt voraus, dass eine Entscheidung über die Hauptsache ergeht. Kann eine Entscheidung über die Hauptsache infolge Vergleichs, Antragsrücknahme oder weil sich das Verfahren auf sonstige Weise erledigt hat, nicht mehr ergehen, richtet sich die Kostenpflicht nach (§ 9 iVm) § 83 FamFG. In den Fällen der Antragsrücknahme oder Erledigung auf sonstige Weise hat das Landwirtschaftsgericht eine **selbständige Kostenentscheidung** gemäß §§ 83 Abs. 2, 81 Abs. 5 FamFG, §§ 42, 44, 45 (→ Rn. 7) zu treffen.[1]

III. Kosten der Hauptsache

5   Was unter **Kosten** zu verstehen ist, ist nicht im LwVG, sondern **in § 80 FamFG geregelt** (§ 9). Danach sind Kosten die Gerichtskosten (Gebühren und Auslagen) und die zur Durchführung des Verfahrens notwendigen Aufwendungen der Beteiligten (→ § 45 Rn. 4). Letztere umfassen in Anwendung der für die Entschädigung von Zeugen geltenden Vorschriften des JVEG auch die Entschädigung des Gegners

---

[1] Düsing/Martinez/*Hornung* LwVG § 44 Rn. 1 mwN.

für die durch notwendige Reisen oder durch die notwendige Wahrnehmung von Terminen entstandene Zeitversäumnis (§ 80 S. 2 FamFG iVm § 91 Abs. 1 S. 2 ZPO).

Hauptsache iSd § 34 sind sämtliche Verfahren, über die die Landwirtschaftsge- **6** richte nach § 1 Nr. 1 und Nr. 2–6 oder aufgrund von Sonderregelungen (→ § 1 Rn. 2) im Verfahren der freiwilligen Gerichtsbarkeit zu entscheiden haben. Hauptsache sind mithin auch die von diesen Vorschriften umfassten Zwangsgeldverfahren (→ § 1 Rn. 107 f.), während die Zwangsgeldbewehrung einer gerichtlichen Anordnung nach § 35 FamFG nur im zweiten Rechtszug zur Hauptsache gehört (§ 35 Abs. 5 FamFG) und im Übrigen mit einem eigenen Kostenausspruch zu versehen ist (§ 35 Abs. 3 S. 2 FamFG).[2]

IV. Inhalt der Kostenentscheidung

Der **notwendige Inhalt der Kostenentscheidung** ist in §§ 44, 45 S. 2 gere- **7** gelt. Daneben kann das Gericht die in §§ 42, 45 S. 1 genannten Anordnungen treffen. Diese Vorschriften des LwVG schließen den Rückgriff auf die allgemeine Kostenregelung des § 81 FamFG nach dessen Abs. 5 in der Regel aus (Ausnahme → § 45 Rn. 6).

Ist die **Kostenentscheidung** versehentlich ganz oder teilweise **unterblieben,** **8** ist die Entscheidung über die Hauptsache auf Antrag nachträglich zu ergänzen ([§ 9 iVm] § 43 Abs. 1 FamFG). Nach § 43 Abs. 2 FamFG muss die Ergänzung binnen einer zweiwöchigen Frist, die mit der schriftlichen Bekanntgabe des Beschlusses beginnt, beantragt werden. Die Möglichkeit und Notwendigkeit, offenbare Unrichtigkeiten der Kostenentscheidung, die sich namentlich aus den Ausführungen in den Beschlussgründen ergeben können, nach (§ 9 iVm) § 42 FamFG jederzeit von Amts wegen oder auf Antrag (Anregung) zu berichtigen, bleibt von § 43 FamFG unberührt. Den von der Ergänzung oder Berichtigung betroffenen Beteiligten ist zuvor rechtliches Gehör zu gewähren.[3]

V. Anfechtung der Kostenentscheidung

Auch soweit über die Kosten nach § 34 entschieden wird, also zugleich mit der **9** Entscheidung über die Hauptsache, ist die Kostenentscheidung nach (§ 9 iVm) §§ 58 ff. FamFG **selbständig anfechtbar,** weil in das FamFG eine § 20 a Abs. 1 FGG aF entsprechende Vorschrift bewusst nicht aufgenommen worden ist.[4] Mit der isolierten Anfechtbarkeit soll die Überprüfung des weiten richterlichen Ermessens bei der Kostenverteilung gemäß § 81 FamFG ermöglicht werden.[5] Zwar ist § 81 FamFG in Landwirtschaftssachen nicht anzuwenden (→ Rn. 7). Da aber §§ 44, 45 S. 1 die Kostenverteilung ebenfalls in das billige Ermessen des Landwirtschaftsgerichts stellen, muss die Kostenentscheidung nach dem Willen des Gesetzgebers auch hier isoliert anfechtbar sein, sofern der Wert des Beschwerdegegenstan-

---

[2] Düsing/Martinez/*Hornung* LwVG § 34 Rn. 4.

[3] BVerfG (K) Beschl. v. 22.2.1988 – 1 BvR 1110/87, RdL 1988, 157.

[4] BGH Beschl. v. 8.12.2011 – V ZB 170/11, NJW-RR 2012, 651 Rn. 7.

[5] BT-Drs. 16/6308, 168, 216.

des 600 Euro übersteigt oder das Landwirtschaftsgericht des ersten Rechtszugs die Beschwerde zugelassen hat (§ 61 FamFG).

10   Dagegen verbleibt es in den streitigen Landwirtschaftssachen (§§ 1 Nr. 1a, 48 Abs. 1 S. 1) grundsätzlich dabei, dass die Anfechtung der Kostenentscheidung unzulässig ist, wenn nicht gegen die Entscheidung in der Hauptsache ein Rechtsmittel eingelegt wird (§ 99 Abs. 1 ZPO).

VI. Geschäftswert

11   § 34 Abs. 2 aF, wonach das Gericht den Geschäftswert von Amts wegen festsetzte, ist durch Art. 17 Nr. 2 Buchst. a des 2. KostRMoG v. 23.7.2013 (BGBl. I 2586) aufgehoben worden. Die Vorschrift erschien dem Reformgesetzgeber entbehrlich, weil nunmehr durch § 79 Abs. 1 GNotKG bestimmt wird, dass das Gericht den Wert für die zu erhebenden Gebühren durch Beschluss festsetzt, sobald eine Entscheidung über den gesamten Verfahrensgegenstand ergeht oder sich das Verfahren anderweitig erledigt.[6] Soweit eine Festsetzung des Geschäftswerts allerdings, zB in Anwendung von § 42 S. 1, unterbleibt, erfolgt die Wertfestsetzung für die Rechtsanwaltsgebühren nur auf Antrag (§ 33 Abs. 1 RVG).

§§ 35–41   [aufgehoben]

§ 42   [Absehen von Kostenerhebung]

¹Aus besonderen Gründen kann das Gericht anordnen, daß von der Erhebung von Gerichtskosten ganz oder teilweise abgesehen wird. ²Die Entscheidung kann nur gleichzeitig mit der Entscheidung in der Hauptsache ergehen.

I. Überblick

1   Die Vorschrift ermöglicht es dem Landwirtschaftsgericht, die sich aus §§ 18, 22 ff. GNotKG ergebende Kostenschuld der Beteiligten aus Billigkeitsgründen aufzuheben oder zu ermäßigen. Damit räumt § 42 in Landwirtschaftssachen der **Einzelfallgerechtigkeit** den Vorrang vor den Interessen des Justizfiskus und den Gesichtspunkten der Gleichmäßigkeit und Berechenbarkeit der Gebührenerhebung ein.

II. Anwendungsbereich

2   Die Vorschrift gilt aufgrund ihrer systematischen Stellung im zweiten Abschnitt in den Landwirtschaftssachen der freiwilligen Gerichtsbarkeit nach § 1 Nr. 1 und Nr. 2–6 sowie nach § 65 Abs. 2 LwAnpG (→ § 1 Rn. 269) und des § 12 Abs. 3 BJagdG (→ § 1 Rn. 272 ff.).

---

[6] BT-Drs. 17/11471, 285.

Nach § 21 Abs. 1 S. 1 GNotKG sind Kosten, die bei richtiger Behandlung der **3** Sache nicht entstanden wären, nicht zu erheben. Das Gleiche gilt gemäß § 21 Abs. 1 S. 2 GNotKG für Auslagen, die durch eine von Amts wegen veranlasste Verlegung eines Termins oder Vertagung einer Verhandlung entstanden sind. Da die Nichterhebung von Kosten nach diesen Vorschriften von spezielleren Voraussetzungen abhängt und überdies nicht dem Ermessen des Gerichts überantwortet ist, gehen sie § 42 in ihrem Anwendungsbereich als lex specialis vor. Dagegen ermöglicht § 21 Abs. 1 S. 3 GNotKG eine vom Verursachungsprinzip unabhängige Billigkeitsentscheidung, die das Landwirtschaftsgericht in gleicher Weise nach § 42 treffen kann. Dasselbe gilt für § 81 Abs. 1 S. 2 FamFG, der nach dessen Abs. 5 als die allgemeine Regelung hinter § 42 zurücktritt.

Das in streitigen Landwirtschaftssachen geltende GKG (§ 1 Abs. 1 S. 1 Nr. 1 **4** GKG, §§ 1 Nr. 1a, 48 Abs. 1 S. 1) enthält keine § 42 entsprechende Vorschrift. Allerdings werden nach § 21 Abs. 1 GKG Kosten und Auslagen unter den in → Rn. 3 genannten Voraussetzungen nicht erhoben.

III. Besondere Gründe

Besondere Gründe sind solche, **die im Normalfall der Kostenerhebung 5 nicht vorliegen** und bei wertender Betrachtung die gänzliche oder teilweise Befreiung von den Gerichtskosten rechtfertigen.

Ein solcher Grund kann insbesondere darin liegen, dass sich die Begehr des Kos- **6** tenschuldners während des anhängigen Verfahrens durch **Klaglosstellung** in der Hauptsache erledigt hat.[1] Ist die Klaglosstellung nämlich keinem anderen Beteiligten zuzurechnen, dem die Kosten nach § 44 Abs. 1 aufzuerlegen wären (→ § 44 Rn. 5), sondern durch einen (zB nach § 32 Abs. 1) Nichtbeteiligten bewirkt worden, können diesem auch keine Kosten auferlegt werden (→ § 44 Rn. 6).

Wie sich aus der Abgrenzung zu § 21 GNotKG ergibt, kann das Gericht die **7** Nichterhebung aber auch dann anordnen, wenn die Entstehung der Kosten dem Schuldner zurechenbar ist. So etwa zur Vermeidung einer dem Kostenschuldner wirtschaftlich nicht zumutbaren Härte, die über die mit der Gebührenerhebung regelmäßig einhergehende Vermögenseinbuße hinausgeht. Soweit das Gesetz für bestimmte Kostentatbestände wie zB die Rücknahme eines Antrags oder Rechtsmittels Ermäßigungen vorsieht, gibt ein solcher Tatbestand für sich keinen Grund für eine vollständige Kostenfreistellung ab.[2]

IV. Ermessen

Selbst bei Vorliegen besonderer Gründe steht es im Ermessen des Landwirt- **8** schaftsgerichts, ob es anordnet, ganz oder teilweise von der Erhebung der Gerichtskosten abzusehen. Wenn es diese Gründe bejaht, wird es freilich in der Regel pflichtgemäßer Ermessensausübung entsprechen, die Nichterhebung der Gerichtskosten anzuordnen. Denkbar bleibt jedoch, dass es aus besonderen Gründen unbil-

---

[1] OLG Dresden Beschl. v. 5.10.2000 – WLw 1476/99, AgrarR 2001, 119; OLG Stuttgart Beschl. v. 24.1.2011 – 101 W 3/10, BeckRS 2011, 03061; *Ernst* LwVG § 42 Rn. 6 mwN.
[2] Vgl. BayObLG Beschl. v. 8.8.1988 – LwBReg 1/88, BeckRS 1988, 05605 Rn. 9 = AgrarR 1989, 133.

lig wäre, den Kostenschuldner mit den Gebühren zu belasten, ohne dass er zugleich von den Auslagen (§ 80 FamFG) zu entlasten ist, etwa weil er durch unrichtiges Vorbringen kostenaufwendige Beweiserhebungen veranlasst hat.

V. Entscheidung nur gleichzeitig mit der Entscheidung in der Hauptsache

9   § 42 S. 2 betont und verschärft § 34, wonach über die Kosten zugleich mit der Entscheidung über die Hauptsache zu entscheiden ist. Da die Entscheidung, von der Erhebung der Gerichtskosten ganz oder teilweise abzusehen, nur gleichzeitig mit der Entscheidung in der Hauptsache ergehen kann, die ja schon nach § 34 in aller Regel eine Kostenentscheidung enthält, kommt die nachträgliche Ergänzung des Beschlusses um eine Anordnung nach § 42 nur in Betracht, wenn die Kostenentscheidung gänzlich übersehen worden ist (§ 43 FamFG; → § 34 Rn. 8). Die Berichtigung des Beschlusses um die Anordnung von Kostenfreiheit wegen offenbarer Unrichtigkeit bleibt hiervon allerdings unberührt (§ 42 FamFG; → § 34 Rn. 8).

10   Soweit eine selbständige Kostenentscheidung ergehen muss (näher → § 34 Rn. 4), ist die Kostenfreiheit zugleich mit dieser anzuordnen.[3]

VI. Kostenfreiheit von Behörden

11   § 42 Abs. 2 aF sah vor, dass die in § 41 S. 2 aF genannten Behörden, also die Landwirtschafts-, Genehmigungs- und Siedlungsbehörde nach LPachtVG, GrdstVG und RSG sowie die der Genehmigungsbehörde übergeordnete Behörde, von der Zahlung von Gerichtskosten befreit sind. Die Vorschrift ist durch Art. 17 Nr. 4 Buchst. b des 2. KostRMoG v. 23.7.2013 (BGBl. I 2586) aufgehoben worden. Der Regelungsgehalt der Vorschrift findet sich nunmehr im **KV Vorbemerkung 1.5.1 Abs. 2** zu § 3 Abs. 2 GNotKG.[4] Die Vorbemerkung verhält sich allerdings nur zu den Gerichtsgebühren. Nach der Gesetzesbegründung[5] ist es nicht sachgerecht, dass der Justizhaushalt zusätzlich zu dem Verzicht auf Gebühren auch noch auf die Erhebung von Auslagen verzichten soll.

12   Außergerichtliche Kosten anderer Beteiligter können den in KV Vorbemerkung 1.5.1 Abs. 2 zu § 3 Abs. 2 GNotKG genannten Behörden dagegen auferlegt werden (§ 45).[6]

§ 43 [aufgehoben]

---

[3] *Ernst* LwVG § 42 Rn. 10.
[4] BT-Drs. 17/11471, 285.
[5] BT-Drs. 17/11471, 213.
[6] BGH Beschl. v. 28.4.2014 – BLw 2/13, BeckRS 2014, 11499 Rn. 21; RdL 2014, 242; aA OLG Frankfurt Beschl. v. 9.1.2002 – 15 Ww 1/02, RdL 2003, 305 (306).

§ 44 [Kostentragungspflicht]

(1) Sind an einem Verfahren mehrere Personen beteiligt, so hat das Gericht nach billigem Ermessen zu entscheiden, wer die Kosten zu tragen hat und wie sie zu verteilen sind.

(2) Bei einem Verfahren, das von der nach Landesrecht zuständigen Behörde, der Genehmigungsbehörde, der übergeordneten Behörde (§ 32 Absatz 2) oder der Siedlungsbehörde eingeleitet ist oder auf ihrem Antrag oder ihrer Beschwerde beruht, ist nach billigem Ermessen darüber zu entscheiden, ob und inwieweit anderen am Verfahren Beteiligten die Kosten aufzuerlegen sind.

I. Überblick

Die Bedeutung von § 44 Abs. 1 erschließt sich aus dem **Zusammenwirken mit** **1** **dem GNotKG.** In §§ 22 ff. GNotKG ist geregelt, wer die Gerichtskosten schuldet. Gemäß § 27 Nr. 1 GNotKG gehört dazu, wem durch gerichtliche Entscheidung die Kosten des Verfahrens auferlegt sind. Nach § 44 Abs. 1 bestimmt das Landwirtschaftsgericht, wer diese Kosten ganz oder teilweise zu tragen hat, wenn an einem Verfahren mehrere Personen beteiligt sind; dieser ist nach § 33 Abs. 1 S. 1 GNotKG **Erstschuldner.** Nach § 32 Abs. 1 GNotKG haften mehrere Kostenschuldner zwar grundsätzlich als Gesamtschuldner. § 33 GNotKG sieht jedoch Haftungserleichterungen für den Kostenschuldner vor, dem das Landwirtschaftsgericht nicht die Kosten auferlegt hat. § 44 Abs. 1 regelt mithin, wer von mehreren Beteiligten zuvörderst auf die Gerichtskosten haftet.

Die in § 44 Abs. 2 genannten **Behörden** sind nach KV Vorbemerkung 1.5.1 **2** Abs. 2 zu § 3 Abs. 2 GNotKG von der Zahlung von Gerichtsgebühren befreit (→ § 42 Rn. 11). Da in den Fällen des § 44 Abs. 2 mithin kein Antragsschuldner vorhanden ist (§ 22 Abs. 1 GNotKG), bedarf es einer gerichtlichen Entscheidung, wenn ein anderer Beteiligter diese Kosten tragen soll (§ 27 Nr. 1 GNotKG). Zu einer solchen Entscheidung ermächtigt § 44 Abs. 2 das Landwirtschaftsgericht. Soweit das Gericht die Gerichtskosten hingegen gemäß § 44 Abs. 1 einer am Verfahren beteiligten (→ Rn. 5 f.) und Kostenfreiheit genießenden Behörde auferlegt, sind Kosten nicht zu erheben und bereits erhobene Kosten zurückzuzahlen (§ 2 Abs. 3 S. 1 GNotKG). Letztgenannte Vorschrift sowie § 33 Abs. 1 GNotKG ersetzen § 47 aF, der durch Art. 17 Nr. 8 des 2. KostRMoG v. 23.7.2013 (BGBl. I 2586) aufgehoben worden ist.

II. Anwendungsbereich

Die Vorschrift gilt aufgrund ihrer systematischen Stellung im zweiten Abschnitt **3** in den Landwirtschaftssachen der freiwilligen Gerichtsbarkeit nach § 1 Nr. 1 und Nr. 2–6 sowie nach § 65 Abs. 2 LwAnpG (→ § 1 Rn. 269) und des § 42 Abs. 3 BJagdG (→ § 1 Rn. 272 ff.). § 44 betrifft nur die Verteilung der **Gerichtskosten,** also der Gebühren und Auslagen (§ 80 S. 1 FamFG). Die Erstattung der außergerichtlichen Kosten der Beteiligten richtet sich nach § 45. Anders als im ZPO-Streitverfahren (§§ 1 Nr. 1a, 48 Abs. 1 S. 1 iVm §§ 91 ff. ZPO) kann über die Verteilung der Gerichtskosten und die Erstattung außergerichtlicher Kosten mithin unterschiedlich entschieden werden.

4   Eine § 44 Abs. 1 verdrängende Sonderregelung enthält § 585 b Abs. 2 S. 2 BGB für die Ernennung eines Sachverständigen (→ § 1 Rn. 64). Die insoweit entstehenden Kosten, also die Kosten des Ernennungsverfahrens sowie die Vergütung des Sachverständigen,[1] trägt jeder Vertragsteil zur Hälfte. Wird der Antrag auf Ernennung eines Sachverständigen allerdings zurückgewiesen, ist über die Kosten nach § 44 Abs. 1 zu entscheiden.[2]

III. Mehrere Beteiligte

5   § 44 Abs. 1 setzt voraus, dass an einem landwirtschaftsgerichtlichen Verfahren **mehrere Personen beteiligt** sind. Ob dies der Fall ist, richtet sich nach (§ 9 iVm) **§ 7 Abs. 1–3 FamFG** (Einzelheiten → § 9 Rn. 39 ff.). Aus § 32 Abs. 1 ergibt sich, dass die dort genannten **Behörden** in Verfahren wegen Beanstandung eines Landpachtvertrags (→ § 1 Rn. 6 ff.) oder Genehmigung einer rechtsgeschäftlichen Veräußerung (→ § 1 Rn. 70 ff.) keine Beteiligten sind (§ 7 Abs. 6 FamFG; näher → § 32 Rn. 4 ff.), während die diesen übergeordnete Behörde gemäß § 32 Abs. 2 S. 3 als Beteiligter auch im Sinne der Kostenregelungen des LwVG gilt,[3] soweit sie (Rechts-) Beschwerde gegen die Entscheidung des Landwirtschaftsgerichts im ersten oder zweiten Rechtszug erhebt (und nicht etwa bloß im Beschwerdeverfahren angehört wird).[4]

6   Ein **Nichtbeteiligter** wird zum Beteiligten, wenn er das Verfahren durch einen Antrag anhängig macht[5] oder gegen die Entscheidung im ersten Rechtszug Beschwerde einlegt[6]. Wer an dem Verfahren nicht beteiligt ist, hat auch **keine Kosten zu tragen.**[7] Einem Scheinbevollmächtigten weil vollmachtlosen Vertreter sind die Kosten nach dem Veranlasserprinzip aufzuerlegen.[8]

7   Ist an einem Verfahren vor dem Landwirtschaftsgericht nur eine **einzige Person beteiligt,** bedarf es keiner gerichtlichen Entscheidung über die Tragung der Gerichtskosten, weil diese Person für sie gemäß § 14 Abs. 1 iVm § 22 Abs. 1 GNotKG als Antragsschuldner haftet.

---

[1] *Ernst* LwVG § 44 Rn. 13 mwN.

[2] AA offenbar BeckOK BGB/*C. Wagner* BGB § 585 b Rn. 7: Kosten trägt der Antragsteller immer allein.

[3] BGH Beschl. v. 11.10.1955 – V BLw 24/55, NJW 1955, 1796; Beschl. v. 10.3.1955 – V BLw 14/55, BeckRS 1955, 31198946 = RdL 1955, 224.

[4] Vgl. OLG Dresden Beschl. v. 5.10.2000 – WLw 1476/99, AgrarR 2001, 119.

[5] OLG Dresden Beschl. v. 5.10.2000 – WLw 1476/99, AgrarR 2001, 119.

[6] OLG Stuttgart Beschl. v. 2.7.1998 – 10 W (Lw) 16/97, RdL 1998, 298: Genehmigungsbehörde.

[7] OLG Jena Beschl. v. 27.6.2007 – Lw U 280/07, BeckRS 2008, 08148 = RdL 2007, 301; *Ernst* LwVG § 44 Rn. 22 mwN.

[8] OLG Jena Beschl. v. 22.7.1999 – Lw U 690/99, OLG-NL 1999, 259 (260) = RdL 2000, 133.

IV. Entscheidung nach billigem Ermessen

Das Landwirtschaftsgericht entscheidet nach § 44 Abs. 1 über die Verteilung der 8
Gerichtskosten von Amts wegen nach billigem Ermessen. Die **Kostenentscheidung** als solche **ist obligatorisch,** lediglich ihr Inhalt ist dem Ermessen des Landwirtschaftsgerichts überantwortet. Dabei wird sich das Gericht **ermessensleitend
an den Regelungsgehalten der §§ 91 ff. ZPO orientieren,** da in diesen Vorschriften kostenbedeutsame Billigkeitserwägungen positiviert sind. Auch im Fall
der Rücknahme des Antrags (§ 14 Abs. 1; → § 14 Rn. 50) ist gemäß (§ 9 iVm) § 83
Abs. 2 iVm § 81 Abs. 5 FamFG über die Kostenverteilung nach § 44 Abs. 1 zu entscheiden, wobei die Wertungen des § 269 Abs. 3 S. 2 und 3 ZPO zu berücksichtigen sind.[9] Sind die Kosten durch ein unbegründetes Rechtsmittel oder grobes
Verschulden eines Beteiligten verursacht worden, tritt insoweit eine **Ermessensreduzierung entsprechend § 45 S. 2** ein (→ § 45 Rn. 9).[10] Namentlich in Vertrags-
streitigkeiten nach § 1 Nr. 1 iVm §§ 588, 590 Abs. 2, 591 Abs. 2 und 3, 593, 594 d
Abs. 2, 595, 595 a Abs. 2 und 3 BGB (→ § 1 Rn. 36 ff.) kann aber auch in Betracht
kommen, dem durch die Vertragsänderung begünstigten Beteiligten die Gerichtskosten ganz oder teilweise aufzuerlegen.[11] Auch bei der gerichtlichen Zuweisung
eines landwirtschaftlichen Betriebs nach § 1 Nr. 2 iVm §§ 13 ff. GrdstVG (→ § 1
Rn. 112 ff.) werden die Gerichtskosten in der Regel dem Erwerber aufzuerlegen
sein, da ihm die Zuweisungsentscheidung wirtschaftlich zugute kommt.[12]

V. Beteiligung einer von den Gerichtsgebühren befreiten Behörde (Abs. 2)

Im Unterschied zu § 44 Abs. 1 hat das Landwirtschaftsgericht in den Fällen des 9
§ 44 Abs. 2 bereits nach billigem Ermessen darüber zu entscheiden, **ob überhaupt
anderen am Verfahren Beteiligten die Kosten aufzuerlegen sind.** Auch hier
wird es nach dem Rechtsgedanken des § 91 ZPO in der Regel billigem Ermessen
entsprechen, dem unterliegenden Beteiligten die Gerichtskosten aufzuerlegen.
Dringt die Behörde mit ihrem Antrag oder Rechtsmittel hingegen nicht durch,
wird eine Anordnung nach § 44 Abs. 2 kaum je der Billigkeit entsprechen. Vielmehr werden der Behörde in einem solchen Fall die Gerichtskosten regelmäßig
schon nach § 44 Abs. 1 aufzuerlegen sein (mit der in → Rn. 2 dargelegten Kosten-
folge).[13]

---

[9] Düsing/Martinez/*Hornung* LwVG § 44 Rn. 1.
[10] IErg zB BGH Beschl. v. 18.3.2011 – BLw 4/11, BeckRS 2011, 07270 Rn. 8; OLG
Hamm Beschl. v. 15.11.2013 – 10 W 48/13, BeckRS 2014, 00216; aA *Ernst* LwVG § 45
Rn. 39.
[11] *Ernst* LwVG § 44 Rn. 11.
[12] *Netz* GrdstVG Rn. 4170.
[13] AA Düsing/Martinez/*Hornung* LwVG § 44 Rn. 1, wonach § 44 Abs. 2 lediglich klarstel-
len soll, dass keine Kostenentscheidung zu Lasten der Behörde ergehen könne (s. dagegen auch
→ Rn. 2 und → § 42 Rn. 11).

VI. Erstattung von Gerichtskosten

10   Gemäß § 17 S. 1 GNotKG bleibt die Verpflichtung zur Zahlung eines Vorschusses auf die Gerichtskosten (§§ 13, 14 GNotKG) bestehen, auch wenn die Kosten des Verfahrens einem anderen auferlegt sind; nach § 18 Abs. 1 GNotKG werden die Kosten jedes Rechtszuges getrennt angesetzt. Hat ein Beteiligter aufgrund dieser Vorschriften bereits Vorschuss oder Kosten gezahlt, obwohl er die Gerichtskosten nach § 44 letztlich nicht zu tragen hat, kann er sie **gemäß (§ 9 iVm) § 85 FamFG gegen die kostenpflichtigen Beteiligten nach §§ 103–107 ZPO festsetzen** lassen. Mit der Aufhebung von § 45 Abs. 2 aF, der unmittelbar nur die außergerichtlichen Kosten betraf, durch Art. 17 Buchst. b des 2. KostRMoG v. 23.7.2013 (BGBl. I 2586), hat sich die Unterscheidung zwischen Gerichtskosten und außergerichtlichen Kosten bzgl. der Kostenfestsetzung in Landwirtschaftssachen der freiwilligen Gerichtsbarkeit erledigt.[14]

VII. Anfechtung der Kostenentscheidung

11   Die Entscheidung über die Tragung und Verteilung der Gerichtskosten nach § 44 ist selbständig anfechtbar (näher → § 34 Rn. 9).

§ 45   [Erstattung außergerichtlicher Kosten]

[1]**Bei der Entscheidung in der Hauptsache kann das Gericht anordnen, daß die außergerichtlichen Kosten ganz oder teilweise von einem unterliegenden Beteiligten zu erstatten sind.** [2]**Dies hat dann zu geschehen, wenn der Beteiligte die Kosten durch ein unbegründetes Rechtsmittel oder durch grobes Verschulden veranlaßt hat.**

I. Überblick

1   § 45 regelt im Anschluss an § 44 die Erstattung außergerichtlicher Kosten. Während die Entscheidung über die Tragung und Verteilung der Gerichtskosten nach § 44 Abs. 1 obligatorisch und nur deren Inhalt dem billigem Ermessen des Landwirtschaftsgerichts überantwortet ist, hat das Landwirtschaftsgericht nach § 45 S. 1 bereits nach billigem Ermessen zu entscheiden, **ob überhaupt außergerichtliche Kosten zu erstatten sind,** sofern nicht ein Fall des § 45 S. 2 vorliegt.

2   §§ 44, 45 verlangen die **Trennung von Gerichtskosten und außergerichtlichen Kosten im Kostenausspruch.** Ohne ausdrückliche Anordnung der Erstattung außergerichtlicher Kosten sind diese grundsätzlich nicht zu erstatten, weil eine Kostenentscheidung nur hinsichtlich der Gerichtskosten obligatorisch ist. Allerdings kann sich im Einzelfall aus den Beschlussgründen ergeben, dass das Landwirtschaftsgericht mit der Entscheidung über die Kostentragung zugleich die Erstattung der außergerichtlichen Kosten anordnen wollte.[1] Die Erstattung außergerichtlicher

---

[14] Vgl. BT-Drs. 17/11471, 285.
[1] *Hartmann* KostG § 45 LwVG Rn. 2.

Kosten kann nur bei der Entscheidung in der Hauptsache, also zugleich mit ihr angeordnet werden (Einzelheiten → § 34 Rn. 1 ff.).

II. Anwendungsbereich

Die Vorschrift gilt aufgrund ihrer systematischen Stellung im zweiten Abschnitt **3** in den Landwirtschaftssachen der freiwilligen Gerichtsbarkeit nach § 1 Nr. 1 und Nr. 2–6 sowie nach § 65 Abs. 2 LwAnpG (→ § 1 Rn. 269) und des § 12 Abs. 3 BJagdG (→ § 1 Rn. 272 ff.).

III. Außergerichtliche Kosten

Was außergerichtliche Kosten sind, ist nicht im LwVG, sondern im FamFG ge- **4** regelt. Dies sind nach (§ 9 iVm) § 80 S. 1 FamFG die zur Durchführung des Verfahrens notwendigen Aufwendungen der Beteiligten; zudem ist nach § 80 S. 2 FamFG iVm 91 Abs. 1 S. 2 ZPO die Zeitversäumnis der Beteiligten, die durch notwendige Reisen oder durch die notwendige Wahrnehmung von Terminen entstanden ist, nach den für die Entschädigung von Zeugen geltenden Vorschriften des JVEG zu entschädigen. Mangels Verweises auf § 91 Abs. 2 ZPO sind die **Kosten für die Beauftragung eines Rechtsanwalts** nicht stets, aber angesichts der Komplexität des Landwirtschaftsrechts doch in aller Regel als zur zweckentsprechenden Rechtsverfolgung oder Rechtsverteidigung notwendige Aufwendungen zu erstatten.[2] Der Streit über den Anfall oder die Notwendigkeit von Aufwendungen ist im Kostenfestsetzungsverfahren (→ Rn. 14) auszutragen.

IV. Fakultative Kostenerstattung (S. 1)

1. Unterliegender Beteiligter

Im Unterschied zu § 44 kann die Erstattung außergerichtlicher Kosten nach § 45 **5** S. 1 nur einem unterliegenden Beteiligten auferlegt werden. Der Begriff des Beteiligten entspricht dem des § 44 (→ § 44 Rn. 5). Ein Beteiligter unterliegt, wenn er **mit seinem Begehren,** wie es in seinem Antrag (§ 14 Abs. 1) und dem zu seiner Begründung angeführten Lebenssachverhalt zum Ausdruck kommt ([§ 9 iVm] § 23 Abs. 1 S. 2 FamFG, [§ 14 Abs. 2 S. 2 iVm] § 139 Abs. 1 S. 2 ZPO; näher → § 14 Rn. 18 ff.), **ganz oder teilweise keinen Erfolg hat.** Dass es sich in den Angelegenheiten des § 1 Nr. 1 und Nr. 2–6 nicht um streitige Landwirtschaftssachen handelt, schließt ein Unterliegen in diesem Sinne schon deshalb nicht aus,[3] weil sich § 45 nur auf diese Verfahren bezieht und andernfalls gegenstandslos wäre.[4] Auch ein Beteiligter, der einen Verfahrensantrag auf gerichtliche Entscheidung stellt (zB → § 1 Rn. 17 ff., 80 ff.), kann daher iSd § 45 S. 1 unterliegen, mag ihm auch kein obsiegender Beteiligter gegenüberstehen.[5]

---

[2] *Ernst* LwVG § 45 Rn. 10 f.; MAH AgrarR / *Reiter* § 5 Rn. 224.

[3] So aber offenbar *Hartmann* KostG § 45 LwVG Rn. 3, wonach § 45 in Verfahren, die dem Amtsermittlungsgrundsatz unterliegen, nicht anwendbar sein soll.

[4] IErg wie hier *Ernst* LwVG § 45 Rn. 20.

[5] *Ernst* LwVG § 45 Rn. 21.

6   Im Antragsverfahren (§ 14 Abs. 1) unterliegt ein Beteiligter auch dann, wenn er gemäß (§ 9 iVm) § 22 Abs. 1 S. 1 FamFG seinen **Antrag zurücknimmt** (→ § 14 Rn. 50), da er sein Begehren infolgedessen nicht mehr durchsetzen kann.[6] Erledigt sich das Begehren eines Beteiligten dadurch, dass er von einem anderen Beteiligten klaglos gestellt wird, unterliegt dieser. Bleibt die Erledigungserklärung eines Beteiligten einseitig, unterliegt dieser, wenn sich die Hauptsache tatsächlich nicht erledigt hat, andernfalls der Beteiligte, der sich der Erledigungserklärung nicht angeschlossen hat (→ § 14 Rn. 52). In den übrigen Fällen der **Erledigung der Hauptsache** (→ § 14 Rn. 51) ist mangels unterliegendem Beteiligten gemäß § 9 auf §§ 83 Abs. 2, 81 Abs. 1 S. 1 FamFG zurückzugreifen, wonach die außergerichtlichen Kosten den Beteiligten nach billigem Ermessen aufzuerlegen sind;[7] in aller Regel wird sich eine Erstattungsanordnung erübrigen. Wird das Verfahren durch **Vergleich** erledigt und haben die Beteiligten keine Bestimmung über die Kosten getroffen, trägt jeder seine außergerichtlichen Kosten selbst (§ 83 Abs. 1 S. 2 FamFG).

2. Ermessen

7   Gemäß § 45 S. 1 hat das Landwirtschaftsgericht über die Erstattung außergerichtlicher Kosten nach pflichtgemäßem Ermessen zu entscheiden. Da die Anordnung der Kostenerstattung voraussetzt, dass ein Beteiligter unterliegt, vermag dieser Umstand allein die Ermessensausübung nicht zu präjudizieren. Im Unterschied zu § 44 Abs. 1 (→ § 44 Rn. 8) sind **die in §§ 91 ff., 269 Abs. 3 S. 2 und 3 ZPO positivierten Billigkeitserwägungen hier für sich allein mithin nicht ermessensleitend.**[8] Hinzu kommen muss vielmehr mindestens ein weiterer Umstand, nach dem die Kostenerstattung geboten oder wenigstens angemessen erscheint.[9]

8   Ein die Erstattung außergerichtlicher Kosten rechtfertigender Umstand kann insbesondere darin liegen, dass die **Rechtsverfolgung oder Rechtsverteidigung offensichtlich keine Aussicht auf Erfolg** versprochen hat.[10] In diesem Fall wird freilich vielfach zugleich grobes Verschulden vorliegen und damit die obligatorische Kostenerstattung nach § 45 S. 2 Alt. 2 eingreifen (→ Rn. 12).[11] Weitere Gründe für die Kostenerstattung können wahrheitswidriges Vorbringen (→ § 14 Rn. 64),[12] aus der Luft gegriffene Behauptungen oder Beweisantritte oder -anregungen ins Blaue[13], schuldhafte Verfahrensverzögerungen[14] oder sonst **unredliches Prozessverhalten** bilden, auch wenn dadurch keine weiteren außergerichtlichen Kosten entstanden sind und schon aus diesem Grund die obligatorische Kostenerstattung

---

[6] Unklar *Ernst* LwVG, einerseits § 45 Rn. 6: §§ 83 Abs. 2, 81 FamFG, andererseits § 45 Rn. 25: § 45 LwVG.

[7] Vgl. *Ernst* LwVG § 45 Rn. 6.

[8] Vgl. OLG Celle Beschl. v. 20.8.2001 – 7 W 34/01 (L), BeckRS 2001, 30199999 = RdL 2002, 103; *Ernst* LwVG § 45 Rn. 24f.

[9] Vgl. OLG Celle Beschl. v. 9.3.1976 – 7 WLw 16/76, NJW 1977, 1350; *Ernst* LwVG § 45 Rn. 17f. mwN; aA Düsing/Martinez/*Hornung* LwVG § 45 Rn. 3.

[10] Rechtsgedanke des § 81 Abs. 2 Nr. 2 FamFG.

[11] So begreift der FamFG-Gesetzgeber – freilich nicht ganz sauber – den in § 81 Abs. 2 Nr. 2 FamFG geregelten Fall als Unterfall groben Verschuldens iSv Nr. 1 der Vorschrift (BT-Drs. 16/6308, 216).

[12] Rechtsgedanke des § 81 Abs. 2 Nr. 3 FamFG; zB AG Königs Wusterhausen Beschl. v. 19.9.2008 – 5 Lw 11/99, BeckRS 2011, 08394.

[13] Näher BeckOK ZPO/*von Selle* § 138 Rn. 32.

[14] Rechtsgedanke des § 81 Abs. 2 Nr. 4 FamFG.

nach § 45 S. 2 nicht eingreift. Darüber hinaus kann sich die Anordnung der Kostenerstattung im Einzelfall auch aus den **persönlichen und wirtschaftlichen Verhältnissen** der Beteiligten rechtfertigen.

V. Obligatorische Kostenerstattung (S. 2)

Nach § 45 S. 2 hat ein Beteiligter die einem anderen Beteiligten entstandenen 9 außergerichtlichen Kosten **zwingend zu erstatten,** wenn er sie durch ein unbegründetes Rechtsmittel oder grobes Verschulden veranlasst hat. Die obligatorische Kostenerstattung setzt mithin voraus, dass **die Kosten durch das Prozessverhalten des erstattungspflichtigen Beteiligten verursacht worden sind.** Dies ist in den Fällen der Einlegung eines unbegründeten Rechtsmittels hinsichtlich aller notwendigen Aufwendungen (→ Rn. 4) des Gegners im zweiten und dritten Rechtszug zu bejahen, während in den Fällen groben Verschuldens vielfach allenfalls ein Teil der außergerichtlichen Kosten auf diesem Fehlverhalten des erstattungspflichtigen Beteiligten beruhen wird.

1. Unbegründetes Rechtsmittel

Einem unbegründeten Rechtsmittel ist iSv § 45 S. 2 das **unzulässige Rechtsmittel** gleichzusetzen.[15] Wenn ein **Rechtsmittel zurückgenommen** wird, ist es zumindest nicht begründet, was nach dem Gesetz für die Erstattung der außergerichtlichen Kosten genügt. Dagegen meint der BGH, dass ein zurückgenommenes Rechtsmittel nicht allein deswegen als unbegründet angesehen werden könne, so dass über die Kostenerstattung nach § 45 S. 1 zu entscheiden sei.[16] Auch nach dieser Auffassung sind die Erfolgsaussichten des zurückgenommenen Rechtsmittels jedenfalls dann nicht zu prüfen, wenn dies weitere Ermittlungen erfordern würde.[17] Zudem entspricht es grundsätzlich „der Gerechtigkeit" (Billigkeit), dass der Rechtsmittelführer die einem anderen Beteiligten durch das Rechtsmittel entstandenen Kosten erstattet, nachdem er es zurückgenommen hat (§ 516 Abs. 3 S. 1 ZPO).[18] Dagegen würde es der Regelung des § 45 widersprechen, wenn sich ein Beschwerdeführer seiner der Billigkeit entsprechenden Kostenlast zu Lasten der übrigen Beteiligten durch eine Beschwerderücknahme entziehen könnte.[19] Auch in Anwendung von § 45 S. 1 kann daher nur von der Erstattungsanordnung abgesehen werden, wenn das Rechtsmittel zunächst ausdrücklich nur fristwahrend eingelegt worden ist und zurückgenommen wird, bevor es begründet wird.[20]

---

[15] BGH Beschl. v. 23.10.1959 – IV ZB 105/59, BGHZ 31, 92 (105) = NJW 1960, 148; Beschl. v. 10.3.1955 – V BLw 14/55, BeckRS 1955, 31198946 mwN.

[16] BGH Beschl. v. 29.9.1994 – BLw 67/94, NJW-RR 1995, 125 (126) = RdL 1994, 324; ebenso *Ernst* LwVG § 45 Rn. 28.

[17] BGH Beschl. v. 11.7.1958 – V ZB 13/58, BGHZ 28, 117 (122) = NJW 1958, 1493; *Ernst* LwVG § 45 Rn. 29 mwN.

[18] BGH Beschl. v. 29.9.1994 – BLw 67/94, NJW-RR 1995, 125 (126) = RdL 1994, 324; Beschl. v. 11.7.1958 – V ZB 13/58, BGHZ 28, 117 (123) = NJW 1958, 1493.

[19] OLG Stuttgart Beschl. v. 24.1.2011 – 101 W 3/10, BeckRS 2011, 03061; *Düsing/Martinez/Hornung* LwVG § 45 Rn. 4 mwN.

[20] BGH Beschl. v. 29.9.1994 – BLw 67/94, NJW-RR 1995, 125 (126) = RdL 1994, 324; vgl. ferner BayObLG Beschl. v. 8.8.1988 – LwBReg 1/88, BeckRS 1988, 05605 Rn. 13 = AgrarR 1989, 133; *Düsing/Martinez/Hornung* LwVG § 45 Rn. 4 mwN.

2. Grobes Verschulden

11   Grobes Verschulden umfasst Vorsatz und grobe Fahrlässigkeit. Der Schuldvorwurf kann sich aus dem in → Rn. 8 exemplarisch dargestellten Fehlverhalten ergeben. Hat ein Beteiligter durch grobes Verschulden Anlass für das Verfahren gegeben, sind die notwendigen Aufwendungen (→ Rn. 4) des oder der anderen Beteiligten regelmäßig iSv § 45 S. 2 durch grobes Verschulden veranlasst.[21] **Verschulden seines Verfahrensbevollmächtigten** ist dem Beteiligten analog § 85 Abs. 2 ZPO zuzurechnen.[22] Das Verschulden eines Rechtsanwalts ist iSd § 45 S. 2 grob, wenn er ein Verfahren einleitet (§ 14 Abs. 1), ohne sich zuvor der eindeutigen, seinem Begehren entgegenstehenden Rechtslage versichert zu haben.[23]

VI. Anfechtung der Kostenentscheidung

12   Die Entscheidung über die Erstattung außergerichtlicher Kosten nach § 45 ist selbständig anfechtbar (näher → § 34 Rn. 9).

VII. Kostenfestsetzungsverfahren

13   Die Kosten sind gemäß (§ 9 iVm) § 85 FamFG in entsprechender Anwendung der §§ 103–107 ZPO festzusetzen (vgl. → § 44 Rn. 10).

VIII. Materiell-rechtlicher Kostenerstattungsanspruch

14   Für einen materiell-rechtlichen Kostenerstattungsanspruch ist im Anwendungsbereich von § 45 grundsätzlich kein Raum.[24]

§§ 46, 47 [aufgehoben]

---

[21] Rechtsgedanke des § 81 Abs. 2 Nr. 1 FamFG. Dagegen ist nicht erforderlich, dass der Beteiligte über die allgemeinen Verfahrenskosten hinausgehende *zusätzliche* Kosten verschuldet hat (BT-Drs. 16/6308, 216). Düsing/Martinez/*Hornung* LwVG § 45 Rn. 4 aE will einen offensichtlich unbegründeten Antrag analog § 45 S. 2 Alt. 1 einem unbegründeten Rechtsmittel gleichgestellt wissen.

[22] *Ernst* LwVG § 45 Rn. 37.

[23] OLG Celle Beschl. v. 9.3.1976 – 7 WLw 16/76, NJW 1977, 1350; *Ernst* LwVG § 45 Rn. 38.

[24] BGH Beschl. v. 24.11.1993 – BLw 38/93, LM LwVG § 45 Nr. 4 = RdL 1994, 75.

Dritter Abschnitt. Streitige Landwirtschaftssachen

§ 48 [Abgrenzung zur ZPO und Rechtsmittelbelehrung]

(1) ¹In bürgerlichen Rechtsstreitigkeiten des § 1 Nr. 1a findet die Zivilprozeßordnung Anwendung. ²Jedoch treten die §§ 10 und 20 Abs. 1 und 2 dieses Gesetzes an die Stelle der entsprechenden Vorschriften der Zivilprozeßordnung; § 315 Abs. 1 Satz 1 der Zivilprozeßordnung gilt mit der Maßgabe, daß es der Unterschrift der ehrenamtlichen Richter nicht bedarf.

(2) Die §§ 13 und 19 dieses Gesetzes sind entsprechend anzuwenden.

I. Überblick

§ 48 Abs. 1 regelt, dass und mit welchen Besonderheiten die ZPO in bürger- **1** lichen Rechtsstreitigkeiten in der Zuständigkeit der Landwirtschaftsgerichte Anwendung findet. § 48 Abs. 2 bestimmt die entsprechende Anwendbarkeit der §§ 13 und 19 aus dem zweiten Abschnitt des LwVG betreffend die Landwirtschaftssachen der freiwilligen Gerichtsbarkeit.

II. Anwendungsbereich

Die Vorschrift gilt gemäß § 1 Nr. 1a nur in Rechtsstreitigkeiten über den Land- **2** pachtvertrag (§§ 585–597 BGB), die nicht unter § 1 Nr. 1 LwVG fallen (streitige Landwirtschaftssachen, → § 1 Rn. 66f.).

III. Anwendung der ZPO (Abs. 1)

Das Verfahren in den streitigen Landwirtschaftssachen wird vor den Landwirt- **3** schaftsgerichten nach § 48 Abs. 1 S. 1 grundsätzlich als **normaler Zivilrechtsstreit** nach der ZPO geführt. Die Abgrenzung zu den Landwirtschaftssachen der freiwilligen Gerichtsbarkeit nach § 1 Nr. 1 und Nr. 2–6 LwVG ist von wesentlicher Bedeutung, da sich die **Verfahren nach der ZPO und dem FamFG grundlegend voneinander unterscheiden** (näher → § 1 Rn. 275). Namentlich für die ehrenamtlichen Richter ergibt sich daraus die Konsequenz, dass sie bei der Ausübung des Richteramts, insbesondere im Rahmen der materiellen Prozessleitung (§ 139 ZPO) und bei der Einbringung ihrer Sachkunde, die Grenzen beachten müssen, die der richterlichen Tätigkeit im Zivilprozess durch den **Verfügungs- und Beibringungsgrundsatz** gezogen werden (vgl. → § 5 Rn. 6 und 8; → § 14 Rn. 67).[1] Die wesentlich gerichtsverfassungsrechtlichen Vorschriften des ersten Abschnitts des LwVG (§§ 1–8) bleiben von der Anwendung der ZPO freilich unberührt.

Gemäß § 48 Abs. 1 S. 2 Hs. 1 tritt jedoch der **Belegenheitsgerichtsstand des** **4** § 10 (forum rei sitae) in Landpachtstreitigkeiten an die Stelle der örtlichen Zustän-

---

[1] Düsing/Martinez/*Hornung* LwVG § 48 Rn. 2. Näher dazu BeckOK ZPO/*v. Selle* § 139 Rn. 8ff.

digkeiten der §§ 12–34 ZPO. Auch die **örtliche Zuständigkeit ist ausschließlich** (näher → § 2 Rn. 17, → § 10 Rn. 1).

5   Des Weiteren kann das Landwirtschaftsgericht in den in § 20 Abs. 1 Nr. 1–6, 7 und 8 genannten Fällen auch im ZPO-Verfahren **ohne Zuziehung ehrenamtlicher Richter** entscheiden (§ 48 Abs. 1 S. 2 Hs. 1; Einzelheiten → § 20 Rn. 9ff.); die Entscheidung über die Ernennung eines Sachverständigen nach § 585b Abs. 2 BGB (§ 20 Abs. 1 Nr. 6a) ist ohnehin im Verfahren der freiwilligen Gerichtsbarkeit zu treffen (§§ 1 Nr. 1, 9). Zudem ist nach § 48 Abs. 1 S. 2 Hs. 1 iVm § 20 Abs. 2 die Zuziehung ehrenamtlicher Richter nicht erforderlich, wenn ein gerichtlicher Vergleich geschlossen wird (vgl. § 278 Abs. 6 ZPO).

6   Gemäß § 48 Abs. 1 S. 2 Hs. 2 bedürfen die Urteile – und erst recht nicht die Beschlüsse – des Landwirtschaftsgerichts **nicht der Unterschrift der ehrenamtlichen Richter.** Die Vorschrift gilt nach einer Grundsatzentscheidung des BGH[2] entsprechend in den Landwirtschaftssachen der freiwilligen Gerichtsbarkeit und verdrängt insoweit § 38 Abs. 3 S. 2 FamFG. Die Vorschrift entbindet selbstverständlich nicht von der Mitwirkung der ehrenamtlichen Richter bei der Urteilsfällung, was bisweilen übersehen wird,[3] wenn Angriffs- und Verteidigungsmittel nach Schluss der mündlichen Verhandlung, auf die das Urteil ergeht, und nach Beratung und Abstimmung (§ 194 Abs. 1 GVG), aber vor Urteilsverkündung (§ 310 ZPO) in einem nicht nachgelassenen Schriftsatz vorgebracht werden (§§ 296a, 156 ZPO; näher → § 5 Rn. 17f.).

IV. Entsprechende Anwendung der §§ 13 und 19 LwVG (Abs. 2)

7   § 48 Abs. 2 iVm § 13 Abs. 1 S. 1 erweitert den Kreis der vertretungsbefugten Bevollmächtigten nach § 79 Abs. 2 S. 2 ZPO um **berufsständische Vereinigungen der Landwirtschaft,** in denen die vertretene Partei Mitglied ist (Einzelheiten → § 13 Rn. 9ff.). Da sich die Parteien vor den Landwirtschaftssenaten der Oberlandesgerichte und des Bundesgerichtshofs durch einen Rechtsanwalt vertreten lassen müssen (§ 78 Abs. 1 S. 1 ZPO), kann die Regelung nur im **Parteiprozess vor den Amtsgerichten** als Landwirtschaftsgerichten (§ 2 Abs. 1 S. 1) praktisch werden.

8   § 19 bezieht sich auf die Genehmigungsbedürftigkeit der Veräußerung landwirtschaftlicher Grundstücke nach dem GrdstVG (näher → § 1 Rn. 70ff.) und die Beanstandungsprüfung von anzuzeigenden Pachtverträgen nach dem LPachtVG (näher → § 1 Rn. 6ff.). Auch im ZPO-Verfahren (§ 48 Abs. 2) soll der **Abschluss eines gerichtlichen Vergleichs** vor dem Landwirtschaftsgericht **nicht daran scheitern, dass noch eine Behördenentscheidung** über die Genehmigung eines Grundstücksgeschäfts oder die Beanstandung eines Landpachtvertrags **aussteht.** Daher kann das Gericht auf Antrag anstelle der sonst zuständigen Behörde darüber entscheiden, ob ein Vergleich, der nach GrdstVG genehmigungsbedürftige oder nach LPachtVG anzeigepflichtige Bestimmungen enthält, genehmigt wird oder unbeanstandet bleibt (Einzelheiten → § 19 Rn. 5ff.). Da nach § 2 Abs. 1 S. 2 LPachtVG in einem gerichtlichen Vergleich vereinbarte Änderungen eines als solchem anzeigepflichtigen Landpachtvertrags nicht anzuzeigen sind, bedarf es der

---

[2] Beschl. v. 29.11.2013 – BLw 4/12, NJW-RR 2014, 243 Rn. 14ff. = RdL 2014, 107.
[3] Vgl. BGH Urt. v. 25.4.2014 – LwZR 2/13, BeckRS 2014, 11251 = NL-BzAR 2014, 320.

Prüfung der Beanstandung des Vertrags nur, wenn in dem Vergleich ein neuer Pachtvertrag geschlossen wird.

V. Rechtsmittelbelehrung

§ 48 Abs. 2 S. 2 und 3 aF ist durch Art. 7 des Gesetzes zur Einführung einer **9** Rechtsbehelfsbelehrung im Zivilprozess v. 5. 12. 2012 (BGBl. I 2418) mit Wirkung zum 1. 1. 2014 aufgehoben worden. Der Gesetzgeber hielt die Regelung im LwVG im Hinblick auf die Einführung einer allgemeinen Belehrungspflicht im Zivilprozess für entbehrlich.[4] Dies führt im Ergebnis zu einer Einschränkung der Belehrungspflicht, wie sie nach § 48 Abs. 2 S. 2 bestanden hat, da eine Rechtsbehelfsbelehrung nach § 232 S. 2 ZPO grundsätzlich nur **im Parteiprozess erforderlich** ist.[5] Soweit eine Belehrungspflicht nach § 232 ZPO reicht, erstreckt sie sich auch auf anfechtbare Entscheidungen, die das Gericht nach dem GVG trifft (zB §§ 17a Abs. 4, 181 GVG).[6] Daneben ist gemäß § 5b GKG über die Anfechtbarkeit kostenrechtlicher Entscheidungen zu belehren.[7] Im Wiedereinsetzungsverfahren wird vermutet, dass die Fristversäumnis unverschuldet war, wenn eine Rechtsbehelfsbelehrung unterblieben oder fehlerhaft ist (§ 233 ZPO, § 68 Abs. 2 S. 2 GKG).

VI. Streitwert und Kosten

Der Zuständigkeitsstreitwert ist wegen der streitwertunabhängigen sachlichen **10** Zuständigkeit der Landwirtschaftsgerichte nach § 1 unerheblich. Für den **Rechtsmittelstreitwert** bleiben[8] insbesondere §§ 8, 9 ZPO bedeutsam (§ 26 Nr. 8 S. 1 EGZPO, s. a. § 713 ZPO).

Gemäß § 1 Abs. 1 Nr. 1 GKG werden Kosten (Gebühren und Auslagen) nur **11** nach diesem Gesetz erhoben. Es entstehen die regulären Gebühren, die in zivilrechtlichen Verfahren vor den ordentlichen Gerichten anfallen (KV 1100 ff. zu § 3 Abs. 2 GKG). Beim **Gebührenstreitwert** ist die Streitwertprivilegierung nach § 41 Abs. 1 und 2 GKG zu beachten.[9]

§ 49 [aufgehoben]

---

[4] BT-Drs. 17/10490, 21 f.
[5] BT-Drs. 17/10490, 12.
[6] BT-Drs. 17/10490, 14.
[7] Näher BeckOK KostR/*Dörndorfer* GKG § 5b Rn. 2 f.
[8] Entgegen BeckOK ZPO/*Wendtland* § 8 Rn. 1; MüKoZPO/*Wöstmann* ZPO § 8 Rn. 4.
[9] Statt vieler BeckOK KostR/*Schindler* GKG § 41 Rn. 19.

Vierter Abschnitt. Zusatz-, Übergangs- und Schlußbestimmungen

§ 50 [Nicht unter § 1 fallende Verfahren]

¹Soweit Vorschriften, die nach diesem Gesetz in Kraft bleiben oder von diesem Gesetz nicht berührt werden, bestimmen, daß für ein Verfahren, das nicht unter § 1 fällt, mit landwirtschaftlichen Beisitzern besetzte Gerichte zuständig sind, treten an die Stelle dieser Gerichte die entsprechenden nach den Vorschriften dieses Gesetzes besetzten Gerichte; ist bestimmt, daß an Stelle der landwirtschaftlichen Beisitzer andere Beisitzer mitwirken, so behält es dabei sein Bewenden. ²Soweit nach den in Satz 1 bezeichneten Vorschriften für das Verfahren Bestimmungen gelten, die durch § 60 außer Kraft gesetzt werden, treten an deren Stelle die entsprechenden Vorschriften dieses Gesetzes.

I. Überblick

1   § 50 enthält in S. 1 eine gerichtsverfassungs- und in S. 2 eine verfahrensrechtliche Übergangsbestimmung, die den Anwendungsbereich des LwVG über § 1 hinaus erweitert hat. Die Vorschrift ist infolge Rechtsbereinigung gegenstandslos.

II. Mit landwirtschaftlichen Beisitzern besetzte Gerichte

2   Nach § 50 S. 1 Hs. 1 treten die Landwirtschaftsgerichte (§ 2) an die Stelle von mit landwirtschaftlichen Beisitzern besetzte Gerichte, die für nicht unter § 1 fallende Verfahren zuständig sind. Derartige Zuständigkeiten gibt es nicht mehr,[1] womit zugleich die Ausnahmeregelung in § 50 S. 1 Hs. 2[2] hinfällig ist. Das „Bauerngericht" in § 17 BremHöfeG (→ § 1 Rn. 239) wird aufgrund anerbenrechtlicher Vorschriften iSv § 1 Nr. 5 tätig.[3]

3   Mit Aufhebung der nicht von § 1 erfassten Zuständigkeiten hat auch § 50 S. 2 seine Bedeutung eingebüßt,[4] wonach diesbezügliche Verfahrensbestimmungen, die gemäß § 60 außer Kraft traten, durch die entsprechenden Vorschriften des LwVG ersetzt worden sind. Das LwVG ergänzende Verfahrensbestimmungen können freilich diejenigen Vorschriften enthalten, die nach § 1 oder anderen Bestimmungen unmittelbar in die Zuständigkeit der Landwirtschaftsgerichtsbarkeit fallen (iE → § 1 Rn. 6 ff., → § 51 Rn. 6 ff.).

---

[1] Zu früheren Zuständigkeiten BT-Drs. 1/3819, 37; *Ernst* LwVG § 50 Rn. 5 ff.
[2] Vgl. BT-Drs. 1/3819, 38.
[3] *Ernst* LwVG § 50 Rn. 10.
[4] Vgl. BT-Drs. 1/3819, 38.

§ 51 [Fischereipachtverträge]

(1) [Änderungsvorschrift; hier nicht wiedergegeben]

(2) **Die Länder können bestimmen, daß die Vorschriften dieses Gesetzes auf Verträge über die Pacht von Fischereirechten sowie in den auf Grund des § 11 des Landpachtverkehrsgesetzes geregelten Verfahren ganz oder teilweise anzuwenden sind; sie können zusätzliche Vorschriften erlassen, die den Besonderheiten dieser Verfahren entsprechen.**

I. Überblick

§ 51 Abs. 1 enthält eine Änderung von § 17 LPG.[1] Die Änderung ist dadurch ge-   1
genstandslos geworden, dass das LPG gemäß § 14 Abs. 1 LPachtVG mit Wirkung
zum 1.7.1986 außer Kraft getreten ist.

Nach Art. 69 EGBGB bleiben die **landesgesetzlichen Vorschriften über Fi-**   2
scherei unberührt. Solange und soweit der Bund von seiner Befugnis zur konkurrierenden Gesetzgebung auf dem Gebiet des Fischereiwesens (Art. 74 Abs. 1 Nr. 1
und 17 GG) keinen Gebrauch gemacht hat, können die Länder die Binnenfischerei
gemäß Art. 72 Abs. 1 GG privatrechtlich wie öffentlich-rechtlich umfassend regeln.[2] Dagegen hat der Bundesgesetzgeber mit dem LwVG seine Gesetzgebungsbe-
fugnis auf den Gebieten der Gerichtsverfassung und des gerichtlichen Verfahrens
(Art. 74 Abs. 1 Nr. 1 GG) in einer konkurrierende Landesgesetzgebung prinzipiell
ausschließenden Weise genutzt. Landesgesetzliche Regelungen der Gerichtsverfassung und des gerichtlichen Verfahrens bedürfen daher einer bundesgesetzlichen Ermächtigung. Eine solche Ermächtigung der Länder enthält § 51 Abs. 2 bezüglich
bestimmter Fischereiangelegenheiten.[3]

II. Ermächtigung des Landesgesetzgebers

1. Fischereiangelegenheiten

a) Verträge über die Pacht von Fischereirechten. Fischereiberechtigt ist,   3
wem das **dingliche subjektive Recht zur fischereilichen Nutzung** (einschließlich dem Recht und der Pflicht zur Fischhege) eines Gewässers oder Gewässerab-
schnitts zusteht.[4] Als Ausfluss des Eigentums (§ 903 BGB) steht es grundsätzlich
dem Eigentümer des Gewässergrundstück zu (sog. Eigentümerfischereirecht, zB
§ 4 Abs. 1 BbgFischG v. 13.5.1993, GVBl. I 193). Daneben kennen alle Länderfi-
schereigesetze das selbständige Fischereirecht als ein das Gewässergrundstück belas-
tendes Recht (zB § 4 Abs. 2 BbgFischG v. 13.5.1993, GVBl. I 193).[5]

Durch **Verpachtung des Fischereirechts** wird die Fischereiausübung rechts-   4
geschäftlich einem anderen übertragen (zB § 10 Abs. 2 BbgFischG). Die Ermächti-

---

[1] Landpachtgesetz v. 25.6.1952, BGBl. I 343.

[2] Staudinger/*Mayer* EGBGB Art. 69 Rn. 29 mwN.

[3] Vgl. BT-Drs. 1/3819, 38.

[4] Staudinger/*Mayer* EGBGB Art. 69 Rn. 74 mwN.

[5] Vgl. dazu etwa OLG Brandenburg Urt. v. 10.5.2012 – 5 U 18/10, NJOZ 2012, 1943
= RdL 2012, 301.

gung nach § 51 Abs. 2 Hs. 1 Alt. 1 bezieht sich also auf den landesgesetzlich geregelten Fischereipachtvertrag (→ § 1 Rn. 14).

5   **b) Verfahren nach § 11 LPachtVG.** Dagegen findet das LwVG auf Beanstandungsverfahren betreffend Fischereipachtverträge iSv § 11 LPachtVG, also auf Verträge, durch die Betriebe oder **Grundstücke überwiegend zur Fischerei verpachtet werden** (näher → § 1 Rn. 13), grundsätzlich bereits gemäß § 1 Nr. 1 Anwendung. § 51 Abs. 2 Hs. 1 Alt. 2 kann sich also nur auf Vorschriften beziehen, die das LPachtVG verdrängen. Zum Erlass derartiger inhaltsgleicher oder entgegenstehender Bestimmungen ermächtigt § 11 LPachtVG die Länder unbeschadet der ihnen verfassungsrechtlich zustehenden Gesetzgebungsbefugnisse (→ Rn. 2, → § 1 Rn. 33). Falls der Landesgesetzgeber derartige materiell-rechtliche Bestimmungen erlässt,[6] ist er nach § 51 Abs. 2 Hs. 1 Alt. 2 auch befugt, diesbezügliche gerichtliche Verfahrensbestimmungen zu treffen.[7]

2. Anwendung des LwVG

6   § 51 Abs. 2 ermächtigt die Länder einmal dazu, die **sachliche Zuständigkeit der Landwirtschaftsgerichte** über die bundesgesetzlichen Regelungen (namentlich in § 1) hinaus **zu erweitern**, indem sie bestimmen können, dass die Vorschriften des LwVG in genannten Fischereiangelegenheiten ganz oder teilweise anzuwenden sind. Machen die Länder davon Gebrauch, können sie gemäß § 51 Abs. 2 Hs. 2 zudem zusätzliche gerichtsverfassungs- oder verfahrensrechtliche Vorschriften erlassen, die den Besonderheiten dieser Verfahren entsprechen.

III. Landesrecht

1. Regelung der Fischereipacht

7   Die Pacht von Fischereirechten ist in allen Landesfischereigesetzen im Interesse der Hebung und Erhaltung artenreicher und gesunder Fischbestände stark reglementiert. Zur Durchsetzung dieser Regelungen sehen die Ländergesetze **Beanstandungs- oder Genehmigungsverfahren** vor.[8] Die entsprechende oder sinngemäße **Anwendung des LwVG für die gerichtliche Überprüfung der Beanstandung** regeln die Fischereigesetze der Länder Baden-Württemberg, Berlin, Rheinland-Pfalz, Saarland, Sachsen und Sachsen-Anhalt (→ Rn. 9 ff.), wobei die Landwirtschaftsgerichte in den Ländern Berlin, Rheinland-Pfalz, Saarland und Sachsen-Anhalt in Abänderung von § 2 Abs. 2 LwVG ohne die Zuziehung von ehrenamtlichen Richtern entscheiden (→ § 2 Rn. 37). Entsprechend § 1 Nr. 1 handelt es sich um eine Landwirtschaftssache der freiwilligen Gerichtsbarkeit (§ 9). Die Ausführungen zum Antrag auf gerichtliche Entscheidung und zur Entscheidung des Landwirtschaftsgerichts in Verfahren aufgrund des LPachtVG gelten sinngemäß (→ § 1 Rn. 17 ff.). In den übrigen Ländern ist gemäß § 40 Abs. 1 VwGO der Verwaltungsrechtsweg gegeben.

8   Die Anwendung des LwVG auf Verträge über die Pacht von Fischereirechten im Übrigen, also insbesondere auf Streitigkeiten zwischen Verpächter und Pächter,

---

[6] Was bislang – soweit ersichtlich – nicht geschehen ist.

[7] Düsing/Martinez/*Hornung* LwVG § 51 Rn. 1.

[8] Überblick bei Staudinger/*Mayer* EGBGB Art. 69 Rn. 99.

sehen die Fischereigesetze der Länder hingegen nicht vor. Insoweit verbleibt es bei der sachlichen Zuständigkeit der Zivilabteilungen und -kammern der Amts- und Landgerichte im ersten Rechtszug (§§ 23 Nr. 1, 71 Abs. 1 GVG).

2. Geltung des LwVG

a) Baden-Württemberg. LFischG v. 14.11.1979 (GBl. 466)   9

§ 19 [Anzeige von Pachtverträgen]
(1) Abschluß, Änderung, Kündigung und Erlöschen eines Pachtvertrags im Sinne von § 18 Abs. 2 sind vom Verpächter der Fischereibehörde unverzüglich anzuzeigen; zur Anzeige ist auch der Pächter berechtigt. Vor Ablauf von zwei Monaten nach Anzeige eines Vertragsabschlusses darf der Pächter die Fischerei nicht oder nicht in dem sich aus der Vertragsänderung ergebenden Umfang ausüben. Wird der Vertrag beanstandet, darf der Pächter die Fischerei in dem sich aus dem Vertrag ergebenden Umfang erst ausüben, wenn die Beanstandungen behoben sind oder das Gericht rechtskräftig festgestellt hat, daß der Vertrag nicht zu beanstanden ist.

(2) Die Fischereibehörde kann einen Pachtvertrag im Sinne von § 18 Abs. 2 sowie dessen Änderung innerhalb von zwei Monaten nach Eingang der Anzeige beanstanden, wenn
1. gegen die Vorschriften des § 18 Abs. 1 Satz 1 und 3 und Abs. 2 verstoßen wurde,
2. die Erhaltung eines angemessenen Fischbestandes durch die Bestimmungen des Pachtvertrages nicht sichergestellt ist, oder
3. die Bestimmungen des Hegeplanes nicht beachtet sind.

(3) In dem Beanstandungsbescheid sind die Vertragsteile aufzufordern, den Vertrag innerhalb einer bestimmten Frist, die mindestens einen Monat betragen soll, aufzuheben oder in bestimmter Weise zu ändern.

(4) Kommen die Vertragsteile der Aufforderung nicht nach, so gilt der Vertrag mit Ablauf der Frist als aufgehoben, sofern nicht einer der Vertragsteile innerhalb der Frist einen Antrag auf gerichtliche Entscheidung stellt. Das Gericht kann entweder den Vertrag aufheben oder feststellen, daß er nicht zu beanstanden ist.

(5) Für das gerichtliche Verfahren gelten die Vorschriften des Gesetzes über das gerichtliche Verfahren in Landwirtschaftssachen entsprechend.

(6) Die Fischereibehörde kann für die Dauer eines über die Nichtigkeit oder die Beanstandung des Pachtvertrags anhängigen Verfahrens die zur Ausübung und zum Schutz der Fischerei erforderlichen Anordnungen selbst treffen oder im Einzelfall die Fischereigenossenschaft hierzu ermächtigen. Die Kosten der Anordnung und ihrer Durchführung hat die im Verfahren unterliegende Partei zu tragen.

(7) Die Absätze 1 bis 6 finden keine Anwendung auf die vom Land oder vom Bund abgeschlossenen Pachtverträge. Die Fischereibehörde kann die Übersendung einer Mehrfertigung des Pachtvertrags verlangen.

10   **b) Berlin. LFischG v. 19. 6. 1995 (GVBl. 358)**

§ 13 **[Anzeige von Fischereipachtverträgen]**
(1) Der Abschluß und die Änderung eines Fischereipachtvertrags sind binnen eines Monats unter Vorlage des Vertrags vom Verpächter der unteren Fischereibehörde anzuzeigen. Das gleiche gilt für Unterpachtverträge. Der Vertrag gilt als nicht beanstandet, wenn die Frist nach Absatz 2 abläuft, ohne daß den Vertragsparteien ein Beanstandungsbescheid bekanntgegeben worden ist.

(2) Die untere Fischereibehörde hat den Vertrag binnen eines Monats zu beanstanden, wenn er den Bestimmungen des Gesetzes nicht entspricht oder zu befürchten ist, daß der Pächter den aus diesem Gesetz entstehenden Verpflichtungen nicht nachkommt; der Vertrag ist insbesondere zu beanstanden, wenn

1. der Bestand des Fischereirechts nicht glaubhaft gemacht ist,
2. Tatsachen vorliegen, die gegenüber dem Pächter zur Versagung oder Einziehung des Fischereischeins führen würden,
3. mit dem Pächter keine hinreichenden Maßnahmen zur Förderung der Fischbestände vereinbart sind oder
4. grob gegen berechtigte fischereiliche Interessen anderer Fischereiberechtigter verstoßen wird.

(3) In dem Beanstandungsbescheid sind die Vertragsparteien aufzufordern, den Vertrag binnen eines Monats nach Zustellung des Bescheides in bestimmter Weise zu ändern. Kommen die Vertragsparteien dieser Aufforderung nicht nach, so gilt der Vertrag mit Ablauf der Frist als aufgehoben, sofern nicht vorher eine Vertragspartei einen Antrag auf gerichtliche Entscheidung stellt. Das Gericht kann entweder den Vertrag aufheben oder feststellen, daß er nicht zu beanstanden ist.

(4) Für das gerichtliche Verfahren gelten die Vorschriften des Gesetzes über das gerichtliche Verfahren in Landwirtschaftssachen in der im Bundesgesetzblatt Teil III, Gliederungsnummer 317–1, veröffentlichten bereinigten Fassung, zuletzt geändert durch Artikel 2 Abs. 2 des Gesetzes vom 10. Oktober 1994 (BGBl. I S. 2954), in seiner jeweiligen Fassung sinngemäß, jedoch entscheidet das Gericht ohne Zuziehung ehrenamtlicher Richter.

11   **c) Rheinland-Pfalz. LFischG v. 9. 12. 1974 (GVBl. 601)**

§ 17 **[Anzeige für Fischereipachtverträge]**
(1) Abschluss und Änderung eines Fischereipachtvertrages sind binnen eines Monats unter Vorlage des Vertrags vom Verpächter der Fischereibehörde anzuzeigen.

(2) Die Fischereibehörde hat den Vertrag binnen eines Monats zu beanstanden, wenn er den Bestimmungen dieses Gesetzes nicht entspricht oder zu erwarten ist, dass der Pächter nicht die Gewähr für die Erhaltung eines angemessenen Fischbestandes bietet.

(3) In dem Beanstandungsbescheid sind die Vertragsparteien aufzufordern, den Vertrag bis zu einem bestimmten Zeitpunkt, der mindestens einen Monat nach Zustellung des Bescheides liegen soll, in bestimmter Weise zu ändern oder die erforderlichen Maßnahmen zu treffen.

(4) Kommen die Vertragsparteien der Aufforderung nicht nach, so gilt der Vertrag mit Ablauf der Frist als aufgehoben, sofern nicht eine Vertrags-

partei innerhalb der Frist einen Antrag auf gerichtliche Entscheidung stellt. Das Gericht kann entweder den Vertrag aufheben oder feststellen, dass er nicht zu beanstanden ist.

(5) Für das gerichtliche Verfahren gelten die Bestimmungen des Gesetzes über das gerichtliche Verfahren in Landwirtschaftssachen vom 21. Juli 1953 (BGBl. I S. 667) in der jeweils geltenden Fassung sinngemäß, jedoch entscheidet das Gericht ohne Zuziehung ehrenamtlicher Richter.

d) **Saarland.** SaarlFischG idF der Bekanntmachung v. 16.7.1999 (ABl. 1282)

§ 13 [Anzeige von Fischereipachtverträgen]

(1) Abschluss und Änderung eines Fischereipachtvertrags sind binnen eines Monats unter Vorlage des Vertrags vom Verpächter der Fischereibehörde anzuzeigen. Das Gleiche gilt für Unterpachtverträge.

(2) Die Fischereibehörde hat innerhalb von zwei Monaten den Vertrag sowie dessen Änderung zu beanstanden, wenn gegen die Vorschriften dieses Gesetzes verstoßen wurde oder zu erwarten ist, dass der Pächter nicht die Gewähr für die Erhaltung eines angemessenen Fischbestandes bietet.

(3) In dem Beanstandungsbescheid sind die Vertragsparteien aufzufordern, den Vertrag bis zu einem bestimmten Zeitpunkt, der mindestens einen Monat nach Zustellung des Bescheides liegen soll, in bestimmter Weise zu ändern oder die erforderlichen Maßnahmen zu treffen.

(4) Kommen die Vertragsparteien der Aufforderung nicht nach, so gilt der Vertrag mit Ablauf der Frist als aufgehoben, sofern nicht eine Vertragspartei innerhalb der Frist einen Antrag auf gerichtliche Entscheidung stellt. Das Gericht kann entweder den Vertrag aufheben oder feststellen, dass er nicht zu beanstanden ist.

(5) Für das gerichtliche Verfahren gelten die Vorschriften des Gesetzes über das gerichtliche Verfahren in Landwirtschaftssachen in seiner jeweiligen Fassung sinngemäß, jedoch entscheidet das Gericht ohne Zuziehung ehrenamtlicher Richter.

(6) Absatz 1 findet keine Anwendung auf die vom Land oder vom Bund abgeschlossenen Pachtverträge.

e) **Sachsen.** SächsFischG v. 9.7.2007 (GVBl. 310)

§ 17 [Anzeige und Prüfung von Pachtverträgen]

(1) Abschluss und Änderung eines Pachtvertrags hat der Pächter der Fischereibehörde unverzüglich durch Übersendung einer Ausfertigung der Vertragsurkunde und des Hegeplans anzuzeigen. Der unverzüglichen Anzeige bedarf auch die vorzeitige Beendigung des Pachtvertrags. Der Pächter darf die Fischerei erst nach Ablauf von einem Monat nach der Anzeige ausüben, es sei denn, die Fischereibehörde teilt ihm die Nichtbeanstandung des Pachtvertrags vorher mit; bei Vertragsänderungen gilt diese Frist für den sich aus der Veränderung ergebenden Umfang.

(2) Die Fischereibehörde kann einen Pachtvertrag beanstanden, wenn
1. er § 16 widerspricht oder
2. kein genehmigungsfähiger Hegeplan vorgelegt wird oder
3. die Bestimmungen eines geltenden Hegeplans nicht beachtet wurden.

(3) Für das Beanstandungsverfahren gilt § 7 des Gesetzes über die Anzeige und Beanstandung von Landpachtverträgen (Landpachtverkehrsgesetz – LPachtVG) vom 8. November 1985 (BGBl. I S. 2075), das zuletzt durch Artikel 15 des Gesetzes vom 13. April 2006 (BGBl. I S. 855, 858) geändert worden ist, in der jeweils geltenden Fassung. Für ein sich daran anschließendes gerichtliches Verfahren gelten die Vorschriften des § 8 LPachtVG und des Gesetzes über das gerichtliche Verfahren in Landwirtschaftssachen in der im Bundesgesetzblatt Teil III, Gliederungsnummer 317–1, veröffentlichten bereinigten Fassung, zuletzt geändert durch Artikel 15 d des Gesetzes vom 22. März 2005 (BGBl. I S. 837, 858), in der jeweils geltenden Fassung, entsprechend.

(4) Bei einer Beanstandung darf der Pächter die Fischerei erst ausüben, wenn die Beanstandung behoben wurde oder das gerichtliche Verfahren rechtskräftig abgeschlossen ist. Bis dahin ist der Verpächter weiterhin zur Hege verpflichtet. Ist der Verpächter der Freistaat Sachsen, wird die Hegepflicht durch die Fischereibehörde ausgeübt.

(5) Absatz 1 Satz 2 sowie die Absätze 2 bis 4 finden keine Anwendung auf die von der Bundesrepublik Deutschland abgeschlossenen Pachtverträge.

14   f) Sachsen-Anhalt. LSAFischG v. 31. 8. 1993 (GVBl. 464)

§ 21 [Anzeige von Fischereipachtverträgen]

(1) Der Fischereipachtvertrag ist der zuständigen Fischereibehörde anzuzeigen; dasselbe gilt für die Mit-, Unter- oder Weiterpacht. Die Behörde kann den Vertrag binnen drei Wochen nach Eingang der Anzeige beanstanden, wenn die Vorschriften über die Pachtdauer nicht beachtet sind oder wenn zu erwarten ist, daß durch eine vertragsmäßige Fischerei die Vorschriften des § 41 Abs. 1 verletzt werden.

(2) In dem Beanstandungsbescheid sind die Vertragspartner aufzufordern, den Vertrag bis zu einem bestimmten Zeitpunkt, der mindestens drei Wochen nach Zustellung des Bescheides liegen soll, aufzuheben oder in bestimmter Weise zu ändern.

(3) Kommen die Vertragspartner der Aufforderung nicht nach, so gilt der Vertrag mit Ablauf der Frist als aufgehoben, sofern nicht einer der Vertragsteile binnen der Frist einen Antrag auf Entscheidung durch das Amtsgericht stellt. Das Gericht kann entweder den Vertrag aufheben oder feststellen, daß er nicht zu beanstanden ist. Die Vorschriften für die gerichtliche Entscheidung über die Beanstandung eines Landpachtvertrages gelten sinngemäß; jedoch entscheidet das Gericht ohne Zuziehung ehrenamtlicher Richter.

(4) Vor Ablauf von drei Wochen nach Anzeige des Vertrages durch einen Beteiligten darf der Pächter die Fischerei nicht ausüben oder ausüben lassen, sofern nicht die Behörde sie zu einem früheren Zeitpunkt gestattet. Wird der Vertrag binnen der in Absatz 1 Satz 2 bezeichneten Frist beanstandet, darf der Pächter die Fischerei erst ausüben oder ausüben lassen, wenn die Beanstandungen behoben sind oder wenn durch rechtskräftige gerichtliche Entscheidung festgestellt ist, daß der Vertrag nicht zu beanstanden ist.

§ 52 [aufgehoben]

§§ 53–59 [zeitlich überholte Übergangsvorschriften]

§ 60 [Inkrafttreten; aufgehobene Vorschriften]

(1) **Dieses Gesetz tritt am 1. Oktober 1953 in Kraft.**

(2) *(nicht wiedergegebene Aufhebungsvorschrift)*

(3) **Aufgehoben werden die bisher geltenden kostenrechtlichen Vorschriften, soweit sie für das Verfahren der Gerichte mit landwirtschaftlichen Beisitzern gelten, einschließlich der Vorschriften über Rechtsanwaltsgebühren. Die bisher geltenden Vorschriften über die Höhe des Geschäftswertes und der gerichtlichen Kosten gelten jedoch fort**
a) in den unter § 1 Nr. 5 fallenden Verfahren,
b) in den nicht unter § 1 fallenden Verfahren, die auf in Kraft bleibenden oder unberührt bleibenden Vorschriften beruhen (§ 50).

I. Überblick

Mit Inkrafttreten des LwVG gemäß § 60 Abs. 1 sollten alle Vorschriften über die **1** Gerichtsbarkeit in Landwirtschaftssachen aufgehoben werden. Dies war aber durch § 60 Abs. 2 nicht vollständig möglich, weil auf dem Gebiet des Boden- und Anerbenrechts erst noch verfahrensrechtliche Vorschriften geschaffen werden mussten (Verwaltungsverfahren und Antrag auf gerichtliche Entscheidung).[1] Diese Vorschriften enthält im Wesentlichen bereits das gemäß dessen § 39 Abs. 1 am 1.1.1962 in Kraft getretene GrdstVG, mit dem zugleich weite Teile des außerhalb des LwVG noch geltenden Verfahrensrechts aufgehoben worden sind (§ 39 Abs. 2 GrdstVG).[2]

II. Kostenrechtliche Vorschriften

Im Hinblick auf die eingehende Regelung der Kosten des gerichtlichen Verfahrens im damals (später Zweiten) Dritten Abschnitt des LwVG sind durch § 60 Abs. 3 **2** S. 1 auch die bisher geltenden kostenrechtlichen Vorschriften aufgehoben worden. Von der Aufhebung sind gemäß § 60 Abs. 3 S. 2 die Geschäftswert- und Kostenvorschriften in Anerbensachen und in den nicht unter § 1 fallenden Verfahren (§ 50) ausgenommen worden.[3] Letzteres ist obsolet, weil keine Zuständigkeiten nach § 50 mehr fortbestehen (→ § 50 Rn. 2 f.). Derartige Vorschriften enthält aber noch das landesrechtliche Anerbenrecht (Einzelheiten → § 1 Rn. 261).

Mit Art. 17 des 2. KostRMoG v. 23.7.2013 (BGBl. I 2586) sind die Wert- und **3** Kostenregelungen des (jetzt Zweiten Abschnitts des) LwVG weitgehend im GNotKG aufgegangen. Selbiges gilt für die dahingehenden Vorschriften der HöfeVfO (Art. 33 des 2. KostRMoG). Dagegen bleiben nach § 1 Abs. 5 Nr. 1

---

[1] BT-Drs. 1/3819, 40.
[2] *Ernst* LwVG § 60 Rn. 1.
[3] Dazu BT-Drs. 1/3819, 41, 34.

GNotKG die in den Landesanerbengesetzen enthalten Wert- und Kostenvorschriften unberührt.[4] Soweit die Länder dem Verfahren der freiwilligen Landwirtschaftsgerichtsbarkeit Geschäfte zuordnen können, erscheint auch die Regelung der diesbezüglichen Kostenfragen durch sie sachgerecht.[5]

§ 61 [gegenstandslos]

---

[4] Dies übersieht Düsing/Martinez/*Hornung* LwVG § 60 Rn. 3.
[5] BeckOK KostR/*Neie* GNotKG § 1 Rn. 23 mwN.

Sachverzeichnis

Sachverzeichnis

v. Selle

Sachverzeichnis

Sachverzeichnis

v. Selle   395

Sachverzeichnis

Sachverzeichnis

Sachverzeichnis